KB156105

개정판 한국어의 표준 발음과 현실 발음

개정판

한국어의 표준 발음과 현실 발음

이진호

이 책의 초판이 나온 지 10년이 약간 지났다. 이 책은 원래 표준 발음법의 조항을 중심으로 하여 한국어의 표준 발음법과 현실 발음법이 어떻게 다른지를 살펴보려던 의도로 집필했다. 비록 수요가 많지는 않았어도 초판으로 간행한 부수는 모두 판매가 되었다. 그런데 절판 이후에도 책의 간행에 대한 요구가 조금씩 이어져서, 의도와 달리 이번에 개정판을 내게 되었다. 초판을 그대로 중쇄할까 생각도 했지만, 사정 때문에 출판사를 바꾸게 되면서 이왕이면 조금이라도 내용을 수정하는 편이 좋겠다는 생각을 했다. 한국어 음운론에 대한 개론서나 어문 규범에 대한 책은 지금까지 적지 않게 간행되었다. 그러나 표준 발음법이라는 규범의 조항을 설명하면서, 그와 관련된 표준 발음과 현실 발음을 폭넓게 다룬 책은 그리 많지는 않았던 것 같다. 그래서 한국어 교육이나 국어 교육에 관심을 가진 연구자들이 언어 규범을 중심으로 한국어의 발음을 참고하고자 이 책을 간간이 찾았던 것이 아닌가 한다. 그분들의 관심으로 이 책이 생명력을 다하지 않은 것이니, 매우 감사할 일이 아닌가 한다.

역락

개정판 서문

이 책의 초판이 나온 지 10년이 약간 지났다. 이 책은 원래 표준 발음법의 조항을 중심으로 하여 한국어의 표준 발음법과 현실 발음법이 어떻게 다른지를 살펴보려던 의도로 집필했다. 비록 수요가 많지는 않았어도 초판으로 간행한 부수는 모두 판매가 되었다. 그런데 절판 이후에도 책의 간행에 대한 요구가 조금씩 이어져서, 의도와 달리 이번에 개정판을 내게 되었다. 초판을 그대로 증쇄할까 생각도 했지만, 사정 때문에 출판사를 바꾸게 되면서 이왕이면 조금이라도 내용을 수정하는 편이 좋겠다는 생각을 했다.

한국어 음운론에 대한 개론서나 어문 규범에 대한 책은 지금까지 적지 않게 간행되었다. 그러나 표준 발음법이라는 규범의 조항을 설명하면서, 그와 관련된 표준 발음과 현실 발음을 폭넓게 다룬 책은 그리 많지는 않았던 것 같다. 그래서 한국어 교육이나 국어 교육에 관심을 가진 연구자들이 언어 규범을 중심으로 한국어의 발음을 참고하고자 이 책을 간간이 찾았던 것이 아닌가 한다. 그분들의 관심으로 이 책이 생명력을 다하지 않은 것이니, 매우 감사할 일이 아닌가 한다.

개인적으로 표준 발음법을 포함한 어문 규범에 관심을 갖게 된 계기는 사범대나 교육대학원에서 가끔씩 하던 강의 및 국어와 관련된 각종 시험 출제에 관여하면서부터이다. 음운 교육 변천사에 대해 썼던 책이나 몇몇 소논문은 그러한 관심의 결과물이다. 그런데 현재 저자의 관심 분야는 예전과는 많이 달라졌다. 2017년에 현재의 학교로 옮기면서 천천히 가는 한이 있더라도 남들이 하지 않는 연구 분야 또는 방법론에 관심을 가져야겠다는 마음을 먹었다. 그 결과 몇 년 전부터는 한국어 음운론을 언어 유형론의 관점에서 검토하는 작업에 몰두하고 있다.

그런 와중에 다시 예전에 관심을 두었던 분야로 눈을 돌려 원고를 다듬으려 하니, 약간 낯선 것도 있지만 예전에 보지 못한 점도 적지 않았다. 그런 부분들을 소소하게 고치려고 했다. 초판의 틀을 그대로 유지했기 때문에 내용에 근본적인 차이는 없지만, 그래도 보완이 필요하다고 생각한 부분은 전체적으로 조금씩 다듬고자 했다. 또한 국외의 표준 발음 관련 규정은 2010년 이후의 최신 내용으로 교체했고 그 설명도 꽤 수정하였다. 이 밖에 표준 발음법 조항과 같이 온라인 등을 통해 쉽게 접근할 수 있는 자료는 '부록'에서 제외하여 불필요하게 책이 두툼해지는 것을 피하고자 했다. 아무튼 새로 간행하는 개정판이 이 분야에 관심을 갖는 여러 연구자들에게 조금이라도 도움이 되길 바랄 뿐이다.

글을 마무리하기에 앞서 초판 서문의 내용을 잠깐 언급고자 한다. 거기에서는 많은 사람들이 '담임'을 [다님]으로 발음하면서도 이상하게 여기지 않는 현실에 대해 간단하게 지적한 바 있다. 첫음절의 말음이 'ㅁ'이므로 표기만 잘 보아도 '담임'을 [다님]으로 발음하는 것은 어색한 일이다. 그런데 이 문제를 이미 오래전에 검토한 적이 있음을 초판 집필 후에 알게 되었다. 1947년에 간행된『한글』101집(한글학회)의「물음과 대답」에는 '담임'을 '단임, 담님'으로 발음하고 있는데 어떻게 해야 하느냐는 물음이 나온다. 여기에 대해 학회 편집실에서는 '담임'을 '단임, 담님'으로 발음하는 것은 잘못된 것이며, 이는 일본어의 영향(일본어는 '*たんにん*[taNniN]'이다)일 것이라고 답변했다. 지금은 간과하고 있는 발음 현실에 대해 꽤 이른 시기에 깊은 관심을 가지고 답변한 기록이 있어, 반가운 마음에 덧붙여 둔다.

2023년의 어느 봄날에 이진호 씀

초판 서문

예전의 한 퀴즈 프로그램에서 '담임(선생님)'의 표준 발음이 무엇인지를 물은 적이 있었다. 그 때 의외로 상당히 많은 사람들이 정답을 맞추지 못한 것을 보고 깜짝 놀랐었다. 대부분의 출연자들이 정답으로 '[다님]'을 적었다.

'담임'과 같은 구성에서는 단순히 연음이 일어난다는 사실만 알아도 '[다밈]'이 맞다는 것쯤은 쉽게 알 수 있다. 그런데도 이 문제의 정답자가 적었던 이유는 두 가지라고 생각한다. 하나는 표준 발음과 현실 발음의 차이이다. 많은 사람들(국립국어원의 조사 결과에 따르면 서울말 화자의 84%)은 '담임'을 '[다님]'으로 발음하고 있다. 그러다 보니 '[다밈]'이라는 표준 발음에는 익숙하지가 않다. 그러나 이보다 더 중요한 이유는 연음이라는 가장 단순한 발음의 원리조차도 제대로 알지 못한다는 점이다. 원리를 모르면 아무리 쉬운 것이라도 제대로 이해할 수 없다.

이 책을 계획하게 된 최초의 계기는 바로 이 작은 경험에서 출발한다. 한국어의 발음 자체에 대한 체계적인 내용을 담은 책을 한 번 쓸 필요가 있겠다는 생각이 들었다. 물론 지금까지 그런 성격의 책이 나오지 않은 것은 아니며 그중에는 매우 좋은 책도 있다고 생각한다. 그렇지만 저자가 생각하는 방식과는 약간 거리가 있었다. 같은 주제라도 여러 사람들이 서로 다른 방식으로 다양한 책을 내는 것은 바람직한 일이라고 보았기 때문에 용기를 내어 이 책에 도전할 수 있었다.

그렇다고 해서 이 책이 일반인들을 위한 친절한 발음 안내서로 쓰인 것은 결코 아니다. 각종 어문 규범에서 표준 발음의 내용을 모두 뽑아 학술서의 체계에 맞게 재구성한 후 개별 발음에 대한 종합적이고 학문적인 설명을 덧붙였다. 비록 이론적 틀에 얽매이지는 않았지만 표준 발음과 현실 발음을 되도록 깊이 있게 다루려고 했다. 그래서 이 책은 한국어에 대한 어느 정도의 지식을 가진 사람이 참고하기에 더 유용할지도 모르겠다.

이 책은 한국연구재단의 인문저술 연구비를 받고서 집필하게 되었다. 당시 심사위원의 평가 중에 출판 의도는 좋지만 기존의 음운론 개론서와 어떤 차별성을 가질지 의문이라는 취지의 내용이 있었다. 사실 이 책을 계획하던 단계부터 실제 집필하던 기간 동안 계속 생각했던 것이 바로 이 지적이었다. 몇 년 전 변변치 못하지만 음운론 개론서를 한 권 쓴 적이 있는 저자로서는 그 책과의 중복을 피하는 것이 무엇보다 절실한 문제였다. 세부적인 내용에서 극히 일부 겹치는 곳이 없지는 않다. 그러나 구성에서부터 주안점을 둔 부분까지 대부분은 저자가 예전에 펴낸 책은 물론이고 시중에 나온 다른 음운론 개론서와도 구별된다고 확신한다.

저자는 이 책을 일반대학원의 발음 교육 관련 수업과 교육대학원의 음운 교육 관련 수업에서 활용할 생각이다. 대학원생들과 함께 공부하며 부족한 부분이 발견되면 계속 보충할 계획을 가지고 있다. 무척 큰 욕심이라는 것은 알지만 그래도 이 책이 아주(?) 오랫동안 끊임없이 수정되어 나갔으면 하는 기대를 해본다.

작년에 이 책을 한창 쓰던 도중 하나뿐인 동생을 잃었다. 동생은 세상에 나왔었다는 그 어떤 흔적 하나 남기지도 못하고 멀리 떠났다. 형으로서 동생의 자취를 조금이라도 남겨 주고 싶었지만 할 수 있는 일이 없었다. 그러다가 망설임 끝에 이 책의 간행일이라도 동생이 떠난 날로 삼는 것이 어떨까 하고 마음 먹었다. 사랑하는 나의 동생 이인호에게 이 책을 바친다.

2012년 2월
이 진 호

차례

제4장 음의 길이 • 177

제5장 받침의 발음 • 223

제6장 음의 동화 • 277

제7장 경음화 • 329

제8장 음의 첨가 • 351

제9장 한글 맞춤법에 반영된 표준 발음 • 363

지도 목록

제1장 머리말

1.1. 논의의 목적

표준어에 관심이 있는 사람이라면 표준 발음에도 관심을 가질 수밖에 없다. 표준어도 언어인 이상 소리와 뜻으로 이루어진 기호 체계이므로 표준어를 알려면 표준어의 소리, 즉 표준 발음에 대한 이해가 필수적이다. 한국에는 「표준어 규정」 속에 '표준 발음법'이라는 별도의 어문 규범이 존재한다. 따라서 한국어의 표준 발음은 일차적으로 이 표준 발음법을 통해서 알 수 있다.

지금까지 표준 발음법에 대해서는 많은 논의가 이루어졌다. 그 내용을 분류해 보면 표준 발음법의 각 항목에 대한 해설이나 그 타당성 검토, 표준 발음법의 필요성 여부, 표준 발음법의 보완점 등 여러 측면에 걸쳐 있다.[1] 그런데 대체로 미시적인 연구가 많고, 거시적인 차원의 연구라고 하더라도 논의 자체는 소규모로 이루어진 경우가 대부분이다. 여기서 세부적인 측면까지 아우르면서 종합적 성격도 지닌 연구의 필요성이 제기되는 것이다.

연구자들을 위한 학술적인 측면뿐만 아니라 표준 발음에 대해 궁금증을

---

1) 표준 발음에 대한 연구사적 검토는 1.3을 참고할 수 있다.

가지고 있는 일반 국민의 입장에서 보아도 표준 발음법에 대한 전반적인 검토가 필요하다. 현재의 표준 발음법은 자료집이라기보다는 규정집에 더 가까우므로 국어학적 지식이 없으면 이 규정만 가지고는 표준 발음의 실체를 이해하는 데 한계가 있다. 물론 표준 발음법이 자료집의 형태라고 하더라도 일반인들은 개별 단어의 발음을 확인하는 데 그칠 뿐 표준 발음의 원리를 알기는 어려우므로 문제가 해결될 수 없다.

게다가 현행 표준 발음법은 모든 발음의 표준을 규정한 것이 아니다. 즉 표준 발음법에서 빠뜨린 내용도 적지 않은 것이다. 이것은 뒤에서도 논의하겠지만 표준 발음법의 논의 대상이 표기와 발음이 일치하지 않는 경우에 한정되기 때문이다. 즉 발음을 표기에 그대로 반영한 경우는 표준 발음법에서 다루지 않는 것이다.[2] 따라서 표준 발음법만 가지고는 표준 발음 전체를 파악할 수 없다는 문제점도 있다. 다른 어문 규정을 참고하여 표준 발음에 대한 내용을 보충할 필요가 있다.

이러한 상황을 배경으로 이 책에서는 크게 두 가지 목적을 염두에 두고자 한다. 하나는 표준 발음 자체에 대한 정밀한 탐구이다. 표준 발음과 관련된 각종 어문 규범의 내용을 정리하여 모은 후 각 조항이 담고 있는 내용을 언어학적 측면에서 상세하게 분석하려고 한다. 이 과정에서 각 조항이 지닌 문제점도 함께 거론된다. 아울러 그러한 발음이 역사적으로 어떻게 형성되었는지에 대한 언급도 덧붙여서 각 표준 발음에 대한 종합적 이해가 가능하도록 할 것이다.

다른 하나는 표준 발음과 현실 발음을 대비하는 것이다. 언어 규범은 언어 현실을 있는 그대로 반영할 수 없으며 항상 뒤쳐질 수밖에 없다. 그래서 규범과 현실 사이의 불일치가 생겨나게 된다. 발음의 경우 규범과 현실 사

---

2) 표음주의와 표의주의를 모두 채택한 한글 맞춤법의 성격으로 말미암아, 발음의 변동을 표기에 그대로 반영함으로써 표기와 발음이 일치하는 경우도 적지 않다.

이에 어떤 차이가 있는지를 검토하고 여기에 대한 자세한 설명과 해석을 덧붙여 현재 일어나고 있는 새로운 발음 변화에 대해서도 살피고자 한다.

1.2. 논의의 구성

이 책의 내용은 현행 표준 발음법의 체계에 맞추어 구성하였다. 구체적인 표준 발음법을 검토하기에 앞서 도입부의 역할을 하는 것이 2장이다. 2장에서는 표준 발음과 표준 발음법에 대한 배경적인 내용을 다룬다. 가령 표준 발음의 정의, 표준 발음과 현실 발음의 관계, 표준 발음과 표준 발음법의 차이, 표준 발음법의 제정 과정, 표준 발음법의 보완점 등을 살피게 된다.

표준 발음법의 내용을 구체적으로 검토하는 부분은 3장부터 8장까지이다. 표준 발음법의 2장부터 7장까지의 내용을 6개의 장으로 구분하여 고찰한다. 비록 본문의 큰 틀은 표준 발음법의 구성을 따르지만 각 장의 하위 내용은 표준 발음법을 그대로 따르지는 않고 내용별로 그에 합당하게 구성하도록 했다. 각각의 장은 앞에서 먼저 표준 발음법의 내용과 관련된 이론적인 측면을 개관하고 이어서 내용별로 표준 발음법의 조항을 설명한다. 그런 후에 각각의 표준 발음이 현실 발음에서는 어떻게 나타나며 역사적으로는 어떻게 형성되었는지를 차례대로 언급하게 된다. 표준 발음법에서 다루지 않는 것이라도 내용상 관련이 있으면 함께 다룬다.

9장은 표준 발음법에 나오지 않는 표준 발음에 대한 내용이다. 주로 한글 맞춤법의 규정 중 표준 발음과 직접적인 관련이 있는 것들을 따로 모아서 검토한다. 이 과정에서 해당 내용이 표준 발음법에서 빠지게 된 이유가 구체적으로 드러나며, 결과적으로 한글 맞춤법과 표준 발음법의 관련성에 대해서도 좀 더 명확하게 이해할 수 있다.

10장은 국외 한국어의 표준 발음에 대한 고찰이다. 국외 한국어란 대한민국 이외의 국가에서 사용되는 한국어를 통칭하는데, 이 중 표준 발음에 대한 규정을 지니는 곳은 북한과 중국이다. 북한은 이미 1954년부터 표준 발음에 대한 규정을 정했으며 1987년에 개정된 규범에서는 '문화어발음법'이라는 별도의 규정을 마련해 두고 있다. 북한뿐만 아니라 중국 조선족들이 사용하는 한국어 역시 표준 발음 규정이 있다. 전병선(2000)에 따르면 1977년에 이미 '조선말 표준발음법'이 마련되었다. 이 규정은 이후 몇 차례 개정을 거쳐 2016년에 간행된 『조선말규범집』(수정판)에 수록되어 있다. 이러한 국외 한국어의 표준 발음 규정을 검토하는 것 역시 한국어의 표준 발음을 이해하는 데 도움이 될 것이다.

1.3. 연구사적 검토

표준 발음에 대한 연구사는 1988년에 공포되어 1989년부터 시행된 「표준어 규정」의 2부 표준 발음법이 제정되기 이전과 이후로 구분하여 살피는 것이 유용하다.[3] 표준 발음법의 제정 이전에는 1970년대 초반부터 본격화된 표준 발음의 조사 및 표준 발음법의 제정 과정과 관련된 연구가 주류를 이룬다. 김계곤(1977), 남광우(1978, 1979, 1980), 이현복(1979, 1987) 등이 그러한데 이현복(1987)을 제외한 나머지는 당시 제정하고 있던 표준 발음법의 내용에 대한 것이다. 특히 남광우(1978, 1979, 1980)과 이현복(1979)는 표준 발음법과 관련된 제언의 성격을 지닌다. 1979년을 전후하여 집중적으

3) 여기서는 표준 발음 전반에 대한 논의만을 대상으로 한다. 겹받침의 발음 등과 같이 세부 주제별로 표준 발음을 다룬 논의나 표준 발음의 교육 방법론에 대한 논의는 따로 제시하지 않는다.

로 논의가 이루어진 것은 1979년에 표준어 규정 1차 시안이 문교부에서 공식적으로 간행된 것과 관련된다. 이현복(1987)은 시기적으로 약간 뒤쳐지는데, 이것은 표준 발음법의 수정 과정에서 행해진 조사 결과를 뒤늦게 발표했기 때문이다.

표준 발음법이 제정된 이후의 논의는 초창기에 나온 것과 그 이후에 나온 것의 성격에서 차이를 발견할 수 있다. 초기에는 주로 새로 제정된 표준 발음법 자체에 대한 해설이 대부분이다. 가령 이병근(1988), 송철의(1993), 이승재(1993) 등을 들 수 있다. 이러한 논의들은 학술적인 차원의 접근이라기보다는 일반인들에게 좀 더 쉽게 규정을 설명하기 위한 일환이라고 할 수 있다.

이후에는 학술적인 차원에서 표준 발음법과 관련된 여러 측면들을 살피는 노력들이 이어졌다. 가장 두드러진 논의는 표준 발음법에 대한 비판적 검토이다. 특히 이 문제와 관련해서는 표준 발음법의 필요성에 대한 상반된 견해가 공존하고 있다. 가령 김선철(2004)나 신지영(2006)에서는 표준 발음법의 성격과 각 조항을 일일이 살핀 후 표준 발음을 위해 필요한 것은 규정 자체라기보다는 오히려 표준 발음을 잘 반영하고 있는 사전이라면서 표준 발음법은 없애는 것이 낫다는 견해를 제시한 바 있다. 반면 배주채(2006)에서는 발음 사전이 나온다고 하더라도 표준 발음법은 여전히 필요하다고 보고 있다. 이러한 입장 차이는 결국 표준 발음을 어떤 식으로 제시할 것인지의 방법론에 대한 것이라고 할 수 있다.[4)]

표준 발음법의 필요성과 상관없이 보완이 필요하다는 지적은 여러 차례 있어 왔다. 위에 제시된 논의들은 말할 것도 없고 이관규(1995), 민현식(1999), 허 춘(2001), 이진호(2009ㄱ) 등에서도 현행 규정의 문제점을 지적

4) 표준 발음법의 필요성 및 발음 사전과의 관계 등에 대해서는 2.2.1에서 검토하기로 한다.

한 바 있다.[5] 이 외에 남북한의 표준 발음법을 모두 검토한 논의도 상당수 있다. 김무림(1989), 권인한(1993), 최호철(2002), 이봉원(2003) 등이 여기에 해당한다. 특히 최호철(2002)와 이봉원(2003) 등에서는 통일된 표준 발음법에 대해 견해를 피력하기도 했다. 한편 이진호(2008ㄱ)에서는 표준 발음법의 제정 과정을 미시적으로 검토한 적도 있다.

이상과 같은 표준 발음법 자체에 대한 검토와는 별개로 표준 발음 실태에 대한 조사도 계속 이어졌다. 다만 표준 발음법의 제정 이전에는 규정을 제정하기 위해 현실 발음을 조사한 것임에 비해, 표준 발음법의 제정 이후에는 표준 발음법의 규정과 언어 현실이 얼마나 부합하는지를 점검하기 위해 조사를 했다는 차이가 있다. 이 조사는 주로 국가 기관인 국립국어원 주도로 이루어졌으며 결과는 최혜원(2002), 김선철(2006) 등의 성과물로 발표되었다.

5) 여기에 대해서는 2.2.5에서 좀 더 자세히 다루기로 한다.

제2장 표준 발음과 표준 발음법 개관

2.1. 표준 발음

2.1.1. 표준어와 표준 발음

표준 발음은 문자 그대로 해석하면 표준이 되는 발음이다. 표준이 있다는 것은 비표준이 존재한다는 뜻이므로 표준 발음은 발음에 있어서의 변이를 전제한 개념이다. 즉 같은 단어에 대한 발음이 둘 이상 있을 때 그중 어느 하나를 표준으로 정하는 것이다. 만약 발음의 변이가 존재하지 않는다면 표준 발음이라는 것을 굳이 정해줄 필요도 없다. 실재하는 단 하나의 발음 자체가 표준이 되기 때문이다.

발음의 변이가 나타나는 가장 중요한 이유는 언어 변화가 일률적으로 일어나지 않은 데 있다. 만약 언어 변화가 모든 지역의 모든 언중에게서 같은 모습으로 나타난다면 발음의 변이란 생길 수가 없다. 그런데 변화는 지역에 따라 적용 여부나 양상에 차이를 보인다. 또한 동일한 지역이라고 하더라도 성별이나 연령, 계층 등의 사회적 변수에 따라 언어 변화가 달리 진행된다. 극단적으로는 한 개인에 있어서도 언어 변화가 진행 중인 상황에서는 신형과 구형이 공존함으로써 발음의 변이를 찾아볼 수 있다. 이처럼 변화가 여러 조건들에 따라 상이하게 이루어지기 때문에 그와 더불어 발음의 변이도 발생하게 된다. 흔히 방언에 따라 발음이 다르다고 하는 것은 이러한 상황을 가리키는 것에 불과하다.

이때 표준 발음은 이론상 두 가지 측면에서 정해 줄 수 있다. 각 방언별로 해당 방언의 표준 발음을 정할 수도 있고 개별 지역 방언들을 포괄하는 표준 발음을 정할 수도 있는 것이다. 이 중 전자와 같은 표준 발음은 한 번도 언급된 적이 없다. 표준 발음은 방언 차이를 초월한 표준어를 대상으로 하고 있기 때문이다.[1)]

표준 발음이 표준어를 대상으로 한다는 것은 현행 표준 발음법 제1항에도 명시적으로 규정되어 있다.

> 【제1항】 표준 발음법은 표준어의 실제 발음을 따르되, 국어의 전통성과 합리성을 고려하여 정함을 원칙으로 한다.

이 규정에 따르면 국어의 전통성과 합리성에 위배되지 않는 한 표준어, 즉 교양 있는 사람들이 두루 쓰는 현대 서울말의 실제 발음이 표준 발음이 된다. 물론 잘 알려진 바와 같이 표준어의 정의 자체가 불분명한 점을 지님으로써 표준 발음 역시 같은 문제점을 그대로 물려받을 수밖에 없다.[2)] 그러나 표준어와 표준 발음의 관련성만큼은 자명하다고 하겠다.

1) 그렇지만 방언 교육의 중요성을 지지하는 입장이라면 각 방언별 표준 발음의 규정에도 신경을 쓰지 않을 수 없을 것이다. 해당 방언에 존재하는 다양한 발음상의 변이를 모두 방언형으로 인정하고 교육한다면 상당한 복잡성을 감내해야만 한다.

2) 표준 발음법 제1항의 내용에 대해서는 다른 측면에서의 비판도 있어 왔다. 가령 김선철(2004: 25)에서는 표준 발음법을 규정하는 데 표준어라는 용어를 포함함으로써 동어반복이 일어난다는 문제점을 지적했다. 신지영(2006: 142)에서는 '표준어 발음법'의 입장과 '표준 표기 발음법'의 입장을 구분한 후 전자의 입장에서는 이 조항이 불필요하다는 점을 논의했다.

위의 규정에서 전통성과 합리성을 언급한 것은 이병근(1988: 46)에 따르면 서울말 자체의 변이형을 고려한 결과라고 한다. 서울말에서조차 하나의 단어가 두 가지 이상으로 발음될 때에는 전통성과 합리성이라는 기준을 가지고 표준 발음을 정한다는 것이다. 이것은 앞서 한 방언 내에도 변이가 있으므로 표준 발음을 정해 줄 수 있다고 지적한 바와 통하는 내용이다.

2.1.2. 표준 발음의 필요성

표준 발음을 어떻게 정해 줄지에 대한 이견은 있을 수 있지만, 표준 발음이 필요하다는 데에는 대체로 반대의 견해가 없는 듯하다.[3] 표준 발음 자체의 필요성에 대해서는 여러 가지 측면에서 논의가 있어 왔다. 이것을 몇 가지 내용으로 분류하면 다음과 같다.

우선, 가장 흔히 언급하는 것으로 언어 측면에서의 국민 화합을 들 수 있다. 국민들 사이의 위화감을 없애기 위해서 표준 발음을 정할 필요가 있다는 것이다. 국민들 사이의 발음 차이는 때로 의사 소통에 지장을 줄 수 있으며 심지어는 지역 방언이 지역 감정과 결부되어 안 좋은 폐단을 낳을 수 있다. 이를 해결하는 방법으로는 표준 발음을 기준으로 한 발음의 통일을 꾀하는 것이 좋다는 지적이 자주 있어 왔다. 이러한 주장에는 언어가 인간의 사고와 밀접한 관련이 있다는 전통적인 사고관이 배경으로 작용하고 있다.

다음으로 국민 화합 못지않게 중시되는 것은 공용어 사용의 측면이다. 방송이나 교육 등에서 사용하는 말은 사회 구성원들이 모두 알아들을 수

3) 표준 발음의 필요성과 표준 발음법의 필요성은 서로 다른 문제이다. 여기서는 표준 발음의 필요성에 대해서만 다룬다. 표준 발음법의 필요성에 대해서는 2.2.1에서 따로 검토하기로 한다.

있는 공용어여야만 하며 그런 공용어의 발음을 규정해 주어야 한다는 것이다. 이것은 어쩌면 그 어떤 측면보다도 현실적인 필요성에 근거한다고 할 수 있다. 대중매체, 특히 음성을 이용하는 방송의 광범위한 보급으로 인해 방송에서 사용하는 언어에 대한 관심이 부쩍 고조되었다. 또한 어린 세대들에 대한 교육에서도 국가의 공식어인 표준어가 중시되어야 한다는 시각이 지배적이다.[4] 최근에는 외국인을 위한 한국어 교육이 고조되면서 외국인들에게 가르치는 한국어의 표준 발음 문제 역시 부각되고 있다.

한편 사회 구성원으로서의 교양과 품위를 위해서도 표준 발음이 필요하다는 지적이 있다. 교양인이란 무릇 말을 바르게 해야 하며 따라서 표준 발음을 구사하지 않으면 안 된다는 것이다. 이것은 현행 표준어 규정에서 표준어를 교양 있는 사람들이 쓰는 말이라고 한 것과도 무관하지 않다. 이런 주장을 하는 사람들 중에는 심지어 잘못된 발음 지식은 한국어의 권위를 떨어뜨리고 국민 정서를 메마르게 한다고 말하기까지 한다. 사람의 품격과 발음이 정말 관련이 깊은지는 단정할 수 없지만, 이 문제 역시 표준 발음의 필요성을 주장하는 근거로 제시되고 있다.

표준 발음의 규정은 사회주의 국가에서 훨씬 강하게 추진되었다. 이들 국가에서는 일찍부터 인민의 평등을 위한 문맹 퇴치에 앞장섰으며, 특히 사회 체제의 특성상 언어는 단순한 의사 소통의 도구에 그치는 것이 아니고 사회 혁명과 건설의 무기가 되기 때문에 언어 규범의 확립과 보급에 남다른 노력을 기울였다. 가령 북한의 경우 임홍빈(1993ㄴ: 364)의 언급대로 언어를 지배 체제의 확립과 유지 수단으로 삼아 문화어를 중심으로 한 언어적

4) 그러나 이러한 표준어 위주의 정책과 교육에 대한 반발이 근래 들어 활발해지고 있다. 가령 2006년 몇몇 단체가 중심이 되어 표준어 교육이 행복추구권과 평등권, 교육권을 침해한다며 헌법소원을 낸 것이 대표적이다. 2009년 이루어진 판결에서 결국 합헌 결정이 났지만 9명의 재판관 중 2명은 위헌이라는 견해를 내놓기도 했다.

통일을 지향해 왔다. 또한 허성도(1993: 43)에 따르면 중국은 헌법에서 표준어에 해당하는 보통화(普通話)의 보급을 명시하고 있어 여기에 근거한 문자와 발음의 표준화가 계속 이루어졌다고 한다.

이상과 같이 여러 가지 측면에서 표준 발음의 필요성이 제기되어 왔는데, 이것들은 주로 언어의 사회성과 관련을 맺는다고 할 수 있다. 즉, 국가라는 사회를 기준으로 할 때 그 사회 내의 언어는 단일하고 공통적일 필요가 있다는 데에 그 기반을 두고 있는 것이다. 그런데 우리나라의 경우에는 가장 중요한 어문 규범이라고 할 수 있는 한글 맞춤법을 위해서도 표준 발음을 정하지 않으면 안 된다. 한글 맞춤법의 총칙 제1항에서 규정하고 있듯이 현행 맞춤법의 기본 원리는 소리대로 적되 어법에 맞도록 하는 것이다. 이때 소리대로 올바르게 표기하기 위해서는 표준 발음이 명확하게 규정되어야 있어야만 한다.[5]

앞서 표준 발음이 필요하다는 논거로 제시된 것 중 일부는 적절성 여부에서 이견이 있을 수도 있지만 대체로 표준 발음의 필요성에는 동감할 수 있을 듯하다. 그러나 표준 발음이 필요하다고 해서 비표준 발음은 필요 없는 것이며 배제해야만 한다고 보아서는 곤란하다. 사실 지금까지 나온 몇몇 논의에서는 비표준적인 발음을 지양하고 표준적인 발음만을 구사해야 한다는 입장을 취하고 있는데 이러한 입장은 지나치게 규범 중심적이라고 하겠다.[6] 언어란 원래 획일적인 것도 아니고 획일화해야 하는 것도 아니다. 필요한 부분에서는 표준적인 형태를 따라야 하겠지만 그렇지 않은 경우에는 비표준적인 것도 허용하는 탄력적인 자세가 필요할 것이다.

---

5) 그러나 정작 한글 맞춤법이 처음 제정되던 1930년대 초반에는 표준 발음이 아직 정해져 있지 않았다.

6) 표준만을 따르게 하고 거기서 벗어나는 것을 배척하는 것은 변화를 곧 타락으로 인식한 예전의 사고 방식과 통하는 부분이 있다.

2.1.3. 표준 발음과 현실 발음

표준 발음은 현실에 존재하는 실제 발음을 바탕으로 정한 것임에도 불구하고 현실 발음과 차이를 보인다. 이러한 차이가 나타나는 원인은 크게 두 가지로 나눌 수 있다. 하나는 발음 자체가 끊임없이 변화한다는 점이다. 이것은 표준 발음과 현실 발음이 차이 나게 만드는 가장 근본적인 이유이다. 동시대의 서로 다른 화자는 말할 것도 없고 같은 화자라고 하더라도 발음의 변화를 겪기 마련이다. 따라서 표준 발음으로 정해진 것 역시 시간이 흐르면 필연적으로 현실 발음과 동떨어질 수밖에 없다.

그런데 비록 불가능한 상황이기는 하지만 시간이 흐르지 않고 언어 변화가 일어나지 않는다고 가정해도 표준 발음은 현실 발음과 다를 수밖에 없다. 표준 발음을 정한다는 것은 이미 표준 발음을 정할 당시에 발음의 변이가 존재함을 전제한다. 발음의 변이가 없이 단일한 발음만 있다면 표준 발음을 정할 필요가 없이 단일한 발음 그 자체가 표준 발음이 된다. 시대와 장소와 상관없이 발음의 변이가 존재한다는 사실로 말미암아 표준 발음과 현실 발음은 동일할 수 없는 운명적 관계에 있다. 이것이 표준 발음과 현실 발음을 다르게 하는 두 번째 이유이다.

이런 점에서 본다면 발음의 규범과 현실이 달라지는 것은 어쩔 수 없는 일인 동시에 너무나 당연한 일이기도 하다. 특히 규범을 정한 지가 오래되면 될수록 규범과 현실 사이의 차이는 더 커질 수밖에 없다. 요즘과 같이 사회 변화의 속도가 빠른 경우에는 시간이 조금만 흘러도 예전에 비해 훨씬 큰 변화를 수반하게 되기 때문이다.

그렇다면 한국어의 표준 발음은 현실의 발음과 얼마나 동떨어진 것일까? 시간적으로 본다면 표준 발음을 정한 것이 1980년대 중후반이므로 약 30년 남짓 흐른 셈이다. 약 한 세대에 해당하는 격차가 있다고 할 수 있다. 그렇지만 그 당시 표준 발음을 정할 때는 주로 당시의 노년층 발음을 중심으로 했기 때문에 현재의 중년층과 비교하면 거의 두 세대 정도의 차이가 난다.

표준 발음과 현실 발음을 비교했을 때 가장 큰 차이는 단모음 체계와 음장에서 찾을 수 있다. 표준 발음으로 규정한 10개의 단모음은 현재 중년층을 포함한 그 이하 세대에서는 대부분의 방언에서 발견할 수 없다. 음장 역시 단어의 변별에 적극적으로 사용되지 않을 뿐만 아니라 표준 발음법에서 규정한 음장의 변동도 문란한 경우가 많다. 이 외에 경음화, 겹받침의 발음 등에서도 차이가 나타난다.7)

이러한 단모음 체계, 음장의 변별, 경음화나 겹받침의 발음 등은 표준 발음이 정해진 이후에 새로운 변화가 생겨남으로써 규범과 현실이 달라졌다고 하기는 어렵다. 이미 표준 발음법 제정을 위해 자료 조사를 실시했던 1970년대에도 발음의 혼란이 존재했다.8) 그러다가 혼재하는 발음 중 어느 하나를 표준으로 삼은 결과 표준에서 제외된 것들이 표준 발음과 다르게 되었을 뿐이다. 표준 발음과 차이를 보이는 현실 발음의 상당수는 표준 발음을 정할 당시에도 이미 존재하던 것들이며, 그런 점에서 앞서 표준 발음과 현실 발음이 차이 날 수밖에 없는 원인으로 제시한 두 가지 중 두 번째 요인이 크게 작용하고 있다.

표준 발음이 현실 발음과 지나치게 동떨어지는 것은 바람직하지 않다. 이는 곧 국민들에게 많은 혼란을 야기할 수 있다. 이상적으로는 둘 사이의 거리가 가까워질수록 좋다. 현실 발음이 표준 발음과 멀어질 때에는 두 가지 노력이 이루어질 수 있다. 하나는 규범에 의거하여 현실 발음을 표준 발음에 가깝게 교정하는 것이고, 다른 하나는 현실 발음에 맞추어 표준 발

7) 표준 발음과 현실 발음 사이의 좀 더 구체적인 차이에 대해서는 3장 이하에서 자세하게 다루기로 한다. 여기서는 대략적인 경향 중 일부만 제시했다.

8) 이러한 상황은 1.3에서 제시한 논의들을 포함하여 1970년대에 나온 발음 조사 결과물과 연구 업적들을 통해 확인할 수 있다.

음을 수정하는 것이다.

그런데 이 두 가지 모두 그리 쉬운 일이 아니다. 가령 현실 발음을 바로잡아 표준 발음에 가깝도록 하는 것은 과연 표준 발음이라는 것이 그렇게 강제적으로 적용해야 하는 것인지에 대한 거부감을 불러일으킬 수 있다. 하나의 단일 발음만을 강요하는 것은 다원화된 사회상에 비추어 볼 때 시대의 흐름에 역행하는 태도로 받아들여질 수 있는 것이다.

그렇다고 해서 현실 발음에 맞게 표준 발음을 수정하는 것은 실질적으로 더 복잡한 문제를 야기할 수 있다. 언어 규범이라는 것을 현실에 맞게 빈번하게 고친다면 그것은 이미 규범으로서의 존재 의의를 잃어버리게 된다. 어느 나라든지 표기법을 비롯한 언어 규범은 보수적인 색채를 띄는데 그것은 규범의 특성상 일단 정해지면 자주 고치기가 어렵기 때문이다. 규범을 자주 고친다면 교육이나 대중 매체에서의 언어 사용 등에서 큰 혼란을 초래할 것이 뻔하다. 설령 표준 발음을 현실에 맞춰 고친다고 하더라도 얼마나 자주, 어떤 기준을 가지고 수정할지를 정하기란 쉽지 않다. 특히 한국어의 경우 표준 발음의 개정은 곧 한글 맞춤법의 개정까지 초래할 수 있기 때문에 더 복잡한 상황에 직면한다.[9)]

표준 발음과 현실 발음의 차이를 해소하는 방안이 무엇인지를 쉽게 단정적으로 말하기란 어렵다. 어쩌면 그 둘의 차이를 없애려고 하는 것 자체가 무모한 시도일지도 모른다. 이 문제의 해결을 위해서는 음성학자나 음운론자와 같은 언어학자뿐만 아니라 교육 관련자, 사회학자, 심리학자 등 다양한 분야의 전문가들이 모일 필요가 있다. 그렇지만 그러한 모임이 만들어진다고 해도 그다지 쉽게 결론이 나기를 기대할 수는 없다.

9) 앞에서도 언급했듯이 소리대로 표기하는 것이 한글 맞춤법의 중요 원리 중 하나이기 때문에 표준 발음이 달라지면 한글 맞춤법도 달라질 소지가 있다. 가령 합성어 형성에서의 경음화 인정 여부는 사이시옷 표기에 직접적인 영향을 미칠 수 있다.

2.2. 표준 발음법

2.2.1. 표준 발음법의 필요성

표준 발음이 필요하다는 데에는 대체로 공감하지만 표준 발음법이 필요한지에 대해서는 이견이 있다. 표준 발음이 있다면 당연히 표준 발음법이 있어야 한다고 생각할 수도 있으나 이 둘은 엄연히 구분된다. 표준 발음법은 표준 발음을 규정하는 여러 방식 중 하나에 불과하다. 표준 발음법이 아닌 다른 형식을 통해서도 표준 발음이 무엇인지 규정할 수는 있다. 그래서 표준 발음을 굳이 표준 발음법이라는 성문화된 규범으로까지 명시해 놓아야만 하는지에 있어 찬반의 입장 차이가 생겨나는 것이다.

실제로 표준 발음은 있되 표준 발음법은 따로 정해 놓지 않은 나라들이 대부분이고 한국과 같이 표준 발음법을 명시적인 규정으로 정해 놓은 경우는 극히 일부에 불과하다. 표준 발음법이 없는 나라들에서는 표준 발음을 일일이 문안으로 규정하지는 않으며 어떤 특정 부류 언어의 발음 또는 공인된 사전의 발음을 표준 발음으로 본다. 몇몇 대표적인 경우를 살피면 다음과 같다.

우선 미국이나 영국은 대체로 대표 방송사의 아나운서 발음을 표준으로 본다. 그런데 이것도 표준 발음으로 공인된 것은 아니다. 송기중(1993: 16~17)에서 지적한 바와 같이 미국이나 영국은 언어 정책과 관련된 정부 기관이 없으며, 민간의 필요와 호응에 순응하는 형식을 취하기 때문에 공식적인 표준 영어가 국가적으로 규정되어 있지는 않다. 캐나다 역시 사정이 크게 다르지는 않다. 서태룡(1993: 156)에 따르면 국영 방송인 CBC에서 들을 수 있는 일반 캐나다어가 표준어의 역할을 하므로 표준 발음 역시 그것을 바탕으로 한다고 하겠다.

비영어권 국가 중에서는 유럽권 국가들의 경우가 특이하다. 가령 독일의 경우에는 연극계에서 방언 사용을 배제하려는 움직임이 19세기부터 있었고 『Deutsche Bühnenaussprache(독일어 무대 발음)』(1898)이라는 책이 편찬되면서 이 책이 발음 교육의 기준으로 인정받았다고 한다.[10] 방송이 본격화되기 이전 무대 언어의 발음이 표준으로 인정받았다는 것인데 영국이나 미국과는 차이가 나는 대목이다.

독일과 이웃한 프랑스는 자국어에 대한 강력한 언어 정책으로 유명하다.[11] 프랑스는 언어 정책에 관여하는 기관도 여러 군데인데 이 중 표준어와 관련된 업무를 담당하는 가장 권위 있는 기구는 프랑스 학술원이라고 한다.[12] 프랑스어의 표준 발음은 대체로 두 개의 기관에서 편찬한 사전, 즉 프랑스 학술원에서 편찬한 『Dictionnaire de l'Académie franaise』와 프랑스 국립 과학연구소에서 편찬한 『Trésor de la langue francaise』에 수록된 발음 정보가 기준이 된다고 할 수 있다.

이처럼 표준 발음법을 따로 규정하지 않을 경우 표준 발음의 내용은 상당히 느슨하고 다소 모호할 수 있다. 예를 들어 사전의 명시적인 발음 정보를 기준으로 할 때를 제외하면 방송이나 무대에서의 발음이란 상당히 유동적이기 때문에 어떤 고정된 표준 발음을 언급하기가 쉽지 않다. 표준 발음의 실체가 불분명한 이상 그것을 교육하거나 강요하기도 어렵다. 다만 표준 발음이 무엇인지에 대한 대략적인 인식을 갖게 하는 데는 별로 부족함이 없을 것이다.

아무튼 굳이 표준 발음법을 따로 제정하지 않고도 표준 발음을 가진 나라

10) 자세한 것은 김하수(1993)을 참고할 수 있다.
11) 실제로 프랑스는 1992년 수정된 헌법 조항에 "공화국의 언어는 프랑스어이다."라는 문구를 추가했으며 이 문구는 프랑스의 국기나 표어 등에 앞서 제시되었다고 한다. 자세한 것은 김진수(2007)을 참고할 수 있다.
12) 장소원(1993)과 김진수(2007)에서 상세하게 논의하고 있다.

들이 존재한다는 사실은 표준 발음법이라는 어문 규정에 반대하는 중요한 근거가 될 수 있다. 오랜 언어 정책의 역사를 가진 나라들에서도 찾아볼 수 없는 표준 발음법을 굳이 우리가 가지고 있을 필요가 있겠느냐는 주장이 가능한 것이다. 그런데 이 외에도 표준 발음법에 반대하는 근거가 몇 가지 더 존재한다.

가장 근본적으로는 언어에 고정적인 규범을 정한다는 것 자체를 부정하는 입장이 있다. 표준을 정하고 그 표준에서 벗어나는 것을 배척하는 것은 지배자의 언어를 강요하고 피지배자의 언어를 말살하려는 제국주의 시대의 식민지 언어 정책과 별반 다를 것이 없다는 주장이다. 이런 입장은 비단 표준 발음법뿐만 아니라 모든 어문 규범의 제정 및 그러한 규범의 보급에 반대하게 된다.

좀 더 현실적인 측면에서 표준 발음법의 존재에 반대하는 주장도 존재한다. 가령 김선철(2004: 35)에서는 표준어 규정 자체가 표준어 중 논란이 되는 몇몇 어휘에 대한 사정 기준을 제시하려는 목적으로 작성되었으므로 표준어 규정의 일부인 표준 발음법도 표준어의 일부에 대한 것일 수밖에 없다고 지적하고, 표준어 규정을 충실히 반영하는 『표준국어대사전』이 이미 존재하므로 표준어 규정 전체가 불필요해졌다고 하고 있다. 즉 표준 발음법이 굳이 없어도 『표준국어대사전』의 발음 정보를 통해 표준 발음을 알 수 있다는 것이다. 신지영(2006: 153~154)은 현행 표준 발음법이 엄밀히 말해 표준어의 발음 규정이 아니라 표준 표기의 발음법, 즉 표준 표기대로 발음되지 않는 경우의 발음법이라고 하면서 표기와 다르게 발음되는 것을 모두 규정으로 만드는 것은 불가능할 뿐만 아니라 불필요한 일이라고 했다. 또한 표준 발음법보다 더 필요한 것은 발음 사전이라는 견해를 선보였다. 표준 발음은 현재와 같은 규정이 아닌 사전을 통해 알게 하는 것이 바람직하다고 본다는 점에서 김선철(2004)나 신지영(2006)은 일맥상통하는 부분이 있다.

물론 그럼에도 불구하고 표준 발음법이 필요하다는 견해 역시 없지는 않다. 대표적으로 배주채(2006)을 들 수 있다. 배주채(2006: 83~84)에서는 김선철(2004)와 같이 표준 발음법을 발음 사전으로 대체하자는 주장에 대해 크게 세 가지 측면에서 표준 발음법이 필요하다고 반박하고 있다. 첫째, 발음 사전에서 각 어휘들의 표준 발음을 모두 보여 주려면 사전의 규모가 너무 커서 실용성이 떨어진다.[13] 둘째, 한국어와 같이 발음상의 규칙성이 높은 경우에는 개별 단어의 발음을 일일이 밝히는 것이 매우 불편한 일이다. 셋째, 사전에서 보여 줄 수 없는 표준 발음은 표준 발음법으로 보여 주어야 한다.[14]

이 책에서는 발음 정보를 상세하게 담는 발음 사전(또는 기존 사전의 발음 정보)과 상관없이 표준 발음법은 존재할 필요가 있다는 입장을 취하고자 한다. 그 이유는 무엇보다도 표준 발음법과 발음 사전의 역할을 달리 보기 때문이다. 표준 발음법에서는 한국어의 발음에서 일반화나 규칙화가 가능한 정보, 또는 사전의 표제항에서 다룰 수 없는 정보를 담는 것이 바람직하다.[15] 가령 장애음 뒤에 오는 평음이 모두 경음으로 바뀌는 것은 한국어에서 예외 없이 일어나는 매우 규칙적인 현상이다. 이런 현상을 단순히 발음 사전에서 개별 단어의 발음 정보로만 제시하는 데 그치는 것은 여러 가지 측면에서 바람직하지 않다. 또한 한국어의 단모음 수나 발음에 대한 것도 발음 사전의 표제항에서는 구현하기 어려운 정보이다. 따라서 이런 내용들

13) 특히 어간에 문법 형태소가 결합하여 만들어지는 수많은 활용형이나 곡용형이 문제가 된다.

14) 사전에서는 주로 어휘소나 어절만을 싣기 때문에 그보다 큰 단위의 표준 발음은 발음 사전만으로는 알 수가 없다.

15) 현행 표준 발음법도 기본적인 성격은 이러하다. 그러나 현재의 표준 발음법이 이런 성격을 갖기까지 적지 않은 변화를 거쳤다. 즉 초기에는 오히려 불규칙적인 발음을 개별적으로 일일이 표시해 주는 성격을 지녔다가 이후 수정을 거쳐 오히려 발음의 규칙성을 규정해 주는 쪽으로 바뀐 것이다. 자세한 것은 2.2.3의 내용을 참고할 수 있다.

은 발음 사전이 아닌 표준 발음법에서 다룰 필요가 있다. 반면 발음 사전은 사전 표제항으로 실리는 단위들의 개별적인 발음을 온전히 담는 것으로 충분하다. 이러한 개별 발음 정보는 그 내용에 따라서 크게 표준 발음법에서 언급한 일반화나 규칙화가 개별 단어에 적용되었을 때의 결과, 일반화나 규칙화에 대한 예외, 일반화나 규칙화가 어려운 특수하고 불규칙적인 발음으로 나눌 수 있다.

이처럼 표준 발음법과 발음 사전의 기능을 분리하면 둘 사이의 상호 보완이 가능해진다는 장점이 있다. 표준 발음법은 모든 단어들의 발음을 일일이 규정해 줄 수 없다는 단점을 가지며 발음 사전은 발음상의 규칙성을 제시하기 어렵다는 단점을 지닌다. 따라서 표준 발음법에서 규정할 수 없는 개별 단어의 발음은 발음 사전이 보완하고 대신 발음 사전의 발음 정보 중 규칙적인 것은 표준 발음법에서 규정해 줌으로써 어느 하나만 존재했을 때의 문제점을 해결할 수 있다. 또한 배주채(2006)에서 언급한 중복성의 문제도 생기지 않는다는 이점이 있다. 가령 배주채(2006)에서는 '닭다'의 발음이 '[닥따]'라는 사실은 표준 발음법에도 제시되어 있고 발음 사전의 '닭다' 표제항에도 표시되어 중복 제시의 문제가 있다고 지적했다. 그렇지만 표준 발음법에 나오는 정보는 규칙적인 음운 현상의 구체적인 사례로 제시된 것임에 반해 발음 사전에서는 해당 표제항의 발음 정보로 나온 것이기 때문에 표면적으로는 중복이 될지 몰라도 실질적으로는 그 내용이 서로 대등하지 않다. 따라서 내용이 단순히 중복되었다고 말하기는 어렵다.[16)]

16) 배주채(2006: 85)에서 지적했듯이 실용적인 관점에서는 발음 정보가 중복해서 나와도 큰 문제가 없다. 다만 이론적인 관점에서 보아도 표준 발음법에 나오는 정보와 발음 사전에 나오는 정보는 성격의 차이가 있으므로 중복된다고 해서 특별히 문제라고 말하기는 어려워 보인다.

2.2.2. 표준 발음법과 한글 맞춤법

표준 발음법과 한글 맞춤법이 서로 관련을 맺는다는 점은 이미 이전부터 지적되어 왔다. 즉, 한글 맞춤법은 표준 발음법의 정보를 필요로 하며 표준 발음법의 규정은 한글 맞춤법에 기대고 있다는 것이다. 한글 맞춤법이 표준 발음을 필요로 한다는 것은 한글 맞춤법 총칙 1항에서 분명히 알 수 있다. 한글 맞춤법은 소리대로 적는 것을 중요 원리 중 하나로 채택하고 있는데, 이때의 소리는 표준 발음법에서 규정하는 표준 발음이 될 수밖에 없다.17)

이와 반대로 표준 발음법이 한글 맞춤법을 기반으로 한다는 것은 최근에 논의되기 시작했다. 여기에 따르면 표준 발음법은 그 의미처럼 순수한 발음 전반을 규정한 것이 아니고 한글 맞춤법에서 정한 표기를 어떻게 읽을 것인지를 규정한 셈이 된다. 가령 신지영(2006: 139)에서는 표준 발음법의 4장 제목이 '받침의 발음'인데 '받침'이라는 것이 표기와 관련된 용어라는 점, 제2항의 해설이나 제29항의 규정을 보면 표기에 대한 언급을 하고 있다는 점 등을 근거로 표준 발음법이 한글 표기를 어떻게 발음할 것인지에 대한 규정이라고 한 바 있다.

그런데 이런 부분적인 측면뿐만 아니라 표준 발음법에서 규정하고 있는 전반적인 내용을 보아도 표준 발음법이 한글 표기의 발음법에 가깝다는 사실들을 쉽게 알 수 있다. 표준 발음법에서 규정하는 음운 현상에 포함된 것은 대부분 표기와 발음이 일치하지 않는 경우들이다. 바꾸어 말하면 한글 맞춤법에서 소리 나는 대로 적게끔 정한 것들은 표준 발음법에 빠져 있는

17) 이러한 사실을 제대로 인식하지 못함으로써 표기 실수가 많이 나오게 된다. 가령 '주꾸미'를 예로 들자면 대부분의 사람들이 '[쭈꾸미]'로 발음하고 있기 때문에 실제로도 '쭈꾸미'라는 잘못된 표기를 많이 볼 수 있는데 올바른 표기는 '주꾸미'가 된다. 이것은 이 단어의 표준 발음이 '[주꾸미]'라고 보기 때문이다. 이 외에 '깨끗지(깨끗하지)'를 '깨끗치'로 잘못 쓴다거나 하는 것도 표준 발음이 아닌 현실 발음을 기준으로 표기한 결과이다.

것이다. 여기에는 표기와 발음이 일치하면 그냥 표기대로 읽으면 되며 다만 표기와 발음이 일치하지 않는 경우에 한해 표준 발음법에서 밝혀 주어야 한다는 인식이 반영되어 있다. 예를 들어 동일한 탈락 현상이라도 어간 말의 ㅎ-탈락은 표준 발음법에서 다루지만 ㄹ-탈락이나 어간말 으-탈락 등은 표준 발음법에서 다루지 않는 이유도 여기에 있다. ㅎ-탈락은 표기에 반영하지 않지만 ㄹ-탈락이나 어간말 으-탈락은 그대로 표기에 반영하는 것이다.

이상에서 알 수 있듯이 한글 맞춤법과 표준 발음법은 서로 밀접한 관련을 맺는다. 이러한 상호 관련성이 그 자체로 문제가 된다고 볼 수는 없다. 한글 맞춤법의 원리상 발음 정보를 필요로 한다는 것은 피할 수 없다. 또한 표준 발음법의 내용에서 표기 정보를 모두 빼 버린다면 그 기술이 매우 복잡해져서 일반인들이 이해하기에 대단히 난해해질 것은 자명하다. 그런 점에서 한글 맞춤법과 표준 발음법이 서로의 정보를 이용하는 것은 현실적으로 불가피하다고 하겠다.18)

표기법과 발음법이 서로 관련을 맺는 것은 우리만의 문제는 아니다. 표음 문자를 사용하는 경우에는 항상 비슷한 상황이 나오게 된다. 어떠한 표기법도 발음을 있는 그대로 반영하지는 않으므로 올바른 발음을 정할 때는 표기법을 언급하지 않을 수 없다. 다만 우리는 표음 문자를 이용한 표기법 자체가 발음을 그대로 반영하는 표음주의(음소주의)를 고려하면서도 형태를 밝히는 표의주의(형태음소주의)에 더 무게 중심이 가 있음으로써 좀 더 복합적인 모습을 보이는 것이다.

18) 문제가 되는 것은 한글 맞춤법과 표준 발음법의 상호 의존성이다. 어떤 단어의 올바른 표기를 정한 근거는 발음에서 찾고 반대로 그 단어의 올바른 발음은 표기에서 찾음으로써 순환 논리의 모순에 빠지는 경우가 있어서는 곤란할 것이다. 이 문제를 구체적으로 지적한 것은 배주채(2006)이다.

2.2.3. 표준 발음법의 제정 과정

표준 발음법은 제1부와 제2부로 구성된 현행 표준어 규정의 제2부에 해당한다. 잘 알려진 바와 같이 현행 표준어 규정의 전신은 1936년에 나온 『사정한 조선어 표준말 모음』이다. 그런데 이것은 개별 규정으로 이루어진 것이 아니라 단지 표준어로 사정한 단어들만이 수록되어 있을 뿐이다. 당연히 표준 발음법에 대한 내용도 들어 있지 않다. 표준어 규정이 지금과 같은 개별 조항들로 이루어진 것은 1988년에 공포되어 1989년부터 시행된 현행 규정에 와서의 일이다. 표준 발음법은 이때 새로 만들어졌다.

이처럼 표준 발음법은 처음부터 독자적인 규정으로 제정된 것이 아니라 표준어 규정의 하위 조항으로 만들어졌다. 따라서 표준 발음법의 제정 과정은 표준어 규정의 제정과 관련지어 살필 수밖에 없다. 여기서는 시간의 흐름과 내용의 변화라는 두 가지 측면을 구분하여 표준 발음법이 어떻게 제정되었는지를 살피기로 한다.[19]

2.2.3.1. 시간의 흐름에 따른 표준 발음법의 제정

정부에서 표준어 규정을 포함한 어문 관련 법안을 정비하고자 공식적으로 사업에 착수한 해는 1970년이다. 애당초 계획으로는 1972년까지 개정안을 확정한다는 것이었지만 중대 사안을 너무 단시일에 해결하려 한다는 의견에 밀려 표준어 재사정 작업 기간을 5년으로 늘려 잡았다.[20] 그런데 이마저도 지켜지지 못하고 실제로는 7년이 흐른 1977년이 되어서야 표준어 재사정을 위한 가안(假案)이 나왔다. 이후 2년여 동안 심의와 검토 작업을 거

19) 이 부분은 이진호(2008ㄱ)의 관련 내용을 발췌하고 일부 내용을 덧붙인 것임을 밝혀 둔다.
20) 이러한 사정은 남광우(1978: 211)에 제시되어 있다.

쳐 최종안이 만들어졌지만 역시 빨리 공포하면 안 된다는 여론에 밀려 7년 정도를 재검토와 수정에 할애하였고, 1988년 1월 19일에 와서야 확정된 표준어 규정을 공포하고 이듬해 3월 1일부터 시행하게 되었다. 실제로 모든 작업이 끝나는 것은 표준어 규정을 뒷받침하기 위한 『표준어 모음』이 나온 1990년 9월이었으니 계획 수립 후 약 20년이 걸린 셈이다. 이 시기는 크게 일곱 단계로 나눌 수 있다.

❶ 사업 준비기(1968년 10월~1970년 4월)

표준어 개정 사업이 시작된 것은 1970년 5월이지만 그 이전에 준비 기간이 있었다. 정부에서 개정 사업을 실시하기로 방침을 정한 후 한글학회에 이 사업을 의뢰해 작업을 진행할 기구를 조직하기까지가 그 시기이며, 이것을 '사업 준비기'라고 부를 수 있다.

- 정부에서 한글 맞춤법 개정 사업을 추진하기로 결정(1968년 10월)
- 문교부가 한글학회에 국어조사연구사업 추진을 위임(1970년 2월)
- 한글학회에서 사업 추진을 위한 계획 수립(1970년 2월~1970년 4월)
- 국어조사연구위원회 구성 완료(1970년 4월)

1968년 10월 25일 국무회의에서 의결한 '한글전용 촉진에 관한 7개 사항' 중 2항에는 문교부 내에 한글 전용 연구 위원회를 두어 1969년 전반기 내에 알기 쉬운 표기법을 연구하고 보급하기로 한다는 내용이 나온다. 정부 차원에서 한글 전용을 위한 한글 맞춤법 개정 사업을 추진하기로 결정한 것이다. 이후 한글 맞춤법뿐만 아니라 표준어 규정도 함께 개정하기로 하고 사업을 추진하게 된다. 이처럼 표준어 개정 사업은 정부에서 한글 맞춤법 개정을 결정한 데서부터 출발하므로 표준어 개정 사업의 출발점도 엄밀하게 보면 1968년 10월이라고 해야 타당할지 모른다.

정부가 어문 규정의 개정 계획을 민간 학술 단체에 알린 것은 1970년 1월 무렵이었던 듯하다. 한글학회(1970ㄱ: 170)에 따르면 1970년 1월 31일의 정기 이사회에서 정부 추진의 어문 규정 개정에 학회의 의견이 잘 반영되도록 건의서를 내기로 의결한 내용이 나온다. 그 이전에 개최된 이사회에서는 이 문제가 전혀 다루어지지 않은 것을 보면 1970년 1월 무렵에 정부에서 여러 학술 단체에 사업에 대한 통보를 했을 가능성이 크다. 또한 그해 2월 24일에 개최한 한글학회 이사회에서는 이미 문교부로부터 연구 사업을 위임받아 계획서를 마련하기로 했다고 하여 계획 수립 단계에서는 한글학회가 주도적으로 사업을 진행했음을 알 수 있다. 그리하여 한글학회를 포함한 총 7개 단체의 대표자와 한글 심의회 위원 전원으로 이루어진 국어조사연구위원회를 4월에 설립하고 5월 1일부터 작업에 착수하였다.[21] 이 위원회의 위원장은 한글학회 이사장인 허 웅 선생이, 실무를 관장할 주간은 장하일 선생이 맡았다.[22]

❷ 기초 자료 조사기(1970년 5월~1972년 12월)

국어조사연구위원회는 표준어 개정을 위해 제일 먼저 기본 자료를 조사하기 시작하였다. 이 시기가 '기초 자료 조사기'이다.

- 문헌을 통한 조사(1970년 5월~)
- 표준말 실태 조사(1971년~)
- 된소리 및 긴소리 조사(1971년~1972년)

국어조사연구위원회는 사업 첫해부터 1936년에 간행된 『사정한 조선어

21) 국어조사연구위원회의 구성 등은 문교부(1979ㄱ)에 잘 나와 있다.

22) 한글학회(1970ㄴ: 405)에 따르면 국어조사연구위원회 위원과는 별도로 11명의 직원이 채용되어 장하일 주간의 주재 아래 한글학회 안의 사무실에서 작업에 참여하였다고 한다.

표준말 모음』을 비롯하여 각종 사전, 신문, 잡지 등 문헌을 바탕으로 사정 대상 단어 5만여 개를 찾아 자료집을 만들었다. 또한 1971년부터는 표준말 사용 실태는 물론이고 된소리 및 긴소리 실태를 조사하였다. 이 중 된소리와 긴소리 조사 결과가 표준 발음법 제정을 위한 기초 자료로 활용되었다.[23]

❸ 규정안 제정기(1973년 1월~1979년 12월)

국어조사연구위원회가 수집한 자료를 근거로 표준어를 사정하고 그 결과를 보고서로 간행한 후 문교부의 심의를 거쳐 최종안을 마련하기까지의 시기가 '규정안 제정기'이다.

- 표준말 사정 회의(1973년~1977년 9월)
- 국어조사연구위원회의 보고서 제출(1977년 9월)
- 국어심의회의 심의(1977년 10월~1978년 11월)
- 개정 시안 공개(1978년 12월)
- 개정 시안에 대한 여론 조사(1978년 12월~1979년 7월)
- 국어심의회의 재심의 및 수정안 발표(1979년 8월)
- 최종안인 '표준말안' 확정(1979년 12월)

국어조사연구위원회는 기초 자료 수집이 끝난 직후부터 표준말 사정 회의를 열었으며 그 결과를 보고서로 엮어 1977년 9월 30일 문교부에 제출하였다. 문교부에서는 제출된 보고서를 국어심의회 전문위원들에게 정리, 검토하게 하였고 그 결과물을 1978년 6월부터 국어심의회 한글분과위원회에서 심의하도록 했다. 한글분과위원회에서는 작업의 효율을 위해 소위원회

23) 뒤에서 자세히 언급하겠지만 당시 발음상의 혼란이 가장 심각하다고 본 것이 된소리와 긴소리 문제였다.

를 구성하여 먼저 심의한 후 본회의를 열었다. 그리하여 표준어 개정 시안이 1978년 12월에 나오게 되었고 1차 공개 답신회를 개최한 후 언론에 공포하였다.[24)]

언론 공포 후의 여론 조사는 세 가지 방향으로 이루어졌다. 언론 매체의 반응 분석(1978년 12월 18일~1979년 7월 31일), 설문지 조사(1979년 4월), 9개 시도 공청회 개최(1979년 5월)를 통해 다양한 분야의 견해를 수집하였다.[25)] 그 결과를 1979년 8월 국어심의회에서 다시 심의하여 2차 공개 답신회를 개최한 후 1979년 8월 31일에 수정안을 발표하였다. 그 후 다시 여론 수렴을 한 뒤 1979년 12월에 최종안인 '표준말안'을 확정하였다.

이상과 같이 국어조사연구위원회가 제출한 보고서는 표면적으로 매우 복잡한 심의 과정을 거쳐 최종안으로 확정되었다. 그러나 이러한 복잡한 절차와는 달리 내용의 변화는 그리 크게 이루어지지 않았다. 문교부(1979ㄱ)에 제시된 수정 내역을 보면 주로 예시 단어의 첨삭 또는 변경이 대부분인데 그 비율도 높지 않다. 그 밖의 수정 사항 역시 중대한 변화로 보기는 어렵다. 이것은 당시 심의에 참여한 위원들의 면모를 볼 때 어느 정도 예상할 수 있다. 국어심의회 한글분과위원회 위원 15명 중 10명은 국어조사연구위원회 위원을 역임했으며 특히 국어심의회 본회의에 앞서 실무를 담당한 소위원회의 위원 4명은 모두 국어조사연구위원회 위원이었다.[26)] 이처럼 보고서를 작성한 국어조사연구위원회의 위원과 보고서의 심의에 관여한 위원이 대부분 중복되기 때문에 내용의 근본적인 변화를 기대하기는 어려웠다.

---

24) 1차 공개 답신회는 학술원 회의실에서 열렸는데 국어심의위원은 물론이고 문교부 장·차관과 실·국장, 일간지 편집국장까지 참석하였다. 그만큼 정부에서 이것을 중요한 사안으로 생각했다.

25) 당시 실시한 설문 조사의 설문지가 『어문연구』 22호(1979년 6월 한국어문교육연구회 간행)에 실려 있으며 조사 결과 중 일부는 정준섭(2000: 184)에 제시되어 있다.

26) 소위원회의 위원 4명 중 한 명은 국어조사연구위원회의 실무 책임을 맡았던 장하일 선생이었다.

이렇게 마련된 최종안은 곧바로 공포되지 못하였다. 국민들의 생활에 직접적인 영향을 미치는 중대 사안인 만큼 신중히 시행해야 한다는 여론이 우세했기 때문이다. 이에 따라 최종안은 다시 학술원의 검토를 거치기로 했다. 그러나 최종안이 학술원으로 공식 이관된 것은 1981년 5월이었다. 최종안이 나온 지 1년 반이라는 세월 동안 아무런 사업의 진전이 없었던 것이다. 이것은 1979년 12월 이후 1년 이상의 기간이 한국 현대사에서의 정치적 격변기였으므로 정부에서 어문 규정의 개정에 신경 쓸 여력이 없었기 때문으로 보인다.

④ 규정안 검토기(1981년 5월~1984년 12월)

문교부의 최종안을 학술원에서 검토한 시기를 '규정안 검토기'라고 할 수 있다.

- 문교부 최종안이 학술원으로 이관(1981년 5월)
- 문교부 최종안의 검토 및 수정(1982년 1월~1983년 12월)
- 표준어 개정안 마련(1983년 12월)
- 설문 조사 실시 및 결과 분석(1984년 9월~10월)
- 표준어 개정안 수정 및 보완(1984년 10월)
- 표준어 개정안 확정(1984년 12월)

학술원은 문교부 최종안을 심의하기 위해 어문연구위원회를 구성하고 2년 동안 23차례나 회의를 열었다. 심의는 두 부분으로 나누어 진행되었다. 문교부 최종안의 1~3장, 즉 현 표준어 규정 중 1부인 표준어 사정 원칙에 해당하는 부분은 19차 회의인 1983년 2월 3일에 이미 검토와 수정이 끝난다. 반면 표준 발음과 관련되는 4, 5장은 19차 회의에 와서야 비로소 심의 방법부터 협의하기 시작하였다.

이후 여러 차례의 회의를 거쳐 1983년 12월에는 표준어 개정안을 마련하였다. 이 개정안이 학술원(1983)이다. 학술원(1983)에는 표준 발음에 해당하는 부분이 빠져 있다. 이에 대해 학술원(1983: 52)에서는 발음 부분이 아직 심의 중이라서 포함시킬 수 없었다고 밝혔다. 실제로 이현복(1987: 13)에 따르면 학술원의 위탁으로 1983년 10월 21일부터 12월 24일까지 표준 발음의 실태 조사를 실시하였다고 한다.[27] 따라서 학술원(1983)에는 아직 조사가 끝나지 않은 표준 발음 부분이 들어가기 어려웠다.

1984년에는 학술원(1983)을 수정 보완하는 작업을 거쳐 그해 12월에 최종적인 보고서를 제출하였다. 그런데 최종 보고서인 학술원(1984)에도 표준 발음에 해당하는 부분이 빠져 있다. 1983년 말에 이루어진 표준 발음 실태 조사 결과는 1984년 초에 학술원 본회의에서 정식으로 보고되었음에도 불구하고 표준 발음 부분은 결국 보고서에 실리지 못했다. 실태 조사까지 마쳤다면 어떤 방식으로든 표준 발음에 대한 내용이 보고서에 포함되어야 할 것으로 예상되지만 실제로는 그렇지 못했다.

현재 이 상황을 구체적으로 말해 주는 자료는 남아 있지 않다. 다만 당시의 정황으로 비추어 그 이유를 어느 정도 추론할 수는 있다. 우선, 문교부(1979ㄴ)에 제시한 표준 발음 부분 자체에 대해 논란이 적지 않았던 듯하다. 문교부(1979ㄴ)의 내용은 1971년부터 2년간 이루어진 된소리 및 긴소리 조사 결과에 바탕을 두고 있었는데도 불구하고 학술원에서는 다시 발음 실태를 조사하였다. 이것은 학술원의 심의 과정에서 문교부(1979ㄴ)의 내용에 대해 적지 않은 불신이 있었음을 간접적으로 말해 준다. 게다가 학술원의 표준 발음 실태 조사 역시 심의 과정에서 우호적으로 수용되지는 않았던 듯하다. 이현복(1987: 15~18)에 제시된 학술원의 조사 결과를 보면 문교부

27) 이 조사는 문교부(1979ㄴ)의 4, 5장에 제시된 단어 중 일부를 뽑아 실제 발음과 비교하는 것이었다.

(1979ㄴ)에 제시된 표준 발음과 실제 조사된 표준 발음은 상당한 차이가 있는 것으로 나타났다.[28] 만약 이러한 조사 결과를 심의 과정에서 적극적으로 수용했다면 비록 내용의 변화는 있었을지 몰라도 표준 발음 부분이 제외되지는 않았을 터인데 완전히 빠진 것을 보면 조사 결과가 제대로 받아들여지지 못했음에 틀림없다.

학술원의 검토를 거치면서 현행 표준어 규정 중 1부인 표준어 사정 원칙은 큰 틀이 정해졌다. 반면 표준 발음과 관련해서는 원래 있던 내용마저 빠져 버렸다. 이것은 표준 발음 부분에 있어 대폭적인 변경을 예고하는 것이기도 하다.

⑤ 새 규정안 제정기(1985년 2월~1987년 4월)

학술원의 연구 결과는 다시 국어연구소의 검토를 거친다. 그런데 이 과정에서 현행 표준어 규정의 1부인 '표준어 사정 원칙'은 이전의 학술원(1984)을 소폭 수정하는 데 그치지만 '표준 발음법'에 해당하는 내용은 이전의 내용이 거의 폐기되고 새롭게 만들어진다. 따라서 표준 발음법의 관점에서 본다면 이 시기는 '새 규정안 제정기'라고 말할 수 있다.

- 국어연구소의 검토 시작(1985년 2월~1987년 3월)
- 표준어 개정안 공개(1987년 4월)

국어연구소는 1985년 2월 5일 학술원 보고서의 검토를 의뢰받고 2월 11일 심의위원을 위촉하는 것으로 검토 작업을 시작하였다. 이후 1987년 3월까지 총 59번의 회의를 거쳐 '표준어 개정안'을 만들었다. 심의 과정에서

28) 가령 장단의 경우 문교부(1979ㄴ)에서 2음절 이하에 표시한 장모음 중 대부분은 실제 조사에서 단모음으로 났으며 된소리화나 'ㄴ/ㄹ'의 첨가 역시 수정을 요하는 것들이 적지 않았다고 한다.

학술원(1984)뿐만 아니라 문교부(1979ㄴ)도 아울러 검토하였다. 이때에도 학술원에서와 마찬가지로 현 표준어 규정의 1부인 '표준어 사정 원칙'을 먼저 심의하였다. '표준어 사정 원칙'은 51번의 회의를 거쳐 1986년 10월에 4차 심의를 완료하였다. 반면 표준 발음법은 1986년 10월부터 12월까지 6번의 회의를 거쳐 1차 심의만 받았다. 표준 발음법은 이전의 문교부(1979ㄴ)에 포함된 4, 5장의 내용과는 달리 새로 만들었기 때문에 시간이 많이 소요될 수밖에 없었다.[29] 따라서 심의를 시작한 시점도 늦을 뿐만 아니라 일정상 심의 절차도 간소화되었다. 심의를 마친 '표준어 사정 원칙'과 '표준 발음법'은 1987년 2월부터 3월까지 보완 단계를 거쳐 1987년 4월 24일에 언론을 통해 정식으로 공개되었다.

⑥ 새 규정안 보완기(1987년 4월~1987년 12월)

국어연구소에서 공개한 '표준어 개정안'을 보완하는 시기로 '새 규정안 보완기'라고 부를 수 있다.

- 표준어 개정안의 수정 및 보완(1987년 4월~8월)
- 최종안인 '표준어 규정안'을 문교부에 제출(1987년 9월)
- 국어심의회에서 최종 심의(1987년 10월~1987년 12월)

1987년 4월에 공개된 '표준어 개정안'은 표준어 개정안 검토위원회와 조절위원회의 회의를 거쳤다. 또한 국어연구소의 개정 작업에 참여한 심의위원들의 검토도 함께 이루어졌다. 그리하여 1987년 8월에 '표준어 개정안'에 대한 전면적 검토를 마치고 9월 21일 문교부에 '표준어 규정안'이라는 이름

29) 구체적인 자료도 없고 당시 작업에 참여하신 분들의 기억에서도 지워져 문교부(1979ㄴ)과는 다른 새로운 표준 발음법이 어떻게 나오게 되었는지는 알 수가 없다.

의 보고서를 제출하였다. 문교부는 이 최종 보고서를 국어심의회에서 심의하도록 하였고 아울러 시행안까지 마련하였다. 이로써 십수 년에 걸친 심의를 모두 마치고 정식 공포되는 과정만 남겨 두게 되었다.

⑦ 규정안의 공포 및 완성기(1988년 1월~1990년 9월)

새 규정안이 공포되고 시행된 후 표준어 자료집까지 간행하여 사업이 완전히 종료되기까지의 단계를 '규정안의 공포 및 완성기'라고 부른다.

- 표준어 개정안 공포(1988년 1월)
- 표준어 개정안 시행(1989년 3월)
- 표준어 모음 간행(1990년 9월)

표준어 개정안은 1988년 1월 19일에 공포된다. 이에 앞서 문교부에서는 1월 14일에 보도 자료를 내어 새 규정안의 공포를 알렸다. 공포된 후 1년여의 준비 기간을 거쳐 새로운 표준어 규정은 1989년 3월 1일부터 시행되었다. 또한 각종 사전이나 출판물 간행에 도움을 줄 목적으로 '표준말 모음' 간행 작업을 시작하여 1990년 9월 14일 문화부 공고 제36호로 공식 발표하였다. 이로써 20여 년에 걸쳐 진행된 표준어 개정 사업은 종지부를 찍게 되었다.

2.2.3.2. 내용의 변화에 따른 표준 발음법의 제정

표준 발음법에 해당하는 어문 규정이 처음 마련된 것은 국어조사연구위원회가 1977년 9월 문교부에 제출한 보고서이다. 그러나 이 보고서의 내용이 문교부(1979ㄴ)과 크게 다르지 않으므로, 표준 발음법의 내용이 어떻게 변했는지는 문교부(1979ㄴ)을 살피는 것에서 출발해도 큰 문제는 없다. 문교부(1979ㄱ)이 문교부(1979ㄴ)보다 먼저 나오기는 했지만 둘 사이의 내용 차이가 거의 없고 문교부(1979ㄴ)이 당시에 최종 확정된 것이었으므로 문교부(1979ㄴ)이 검토 대상으로 더 적절하다. 문교부(1979ㄴ) 이외에 표준 발음법을 담고 있는 것은 국어연구소(1987ㄱ), 국어연구소(1987ㄷ)이다. 여기서는 이 세 가지를 대상으로 표준 발음법의 내용이 어떤 변화를 거쳐 현재에 이르렀는지 고찰하기로 한다.

❶ 문교부(1979ㄴ)에 담긴 표준 발음법

1970년에 표준어 개정 사업이 추진되었을 때 표준 발음에 대한 조사는 된소리와 긴소리에 초점을 맞추었다. 여기에는 이유가 있다. 그 당시 각종 국어사전의 발음 정보나 일반 국민들의 발음 중에서 가장 혼란스러웠던 것이 바로 된소리와 긴소리였다. 특히 장단(長短)의 경우 시간이 지날수록 국민들이 점차 구별을 하지 못할 뿐만 아니라 따로 표기할 수 있는 수단도 없어 표준 발음 교육에서 가장 시급히 해결해야 할 문제였다.30)

문교부(1979ㄴ)은 4, 5장에서 표준 발음을 규정하고 있는데 이때에는 된소리, 긴소리 외에 다른 내용들도 추가되었다. 그러나 여전히 된소리와 긴소리가 규정의 중심을 이룬다. 긴소리는 5장 전체를 할애하였으며 그 분량이 4장과 5장을 합친 것의 2/3를 차지할 정도이다. 또한 된소리는 4장에 제시된 여러 음운 현상 중 제일 앞에 제시하였다.

4장에서는 된소리되기, 'ㄴ, ㄹ' 소리 덧남, 겹받침 소리의 한쪽이 줆, 'ㄴ, ㄹ' 소리가 서로 바뀜의 네 가지 음운 현상에 대해 표준 발음의 원칙을 제시

30) 허 웅(1970: 336~337)에서 지적한 발음의 통일 문제 중에도 된소리와 길이 문제가 포함되어 있다. 또한 한자어에 국한되기는 하지만 된소리와 길이에 초점을 맞춘 남광우 선생의 논의가 비슷한 시기에 계속 발표되고 있었다는 점은 우연한 일이라고 보기 어렵다. 된소리와 긴소리에 대한 당시 국어학계의 분위기를 잘 반영한다고 할 수 있다.

하였다. 이 중 된소리되기와 'ㄴ, ㄹ' 소리의 덧남은 고유어와 한자어에서 모두 일어나기 때문에 이 둘을 구분하여 언제 음운 현상이 일어나는지 매우 자세하게 제시하였다. 반면 겹받침의 발음은 고유어에만 해당하고 'ㄴ, ㄹ' 소리가 서로 바뀌는 것은 한자어에서만 일어나기 때문에 이 두 음운 현상에서는 고유어와 한자어를 구분하지 않았다.[31)]

된소리되기와 'ㄴ, ㄹ' 소리 덧남 부분은 마치 한 편의 논문을 연상시킬 정도로 음운 현상의 적용 환경을 정밀하게 제시하였다. 두 현상의 적용 여부를 규칙화하기 어려우므로 적용되는 경우를 자세히 분류할 수밖에 없었던 것 같다.[32)] 겹받침의 발음은 각 어간의 발음을 활용형별로 일일이 밝혀 놓은 것이 주목된다. 가령 '갉-'이나 '칡'의 경우 뒤에 결합하는 문법형태소에 따라 받침 'ㄺ'이 어떻게 발음되는지를 모두 제시하였다.[33)] 이것은 같은 겹받침이라도 후행 요소에 따라 탈락하는 자음이 다를 수 있음을 인식한 결과이다.[34)] 'ㄴ, ㄹ'이 서로 바뀌는 현상에 대한 표준 발음은 현재와 일치한다. 즉, '간략'과 같이 단어의 자격을 지니지 않는 1음절 한자끼리의 결합

---

31) 'ㄴ, ㄹ' 소리가 서로 바뀌는 것은 'ㄴ+ㄹ' 연쇄에 적용되는 현상만 포함시켰기 때문에 고유어의 예를 찾을 수 없다. 고유어 중 'ㄹ'로 시작하는 형태소가 'ㄴ'으로 끝나는 형태소 뒤에 오는 경우는 존재하지 않는다.

32) 된소리되기는 규칙적인 것과 그렇지 못한 것이 있다. 장애음 뒤 또는 용언 어간말 비음 뒤의 된소리되기 등은 조건이 충족되면 예외 없이 적용되는 규칙적 성격을 가지지만 합성어 형성 또는 일부 한자(漢字)에서 보이는 경음화는 예외가 적지 않음으로써 규칙성이 떨어진다. 문교부(1979ㄴ)에서 다루는 된소리되기는 당연히 규칙성이 떨어지는 것이다.

33) 당시 대부분의 국어사전이 용언 어간은 '-다'와 결합할 때의 발음만을, 체언 어간은 휴지 앞에서의 발음만을 제시했다는 점을 고려하면 매우 획기적인 일이다.

34) 겹받침의 발음 중 현재의 규정에 비추어 차이 나는 부분이 두 가지 있다. 하나는 '기슭'의 겹받침에 한해서만 '기슬, 기슬과, 기슬도'와 같이 'ㄱ'이 줄어드는 것이 표준 발음이라고 인정한 점을 들 수 있다. 다른 단어의 'ㄺ' 받침은 모두 'ㄹ'이 줄어든다. 다음으로 '갉게, 갉고, 갉기'와 같이 'ㄺ'으로 끝나는 용언 뒤에 'ㄱ'으로 시작하는 어미가 올 때의 발음은 'ㄺ'이 줄어들지 않는 것이라고 해석한 점이 특이하다. 즉 '갉게, 갉고, 갉기'는 '갉아'와 마찬가지로 받침 'ㄺ'이 모두 발음난다고 규정한 것이다. 이것은 'ㄲ, ㄸ, ㅃ' 등의 경음을 홑소리가 아닌 짝거듭소리로 본 주시경의 태도를 연상시키는데, 발음의 관점에서 본다면 당연히 어간의 'ㄱ'이 줄어드는 것이라고 해석해야만 한다.

에서는 선행하는 'ㄴ'이 'ㄹ'로 바뀌고 '공신력'과 같이 단어의 자격을 지니는 한자어 뒤에 1음절 한자가 결합할 때에는 후행하는 'ㄹ'이 'ㄴ'으로 바뀌는 것을 표준 발음으로 삼았다.

5장은 긴소리를 다루는데 홑낱말의 긴소리, 복합어 및 파생어의 긴소리, 음운으로 인정하지 않는 긴소리의 세 부분으로 이루어졌다. 홑낱말은 품사에 따라 하위 분류한 후 다시 고유어와 한자어를 따로 다루었다. 홑낱말은 오로지 첫음절에서만 긴소리를 허용하고 둘째 음절 이하에서는 허용하지 않았다. 복합어와 파생어는 구성 요소의 음절 수에 따라 세 부류를 나눈 후 다시 품사 및 고유어와 한자어의 구분에 따라 하위 분류를 하였다. 복합어나 파생어는 구성 요소가 홑낱말 때 지녔던 긴소리를 그대로 내는 것을 원칙으로 삼고, 다만 접미사의 경우에는 긴소리로 낼 수 없게 하였다. 그러다 보니 복합어 중 둘째 음절 이하에서도 장모음을 가진 것들이 대거 표준 발음으로 인정되었다. '음운으로 인정하지 않는 긴소리'는 문교부(1979ㄴ)만의 독특함이 묻어 나는 부분이다. 긴소리로 나더라도 문장에서의 강세와 관련되는 것은 음운으로서의 긴소리로 인정할 수 없다고 하여 거기에 해당하는 부류를 제시하였다. 문장의 강세와 관련되는 장음은 표현적 장음과 비슷한 측면이 많다. 표현적 장음의 문제를 표준 발음법에 포함시켰다는 점이 특이하다.

문교부(1979ㄴ)에서 규정하는 긴소리는 현재의 표준 발음법과 비교할 때 세 가지 차이가 있다.[35] 우선 복합어나 파생어는 둘째 음절 이하에서도 장음을 인정하고 있다. 특수한 경우를 제외하면 둘째 음절 이하의 장음을 불허하는 현 규정에 비추어 볼 때 매우 다르다고 할 수 있다. 다음으로 장단과 관련된 교체 현상을 다루지 않았다. 반모음화에 의한 보상적 장음화나 모음

35) 구체적인 단어의 장단에 대한 판정 문제는 제외한다. 여기서 다루는 차이는 기본적인 원칙과 관련된 것으로 국한한다.

으로 시작하는 어미 앞에서의 단모음화(短母音化)에 의해 1음절 용언 어간은 장단의 변동을 겪는데 이 부분에 대한 언급이 없다.[36] 마지막으로 표현적 장음과 관련된 문제를 부분적으로나마 다루었다는 점이 다르다. 현재의 표준 발음법에는 이 문제에 대한 규정이 없다.

이상에서 살펴본 문교부(1979ㄴ)은 여러 가지 면에서 현재의 표준 발음법과는 차이를 보인다. 이런 차이가 나타난 근본적인 이유는 문교부(1979ㄴ)의 표준 발음이 예측할 수 없는 발음 현상 중심으로 되어 있기 때문이라고 할 수 있다. 문교부(1979ㄴ)에 제시된 음운 현상들은 어느 정도의 경향성은 있지만 하나의 원칙만으로 모든 발음을 규정할 수 있는 성격이 아니다. 이 때문에 당시 국어사전들에서도 같은 단어의 표준 발음에 적지 않은 차이를 보였던 것이다. 표준어 개정 사업의 초창기에는 이런 발음의 혼란상을 통일하는 데 주안점을 두었다.

이처럼 예측하기 어려운 현상을 중심으로 표준 발음을 규정하다 보니 한국어의 발음 전반을 다룰 수는 없었다. 하나의 원칙만으로도 규정할 수 있는 많은 음운 현상들은 문교부(1979ㄴ)에서 모두 제외되었다. 그 외에 한국어의 자음이나 모음의 수에 대한 언급도 빠졌다. 따라서 표준 발음법이라는 명칭을 부여하기에는 부족함이 많다. 또한 표준 발음 규정의 적용을 받는 단어들을 일일이 나열하는 방식을 취하고 있다. 예측이 어려운 이상 각 단어의 표준 발음은 개별적으로 표시할 수밖에 없다. 결과적으로 문교부(1979ㄴ)의 4, 5장은 현재의 표준 발음법과 달리 개별 단어들의 표준 발음을 장황하게 제시하는 자료집의 성격을 벗어나지 못했다.

36) 이 문제점은 남광우(1979: 179)에서도 지적한 바 있다.

❷ 국어연구소(1987ㄱ)에 담긴 표준 발음법

문교부(1979ㄴ)의 표준 발음 부분은 이후 학술원의 심의 단계를 거치면서 계승되지 못하였다. 국어연구소(1987ㄱ)은 문교부(1979ㄴ)과는 전혀 다른 새로운 구성과 내용을 지닌다. 우선 표준 발음법의 총칙이 따로 있으며 모두 7장으로 이루어졌다. 이런 구성은 최종 공포되는 표준어 규정과 동일하다. 1장은 총칙이다. 총칙이 있다는 것은 표준 발음법만으로도 하나의 독자적인 규정이 될 수 있음을 의미하며, 이때부터 표준어 사정 원칙과 표준 발음법은 따로 분리되었다. 1장 총칙을 제외한 나머지는 크게 음운 체계에 대한 것과 음운 현상에 대한 것으로 나뉜다. 자음과 모음을 규정한 2장과 길이를 다룬 3장이 음운 체계에 해당한다.[37] 음운 현상에 대한 규정은 4장부터 7장에 제시되었다.

1장(총칙)은 세 개의 하위 항목으로 이루어졌으며 국어연구소(1987ㄱ)에서 처음 만들어졌다. 2장(자음과 모음) 역시 처음 규정되었다. 한국어의 자음과 모음 수를 규정하고 모음은 단모음과 이중 모음으로 나누어 표준 발음을 정하였다. 이중 모음 중 'ㅢ'의 발음 규정은 엄격한 편이어서 원래부터 자음을 첫소리로 가지는 'ㅢ', 가령 '희망'의 '희'나 '무늬'의 '늬'에서만 'ㅢ'를 'ㅣ'로 발음하고 나머지는 그대로 'ㅢ'로만 발음하게끔 했다.

3장(음의 길이)은 문교부(1979ㄴ)의 5장에 해당한다. 그러나 여러 가지 면에서 큰 차이를 지닌다. 개별 단어의 장단 표시는 모두 제외하였으며 장모음은 무조건 단어의 첫음절에서만 인정하였다. 또한 반모음화나 단모음화를 통한 장단의 교체도 표준 발음으로 명시하였다. 한편 표현적 기능의 장모음에 대해서는 규정에 포함시키지 않았다.

37) 3장에서는 길이의 변동도 다루었으므로 순수하게 음운 체계만을 다루었다고 보기는 어려운 면이 있다.

4장(받침의 발음)은 문교부(1979ㄴ)에서도 겹받침에 국한해 표준 발음을 정한 적이 있었으나 국어연구소(1987ㄱ)에서는 홑받침까지 포함하여 모든 받침의 표준 발음을 규정하였다. 현재의 표준 발음법 내용과 거의 일치하되 '밟-'의 겹받침 발음 규정만은 차이가 난다. 문교부(1979ㄴ)에서는 '밟-' 뒤에 자음으로 시작하는 어미가 오면 항상 '[밥]'으로 발음하도록 규정했지만 국어연구소(1987ㄱ)에서는 'ㄱ'으로 시작하는 어미가 올 때에 한해서만은 '[발]'이 표준 발음이라고 했다. 이것은 용언 어간으로 쓰이는 받침 'ㄺ'의 발음 규정과 매우 흡사하다.

5장(음의 동화)에서는 구개음화, 비음동화, 'ㄹ'의 비음화, 역행적 유음화와 순행적 유음화에 대해 다루었다. 문교부(1979ㄴ)에서는 이 중 'ㄴ+ㄹ'에 적용되는 'ㄹ'의 비음화와 역행적 유음화의 표준 발음을 규정한 적이 있다. 국어연구소(1987ㄱ)에서는 이보다 훨씬 다양한 동화 현상을 포함시켰다. 특히 위치 동화를 표준 발음으로 인정하지 않는다는 것을 정식 항목(제23항)으로 설정한 것이 특징적이다. 다른 모든 항목은 표준 발음이 무엇인지를 규정하고 있음에 비해 제23항은 표준으로 볼 수 없는 발음을 규정에 표시한 것이다.[38)]

6장(경음화)은 3장(음의 길이)과 더불어 표준 발음 조사 사업 초기부터 중시되던 것이었으며 문교부(1979ㄴ)에서도 자세히 규정하였다. 그런데 문교부(1979ㄴ)에서는 불규칙적으로 일어나는 경음화만 포함시켰음에 비해 국어연구소(1987ㄱ)에서는 규칙적으로 적용되는 경음화를 더 중시하여 여러 조항을 할당하였다. 6장에 속한 6개 조항 중 5개는 장애음 뒤의 경음화, 용언 어간말 비음 뒤의 경음화, 한자어의 'ㄹ' 뒤에서 일어나는 설정성 자음의 경음화, 관형사형 어미 '-을' 뒤의 경음화와 같이 예외 없이 일어나거나

38) 북한의 '문화어발음법'이나 중국의 '조선말 표준발음법'에도 동일한 내용이 들어 있다는 것이 흥미롭다. 자세한 것은 10장의 내용을 참고할 수 있다.

또는 규칙성이 어느 정도 확인되는 경음화를 규정하였다. 마지막 항목에 이르러서야 합성어에서 일어나는 사잇소리 현상으로서의 경음화를 다루었다. 이 경음화는 문교부(1979ㄴ)의 4장 첫머리에서 제시한 바 있지만 적용 여부를 정확히 예측하기가 쉽지 않다.[39] 이 현상은 국어연구소(1987ㄱ)에 와서 분량도 대폭 줄었고 적용 환경도 구체화하지 않은 채 19개의 실례만 제시하는 것으로 그쳤다.

7장(음의 첨가)에서는 ㄴ-첨가와 사이시옷이 표기된 경우의 발음을 다루었다. 문교부(1979ㄴ)에서는 'ㄴ'과 'ㄹ'이 모두 첨가되는 것으로 보았지만, 국어연구소(1987ㄱ)에서는 'ㄴ'이 첨가되며 다만 'ㄹ' 뒤에 첨가되는 'ㄴ'은 '[ㄹ]'로 발음한다고 하여 첨가되는 자음은 'ㄴ'뿐임을 분명히 했다. 또한 '야금야금, 욜랑욜랑, 이죽이죽, 검열, 금융' 등은 모두 'ㄴ'이 첨가된 발음만 표준 발음으로 인정하였다. 한편, 사이시옷이 표기된 경우의 경음화에서는 사이시옷을 '[ㄷ]'으로 발음하는 것을 원칙으로 하고 발음하지 않는 것도 허용하도록 정하였다. 가령 '콧등'는 '[콛뜽]'이 원칙이고 '[코뜽]'도 허용하는 것이다. 뒤에서 살펴보겠지만 이러한 내용은 현재의 표준 발음법과는 정반대이다.

이상에서 알 수 있듯이 국어연구소(1987ㄱ)에서 규정한 표준 발음법의 내용은 문교부(1979ㄴ)과 비교하면 여러 가지 차이점이 드러난다. 문교부(1979ㄴ)에 비해 다루는 내용이 훨씬 다양해졌다. 또한 문교부(1979ㄴ)에 포함되었던 내용이라고 하더라도 변화가 적지 않았다. 이런 차이들을 통해 볼 때 국어연구소(1987ㄱ)의 표준 발음법은 다음과 같은 특징을 지닌다고 할 수 있다.

첫째, 한국어의 발음과 관련된 전반적인 내용을 상당 부분 다루었다. 음

39) 물론 사잇소리 현상으로서의 경음화에도 뚜렷한 경향성이 발견되는 것은 사실이다. 이러한 경향성과 더불어 그 예외에 해당하는 예들에 대해서는 배주채(2003)을 참고할 수 있다.

운 체계와 중요 음운 현상을 대부분 포함시켰기 때문에 한국어의 올바른 발음에 대한 총체적 규정이라고 불러도 무방할 정도이다. 표준 발음법이 표준어 사정 원칙과 분리될 수 있었던 것도 이 때문으로 보인다. 문교부(1979ㄴ)이 당시 혼란을 보이는 일부 단어의 발음에 대한 규정이었다면 국어연구소(1987ㄱ)은 완전한 '표준 발음법'으로서의 자격을 갖추었다고 할 수 있다.

둘째, 예측 가능한 발음이 규정의 중심으로 자리잡았다. 앞에서도 언급했듯이 문교부(1979ㄴ)이 주로 예측할 수 없는 경우의 표준 발음을 규정하는 데 초점을 맞추었다면 국어연구소(1987ㄱ)은 예측할 수 있는 경우를 대거 내용에 포함시켰다. 그리하여 발음의 중요 원칙과 간략한 예를 제시하는 방식으로 표준 발음법을 규정할 수 있게 되었다.

셋째, 예측이 어려운 발음은 내용을 대폭 간소화했다. 문교부(1979ㄴ)에서 방대한 분량으로 제시된 '된소리'나 '긴소리' 부분은 국어연구소(1987ㄱ)에서 매우 간단해졌다. 어차피 발음에 대한 예측이 쉽지 않으므로 내용을 간략히 하고 구체적인 예는 일부만 남겼다. 생략된 예들은 1990년에 간행되는 '표준어 모음'에 의해 보충되었다. 그 결과 표준 발음법은 단어에 대한 개별 발음을 밝히는 이전의 '자료집'(문교부, 1979ㄴ)에서 발음에 대한 원칙을 담고 있는 명실상부한 '규정집'(국어연구소, 1987ㄱ)으로 그 성격을 탈바꿈하게 되었다.

③ 국어연구소(1987ㄷ)에 담긴 표준 발음법

국어연구소(1987ㄷ)은 그 직전의 국어연구소(1987ㄱ)을 다듬은 것으로서, 최종적인 심의 대상으로 작성된 시안이라고 할 수 있다. 국어연구소(1987ㄷ)에 담긴 표준 발음법의 내용은 국어연구소(1987ㄱ)의 기본 성격을 그대로 유지한다. 다만 세부적인 면에서 몇 가지 수정된 내용이 있다. 국어연구소(1987ㄱ)과 비교하여 달라진 점은 다음과 같다.

우선 1장(총칙)의 제2항과 제3항을 삭제하였다. 총칙의 정신은 제1항만으로도 충분하리라고 판단한 듯하다. 2장(자음과 모음)에서는 이중 모음 'ㅢ'의 현실 발음을 인정하여 첫음절 이외의 'ㅢ'나 조사 '의'는 각각 '[ㅣ]', '[ㅔ]'로 발음하는 것도 허용했다. 3장(음의 길이)에서는 긴소리를 첫음절에서만 인정하는 데서 물러나 예외적인 경우에는 둘째 음절 이하에서도 긴소리를 인정하였다. 4장(받침의 발음)에서는 '밟-'의 받침 발음을 조정하였다. 'ㄱ' 앞에서는 '[발]'로 발음된다고 한 규정을 고쳐서 '밟-'은 자음 앞에서 항상 '[밥]'으로 발음하도록 하였다. 7장에서는 두 가지가 달라졌다. 우선 '야금야금, 욜랑욜랑, 이죽이죽, 검열, 금융' 등에 대해 반드시 'ㄴ'을 첨가하여 발음해야 한다고 한 것을 완화하여 'ㄴ'이 첨가된 것이 원칙이되 그렇지 않은 것도 허용하도록 바꾸었다. 다음으로 사이시옷이 표기된 경음화는 사이시옷을 발음하지 않는 것을 원칙으로 하고 '[ㄷ]'으로 발음하는 것도 허용하였다.40)

국어연구소(1987ㄱ)과 국어연구소(1987ㄷ)을 비교하면 고쳐진 내용이 그리 많지 않다. 또한 수정의 방향을 보면 전반적으로 보면 현실 발음을 유연하게 받아들여서 허용하는 발음의 폭을 넓혔다고 할 수 있다. 국어연구소(1987ㄷ)에 제시된 표준 발음법은 국어심의회의 최종 심의를 거치면서 항목 하나만 추가되고 나머지는 그대로 유지되었다. 추가된 항목은 '되어, 피어, 이오, 아니오'의 표준 발음에 대한 내용이다. 최종 심의 과정에서 '되어, 피어, 이오, 아니오'의 발음은 표기대로 하는 것을 원칙으로 하되 '[되여,

40) 이것은 국어연구소(1987ㄱ)과는 정반대이다. 국어연구소(1987ㄱ)에서는 사이시옷을 발음하는 것이 합리적이라고 보아 '냇가'의 경우 '[낻까]'를 원칙으로 하고 '[내까]'도 허용했지만 국어연구소(1987ㄷ)에서는 원칙과 허용이 뒤바뀌었다. 이병근(1988: 75)에 따르면 이 문제를 정할 때 논란이 심했다고 한다.

피여, 이요, 아니요]'도 허용한다는 조항이 5장(음의 동화)에 추가되었다. 이병근(1988: 69)에 따르면 이 항목에 대해서도 논란이 많았다고 한다.41)

그런데 신설된 항목과 관련하여 매우 흥미로운 자료가 발견되었다. 표준어 개정 작업에 참여한 안병희 선생이 소장하고 있던 국어연구소(1987ㄷ)에는 본문과 별도로 설문지와 설문 결과를 담은 두 장의 인쇄물이 끼워져 있다.42) 설문 조사의 날짜가 밝혀져 있지 않지만 국어연구소(1987ㄷ)에는 없던 항목과 관련된 설문 조사임을 고려하면 국어연구소(1987ㄷ)이 간행된 이후에 덧붙은 자료일 가능성이 크다. 설문 조사의 내용은 바로 신설된 항목의 표준 발음에 대한 것이다. 구체적으로는 '뛰어라, 피었다, 사람이었다, 아니었다'를 표기대로 발음하는지 아니면 '뛰여라, 피였다, 사람이였다, 아니였다'로 발음하는지 묻는 간단한 설문 조사였다. 재동국민학교, 창덕여고, 숙명여대, 서울교대의 네 곳에서 총 669명을 대상으로 조사하였으며 그 결과 대체로 두 발음으로 답한 인원이 비슷한 비율을 보이고 있다.43) 아마도 추가하고자 한 발음 조항의 타당성을 확인하기 위해 구체적인 설문 조사를 벌였고 여기서 원칙 발음과 허용 발음의 비율이 비슷한 결과가 나옴으로써 정식 조항으로 신설하지 않았나 한다.44)

41) 당시 국어연구소 소장을 맡았던 김형규 선생이 이 조항의 신설을 강하게 주장했다고 하는 전언이 있지만, 구체적인 기록으로는 확인이 되지 않는다. 추가된 조항의 내용은 이전부터 국어학 개설서나 교과서에서 다루어져 왔다. 자세한 것은 6.7을 참고할 수 있다.

42) 이 자료는 경상대학교 중앙도서관의 개인문고실에 소장되어 있다.

43) '뛰어라'의 경우 '뛰어라 : 뛰여라'가 '54.4% : 45.6%', '피었다'는 '피었다 : 피였다'가 '46.8% : 53.2%', '사람이었다'는 '사람이었다 : 사람이였다'가 '38% : 62%', '아니었다'는 '아니었다 : 아니였다'가 '41.3% : 58.7%'의 비율을 보였다.

44) 다만 한 가지 특이한 사실이 있다. 설문 조사에서는 '뛰-, 피-, 이-, 아니-'의 발음을 조사했는데 표준 발음법에는 '뛰-' 대신 '되-'가 포함되었으며 '이-, 아니-'는 뒤에 '-어'가 아닌 '-오'가 결합할 때의 발음을 규정했다는 점이다. 이처럼 설문 조사의 내용과 실제 규정의 내용에 약간의 차이가 생긴 이유는 분명치 않다.

2.2.4. 표준 발음법의 구성[45]

표준 발음법은 총 7장 30항으로 구성되어 있다. 구체적으로는 다음과 같다.

제1장. 총칙 제2장. 자음과 모음 제3장. 음의 길이 제4장. 받침의 발음	제5장. 음의 동화 제6장. 경음화 제7장. 음의 첨가

표준 발음법의 기본 방침을 간략히 밝힌 1장을 제외한 나머지는 그 내용으로 보면 크게 두 부분으로 나눌 수 있다. 개별 음운들의 목록을 다룬 2장과 3장이 한 부분을 이루고, 음운들의 변동을 다룬 4~7장이 한 부분을 이룬다. 이러한 구성은 음운론의 내용이 크게 음운 체계와 음운 현상으로 나뉘는 것과 일치하고 있다.

1장은 표준 발음법의 가장 기본적인 원칙에 해당하며 표준 발음법에 대해 표준어의 실제 발음을 따르되 국어의 전통성과 합리성을 고려하여 정한다고 했다. 실제 발음과 전통성 및 합리성이 충돌하는 경우도 없지 않은데, 이런 경우에는 원칙적인 발음과 허용하는 발음을 모두 인정하는 방식으로 해결을 시도했다.

2장에서는 자음과 모음의 목록 및 이중 모음의 발음에 대해 설명했다. 총 4개의 하위 규정이 있는데 앞의 세 항(제2항~제4항)에서는 자음의 종류, 모음의 종류, 단모음의 종류, 즉 음소의 목록을 다루었고 마지막 항(제5항)에서는 몇몇 이중 모음의 발음을 다루었다. 한 형태소 내의 자음이나 단모음은 기본적으로 그대로 발음하는 것이 원칙이므로 목록만 제시하는 것으로 충분하다. 그런데 이중 모음 중에는 특정한 환경에서 발음이 제대로 되

45) 이 부분은 이진호(2009ㄱ)의 일부를 발췌한 것이다.

지 않는 경우가 있기 때문에 거기에 대해서 별도의 언급을 할 수밖에 없다. 제5항에서 다룬 이중 모음의 발음은 바로 이 부분과 관련된다. 3장은 운소 중 길이에 대해 다루고 있다. 한국어의 운소에는 길이 이외에 고저, 강약도 존재하지만 단어의 뜻을 변별하는 기능은 길이밖에 없으므로 길이에 대해서만 설명하고 있다.

4장은 받침에 오는 자음의 발음에 대한 내용으로 9개의 항목(제8항~제16항)이 들어 있다. 표준 발음법의 전체 항목이 30개임을 고려하면 받침의 발음이 얼마나 큰 비중을 차지하는지 쉽게 알 수 있다. 한글 맞춤법의 특성상 받침 표기는 실제 발음과 달라지는 경우가 많으며, 따라서 받침 표기의 발음에 대한 내용이 많아질 수밖에 없다. 제8항에서는 받침에서 발음될 수 있는 자음이 7개밖에 없다는 가장 중요한 원칙을 규정했다. 나머지는 이 원칙이 어떻게 지켜지는지를 보인 것이다. 제9항부터 제12항까지는 단일 자음 또는 자음군 중 받침에서 발음될 수 없는 것이 어떻게 바뀌는지를 규정했다. 제13항과 제14항은 받침 뒤에 모음으로 시작하는 문법 형태소가 올 때의 발음에 대한 것으로 다른 문법 교과서에서는 흔히 연음(連音)이라 불리는 현상에 해당한다. 제15항은 받침 뒤에 모음으로 시작하는 어휘 형태소가 올 때의 발음으로, 연음과 반대되는 절음(絶音)에 속한다고 하겠다. 제16항은 자모(子母)의 명칭에 쓰인 받침의 발음에 대한 것이다.

5장은 소리의 동화이다. 동화 현상은 받침의 발음과 함께 음운 현상에서 가장 중시되던 것 중 하나이다. 총 6개의 하위 항으로 이루어져 있는데 제22항을 제외한 나머지는 모두 자음과 관련된 동화 현상이다. 동화 중에서 자음과 자음이 만날 때 일어나는 경우가 이전부터 널리 다루어져 왔는데, 이러한 경향이 현행 표준 발음법에도 많이 반영되어 있다. 제17항은 구개음화, 제18항은 비음 동화, 제19항은 'ㄹ'의 비음화, 제20항은 유음화, 제21항은 위치 동화에 대한 것인데 위치 동화는 표준 발음으로 인정하지 않는다고 했다. 제22항은 유일한 모음 관련 동화 현상이다.

6장은 경음화 현상의 표준 발음을 규정했다. 경음화 역시 다른 음운 현상과 마찬가지로 자주 언급되었는데, 표준 발음법에서는 매우 다양한 환경에서의 경음화를 포함하고 있다. 가장 대표적인 장애음 뒤에서의 경음화는 물론이고 용언 어간말 비음 뒤에서의 경음화, 한자어에서 일어나는 'ㄹ' 뒤 설정성 자음들의 경음화, 관형사형 어미 '-을' 뒤에서의 경음화, 사잇소리 현상으로서의 경음화 등이 총망라된 것이다. 앞에서도 언급했듯이 예외 없이 적용되거나 강한 규칙성을 가진 경음화 현상이 그렇지 않은 경음화보다 더 많이 포함되어 있다.

7장은 소리가 첨가되는 현상의 표준 발음에 대한 내용이다. 자음으로 끝나는 말과 'i, j'로 시작하는 말이 결합해서 새로운 말을 만들 때 적용되는 ㄴ-첨가 현상 및 합성어 형성 과정에서 일어나는 사잇소리 현상을 소리의 첨가에서 설명했다.

2.2.5. 표준 발음법의 보완

표준 발음법은 오랜 시간 동안 많은 노력을 기울여 만든 것이지만 보완해야 할 점이 없지는 않다. 보완은 크게 두 가지 방향에서 이루어질 수 있다. 하나는 현행 표준 발음법의 개별 조항을 대상으로 부분적인 수정을 하는 것이고 다른 하나는 현행 표준 발음법에 빠진 부분들을 추가하는 것이다. 이 절에서는 주로 후자를 중심으로 논의하기로 한다. 전자에 대해서는 표준 발음과 현실 발음을 검토하는 3장 이하에서 개별 조항을 다루면서 구체적으로 언급할 것이다.

지금까지 표준 발음법에서 보완해야 할 점으로 여러 가지가 언급되었다. 여기서는 크게 세 가지 측면을 살피고자 한다.

첫째, 표준 발음법의 내용 중에는 포함되어야 할 규칙적인 발음 현상이 많이 빠져 있다. 대표적으로 탈락에 속하는 현상을 들 수 있다. 표준 발음법은 4장부터 7장까지 네 가지 유형의 음운 현상을 언급하고 있는데 '소리의 탈락'이라는 유형은 빠져 있다. 한국어에는 많은 탈락 현상이 존재하지만 어간말의 ㅎ-탈락이나 자음군 단순화에 대해서만 표준 발음법에서 다룰 뿐 다른 현상은 찾아볼 수 없다. 그나마도 소리의 탈락이 아닌 받침의 발음 부분에서 설명하고 있다. 이것은 한글 맞춤법에서 탈락에 속하는 상당수 음운 현상을 소리 나는 그대로 표기하는 것과 관련된다. 즉, 표기와 발음이 같기 때문에 표준 발음법에서 따로 다루지 않는 것이다. 반면 ㅎ-탈락이나 자음군 단순화는 그 현상을 표기에 반영하지 않으므로 표준 발음법에서 언급하지 않을 수 없다.

이처럼 규칙적인 음운 현상 중 일부가 표준 발음법에 누락된 것은 2.2.2에서도 다루었듯이 현행 표준 발음법이 한글 맞춤법과 긴밀한 관련을 맺고 있기 때문이다. 한글 맞춤법이 표준 발음을 그대로 반영하지 않는 경우에 한해 표준 발음법에서 표준 발음이 무엇인지 밝히고 있는 것이다. 그런데 표기 형태와 상관없이 규칙적으로 일어나는 음운 현상은 표준 발음법에도 포함시킬 필요가 있다. 'ㄹ'로 끝나는 용언 어간이 'ㄴ'이나 'ㅅ'으로 시작하는 어미 앞에서 탈락하는 것이나 용언 어간의 말음 '으'가 '아'나 '어'로 시작하는 어미 앞에서 탈락하는 것은 매우 규칙적인 음운 현상이므로 한국어의 중요한 발음 정보에 속한다. 이러한 경우는 표준 발음법에도 포함시키는 것이 유용할 수 있다.[46]

46) 이럴 경우 비슷한 내용을 한글 맞춤법과 표준 발음법에서 중복 기술하게 되는데, 그렇다고 하더라도 그리 큰 문제가 되지는 않는다. 한글 맞춤법은 표기를 규정한 것이고 표준 발음법은 표기와는 별개로 일반적인 발음 현상을 나타내는 것이기 때문에 같은 내용이라도 접근하는 측면이 다르다. 설령, 중복 기술이 된다고 하더라도 어문 규정과 같은 실용적 차원에서는 충분히 용인될 수 있는 문제이다.

둘째, 실제 음성 자료가 동반될 필요가 있다. 이것은 이미 배주채(2006: 85~86)에서도 지적한 바 있다. 발음이라는 것은 문자화된 규정만으로는 정확히 알 수 없다. 특히 각 글자들이 나타내는 음가라든지 초분절음의 실현 등은 실제 음성을 들려 주는 것이 매우 효과적이다. 가령, 현재 단모음 중 일부는 상당한 변화를 거치고 있는데 이들의 음가가 어떤지 발음으로 보여 준다면 많은 도움이 될 것이다. 또한 아래에서 언급할 억양의 실현 역시 음성 자료를 통해 제시하는 것이 효과적일 것이다. 음성 자료는 표준 발음에 대한 철저한 교육을 받은 아나운서가 표준 발음법에서 규정한 내용의 실례들을 정확히 낭독하고 이것을 음성 파일로 전환하여 보급하는 것만으로도 충분하리라 본다.[47] 특히 요즘과 같이 다양한 매체를 시간이나 공간의 제약 없이 활용할 수 있게 된 시대에는 음성 정보를 웹상으로 제공하는 것이 그리 어려운 일이 아니다.

셋째, 표준 발음법에 억양 정보를 넣을 필요가 있다.[48] 여기에 대한 지적은 이미 여러 차례 있어 왔다. 사실 어떤 사람이 표준 발음을 쓰는지 안 쓰는지, 다시 말해 표준어 화자인지 방언 화자인지를 판별할 때 가장 손쉽게 이용하는 것이 억양 정보이다. 방언에 따라 억양은 확연히 구별되기 때문이다. 또한 실제 발화에서 억양을 뺀다면 그것은 매우 부자연스러운 발음이 된다는 점에서도 억양은 중요한 기능을 한다. 억양에 대한 정보는 서술어에 따른 기본 문형을 정해 각 문형별로 평서문, 의문문, 청유문, 감탄문 등 문장의 종류에 따라 최소한 하나씩의 예는 보여 주어야 할 것이다. 특히

47) 국립국어원의 홈페이지에서 이용할 수 있는 『표준국어대사전』은 몇몇 항목에 대해 음성 서비스를 하고 있다. 그러나 대부분 매우 단순한 구조의 단어에 국한되어 있어 그리 유용하지가 않다. 표준 발음법에 예시된 단어나 그와 비슷한 구조의 단어들에 대해 음성 정보를 제시한다면 훨씬 편리할 것이다.

48) 억양뿐만 아니라 단어의 강약이나 고저 등 초분절적 요소 전반에 대한 배려가 필요하다. 그중에서도 특히 억양에 대한 고려가 시급하다.

억양은 글로써 설명하는 데는 한계가 있기 때문에 위에서 언급한 실제 음성 자료를 통해 보충할 필요가 있다. 그렇지만 억양이 단어의 의미를 변별하는 기능을 가지지 않는다는 점, 단어보다 큰 단위에 얹힌다는 점, 변이형이 무한해서 특정화하기가 어렵다는 점 등이 지금까지 억양에 대한 정보를 제시하는 데 걸림돌이 되어 왔다. 따라서 억양에 대한 정보를 표준 발음법에 넣는다고 해도 여전히 불완전한 형식이 될 수밖에 없다.[49)]

한편, 표준 발음법의 보완과는 약간 다른 차원이지만 표준 발음법에 대한 일반 국민들의 이해를 돕는 작업도 병행할 필요가 있다. 이러한 성격의 논의로는 표준 발음법이 처음 만들어졌던 시기에 나온 이병근(1988)이 있으며, 2018년에 간행된 '한글 맞춤법 표준어 규정 해설'이 있다. 이러한 해설 성격의 자료들은 표준 발음법의 규정의 내용을 이해하는 데 적지 않은 도움이 된다. 다만, 학술적으로 이견이 있는 부분의 처리에서는 상당한 주의를 기울일 필요가 있다. 이론적 차이를 보이는 두 견해 중 어느 한편을 택하는 것이 부담스럽다고 해서 애매한 입장을 취할 경우에는, 오히려 어문 규범의 이해는 물론 교육의 측면에서도 불편함을 야기할 수 있다.[50)]

49) 억양에 대한 정보는 한국어 교육, 음성 합성 등 매우 다양한 실용적 가치를 가지지만, 아직까지는 그 활용에 적지 않은 제약이 있다.

50) 대표적으로 '한글 맞춤법 표준어 규정 해설(2018년)'에서 'ㅎ'의 분류에 대해 설명한 것을 들 수 있다. 'ㅎ'에 대해서는 평음으로 분류하는 입장과 유기음으로 분류하는 입장이 대립하는데, '한글 맞춤법 표준어 규정 해설'에서는 'ㅎ'이 평음, 유기음 중 어디에도 속하지 않는 것으로 설명하고 있다. 이러한 입장은 학술적으로는 상당한 문제를 가진다. 자세한 것은 이진호(2021: 45)에서 언급한 바 있다.

제3장 자음과 모음

3.1. 음운과 음성

한국어의 표준 발음에 있어 가장 먼저 규정해야 하는 것은 한국어를 이루는 개별 말소리라고 할 수 있다. 말소리는 크게 단어의 뜻을 변별하는 기능을 가진 음운과 그렇지 못한 음성으로 나뉜다. 한국어의 경우 'p'와 'm'의 차이는 '발⇔말, 집⇔짐' 등 서로 다른 단어를 만들어 내기 때문에 이 둘은 별개의 음운에 속한다. 그러나 무성음 'p'와 유성음 'b'는 그러한 차이로 대립되는 단어쌍을 만들지 못하므로 서로 다른 음운에 속한다고 할 수가 없다. 한국어에서 'p'와 'b'는 같은 음운이되 별개의 음성일 따름이다.[1)]

음운과 음성은 단순히 어휘 의미의 구별 여부에서만 차이 나는 것은 아니다. 실제로 존재하는 것은 음성이며 음운은 이러한 음성을 바탕으로 추상화

1) 'p'와 'b'처럼 다른 조건은 모두 동일하되 오직 성대의 울림에서만 차이가 나는 음들은 한국어에서 별개의 음운으로 기능하지 않는다. 한국어에서 성대의 울림이 변별적 기능을 하지 않는다는 것은 이를 두고 하는 말이다. 'p', 'b'와 같은 파열음에 국한할 경우, Lee(2022: 65)에 따르면 전 세계 4,356개의 언어 중 약 71.2%에 해당하는 언어에서 무성음과 유성음이 서로 별개의 음운으로 존재하고 있다. 따라서 한국어와 같이 성대의 울림에 의한 차이를 음운의 대립에 이용하지 않는다는 것은 그 자체로 보편적인 경향성에서 벗어난다고 말할 수 있다.

시킨 단위이다. 즉, 사람의 입에서 나오는 소리는 구체적인 음성이며 이러한 음성들을 의미 변별성, 분포, 음성적 유사성 등의 기준을 사용해 하나로 묶어 놓은 상위의 단위가 바로 음운이 되는 것이다. 이것을 좀 더 도식화한다면 추상적인 음운이 구체적으로 발음되어 나온 것이 음성이라고 할 수 있다.[2)]

한 언어의 화자들은 음운의 차이는 잘 인식하지만 단순한 음성의 차이는 잘 인식하지 못한다. 위에 제시한 'p'와 'm'의 차이는 한국인이라면 누구나 쉽게 느끼지만 'p'와 'b'의 차이는 그렇지 못하다. 일반인들이 '부부'라는 단어에 들어 있는 두 개의 'ㅂ'이 서로 다른 음성인 'p'와 'b'로 실현된다는 사실을 쉽게 알지 못하는 것은 이 때문이다. 물론 어떤 단어에서 'p'의 자리에 'b'를 대신 넣거나 반대로 'b'의 자리에 'p'를 대신 넣어서 들려 주면 부자연스럽다는 것은 인식할 수 있다. 그러나 이것은 매우 특수한 경우일 뿐이다.[3)] 한국인들은 'p'와 'b'를 명확히 구분하여 이 두 음을 자유자재로 발음하지는 못한다.

일반적으로 음운과 음성은 일대다(一對多)의 관계를 가진다. 하나의 음운이 여러 개의 음성을 가지는 것이다. 음운이 실제로 발음될 때에는 조건에 따라 여러 가지 서로 다른 물리적 소리로 발음된다. 그렇기 때문에 하나의 음운에는 여러 개의 하위 음성들이 속하게 된다.

음운이든 음성이든 그 성질에 따라 크게 다음과 같이 분류하는 것이 일반화되어 있다.

---

2) 이러한 도식은 발화 차원을 기준으로 한 것이다. 인식의 차원으로 바꾼다면 구체적인 음성을 추상적인 단위로 인식한 것이 음운이라고 할 수 있다.

3) 한국어에서 'p'와 'b'가 실현되는 조건은 자동적으로 결정되어 있기 때문에, 두 음성을 서로 뒤바꾸어 들려 주는 상황 자체가 화자들로서는 접하지 못하는 특수한 경우이다.

(1)

말소리	분절음 (자음, 모음, 반모음)
	초분절음 (장단, 고저, 강약)

이 중 이 장에서는 분절음에 속하는 말소리들을 다루게 된다. 기술 문법에서는 반모음을 자음이나 모음과 구분되는 제3의 부류로 설정하는 것이 일반적이지만, 표준 발음법에서는 반모음만을 별도로 다루지는 않는다.[4] 이것은 반모음을 별도로 표기하는 문자가 없는 것과도 무관하지 않다. 앞서 지적한 바와 같이 현행 표준 발음법은 표기와 밀접한 관련이 있기 때문에, 별도의 표기 글자가 없는 반모음은 그것만 따로 다룰 수가 없다. 결과적으로 표준 발음법이라는 어문 규범 아래에서는 자음과 모음이라는 두 부류를 대상으로 하여 한국어의 표준 발음을 규정하게 된다.[5]

표준 발음법에서는 자음과 모음의 발음을 설명하면서 글자들을 활용한다. 즉, 별도의 발음 기호를 이용하는 것이 아니라 한글의 낱글자를 통해 자음과 모음에 어떤 종류가 있는지, 해당 모음이 어떻게 발음되는지를 규정하는 것이다. 이때의 개별 글자들은 음성이 아닌 음운에 해당하는 말소리를 가리킨다. 표음 문자 중 음성의 차이를 별개의 글자로 반영하는 경우는 없다. 위에서 지적했듯이 음성이라는 단위는 화자들이 그 차이를 인식하기 어렵기 때문이다.[6] 그런 점에서 현행 표준 발음법은 음운의 층위에서 한국

4) 20세기 전반기까지만 해도 반모음은 자음의 한 부류, 특히 마찰음으로 보는 견해가 주류를 이루었지만 이후 생성음운론의 등장과 더불어 반모음을 자음이나 모음과는 다른 별개의 부류로 설정하는 태도가 일반화되었다. 그러나 언어 유형론 연구에서는 반모음을 자음의 한 부류로 보는 입장이 여전히 널리 퍼져 있다.

5) 반모음에 대해서는 이중 모음을 규정하는 표준 발음법 제5항을 설명할 때 다시 언급하기로 한다.

6) 『訓民正音』에서 'ㄹ'과 'ᄛ'의 구별 표기 가능성을 언급했다거나 주시경을 비롯한 몇몇 학자들이 'ㄹ' 외에 'ㄹㄹ'을 더 정하여 'r'과 'l'의 차이를 나타내려 한 것은 매우 예외적인 경우가 된다. 'r'과 'l'은 한국어에서 같은 음운에 속하는데도 불구하고 그 차이가 오래 전부터 인식되어 왔다.

어의 표준 발음을 규정하고 있다고 하겠다.

자음과 모음의 표준 발음에 대한 설명은 두 가지 내용이 모두 제시되어야만 완벽해진다. 하나는 자음과 모음의 종류에 대한 설명이다. 쉽게 말해서 자음과 모음의 목록이 정확히 규정되어야만 한다. 그런데 이것만 가지고는 충분하다고 할 수 없다. 자음과 모음 각각이 어떤 음가를 가지는지에 대한 설명까지 나와야만 한다. 자음, 모음의 종류와 구체적 음가가 모두 구비될 때 완전한 설명의 수준에 이른다.7)

그렇지만 현재의 표준 발음법은 자음과 모음의 음가까지 구체적으로 규정하고 있지는 못하다. 자음과 모음의 숫자 및 일부 이중 모음의 발음에 대해서만 다루고 있을 뿐이다. 표준 발음법에서 자음과 모음의 발음을 설명할 때 이용하는 개별 낱글자들은 음운에 대응한다는 점에서, 각 음운이 실제로 어떤 음성으로 실현되는지를 밝혀 주는 것은 매우 중요한 일이지만 여기에 대한 서술은 빠져 있다. 물론 현실적으로 화자들이 제대로 인식하지도 못하는 음성의 차이까지 표준 발음법에서 설명하기란 쉽지 않을 것이므로 이것을 표준 발음법의 잘못이라고 탓할 수만은 없다. 다만, 이 책에서는 표준 발음법에 빠졌다고 하더라도 각 자음과 모음의 개별 음가를 가능한 한 상세히 제시하기로 한다.

구체적인 음가를 다루기에 앞서 미리 생각해 볼 문제가 한 가지 있다. 아래의 논의 과정에서 분명해지겠지만 하나의 글자, 즉 하나의 음운은 조건에 따라 매우 다양한 음성으로 실현된다. 가령 ‘ㅂ’만 하더라도 최소한 ‘pʻ, p˺, b, β’의 네 가지를 구분할 수 있다. 그런데 한국어 화자들이 이런 음성들

7) 여기에 자음과 모음의 체계에 대한 고려까지 추가된다면 이상적인 형태가 될 것이다. 그런데 음운들 사이의 관계와 관련된 체계의 개념은 표준 발음과 직접적인 관련이 없을 뿐만 아니라 이론적이고 학술적인 성격을 지니기 때문에 표준 발음법과 같은 어문 규정에서 직접 노출하기 어렵다는 문제가 있다.

의 차이를 정확히 알고 있는 것은 아니다. 발음할 때는 물론이고 인식할 때도 한 음운의 다양한 음성들을 제대로 의식하지는 못한다. 이런 음성들은 자동적으로 구별하여 발음하고 인식할 때는 동일한 음운으로 받아들이는 것이 보통이다. 그런 점에서 자음이나 모음의 세부적인 음가를 논의하는 것은 어쩌면 한국어 화자들에게는 무의미할 수도 있다.

그러나 두 가지 측면에서 개별 음성들에 대한 언급이 필요하다. 하나는 한국인 화자들을 위한 것이다. 비록 한국인 화자들이 같은 음운에 속하는 서로 다른 음성의 차이를 정확히 자각하지는 못한다고 하더라도 전혀 의식하지 못하는 것은 아니다. 가령 위에서 언급했듯이 ‘ㅂ’의 여러 음성 중 ‘b’를 발음해야 할 환경에서 ‘p˂’를 발음한다든지 반대로 ‘p˂’를 발음해야 할 환경에서 ‘β’를 발음한다면 발음의 어색함을 곧바로 느낄 수가 있다. 평상시에는 음성들의 실현이 자동적으로 결정되고 항상 규칙적으로 나타나기 때문에 인식하지 못했을 뿐이지만 만약 음성들이 원칙을 깨뜨리고 실현되면 한국어 화자들도 부자연스러움을 알 수 있다. 그런 점에서 자음과 모음의 개별 음성들을 고찰하는 것이 전혀 무의미한 것은 아니다.

그런데 한 음운이 어떤 음성으로 실현되는지에 대한 설명은 한국인 화자보다도 한국어를 학습하고자 하는 외국인들에게 더 필요하다. 한국어를 모국어로 하는 화자들에게 있어 음성의 실현은 자동적으로 이루어질 뿐 인위적인 학습의 결과가 아니다. 모국어를 습득하는 과정에서 자연스럽게 체득했던 것이다. 그러나 외국어를 모국어로 하는 화자들에게는 전혀 다르다. 어떤 음운이 어떻게 실현되는지를 처음에는 일일이 배워서 알 수밖에 없다. 이때 음성 실현 양상을 정확히 익히지 않으면 소위 어눌한 한국어 발음, 또는 외국식 한국어 발음이 되는 것을 피할 수가 없다. 그러므로 한국어 교육에 있어서는 개별 음성의 실현에 대한 내용이 매우 중요한 의미를 지닌다.[8]

3.2. 자음의 발음

3.2.1. 자음 목록

한국어의 자음 목록과 관련된 표준 발음법 항목은 제2항이다.

(2)

【제2항】 표준어의 자음은 다음 19개로 한다. ㄱ ㄲ ㄴ ㄷ ㄸ ㄹ ㅁ ㅂ ㅃ ㅅ ㅆ ㅇ ㅈ ㅉ ㅊ ㅋ ㅌ ㅍ ㅎ

표준 발음법에서 규정한 한국어의 자음은 모두 19개이며 현실 발음에서도 대부분 19개의 자음이 쓰이고 있다. 중장년층 이하에서는 지역차나 사회적 변수에 상관없이 자음의 수가 동일하다. 다만 일부 지역에서 'ㅅ'과 'ㅆ'이 별개의 자음으로 존재하지 않는다는 사실은 예전부터 잘 알려진 바이다. 가령 '살(膚)'과 '쌀(米)'이 모두 '살'로 발음되듯이 'ㅆ'이 발음되지 않음으로써 자음이 18개에 그치는 것이다.

이런 발음은 경상도 지역에서 발견된다. 한국정신문화연구원의 『한국방언자료집』에 따르면 경상북도의 울진, 청송, 영덕, 군위, 포항, 경산, 영천, 고령, 달성, 청도, 경주 등지에서 'ㅆ'이 'ㅅ'으로 발음되며 박정수(1999)에 의하면 경남 창녕, 밀양, 김해, 부산, 양산, 울산 등지에서 'ㅆ'과 'ㅅ'이 구분되지 않는다고 한다. 이 지역들은 모두 경상도의 동부에 위치해 있다는 공통점이 있다.

---

8) 그런 점에서 외국인을 위한 한국어 발음 교육에서는 음운과 음운 사이의 변동에 대한 내용 못지않게 한 음운이 어떤 환경에서 어떤 음성으로 실현되는지에 대한 내용도 자세하게 다루어야만 한다.

<지도 1> 'ㅆ'이 발음되지 않는 지역

'ㅅ'과 'ㅆ'이 구분되지 않는 지역에서는 규칙적인 경음화 현상이 적용되는 환경에서도 'ㅅ'이 'ㅆ'으로 바뀌지 않는다. 가령 '없어서'는 '[업써서]'로 발음되지 않고 '[업서서]'로 발음되는 것이다. 물론 현재는 이러한 발음을 주로 노년층에서나 일부 들을 수 있을 뿐이며 젊은 계층에서는 'ㅆ'을 잘 발음하고 있다. 이것은 교육 또는 대중 매체의 영향 때문이다.

경상도 동부 지역에서 'ㅆ'이 발음되지 않는 것이 원래부터 그런 것인지 아니면 아니면 후대의 변화 결과인지는 판정하기 쉽지 않다. 만약 원래부터 그랬다면 경상도 동부 지역에서는 파열음이나 파찰음과 같이 폐쇄 단계를 동반하는 자음에서만 경음이 음운으로 확립된 셈이 된다. 그 경우 'ㅆ'을 음운으로 지니는 다른 방언과의 분화 과정에 대한 역사적 설명이 필요하다. 또한 원래는 'ㅆ'이 음운으로 존재했다가 나중에 사라져 버린 것이라면 그 이유나 과정에 대한 해명이 있어야만 할 것이다. 그렇지만 현재로서는 그 어느 쪽도 명확히 해명하기가 어렵다. 아무튼 'ㅆ'은 마찰음으로서 공기가 지속적으로 흐르는 음임에도 불구하고 후두 폐쇄를 수반하는 경음이라는 점에서 음성적으로 특이한 존재임에는 틀림없다.[9)]

자음의 발음은 자음 목록의 제시에만 그쳐서는 안 된다. 자음들 사이의 관련성 및 개별 자음의 음가에 대한 설명이 덧붙을 때 완전해진다. 자음들의 관련성은 소위 자음 체계에 대한 것이다. 개별 자음의 음가는 음운이 표면에서 어떤 음성으로 실현되는지에 대한 것이다. 이 두 가지를 좀 더 구체적으로 살펴보기로 한다.

3.2.2. 자음 체계

3.2.2.1. 현대 한국어의 자음 체계

현대 한국어의 자음 체계는 자음들이 발음되는 방식과 위치에 따라 설정한다. 표준 발음법 제2항에 제시된 19개의 자음은 다음과 같이 체계화할 수 있다.

(3)

			양순음	치조음	경구개음	연구개음	후음
장애음	파열음	평 음	ㅂ	ㄷ		ㄱ	
		유기음	ㅍ	ㅌ		ㅋ	
		경 음	ㅃ	ㄸ		ㄲ	
	파찰음	평 음			ㅈ		
		유기음			ㅊ		
		경 음			ㅉ		
	마찰음	평 음		ㅅ			
		유기음					ㅎ
		경 음		ㅆ			
공명음	비 음		ㅁ	ㄴ		ㅇ	
	유 음			ㄹ			

9) 후두의 폐쇄는 기류의 단절을 의미하기 때문에 마찰음이 후두 폐쇄를 동반하는 것은 언어 보편적으로도 자연스러운 일은 아니다. 실제로 Pericliev & Valdés-Pérez(2002: 18)에서는 현대 한국어를 다른 언어와 구별해 주는 가장 특징적인 자음으로 'ㅆ'을 들기도 했다. 'ㅆ'에 해당하는 자음은 한국어를 제외한 언어들에서는 좀처럼 발견하기 어렵다.

자음 체계의 설정에는 이견이 존재하는데, 대표적으로 두 가지를 들 수 있다. 하나는 치조음과 경구개음의 구분 문제이다. (3)과 같은 방식이 일반적이지만 논의에 따라서는 경구개음을 따로 설정하지 않고 치조음에 포함시키기도 하며 또 다른 논의에서는 'ㄷ, ㅌ, ㄸ, ㄴ, ㄹ'을 한 부류로 하고 'ㅅ, ㅆ, ㅈ, ㅊ, ㅉ'을 묶어서 별개의 조음 위치로 나누기도 한다.

다른 하나는 'ㅎ'의 분류와 관련된다. 'ㅎ'은 유기음으로 분류하기도 하지만 평음으로 분류하기도 한다. 유기음으로 분류하는 태도는 'ㅎ'과 평장애음이 축약을 일으키면 유기음이 된다는 점, 『訓民正音』에서 'ㅎ'을 유기음에 대응하는 차청(次淸)으로 보았다는 점 등에 뒷받침을 받는다. 평음으로 분류하는 태도는 'ㅎ'의 유기성이 매우 미약하여 평음인 'ㅅ'보다도 낮다는 점, 중세 한국어 시기에 경음인 'ㆅ'이 존재한다는 점 등에 의해 지지를 받는다.[10] 어느 쪽 입장을 취하든 다른 한 쪽의 근거를 설명하기 어렵다는 단점을 지닌다. 표준 발음법에 대한 해설인 이병근(1988: 47)에서는 'ㅎ'을 평음으로 분류해 놓았다. 한편, 2018년에 간행된 '한글 맞춤법 표준어 규정 해설'과 같이 'ㅎ'이 유기음과 평음 그 어디에도 속하지 않는 것으로 분류하는 경우도 있는데, 이러한 태도는 후두 마찰음의 경우 하나의 자음만 존재하기 때문에 평음인지 유기음인지를 굳이 구분할 필요가 없다는 사고를 기반으로 하고 있다. 그러나 2.2.5에서도 지적했듯이 이러한 분류 방식은 이론적으로는 상당한 문제점을 지닌다.

이상의 두 가지 이견을 감안하여 한국어 자음 체계에 접근할 필요가 있다. (3)에 따르면 한국어의 자음은 조음 위치에 따라 크게 다섯 부류가 나뉜다. 양순음은 입술과 입술이 맞닿아서 나오는 음이다. 치조음은 혀끝을 윗니의 뒷부분에 근접시키거나 대고 발음한다. 경구개음은 혓몸 또는 혀의

10) 평음에 후두 작용이 더해져 경음이 될 수는 있어도 유기음에 후두 작용이 더해져 경음이 될 수는 없다. 그런 점에서 경음인 'ㆅ'의 존재는 'ㅎ'이 평음이라는 근거로 활용될 수 있다.

중간 부분과 경구개가 만나서 발음된다. 연구개음은 혀의 뒷부분을 연구개 부근으로 들어올려 내는 소리다. 마지막으로 후음은 공기가 성대 사이의 성문을 통과하면서 나온다.

이러한 설명에서 알 수 있듯이 각각의 조음 위치는 소리가 나는 위치와 그 위치로 이동하는 조음 기관의 두 측면을 고려해야 한다. 소리가 나는 위치는 움직이지 못하는 수동적인 기관이며 조음점이라고 부른다. 조음점으로 움직이는 기관은 능동적으로 움직일 수 있어서 조음체라고 한다. 조음 위치가 다르다는 것은 조음점 또는 조음체 중 적어도 하나는 다르다는 것을 의미한다.11)

비록 조음 위치를 이렇게 다섯 가지로 나누었지만 실제로는 훨씬 더 세분할 수 있다. 가령 같은 치조음으로 분류된 음이라고 하더라도 'ㄴ, ㄷ'은 'ㅅ'에 비해 더 앞에서 나며 치조 부근에 닿는 혀의 부위도 'ㄴ, ㄷ'은 설첨(舌尖)이지만 'ㅅ'은 설단(舌端)으로서 차이를 보인다. 심지어 'ㄱ'의 경우 같은 자음인데도 불구하고 'ㅣ' 앞에서 발음될 때와 'ㅡ' 앞에서 발음될 때 조음 위치가 상당히 다르다.12) 그런 점에서 위의 자음 분류표는 자음의 음가를 있는 그대로 반영한 것이 아니라 일정 부분 추상화시킨 것임을 알 수 있다. 즉, 자음들 사이의 미세한 음성적 차이는 반영하지 않고 오히려 음운론적으로 어떤 기능을 하는지에 따라 분류한 것이다.

조음 방식에 따른 자음의 분류는 몇 가지 층위를 구분해야 한다.13) 먼저 구체적인 조음 양상을 기준으로 할 때에는 파열음, 마찰음, 파찰음, 비음,

11) 실제로 조음점이 같지만 조음체가 다름으로써 구별된다거나 조음체가 같은데도 조음점이 다름으로써 소리가 구분되는 경우가 존재한다. 예컨대 순치음과 치음은 조음점은 같지만 조음체가 다르고, 양순음과 순치음은 조음체가 같지만 조음점이 다르다.

12) 각 자음들의 구체적인 음가에 대해서는 3.2.3에서 상세히 다루기로 한다.

13) 후술하겠지만 자음의 조음 방식은 크게 세 가지 층위에서 구분이 가능하다. '파열음 : 마찰음 : 파찰음 : 비음 : 유음'의 구분이 이루어지는 층위, '장애음 : 공명음'의 구분이 이루어지는 층위, '평음 : 유기음 : 경음'의 구분이 이루어지는 층위가 그것이다.

유음의 다섯 가지로 나뉜다. 파열음은 공기의 폐쇄, 폐쇄된 상태의 지속, 폐쇄 상태의 급격한 개방이라는 세 단계로 발음된다. 흔히 '폐쇄-지속-파열'의 과정을 거친다고 말한다. 이 중 가장 중요한 단계는 세 번째인 파열의 단계이다. 파열이 되면서 이 음의 특징이 온전히 드러난다.14)

마찰음은 조음점과 조음체를 가까이 접근시키되 막히지 않을 정도의 좁은 간극을 유지하여 그 사이로 공기를 흘려서 내는 소리이다. 파열음과의 가장 큰 차이는 공기의 폐쇄 단계가 없다는 점이다. 파찰음은 '공기의 폐쇄, 폐쇄된 상태의 지속'이라는 두 단계를 거친다는 점에서는 파열음과 같다.15) 그러나 파열음처럼 급격하게 공기를 터뜨리는 것이 아니라 공깃길을 조금만 열어 개방된 공기가 마찰을 일으키면서 내는 음이다. 파열음과 마찰음의 특성을 모두 공유하고 있어서 명칭 또한 파찰음이라고 한다.

비음은 기본적으로 파열음의 단계, 즉 폐쇄, 지속, 파열의 과정을 그대로 거친다. 다만 이러한 세 과정은 구강에서 일어나고 비강으로는 구강의 폐쇄 이후에 계속 공기가 흐르고 있다. 그런 점에서 구강의 조음 과정은 파열음과 같되 다만 비강으로 공기가 통한다는 차이만 있다고 할 수도 있다. 이러한 공통점 때문인지 몰라도 한국어를 포함한 여러 언어에서 파열음의 조음 위치와 비음의 조음 위치가 서로 일치하는 경우가 많다. 즉, 동일한 조음 위치에서 비강으로의 공기 흐름 여부에서만 구분되는 자음의 대립쌍이 존

14) '파열음'이라는 용어도 그러한 특징을 반영하고 있다. 이 부류의 자음을 '폐쇄음'이라고 하는 경우도 많이 있지만 이 용어는 몇 가지 문제점을 가지고 있다. 우선, 파열 단계가 가장 중요함에도 불구하고 폐쇄음이라고 함으로써 가장 중요한 음성적 특징을 온전히 드러내지 못한다는 점이다. 또한, 폐쇄음에는 이론적으로 상당히 많은 부류의 음이 포함된다는 점이다. 그러므로 (3)에 제시된 파열음만을 명확히 지칭하는 데에는 '폐쇄음'이라는 용어가 그다지 적합하지 않다. '파열음'이나 '폐쇄음'과 관련된 용어의 문제는 이진호(2017ㄱ)을 참고할 수 있다. 이 외에 한국어 음운론에서는 또 다른 문제도 숨어 있는데 거기에 대해서는 3.2.3.1.1에서 좀 더 다루기로 한다.

15) 그래서 20세기 전반기만 하더라도 파찰음을 파열음과 구분하지 않고 파열음에 포함시켜 다루는 논의가 적지 않았다.

재하는 일이 빈번한 것이다.

유음은 공기가 입안에서 특별한 방해를 받지 않고 무난히 흐르는 방식으로 발음되는 음이다.16) 다른 언어에서는 유음을 다시 'l'과 같은 설측음 계열의 음운과 'r'과 같은 비설측음 계열의 음운으로 구분하기도 하지만 한국어에서는 이 두 소리가 하나의 음운에 속한다.

이상의 다섯 가지 조음 방식은 다시 장애의 정도, 음운론적 기능 등에 따라 두 부류로 묶을 수 있다. 파열음, 마찰음, 파찰음과 같이 자음 중에서도 기류가 방해를 받는 정도가 강하고 자음적인 속성이 큰 음들을 묶어 장애음(obstruent)이라고 한다. 장애음은 장애를 통해 발음된다는 자음의 원래 성질에 가깝기 때문에 자음으로서의 음운론적 강도가 강하다. 이런 특성을 반영하여 장애음을 순수 자음(true consonant)이라고 부르기도 한다.

이러한 장애음에 비해 비음과 유음은 기류가 큰 장애를 받지 않는다. 비음은 비록 파열음과 비슷한 과정을 거치지만 코로 공기가 흐를 때는 아무런 방해도 받지 않는다. 게다가 비강을 울리면서 발음되기 때문에 파열음과는 음향적 속성이 많이 다르다. 유음은 자음 중에 가장 방해의 정도가 낮다. 이러한 비음과 유음은 자음적인 강도가 약하고 큰 울림을 동반하기 때문에 공명음(sonorant)이라고 부른다.

한편, 한국어의 장애음은 동일한 조음 위치와 조음 방식을 가지는 자음이라도 다시 세 가지로 하위 구분이 되고 있다. 가령 파열음이나 파찰음을 보면 '평음 : 유기음 : 경음'의 구분이 존재하는 것이다. 이러한 성격의 삼항

16) 유음의 정의는 대부분의 논의에서 매우 불분명하게 이루어지고 있다. 다른 자음은 구체적인 조음 과정이 제시되지만 유음은 어떤 조음 과정을 거치는지가 나오지 않고 다만 장애가 거의 이루어지지 않는다는 언급만 하는 것이다. 아마도 이것은 유음(liquid)이 단순히 설측음 계열(l-계열)과 비설측음 계열(r-계열)을 묶기 위해 제안된 개념이었기 때문이 아닌가 한다. 비설측음이라는 용어에 대해서는 3.2.3.5를 참고할 수 있다.

대립은 언어 보편적으로 그리 흔한 일이 아니다. 같은 조음 위치에서 발음되는 파열음이나 파찰음 내부의 대립은 성대의 울림에 따라 유성음과 무성음의 두 가지가 구분되는 것이 일반적이다. 영어를 비롯한 서구어나 일본어가 대표적이다. 그런데 한국어는 성대의 울림을 이용하지 않으면서도 세 부류의 자음이 구분된다는 점에서 상당히 특이하다. 언어에 따라서는 한국어와 같이 세 부류의 자음은 물론이고 네 부류의 자음까지 하위 분류하는 경우도 없지는 않다. 그러나 그런 경우에도 보통은 '유성 : 무성'의 대립을 이용하는 경우가 많다. 가령 Thai어에서 유성무기음, 무성무기음, 무성유기음의 세 부류를 구분하는 것이나 Hindi어에서 유성무기음, 유성유기음, 무성무기음, 무성유기음을 구분하는 것이 그러하다.[17] 한국어와 같이 세 부류의 자음이 모두 무성음이면서 그 안에서 다시 하위 구분되는 경우는 그리 흔하지 않다.[18]

한국어에 존재하는 평음, 유기음, 경음은 기본적인 조음 위치와 조음 방식이 동일하면서도 서로 다른 음소로 기능한다는 점에서 매우 긴밀한 관계를 맺고 있다. 이 자음들을 묶어서 삼지적(三枝的) 상관속(相關束)이라고 부르는 것은 이런 관계를 잘 말해 주고 있다. 삼지적 상관속을 이루는 자음들의 특성은 음성적 기준을 가지고 비교할 때 뚜렷해진다. 세 부류 자음의 특성을 비교할 때 이용하는 기준에는 여러 가지가 있는데 여기서는 다음 네 가지 측면에서 평음, 유기음, 경음의 공통점과 차이점을 살필 것이다.

17) 언어에 따라서는 하나의 조음 위치에 10개 이상의 파열음이 대립하는 경우도 존재한다. 자세한 것은 Lee(2022)의 4장을 참고할 수 있다.
18) 한국어 장애음의 삼항 대립이 지니는 유형론적 특수성에 대해서는 이진호(2020: 18~24)에서 자세히 다룬 바 있다.

(4) ㄱ. 유기성의 정도
ㄴ. 폐쇄 지속 시간
ㄷ. 후두의 긴장
ㄹ. 인접 모음에의 영향

첫째, (4ㄱ)에 제시된 유기성(aspiration)의 정도는 평음, 유기음, 경음을 구분하는 가장 대표적인 기준이다. 그런데 유기성을 규정짓는 음성적 특징은 단일하지 않다. 여러 가지 복합적인 요인들이 유기성과 관련을 맺고 있는 것으로 보고되어 왔다. 이 중 몇 가지를 제시하면 다음과 같다.19)

(5) ㄱ. 성대 진동 시간(Voice Onset Time)의 지연
ㄴ. 성문의 크기
ㄷ. 기류의 양
ㄹ. 성문의 최대 개방 시점

(5ㄱ)의 성대 진동 시간 지연은 자음 뒤에 오는 유성음, 특히 모음의 성대 진동이 시작되는 데 얼마만큼 시간이 걸리는지를 나타낸다. 정상적이라면 모음은 발음되는 순간부터 성대의 진동이 이루어져야만 한다. 그런데 선행하는 자음의 유기성에 따라 성대의 진동이 지연되어 일정 기간 무성의 구간이 나타날 수 있다. 지금까지 측정된 몇몇 실험음성학적 결과들을 예시하면 다음과 같다.

19) 뒤에서도 언급하겠지만 (5ㄱ)에서 평음, 유기음, 경음이 차이를 보이는 것은 (5ㄴ~ㄹ)의 음성적 특성과 무관하지 않다.

(6) 성대 진동 시간의 지연(ms)[20]

	Lisker & Abramson (1964)	Kim (1965)	표진이 (1975)	배재연 외 (1999)	이경희·정명숙 (2000)
ㅂ	18	23	15.7	58	
ㄷ	25	38	15.2	60	48.1
ㄱ	47	45	38	67	
ㅍ	91	98	83.6	77	
ㅌ	94	92	68.4	80	74.7
ㅋ	126	90	91.2	83	
ㅃ	7	9	7.6	20	
ㄸ	11	15	7.6	23	9.9
ㄲ	19	13	11.4	38	

성대 진동 시간의 지연 측면에서 보면 유기음인 'ㅍ, ㅌ, ㅋ'의 유기성이 매우 크고 경음인 'ㅃ, ㄸ, ㄲ'의 유기성은 매우 미약하다. 평음 'ㅂ, ㄷ, ㄱ'의 유기성은 경음과 비교하면 두 배 이상이지만 유기음에는 한참 뒤떨어지는 것을 알 수 있다.[21] 이처럼 자음의 유기성에 따라 후행 모음을 위한 성대 진동 시간의 지연에 유의미한 차이가 난다.

평음, 유기음, 경음에 있어 후행 모음의 성대 진동 시간이 달라지는 원인은 여러 가지가 있는데 대표적으로 앞의 (5ㄴ~ㄹ)을 들 수 있다. 가령 (5ㄴ)에 제시된 성문의 크기는 Kim(1970: 110)에 따르면 유기음인 'ㅍ, ㅌ, ㅋ'이

20) Lisker & Abramson(1964)와 Kim(1965)의 측정 결과는 표진이(1975)에 제시된 것을 다시 옮겨 왔다. 배재연 외(1999)는 세 명의 화자를 대상으로 하여 환경에 따른 성대 진동 시간의 지연 양상을 측정했는데 여기서는 그 중 중간 값을 보이는 화자를 대상으로 자음이 발화 초에 위치한 경우를 제시하기로 한다. 이경희·정명숙(2000)은 평음, 유기음, 경음의 세 가지로만 구분하여 측정했기 때문에 개별 자음에 따른 차이는 알 수 없다. 이후에 제시되는 자료도 마찬가지이다.

21) 'ㅂ(p), ㄷ(t), ㄱ(k)'이 유기성을 지니는 것은 한국어만의 특성은 아니다. 영어의 'p, t, k'도 음절 초성에 놓일 때는 유기성을 지닌다. 반면 프랑스어나 중국어의 'p, t, k'는 유기성이 매우 낮은 무기음에 가깝다. 이처럼 평음(plain consonant)의 유기성 정도는 언어에 따라 조금씩 차이가 난다.

최대 10mm 내외인 반면 평음인 'ㅂ, ㄷ, ㄱ'은 3~4mm, 경음인 'ㅃ, ㄸ, ㄲ'은 1~2mm로 성대 진동 시간의 지연에 따른 순서와 정확히 일치한다. (5ㄷ)에 제시된 기류의 양 역시 '유기음>평음>경음'의 순서이다. 성문의 크기가 크다는 것은 그만큼 많은 기류가 동반된다는 것이며, 많은 기류가 방출되면 그로 인해 후행하는 모음의 유성성이 저지될 수밖에 없다. 이처럼 (5ㄴ, ㄷ)에 제시된 성문 크기나 기류의 양은 성대 진동 시간의 지연과 직접적인 관련이 있다.

(5ㄹ)에 제시된 성문의 최대 개방 시점 역시 후행 모음의 성대 진동 시간과 관련을 맺는다. Ladefoged & Maddieson(1996: 66)에 따르면 유기음의 경우 성문이 최대로 벌어지는 시점이 구강의 폐쇄가 개방되는 순간과 비슷하다. 반면 무기음은 구강 폐쇄가 유지되는 중간 시기쯤 성문이 최대로 벌어진다. 후행하는 모음을 발음하면서 성대를 진동시키려면, 성문 개방이 최대화되는 시점이 후행 모음의 발음과 멀수록 더 유리하다. 그래야만 자음의 발음을 위해 열려 있는 성대가 조금이라도 빨리 닫히면서 성대가 일찍부터 진동할 수 있기 때문이다. 그런데 모음에 선행하는 유기음은 폐쇄의 개방 순간에 성문이 가장 크게 열리므로 이것을 닫는 데 시간이 많이 필요하고 이것이 성대 진동 시간의 지연으로 표출되는 것이다. 이에 비해 무기음은 구강 폐쇄 중간에 성문 개방이 최대화되므로 성문을 닫는 데 충분한 시간이 있어서 후행 모음을 위한 성대 진동이 훨씬 덜 지연된다.

둘째, (4ㄴ)에 제시된 폐쇄 지속 시간에 의해서도 평음, 유기음, 경음을 구별할 수 있다. 한국어에서 삼지적 상관속을 지니는 자음들은 모두 조음 과정에서 폐쇄 구간이 존재한다. 이때 폐쇄가 지속되는 시간이 어느 정도인지에 따라서 자음들의 성격이 구분된다. 지금까지 몇몇 논의에 나온 폐쇄 지속 시간을 제시하면 다음과 같다.[22]

(7) 파열음의 폐쇄 지속 시간(ms)

	표진이(1975)[23]	배재연 외(1999)	이경희·정명숙(2000)
ㅂ	8	60	
ㄷ	9	62	56.8
ㄱ	9.5	42	
ㅍ	16	108	
ㅌ	34	92	119.2
ㅋ	26	70	
ㅃ	23	123	
ㄸ	34	135	157.8
ㄲ	30	82	

여기서 알 수 있는 것은 평음이 유기음이나 경음에 비해 폐쇄 지속 시간이 매우 짧다는 사실이다. 평균적으로 유기음이나 경음의 절반 또는 그 이하에 불과하다. 또한 유기음이나 경음 중에는 경음의 폐쇄 지속 시간이 유기음보다 더 길다.

이처럼 유기음이나 경음의 폐쇄 지속 시간이 길기 때문에 한국어에서는 유기음이나 경음 앞에 동일한 조음 위치의 평파열음이 놓일 때 그 평파열음의 음향적 효과가 잘 드러나지 않는다는 특징이 있다. 가령 '먹+고'를 '먹꼬'로 발음하든 '머꼬'로 발음하든 둘 사이의 차이가 별로 안 드러난다. 마찬가지로 '앞+이'를 '아피'로 발음하든 '압피'로 발음하든 구분이 잘 되지 않는다. 유기음이나 경음 앞에 놓이는 동일 조음 위치의 평파열음은 음절의 종성에 놓이기 때문에 파열 단계가 생략되고 '폐쇄-지속'의 과정만 거친다.

22) 폐쇄 지속 시간은 부득이하게 어두가 아닌 어중의 초성에 자음이 놓일 때를 기준으로 삼을 수밖에 없다. 어두의 경우 폐쇄가 시작되는 시점을 정확히 알 수 없기 때문에 폐쇄 지속 시간도 측정하기 어렵다.

23) 표진이(1975: 106)에서는 파열음 전체의 발음 시간에 대한 폐쇄 지속 시간의 비율도 제시했는데 거기에 따르면 'ㅂ, ㄷ, ㄱ'은 각각 80%, 88.5%, 59.3%, 'ㅍ, ㅌ, ㅋ'은 각각 86.4%, 93.8%, 60.5%, 'ㅃ, ㄸ, ㄲ'은 각각 81.8%, 99.4%, 69.4%이다.

또한 그 뒤에 오는 유기음이나 경음은 폐쇄 단계가 생략된다. 이미 같은 조음 위치에서 폐쇄 과정이 이루어졌으므로 유기음이나 경음을 위해 폐쇄 과정을 다시 거칠 필요가 없는 것이다. 결과적으로 'ㅂㅍ, ㅂㅃ / ㄷㅌ, ㄷㄸ / ㄱㅋ, ㄱㄲ'의 자음 연쇄는 폐쇄 지속 시간만 좀 더 길어질 뿐 유기음이나 경음이 하나만 있는 'ㅍ, ㅃ / ㅌ, ㄸ / ㅋ, ㄲ'과 별반 차이가 없게 된다.

셋째, (4ㄷ)에 나오는 후두 긴장에 따라서도 평음, 유기음, 경음이 구분된다. 이미 잘 알려진 대로 경음이나 유기음은 평음에 비해 후두의 긴장이 더 강하다. 이러한 후두의 긴장은 소리의 강렬한 청각적 인상으로 이어진다. 유기음을 격음, 거센소리라고 부른다거나 경음을 된소리로 부르는 것은 모두 후두 긴장을 통해 만들어진 강렬한 느낌을 반영한 용어라고 할 수 있다.[24] 이경희·정명숙(2000: 143~144)에 따르면 유기음과 경음에 후행하는 모음의 강도가 평음에 후행하는 모음의 강도보다 강하다고 하는데, 이것도 유기음이나 경음을 발음할 때 동반되는 후두의 긴장과 관련되어 있을지 모른다.

넷째, (4ㄹ)에 제시된 인접 모음에의 영향도 평음, 유기음, 경음에 따라 차이를 보인다. 파열음이 인접 모음에 주는 영향은 여러 가지가 있는데 그 중 후행 모음의 높낮이, 길이, 기본 주파수 값(F0)을 살펴보면 다음과 같다.

(8) 파열음에 후행하는 모음의 특성

	높낮이	길이	기본 주파수 값(F0)
	이경희·정명숙(2000)	배재연 외(1999)	김미담(2003)[25]
평 음	151.1(Hz)	90(ms)	245(Hz)
유기음	195.8(Hz)	102(ms)	301(Hz)
경 음	181.3(Hz)	60(ms)	275.6(Hz)

24) 유기음이나 경음을 지칭하는 용어는 이 밖에도 매우 다양한 편이다. 자세한 것은 이진호(2017ㄱ)을 참고할 수 있다.

이 외에도 평음, 유기음, 경음은 여러 가지 차이를 보인다. 최근 음성 분석 장비나 조음 기관 관찰 기기가 발달하면서 좀 더 다양한 차원에서 삼항 대립을 보이는 자음들에 대한 비교 연구가 이루어지고 있다. 이와 관련된 기존의 여러 논의들은 Cho et al.(2002), Shin(2015)에서 잘 정리해 두었으므로 참고할 수 있다.

3.2.2.2. 자음 체계의 변화

현대 한국어의 자음 체계는 이전 시기로부터 이어온 변화의 산물이다. 현대 한국어 이전의 자음 체계는 현재와 조금 달랐다. 『訓民正音』에 따르면 후기 중세 한국어 자음 체계는 대체로 다음과 같았다고 할 수 있다.[26)]

(9)

	牙音	舌音	脣音	齒音	喉音	半舌音	半齒音
全淸	ㄱ	ㄷ	ㅂ, ㅸ[27)]	ㅅ, ㅈ	(ㆆ)[28)]		
次淸	ㅋ	ㅌ	ㅍ	ㅊ	ㅎ		
全濁	ㄲ	ㄸ	ㅃ	ㅆ, ㅉ[29)]	ㆅ		
不淸不濁	ㆁ	ㄴ	ㅁ		ㅇ	ㄹ	ㅿ

25) 김미담(2003)에서는 개별 자음별로 F0 측정치를 제시했지만 여기서는 평음, 유기음, 경음의 평균치로 바꾸어 제시한다.

26) 'ㅸ, ㆀ, ㅥ' 등과 같은 자음의 인정 여부에 따라 자음의 숫자는 다소 유동적이지만 여기에 제시된 것이 가장 일반적인 중세 한국어 자음 체계라고 할 수 있다.

27) 'ㅸ'은 훈민정음 기본 28자에 포함되어 있지 않으며 순경음 중 유일하게 존재하는 음이라서 자음 체계 중 어디에 넣어야 할지 다소 불분명한 점이 있다. 그러나 'ㅇ'를 'ㅂ' 아래 연서했다는 점을 고려할 때 'ㅂ'을 기준으로 하여 전청에 포함하는 편이 가장 무난할 듯하다. 다만 전청에 속하는 다른 자음들이 모두 무성 파열음인데 비해 'ㅸ'은 유성 마찰음이라는 차이는 존재한다.

28) 후두 파열음인 'ㆆ'은 글자로만 존재하고 음운으로서는 실재하지 않았다는 견해가 많다. 'ㆆ'은 음운이 아니었을 가능성이 높고, 음운이라 하더라도 불완전한 지위를 가졌으리라 보아 괄호 안에 넣었다.

29) 'ㅉ'은 어두에 존재하지 않으며, 다른 자음과의 최소 대립쌍을 확인하기 어려워 자음 목록에서 제외하기도 한다. 그러나 경음 중 'ㅉ'만 음운으로 존재하지 않는다는 점이 석연치

중세 한국어의 자음들은 조음 위치에 따라 총 7개 부류가 나뉘어 있다. 이 중 반설음 및 반치음은 설음 및 치음과 구별되지 않았을 가능성이 높으므로 실제로는 5개의 조음 위치가 변별되고 있다. 아음(牙音)은 현대 한국어의 연구개음에, 설음(舌音)은 치조음에, 순음(脣音)은 양순음에, 치음(齒音)은 치음에, 후음(喉音)은 후음에 대응한다. 이러한 조음 위치의 구분은 전통적인 성운학의 방식으로서 한국어는 물론 중국어나 다른 언어에도 사용되었다. 그렇기 때문에 중세 한국어의 자음을 이와 같이 설정한 것은 성운학의 틀에 억지로 끼워 맞춘 인위적인 분류 결과라고 평가하는 경우도 있다.30)

그러나 실제 언어 현상을 살피면 꼭 그렇게 볼 수만은 없다. 가령 음절말에서 일어나는 음운 현상을 보면 당시 종성에 올 수 없는 자음은 8개의 자음 중 하나로 바뀌는데 'ㅈ, ㅊ'은 철저하게 같은 치음인 'ㅅ'으로 변화하고 'ㅌ'은 동일한 설음인 'ㄷ'으로 변화한다. 이러한 차이는 치음과 설음의 구분이 실재했음을 말해 준다. 치음과 설음 이외의 다른 조음 위치 역시 대체로 당시의 현실음을 반영하여 설정했다고 생각된다. 『訓民正音』의 '제자해'에서 치음 글자와 설음 글자의 상형을 조음 기관과 직접적으로 결부지어 설명한 것 역시 이러한 사실을 말해 준다고 할 수 있다.

『訓民正音』에 나오는 자음의 조음 방식은 현대 음운론에서 일반적으로 채택하고 있는 것과는 상당히 다르다. 조음 방식은 조음 위치와 마찬가지로 성운학의 분류 방식을 받아들였다. 성운학에서는 청탁(淸濁)을 활용하여 자음의 조음 방식을 구분하고 있다. 청탁은 현대 음성학적 관점에서 본다면

않으며, 후기 중세 한국어 이후에 'ㅉ'이 새로 음운으로 확립되었다고 보기도 어렵기 때문에 여기서는 자음 목록에 포함하기로 한다.

30) 특히 치음과 설음은 조음 위치의 차이를 나타내는 것이 아니라 조음 방식의 차이와 관련된다고 보는 입장이 존재한다. 예컨대 치음은 마찰음과 파찰음, 설음은 나머지 조음 방식의 자음을 포함한다는 것이다.

유무성(有無聲)에 해당한다. 청음(淸音)은 무성음, 탁음(濁音)은 유성음이다. 이처럼 청(淸)과 탁(濁)으로 양분한 후 그 안에서 청탁(淸濁)의 정도에 따라 '전(全) : 차(次)'를 구분한다. 약간 단순화시킨다면, 전(全)은 그 정도가 낮은 부류이고 차(次)는 그 정도가 높은 부류라고 할 수 있다. 즉, 다음과 같은 모습이 되는 것이다.

(10)

淸		濁	
全	次	全	次
全淸	次淸	全濁	不淸不濁[31]

이러한 네 가지 조음 방식에 맞춰 중세 한국어의 자음들을 분류한 것을 보면 두 가지 점이 특이하다. 하나는 'ㅅ'과 'ㅈ', 'ㅆ'과 'ㅉ'을 구분할 수 있는 장치가 마련되지 않았다는 점이다. 다른 하나는 한국어의 된소리가 유성음 계열인 전탁에 소속되어 있다는 점이다.[32] 아마도 이러한 특이성은 한국어의 자음을 성운학의 분류 체계에 맞추면서 발생한 것이 아닐까 한다.

(9)에 분류된 중세 한국어 자음 체계를 앞선 (3)의 현대 한국어 자음 분류 방식에 맞게 재편하면 대략 다음과 같은 모습이 된다.

31) 불청불탁(不淸不濁)이라는 용어 대신 차탁(次濁)이라는 용어를 사용하기도 하는데 '全 : 次'의 대립 관계를 선명하게 나타내는 데는 불청불탁보다 차탁이 더 낫다고 할 수 있다.

32) 한국어의 된소리는 무성음이기 때문에 전탁에 속하기는 어렵다. 그러나 bus, gas, bag 등 외국어의 유성 자음을 된소리로 수용하는 경우가 적지 않다는 점에서 한국어의 된소리는 유성음과 통하는 일면이 어느 정도 있는 것도 사실이다. 유성음과 무성음이 음운론적으로 대립되지 않는 한국어는 외국어의 유성음과 무성음을 '평음 : 유기음 : 경음'의 대립으로 바꾸어 수용하게 된다. 이때 유성음은 경음으로 받아들이는 경우가 있다.

(11)

			양순음	치음	치조음	연구개음	후음
장애음	파열음	평 음	ㅂ		ㄷ	ㄱ	
		유기음	ㅍ		ㅌ	ㅋ	
		경 음	ㅃ		ㄸ	ㄲ	(ㆆ)[33]
	파찰음	평 음		ㅈ			
		유기음		ㅊ			
		경 음		ㅉ			
	마찰음	평 음	ㅸ[β]	ㅅ, ㅿ			ㅇ[ɦ]
		유기음					ㅎ
		경 음		ㅆ			ㆅ
공명음	비 음		ㅁ		ㄴ	ㆁ[ŋ]	
	유 음				ㄹ		

이것을 현대 한국어 자음 체계와 비교할 때 크게 다음 두 가지 유형의 변화가 생겼음을 알 수 있다.

(12) ㄱ. 기존 자음의 소멸
ㄴ. 기존 자음의 음가 변화

우선, 가장 먼저 눈에 띄는 변화는 몇몇 자음의 소멸(12ㄱ)이다. 중세 한국어 시기에 존재하지 않던 자음이 새로 생긴 경우는 존재하지 않으며, 반대로 예전에 존재하던 자음이 사라진 경우만 존재한다. 그런데 이러한 자음의 소멸 양상을 보면 꽤 체계적인 모습이 발견된다. 이러한 체계성은 두 가지로 나눌 수 있다. 하나는 후음 계열의 단순화이고 다른 하나는 유성 마찰음 계열의 소멸이다. 중세 한국어 시기에 존재하던 여러 개의 후음은

33) 'ㆆ'을 평음으로 보아야 할지 경음으로 보아야 할지는 불분명하다. 현대 한국어의 'ㅎ'을 평음이나 유기음 또는 그 어디에도 속하지 않는 것으로 분류하는 세 가지 방식이 있었듯이, 이론적으로는 'ㆆ'도 세 가지 분류 방식이 있을 수 있다. 여기서는 'ㅎ'을 유기음으로 보았기 때문에 거기에 평행하여 'ㆆ'도 경음으로 보고자 한다.

현대 한국어에 와서 하나만 남게 되었다. 후음의 경우 조음상의 특성 때문에 다양한 자음이 존재하기 어렵다는 점을 감안하면 후음 계열이 단순화되는 것은 어쩌면 필연적인 변화일 수도 있다.[34] 그리고 'ㅸ, ㅿ, ㅇ'과 같은 유성 마찰음 계열의 소실은 유성성에 의한 대립이 한국어에 일반적이지 않다는 점에서 충분히 수긍이 가는 변화이다. 다른 장애음 계열에서는 보이지 않고 오로지 마찰음에서만 유성음이 음운으로 존재한다는 점은 체계 내적으로 매우 부자연스러운 일이기 때문에 유성성에 의한 대립을 없애는 쪽으로의 변화가 일어났다고 해석할 수 있는 것이다.

(12ㄴ)은 기존 자음 중 치음 계열의 음가가 현대 한국어로 오면서 변화한 것을 가리킨다. 즉, 'ㅅ, ㅆ, ㅈ, ㅊ, ㅉ'이 치음보다 더 뒤쪽에서 발음되는 자음으로 바뀐 것이다. 음운 체계상으로 본다면 'ㅅ, ㅆ'이 치조음, 'ㅈ, ㅊ, ㅉ'이 경구개음으로 변화했다. 이 변화는 자음 수의 증감과는 관련이 없고, 기존의 음이 새로운 음으로 바뀐 것으로 소위 재음운화라는 유형에 속한다.

이러한 변화의 결과 다른 음운 변화가 부수적으로 뒤따르게 되었다. 치음 뒤에 오던 'ㅑ, ㅕ, ㅛ, ㅠ' 등 j-계열의 이중 모음은 모두 반모음 'j'의 탈락을 겪어 단모음으로 바뀌었다. 그래서 고유어의 형태소 내부에서는 더 이상 'ㅅ, ㅆ, ㅈ, ㅊ, ㅉ' 뒤에 반모음 'j'가 결합하는 경우를 찾아볼 수 없게 되었다. 현대 한국어의 경우 형태소와 형태소의 결합 과정에서만 ㅅ-계열 자음에 한해 'j'가 후행할 수 있을 뿐이다.[35] 이러한 반모음 'j'의 탈락은 발생 원인이 자음과 후행하는 반모음 'j'의 조음 위치가 서로 중복되는 데 있기

34) 현재 진행 중이기는 하지만 2,084개의 언어를 대상으로 후음의 개수를 단순히 조사한 바에 따르면, 후음을 가지지 않은 언어가 654개(31.4%)이고, 후음을 1개만 가진 언어가 785개(37.7%)이다. 즉, 전체 언어의 2/3 이상이 후음을 1개 이하로 가지는 것이다. 평균적으로는 언어별로 1개의 후음을 가지며, 자음 목록에서 후음이 차지하는 비율은 5%에 불과하다.

35) '마셔(마시+어), 하셔서(하+시+어서)' 등을 참고할 수 있다.

때문에, 이런 변화를 통해 중세 한국어의 치음이 경구개 또는 그에 인접한 조음 위치로 바뀌었음을 간접적으로 확인하게 된다. 이 외에 이들 자음 뒤에서 단모음 'ㅡ'가 'ㅣ'로 바뀌는 변화(아츰>아침 등)도 경구개음 뒤에서 동화되는 현상이기 때문에 조음 위치의 변화 이후에 새로 생겨난 것에 해당한다.

3.2.3. 자음의 음가

하나의 음운이 항상 같은 음성으로만 실현되는 것은 아니다. 환경에 따라 여러 가지 다양한 음성으로 실현되는 것이 일반적이다. 이처럼 하나의 음운이지만 달리 실현되는 각각의 음성들을 흔히 변이음 또는 이음이라고 부른다.[36] 한국어에서 음운의 자격을 가지는 자음들도 다양한 변이음으로 나타난다. 여기서는 자음의 조음 방식에 의한 분류 순서에 맞춰 각 자음의 변이음들을 살피도록 한다.

3.2.3.1. 파열음의 음가

3.2.3.1.1. 평음 'ㅂ, ㄷ, ㄱ'의 음가

'ㅂ, ㄷ, ㄱ'은 파열음 중에서도 평음으로서 조음 위치의 차이를 제외하면 비슷한 속성을 지닌다. 그래서 환경별로 실현되는 변이음도 공통적인 속성을 보인다. 그러나 차이점도 없지는 않다. 우선 'ㅂ, ㄷ, ㄱ'의 변이음을 통해

36) 음성이나 변이음은 모두 변별적 기능을 가지는 음운에 대립되는 용어이다. 다만 음성은 어휘의 의미를 구별할 수 없는 소리들을 통칭하는 용법으로 사용되고, 변이음은 음성 중에서도 한 음운에 속하는 것들만을 특별히 한정해서 지칭하는 용법으로 사용된다. 이 책에서는 변이음 대신 음성이라는 용어를 주로 사용하지만 변이음이 더 적절한 환경에서는 음성 대신 변이음이라는 용어를 사용한다.

각 자음의 개별적인 음가를 고찰한 후 평파열음 전체의 공통점과 차이점을 정리하도록 한다.

양순 파열음인 'ㅂ'은 크게 다음의 세 가지 서로 다른 음성으로 발음된다.[37]

(13)

	소리의 특징	나타나는 환경
p˂	• '폐쇄-지속-파열'의 세 단계를 모두 거침 • 성대가 안 울리는 무성음	• 단어의 첫머리인 어두에 놓일 때 (예) 보리, 바람
p˃	• '폐쇄-지속'만 거치고 '파열'은 생략됨 • 성대가 안 울리는 무성음	• 음절의 종성에 놓일 때 (예) 삽, 갑절
b	• '폐쇄-지속-파열'의 세 단계를 모두 거침 • 성대가 울리는 유성음	• 유성음 사이에 놓일 때[38] (예) 아버지, 울보

세 가지 서로 다른 음성의 성질은 성대의 울림 여부와 파열 단계의 유무라는 두 가지 조건에 따라 구분된다. 두 가지 조건이 서로 결합하면 총 네 가지 서로 다른 부류가 나올 수 있지만, 유성음이면서 '파열' 단계가 생략되는 음은 한국어에 존재하지 않기 때문에 세 종류의 음성만 나타난다. 두 가지 조건은 인접하는 음의 특징 및 음절 내에서의 위치에 따라 결정되고 있다. 성대 울림의 경우 인접하는 두 음이 모두 유성음일 때만 유성음이고 그렇지 않으면 무성음이다. 파열 단계의 생략은 음절의 종성에 놓인 'ㅂ'에서만 일어난다.

'p˂'는 'ㅂ'의 가장 대표적인 음이라고 할 수 있다. 파열음의 조음 단계를

37) 미세한 음성적 차이를 반영한다면 'ㅂ'의 변이음 수는 이보다 훨씬 많겠지만, 대표적인 것으로 한정하면 (13)의 세 가지가 가장 널리 언급되고 있다.

38) '유성음 사이'란 구체적으로는 모음과 모음 사이, 공명음과 모음 사이의 두 가지가 된다. 이하 장애음이 유성음으로 실현되는 환경은 모두 마찬가지이다.

온전하게 거친다. ‘p‹’의 ‘‹’는 앞부분이 닫히고 뒷부분이 열린다는 표시이며, 막혔던 것이 터진다는 사실을 가리킨다. ‘p‹’는 무성 외파음(無聲 外破音)이라고 부를 수 있다. 성대의 진동이 없으며 파열 과정이 날숨과 함께 이루어짐을 뜻한다. 3.2.2.1에서도 잠깐 언급했듯이 한국어의 ‘ㅂ’은 평음이지만 어느 정도의 유기성을 지닌다. 그런데 ‘ㅂ’의 모든 변이음들이 유기성을 지니는 것은 아니며 ‘p‹’와 같이 무성음이면서 외파되는 특성을 가진 변이음만 약한 유기성을 지닌다. 반면 뒤에서 살필 ‘ㅂ’의 변이음 중 미파음 또는 유성음은 유기성을 지니지 않는다.39)

‘p›’는 ‘p‹’와 비교할 때 파열 과정이 나타나지 않는다는 차이가 있다. 두 입술을 닫은 후 터뜨리지 않고 발음을 끝낸다. ‘p›’의 ‘›’는 앞부분이 열리고 뒷부분이 닫힌다는 표시로서, 열려 있던 것을 막는다는 사실을 가리킨다. ‘p›’는 무성 미파음(無聲 未破音)이라고 부를 수 있다. 성대가 떨리지 않으며 파열 과정이 없음을 나타낸다. 간혹 ‘p›’를 내파음(內破音, implosive)이라고 하는 경우도 있지만, 내파음이란 파열이 되지 않는 음을 가리키는 것이 아니라 파열이 들숨과 함께 이루어지는 음을 가리키기 때문에 한국어의 ‘p›’를 지칭하는 용어로는 타당하지 않다.

‘p›’는 모음 앞에서는 결코 나타나지 않는다. 모음이 후행하는 경우에는 모음의 발음을 위해서라도 반드시 자음의 막혔던 부분이 터져야만 한다. 그래서 미파음인 ‘p›’는 무성 자음이 후행하거나 또는 휴지 앞에 놓이는 경우, 즉 음절의 종성에서 실현된다. 음절의 종성에서 파열 단계가 생략되는 것은 ‘p›’만이 아니라 다른 파열음도 모두 그러하다. 그뿐만 아니라 파열음

39) 미파음이 유기성을 지니지 않는 것은 음성학적으로 볼 때 자연스러운 일이다. 일반적으로 유기성은 폐쇄 과정의 개방 단계에서 드러나게 되므로 개방 단계가 생략되는 미파음은 유기성을 가질 수가 없다. 또한 성대의 진동을 수반하는 유성음은 언어 보편적으로 볼 때 유기성을 동반하는 경우가 무성음에 비해 월등히 낮다.

이 아닌 다른 자음도 음절의 종성에 놓이면 음절의 초성에 올 때와는 음가가 달라진다. 그 이유는 한국어의 자음이 음절의 종성에 올 경우 조음체와 조음점을 밀착시켜 발음하는 특징이 있기 때문이다. 파열음의 경우 발음 과정에서 조음 기관인 두 입술을 밀착시키면 파열 과정은 이루어질 수가 없다.

이처럼 파열음을 음절말에서 발음할 때 파열이 이루어지지 않는 것은 한국어의 특징 중 하나로 언급되어 왔다. 그런데 한국어뿐만 아니라 다른 언어에서도 이와 비슷한 현상을 발견할 수 있다. 가령 영어에서 'cactus'와 같은 단어를 발음할 때 첫 번째 음절 종성의 'c'는 연구개에서의 파열 단계가 거의 들리지 않는다고 한다.[40] 영어와 같이 잘 알려진 언어가 아니라고 하더라도 파열음의 목록이나 대립 양상과 무관하게 음절 종성에서 파열 단계가 생략되는 언어들은 매우 많이 보고되어 왔다. 초성에 비해 종성에서는 실현되는 자음의 종류가 상당히 제약되는 경우가 많은데, 이것 역시 음절 종성에 놓인 자음의 조음에서 개방 과정이 제대로 이루어지지 않는 음성적 특징에 기인했을 가능성이 크다.[41]

한편, 여기서는 음절 종성에 오는 'ㅂ'의 음가를 'p˺' 하나만 설정했지만 논의에 따라서는 음절말 'ㅂ'의 음가를 더 구분하기도 한다. 대표적으로 이호영(1996: 76)에서는 같은 음절 종성의 'ㅂ'이라도 어말이나 양순 파열음 앞에 오는 'ㅂ'과 양순음 이외의 장애음('ㅎ'은 제외) 앞에 오는 'ㅂ'의 음을 구별하여 전자만이 'p˺'이고 후자는 무음(無音) 개방되는 'p'라고 했다.[42] 세

40) 영어에서 어말의 'p, t, k'를 후두파열음 '[ʔ]'로 발음하는 경우 역시 해당 위치의 파열음이 온전하게 파열되지 않음으로써 생겨난 것이라고 할 수 있다.

41) 이진호(근간)에서는 795개 언어를 대상으로 음절 종성에서 실현되는 자음의 종류를 조사한 바 있다. 여기에 따르면 장애음의 경우 유기화를 포함하여 이차 조음을 동반한 자음이 음절 종성에서 실현되는 비율이 매우 낮다. 이것은 음절 종성에서 장애음의 개방 과정이 초성에 비해 불완전하게 일어나는 것이 일부 언어에만 국한된 현상은 아님을 시사하고 있다.

밀하게 관찰을 하자면 후행하는 자음이 없거나 뒤에 같은 조음 위치에서 나는 양순파열음이 올 경우에는 선행하는 'ㅂ'의 파열이 전혀 이루어지지 않음에 비해, 뒤에 다른 조음 위치의 장애음이 오면 그 장애음을 발음하기 위해 음절말 'ㅂ'의 마지막 단계에서 막힘의 단계를 풀 수밖에 없다. 그래야만 다른 조음 위치로 조음체를 이동할 수 있는 것이다. 그런 점에서 이호영(1996)의 지적은 정확하다고 할 수 있다.

다만 이 무음 개방의 과정이 음절말 'ㅂ'의 발음 단계에 속한다고 단정할 수만은 없다는 문제가 있다. 즉, 무음 개방은 음절말 'ㅂ'에서 후행하는 장애음으로의 이동하는 전이 단계에 속한다고 할 수도 있는 것이다. 그럴 경우 무음 개방은 'ㅂ'의 발음 과정 중 일부가 아니기 때문에 무음 개방되는 'p'라는 음도 인정할 수 없다. 한국어의 음절말에서 장애음 계열이 겪는 여러 현상들은 폐쇄를 전제할 때 설명이 쉽다는 점에서, 무음 개방의 단계는 음절말 'ㅂ'의 발음 과정에서 제외하는 것이 더 타당할 듯하다.

'b'는 파열 단계가 있지만 성대가 떨린다는 점에서 'p⁽'에 대응하는 유성음이라고 할 수 있다. 'b'는 유성음과 유성음 사이에서 나타난다는 점에서 원래는 무성음이었는데 유성음에 인접하여 유성성에 동화된 결과 'b'로 실현되었다고 해석하는 경우가 많다. 소위 유성음화 현상에 의해 'b'가 나온다는 것이다.[43] 'b'는 유성 외파음(有聲 外破音)이라고 부를 수 있다.

이상에서 살핀 'p˂, p˃, b'는 'ㅂ'의 대표적인 세 가지 변이음이다. 그렇지만 'ㅂ'이 세 가지 음성으로만 나타나는 것은 아니다. 'p⁽'와 같이 외파되는

42) 무음 개방은 막힌 부분이 열린다는 점에서는 파열과 비슷하지만 소리를 동반하지 않는다는 점에서는 미파와 비슷하다고 할 수 있다.

43) 유성음화는 흔히 유성음 사이의 파열음이 유성음으로 바뀌는 현상이라고 단순화시켜 이해하는 경우가 많지만 그리 단순한 현상이 아니라는 보고도 이어지고 있다. 즉, 화자나 발화 속도, 음성적 환경, 운율 단위, 빠르기 등에 따라 달라지는 유동적인 현상이라는 것이다. 자세한 것은 이현복(1974), 신지영(2000ㄱ, 2000ㄴ) 등을 참고할 수 있다.

무성음이라고 하더라도 물리적으로 구별하자면 더 세밀하게 구분할 수 있다. ‘p"’나 ‘b’도 마찬가지이다. 이처럼 ‘p˂, p˃, b’는 무수한 ‘ㅂ’의 변이음들을 추상화시킨 결과에 지나지 않는다. 이러한 많은 음성들을 일일이 살핀다는 것은 불가능하다. 그러나 ‘p˂, p˃, b’ 이외에 몇몇 중요한 음성들에 대해서는 간략하게나마 살필 필요가 있다.

‘ㅂ’의 변이음 중 특별한 것으로 ‘β’를 들 수 있다. ‘β’는 유성 양순 마찰음이다. 공기가 마찰을 일으킬 정도로 두 입술을 근접시키되 성대의 진동을 수반하여 발음하는 것이 ‘β’이다. ‘β’는 ‘폐쇄-지속-파열’의 단계를 거치는 것이 아니라 공기 흐름이 단절되지 않고 계속 흐르는 마찰음이다. 파열음 ‘ㅂ’이 마찰음으로 실현된다는 점에서 매우 특이하다고 할 수 있다. ‘β’는 ‘b’와 동일하게 기본적으로는 유성음과 유성음 사이에서 유성성에 동화되어 나온 것이며 앞에 모음이나 공명 자음이 선행하기 때문에 둘째 음절 이하에서만 발견된다.

‘ㅂ’이 ‘β’로 발음되는 것에 대해서는 일찍부터 언급이 있었다. 이현복(1974: 13)에서는 모음 사이의 강세 없는 음절에서 ‘ㅂ’이 유성 마찰음 ‘β’로 실현될 수 있다고 하고 그 예로 ‘가발이’의 ‘ㅂ’을 제시했다.44) 이병근(1980: 48)에서는 ‘ㅂ’이 수의적인 마찰음화를 겪어 ‘β’가 된다고 하고서, 이 현상은 형태소 내부는 물론이고 용언 어간 뒤에 어미가 결합될 때에도 적용된다고 했다.45) 예로는 ‘두부[tubu~tuβu], 입은[ibɯn~iβɯn]’을 들었다. 송철의(1993: 5)에서는 ‘갈비’의 ‘ㅂ’에 대해 두 입술이 살짝 닿았다가 떨어지면서 발음되며 파열음보다는 마찰음에 가까운 ‘β’라고 한 바 있다. 이호영(1996:

44) 이현복(1974)에서는 ‘ㅂ’뿐만 아니라 ‘ㄷ, ㄱ, ㅈ’ 역시 같은 환경에서 마찰음으로 바뀔 수 있다고 했다. 자세한 것은 해당 자음의 음가를 설명하면서 언급하기로 한다.

45) 다만 체언 어간과 같이 잠재적 휴지(potential pause)를 요구할 수 있는 경우에는 마찰음으로 실현되지 않는다고 한 후, 용언 활용형 ‘집은[ʧibɯn~ʧiβɯn](握)’과 체언 ‘집은[ʧibɯn](家)’의 발음 차이를 제시했다.

76)에서는 'ㅂ'이 모음 사이에서 수의적으로 'β'가 된다고 하고 '가보, 부부'의 두 번째 음절에 놓인 'ㅂ'을 예로 들었다.

이처럼 한국어의 'ㅂ'이 유성양순마찰음 'β'로 발음된다는 사실 자체는 여러 논의에서 지적되어 왔으며 그런 점에서 'β'의 존재는 분명하다고 할 수 있다. 다만 'β'의 출현 조건에 대해서는 그리 정밀한 분석이 이루어지지 않은 듯하다. 논의에 따라 조금씩 다른 분석이 이루어지고 있는 것이 그러한 사실을 잘 말해 준다. 대부분의 논의에서 파열음이 유성 마찰음으로 실현되는 현상을 수의적인 변이로 보고 있는 것도 이와 관련된다.

그런데 'ㅂ'과 같은 양순 파열음이 마찰음으로 발음되는 것은 해부학적으로나 언어 보편적으로 나름대로의 이유가 있는 현상이라는 언급이 있어 주목된다. Ladefoged & Maddieson(1996: 17)에 따르면 두 입술은 매우 부드러운 조직이기 때문에 후행하는 모음에 따라 완전한 폐쇄가 이루어지지 않음으로써 마찰음으로 발음되는 현상이 존재할 수 있다고 한다. 그리고 실제로 그런 현상이 일본어에 나타난다는 언급을 덧붙였다. 한국어의 'ㅂ'이 둘째 음절 이하의 초성에 놓일 때 수의적으로 'β'가 되는 것도 이런 경향성을 반영한 것일지 모른다.

'β' 이외에도 얼마나 세밀하게 분석하느냐에 따라 'ㅂ'의 음가는 더 다양해질 수 있다. 가령 이호영(1996: 76)에서는 위의 네 가지 음 이외에 몇 가지를 더 추가하고 있는데 대부분은 후행하는 모음에 영향을 받은 것들이다. 가령 단모음 'ㅣ'나 반모음 'j' 앞에서는 좀 더 경구개 방면으로 근접한 'ㅂ'이 되고 원순 모음 앞에서는 입술을 좀 더 둥글게 하는 'ㅂ'이 되는 것이다. 이러한 미세한 차이는 쉽게 인식하기 어렵기 때문에 더 상세하게 다루지는 않기로 한다.

치조 파열음 'ㄷ'도 환경에 따라 여러 가지 음으로 실현되는데 인접하는 음과 음절 내에서의 위치에 따라 크게 세 가지 변이음으로 실현된다는 점은

'ㅂ'과 동일하다.

(14)

	소리의 특징	나타나는 환경
t˂	• '폐쇄-지속-파열'의 세 단계를 모두 거침 • 성대가 안 울리는 무성음	• 단어의 첫머리인 어두에 놓일 때 (예) 도리, 다만
t˃	• '폐쇄-지속'만 거치고 '파열'은 생략됨 • 성대가 안 울리는 무성음	• 음절의 종성에 놓일 때 (예) 묻고, 믿지
d	• '폐쇄-지속-파열'의 세 단계를 모두 거침 • 성대가 울리는 유성음	• 유성음 사이에 놓일 때 (예) 사다리, 응답

't˂, t˃, d'의 특성은 앞에서 살핀 'p˂, p˃, b'과 비교할 때 조음 위치만 다를 뿐 완전히 평행적이기 때문에 따로 언급하지 않기로 한다. 다만 'ㄷ'은 'ㅂ, ㄱ'에 비해 한 가지 차이 나는 점이 있다. 앞서 'ㅂ'이 유성 마찰음인 'β'로 실현되는 경우가 있음을 지적한 바 있으며 후술하겠지만 'ㄱ'도 유성 마찰음 'ɣ'로 발음되는 경우가 있다. 반면 'ㄷ'은 마찰음으로 실현되는 것이 'ㅂ, ㄱ'에 비해 부자연스럽다. 여러 논의에서 'ㅂ'과 'ㄱ'이 마찰음으로 발음되는 경우는 언급하면서도 'ㄷ'이 마찰음으로 발음되는 경우는 빠뜨린 것도 이와 관련된다. 물론 이현복(1974: 13), 이호영(1996: 78)에서와 같이 'ㄷ'이 모음 사이에서 마찰음으로 실현된다고 하는 논의도 없지는 않지만 'ㄷ'이 유성 마찰음으로 실현되지 않는다고 보는 편이 더 많은 듯하다.46)

이와 관련하여 앞서 살핀 Ladefoged & Maddieson(1996: 17)의 설명은 좋은 참고가 된다. 두 입술이 매우 부드러운 조직이기 때문에 양순 파열음

46) 'ㄷ'이 마찰음으로 발음된다고 하면서 제시된 예를 보면 이현복(1974: 13)는 '여담이지만', 이호영(1996: 79)에서 '오다, 사다'를 들고 있다. 두 논의에서 공통적으로 제시한 마찰음은 치간 마찰음 'ð'이다.

이 마찰음으로 실현될 수 있다는 설명은 연구개음에도 적용할 수 있다. 연구개 역시 연한 기관이므로 양순음과 함께 파열음의 마찰음화가 일어나기에 적합하다고 하겠다. 반면 치조는 입술이나 연구개에 비해 상대적으로 딱딱하기 때문에 두 입술이나 연구개와는 달리 파열음이 마찰음으로 실현되는 데 장애가 된다. 이러한 조음 음성학적 조건의 차이로 인해 'ㄷ'이 마찰음으로 실현되는 것이 부자연스러운 듯하다.

연구개 파열음 'ㄱ'도 기본적인 음성 실현 양상은 'ㅂ, ㄷ'과 동일하다. 따라서 아래의 (15)에 대한 구체적인 설명은 생략한다.

(15)

	소리의 특징	나타나는 환경
kʻ	• '폐쇄-지속-파열'의 세 단계를 모두 거침 • 성대가 안 울리는 무성음	• 단어의 첫머리인 어두에 놓일 때 (예) 가을, 굴
k˺	• '폐쇄-지속'만 거치고 '파열'은 생략됨 • 성대가 안 울리는 무성음	• 음절의 종성에 놓일 때 (예) 독, 박쥐
g	• '폐쇄-지속-파열'의 세 단계를 모두 거침 • 성대가 울리는 유성음	• 유성음 사이에 놓일 때 (예) 고기, 살구

무성 외파음인 'kʻ'는 'ㅂ'이나 'ㄷ'의 경우와 비교할 때 유기성이 더 높다는 특성이 있다. 앞서 (6)의 성대 진동 지연 시간을 보면 이러한 양상은 'ㄱ'뿐만 아니라 'ㅋ, ㄲ'에서도 마찬가지이다. 전반적으로 연구개음의 유기성이 다른 조음 위치의 파열음보다 유기성이 높은 것으로 나타난다. 여기에 대해 배재연 외(1999: 143)에서는 연구개음의 폐쇄 공간이 양순음이나 치조음에 비해 작아서 압력이 높기 때문이라고 해석한 바 있다. 그래서 가장 뒤쪽에서 나는 자음임에도 불구하고 강한 기류를 동반할 수 있는 것이다.

(15)의 세 가지 음 이외에 'ㄱ'도 'ㅂ'과 동일하게 유성 마찰음 'ɣ'로 실현되

는 경우가 있다. 이현복(1974: 13)에서는 '미국인', 이병근(1980: 48)에서는 '익어, 읽어', 이호영(1996: 81)에서는 '아가'와 같은 예를 들고 있다. 'ㅂ'이 유성 마찰음으로 나타나는 것과 마찬가지로 이것 역시 수의적인 변이라고 해석되어 왔다.

한편 'ㅂ'의 음가를 설명하는 가운데 후행 모음에 따라 'ㅂ'의 조음 위치나 방식에 미세한 변화가 일어난다는 사실을 덧붙이기도 했는데 'ㄱ'의 경우에는 이것이 좀 더 두드러진다. 특히 후행하는 모음에 따른 조음 위치의 변이가 'ㅂ'이나 'ㄷ'에 비해 상당히 심하게 나타난다. 가령 '가'와 '기'를 비교하면 '기'의 'ㄱ'은 거의 경구개에 근접할 정도로 앞에서 나며 혀의 접촉 부위도 중설에 가깝다. 그리하여 '가'의 'ㄱ'과는 상당한 조음 위치상의 차이가 발견된다. 이 정도로 큰 차이는 'ㅂ'이나 'ㄷ'에서는 찾아볼 수 없다.[47]

'ㄱ'이 다른 조음 위치의 파열음에 비해 후행 모음에 의한 조음 위치 변동이 심한 것은 'ㄱ'의 조음에 이용되는 혀의 부위가 모음을 발음하는 데 직접적으로 관여하기 때문으로 보인다. 그 결과 후행 모음에 의한 영향이 더 강하게 작용했다고 할 수 있다. 연구개음의 조음 위치가 후행 모음에 따라 상당한 영향을 받는 것은 한국어에서만 나타나는 것은 아니며 다른 언어에서도 나타난다고 보고되고 있다.[48]

이상으로 'ㅂ, ㄷ, ㄱ'의 음성 실현을 구체적으로 살펴보았다. 각 자음별로 검토를 한 결과 세 자음은 매우 공통점이 많다는 것을 알 수 있었다. 기본적으로 인접하는 음, 음절 구조에서의 위치에 따라 동일한 성격의 변이

47) 'ㅂ'의 경우 후행 모음에 의한 조음 위치의 변동이 미미한 것은 'ㅂ'이 양순음이라서 혀가 아닌 입술의 작용으로 발음된다는 점과 관련된다. 혀가 발음에 관여하지 않으므로 후행하는 모음을 발음할 때 이용하는 혀의 부위가 'ㅂ'의 조음 위치에는 별다른 영향을 미치지 않는 것이다. 'ㄷ'은 ㄷ-구개음화라는 음운 현상이 존재하기 때문에 변이음이 경구개 부근의 음으로 실현되는 데 제약이 따른다고 생각된다.

48) 가령 Ladefoged & Maddieson(1996: 33)에 따르면 Ewe어의 경우 'aká'와 'eké'에서 동일한 'k'의 조음 위치가 8mm 정도나 차이 나는 것으로 보고되기도 했다.

음들이 나타났다. 다만 조음 기관에 따른 생리적 차이 때문에 일부에서 약간 상이한 모습을 보일 뿐이다.

전체적으로 보자면 'ㅂ, ㄷ, ㄱ'과 같은 평파열음은 음절말에 놓일 때 파열의 단계가 생략된다는 공통점을 지닌다. 유성음과 유성음 사이, 구체적으로 비어두의 음절 초성에 놓일 때는 유성 외파음으로 실현되며 같은 환경에서 때로는 유성 마찰음으로 나타나는 경우가 있다. 어두에 놓일 때에만 온전한 무성 파열음의 특성이 드러난다. 한편 조음 위치에 따라 유기성의 정도, 유성 마찰음으로의 실현 양상, 후행 모음으로부터의 영향 등은 서로 다른 모습을 보이기도 한다.

이처럼 여러 가지 변수에 따라 평파열음 'ㅂ, ㄷ, ㄱ'의 음성 실현은 조금씩 달라진다. 그런데 이렇게 물리적으로 구별되는 여러 음성들이 모두 대등한 지위를 가지는 것은 아니다. 한 음운에 속하는 복수의 음성(변이음) 중에는 대표가 되는 것이 하나 있다. 이것을 흔히 대표 변이음 또는 주-변이음(主變異音)이라고 부른다.

대표 변이음을 정해 주는 것은 음운 분류의 측면에서 매우 중요한 의미를 지닌다. 가령 'ㅂ'은 조음 방식에서 볼 때 파열음으로 실현되기도 하고 마찰음으로 실현되기도 한다. 만약 대표 변이음의 개념을 갖지 않는다면 'ㅂ'이라는 음운이 조음 방식에 있어 어떤 음인지를 분류할 때 매우 곤란해진다. 마찬가지로 뒤에서 살필 'ㅎ'은 조음 위치에서 볼 때 양순음, 경구개음, 연구개음, 후음 등 다양한 음성으로 실현되는데 대표 변이음을 정하지 않으면 'ㅎ'이라는 음운의 조음 위치가 무엇인지를 정할 수가 없게 된다. 이런 사정은 한 음운의 음성 실현이 질적으로 복잡할 경우에 더욱 심해진다.[49] 그렇지만 만약 대표 변이음의 개념을 이용하면 이러한 어려움이 사라진다. 대표

49) 예컨대 비음을 가지지 않는 언어는 하나의 자음에 속하는 변이음으로 파열음과 비음이 모두 포함되기도 하는 것이다.

변이음을 기준으로 해당 음운을 분류하면 되므로 아무리 음운의 음성 실현이 다양해져도 별다른 문제를 일으키지 않는 것이다.

문제는 대표 변이음을 어떻게 정할 것인가 하는 점이다. 일반적으로 대표 변이음은 한 음운의 여러 음성 중 나머지 음성들의 실현을 음성학적으로 가장 잘 설명해 줄 수 있는 것으로 정하게 된다. 이것은 형태소가 여러 가지 이형태로 교체를 할 때 기저형을 정해 주는 방법과 동일하다. 가장 기본이 되는 형태를 대표로 삼고 나머지는 그 대표형을 적절히 바꾸어 설명할 수 있도록 하는 것이다.

이렇게 대표 변이음을 설정할 경우 대표 변이음은 해당 음운의 특성을 가장 잘 드러내는 것이지 않으면 안 된다. 특별한 조건이 없는 한 해당 음운을 대표하는 음성이 있는 그대로 실현되고 대신 어떤 조건이 덧붙으면 그 조건의 영향을 받아 성격이 다른 음성으로 변화하게 되는 것이다. 이러한 특성 때문에 대표 변이음이 아닌 다른 음성들은 대표 변이음이 인접하는 음들의 특성에 동화되거나 또는 영향을 받아서 나오는 방식으로 설명이 이루어진다.

그렇다면 평파열음 'ㅂ, ㄷ, ㄱ'의 다양한 음성들 중에서는 어떤 것을 대표 변이음으로 삼을지를 정해야만 한다. 앞에서 살핀 네 가지 중요 변이음, 즉 무성 외파음, 무성 미파음, 유성 외파음, 유성 마찰음 중에서는 무성 외파음이 대표 변이음이 될 수밖에 없다. 무성 외파음이 대표 변이음이 되면 무성 미파음은 한국어의 음절 종성에 놓이는 장애음이 겪는 일반적인 폐쇄 과정으로 설명할 수 있다. 또한 유성 외파음이나 유성 마찰음의 유성성은 앞뒤로 인접한 두 개의 유성음에 동화된 것으로 해석이 가능하다. 파열음이 마찰음으로 바뀌는 것은 앞서 언급한 생리학적인 설명을 통해 해명이 가능하다.[50]

이렇게 해서 나온 'ㅂ, ㄷ, ㄱ'의 대표 변이음 'p˂, t˂, k˂'는 음성적 속성을 보아도 평파열음의 특성을 가장 잘 대변한다고 할 수 있다. 평파열음이 지닌 가장 큰 음성적 특징은 막아 놓은 공기를 터뜨리는 데 있다. 그중에서도 특히 중요한 것은 터지는 과정, 즉 파열에 놓인다. 또한 한국어와 같이 유성음과 무성음의 구별이 존재하지 않는 언어에서는 무성음이 나타나는 것이 언어 보편적으로 타당하다.51) 그런 점에서 평파열음의 대표 변이음은 무성 외파음인 'p˂, t˂, k˂'가 가장 적절하다.

3.2.3.1.2. 유기음 'ㅍ, ㅌ, ㅋ'의 음가

평파열음이 매우 다양한 변이음으로 실현되는 데 반해 유기음인 'ㅍ, ㅌ, ㅋ'은 그렇지가 못하다. 지금까지 나온 대부분의 논의를 보면 유기음이 어떤 상이한 음성들로 실현되는지에 대해서는 별다른 언급을 하지 않고 단순히 유기음의 음성적 특징이 어떤지에 대해서만 기술하고 있다. 이러한 태도에는 유기음이 다양한 음성으로 실현되지 않는다는 사고가 암묵적으로 깔려 있다.

유기음이 다양한 음성 실현을 보이지 않는 데는 몇 가지 이유가 있다. 우선 유기음은 음절 초성에만 놓일 수 있기 때문에 평음에 비해 다양한

50) 흔히들 'ㅂ'과 같은 파열음에 대해 음절 종성에서는 파열의 단계가 생략되기 때문에 '파열음'이라는 용어보다는 '폐쇄음'이라는 용어가 더 좋다는 기술을 하는 경우가 많다. 여기에는 파열음의 모든 변이음이 적어도 폐쇄 과정은 공통적으로 거친다는 사고가 들어 있다. 그러나 이러한 태도 역시 대표 변이음의 관점에서 바라보면 그다지 타당하다고 볼 수는 없다. 오히려 파열음의 대표 변이음은 파열의 단계를 가지는 것이므로 그것을 기준으로 '파열음'이라고 부르는 것이 '폐쇄음'이라고 부르는 것보다 올바르다. 만약 음운 체계상으로 분류된 한 음운의 속성을 그 음운의 모든 변이음들이 가져야 한다면 치조음으로 분류된 음운은 치조 이외의 위치에서는 발음되면 안 되며 파열음으로 분류된 음운은 파열음이 아닌 다른 조음 방식으로 발음되어서는 안 될 것이다. 그러나 실제로는 그렇지 않은 경우가 너무나 많다.

51) 그렇다고 해서 무성 파열음 대신 유성 파열음이 나타나는 언어가 존재하지 않는 것은 아니다. 이것은 유성 파열음과 무성 파열음 사이의 함의 관계와 무관하지 않은데, 이진호(2022)에서 자세히 다룬 바 있다.

출현 조건을 지니지 않는다. 그러므로 인접 음에 의한 변이의 가능성이 그만큼 줄어든다. 또한 유기음의 속성상 다른 음의 영향을 잘 입지 않는다. 가령 평음은 음절 초성에 놓여도 유성음이 앞뒤에 오면 유성음으로 바뀌지만 유기음은 그러한 유성음화를 겪지 않는 것이다. 이런 이유로 인해 유기의 음성 실현은 상대적으로 단순한 편이다. 다만 이현복(1974: 10)에서 음운론적 단위 안의 강세 위치에 따라 유기성(aspiration)의 정도에 차이가 날 수 있어서 '팔'의 'ㅍ'은 '긴팔'의 'ㅍ'보다 유기성이 더 강하다고 설명한 바 있는데 'ㅍ'의 음성 실현에 대한 매우 드문 논의 내용이라고 할 수 있다.[52)]

유기음의 음성적 특성은 3.2.2.1에서 몇 가지 기준에 의거해 이미 설명한 바 있다. 용어에서 드러나듯이 강한 유기성을 동반하는 것은 물론이고 폐쇄 지속 시간이 평음에 비해 길며 후두의 긴장을 통해 발음된다. 'ㅍ, ㅌ, ㅋ'은 모두 이런 특성을 공유한다. 이 세 음의 차이를 조음 위치 이외의 측면에서 굳이 들자면 유기성의 정도에서 'ㅋ'이 가장 크다는 점이다. 이것은 앞서 평음 'ㅂ, ㄷ, ㄱ'의 유기성을 언급하는 자리에서도 지적했다.

3.2.3.1.3. 경음 'ㅃ, ㄸ, ㄲ'의 음가

경음도 유기음과 마찬가지로 다양한 음성으로 실현되지는 않으며 그 이유 역시 유기음과 동일하다. 이현복(1974: 10)에서 강세가 있는 음절의 'ㅃ'이 강세가 없는 음절의 'ㅃ'보다 좀 더 된 소리이고 '「(C)$V^1C^1+C^2V$(C)'('「'는 강세가 있는 음절)의 'C^2'에 오는 된소리가 'V^1'의 장단에 따라 된 정도에 차이가 난다는 언급을 한 것을 제외하면 경음이 환경별로 어떤 변이음으로 실현되는지를 기술한 논의는 거의 찾기 어렵다.[53)] 경음은 유기성이 평음이

52) '팔, 긴팔'에서 밑줄 친 부분이 강세를 지닌 음절이다.
53) 'V^1'의 길이가 짧으면 'C^2'의 된 정도가 크고 'V^1'의 길이가 길면 'C^2'의 된 정도가 적다고 한다.

나 유기음보다 더 낮아서 무기음(無氣音)이라고 할 수 있다. 반면 폐쇄 지속 시간은 유기음보다 더 길다. 논의에 따라서는 후두 파열이 동반되는 소리라고 해석하기도 하고 유성의 전이음이 뒤따르는 소리라고 해석하기도 하지만 아직 경음의 음성적 실체가 무엇인지에 대해서는 불분명한 점이 없지 않다. 몇몇 음성적 특성은 개별적으로 지적되었지만 경음을 규정할 만한 가장 중요한 특징이 무엇인지는 아직 명확히 제시하지 못했다.

3.2.3.2. 마찰음의 음가

3.2.3.2.1. 'ㅅ, ㅆ'의 음가

'ㅅ'과 'ㅆ'은 자음 중에서도 소음성(騷音性, strident)이 매우 강한 음들이다.[54] 소음성은 마찰음을 발음하기 위해 좁힌 통로 사이로 공기를 매우 빠르게 흘림으로써 만들어진다. 마찰음 중 치음이나 치조음에 속하는 음들은 대체로 소음성을 많이 동반한다.

'ㅅ'과 'ㅆ'의 주요 변이음은 조음 위치의 차이에서 비롯되며 조음 위치는 후행하는 모음에 따라 달라진다.

(16)[55]	소리의 특징	나타나는 환경
s/sˀ[56]	• 치조 부근에서 발음되는 마찰음 • 성대가 안 울리는 무성음	• 후행 음이 'ㅣ'나 'j'가 아닌 경우 (예) 사람, 쓰다
ʃ/ʃˀ	• 경구개 부근에서 발음되는 마찰음 • 성대가 안 울리는 무성음	• 후행 음이 'ㅣ'나 'j'인 경우 (예) 마셔(마시+어), 셔틀(shuttle)[57]

54) 소음성 대신 치찰성(sibilant)이라는 용어가 사용되기도 한다.

55) 편의상 'ㅅ'과 'ㅆ'의 변이음을 함께 제시한다. '/' 앞에 있는 것이 'ㅅ'의 변이음이고 '/' 뒤에 있는 것이 'ㅆ'의 변이음이다.

'ㅅ, ㅆ'의 대표 변이음은 치조 마찰음인 's/sˀ'이다. 'ㅅ, ㅆ'이 단모음 'ㅣ'나 반모음 'j' 앞에서 경구개에 근접한 변이음으로 발음되는 것은 대표 변이음이 'ㅣ, j'의 조음 위치에 동화되었기 때문이다. 'ㅣ'나 'j'는 자음의 조음 위치에 대응시키면 경구개에 가깝기 때문에 이들에 선행하는 자음은 경구개 부근으로 이동하는 경우가 빈번하다. 원래 'ㅅ, ㅆ'은 치조 부근에서 발음되지만 'ㅣ, j' 앞에서는 조음 위치의 동화를 입어 경구개음에 가까운 음성으로 실현된다.[58]

'ㅆ'의 변이음들은 이와 같은 위치 차이에 의한 것 외에는 찾기 어렵지만 'ㅅ'의 경우는 조금 다르다. 'ㅅ'은 유성음과 유성음 사이에 놓일 때 유성성을 지닌 변이음으로 실현되는지에 있어 이견이 존재한다. 일반적으로는 'ㅅ'이 유성음으로 바뀌지 않는다고 보고 있다. 다른 평장애음인 'ㅂ, ㄷ, ㄱ, ㅈ'이 유성음 사이에서 유성음으로 변하는 데 비해 'ㅅ'은 그렇지 않다는 것을 한국어 발음의 특징으로 거론하는 경우가 많다. 그리고 그 이유를 'ㅅ'의 강한 유기성에서 찾기도 한다. 실제로 'ㅅ'이 음운론적으로는 평음처럼 기능하지만 음성학적으로는 유기성을 어느 정도 지닌 것이 사실이다. 가령 이경희(2000: 73)에 따르면 강세구 초/어두 위치의 'ㅅ'은 성대 진동 시간의 지연이 'ㅍ, ㅌ, ㅋ'과 같은 유기음과 대비해서 약 75% 정도 이루어지고 있다. 또한 영어를 대상으로 한 것이기는 하지만 Ladefoged(1982: 267)에서는 's, ʃ'의 유기성이 100%를 기준으로 약 70% 정도 된다고 함으로써 한국

56) 한국어 경음의 음성 기호는 현재 통일되어 있지 않다고 해도 과언이 아니다. 여러 가지 기호들이 연구자들에 따라 통용되고 있다. 여기서는 한국어 경음의 특징을 후두화(laryngealization)라는 이차 조음의 동반이라고 보고 평음의 음성 기호에 'ˀ'를 덧붙이기로 한다. 후두화를 포함하여 파열음에 동반되는 다양한 이차 조음에 대해서는 Lee(2022)의 3장을 참고할 수 있다.

57) 올바른 외래어 표기법이나 발음은 '셔틀'이지만 현실 발음에서는 '써틀'인 것을 감안하여 예로 제시했다.

58) 경구개-치조음(palato-alveolar)인 'ʃ, ʃˀ'의 정확한 조음 위치는 치조와 경구개의 중간 지점 정도가 된다. 그러므로 완전한 경구개음이라고 할 수는 없다.

어의 경우와 대략 비슷한 값을 지닌다. 이렇듯 'ㅅ'은 평음이면서도 상당한 유기성을 지니기에 여타의 유기음인 'ㅍ, ㅌ, ㅋ'과 마찬가지로 유성음화의 적용을 받지 않는다고 해석되곤 했다.

반면 'ㅅ'에 유성음화가 적용된다는 주장도 예전부터 있어 왔다. 일찍이 이현복(1974) 이래로 이호영(1996), 이경희(2000) 등에서 'ㅅ'의 유성음화를 거론해 왔다. 다만 'ㅅ'에 적용되는 유성음화의 조건은 논의들마다 차이를 보이고 있다. 이현복(1974: 12~13)에서는 두 가지 환경, 즉 'ㅅ'에 선행하는 음절이 '「(C)V:N'의 구조일 때와 여러 음절로 구성된 말토막에서 강세 음절로부터 한 음절 이상 떨어져 있을 때를 언급했다.[59] 그러나 이호영(1996: 86)에서는 'ㅅ'이 유성음화하지 않는 경향이 있되 간혹 유성음화된다고 하면서도 특별한 조건은 제시하지 않았으며, 유성음화 자체를 수의적인 현상으로 다루고 있다. 이 밖에 이경희(2000: 92)에서는 유성음 사이의 간격이나 화자 특성, 발화 속도 등에 따라 유성음화의 실현 여부가 달라진다고 보았다.

이처럼 'ㅅ'의 유성음화는 적용이 된다고 하더라도 다른 평장애음과는 달리 다소 복잡한 양상을 보이고 있다. 'ㅅ'의 유성음화가 다른 평장애음과 차이 나는 것은 한국어의 역사와 관련이 있을 가능성도 없지 않다. 'ㅂ, ㄷ, ㄱ, ㅈ'과 같은 자음들은 현재 확인할 수 있는 자료에서 보건대 유성음을 대립쌍으로 지녔던 적이 없다. 반면 'ㅅ'은 중세 한국어 시기에 'ㅿ'이라는 유성음 대립짝을 지녔던 것이다. 따라서 'ㅂ, ㄷ, ㄱ, ㅈ'의 유성음과 'ㅅ'의 유성음은 역사적으로 볼 때 그 지위가 사뭇 다르다. 이런 점이 현대 한국어의 유성음화에 반영되었을 가능성이 있는 것이다.

만약 'ㅅ'의 유성음화를 인정한다면 'ㅅ'의 변이음은 (16)에 제시된 음성들

---

59) 'V:'는 장모음, 'N'은 비음을 표시한다.

에 유성음이 추가됨으로써 총 네 개가 된다. 이들은 조음 위치와 성대의 울림에 따라 구분된다. 이 중 대표 변이음은 당연히 무성의 치조 마찰음인 's'이다. 'ㅆ'은 유성의 변이음이 없으므로 (16)과 차이가 없다.

3.2.3.2.2. 'ㅎ'의 음가

'ㅎ' 역시 인접하는 음에 따라 다양한 음성으로 실현된다. 'ㅎ'의 변이음은 모두 마찰음이라는 공통점을 지니되 조음 위치 및 성대의 울림 여부에 따라 구별된다. 우선 조음 위치는 후행 모음의 종류에 따라 달라진다.

(17)

	소리의 특징	나타나는 환경
ɸ	• 두 입술 사이에서 나는 마찰음 • 성대가 안 울리는 무성음	• 어두이면서 'ㅟ, ㅜ'와 'w' 앞 (예) 휘파람, 후식, 화요일
ç	• 경구개에서 나는 마찰음 • 성대가 안 울리는 무성음	• 어두이면서 'ㅣ'와 'j' 앞 (예) 힘, 향기
x	• 연구개에서 나는 마찰음 • 성대가 안 울리는 무성음	• 어두이면서 'ㅡ' 앞 (예) 흙, 흐르다
h	• 성문 사이에서 나는 마찰음 • 성대가 안 울리는 무성음	• 어두이면서 그 이외의 경우 (예) 하늘, 호랑이, 허리

(17)에서 알 수 있듯이 어두의 'ㅎ'은 후행하는 음에 따라 다양한 조음 위치에서 발음된다. 자음 체계에서 살핀 바와 같이 'ㅎ'은 후음이며 따라서 성문 사이에서 나는 변이음이 기본이다. 이 기본음이 후행하는 음의 영향으로 구강 내의 여러 위치로 바뀌는 것이다. 'ㅎ'이 양순 마찰음, 경구개 마찰음, 연구개 마찰음으로 발음되는 경우는 후행하는 음이 고모음이거나 또는 고모음보다도 혀의 높이가 더 높은 곳에서 발음되는 반모음이다. 이처럼 후행하는 음을 발음할 때 혀의 높낮이가 높아지면서 'ㅎ'의 조음 위치에 영향을 준 것으로 생각된다. 'ㅟ, ㅜ'나 'w'는 혀의 높낮이 못지않게 중요한

것이 두 입술을 오므린다는 점이며 이 때문에 이 음들의 앞에 놓이는 'ㅎ'은 양순 마찰음으로 실현된다. 'ㅣ, j'나 'ㅡ' 앞에서 'ㅎ'이 각각 경구개음과 연구개음으로 발음되는 것은 후행 음의 조음 위치와 비슷해진 결과이다.

'ㅎ'은 비어두의 초성에도 놓인다. 'ㅎ'이 비어두의 초성에 놓이는 경우는 구체적으로 모음과 모음 사이이거나 공명음과 모음 사이이다. 이 환경은 쉽게 말하면 유성음과 유성음 사이로서 다른 평장애음은 이 경우 유성음화를 겪는다. 'ㅎ'도 이런 환경에 놓이면 유성음 'ɦ'로 실현된다. 가령 '외할머니, 실험, 고향' 등에서 발음되는 'ㅎ'의 음성은 무성음이 아닌 유성음이다.[60]

이처럼 'ㅎ'이 유성의 변이음 'ɦ'를 가진다면 이 변이음도 후행하는 음에 따라 (17)과 같은 다양한 조음 위치에서 발음될 수 있다. 따라서 이론적으로 총 8개의 음성이 실현되는 셈이다. 이 중 대표 변이음은 역시 무성 후두 마찰음 'h'이다. 이 'h'가 유성음화를 겪거나 후행 음에 조음 위치가 동화되어 다양한 음성으로 실현된다.

3.2.3.3. 파찰음 'ㅈ, ㅊ, ㅉ'의 음가

'ㅈ, ㅊ, ㅉ'은 기본적으로 경구개 부근에서 공기를 막은 후 좁은 틈을 내어 그 사이로 공기를 방출시켜 발음한다. 기본적인 음성 실현 양상은 '파열음+마찰음'의 연쇄와 비슷하다. 평음인 'ㅈ'은 다음과 같은 변이음을 지닌다.

60) 유성음인 'ɦ'는 발음이 미약하기 때문에 탈락하기 쉽다. 자세한 것은 5장에서 논의하기로 한다. 한편 '실험'과 같은 경우는 유음의 음성 실현과 'ㅎ'의 발음이 약간 복잡한 문제를 일으키기도 하는데 자세한 것은 3.2.3.5에서 다루어진다.

(18)

	소리의 특징	나타나는 환경
ʧ	• '폐쇄-지속-마찰'의 세 단계를 모두 거침 • 성대가 안 울리는 무성음	• 단어의 첫머리인 어두에 놓일 때 (예) 조금, 재미
ʤ	• '폐쇄-지속-마찰'의 세 단계를 모두 거침 • 성대가 울리는 유성음	• 유성음 사이에 놓일 때 (예) 먼지, 아저씨

두 변이음 중 무성음인 'ʧ'가 대표 변이음이다. 이것이 유성음과 유성음 사이에서 유성음으로 실현된다는 점은 평파열음인 'ㅂ, ㄷ, ㄱ'과 동일하다. 다만 평파열음은 무성미파음을 변이음으로 가졌지만 'ㅈ'은 그렇지 않다는 점, 'ㅂ, ㄷ, ㄱ'은 환경에 따라 경구개음이나 마찰음과 같은 변이음을 지니지만 'ㅈ'은 그렇지 않다는 차이가 있다. 이 두 가지 차이는 'ㅈ'의 음성적 특성에서 비롯된다. 'ㅈ'의 변이음으로 미파음이 없는 것은 'ㅈ'이 음절의 종성에 올 수 없기 때문이다. 'ㅈ'이 음절 종성에 놓이면 마찰 단계가 생략되어 결과적으로는 미파음이 되지만 그렇게 되면 더 이상 'ㅈ'이 아니라 'ㄷ'으로 바뀌어 버린다. 또한 'ㅈ'은 그 자체가 경구개음이면서 마찰의 과정을 지니기 때문에 그 변이음으로 경구개음이나 마찰음이 존재하기 어렵다.

'ㅊ, ㅉ'은 'ㅍ, ㅌ, ㅋ'이나 'ㅃ, ㄸ, ㄲ'과 마찬가지로 변이음 실현이 다양하지 않으며 별로 언급된 바도 없다. 이현복(1974: 10~11)에서 강세의 위치나 선행 모음의 장단에 따라 유기성이나 된 정도가 차이 난다고 말한 것이 'ㅊ, ㅉ'의 변이음에 대한 설명의 전부라고 해도 과언이 아니다. 이러한 실현 양상은 파열음의 경우와 일치한다.

앞에서 살핀 파열음이나 마찰음은 방언에 따른 음가 차이가 거의 없이 대체로 균일한 모습을 보인다.61) 반면 파찰음 'ㅈ, ㅊ, ㅉ'의 음가는 방언에

---

61) 'ㅅ, ㅆ'은 방언에 따라 음가에 약간 차이가 있지만 'ㅈ, ㅊ, ㅉ'의 음가 차이만큼 두드러지지는 않는다.

따라 차이가 있다. (18)에 제시한 'ㅈ, ㅊ, ㅉ'의 음가는 중부나 남부 방언에 국한된다. 반면 북부 방언은 이와 다른 모습을 보인다. 이것은 'ㅈ, ㅊ, ㅉ'의 역사와 관련된다. 앞서 자음 체계의 변화를 설명할 때도 언급했듯이 'ㅈ, ㅊ, ㅉ'은 중세 한국어의 치음에서 현대 한국어의 경구개음으로 그 위상이 바뀌었다. 그런데 이런 변화가 일부 방언에서는 일어나지 않거나 부분적으로만 일어남으로써 음가의 차이를 나타내게 된 것이다.

'ㅈ, ㅊ, ㅉ'이 치음에 가까운 음가, 구체적으로 치조음의 음가를 유지하고 있는 방언은 평안도 방언을 중심으로 하고 황해도와 함경도 방언 중 일부가 추가된다. 이들 방언에서는 'ㅈ, ㅊ, ㅉ'이 각각 'ʦ, ʦʰ, ʦˀ'로 발음된다. 그렇지만 환경에 따른 음성 실현은 방언별로 또 다른 차이를 보이기도 한다. 곽충구(2001: 240)에 제시된 자료에 따르면 한반도의 방언에서 'ㅈ'은 대체로 다음과 같은 음성 실현을 보인다.

(19)

	중부·남부 방언	평안도 방언	황해도 방언	육진 방언
'ㅈ'의 음가	ʧ	ʦ	ʦ, ʧ	ʦ, ʧ

중부나 남부 방언은 환경과 상관없이 'ㅈ'이 항상 경구개음으로 실현된다. 따라서 그 대표 변이음의 조음 위치도 경구개음이다. 반면, 평안도 방언은 어떤 환경에서도 'ㅈ'이 치조음인 'ʦ'로 발음되므로 대표 변이음의 조음 위치도 치조음이다. 황해도 방언과 함경도의 육진 방언에서는 'ㅈ'이 경구개음인 'ʧ'와 치조음이 'ʦ'의 두 가지로 실현된다. 경구개음은 이전 시기에 'ㅈ+i, j'의 구조를 가진 경우에 나타나고 치조음은 'ㅈ' 뒤에 'i, j'를 제외한 다른 음들이 오는 경우에 나타난다. 이것을 보아 황해도 방언이나 육진 방언의 변이음 'ʧ'는 'ʦ'에 음성적 구개음화가 적용된 결과임을 알 수 있다. 따라서 이들 방언에서 음운 'ㅈ'의 대표 변이음은 치조 파찰음이며, 경구개

파찰음은 그 변이음으로 존재한다.

3.2.3.4. 비음 'ㅁ, ㄴ, ㅇ'의 음가

비음 'ㅁ, ㄴ, ㅇ'은 '폐쇄-지속-파열'의 세 단계를 거쳐 발음된다는 점은 파열음과 같다. 그러나 비음은 파열음과 달리 유성음이자 공명음이라는 점, 비강으로 공기가 흐른다는 점이 다르다. 이 때문에 변이음 실현 양상도 파열음과는 상이하다.

비음의 변이음을 결정하는 요인은 음절 내에서의 위치와 후행 음의 종류라는 두 가지를 들 수 있다. 음절 내에서의 위치에 따라서는 크게 두 가지 변이음을 나눌 수 있다. 음절 초성에서는 정상적인 파열의 단계를 거치는 변이음이 실현되고 음절말에서는 파열 단계가 생략된 변이음이 실현된다. 전자를 'm, n, ŋ'으로 표시한다면 후자는 'm˺, n˺, ŋ˺'으로 표시할 수 있다.

'm˺, n˺, ŋ˺'은 평파열음 'ㅂ, ㄷ, ㄱ'이 음절말에 올 때의 변이음인 'p˺, t˺, k˺'와 비슷한 점도 있지만 차이점도 있다. 무엇보다도 'p˺, t˺, k˺'는 공기의 흐름이 완전히 단절되지만 'm˺, n˺, ŋ˺'은 비강으로의 통로가 열려 있기 때문에 공기의 흐름이 차단되지 않고 비강으로는 공기가 흐른다는 점이 다르다.62) 그래서 'p˺, t˺, k˺'는 외파되는 'p˂, t˂, k˂'와의 차이가 두드러지지만 'm˺, n˺, ŋ˺'은 'm, n, ŋ'과의 차이가 뚜렷하지 않다.

비음의 변이음은 음절 내의 위치 이외에 후행하는 음의 종류에 따라서도 달라진다. 주로 비음의 조음 위치에 변화가 생기는데 후행하는 음이 특히 'ㅣ'나 j-계 이중 모음일 때 경구개 부근에서 나는 변이음으로 바뀌는 일이 있다. 이러한 현상은 앞에서 언급했듯이 후행하는 모음이나 반모음의 조음

---

62) 즉, 'm˺, n˺, ŋ˺'은 구강의 특정한 조음 위치에서만 기류를 막아서 파열 과정을 생략하는 것이다.

위치에 닮아서 일어난 것이며 비음 중에서도 ‘ㄴ’에서 주로 보인다.

(20)

	소리의 특징	나타나는 환경
n	• 치조 부근에서 발음되는 비음	• 후행 음이 ‘ㅣ, j’가 아닌 경우 (예) 나라, 놀이
ɲ[63]	• 경구개 부근에서 발음되는 비음	• 후행 음이 ‘ㅣ, j’인 경우 (예) 아니, 소녀

두 가지 변이음 중 대표 변이음은 치조에서 나는 ‘n’이다. 경구개에서 나는 ‘ɲ’은 후행하는 음에 동화되어 조음 위치가 이동한 것이다. 이러한 음성적 차원에서의 구개음화는 앞에서 살핀 다른 자음에서도 나타나는 현상이다.

(20)과 같은 변이음 실현은 자동적으로 일어나지만 예외가 없는 것은 아니다. 우선 ‘보늬[보니]’와 같이 기원적으로 ‘ㅣ’가 아니었는데 이후 변화에 의해 ‘ㅣ’로 바뀐 모음 앞에서는 ‘ㄴ’이 구개음으로 바뀌지 않는다는 지적이 예전부터 있어 왔다. 원래 순수한 ‘ㅣ’가 아닌 경우 구개음화가 저지되는 현상은 변이음 현상으로서의 구개음화뿐만 아니라 ㄷ-구개음화를 비롯한 음운 현상으로서의 구개음화에서도 폭넓게 관찰할 수 있다.[64] 또한 배주채(2003: 72)에서는 어두의 경우 ‘ㅣ’나 ‘j’ 앞에서도 치조음인 ‘[n]’으로 발음되는 경우가 있다는 언급을 하고 있다.

‘ㄴ’의 변이음이 경구개 부근에서 발음되는 현상은 모음뿐만 아니라 자음 앞에서도 보인다. 주로 후행하는 자음이 경구개음일 때 일어난다. ‘앉아[안

63) 이호영(1996: 96)에 따르면 화자에 따라서는 ‘[ɲ]’ 대신 ‘[n^j]’으로만 발음되는 경우가 있다고 한다. ‘[ɲ]’이나 ‘[n^j]’은 모두 경구개에서의 조음이 관여한다는 공통점이 있지만 차이점도 있다. ‘[ɲ]’은 경구개에서 주된 조음이 일어나는 경구개음인 반면 ‘[n^j]’은 주된 조음은 치조에서 일어나되 전설면이 경구개에 접근하는 이차 조음을 수반하는 음이다.

64) 가령 ‘마디, 견디다, 티끌’ 등이 ㄷ-구개음화를 겪지 않는 것은 이들이 역사적으로 ‘마듸, 견듸다, 듣글’에서 변화했기 때문이다.

자], 안녕' 등에서 음절 종성의 'ㄴ'은 '[ɲ]'으로 실현된다. '앉아'의 경우 'ㄴ'에 후댕하는 'ㅈ'이 경구개음이라서 'ㄴ'이 '[ɲ]으로 바뀐 것이며, '안녕'의 경우 둘째 음절 초성의 'ㄴ'이 반모음 'j' 앞에서 '[ɲ]'으로 바뀌고 이것이 다시 선행하는 음절 종성의 'ㄴ'마저 '[ɲ]'으로 바뀌게 했다고 할 수 있다. 이들은 기본적으로 후행 음의 조음 위치에 동화되었다는 점에서 (20)에 제시된 'ㅣ, j' 앞에서의 음성적 구개음화와 맥을 같이한다.

자음이 후행하는 음의 조음 위치에 닮는 현상은 비음뿐만 아니라 앞서 살핀 파열음, 마찰음은 물론이고 뒤에서 살필 유음에서 관찰된다. 이 중 파열음과의 대비는 매우 흥미롭다. 파열음은 '폐쇄-지속-파열'의 과정을 거친다는 점에서 비음과 비슷한 성격을 지닌다. 그런데 조음 위치에 따른 변이음의 실현 양상에서는 파열음과 비음이 차이를 보여 준다.

가령 3.2.3.1.1에서 살폈듯이 평파열음의 경우 연구개음 'ㄱ'에서 조음 위치의 변이가 가장 두드러지고 양순음 'ㅂ'이나 치조음 'ㄷ'은 미미하게 나타날 뿐이다. 자음의 조음 위치에 따라 변이음 실현의 정도에 차이가 나는 것은 음성학적 요인이 작용한다. 'ㄱ'의 경우 관여하는 조음 체가 후행하는 모음과 중복됨으로써 후행 모음에 따라 조음 위치의 이동이 심하게 일어나지만, 'ㅂ'은 조음에 혀가 관여하지 않으며 'ㄷ'은 경구개음으로 바뀌는 음운 현상이 존재하기 때문에 'ㄱ'에 비해 조음 위치의 이동이 미미하다.

반면 비음의 경우에는 치조음인 'ㄴ'에서 조음 위치의 변화가 크게 나타나고 양순음 'ㅁ'이나 연구개음 'ㅇ'에서는 매우 약하게 나타난다. 양순음에서 조음 위치의 변이가 적다는 점을 제외하면 나머지는 파열음과 비음이 정반대의 양상을 보인다.[65] 치조음의 경우 파열음과 달리 비음은 후행 모음의 영향을 많이 받는데 이것은 'ㄷ'과 달리 'ㄴ'은 음운 현상으로서의 구개음

65) 양순음의 경우 비음과 파열음이 동일한 모습을 보이는 것은 양순음의 조음에 혀가 적극적으로 관여하지 않는다는 공통의 음성학적 이유 때문이라고 하겠다.

화를 적용 받지 않기 때문이다.66) 연구개음의 경우 비음은 오히려 후행 모음에 따른 조음 위치의 변화가 별로 일어나지 않는데 이는 연구개 비음 'ㅇ'이 음절 초성에 오지 못한다는 점과 관련을 맺을 가능성이 매우 높다. 'ㅇ'이 음절 초성에 오지 못한다는 것은 후행하는 모음과 합쳐져 하나의 음절을 이루지 못함을 뜻한다. 속해 있는 음절이 서로 다르기 때문에 모음이 뒤에 와도 그 모음의 영향을 적게 받을 수밖에 없다.

한편, 지금까지 살핀 것과는 상당히 성격이 다른 변이음도 존재한다. 이병근(1980: 40)에서 'prestopped nasal', 'obstruent-released nasal'이라고 부른 것으로서 그에 따르면 'ㅁ, ㄴ'이면서도 'ㅂ, ㄷ'을 섞어 내는 동시 조음(coarticulation)적 비음이 그것이다. 흔히 '[^{b}m], [^{d}n]'으로 표기한다. 이런 음성들의 조음 과정을 살펴보면 처음에는 비강으로 공기가 흐르지 않다가 나중에 비강으로 흐른다. 즉 '파열음'과 '비음'이 나란히 놓인 연쇄와 비슷한 것이다. 음성학적으로 분석하기에 따라서는 'stop with nasal release'라고 해석할 수 있을지도 모르지만 이것은 'prestopped nasal'이나 'obstruent-released nasal'과는 음운론적으로 큰 차이가 있다. 'prestopped nasal, obstruent-released nasal'은 음운 체계에서 비음으로 분류되지만 'stop with nasal release'는 파열음으로 분류된다. 한국어의 경우 이런 변이음들은 비음에 속하므로 'prestopped nasal, obstruent-released nasal'로 해석해야 할 듯하다.

이러한 변이음의 존재에 대해서는 일찍부터 인식이 있어 왔다. 다만 초창기에는 변이음에 대한 인식이 없었기에 비음의 변이음에 특이한 것이 있다는 방식으로 논의하지 못하고 비음이 그에 대응하는 평파열음으로 발음되는 현상이 있다는 식의 지적만 이루어졌다. 현재까지 확인된 것 중 가장

66) 한국어에는 경구개 비음이 음운으로 존재하지 않으므로 'ㄴ'이 경구개음으로 바뀌는 음운론적 구개음화는 일어날 수 없다. 다만 음성적 차원의 구개음화만이 일어날 뿐이다.

이른 시기의 논의로는 藥師寺知曨(1909: 31)를 들 수 있다. 여기서는 '너(汝), 누(誰), 네(四)' 등의 'ㄴ'을 유성음 '[d]'로 발음하는 현상이 있다고 지적하고 있다. 金澤庄三郎(1917: 65)에서는 '누(誰)'를 '[du]'로 발음한다고 하고서 '네(前), 눈(雪), 넉(四)'의 초성도 '[n]'이 아닌 '[d]'로 발음하는 것이 현실에 더 가깝다고 했다. 이처럼 초기에는 주로 'ㄴ'의 변이음에 집중되었다. 이후 小倉進平의 여러 논의를 거치면서 'ㅁ'으로 논의가 확대되었다. 河野六郎(1968)에서는 이러한 변이음 현상이 신라어에도 존재했다고 논의하면서 이를 한자음 수용의 문제와 관련짓기도 했다.[67] 이후 이병근(1980)에 와서 체계와의 관련성 차원에서 깊이 있는 음성학적 분석이 이루어졌다.

비음이 'prestopped nasal'인 '[^{b}m], [^{d}n]'으로 실현되는 것은 'ㅇ'에서는 찾아볼 수 없다. 이 현상은 초성에 놓인 자음에서만 일어나므로 초성에 못 오는 'ㅇ'은 '[^{g}ŋ]'과 같은 변이음으로 실현될 수 없는 것이다. 이병근(1980: 42~43)에서는 이러한 변이음의 실현이 '고모음 앞에서' 일어나며 동남 방언과 동북 방언 등과 같은 성조 방언권을 제외하면 대부분 방언에서 이런 현상을 발견할 수 있다고 했다. 그러나 현상 자체가 필수적으로 일어나는 것이 아니라서 그 조건이나 지역적 분포를 엄밀하게 정하기는 어려워 보인다.

3.2.3.5. 유음 'ㄹ'의 음가

자음 체계에 있어 유음(liquid)과 관련된 분류 방식은 단일하지는 않다. 한국어 음운론에서는 유음을 파열음, 마찰음, 파찰음, 비음과 대등한 조음 방식의 한 부류로 설정하고, 여기에 'ㄹ'를 포함하는 것이 일반화되어 있다.

67) 다만 河野六郎(1968)에서는 표기를 'mb, nd'와 같이 함으로써 'prestopped nasal'이 아니라 마치 'poststopped nasal인 것처럼 제시되어 있다.

뒤에서 살펴보겠지만 'ㄹ'의 변이음으로는 'l'과 같은 설측음 부류 및 'ɾ'과 같은 비설측음(非舌側音) 부류가 존재한다.[68] 그런데, 서구어 중심의 음성학에서는 유음이라는 부류를 별도로 설정하지 않는 경우도 적지 않다.[69] 'l' 계열의 설측음과 'ɾ' 계열의 비설측음을 별개의 부류로 나누기만 할 뿐, 이 둘을 묶는 상위의 부류에 대한 언급을 하지 않는 것이다. 여기서는 한국어 음운론에서 일반화된 방식에 따라 '유음'을 별도의 부류로 설정하기로 한다.

언어 보편적으로 볼 때 유음은 다음과 같이 분류하는 것이 일반적이다.

(21)

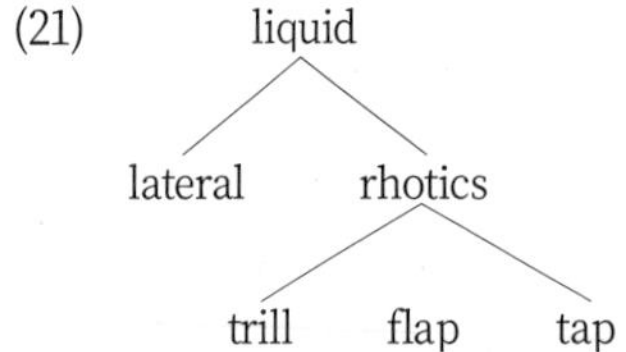

'lateral(설측음)'과 'rhotics(비설측음)'의 차이는 두 가지 측면에서 논의할 수 있다.[70] 하나는 발음할 때 기류가 흐르는 부위이다. 설측음은 구강의 중앙 부위에 폐쇄가 일어나서 공기가 혀의 측면으로 지나감에 비해 비설측음은 혀의 중앙으로 공기가 빠져 나간다.[71] 이런 점을 감안하여 설측음에

68) 이것을 고려하면 한국어의 자음 체계나 자음 관련 음운 현상을 논의하면서 '설측음'이나 '설측음화'와 같은 용어를 사용하는 것은 그리 타당한 태도가 아님을 알게 된다. '설측음'이 독립된 음운 부류가 되지 못하는 이상 이것을 음운 체계나 음운 사이의 변동을 가리키는 데 사용할 수는 없다. 물론 변이음과 관련해서는 '설측음'의 사용이 얼마든지 허용된다.

69) 그러다 보니 한국어에서 'ㄴ'이 'ㄹ'로 바뀌는 유음화 현상을 가리키는 영어 용어도 제대로 정해진 바가 없다.

70) 'rhotics'에 대한 마땅한 번역어가 없어서 일단 설측음에 대립되는 부류를 통칭하는 용어로 비설측음이라는 용어를 사용하고자 한다.

71) 언어에 따라서는 설측음에 속하는 자음을 발음할 때 혀의 중앙으로 약간의 공기가 흐르는 경우도 있다고 한다. 그러나 그런 경우조차도 혀의 측면으로 흐르는 공기의 양이 훨씬 많다.

대립되는 부류를 'rhotics' 대신 'central(중앙음)'이라고 하는 경우도 있다.[72] 다른 하나는 조음체와 조음점 사이의 접촉 방식이다. 설측음은 혀의 앞부분을 치조 부근의 중앙부에 계속 댄 채 발음하지만 비설측 유음은 혀의 앞부분을 치조 부근의 중앙부에 살짝 댔다가 떼는 방식으로 발음한다.[73]

비설측음은 다시 'trill', 'flap', 'tap'의 셋으로 하위 구분하는 경우가 많다.[74] 이 세 부류는 'trill'과 'flap, tap'의 둘로 묶는 것도 가능하다. 'trill'은 조음체와 조음점의 접촉이 여러 번 일어나지만 'flap, tap'은 한 번만 일어난다. Ladefoged & Maddieson(1996: 217~218)에 의하면 언어 보편적으로 볼 때 'trill'은 비설측음 계열의 유음 중 가장 흔하게 나타나며 언어학적으로 사용되는 'trill'은 2회에서 5회 정도의 진동이 일어나는 것이 보통이다.

'flap'과 'tap'의 차이는 조음체와 조음점 사이에 짧게 일어나는 한 번의 접촉이 어떤 양상을 지니는지에 달려 있다. 일반적으로는 접촉의 전후 방향을 많이 고려한다. 조음체가 뒤에서 앞으로 이동하면서 접촉하는 것이 'flap'이고 반대로 앞에서 뒤로 이동하면서 접촉하는 것이 'tap'이다. 그러나 Ladefoged & Maddieson(1996: 231)에서는 약간 다른 방식의 분류 방식을 제안하기도 했다. 가령 'flap'은 조음체가 스치듯 지나가면서 접촉하는 음이고 'tap'은 조음체를 직접 폐쇄 부위에 대는 음이라는 것이다.

한국어의 유음도 그 변이음들을 크게 설측음과 비설측음으로 구분할 수 있다. 그러나 'trill, flap, tap'이 모두 나타나지는 않으며 환경에 따라서는

72) 엄밀하게 말하면 설측음과 중앙음의 차이는 유음뿐만 아니라 다른 조음 방법의 자음에도 적용할 수 있지만 실질적으로 그 차이가 가장 잘 드러나는 것이 유음이기 때문에 유음의 부류를 구별할 때 설측음과 중앙음의 개념을 주로 이용한다.

73) 비설측음 중 진동음은 대었다가 떼는 동작이 복수로 이루어진다.

74) Ladefoged & Maddieson(1996: 202)에 따르면 설측음의 경우에도 'flap'과 'tap'은 구분할 수 있다고 한다. 다만 'trill'은 비설측음에만 있을 뿐 설측음에는 없다. 'trill'이 설측음에 존재하지 않는 것은 조음 음성학적인 측면에서 충분히 이해할 수 있음직하다. 설측음처럼 혀의 앞부분을 구강 중앙부에 그대로 댄 채 발음하게 되면, 조음점과 조음체의 접촉을 여러 번 하기가 매우 어려울 수밖에 없다.

조음 위치에 의한 변이음도 존재한다. 일반적으로 통용되는 한국어 유음의 변이음은 다음과 같다.75)

(22)

	소리의 특징	나타나는 환경
ɾ	• 치조 부근에서 발음되는 탄설음76)	• 'ㄹ' 뒤를 제외한 경우의 음절 초성 (예) 가루, 머리
l	• 치조 부근에서 발음되는 설측음	• 음절 종성 및 'ㄹ' 뒤의 음절 초성이되 후행 음이 'ㅣ, j'가 아닐 때 (예) 발, 달라
ʎ	• 경구개 부근에서 발음되는 설측음	• 'ㄹ' 뒤의 음절 초성이되 후행 음이 'ㅣ, j'일 때, 음절 종성이되 후행 음이 'ㅈ, ㅊ, ㅉ, [ㄹ+ㅣ, j]'일 때 (예) 빨리, 달력, 물질

유음의 변이음을 결정 짓는 중요한 변수는 음절 내의 위치라고 할 수 있다. 원칙적으로 음절 종성에는 설측음이, 음절 초성에는 비설측음이 온다. 단 음절 초성이라고 하더라도 앞선 음절의 종성에 'ㄹ'이 올 때에는 설측음이 된다. 이것은 선행 음절 종성에 놓인 'ㄹ'이 설측음 'l'로 실현되기 때문에 여기에 동화된 결과라고 할 수 있다. 아무튼 음절 내의 위치는 한국어의 유음이 설측음으로 실현되는지, 비설측음으로 실현되는지를 결정하는 일차적인 요인이다.

한국어의 음절 종성에서 설측음이 나타나는 것은, 음절 종성에 오는 자음을 발음할 때 특정 조음 위치의 일부 또는 전체를 폐쇄한다는 한국어의

75) 다른 음운의 변이음은 모국어 화자에게 잘 인식되지 않음에 비해 유음의 변이음은 상당히 일찍부터 언급되었다는 점은 3.1의 각주 6)에서 이미 지적한 바 있다.

76) 탄설음은 비설측 유음 계열 중 'flap'에 대응한다. 그러나 한국어에는 'flap'과 'tap'의 구분이 존재하지 않으므로 탄설음은 'trill'이 아닌 비설측음을 통칭한다고 해도 큰 문제는 없어 보인다.

보편적 발음 원칙에 의한 결과라고 할 수 있다. 그런데 방언에 따라서는 음절 종성인데도 설측음 대신 비설측음 'ɾ'이 온다는 보고가 없지 않다. 대표적인 방언이 함경북도 육진 방언이다. 그리하여 소신애(2008, 2021)에서는 육진 방언의 종성 'ㄹ'의 발음이 이전 시기 한국어의 발음 양상을 반영한다고 해석한 후 유음과 관련된 변화들을 검토한 적도 있다. 시기를 거슬러 올라갈 경우 음절 종성에 놓인 자음의 폐쇄 정도가 현대 한국어와 비교해 덜했을 가능성이 높다는 점에서, 유음 역시 종성에서 비설측음으로 실현되었으리라는 추정은 타당하리라 생각한다.

유음은 조음 위치에 따른 변이음도 존재한다. (22)에서 보듯이 설측음은 조음 위치에 따라 치조에서 나는 변이음과 경구개에서 나는 변이음으로 나뉜다. 이 두 가지 변이음은 후행하는 음에 따라 결정된다. 다른 자음의 음성적 구개음화와 마찬가지로 후행 음이 경구개 부근에서 나는 'ㅣ, j'일 때 설측음도 구개음으로 실현된다. 그런데 이러한 구개음화는 모음이나 반모음 외에 경구개에서 발음되는 자음 앞에서도 일어난다. '물질'의 첫음절 종성에 오는 'ㄹ'은 음절 종성이므로 설측음으로 실현되는데 후행하는 경구개음 때문에 조음 위치도 바뀌어 '[ʎ]'로 실현된다. 또한 (22)에 제시된 '달력'의 경우 후행하는 'ㄹ'이 반모음 'j' 앞에서 '[ʎ]'로 바뀌고 이것이 다시 선행 음절 종성의 'ㄹ'마저 '[ʎ]'로 변화시킴으로써 인접한 두 개의 'ㄹ'이 모두 '[ʎ]'로 실현된다.[77]

유음의 음성적 구개음화는 설측음에서만 일어날 뿐 비설측음에서는 일어나지 않는다. 비설측음 계열은 경구개음에서 나는 변이음이 없이 오로지 치조음으로만 실현된다.[78] 설측음과 비설측음이 보이는 조음 위치상의 비

77) 이러한 음성적 구개음화 양상은 치조 비음 'ㄴ'의 경우와 대체로 유사하다.
78) 조음 위치뿐만 아니라 조음 방식에서도 한국어의 비설측음은 탄설음인 'ɾ'로만 실현되어 단순한 모습을 보인다. 한 때 한국어의 비설측음이 탄설음이 아닌 'trill', 즉 진동음이라고

대칭성은 한국어에서만 보이는 현상은 아니다. 유음은 다른 조음 방식에 비해 조음되는 위치가 다양하지 않은데, 특히 비설측음의 경우가 설측음보다도 더 제약되며 경구개에서 발음되는 자음도 아직까지는 보고된 적이 없다.[79] 한국어 유음의 경구개 변이음이 설측음에서만 확인되는 것은 이와 관련된다.[80]

이상에서 살핀 것 이외에 매우 독특한 음성적 실현이 언급된 적도 있다. 이호영(1996: 90)에서는 'ㄹ'이 유성음화된 'ㅎ'과 인접하면 '[$ɾ^{ɦ}$]'과 같은 음으로 나타난다고 한 후 '실현, 결혼' 등의 예를 들었다. 정인호(2004ㄴ: 26)에서는 어중의 'ㅁ, ㄴ, ㅇ, ㄹ+ㅎ'에서 'ㅎ'이 탈락하기 전에 'm^{h}, n^{h}, $ŋ^{h}$, r^{h}'과 같은 단계를 거치며 이들은 하나의 자음이라고 해석한 바 있다. 이호영(1996)과 정인호(2004ㄴ)는 세부적인 차이가 없지 않지만 기본적으로 유음에 후음의 색채가 가미된 음성이 실현되었다고 보았다는 점에서 공통적이다.

어중의 'ㄹ+ㅎ' 연쇄에서 'ㄹ'은 비설측음으로 실현되므로 후행하는 'ㅎ'은 온전하게 발음된다고 할 수 없다. 만약 'ㅎ'이 온전한 초성으로 발음된다면 'ㄹ'은 음절말에 놓이며 그럴 경우 비설측음이 아닌 설측음으로 발음되어야 하기 때문이다. 그런데 이렇게 온전하지 못하게 발음되는 'ㅎ'을 어떻게 분석할 것인지가 문제이다. 이호영(1996)과 정인호(2004ㄴ)에서 'ㄹ+ㅎ'을 '$ɾ^{ɦ}$'이나 'r^{h}'로 나타낸 것은 'ㅎ'이 극도로 약화되어 'ㄹ'에 그 음색을 남기고 있다고 해석한 결과이다. 그런데 '$ɾ^{ɦ}$'과 'r^{h}'는 'ㄹ'과 'ㅎ' 중 어느 한 자음

한 적도 있었지만 현재는 받아들여지지 않는다. 배주채(2003: 73)에서도 지적했듯이 일부 특수한 경우를 제외하면 진동음은 한국어에 나타나지 않는다.

79) 국제 음성 기호도 경구개에서 조음되는 비설측음을 나타내는 것은 정해지지 않았다.

80) 이호영(1996: 90)에서는 'ㅣ, j'에서는 'ㄹ'이 탄설음인 '[$ɾ^{j}$]'로 실현된다고 설명하고 있는데, '[$ɾ^{j}$]'은 일차 조음이 치조에서 이루어지되 이차적으로 경구개화(palatalization)의 조음이 가미된 것에 불과하므로 비설측음의 일차 조음이 경구개에서 이루어지는 것과는 차이가 난다.

에만 속하는 변이음이라기보다는 두 자음의 음성적 축약 결과에 해당한다. 따라서 ‘ɾ^{ɦ}’과 ‘r^{h}’는 일반적인 변이음의 범주에 포함하기는 어려운 측면이 있다.

이상에서 본 바와 같이 한국어 유음 ‘ㄹ’의 음성적 실현 양상은 (22)에 제시된 것보다는 좀 더 다양할지도 모른다. 그러나 크게 본다면 설측음과 비설측음 계열의 구분, 경구개음과 치조음의 구분이라는 두 가지 변수에 따라 크게 세 계열의 변이음이 존재한다고 할 수 있다. 이 중 대표 변이음은 치조에서 나는 비설측음 계열이 되어야만 한다. 종래 유음의 대표 변이음의 선정에는 이견이 있어서 비설측음 계열이 아닌 설측음 계열을 대표 변이음으로 삼기도 했다.[81] 한국어의 자음 체계를 논의하면서 유음 대신 설측음이라는 용어를 사용하는 경우도 기본적으로는 유음의 대표 변이음을 설측음 ‘l’로 보는 인식에 기반한다.

그러나 대표 변이음을 설측음 ‘l’로 설정할 경우 이것이 탄설음 ‘ɾ’로 바뀌어야 할 음성적 필연성을 설명하기가 어렵다. 반면 대표 변이음을 ‘ɾ’로 할 경우 음절 종성의 모든 자음은 닫아서 발음한다는 한국어의 보편적인 음성 법칙을 통해 ‘l’로 실현되는 것을 설명할 수 있기 때문에 아무런 문제를 일으키지 않는다. 따라서 한국어의 유음은 비설측의 치조음 ‘ɾ’을 대표 변이음으로 설정하는 것이 타당하다.

81) 구체적으로는 치조에서 나는 설측음이다.

3.3. 모음의 발음

3.3.1. 모음 목록

한국어의 모음 목록과 관련된 표준 발음법 조항은 제3항부터 제5항까지 총 세 개이다. 한국어의 모음 목록 전체를 규정한 것은 제3항이다.

(23)

【제3항】 표준어의 모음은 다음 21개로 한다. ㅏ ㅐ ㅑ ㅒ ㅓ ㅔ ㅕ ㅖ ㅗ ㅘ ㅙ ㅚ ㅛ ㅜ ㅝ ㅞ ㅟ ㅠ ㅡ ㅢ ㅣ

여기에 따르면 한국어의 모음은 총 21개이다. 제3항에서 한국어의 모음을 제시할 때 단모음과 이중 모음을 따로 구분하지는 않고 한국어에 존재하는 모든 모음을 국어사전에 수록되는 글자의 순서에 따라 기계적으로 배열하였다. 따라서 (23)의 모음들은 그 성격에 따라 구분할 필요가 있는데, 이것은 제4항과 5항에서 다루고 있다.

뒤에서 보겠지만, 제4항과 제5항에서는 (23)의 모음들을 단모음과 이중 모음으로 구분하여 각각을 규정하였다. 단모음과 이중 모음의 차이는 크게 조음적 특징, 음운론적 구성의 두 가지 측면에서 살필 수 있다. 조음적으로 볼 때 단모음은 입의 모양과 혀의 위치가 바뀌지 않지만 이중 모음은 입의 모양이나 혀의 위치 중 하나 이상이 바뀐다. 또한 음운론적 구성의 측면에서 볼 때 단모음은 하나의 음운으로 이루어지지만 이중 모음은 두 개의 음운으로 이루어진다.[82] 이 두 가지를 함께 고려할 때, 이중 모음의 발음에서 입의 모양이나 혀의 위치가 바뀌는 것은 두 개의 서로 다른 음운을 연속

82) 한국어의 이중 모음을 하나의 음운으로 해석한 경우도 없지 않지만 받아들일 수는 없다. 이 문제와 관련된 연구사적 고찰은 이진호(2010ㄷ)을 참고할 수 있다.

하여 발음하기 때문이라고 해석할 수 있다.

단모음 목록은 제4항에 규정되어 있다.

(24)

【제4항】 'ㅏ ㅐ ㅓ ㅔ ㅗ ㅚ ㅜ ㅟ ㅡ ㅣ'는 단모음(單母音)으로 발음한다. [붙임] 'ㅚ, ㅟ'는 이중 모음으로 발음할 수 있다.

제4항에 따르면 현대 한국어의 단모음은 원칙적으로 10개를 인정하되 'ㅚ, ㅟ'를 뺀 8개도 허용하고 있다. 각 단모음들의 구체적인 음가에 대해서는 3.3.3.1에서 검토하기로 하고 여기서는 단모음의 목록에 대해서만 간략히 살피고자 한다. 표준 발음법이 제정된 1980년대 중반 무렵에 제4항의 규정과 같이 10개의 단모음을 유지하던 방언은 <지도 2>와 같다.[83)]

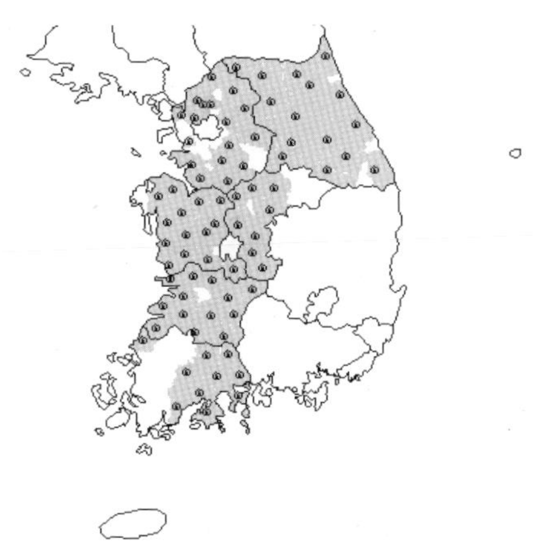

<지도 2> 10개의 단모음을 가진 방언

83) 지도에 제시된 자료는 한국정신문화연구원에서 간행한 『한국방언자료집』에 따른 것이다. 이후에 제시할 지도의 자료 역시 특별한 언급이 없는 한 동일하다. 10개의 단모음을 가진 지역은 '◉'로 표시했다.

중부와 남부 방언에 국한해서 볼 때, 10개의 단모음 목록은 경기도와 강원도, 충청도와 전라북도 방언을 중심으로 하고 있으며 전남 동부 및 전북과 접하고 있는 전남의 영광 등지에서도 나타난다. 크게 본다면 경상도를 제외한 전역에서 10개의 단모음을 발견할 수 있다고 말해도 무방할 정도로 넓은 세력을 보인다. 이처럼 1980년대의 60대 이상 노년층 언어에서는 10개의 단모음 목록이 주류를 이루고 있었기 때문에 표준 발음법에서도 이러한 사정을 반영하여 10개의 단모음을 발음상의 원칙으로 설정했다고 할 수 있다.

그런데 10개의 단모음 중 'ㅚ'와 'ㅟ'는 몇 가지 점에서 나머지 8개 단모음과는 차이가 난다. 우선 'ㅚ, ㅟ'는 역사적으로 가장 늦게 형성된 단모음에 속한다. 'ㅚ, ㅟ'는 19세기 말에서 20세기 초를 전후하여 단모음으로 자리 잡았다고 추정되는데 특히 'ㅚ'보다도 'ㅟ'가 더 늦게 단모음으로 변했다. 그래서 학교 문법 교과서의 경우 표준 발음법이 제정되기 불과 몇 년 전에 나온 책에서도 'ㅟ'를 제외한 9개의 단모음만을 인정할 정도였다.[84) 'ㅚ, ㅟ'를 제외한 단모음들은 이미 중세 한국어 시기부터 존재했거나 18세기를 전후하여 단모음으로 굳어졌다는 점에서 'ㅚ, ㅟ'의 단모음 형성 시기는 상대적으로 늦은 편이다. 또한 다른 단모음들은 단모음으로만 발음되지만 'ㅚ, ㅟ'는 이중 모음으로 발음되는 경우가 더 많아서 발음상의 동요가 심하다.[85) 구체적으로 'ㅚ'는 이중 모음 'we'로, 'ㅟ'는 이중 모음 'wi'로 발음되는 경우가 흔한 것이다.[86) 'ㅚ'와 'ㅟ'를 단모음과 이중 모음 모두로 발음하는

84) 물론 이극로(1932)와 같이 일찍부터 10개의 단모음을 인정한 논의도 없지 않으나 'ㅚ'나 'ㅟ'를 단모음으로 인정하는 않는 편이 훨씬 우세했던 것이 사실이다. 문법 교과서를 비롯한 각종 음운론 개론서에서 설정하고 있는 모음 목록에 대해서는 이진호(2009ㄱ)에 자세히 정리되어 있다.

85) 최혜원(2002: 42)에 따르면 연령대별로 'ㅚ'를 온전한 단모음으로 발음하는 비율이 50대까지는 4% 미만이고 60대 이상도 10%를 채 넘지 않는다. 'ㅟ'에 대한 실태 조사 결과는 김선철(2006: 63)에 제시되어 있는데, '위인'과 같이 자음이 선행하지 않는 경우는 94%가, '뒤, 쥐'와 같이 자음이 선행하는 경우에는 89~92% 가량이 'ㅟ'를 이중 모음으로 발음하고 있다.

86) 'ㅚ'와 'ㅟ'가 나타내는 음가는 역사적으로 여러 차례 변화를 겪었다. 중세 한국어 시기에는

경우도 많이 보고되었다.

이러한 'ㅚ, ㅟ'의 불안정한 지위를 반영한 것이 바로 8개의 단모음을 허용하는 [붙임] 규정이다. 'ㅚ, ㅟ'를 단모음으로 발음하지 않고 이중 모음으로 발음할 경우 8개의 단모음이 남는다. 표준 발음법이 제정되던 무렵 8개의 단모음을 지니던 방언은 <지도 3>과 같다.

<지도 3> 8개의 단모음을 가진 방언

'oj(또는 oi), uj(또는 ui)'와 같은 이중 모음이었지만 그 이후 단모음 'ø, y'로 변했으며 다시 'we, wi'라는 이중 모음으로 바뀌어 가고 있는 것이다. 변화의 단계를 본다면 이중 모음이 단모음을 거쳐 다시 이중 모음으로 되돌아왔지만 출발점에 있던 이중 모음과 최종적으로 변화한 이중 모음 사이에는 차이가 있다. 처음에는 반모음의 역할을 하는 음운이 뒤에 놓이지만 나중에는 반모음의 역할을 하는 음운이 앞에 놓인다. 이러한 차이점에도 불구하고 역사적으로 'ㅚ, ㅟ'가 나타내던 세 가지 상이한 음가는 공통적인 성격을 지닌다. 'ㅚ'는 이중 모음이든 단모음이든 '전설 모음, 중모음, 원순 모음'의 속성을 유지하며 'ㅟ'는 '전설 모음, 고모음, 원순 모음'의 속성을 유지하는 것이다. 가령 'ㅚ'의 경우 'oj'는 'o'가 '원순 모음, 중모음'이라는 속성을 담당하고 'j'가 전설 모음이라는 속성을 담당했는데 단모음 'ø'로 바뀌면서 이 세 가지 속성을 하나의 단모음이 맡게 되었고 다시 'we'로 바뀌면서 이번에는 'w'가 원순 모음이라는 속성을 반영하고 'e'가 '전설 모음, 중모음'이라는 속성을 반영하게 되었다. 비록 각각의 속성을 나타내는 음운에는 차이가 나지만 '전설 모음, 중모음, 원순 모음'이라는 특징은 역사적으로 한 번도 바뀌지 않고 그대로 이어져 온 것이다. 'ㅟ' 역시 이에 준한다.

<지도 3>에서 확인할 수 있듯이 8개의 단모음을 가진 방언은 매우 적다. 경기도의 극히 일부 및 경남 서부권 방언에서나 찾아볼 수 있다. 더욱이 8개의 단모음을 가진 방언이라고 하더라도 경남 서부권 방언은 'ㅡ'와 'ㅓ'의 구별이 미약하거나 'ㅔ'와 'ㅐ'의 구별이 미약해서 온전하게 단모음이 8개라고 하기도 어렵다. 이것을 보면 표준 발음법에서 허용하고 있는 8개의 단모음은 특정 방언의 단모음 목록을 염두에 둔 것이 아니라, 10개의 단모음에서 'ㅚ'와 'ㅟ'를 단순히 제외한 것에 지나지 않음을 알 수 있다. 비록 8개의 단모음을 가지지는 않더라도 'ㅚ'와 'ㅟ'가 단모음이 아닌 이중 모음으로 존재하는 방언은 그 수가 상당히 많다. 아래의 <지도 4>는 'ㅚ'와 'ㅟ'가 이중 모음으로 존재하는 방언 분포를 보인 것이다.87) 이것을 <지도 2>와 비교해 보면 10개의 단모음을 지니지 않은 방언의 분포와 'ㅚ, ㅟ'가 이중 모음인 방언의 분포가 대략 비슷함을 알 수 있다.

<지도 4> 'ㅚ, ㅟ'가 이중 모음인 방언

87) 방언에 따라서는 'ㅚ'와 'ㅟ' 중 어느 하나만 이중 모음이고 나머지 하나는 단모음으로 존재하는 경우도 없지 않다. 그러나 여기서는 편의상 'ㅚ'와 'ㅟ' 모두가 이중 모음으로 발음되는 방언만 제시한다. 해당 방언은 '◉'로 표시했다.

이상의 지도들을 통해 표준 발음법에서 규정하고 있는 단모음 목록이 방언별로 어떻게 나타나는지를 살펴보았다. 그런데 <지도 2>, <지도 3>, <지도4>에 제시된 자료들은 1980년대의 노년층 자료를 기반으로 한 것이다. 당시의 조사 대상들은 지금 대부분 타계했거나 극히 일부만 생존해 있으며 그 아래 세대들은 상당히 다른 단모음 체계를 가지고 있기 때문에 이 자료들이 현재의 실제 발음을 반영한다고 보기는 어려워졌다.

1980년대에 중장년층 이하에 속했던 세대들은 지금 지역이나 연령에 상관없이 대부분 7개의 단모음을 지니고 있다. 1980년대 이후에 출생한 세대들도 모두 7개의 단모음을 구사한다. 그리하여 표준 발음법에서 허용하고 있는 8개의 단모음 목록조차도 현실 발음과는 맞지 않게 되었다.

7개의 단모음 목록은 표준 발음법에서 규정한 10개의 단모음 중 'ㅚ, ㅟ'가 이중 모음으로 발음되고 여기에 더해 'ㅐ'와 'ㅔ'가 하나의 단모음으로 합류한 결과이다.[88] 쉽게 말하면 표준 발음법에서 허용하고 있는 8개의 단모음 중 'ㅐ'와 'ㅔ'가 구분되지 않는 것이 7개의 단모음 목록이라고 하겠다.[89] 7개의 단모음은 이전의 10개 단모음이나 8개 단모음과 비교할 때 단순히 단모음의 수가 하나 적다는 차이만 있는 것은 아니다. 'ㅐ'와 'ㅔ'가 구별되지 않기 때문에 이중 모음 'ㅞ'와 'ㅙ', 'ㅖ'와 'ㅒ'도 구분되지 않는다. 즉, 이중 모음의 목록에도 영향을 미치는 것이다. 게다가 단모음 'ㅚ'를 이중 모음으로 발음할 때도 원래는 'ㅞ(we)'로 발음해야 하지만 'ㅐ'와 'ㅔ'를 구별하지 못한 결과 'ㅞ'와 'ㅙ' 중 어느 쪽이 옳은지에 대한 판단마저 어렵게

88) 이하에서는 'ㅐ'와 'ㅔ'가 합류한 단모음을 'E'로 표시하고자 한다.

89) 최혜원(2002: 39)에 따르면 연령대별로 'ㅐ'와 'ㅔ'를 구분하지 못하고 두 모음이 합류한 'E'로 발음하는 비율은 다음과 같다.

	20대	30대	40대	50대	60대	70대
ㅐ(E)	92.87%	94.09%	83.52%	77.02%	69.35%	44.93%
ㅔ(E)	88.51%	95.78%	87.95%	73.27%	68.74%	63.54%

만들었다.90)

이러한 7개의 단모음이 나오게 된 데는 'ㅐ'와 'ㅔ'의 합류가 전국으로 퍼져나간 변화가 큰 역할을 했다. 'ㅐ'와 'ㅔ'의 합류 시기는 'ㅐ'와 'ㅔ'가 단모음으로 바뀌기 전이라는 주장과 단모음으로 바뀐 후라는 주장이 공존한다. 또한 'ㅐ'와 'ㅔ'의 합류는 비어두에서 시작하여 어두로 확대되었다고 보는 견해가 우세하다. 어두와 비어두라는 위치에 따라 음운 변화의 확산 속도가 달라진다는 것은 다른 변화에서도 쉽게 찾아볼 수 있다. 그러나 'ㅐ'와 'ㅔ'의 합류가 어떻게 전국으로 확산될 수 있었는지에 대해서는 아직 명확하게 밝혀진 바가 없다. 다만 <지도 5>에서 보듯이 1980년대에 이미 'ㅐ'와 'ㅔ'가 구별되지 않는 방언이 많이 존재한다.

<지도 5> 'ㅐ'와 'ㅔ'가 구분되지 않는 방언

90) 이러한 인식의 혼란이 잘 드러난 예가 '되'와 '돼'의 표기 혼동이다. '돼서, 돼야'와 같은 표기를 '되서, 되야'로 잘못 적는 것과 같이 'ㅚ'와 'ㅙ' 표기를 혼동하는 경우를 일상에서 매우 많이 접하게 된다. 만약 'ㅚ'를 단모음으로 발음한다면 '되'와 '돼'는 발음 자체가 완전히 다르기 때문에 결코 혼란의 염려가 없다. 또한 'ㅚ'를 이중 모음으로 발음하더라도 'ㅐ'와 'ㅔ'가 잘 구분된다면 '되'는 '[뒈]'로 발음하고 '돼'는 '[돼]'로 발음하므로 둘 사이의 차이를 명확히 인식할 수 있다. 그러나 'ㅐ'와 'ㅔ'가 하나의 모음으로 합류한 결과 '되'를 이중 모음으로 발음할 경우 '되'와 '돼'의 발음이 모두 '[twE]'로 같아져서 구분이 어려워졌고 그것이 표기상의 혼란으로 이어진 것이다.

주로 경상북도 방언에서 'ㅐ'와 'ㅔ'가 구분되지 않으며 경남 동부 방언 및 전남 서부 방언에서도 같은 모습이 보인다. 따라서 이숭녕(1967: 399)에서 서울말의 'ㅐ'와 'ㅔ'가 구분되지 않는 원인 중 하나로 경상도와 전라도 주민들의 서울 이주를 든 것은 <지도 5>를 볼 때 어느 정도 가능성이 있다고 할 수 있다. 다만 경상도와 전라도 지역 자체에서 'ㅐ'와 'ㅔ'가 합류하게 된 원인에 대해서는 여전히 해명이 제대로 이루어지지 않았다.91)

아무튼 현재는 지역이나 연령의 변수와 무관하게 7개의 단모음이 압도적인 세력을 지니고 있어서 한국어의 단모음은 7개라고 말해야 할 정도가 되었다. 현재와 같이 동일한 단모음 체계가 전 지역을 휩쓸고 있는 상황은 현대 한국어에 있어서 일찍이 없었던 것으로 매우 이례적인 일이라고 해도 과언이 아니다. 아마도 학교 교육이 보편화되고 대중 매체의 영향이 커지면서 대부분의 한국어 화자들이 동일한 단모음 목록을 지니게 된 것이 아닐까 한다.

지금까지의 논의 내용을 바탕으로 할 때 한국어 단모음의 개수는 다음과 같이 간략히 정리할 수 있다.92)

91) 김주필(1996)에서 이와 관련된 문제를 다룬 적은 있다.

92) 물론 방언에 따라서는 좀 더 다양한 단모음 체계가 존재할 수 있다. 경상도의 많은 방언에서는 7모음 체계에서의 'ㅡ'와 'ㅓ'를 구분하지 않고 하나의 단모음으로 발음하기도 하는데 그럴 경우 6모음 체계가 된다. 제주도에서는 육지 방언에 없는 'ㆍ'가 단모음 목록에 추가되기도 한다. 또한 북부 방언은 'ㅗ'와 'ㅓ'의 구분이 되지 않는다는 보고도 있어 왔다. 배주채(2003: 48~49)에서는 현대 한국어의 모음 체계를 10모음 체계([ㅣ, ㅔ, ㅐ, ㅟ, ㅚ, ㅡ, ㅓ, ㅏ, ㅜ, ㅗ], 중부와 전라도의 노년층), 9모음 체계([ㅣ, ㅔ, ㅐ, ㅡ, ㅓ, ㅏ, ㅜ, ㅗ, ㆍ], 제주도의 노년층), 8모음 체계([ㅣ, ㅔ, ㅐ, ㅡ, ㅓ, ㅏ, ㅜ, ㅗ], 북한의 중년층 이상), 7모음 체계([ㅣ, ㅔ, ㅡ, ㅓ, ㅏ, ㅜ, ㅗ], 중부, 전라도, 제주도의 중년층 이하), 6모음 체계Ⅰ([ㅣ, ㅔ, ㅓ, ㅏ, ㅜ, ㅗ], 경상도), 6모음 체계Ⅱ([ㅣ, ㅔ, ㅐ, ㅜ, ㅗ, ㅏ], 북한의 청년층 이하)로 구분하고 있다.

(25) ◦ 원칙 발음: 10모음 체계
◦ 허용 발음: 8모음 체계
◦ 현실 발음: 7모음 체계

단모음에 대립되는 이중 모음의 목록은 표준 발음법의 제5항에 제시되어 있다.

(26)

【제5항】 'ㅑ ㅒ ㅕ ㅖ ㅘ ㅙ ㅛ ㅝ ㅞ ㅠ ㅢ'는 이중 모음으로 발음한다.[93]

제5항에는 총 11개의 이중 모음이 들어 있다. 그런데 이러한 목록은 표준 발음법에서 원칙으로 정한 10개의 단모음 목록을 전제로 할 때 성립한다. 단모음이 10개가 아닐 경우에는 이중 모음의 목록 또한 달라진다. 가령 표준 발음법에서의 허용 발음인 8모음 체계에서는 단모음 'ㅟ'가 이중 모음으로 발음되므로 'ㅟ(wi)'가 이중 모음 목록에 추가되어야 한다. 단모음 'ㅚ'도 8모음 체계에서는 이중 모음으로 발음되지만, 기존에 있던 'ㅞ'로 발음되므로 이중 모음 목록에는 영향을 주지 않는다. 현실 발음인 7모음 체계에서는 'ㅐ'와 'ㅔ'가 하나의 모음으로 합류하기 때문에 이 두 단모음의 차이 때문에 구별되던 이중 모음의 대립쌍 'ㅒ'와 'ㅖ', 'ㅙ'와 'ㅞ'도 더 이상 구분되지 못한다.

(25)에 제시된 단모음 목록에 따라 이중 모음 목록이 어떻게 달라지는지를 제시하면 다음과 같다.

93) 표준 발음법 제5항에는 이중 모음의 구체적인 발음을 다루는 4개의 하위 조항이 더 있다. 그러나 이중 모음의 목록과는 직접적인 관련이 없기에 여기서는 빼고 제시한다. 빠진 부분은 이중 모음의 음가를 다루는 3.3.3.2에서 검토한다.

(27)

단모음의 수	이중 모음 목록
10개 (표준 발음)	ㅑ, ㅒ, ㅕ, ㅖ, ㅘ, ㅙ, ㅛ, ㅝ, ㅞ, ㅠ, ㅢ
8개 (허용 발음)	ㅑ, ㅒ, ㅕ, ㅖ, ㅘ, ㅙ, ㅛ, ㅝ, ㅞ, ㅟ, ㅠ, ㅢ
7개 (현실 발음)	ㅑ, ㅕ, ㅖ(yE), ㅘ, ㅛ, ㅝ, ㅞ(wE), ㅟ, ㅠ, ㅢ

(27)을 통해 단모음 목록과 이중 모음 목록 사이의 상관성이 명확히 드러난다. 예컨대, 단모음 중 일부(가령, 'ㅟ, ㅚ')를 이중 모음으로 발음하는 것을 허용할 경우에는 새로운 이중 모음이 나타남으로써 이중 모음의 목록이 더 늘어난다. 반면 별개의 단모음들이 합류하여 더 이상 구별되지 않으면 그러한 단모음의 차이에 의존하던 이중 모음들도 더 이상 구분되지 않음으로써 이중 모음의 목록 역시 줄어든다.

3.3.2. 모음 체계

3.3.2.1. 단모음 체계

3.3.2.1.1. 현대 한국어의 단모음 체계

앞에서 현대 한국어의 단모음 목록을 살펴보았다. 이제 이 목록에 속하는 단모음들 각각이 어떻게 대립하고 있는지를 검토할 차례이다. 현대 한국어의 단모음 체계는 모음을 발음할 때 관여하는 혀의 위치, 입술의 모양이라는 두 가지 측면을 고려하여 설정한다. 혀의 위치는 단모음을 발음할 때 혀의 가장 높은 부위가 놓이는 자리를 가리키며, 전후 위치와 상하 높이 두 가지를 구분하는 것이 일반적이다. 또한 입술의 모양은 모음을 발음할 때의 입술 상태를 중시한다. 따라서 단모음 체계는 혀의 전후 위치, 상하 위치(높낮이), 입술 모양이라는 세 가지 분류 기준을 통해 정하게 된다.

단모음 체계는 단모음의 숫자에 따라 약간씩 다를 수밖에 없는데 표준 발음법에서 규정한 10개의 단모음은 다음과 같이 분류하는 것이 보편화되어 있다.

(28)

	전설 모음		후설 모음	
	평순 모음	원순 모음	평순 모음	원순 모음
고모음	ㅣ(i)	ㅟ(y)	ㅡ(ɨ)	ㅜ(u)
중모음	ㅔ(e)	ㅚ(ø)	ㅓ(ʌ)	ㅗ(o)
저모음	ㅐ(ɛ)		ㅏ(a)	

우선 혀의 전후 위치에 따라 전설 모음과 후설 모음이 나뉜다. 전설 모음은 혀의 최고점이 앞쪽에 놓인 모음이며 자음의 조음 위치와 대응시켜 보면 대체로 경구개 부근이 된다. 후설 모음은 혀의 최고점이 뒤쪽에 놓이며 연구개 부근과 가깝다.

그런데 단모음들을 발음할 때의 혀의 전후 위치를 살펴보면 전설과 후설의 두 가지로만 구분된다고 할 수는 없다. 후설 모음만 하더라도 'ㅜ, ㅗ'보다는 'ㅡ, ㅓ, ㅏ'를 발음할 때 혀가 좀 더 앞에 위치하는 것을 확인할 수 있다.[94] 실제로 10개의 단모음은 모두 혀의 전후 위치에서 약간씩 차이를 보인다. 또한 단모음의 음가를 다루는 3.3.3.1에서 논의하겠지만 각각의 단모음은 조음되는 영역이 상당히 넓어서 모음들의 전후 위치를 절대적으로 규정하기도 쉽지가 않다.

이처럼 순수하게 모음들의 음성적 실현 위치만 고려하면 혀의 전후 위치에 따라 전설 모음과 후설 모음의 두 부류로만 나누는 것은 불가능하다.

94) 이 때문에 전설 모음과 후설 모음 외에 중설 모음을 따로 설정하고 후설 모음 중 'ㅡ, ㅓ, ㅏ'를 여기에 포함시키는 경우도 예전에는 적지 않았다. 그러나 단모음들의 음운론적 기능을 고려하면 중설 모음을 설정하는 것이 그다지 바람직하지 않다. 오히려 단모음들은 '전 : 후'의 이원적 대립을 보이는 경우가 많기 때문에 현재는 전설 모음과 후설 모음만 인정하는 경우가 더 많다. 이 문제에 대해서는 이진호(2009ㄱ: 543~544)에서 언급한 바 있다.

그럼에도 불구하고 (28)에서와 같이 '전설 : 후설'의 두 가지 대립만 인정하는 것은 단모음들이 보이는 미세한 음성적 차이가 별다른 의미를 지니지 않는다고 보기 때문이다. 다시 말해 전설 모음 또는 후설 모음으로 분류된 모음들은 그 안에서 차이가 있다고 하더라도 무시할 수 있는 것이다. 모음들 사이의 대립이나 모음 관련 음운 현상을 이해하는 데에는 혀의 전후 위치에 있어 전설과 후설의 두 가지 부류만 인정하는 것이 훨씬 유리하기 때문에 이러한 분류 방식을 선호하고 있다.

혀의 전후 위치와 달리 혀의 상하 높이와 관련해서는 고모음, 중모음, 저모음의 세 가지를 구분한다. 혀의 상하 높낮이도 단모음별로 전부 차이를 보인다. 이러한 차이를 모두 반영하면 결코 세 부류만 나눌 수가 없다. 그럼에도 불구하고 음운론적 차원에서 보면 셋으로 나누는 것이 가장 합리적이기 때문에 세 부류로 나누는 방식을 채택하고 있다.

입술 모양을 기준으로 할 때는 원순 모음과 평순 모음으로 나뉜다. 원순 모음은 입술을 둥글게 오므려 발음하는 모음이고 평순 모음은 그렇지 않고 입술을 펴서 발음하는 모음으로 규정한다.[95] 그런데 입술의 오므림은 세부적으로 세 가지 측면을 나누어 생각할 수도 있다. 즉, 입술의 오므림은 윗입술과 아랫입술을 가깝게 하는 것, 입술을 좌우로 모으는 것, 입술을 앞으로 내미는 것의 세 가지 방향으로 이루어질 수 있는 것이다.[96] 물론 이 세 가지

95) 문법 교과서를 비롯한 일부에서는 단순히 원순 모음을 입술 모양이 둥근 모음이라고 정의하는 경우가 있는데 이것은 올바른 설명이라고 볼 수 없다. 둥근 모양이 중요한 것이 아니라 오므리는 동작이 중요하다.

96) 이처럼 모음의 원순성을 세 가지 차원에서 살피는 것은 양순음과 원순 모음의 공통점을 포착할 때 유리하다. 흔히 양순음 뒤에서 일어나는 원순모음화를 설명할 때 양순음에 의해 동화가 일어난 결과임을 강조하며, 이것은 곧 양순음과 원순 모음이 같은 성질을 공유한다는 점을 인정하는 태도라고 할 수 있다. 그런데 양순음이 입술을 이용하는 방식과 원순 모음이 입술을 이용하는 방식에는 차이가 난다. 적어도 양순음을 발음할 때는 입술을 둥글게 오므리지는 않는 것이다. 만약 모음의 원순성을 세 가지 차원으로 나눈다면 양순음과 원순 모음은 두 입술을 상하로 근접시킨다는 공통점이 뚜렷해지므로 둘 사이의

동작이 모두 이루어질 때 원순성은 가장 강할 것이다. 만약 셋 중 일부 동작만 있게 된다면 원순성은 좀 더 약해질 수 있다.

입술의 원순성을 결정해 주는 세 가지 조음은 혀의 높낮이가 높을수록 쉽게 일어난다. 혀의 높낮이가 낮으면 그에 비례해 입을 많이 벌려야 한다. 입이 많이 벌어지면 입술과 입술 사이의 간격도 넓어지므로 그만큼 입술을 오므리기가 어려워진다. 이처럼 저모음보다 고모음을 원순 모음으로 발음하기에 용이한 것은 조음 음성학적 이유가 존재한다. 한국어는 물론이고 언어 보편적으로 저모음 계열에 원순 모음이 드문 경향을 보이는 것은 자연스러운 결과이다.

언어에 따라 원순 모음의 원순성이 다르다는 사실은 예전부터 지적되어 온 바이다. 한국어의 원순모음은 원순성이 매우 강한 것으로 알려져 있다. 반면 일본어의 후설 원순 고모음은 원순성이 매우 약한 것으로 유명하다. 이러한 차이는 아마도 원순성을 이루는 세 가지 측면의 조음 작용 중 어떤 것이 빠졌는지와 관련이 있지 않을까 한다.

한편 단모음의 수가 8개 또는 7개인 경우에는 각각 다음과 같이 분류할 수 있다.

(29)

	전설모음		후설모음	
	평순모음	원순모음	평순모음	원순모음
고모음	ㅣ(i)		ㅡ(ɨ)	ㅜ(u)
중모음	ㅔ(e)		ㅓ(ʌ)	ㅗ(o)
저모음	ㅐ(ɛ)		ㅏ(a)	

관련성을 좀 더 명확하게 설명할 수 있다.

(30)

	전설모음		후설모음	
	평순모음	원순모음	평순모음	원순모음
고모음	ㅣ(i)		ㅡ(ɨ)	ㅜ(u)
중모음	ㅔ(E)		ㅓ(ʌ)	ㅗ(o)
저모음			ㅏ(a)	

10모음 체계와 비교할 때 8모음 체계와 7모음 체계도 기본적인 분류 방식은 동일하다. 똑같은 기준으로 분류되되 다만 단모음의 수가 적어서 빈칸이 늘어났을 뿐이다. 이러한 빈칸은 그 수가 적을 때는 문제가 되지 않지만 많아지면 모음들 사이의 대립 관계를 약화시켜 궁극적으로 모음 체계의 변화를 초래할 수도 있다. 실제로 현재 그러한 단모음 체계의 변화가 일어나고 있다고 보기도 한다.97)

3.3.2.1.2. 단모음 체계의 변화

한국어의 단모음 체계는 자음 체계에 비해 많은 변화를 겪어 왔다고 할 수 있다. 우선 15세기의 중세 한국어 단모음 체계를 『訓民正音』의 설명에 의거하여 제시하면 다음과 같다.

(31)

	舌不縮	舌小縮	舌縮
[-口蹙, -口張]	ㅣ98)	ㅡ	ㆍ
[+口蹙]		ㅜ	ㅗ
[+口張]		ㅓ	ㅏ

97) 현대 한국어 모음 체계의 변화에 대해서는 권경근(2001), 곽충구(2003)을 참고할 수 있다.

98) 'ㅣ'는 '舌不縮'에 속하는 유일한 단모음이기 때문에 같은 부류에 속하는 다른 단모음과 구분할 필요가 없다. 그래서 『訓民正音』에서도 'ㅣ'는 '口蹙, 口張'에 대해 어떤 값을 가지는지 언급을 하지 않았다. 다만 내용상으로 볼 때 'ㅣ'는 이 두 가지 자질에 대해 'ㆍ'나 'ㅡ'와 같은 값을 지녔을 가능성이 매우 높으므로 'ㅡ' 값을 갖는다고 표시해 두었다.

『訓民正音』에서는 '縮, 口蹙, 口張'이라는 세 가지 기준을 가지고 모음들을 분류하고 있다. '縮'은 혀의 상태와 관련되고 '口蹙, 口張'은 입의 모양과 관련되므로 현대 한국어의 단모음 분류 기준과 통하는 측면도 있다고 하겠다. 그렇지만 분류 방식은 현대 한국어와는 상당히 다르다. '縮'은 혀의 전후 위치 또는 상하 높이 그 어느 것과도 일치하지 않는 독특한 기준이다. 또한 '口蹙, 口張'은 입술 모양을 가리키는 듯하지만, 현대 한국어처럼 원순 모음과 평순 모음의 둘로만 나누는 것이 아니고 '口蹙'인 것, '口張'인 것, '口蹙, 口張'이 모두 아닌 것의 셋으로 나누고 있어 차이가 난다.

현대 한국어와의 비교를 위해 (26)에 제시된 단모음들을 모음 사각도에 표시하면 대체로 (32)와 같은 모습이다.[99]

(32)

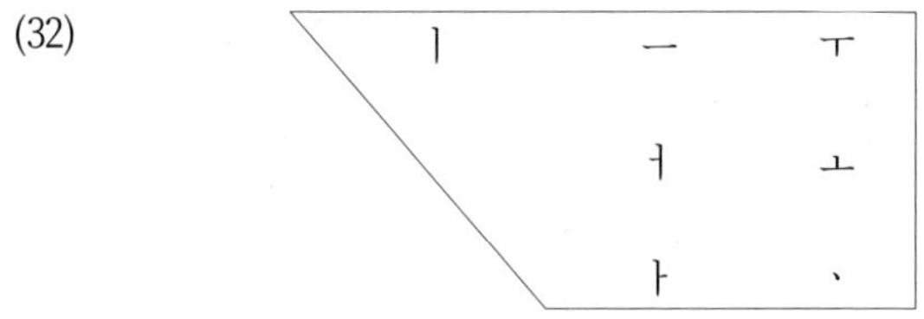

현대 한국어와 비교할 때 대부분의 단모음들이 후설 또는 중설 계열에 집중되어 있다는 차이가 있다. 전설 모음은 'ㅣ' 하나밖에 없었다고 생각되고 있다. 또한 후설 모음들 사이의 대립 관계도 현재와는 약간 차이가 있다. 'ㅡ'와 'ㅜ'가 원순성 여부에 따라 대립을 하는 것은 현대 한국어와 마찬가지이지만 원순 모음 'ㅗ'에 대한 평순 모음 대립짝이 'ㅓ'가 아니라 'ㆍ'였다는 점은 현대 한국어와 다르다.

99) 중세 한국어 단모음을 모음 사각도로 표시하는 방법은 논의에 따라 차이가 난다. 특히 'ㆍ'의 위치를 어떻게 잡느냐에 있어 이견이 많다. 이와 관련된 자세한 내용은 이진호(2017ㄴ)에서 다룬 바 있다.

이러한 단모음 체계는 근대 한국어 시기에 들어 'ㆍ'가 소멸하면서 변화를 맞는다. 변화의 방향은 크게 둘로 나눌 수 있다. 하나는 단모음의 목록이 바뀌는 변화이고, 다른 하나는 단모음들 사이의 대립 관계가 바뀌는 변화이다. 우선 단모음 목록의 변화는 다음과 같이 정리할 수 있다.

(33) ㄱ. 'ㆍ'의 소멸
ㄴ. 전설 모음 계열의 확립

'ㆍ'의 소멸은 단모음 체계가 변화하는 데 가장 중요한 계기를 제공했다. 그것은 'ㆍ'가 단모음 체계에서 차지하고 있던 지위 때문이다. (31)에 제시된 대립 관계에서도 드러나듯이 'ㆍ'는 '縮'에 의한 대립에서는 물론이고 같은 舌縮 내에서도 'ㅗ'와 'ㅏ'를 잇는 매개자로서 중요한 역할을 하고 있었다. 이러한 'ㆍ'의 소멸은 그 자체로도 단모음들의 대립 관계에서 중요한 연결고리가 사라지는 결과를 낳는다. 특히 'ㆍ'가 소멸하면서 비어두에서는 舌小縮 계열의 'ㅡ'로 변화함으로써 '縮'에 의한 단모음의 체계적 대립은 더 이상 유지되기 어려웠다.

그리하여 단모음 체계 내에 새로운 관계가 수립될 수밖에 없는 상황에서 전설 모음 계열이 확립되기에 이른다. 중세 한국어에는 전설 모음으로 'ㅣ'만 존재했지만 근대 한국어 시기 들어 이중 모음이었던 'ㅐ(aj), ㅔ(ʌj)'가 전설 모음으로 확립되고 그 뒤를 이어 'ㅚ(oj)'와 'ㅟ(uj)'도 전설 모음으로 바뀌었다. 그러면서 단모음들은 혀의 전후 위치에 의한 새로운 대립을 이루기에 이르렀다.[100)]

100) 한국어의 모음 조화가 기원적으로 전후 대립에 의한 것이었다는 견해가 타당하다면, 'ㆍ'의 소멸 이후 새롭게 정립된 혀의 전후 위치에 의한 대립은 중세 한국어 이전 시기의 모음 체계와 비슷한 일면이 있다. 이 문제는 알타이 제어의 모음 조화가 원래 어떤 성격을 가지는가와도 무관하지 않다. 그런데 이전의 논의에서는 대체로 알타이 제어의 모음

단모음의 목록에만 변화가 있었던 것은 아니다. 중세 한국어 시기부터 계속 존재하던 단모음들이라도 다른 단모음과 맺고 있던 대립 관계에 변화가 일어났다. 대표적으로 'ㅡ'와 'ㅣ', 'ㅗ'와 'ㅓ'의 경우를 들 수 있다. 'ㅡ'와 'ㅣ'는 원래 중세 한국어 시기에는 각각 舌小縮과 舌不縮에 속하여 '縮'에 의한 대립을 이루고 있었다. 또한 舌小縮과 舌不縮 사이의 대립은 다른 단모음들에서는 찾아볼 수 없는, 음운 체계 내에서의 고립적인 성격을 가지고 있었다. 그런데 'ㆍ'가 소멸하고 다른 전설 모음들이 새로 생기면서, 'ㅡ'와 'ㅣ'의 대립은 더 이상 '縮'에 의한 것이 아니라 혀의 전후 위치에 의한 것으로 바뀌었다. 또한 'ㅡ'와 'ㅣ' 사이의 전후 대립은 이 두 모음에서만 보이는 것이 아니라 다른 'ㅏ : ㅐ, ㅓ : ㅔ, ㅗ : ㅚ, ㅜ : ㅟ'에서도 성립되어, 고립적 대립이 아닌 비례적인 대립으로 그 성격이 바뀌었다.

한편, 'ㅗ'와 'ㅓ'는 중세 한국어 시기에는 긴밀한 관계를 맺지 않았다. (31)에서 보듯이 'ㅗ'는 舌縮 부류의 口蹙에 해당하고 'ㅓ'는 舌小縮 부류의 口張에 속한다. 이처럼 두 가지 음운 자질에서 차이를 보이기 때문에 'ㅗ'와 'ㅓ'는 단모음 체계 내에서 별다른 대립을 하지 않았다고 생각된다. 그런데 'ㆍ'의 소멸과 함께 원순 모음 'ㅗ'에 대응하는 평순 모음 짝이 없어지자 그 빈자리를 'ㅓ'가 메우게 된다. 그리하여 'ㅗ'와 'ㅓ'는 새로운 모음 체계에서 원순성 여부에 의해 구별되는 상당히 가까운 대립쌍으로 묶이게 되었다.[101]

이상에서 살핀 'ㆍ'의 소멸과 전설 모음 계열의 확립은 표준 발음법에서 원칙으로 규정하고 있는 10개의 단모음 체계를 낳았다. 그런데 앞에서도

조화가 전후 대립에 의한 것이었다고 보았지만, 최근에는 다른 논의가 이루어지기도 한다. 자세한 것은 Joseph et al.(2020)을 참고할 수 있다.

101) 'ㅡ'와 'ㅣ', 'ㅗ'와 'ㅓ'가 새로운 대립 관계를 맺게 된 것은 다른 단모음들의 변화에 따른 일종의 부산물로서, 대립 관계에 있는 두 단모음의 직접적인 변화 결과가 아니라는 점에서 특이한 성격을 지닌다. 좀 더 자세한 것은 이진호(2008ㄴ)을 참고할 수 있다.

언급했듯이 10개의 단모음 체계는 현재 큰 변화를 겪고 있다. 우선 'ㅚ, ㅟ'가 이중 모음으로 바뀌면서 모처럼 형성된 '전설 모음 : 후설 모음'의 체계적이고 비례적인 대립은 불완전한 형태로 바뀌고 말았다. 평순 모음에서만 전후 대립이 유지되고 원순 모음에서는 더 이상 전후 대립이 성립하지 않는다. 또한 전설 모음 중에서 'ㅐ'와 'ㅔ'가 합류하면서 결과적으로 전설 모음은 'ㅣ'와 'ㅔ(E)'만 남은 7모음 체계로 변화가 일어났다.102) 혀의 전후 위치에 의한 대립은 '縮'에 의한 대립에 뒤이어 나온 것으로서 확립된 시기가 오래되지 않았음에도 불구하고 전설 모음 계열의 모음의 숫자가 다시 둘로 줄어들면서 계속 유지되기 어려운 상태를 맞기에 이르렀다.103)

3.3.2.2. 이중 모음 체계

3.3.2.2.1. 현대 한국어의 이중 모음 체계

자음 체계나 단모음 체계는 조음 음성학적 측면을 고려하여 각 음운 사이의 대립 관계를 체계적으로 서술할 수 있었지만, 이중 모음 체계는 이중 모음 자체가 두 개의 음운으로 이루어졌기 때문에 그러한 방식을 사용할 수 없다. 이중 모음 체계를 논의하는 전통적인 방식은 이중 모음을 이루는 요소 중 하나인 반모음을 기준 삼는 것이다.104) 구체적으로는 반모음의 종

---

102) (30)에 제시된 7개의 단모음 체계는 같은 수의 단모음을 가지는 다른 언어와 비교할 때 보편성이 떨어진다. 흔히 확인할 수 있는 7모음 체계는 중모음과 고모음 계열에 전설 모음과 후설 모음이 각각 3개씩 있고 여기에 저모음 'a'가 추가되는 형태이지만, 한국어의 7모음 체계는 이와는 형태가 많이 다르다.

103) 梅田博之(2000)에서는 1910년대 출생자부터 1960년대 출생자까지 서울말의 단모음 체계가 어떻게 변화하고 있는지를 살피고 있어 참고할 수 있다.

104) 이중 모음을 이루는 요소 중 하나가 반드시 반모음이어야 한다고 보는 입장만 존재하는 것은 아니다. 오히려 반모음이 포함되면 이중 모음이 될 수 없으며 이중 모음은 순수하게 단모음의 연쇄로만 이루어져야 한다고 보는 입장도 있다. 또한 반모음이 포함된 것과 단모음 연쇄로만 이루어진 것 모두를 이중 모음 속에 포함시키는 논의도 있다. 각각의

류와 반모음의 위치라는 두 가지 내용을 가지고 이중 모음 체계를 설명한다.

한국어의 반모음은 일반적으로 'j'와 'w'의 두 가지를 인정한다. 이를 기준으로 현대 한국어의 이중 모음 체계를 설정하면 다음과 같다.105)

(34)

		반모음이 선행	반모음이 후행
10-모음 체계	j-계	ㅑ, ㅒ, ㅕ, ㅖ, ㅛ, ㅠ	ㅢ
	w-계	ㅘ, ㅙ, ㅝ, ㅞ	
8-모음 체계	j-계	ㅑ, ㅒ, ㅕ, ㅖ, ㅛ, ㅠ	ㅢ
	w-계	ㅘ, ㅙ, ㅝ, ㅞ, ㅟ(wi)	
7-모음 체계	j-계	ㅑ, ㅕ, ㅖ(jE), ㅛ, ㅠ	ㅢ
	w-계	ㅘ, ㅝ, ㅞ(wE), ㅟ	

전반적으로 j-계 이중 모음의 숫자가 w-계 이중 모음의 숫자보다는 더 많다. 또한 대부분의 이중 모음은 반모음이 단모음보다 선행하는 유형이다. 반모음이 단모음에 후행하는 이중 모음은 'ㅢ' 하나밖에 없다.106) 그런데 'ㅢ'는 이전부터 분석 방식에서 이견이 많던 이중 모음이다. 이중 모음에 대한 초기 논의에서는 'ㅢ'를 '반모음+단모음'으로 분석하기도 했다. 그리하여 반모음 'ㅡ'를 따로 설정하는 경우까지 등장했다. 또한 'ㅢ'는 단모음 연쇄 'ㅡ+ㅣ'가 한 음절에서 실현된 것이라는 견해도 없지 않았다. 여기에 따르면 'ㅢ'는 반모음을 가지지 않은 이중 모음이 된다. 이 책에서와 같이 반모음이 후행한다는 견해에서는 'ㅢ'가 단모음 'ㅡ'과 반모음 'j'의 결합으로

입장들이 한국어의 이중 모음 분석에 있어 어떤 의미를 지니는지에 대해서는 이진호(2010ㄷ)에서 다룬 바 있다. 여기서는 기본적으로 이중 모음 속에 반모음이 포함된다는 입장을 취하되 부분적으로 다른 견해에 대해서도 언급하기로 한다.

105) 편의를 위해 원칙 발음(10개의 단모음 체계), 허용 발음(8개의 단모음 체계), 현실 발음(7개의 단모음 체계)에 따른 이중 모음 체계를 모두 제시한다.

106) 여기에는 역사적인 이유가 있는데, 좀 더 자세한 것은 3.3.2.2.2에서 이중 모음 체계의 변화를 다루며 언급하기로 한다.

이루어진 셈이 된다. 이 세 가지 견해 중 어느 것이 옳은지를 절대적으로 규정하기란 쉽지 않다. 또한 어떻게 분석을 하든 'ㅢ'는 다른 이중 모음들과는 그 성격을 달리하므로, 현대 한국어의 이중 모음 체계 내에서는 외톨이와 같은 존재이다.

'ㅢ'에 대한 세 가지 분석 방식은 단순히 'ㅢ'의 문제에만 국한되지 않고 이중 모음과 관련된 음운 변화의 해석에도 영향을 미치게 된다. 가령 역사적으로 일어난 '뜨이->띄-'의 경우 다음과 같은 상이한 설명이 이루어진다.

(35) ㄱ. 'ㅢ'를 '반모음+단모음'으로 분석하는 경우
⇒ '뜨이->띄-'[107]는 선행하는 단모음이 반모음으로 바뀌는 일종의 반모음화가 일어남.
ㄴ. 'ㅢ'를 '단모음+단모음'으로 분석하는 경우
⇒ '뜨이->띄-'는 음운의 차원에서는 아무런 변화가 없으며 다만 두 음절로 나뉘어 있던 단모음 연쇄가 한 음절에 놓이게 됨.
ㄷ. 'ㅢ'를 '단모음+반모음'으로 분석하는 경우
⇒ '뜨이->띄-'는 후행하는 단모음이 반모음으로 바뀌는 일종의 반모음화가 일어남.

(35ㄱ)의 경우 모음 연쇄에서 선행하는 단모음이 반모음으로 바뀌었다고 설명한다는 점에서 'ㅗ+ㅏ→ㅘ, ㅣ+ㅓ→ㅕ' 등과 함께 묶을 수 있는 성질의 변화라고 해석할 수 있다. (35ㄴ)의 경우 음운 차원에서는 아무런 변화가 없기에 음운 변화라고 말하기 어려워진다. (35ㄷ)은 (35ㄱ)과 마찬가지로 반모음화라는 공통점은 지니지만 모음 연쇄에서 후행하는 단모음이 반모음으로 바뀌었으므로 (35ㄱ)과는 성격이 다르다.

107) 현대 한국어에서 '띄'의 표준 발음은 '[띠]'이지만, 이렇게 변화하기 이전에 '[띄]' 단계를 거쳤으리라 추정된다. 여기서 '띄'라고 한 것은 이중 모음 'ㅢ'가 온전히 실현되던 시기의 형태를 가리킨다.

한편, 현대 한국어의 이중 모음 체계로서 (34)를 인정하는 한 이론적으로 나올 수 있는 이중 모음의 숫자는 '2×10×2=40개'(10모음 체계), '2×8×2=32개'(8모음 체계), '2×7×2=28개'(7모음 체계)가 된다. 이론적 차원에서 가능한 이중 모음의 수가 많은 이유는 두 개의 반모음이 단모음에 선행할 수도 있고 후행할 수도 있기 때문이다. 그런데 실재하는 이중 모음의 수는 이론적으로 가능한 이중 모음 숫자의 절반에도 미치지 못한다. 즉, 이중 모음 체계 속에 상당히 많은 빈칸이 존재하는 것이다.

이중 모음 체계의 빈칸은 체계적 빈칸과 우연적 빈칸으로 구분할 수 있다. 체계적 빈칸이란 어떤 필연적인 이유 때문에 생긴 빈칸이고 우연적 빈칸이란 그런 필연적인 이유가 존재하지 않는 빈칸이다. 체계적 빈칸은 음성학적 요인에 근거하는 경우가 많다. 대표적인 체계적 빈칸으로는 반모음과 단모음의 성질이 중복됨으로써 나타나지 않는 이중 모음을 들 수 있다. 예를 들어 반모음 'j'는 단모음 'ㅣ'와 성질이 유사하기 때문에 'j+ㅣ'나 'ㅣ+j'는 존재하지 않는다.[108] 마찬가지 이유로 반모음 'w'는 원순 모음과는 결합하지 않는다. 반모음과 단모음의 성질이 중복되지는 않지만 조음적인 이유로 인해 존재하지 않는 이중 모음도 있다. 'w'와 'ㅡ'가 결합한 이중 모음은 존재하지 않는데 이것은 원순성이 강한 'w' 뒤에서 혀의 전후 위치나 고저 위치가 'w'와 비슷하되 원순성이 없는 'ㅡ'를 발음하기가 곤란하기 때문이라고 할 수 있다.

이상과 같은 필연적인 이유가 없는 것은 우연적 빈칸이라고 할 수 있다. 우연적 빈칸 중에는 역사적인 변화 때문에 나타난 것도 있다. 대표적인 경

108) 중세 한국어 시기에는 'j'와 'ㅣ'가 결합된 'ji'나 'ij'가 존재했다고 인정하기도 한다. 그러나 이러한 입장은 순수한 단모음 'ㅣ'와는 행동을 달리한다는 'ㅣ'에 대해 'ji'와 'ij'로 해석한 것으로서, 그 존재를 간접적으로 추론한 결과이다. 'ji'나 'ij'는 표기상 단모음 'ㅣ'와 구별되지 않기 때문에 그 존재를 직접 확인할 수는 없다. 중세 한국어 이중 모음 체계에 대한 논의는 허 웅(1968), 김완진(1978), 이기문(1979) 등을 참고할 수 있다.

우로 반모음이 후행하는 이중 모음의 절대 부족을 들 수 있다. (34)에서 보듯이 반모음이 후행하는 이중 모음은 'ㅢ'밖에 없는데 이마저도 논의에 따라서는 반모음이 후행하지 않는다고 분석하는 경우가 있다. 이처럼 반모음이 후행하는 이중 모음이 드문 것은 역사적 변화의 결과이다. 적어도 중세 한국어 시기에는 'j'로 끝나는 이중 모음이 'ㆎ, ㅐ, ㅔ, ㅚ, ㅟ, ㅢ'와 같이 적지 않았는데 '후설 모음+j'로 구성된 대부분의 이중 모음들이 전설 모음 계열의 단모음으로 변화하면서 현재와 같은 이중 모음 체계의 빈칸을 만들었다.109)

우연적 빈칸은 말 그대로 특별한 이유 없이 우연히 존재하지 않는 빈칸이다. 따라서 우연적 빈칸에 속하는 이중 모음은 방언에 따라서는 실재하는 경우도 없지 않다. 중부 방언에서 'j+ㅡ'로 이루어진 이중 모음 'ᅟᆖ'가 존재한다는 것은 이미 잘 알려져 있다. 'j+ㅚ(ø)'로 이루어진 이중 모음도 강원도 방언에 존재한다고 보고된 적이 있다. 이러한 이중 모음들은 존재하지 못할 필연적 이유가 없기에 방언별로 일부 존재할 수 있는 것이다.

3.3.2.2.2. 이중 모음 체계의 변화

중세 한국어 시기에는 이중 모음 체계가 현대 한국어보다 훨씬 복잡하다. 『訓民正音』의 설명에 의거하여 당시의 이중 모음 체계를 제시하면 다음과 같다.

109) 'w'로 끝나는 이중 모음은 현대 한국어뿐만 아니라 중세 한국어에도 존재하지 않았다. 'w'로 끝났으리라 추정되는 중국 한자음이 한국어에서 모두 다르게 바뀐 것을 보면, 이러한 부재의 시기는 매우 오래되었을 것으로 생각된다. 한국어의 역사에서 이러한 이중 모음을 찾아볼 수 없는 것은 어떤 필연적 이유가 있었다고 생각되지만 자세한 것은 현재까지 알려져 있지 않다.

(36)

	반모음이 선행	반모음이 후행
j-계	ㅑ, ㅕ, ㅛ, ㅠ, (ᆝ), (ᆜ)	ㆎ, ㅐ, ㅚ, ㅢ, ㅔ, ㅟ
w-계	ㅘ, ㅝ	

현대 한국어 단모음 체계와 비교할 때 가장 큰 차이는 반모음이 후행하는 이중 모음의 수가 많다는 것이다. 이것은 앞서도 지적했듯이 현대 한국어의 단모음 중 'ㅣ'를 제외한 나머지 전설 모음이 중세 한국어 시기에는 모두 'j'로 끝나는 이중 모음이었다는 데 기인한다. 괄호 속에 들어 있는 'ᆝ'와 'ᆜ'는 『訓民正音』의 합자해(合字解)에서 아동의 말이나 지방 말에 존재한다고 언급한 것이다. 현대 한국어 이중 모음 목록에 포함된 'ㅒ, ㅖ, ㅙ, ㅞ' 등은 (36)에서 제외되었는데 그 이유는 이 이중 모음들이 중세 한국어 시기에 이중 모음이 아닌 삼중 모음이었기 때문이다. 'ㅒ, ㅖ, ㅙ, ㅞ'는 각각 'j+ㅏ+j, j+ㅓ+j, w+ㅏ+j, w+ㅓ+j'의 구성으로 이루어진 삼중 모음이었다.

중세 한국어의 이중 모음 체계가 현대 한국어의 이중 모음 체계로 바뀌는 데는 여러 가지 변화가 관여했다. 이 변화들은 크게 이중 모음 자체의 변화와 이중 모음을 이루는 단모음의 변화로 구분할 수 있다. 우선 이중 모음 자체의 변화로는 'j'로 끝나는 이중 모음의 단모음화가 대표적이다. 이 변화로 인해 'ㅐ, ㅔ, ㅚ, ㅟ'와 같이 중세 한국어 시기에 이중 모음이었던 것들이 현대 한국어에 와서는 이중 모음 목록에서 사라졌다. 그 대신 동일한 변화 덕분에 'ㅒ, ㅖ, ㅙ, ㅞ'와 같이 예전에는 삼중 모음이었던 것들이 새로이 이중 모음 목록에 추가되는 결과를 낳기도 했다. 이처럼 'j'로 끝나는 이중 모음의 단모음화는 이중 모음 체계에 가장 큰 변화를 일으켰다고 하겠다.

이 외에 이중 모음 'ㅢ'의 변화도 빼놓을 수 없다. 'ㅐ, ㅔ, ㅚ, ㅟ'와 같이 'ㅢ'와 동일한 구조로 된 이중 모음들이 모두 단모음으로 바뀌면서 'ㅢ'는 이중 모음 체계 내에서 지위가 매우 불안정해졌다. 이 때문에 현대 한국어의 'ㅢ'는 원래대로 발음되지 못하고 다른 음으로 변화를 겪고 있다.[110] 자세한 변화 양상은 3.3.3.2에서 검토하겠지만 아무튼 'ㅢ' 역시 이중 모음 자체의 변화에 의해 다른 모음으로 바뀌는 경우에 속한다.

다음으로 이중 모음을 이루는 단모음의 변화 또한 이중 모음 체계에 변화를 초래했다. 대표적으로 'ㆍ'의 소멸을 들 수 있다. 'ㆍ'가 소멸하면서 다른 단모음으로 바뀐 결과 'ㆍ'가 포함된 이중 모음들도 모두 변화를 겪었다. 'ㆎ'나 'ᆝ'가 현대 한국어 이중 모음 체계에서 보이지 않는 것은 이 때문이다.

한편, (34)에서 보았듯이 10모음 체계에서 단모음이었던 'ㅟ(y)'가 이중 모음으로 변화하면 이중 모음 목록에 'ㅟ(wi)'가 추가된다. 표면적으로는 단모음이 그 전에 없던 이중 모음으로 변화하여 그 목록을 더 늘렸다. 그런데, 이것은 표준 발음법의 규정에 근거한 기계적인 해석일 뿐이고, 'wi'는 그 이전부터 존재했을 가능성을 배제할 수 없다.[111] 또한 'ㅐ'와 'ㅔ'가 합류하면서 'ㅒ'와 'ㅖ', 'ㅙ'와 'ㅞ'의 구별이 사라졌다. 이러한 변화들도 모두 이중 모음 속에 들어 있는 단모음의 변화가 이중 모음 체계에 영향을 준 경우이다.

---

110) 'ㅢ'의 변화는 현대 한국어에 와서 일어난 변화는 아니며 그 이전 시기부터 나타났다.
111) 예컨대 이중 모음 'wi'는 이미 중세 한국어 시기에도 존재했다고 보는 입장과 그렇지 않은 입장이 대립하고 있다. 설령 중세 한국어에 'wi'가 없었다고 하더라도 이것이 언제 어떻게 생겨났는지를 현재로서는 명확히 알기 어렵다. 다만, 'wi'는 단모음 'ㅟ(y)'와 무관하게 그 이전부터 존재했을 가능성이 높은 듯하다.

3.3.3. 모음의 음가

3.3.3.1. 단모음의 음가

하나의 자음이 환경에 따라 상이한 음가를 지닌 음성들로 실현되듯이 단모음도 환경에 따라 서로 다른 음성으로 실현된다. 그러나 자음과는 달리 단모음의 변이음에 대한 논의는 지금까지 그다지 활발하게 이루어지지 않았다. 그 이유는 무엇보다도 단모음은 조음되는 영역이 자음과 달리 매우 넓을 뿐만 아니라 조음되는 지점을 구체화하여 특정 음성에 할당하기가 무척 어렵기 때문이다. 그래서 단모음의 변이음은 음성적 특성을 명시적으로 규정할 수가 없다.

한국어 단모음의 변이음 중 그나마 빈번하게 언급되는 것으로는 비모음(鼻母音)과 무성 모음(無聲 母音)이 있다. 비모음은 공기의 일부가 비강으로 흐르는 모음이고 무성 모음은 성대의 울림이 없는 모음이다. 이 두 변이음은 어느 특정 단모음에서만 일어나는 것이 아니라 모든 단모음에 공통적으로 일어난다.

비모음은 비음과 단모음이 같은 음절에 놓일 때 비음의 영향으로 공기가 비강으로 흘러서 나오게 된다. 자음에 의한 모음의 동화라고 할 수 있다. 비음이 종성에 놓이는 경우보다는 초성에 놓이는 경우에 비모음화가 더 강하게 일어난다. 비모음화가 극단적으로 적용되어 비음이 탈락하고 비모음만 남는 현상도 방언에서는 찾아볼 수 있다.112)

무성 모음은 비모음보다는 좀 더 제한된 조건에서 나타난다. 이호영(1996)이나 배주채(2003)에서는 고모음만이 무성 모음으로 실현될 수 있으며 유기음인 'ㅍ, ㅌ, ㅋ, ㅊ'이나 마찰음 'ㅅ, ㅆ' 뒤에 고모음이 놓일 때 무성모음화가 잘 일어난다고 했다. 무성모음화를 일으키는 자음들은 강한

112) 이러한 비모음화에 이은 비음 탈락에 대해서는 이진호(2001)을 참고할 수 있다.

기류가 동반된다는 공통점을 지니므로 원래부터 후행 모음의 성대 진동이 지연되는데 이러한 성대 진동의 지연이 좀 더 길어진 결과 모음의 유성성이 사라진 것이라고 해석할 수 있을 듯하다.

이제 한국어의 단모음 각각이 지니는 음가를 설명함에 있어서 단모음 체계는 물론 각 단모음의 조음 영역을 함께 참고하는 것이 유용하다는 점을 밝혀 둔다. 각 단모음들의 대립 관계과 실제 발음되는 영역을 동시에 고려할 때 단모음의 음가를 정확히 규정할 수 있다. 단모음 체계는 앞서 (28)~(30)에 이미 제시한 바 있다. 단모음의 조음 영역은 논의에 따라 약간씩 차이가 나는데 아래의 두 가지가 대표적이라고 할 수 있다.

(37) 이현복(1989)의 단모음 사각도

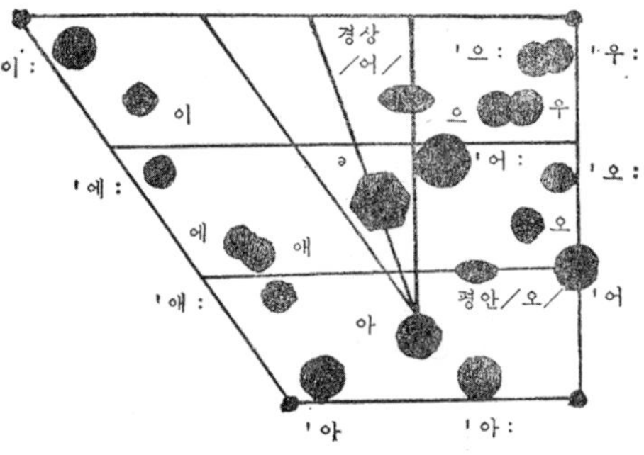

(38) 이호영(1996)의 단모음 사각도

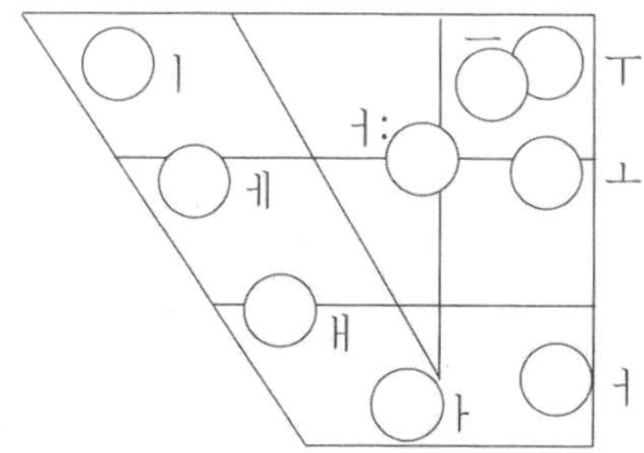

(37)과 (38)은 대체로 비슷한 견해를 보이고 있다. (37)과 (38)에 따르면 일부 모음들은 조음 영역이 중복되기도 한다. 가령 (37)에서는 'ㅡ'와 'ㅜ', 'ㅔ'와 'ㅐ'의 조음 영역이 일부 겹치며, (39)에서도 'ㅡ'와 'ㅜ'가 그런 모습을 보인다. 논의에 따라서는 단모음들의 조음 영역이 이보다 훨씬 광범위하게 중첩된다고 보기도 한다. 대표적으로 한문희(1979)를 들 수 있다.

(39) 한문희(1979)의 단모음 조음 영역

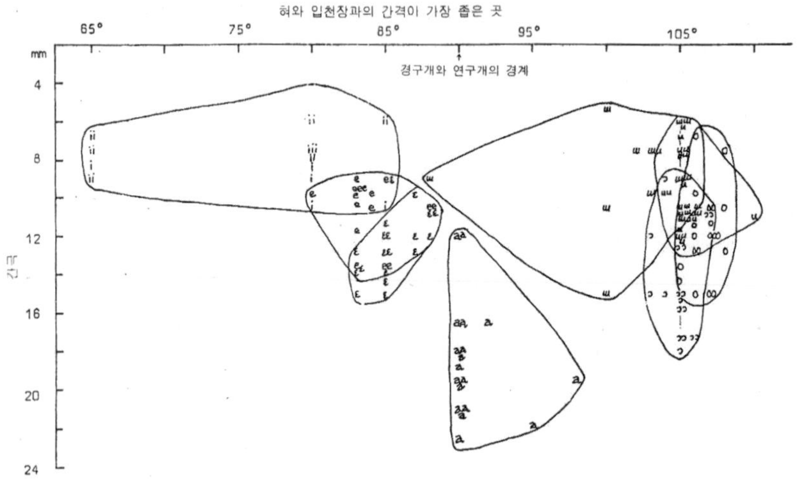

(39)는 환경의 차이를 고려하지 않고 각 단모음들의 조음 영역을 모두 표시한 것으로서 'ㅔ(e)'와 'ㅐ(ɛ)', 'ㅡ, ㅜ, ㅗ, ㅓ' 사이에 많은 중첩이 있음을 보여 주고 있다. 물론 이러한 중첩에도 불구하고 각 단모음들의 변별성은 그대로 유지된다. 이는 각 단모음들의 음가가 조건에 큰 영향을 입기 때문에, 동일한 조건 아래에서는 단모음들이 적절한 변별적 거리를 유지한다는 점과 관련된다. 즉, (38, 39)에서 발견되는 단모음 조음 영역의 중첩은 조건을 무시하고 모든 실현을 모아 놓은 결과라고 할 수 있는 것이다. 만약

동일한 조건에서도 단모음 사이의 중첩이 광범위하게 일어난다면 이것은 곧 단모음의 합류가 일어나고 있음을 말해 준다.

한국어의 단모음들이 어떤 음가를 지니는지를 규정한 어문 규범은 존재하지 않는다. 다만 지금까지의 여러 논의에서 언급된 바를 토대로 각 단모음의 음가를 살펴보면 다음과 같다.

❶ 'ㅏ'의 음가

'ㅏ'는 한국어의 단모음 중 혀의 높이가 가장 낮은 모음이다. 입을 제일 많이 벌리고 발음하는 모음이 'ㅏ'이다. 'ㅏ'의 음가와 관련해서는 전설의 '[a]'인지 후설의 '[ɑ]'인지가 문제된다. 논의에 따라 전설에서 나는 모음이라고 하기도 하고 중설에서 나는 모음이라고 하기도 한다.[113] 후설에서 나는 '[ɑ]'라고 보는 입장은 그다지 많지 않다.[114] (37)~(39)에 제시된 모음의 조음 영역을 참고할 때도 'ㅏ'는 중설에서 나는 모음이라고 보는 것이 타당할 듯하다. 이처럼 'ㅏ'는 음가상으로는 중설 모음이지만, 음운론적 기능을 고려하면 혀의 전후 위치에 따라 'ㅐ'와 대립하기 때문에 후설 모음으로 분류된다.

❷ 'ㅓ'의 음가

'ㅓ'는 한국어의 단모음 중 음가를 규정하기 가장 어렵다고 할 수 있다. 무엇보다도 'ㅓ'로 표기되는 단모음의 음가가 적지 않은 차이를 보인다. 이러한 차이는 19세기에 프랑스의 선교사들이 펴 낸 한국어 문법서에 반영될

113) 일찍이 小倉進平(1931: 141)에서는 '[a]'도 아니고 '[ɑ]'도 아닌 그 중간이라고 한 적이 있으며 이승재(1993: 28)에서도 같은 견해를 선보였다.

114) 이응백(1968: 168)에서는 힘을 주어 말할 때 후설의 '[ɑ]'가 되는 경우도 있다고 한 바 있다.

정도로 일찍부터 뚜렷하게 인식되었다.[115] 그렇지만 초기에는 'ㅓ'의 음가가 차이 나는 이유를 알지 못했다.

이후 논의를 통해 'ㅓ'의 음가는 음운론적 조건에 따라 달라진다는 점이 밝혀졌다. 그러한 음운론적 조건 중에서 가장 중요한 것은 소리의 길이이다. 엄밀하게 말하자면 어떤 단모음(單母音)이든지 소리의 길이에 따라 음가가 달라질 수 있지만 'ㅓ'의 경우에는 그 정도가 훨씬 두드러진다.[116] 실제로 (37), (38)에 따르면 긴 'ㅓː'는 짧은 'ㅓ'에 비해 좀 더 중설적이고 혀의 높이도 더 높다.[117] 이러한 점을 간파한 초기 학자 중에는 긴 'ㅓː'를 'ㅡㅓ'로 쓰자는 주장을 한 사람도 있었다.[118] 'ㅡㅓ'의 'ㅡ'는 긴 'ㅓː'가 'ㅓ'에 비해 중설 고모음적인 성격을 지님을 표시하고자 한 것으로 보인다.

한편 최근의 실험 음성학적 연구 결과, 'ㅓ'의 음가는 소리의 길이뿐만 아니라 인접하는 음들에 영향을 받기도 한다는 점이 밝혀졌다. 가령 김 현(2008)에 따르면 앞뒤에 양순음이나 연구개음 같은 변자음이 올 때는 'ㅓ'가 상당히 뒤쪽에서 발음되지만 앞뒤에 치조음과 같은 중자음이 올 때는 'ㅓ'가 매우 앞쪽에서 발음된다고 한다. 이것은 'ㅓ'의 실현에 장단 외에 인접 자음의 조음 위치도 관여함을 말해 준다.

'ㅓ'는 음운론적 조건뿐만 아니라 방언에 따라서도 구체적인 음가에 상당한 차이가 있다. 이미 小倉進平(1931: 142~143)에서 'ㅓ'의 음가를 '[ɔ]'와 '[ɯ̈]'의 두 가지로 구분한 후 지방에 따라 나타나는 유형이 다르다는 언급을

115) 자세한 것은 小倉進平(1931)을 참고할 수 있다.
116) 소리의 길이가 단모음의 음가에 어떤 영향을 주는지에 대해서는 4.2.1에서 좀 더 언급하기로 한다.
117) 표준 발음법의 각 조항을 해설한 이병근(1988: 48)에서도 "그런데 후설 평순 모음이면서 중모음인 [ㅓ]는 긴소리일 경우 혀를 좀 높여 [ㅡ]의 위치에 가까운 모음으로 발음하는 것이 원칙이다. 말하자면 긴소리로서의 [ㅓ]는 [ㅡ]와 짧은 [ㅓ]와의 중간 모음인 올린 'ㅓ'로 하는 발음이 교양 있는 서울말의 발음이다."라고 설명하고 있다. 梅田博之(1983: 176)에서는 이러한 두 가지의 'ㅓ'를 별개의 단모음으로 설정하기까지 했다.
118) 여기에 대한 자세한 내용은 이기문(2000)을 참고할 수 있다.

한 바 있다.[119] 이현복(1989: 87)에서는 경상도 방언의 'ㅓ'가 표준어의 긴 'ㅓː'에 해당하는 음가를 지닌다고 했고 또한 이승재(1993: 29~30)에서는 평안도의 'ㅓ'가 표준어의 'ㅓ'에 비해 원순성이 상당히 강하다는 언급 및 남부 지방의 'ㅓ'는 표준어의 'ㅓ'에 비해 높이도 높고 혀를 약간 앞쪽으로 내민다는 지적을 하기도 했다.

이처럼 'ㅓ'는 음운론적 조건은 물론이고 방언 차이라는 변수에 따라 조음 영역이 매우 달라지기 때문에 그 음가를 명확히 규정하기가 쉽지 않다. 그렇지만 중앙어를 기준으로 할 경우 'ㅓ'의 음가는 후설의 평순 반개모음이라고 할 수 있다.[120] 발음 기호로는 '[ɜ], [ɔ], [ə], [ʌ], [ɤ]' 등 여러 가지가 제안된 바 있다.[121] 이 중 음성적으로 후설의 평순 반개모음에 해당하는 것은 '[ʌ]'이다.

❸ 'ㅡ'의 음가

(37)~(39)에 의하면 'ㅡ'는 혀의 높낮이가 매우 높으며 후설에서 중설에 걸쳐 발음되되 'ㅜ, ㅗ, ㅓ'보다는 혀가 좀 더 앞쪽에 위치함을 알 수 있다. 그래서 'ㅡ'를 중설 모음으로 보는 입장도 존재한다. 그러나 이것은 음성학적 차원에 국한될 뿐이며 음운 현상이나 단모음들의 대립 관계에 있어서는 전설 모음 'ㅣ'에 대응하는 후설 모음으로 작용한다. 경상도 방언의 'ㅡ'는 '[ə]'에 가까운데 이 방언에서는 'ㅓ'도 중앙어에 비해 혀의 위치가 더 앞쪽이

119) '[ɔ]'는 짧은 'ㅓ', '[ɯ̈]'는 긴 'ㅓː'에 대응한다고 할 수 있다. 小倉進平(1931)에서는 '[ɔ]'를 1유형, '[ɯ̈]'를 2유형이라고 불렀다. 小倉進平은 서울 지방에서는 1유형과 2유형이 모두 나타나고 전라북도 방언에서는 1유형만, 경상남북도의 많은 방언에서는 2유형만 존재한다고 보았다.

120) 이것은 길이가 짧은 모음을 기준으로 한 것이다.

121) 국제 음성 기호의 음가를 고려할 때 이 기호들은 혀의 전후 위치에 따라 중설모음 계열인 '[ɜ], [ə]'와 후설모음 계열인 '[ɔ], [ʌ], [ɤ]'로 구분할 수도 있고 혀의 높낮이에 따라 반개모음 계열인 '[ɜ], [ɔ], [ʌ]'와 반폐모음 계열인 '[ə], [ɤ]'로 구분할 수도 있다.

면서 높기 때문에 결과적으로 'ㅡ'와 'ㅓ'가 합류하여 구분되지 않기도 한다.

❹ 'ㅗ'의 음가

'ㅗ'는 후설에서 나는 원순 모음으로서 혀의 높낮이는 음운론적 대립의 차원에서 중모음으로 분류하지만 정확한 음가상으로는 반폐모음이라고 보고 있다. 즉, 중모음 중에서는 좀 더 고모음에 가까운 것이다. 'ㅗ'는 원순 모음이기는 하지만 'ㅜ'에 비해서는 원순성이 약하다. 앞에서도 지적했듯이 원순 모음의 원순성은 혀의 높낮이가 높을수록 강하므로 고모음이 아닌 'ㅗ'의 원순성은 고모음인 'ㅜ'보다 약한 것이 조음 음성학적으로 당연하다고 하겠다. 이현복(1979: 89)에서는 평안도와 황해도의 모음 'ㅗ'가 서울말에 비해 더욱 열려 있다고 한 적이 있다. 이러한 기술은 현재 북한의 여러 방언에서 'ㅗ'와 'ㅓ'의 구별이 사라지고 있는 것과 관련해 음성학적 이유를 제공한다고 할 수 있다.[122] 입이 많이 열릴수록 원순성은 약해지기 때문에 원순성에 의한 'ㅗ'와 'ㅓ'의 대립 역시 사라지기 쉬운 것이다.

❺ 'ㅜ'의 음가

'ㅜ'는 후설모음 가운데 혀의 위치가 가장 높으면서도 뒤에서 발음된다. 원순성도 가장 강하다.[123] 'ㅏ'와 더불어 후설 모음 중 지위가 매우 안정적이라고 할 수 있다. 이 모음의 음가에 대해서는 별다른 이견이 없다.

❻ 'ㅣ'의 음가

'ㅣ'는 현대 한국어의 전설 모음 중 그 역사가 가장 오래 되었으며 그 지위도 제일 안정적이다. 혀의 높낮이가 전설 모음과 후설 모음을 통틀어

122) 여기에 대해서는 10.1.2의 내용을 참고할 수 있다.
123) 한국어의 'ㅜ'는 다른 언어의 후설 원순 고모음과 비교해도 결코 원순성이 뒤지지 않는다.

가장 높으며 입술은 평평하다. 혀의 전후 위치도 한국어의 단모음 중 가장 앞인데 그 위치가 경구개에 거의 근접해 있다. 한국어의 구개음화가 'ㅣ'나 반모음 'j' 앞에서 일어나는 것은 이 음들의 조음 위치 때문이다.

❼ 'ㅔ'의 음가

'ㅔ'는 'ㅣ'와 비교할 때 혀가 좀 더 낮으면서도 뒤쪽에 위치한다. 전설의 평순 반폐모음 '[e]'에 대응한다고 알려져 있다. 그러나 앞의 (37)이나 (39)에서 보듯이 'ㅔ'와 'ㅐ'는 조음 영역이 상당히 겹친다. 그리하여 현재는 'ㅔ'와 'ㅐ'가 구분되지 않고 하나의 단모음으로 합류되고 있다.[124]

❽ 'ㅐ'의 음가

'ㅐ'는 'ㅣ'나 'ㅔ'와 함께 전설의 평순 모음 계열을 이룬다. 그러나 같은 전설 모음이라도 혀의 위치는 'ㅣ'나 'ㅔ'보다 더 뒤에서 난다. 음운론적으로는 후설 모음 'ㅏ'에 대응하는 전설 모음으로서 저모음에 속하지만 정확한 음가를 보면 'ㅏ'보다는 혀의 높이가 더 높다. 그래서 음성학적으로는 저모음 'ㅏ'에 대비시켜 반개모음 'ㅐ'로 분류한다.

❾ 'ㅟ'의 음가

'ㅟ'는 음운론적 대립에 기반한 단모음 체계에서는 전설 원순 고모음으로 분류된다. 그러나 구체적인 음가를 보면 같은 전설 고모음인 'ㅣ'보다는 혀의 위치가 좀 더 낮을 뿐만 아니라 더 뒤쪽이다. 1950년대까지만 해도 'ㅟ'는 '뉘, 뒤, 쉬, 쥐, 취'와 같이 치조음이나 경구개음 뒤에서 단모음으로 실현되는 경향이 강하고, '귀, 위, 갈퀴, 휘'와 같이 그 밖의 자음 뒤나 자음이 선행

---

124) 'ㅔ'와 'ㅐ'가 구분되지 않는 것은 'ㅐ'가 'ㅔ'로 변했기 때문이라는 주장도 있다. 이승녕(1954ㄴ)과 이응백(1968)을 참조하기 바란다.

하지 않을 때는 이중 모음으로 발음된다는 지적이 많았다. 그러나 1980년대에 조사된 자료(『한국방언자료집』)에 따르면 이러한 제약 없이 매우 많은 방언에서 'ㅟ'가 단모음으로 실현되고 있다.

⑩ 'ㅚ'의 음가

'ㅟ'와 더불어 전설 원순 모음 계열을 이룬다. 'ㅟ'보다는 혀의 높이가 더 낮고 혀의 전후 위치도 더 뒤쪽이다. 음운론적 기능의 측면에서 보나 음가의 측면에서 보나 'ㅔ'에 대응하는 원순 모음이라고 할 수 있다. 그래서 음운론적으로는 전설 원순 중모음이고 음성학적으로는 전설 원순의 반폐모음이다.

3.3.3.2. 이중 모음의 음가

이중 모음의 음가는 이중 모음의 구성 요소들에 대한 음가를 통해 대체로 알 수 있다. 즉, 이중 모음의 음가는 이중 모음을 이루는 단모음과 반모음의 음가를 순서대로 합친 것이라고 해도 과언이 아닌 것이다. 앞서 단모음의 음가에 대해서는 언급했으므로 반모음의 음가에 대해 잠시 살펴보기로 한다.

음운의 차원에서 볼 때 한국어의 반모음은 'j'와 'w' 두 가지를 인정하는 경우가 많다. 'j'는 전설 모음 'ㅣ'와 성질이 비슷하되 반모음이기 때문에 'ㅣ'보다도 혀를 더 높여 입천장 부근으로 근접시킨다. 'w'는 후설 모음 'ㅜ'와 흡사하되 역시 'ㅜ'보다는 혀를 입천장 부근으로 더 가까이 접근하여 발음한다. 이처럼 'j'는 전설 평순의 반모음이고 'w'는 후설 원순의 반모음이라고 할 수 있다.

반모음도 환경에 따라 변이음이 존재한다. 반모음 'j'와 'w'의 주요 변이음 종류와 분포는 각각 다음과 같다.

(41)

	소리의 특징	나타나는 환경
[j]	전설 평순의 유성 반모음	'ㅜ, ㅗ' 이외의 모음 앞 (예) 야구[jagu], 여름[jərɨm]
[ɥ]	전설 원순의 유성 반모음	'ㅜ, ㅗ' 앞 (예) 용[ɥoŋ], 우유[uɥu]

(42)

	소리의 특징	나타나는 환경
[w]	후설 원순의 유성 반모음	'ㅣ' 이외의 모음 앞 (예) 완구[waːngu], 왕[waŋ]
[ɥ]	전설 원순의 유성 반모음	'ㅣ' 앞 (예) 위[ɥi], 뒤[tɥi]

(41)은 반모음 'j'의 변이음이다. 'j'와 'ɥ'는 모두 경구개 부근의 전설 위치에서 조음되며 그 차이는 원순성 여부에만 있다. 이 두 개의 변이음은 유성음이지만, 유기음(ㅍ, ㅌ, ㅋ, ㅊ)과 마찰음(ㅅ, ㅆ, ㅎ) 뒤에서는 무성음으로 실현된다. 예컨대 '평가' 또는 '표'에서 첫음절의 반모음 'j'는 음성적으로는 각각 전설 평순의 무성 반모음이나 전설 원순의 무성 반모음이라는 변이음으로 실현된다. 이처럼 반모음 'j'가 무성음으로 실현되는 조건은 단모음의 무성음화 조건과 매우 비슷하다.

(42)는 반모음 'w'의 주요 변이음이다. 'w'와 'ɥ'는 모두 원순성을 가지고 있다는 공통점이 있지만, 'w'는 연구개 부근의 후설 위치에서 조음되고, 'ɥ'는 경구개 부근의 전설 위치에서 조음된다. 'j'와 마찬가지로 'w'의 변이음 중에도 무성음이 존재한다. 무성 변이음의 출현 조건은 'j'와 동일하다. 그래서 '광'이나 '퉈'와 같은 음절에서 나타나는 이중 모음 'ㅘ, ㅝ'의 반모음은 각각 'w'와 'ɥ'의 무성음으로 실현된다.

반모음 'j'와 'w'의 대표 변이음은 'j'와 'w'이다. 'j'의 변이음 'ɥ'는 'j'가 후행하는 원순 모음의 원순성에 닮아서 나온 것이다. 전설 평순의 'j'가 원순성을 지니면 'ɥ'가 된다. (41)에서는 'j'의 변이음 'ɥ'가 'ㅜ, ㅗ' 앞에서만 나온다고 했지만 이것은 'j'와 결합할 수 있는 원순 모음이 'ㅜ, ㅗ'이기 때문일 뿐이다. 만약 단모음 'ㅟ'나 'ㅚ'가 후행할 수 있다면 역시 후행 모음의 원순성에 영향을 받아서 'ɥ'로 실현될 것으로 예상된다.

(42)를 보면 'w'의 변이음 'ɥ'는 'ㅣ' 앞에서 나타난다. 이것은 대표 변이음인 'w'가 후행하는 'ㅣ'의 전설성에 영향을 입은 결과이다. 전설 모음 중에서 전설 위치로 동화를 할 수 있는 견인력이 가장 강한 모음이 'ㅣ'이다. 후설 원순의 'w'가 'ㅣ'의 조음 위치를 닮아 가면 전설 원순의 '[ɥ]'로 바뀌게 된다.

여기서 매우 흥미로운 것은 동일한 음성 'ɥ'가 'j'라는 음운에도 속하고 'w'라는 음운에도 속한다는 점이다.[125] 이로 인해 'ɥ'의 음운 분석에는 복잡한 문제가 발생한다. 특히 일부 환경에서는 다른 반모음 'w, j'와 더불어 최소 대립쌍을 이루기도 하기 때문에 'ɥ'를 별개의 음운으로 분석하는 입장도 나오게 된다.[126] 이런 문제는 여기서의 논의와 커다란 관련이 없으므로 더 이상 다루지는 않는다.

(41), (42)에 제시된 반모음의 변이음 중 무성음으로 실현되는 것을 제외하면 한국어 반모음은 크게 '[j], [w], [ɥ]'의 세 가지 음성으로 실현된다고 할 수 있다. 이중 모음의 음가는 이 세 가지 변이음과 단모음들의 결합으로 이루어진다. 구체적으로 각 이중 모음의 음가를 살펴보면 다음과 같다.

❶ 'ㅑ'의 음가

'ㅑ'는 'j'의 변이음 '[j]'와 '[a]'가 결합된 '[ja]'의 음가를 지닌다. 경구개음

125) 이것은 복식 상보적 분포와 관련이 된다. 자세한 것은 이진호(2017ㄱ)의 '상보적 분포' 항목을 참고할 수 있다.

126) 예컨대 '꾸-, 끼-, 뀌-' 뒤에 '어'로 시작하는 어미가 결합하여 음절이 줄어들면 '꿔:, 꿔:서 (꾸-) / 껴:, 껴:서 (끼-) / ᄁᆏ:, ᄁᆏ:서 (뀌-)'와 같은 활용형들이 만들어지는데, 이들의 차이는 반모음이 'w, j, ɥ' 중 무엇인가에 있기 때문에 최소 대립쌍에 준한다고 할 수 있다.

뒤에는 오지 못한다. 이러한 음소 배열 제약은 ‘ㅑ’뿐만 아니라 ‘ㅕ, ㅛ, ㅠ, ㅖ, ㅒ’와 같이 반모음 ‘j’로 시작하는 모든 이중 모음에 공통적으로 적용된다. 이 제약은 경구개음과 반모음 ‘j’의 조음 위치가 중복되어 ‘j’가 탈락하기 때문이다. 여기에 대해서는 뒤에서 표준 발음법 제5항의 ‘다만 1’과 관련하여 자세히 설명하기로 한다.

❷ ‘ㅕ’의 음가

단모음 ‘ㅓ’의 음가가 복잡한 만큼 단모음 ‘ㅓ’가 포함된 ‘ㅕ’도 그에 비례하여 복잡하다. ‘ㅓ’는 후설 평순의 반개모음부터 중설 평순의 반폐모음으로 비교적 넓은 영역에서 발음되므로 그에 따라 ‘ㅕ’의 음가도 달라진다. 앞에서와 같이 ‘ㅓ’를 후설의 평순 반개모음 ‘[ʌ]’로 본다면 ‘ㅕ’는 전설 평순의 반모음 ‘[j]’와 ‘[ʌ]’가 결합된 음가를 지닌다고 생각하면 된다. 경구개음 뒤에는 올 수 없다.

❸ ‘ㅛ’의 음가

‘ㅛ’에 포함된 반모음은, ‘j’가 후행하는 ‘ㅗ’의 원순성에 동화된 ‘[ɥ]’이다. 따라서 ‘ㅛ’는 ‘[ɥo]’의 음가를 지닌다. 경구개음 뒤에는 올 수 없다.

❹ ‘ㅠ’의 음가

‘ㅠ’에 포함된 반모음은 ‘j’의 변이음 ‘[ɥ]’이다. 따라서 ‘ㅠ’는 ‘[ɥu]’의 음가를 지닌다. 경구개음 뒤에는 오지 못한다.

❺ ‘ㅖ’의 음가

‘ㅖ’는 전설 평순의 반모음 ‘[j]’와 단모음 ‘ㅔ’가 결합된 ‘[je]’의 음가를 지닌다. ‘ㅖ’는 경구개음뿐만 아니라 다른 자음 뒤에서도 실현되는 데 제약이

있다. 그리하여 현실 발음에서는 자음 뒤의 'ㅖ'가 단모음 'ㅔ'로 발음되는 경우가 매우 많다.[127)]

❻ 'ㅒ'의 음가

'ㅒ'는 전설평순의 반모음 '[j]'와 단모음 'ㅐ'가 결합된 '[jɛ]'의 음가를 지닌다. 'ㅖ'와 마찬가지로 현실 발음에서는 자음 뒤에서 실현되는 데 제약이 따른다.

❼ 'ㅘ'의 음가

'ㅘ'는 후설 평순의 반모음 '[w]'와 단모음 'ㅏ'가 결합된 '[wa]'의 음가를 지닌다.

❽ 'ㅝ'의 음가

'ㅝ'는 후설 평순의 반모음 '[w]'와 단모음 'ㅓ'가 결합된 음가를 지닌다. 'ㅝ'에도 단모음 'ㅓ'가 포함되어 있기 때문에 'ㅕ'와 마찬가지로 'ㅓ'의 음가에 따라 'ㅝ'의 음가가 달라지리라 예상되지만 'ㅕ'와는 상황이 약간 다르다. 'ㅕ'의 'ㅓ'는 조음 영역이 후설과 중설을 아우르고 높낮이도 상당히 변이의 폭이 넓지만, 'ㅝ'의 'ㅓ'는 그렇지 못하다. 특히 높낮이에 따른 변이의 폭이 좁아서 'ㅝ'의 'ㅓ'는 주로 반개모음에 가깝게 발음된다. 이것은 'ㅝ'의 반모음 'w' 때문으로 보인다. 반모음 'w'는 후설 평순 고모음 'ㅡ'와의 결합이 제약되므로 'w' 뒤에서 'ㅓ'를 고모음에 가깝게 발음하면 이런 제약을 어기게 된다는 문제가 발생한다. 이런 사정이 'ㅝ'에 포함된 'ㅓ'의 발음에 작용한 것이 아닌가 한다.

---

127) 이것은 'ㅒ'도 마찬가지이다. 한글 맞춤법을 비롯하여 표준 발음법에서도 여기에 대한 언급이 있다. 자세한 것은 후술하도록 한다.

⑨ 'ㅙ'의 음가

'ㅙ'는 후설 평순의 반모음 '[w]'와 단모음 'ㅐ'가 결합된 '[wɛ]'의 음가를 지닌다.

⑩ 'ㅞ'의 음가

'ㅞ'는 후설 평순의 반모음 '[w]'와 단모음 'ㅔ'가 결합된 '[we]'의 음가를 지닌다.

⑪ 'ㅢ'의 음가

앞에서도 다루었듯이 'ㅢ'는 음운론적 분석이 논의에 따라 상이하다. 반모음이 선행한다고 보기도 하고 후행한다고 보기도 하며, 반모음이 없고 단순히 모음 'ㅡ'와 'ㅣ'의 둘로 이루어졌다고 보기도 한다. 반모음이 선행한다고 볼 경우에는 '[ɰi]'의 음가를, 반모음이 후행한다고 볼 경우에는 '[ɨj]'의 음가를, 단모음 연쇄로 발음된다고 볼 경우에는 '[ɨi]'의 음가를 지닌다.

⑫ 'ㅟ'의 음가

표준 발음법에 따르면 이중 모음 'ㅟ'는 'ㅟ'가 단모음으로만 발음되는 체계에서는 존재할 수 없다. 그러나 현실 발음에서는 'ㅟ'가 이중 모음으로 발음되고 있다. 'ㅟ'는 음운의 차원에서 분석하면 'wi'가 된다. 이때의 반모음 'w'는 후행하는 'ㅣ'의 전설성에 동화되어 음성적으로는 '[ɥ]'라는 변이음으로 실현된다. 따라서 이중 모음 'ㅟ'의 음가는 '[ɥi]'라고 할 수 있다.

이상은 이중 모음 각각의 기본적인 음가에 대한 내용이다. 그런데 현대 한국어 이중 모음은 선행하는 음의 종류나 그 밖의 여러 조건 때문에 원래 음가를 유지하지 못하고 다른 음으로 변화하는 경우가 있다. 이러한 이중 모음의 발음 현실을 규정한 것으로는 표준 발음법의 제5항이 있다. 제5항에는 세 부류의 이중 모음 발음에 대한 규정이 '다만'의 형식으로 제시되어 있다.

(43)

> 【제5항】 'ㅑ ㅒ ㅕ ㅖ ㅘ ㅙ ㅛ ㅝ ㅞ ㅠ ㅢ'는 이중 모음으로 발음한다.
>
> 다만 1. 용언의 활용형에 나타나는 '져, 쪄, 쳐'는 [저, 쩌, 처]로 발음한다.
>
> 가지어→가져[가저] 찌어→[쩌] 다치어→다쳐[다처]
>
> ⋮

표준 발음법 제5항의 '다만 1'은 경구개음 뒤에 'j'로 시작하는 이중 모음이 올 수 없다는 한국어의 음소 배열 제약과 관련된다. 앞에서도 언급했듯이 경구개음과 반모음 'j'는 조음되는 위치가 중복되기 때문에 경구개음 뒤에 반모음 'j'가 오더라도 'j'의 음성적인 효과는 잘 드러나지 않는다. '자'와 '쟈', '조'와 '죠'의 발음이 구분되지 않는 것은 모두 이 때문이다. 'ㅈ, ㅊ, ㅉ' 뒤에 반모음 'j'가 오지 못하게 된 것은 'ㅈ, ㅊ, ㅉ'이 겪은 역사적 변화와 관련이 된다.

현대 한국어의 'ㅈ, ㅊ, ㅉ'은 중세 한국어 시기에는 경구개음이 아닌 치음이었다. 'ㅈ, ㅊ, ㅉ'이 경구개음으로 바뀐 것은 근대 한국어 시기의 일이다. 이처럼 'ㅈ, ㅊ, ㅉ'이 경구개음이 아닌 시절에는 'ㅈ, ㅊ, ㅉ' 뒤에 반모음 'j'가 결합하는 데 별다른 제약이 없었다. 고유어의 경우 '저(自)'와 '져(箸)'에서 보듯 'ㅈ' 뒤에 'j'가 오느냐의 여부에 따라 단어의 뜻이 구분되는 경우조차 있었다. 한자음의 경우도 '자'와 '쟈', '차'와 '챠' 등 'j'의 유무에 따라 많은 한자들의 음이 중세 한국어 시기에는 구별되고 있다.[128)]

---

128) 중세 한국어의 한자음에 있어 'ㅈ, ㅊ, ㅉ' 뒤에 올 수 있는 단모음과 j-이중 모음의 목록은 伊藤智ゆき(2007: 79)을 참고할 수 있다.

그 후 'ㅈ, ㅊ, ㅉ'이 치음에서 경구개음으로 조음 위치의 변화를 일으키면서 'ㅈ, ㅊ, ㅉ' 뒤에 오던 반모음 'j'는 모두 탈락하게 되었다. 이러한 변화의 일차적인 원인은 'ㅣ'나 'j' 앞에서 일어난 'ㅈ, ㅊ, ㅉ'의 음성적 구개음화이다.129) 음성적 구개음화는 원래 'ㅣ'나 'j' 앞에 놓인 'ㅈ, ㅊ, ㅉ'에만 일어났기 때문에 그 밖의 환경에 놓인 'ㅈ, ㅊ, ㅉ'은 치음의 음가를 그대로 유지했다. 그러다가 'ㅣ'나 'j'가 아닌 다른 모음 앞의 'ㅈ, ㅊ, ㅉ'도 경구개음으로 바뀌면서 'ㅈ, ㅊ, ㅉ'은 그 음가가 경구개음으로 완전히 굳어졌다. 3.2.3.3의 (19)에서 보았듯이 북한의 방언 중에는 'ㅈ, ㅊ, ㅉ'이 'ㅣ'나 'j' 앞에서만 경구개음 '[ʧ]'로 발음되고 그 이외의 환경에서는 치조음 '[ʦ]'로 발음되는 것이 아직도 존재한다. 이러한 방언은 'ㅈ, ㅊ, ㅉ'이 경구개음으로 굳어지기 이전 단계의 한국어 상태를 반영한다고 할 수 있다.

한글 맞춤법을 정할 때 한 형태소의 내부에 놓인 'ㅈ+j-이중 모음'은 변화한 발음을 반영하여 '자/차/짜, 저/처/쩌' 등과 같이 반모음 'j'가 포함되지 않은 단모음 표기로 바꾸어 버렸다. 따라서 표기 그대로 발음하면 된다. 그러나 형태소 경계 사이에 있는 'ㅈ+j-이중 모음'은 비록 반모음 'j'가 발음되지 않아도 '져, 쳐' 등을 그대로 유지하여 '가져(가지+어), 쪄(찌+어), 다쳐(다치+어)'와 같이 표기하였다. 그러다 보니 표기와 발음이 일치하지 않게 되어 제5항의 '다만 1'을 통해 이 사실을 밝혀 주어야만 했던 것이다.

한편, 'ㅈ, ㅊ, ㅉ'뿐만 아니라 'ㅅ, ㅆ' 뒤에서도 반모음 'j'로 시작하는 이중 모음은 제약된다. '마셔(마시+어)'나 '하셔(하+시+어)'와 같이 형태소 경계 사이에서 반모음화가 일어난 경우에 한해서 'ㅅ+j-이중 모음'이 올 수 있을 뿐이다. 한 형태소 내부에는 'ㅅ+j-이중 모음'이 오는 경우가 없다.

129) 이러한 음성적 구개음화가 언제부터 존재했는지에 대해서는 현재 이견이 존재한다. 중세 한국어 시기에도 존재했다고 보는 입장이 있는 반면 그 이후 생겨났다고 보는 입장도 있다.

'ㅅ, ㅆ' 역시 'ㅈ, ㅊ, ㅉ'과 마찬가지로 중세 한국어 시기에는 반모음 'j'와 자유롭게 결합할 수 있었다. 가령 중세 한국어에서는 '샤, 셔, 쇼, 슈'와 같은 음절이 형태소 내부에서 흔하게 나타났다. 그러나 근대 한국어 시기를 거치면서 형태소 내부에서는 'ㅅ, ㅆ' 뒤의 반모음 'j'가 모두 탈락했고, 현재의 표기법에도 이러한 반모음 탈락을 모두 그대로 반영하였다. 다만 형태소 경계 사이에서 반모음화가 일어난 경우에는 '마셔, 하셔'에서 보듯 자음 뒤에서 반모음 'j'가 그대로 실현되어 표기와 발음이 일치하기 때문에 표준 발음법에서 별도의 규정을 두지 않았다. 이 점이 'ㅈ, ㅊ, ㅉ'의 경우와는 차이가 난다.

이처럼 'ㅅ, ㅆ'과 'ㅈ, ㅊ, ㅉ'이 반모음 'j'와 결합하는 데 있어 공통적인 제약을 받는 것은 이 두 계열의 자음이 맺고 있던 역사적 관계를 살펴보면 어느 정도 이해할 수 있다. 'ㅅ, ㅆ'과 'ㅈ, ㅊ, ㅉ'은 중세 한국어 시기에는 모두 치음이었다. 그래서 당시에는 그 뒤에 반모음 'j'가 자연스럽게 결합할 수 있었다. 그러다가 조음 위치의 변화를 겪는데 ㅅ-계열도 역사적으로는 ㅈ-계열과 마찬가지로 경구개음 부근으로 조음 위치가 바뀌었을 것으로 추정된다.[130] ㅅ-계열 자음 뒤에서 반모음 'j'가 탈락했다는 점, ㅎ-구개음화가 적용되었을 때 'ㅅ'으로 바뀐다는 점, ㅅ-계열의 자음 뒤에서도 'ㅡ'의 전설모음화가 일어났다는 점 등은 ㅅ-계열의 자음과 ㅈ-계열의 자음이 조음 위치 이동에 있어 함께 행동했었음을 방증하는 변화들이다.

그러다가 현재는 'ㅅ, ㅆ'이 음운론적으로 치조음 계열과 같은 모습을 보이고 'ㅈ, ㅊ, ㅉ'은 이와 다른 모습을 보임으로써 조음 위치가 서로 구분하고 있다.[131] 결과적으로 'ㅅ, ㅆ'과 'ㅈ, ㅊ, ㅉ'이 모두 형태소 내부에서 반모

130) 여기에 대해서는 김주필(1985)를 참고할 수 있다.

131) 'ㅅ, ㅆ'이 '치음>경구개음>치조음'과 같은 복잡한 음가 변화를 실제로 일으켰는지 직접 확인할 수는 없다. 다만 여러 음운 변화를 볼 때 'ㅅ, ㅆ'이 어느 시기까지는 'ㅈ, ㅊ,

음 'j'와 결합하지 않는 것은 이 두 계열의 자음이 역사적으로 보인 공통점과 관련된다. 반면, 형태소 경계 사이에서 'ㅅ, ㅆ'은 'j'와 결합하지만 'ㅈ, ㅊ, ㅉ'은 'j'와 결합하지 않는 것은 두 계열의 자음이 역사적으로 보인 차이점을 반영하고 있다.

다음으로 표준 발음법 제5항의 '다만 2'는 자음과 이중 모음 'ㅖ'의 결합 제약에 대한 것이다.

(44)

【제5항】'ㅑ ㅒ ㅕ ㅖ ㅘ ㅙ ㅛ ㅝ ㅞ ㅠ ㅢ'는 이중 모음으로 발음한다.

⋮

다만 2. '예, 례' 이외의 'ㅖ'는 [ㅔ]로도 발음한다.

계집[계:집/게:집]	계시다[계:시다/게:시다]
시계[시계/시게](時計)	연계[연계/연게](連繫)
메별[메별/메별](袂別)	개폐[개폐/개페](開閉)
혜택[혜:택/헤:택](惠澤)	지혜[지혜/지헤](智慧)

⋮

(44)의 '다만 2'에 따르면 'j+ㅔ'로 이루어진 이중 모음 'ㅖ'는 그 앞에 자음이 오지 않든지 또는 'ㄹ'이 올 때에는 'ㅖ'로만 발음해야 하며, 'ㄹ' 이외의 자음 뒤에서는 반모음 'j'를 탈락시켜 'ㅔ'로 발음해도 무방하다. 즉, '계, 몌, 혜' 등은 표기 그대로 발음하는 것이 원칙이지만 '게, 메, 헤'와 같이 발음해도 허용하는 것이다. 이러한 표준 발음법은 한글 맞춤법 제8항과 밀접한 관련을 맺는다.

ㅉ'과 비슷한 모습을 보인다는 사실 및 현대 한국어에서는 'ㅅ, ㅆ'을 치조음으로 분류하는 것이 타당하다는 사실을 인정하면, 'ㅅ, ㅆ'은 역사적으로 두 단계의 음가 변화를 겪었다고 해석하는 것이 가능해진다. 김주필(1985: 36~44)에서는 'ㅅ, ㅆ'이 경구개음으로 변했다가 다시 치조음으로 바뀐 것을 '역구개음화'라고 부른 후, 그러한 변화의 원인을 당시의 모음 체계 및 자음들 사이의 대립 관계에서 찾고자 했다.

(45)

【제8항】'계, 례, 몌, 폐, 혜'의 'ㅖ'는 'ㅔ'로 소리나는 경우가 있더라도 'ㅖ'로 적는다(ㄱ을 취하고 ㄴ을 버림).

ㄱ	ㄴ	ㄱ	ㄴ
계수(桂樹)	게수	혜택(惠澤)	헤택
사례(謝禮)	사레	계집	게집
연몌(連袂)	연메	핑계	핑게
폐품(廢品)	페품	계시다	게시다

다만, 다음 말은 본음대로 적는다.

게송(偈頌) 게시판(揭示板) 휴게실(休憩室)

이것을 보면 한글 맞춤법 제8항을 정할 때 이미 자음 뒤에서 이중 모음 'ㅖ'가 'ㅔ'로 발음되는 현상을 인지했음을 알 수 있다. 그렇지만 그러한 발음을 표기에 반영하지는 않았다. 한자의 경우는 원래 이어져 오던 전통적인 본음을 밝혀 적기 위해서, '계집, 핑계, 계시다'와 같은 고유어는 이전의 표기 관습을 그대로 따르기 위해서 'ㅔ'로 발음되는 현실에도 불구하고 'ㅖ'로 표기했다고 해석할 수 있다.

한글 맞춤법 제8항과 표준 발음법 제5항의 '다만 2'를 비교하면 표준 발음법은 현실 발음의 양상을 좀 더 일반화시킨 규정이라고 할 수 있다. 한글 맞춤법에서는 논의 대상을 '계, 례, 몌, 폐, 혜'로 국한했지만 표준 발음법에서는 논의 대상을 모든 환경의 'ㅖ'로 확대하였기 때문이다. 그런데 표준 발음법 제5항의 '다만 2'에는 다소 불완전한 측면이 일부 있다. 이 조항에 따르면 '예, 례'의 'ㅖ'는 'ㅖ'로만 발음하고 그 이외의 환경에서는 'ㅖ'를 'ㅔ'로 발음해도 허용하고 있다. 이 중 '예'의 'ㅖ'를 원래의 이중 모음으로만 발음하게끔 제한한 것은 타당하다. 이중 모음의 음가는 초성이 없는 환경에서 가장 온전히 실현되며, 이때에는 원래의 이중 모음 발음 이외의 것은 인정하지 않기 때문이다. 그러나 '례'의 'ㅖ'를 '예'와 동일하게 처리한 것은 의문스러운 측면이 있다.

우선 '례'는 비어두에 오는데 이때의 'ㄹ'은 선행하는 음과 후행하는 음에 따라 치조 비설측음 'ɾ' 또는 경구개 설측음 'ʎ'로 실현된다. '차례' 등과 같이 모음으로 끝나는 음절이 선행하면 'ɾ'로, '결례' 등과 같이 'ㄹ'로 끝나는 음절이 선행하면 'ʎ'로 발음된다.[132] 그런데 이 두 가지 변이음 뒤에서 'ㅖ'가 모두 온전하게 실현될 수 있을지 의문이다. 현실적으로 볼 때 'ɾ'이든 'ʎ'이든 그 뒤의 'ㅖ'는 'ㅔ'로 나오기 쉬우며 이것은 다른 자음 뒤에 오는 'ㅖ'와 별반 차이가 없다.[133] 그러므로 다른 자음 뒤에서의 'ㅖ'와 'ㄹ' 뒤에서의 'ㅖ'를 구분하여 전자의 경우에만 'ㅔ'라는 현실 발음을 인정하고 후자의 경우 이를 인정하지 않는 것은 규정의 일관성 차원에서는 쉽게 수긍하기 어렵다. 'ㄹ' 뒤의 'ㅖ'와 'ㄹ'이 아닌 다른 자음 뒤의 'ㅖ'가 다르게 처리되어야 할 필연적 이유가 없다면 오히려 '예'와 같이 초성이 없는 경우에는 'ㅖ'만 인정하고 자음 뒤의 'ㅖ'는 모두 묶어서 동일하게 처리하는 것이 좀 더 타당하지 않을까 한다.

또한 현재와 같은 방식을 유지한다고 하더라도 '례' 이외에 '녜'의 'ㅖ'를 어떻게 발음할지에 대한 내용을 보완할 필요가 있다. '례'는 'ㄹ'을 제외한 다른 자음으로 끝나는 음절 뒤에 오면 음운 현상에 의해 'ㄹ'이 'ㄴ'으로 바뀌므로 표기상으로는 '례'이지만 발음상으로는 '녜'가 된다. 이처럼 '례'에서 변한 '녜'의 'ㅖ'는 '례'의 경우와 동일하게 발음해야 하는 반면, 원래부터 표기가 '녜'인 것은 'ㄹ'을 제외한 자음 뒤의 'ㅖ'와 동일하게 발음해야 한다. 예컨대, 현행 규정에서는 '정례(定例)'의 둘째 음절은 표기 '례'를 기준으로 하여 '녜'만 표준 발음으로 인정하는 반면, '참녜'의 둘째 음절은 표기 '녜'를

132) 현실 발음에서는 '결례'와 같은 환경에서도 후행하는 'ㄹ'은 치조 설측음 'l'로 발음되지, 경구개 설측음 'ʎ'로 발음되는 경우가 드물다. '결례'에서 '례'의 'ㄹ'을 '결렬'에서 '렬'의 'ㄹ'과 비교해 보면, '렬'의 'ㄹ'은 'ʎ'로 발음되지만 '례'의 'ㄹ'은 그렇지 않음을 알 수 있다.

133) 민현식(1999)와 배주채(2003)에서도 'ㄹ' 뒤의 'ㅖ'는 'ㅔ'로 발음되는 경우가 흔하다는 지적을 하고 있다.

기준으로 하여 '녜'와 '네'를 모두 표준 발음으로 인정한다. '정례'와 '참녜'의 둘째 음절은 표기만 다를 뿐 실제 발음은 동일한데도 불구하고, 현행 규정에 따르면 표준 발음이 다를 수밖에 없다. 이러한 조치가 과연 언어 규범적으로 타당한지에 대한 심각한 고민이 필요해 보인다.[134)]

표준 발음법 제5항 '다만 2'의 규정과 달리 현실 발음에서는 초성이 없는 '예'의 'ㅖ'만 제대로 발음할 뿐이다. 자음이 앞에 오는 경우에는 'ㅖ'를 표기와 동일하게 이중 모음으로 발음하는 경우가 많지 않고 대부분 단모음 'ㅔ'로 발음한다. 'ㄹ'이 아닌 자음 뒤는 물론이고 '례'의 'ㅖ'마저도 'ㅔ'로 발음되는 것이 일반적이다. 결과적으로 자음 뒤에서는 'ㅖ'가 'ㅔ'로 바뀌는 변화가 우세해져서 현실 발음은 규정과는 다소 동떨어진 것이 될 가능성이 높다.[135)] 이와 관련하여 최혜원(2002)의 조사 결과를 참고하는 것도 흥미롭다.

(46)[136)]

'ㅖ'의 음가	초성	20대	30대	40대	50대	60대	70대
je/jE	無	92%	94%	91%	90%	84%	90%
	ㄱ	15%	21%	16%	21%	33%	33%
	ㅍ	16%	21%	33%	45%	59%	67%
	ㄹ	17%	33%	33%	38%	44%	50%
	ㄴ	26%	50%	42%	57%	54%	67%
	ㅎ	11%	12%	5%	83%	88%	17%

134) 그런데 이 문제의 해결이 그리 단순하지만은 않다. 원래의 표기를 가지고 'ㅖ'의 표준 발음을 규정하는 현재의 방식이 더 나을 수도 있기 때문이다. 예를 들어 '오랜 옛날[오랜넨날]'과 같이 'ㄴ'이 첨가되어 만들어진 '녜'의 경우, 현재의 방식대로라면 표기상 '예'로 되어 있으므로 'ㄴ'이 첨가된다고 하더라도 그 표준 발음은 'ㅖ'만 가능할 뿐이다. '오랜 옛날'에 있어서는 '[오랜넨날]'이라는 발음이 매우 어색하므로 '[오랜녠날]'로만 발음하도록 규정하는 편이 더 타당해 보인다. 이처럼 현재의 규정이 장단점을 모두 가지기 때문에 어떠한 방식을 택하든 문제가 완전히 해소되지는 않는다.

135) 배주채(2003: 56)에서는 그나마 '녜, 셰'에서 이중 모음 'ㅖ'의 실현율이 높다고 지적하고 있다. '녜, 셰'의 'ㄴ'과 'ㅅ'은 반모음 'j' 앞에서 음성적 구개음화가 일어난다는 공통점을 지닌다.

136) 원문에 제시된 비율의 수치는 반올림해서 다소 간소화시켰다.

'ㅖ'의 음가	초성	20대	30대	40대	50대	60대	70대
e/E	無	8%	6%	9%	10%	16%	10%
	ㄱ	85%	79%	84%	79%	67%	67%
	ㅍ	83%	79%	67%	54%	41%	33%
	ㄹ	72%	66%	66%	62%	51%	50%
	ㄴ	53%	45%	56%	43%	46%	17%
	ㅎ	89%	88%	95%	17%	12%	83%

(46)에서 드러나듯이 자음 뒤에서 'ㅖ'가 'ㅔ'로 발음되는 것은 매우 강한 세력을 가지고 있다. 그렇지만 이러한 발음상의 변화가 일어나는 원인에 대해서는 명확한 해명을 하지 못하고 있다. 'ㅖ'가 다른 이중 모음과 달리 역사적으로는 삼중 모음에서 변했다는 사실을 고려할 수도 있으나 동일한 삼중 모음이었던 'ㅙ, ㅞ' 등은 자음 뒤에서 제대로 발음되기 때문에 타당한 이유라고 보기 어렵다. 다만 자음 뒤에서 'ㅖ'가 잘 발음되지 못하면서 한국어의 현실 발음에서는 '자음+j+전설모음'의 구조로 이루어진 음절을 찾아보기 어렵게 되었다. 'j' 뒤에 올 수 있는 전설 모음 자체가 'ㅔ, ㅐ'로 제약된 데다가 'j+{ㅔ, ㅐ}'로 구성된 이중 모음도 자음 뒤에서 'j'가 탈락하여 '자음+j+전설모음'의 음절형은 제대로 발음되지 않는 것이다.

자음 뒤에서 'ㅖ'가 'ㅔ로 발음되는 변화는 역사적으로 볼 때 16세기부터 나타나기 시작했다.

(47)[137] ㄱ. 게집(<계집): 『續三綱行實圖(重刊本)』(1581년), 『三譯總解』(1703년)
ㄴ. 게시다(<계시다): 『明義錄諺解』(1777년), 『地藏經諺解』(1752년)
ㄷ. 디헤(<디혜): 『初發心自警文』(1577년), 『地藏經諺解』(1752년)

137) 여기에 제시한 형태는 표준 발음법에 예시된 단어 중 간행 연도가 정확한 문헌에 나오는 것들이다.

(47ㄱ, ㄴ)에 나오는 '게집'과 '게시다'는 중세 한국어 어형인 '겨집'과 '겨시다'에서 직접 변한 것일 수도 있지만, '겨집, 겨시다'로부터 변화한 '계집, 계시다'가 이미 '게집, 게시다'보다 앞서 나타나고 있으므로 'ㄱ' 뒤에서 'ㅖ'가 'ㅔ'로 변한 예로 보아도 문제는 없다. (47ㄷ)은 확실히 'ㅖ'가 'ㅎ' 뒤에서 'ㅔ'로 바뀐 예이다. 이처럼 상당히 이른 시기부터 변화가 일어났다. 그리하여 小倉進平(1931: 146)에 따르면 19세기 말에 간행된 외국인 문법서에서도 'ㅖ'가 자음 뒤에서 발음이 곤란하여 'ㅔ'와 동일하게 발음되는 경우가 있다는 언급을 찾을 수 있다고 한다.[138] 적어도 자음 뒤에서 'ㅖ'가 'ㅔ'로 발음되는 것은 오랜 역사에 걸쳐 진행되어 온 변화를 반영한다고 하겠다.[139]

표준 발음법 제5항 '다만 2'에서는 'ㅖ'에 대해서만 다루고 있는데, 'ㅒ'의 표준 발음 문제도 고려할 필요가 있다. 현재의 규정에서는 'ㅒ'를 따로 언급하지 않으며 이것은 'ㅒ'를 항상 표기와 동일하게 이중 모음으로 발음해야 한다는 것을 의미한다. 물론 'ㅒ'를 가진 단어 중 가장 빈도가 높은 '얘'는 이중 모음 그대로 발음하는 것이 현실 발음과도 잘 부합한다. 그런데 '걔(그+애), -냬(-냐고 해)'와 같이 드물지만 '자음+ㅒ'의 구조를 가진 경우에는 항상 이중 모음으로만 발음하도록 규정한 것이 타당한지 재고할 필요가 있다. 'ㅒ'는 이중 모음의 구조나 성격이 'ㅖ'와 비슷하며 더욱이 현실 발음에서는 'ㅔ'와 'ㅐ'가 구분되지 않는다는 점에서, 'ㅒ'의 표준 발음도 'ㅖ'와 대등하도록 규정할 필요가 있어 보인다.

마지막으로 표준 발음법 제5항의 '다만 3'과 '다만 4'는 'ㅢ'의 발음에 대한

---

138) 小倉進平은 H. G. Underwood의 『An introduction to the Korean spoken language』에서 자음 뒤의 'ㅖ'가 발음이 곤란한 경우 'ㅔ'와 동일하게 발음된다고 한 언급에 대해 타당한 지적이라고 한 후, '계집'과 '셰샹'이 각각 '게집', '세상'으로 발음되는 예를 들고 있다.

139) 다만 (47)에서 보이는 변화 중 일부는 아직 'ㅔ'가 이중 모음이던 시절 일어난 'ㅖ>ㅔ'의 예라서 'ㅔ'가 단모음으로 바뀐 이후에 일어난 'ㅖ>ㅔ'의 예와 구분할 필요가 있기는 하다.

것이다.

(48)

【제5항】'ㅑ ㅒ ㅕ ㅖ ㅘ ㅙ ㅛ ㅝ ㅞ ㅠ ㅢ'는 이중 모음으로 발음한다.

⋮

다만 3. 자음을 첫소리로 가지고 있는 음절의 'ㅢ'는 [ㅣ]로 발음한다.

늴리리	닁큼	무늬	띄어쓰기
씌어	틔어	희어	희떱다
희망	유희		

다만 4. 단어의 첫음절 이외의 '의'는 [ㅣ]로, 조사 '의'는 [ㅔ]로 발음함도 허용한다.

주의[주의/주이]	협의[혀븨/혀비]
우리의[우리의/우리에]	강의의[강:의의/강:이에]

여기서 알 수 있듯이 이중 모음 'ㅢ'는 원래 음가대로 온전하게 발음되는 경우가 많지 않다. 대부분의 경우에는 원래의 음가를 잃고서 다른 단모음으로 발음된다. 이러한 발음 현실은 한글 맞춤법에서도 인정하고 있다.

(49)

【제9항】'의'나 자음을 첫소리로 가지고 있는 음절의 'ㅢ'는 'ㅣ'로 소리가 나는 경우가 있더라도 'ㅢ'로 적는다(ㄱ을 취하고 ㄴ을 버림).

ㄱ	ㄴ	ㄱ	ㄴ
의의(意義)	의이	닁큼	닝큼
본의(本義)	본이	띄어쓰기	띠어쓰기
무늬[紋]	무니	씌어	씨어
보늬	보니	틔어	티어
오늬	오니	희망(希望)	히망
하늬바람	하니바람	희다	히다
늴리리	닐리리	유희(遊戲)	유히

(49)는 한글 맞춤법 제9항으로 이중 모음 'ㅢ'가 원래 음가를 버리고 'ㅣ'로 발음나는 경우가 있음을 인정하고 있다. 그러나 표기상으로는 이것을

반영하지 않는다고 명시했다. 'ㅢ'로 발음되지 않음에도 불구하고 표기상 'ㅢ'를 유지하는 예들은 세 가지 유형으로 나눌 수 있다. 하나는 '의의, 본의' 등과 같은 한자어나 '띄어쓰기, 씌어, 틔어' 등과 같이 둘 이상의 형태소가 결합된 말들로, 이들은 형태를 밝혀 적기 위한 조치이다. '희다'의 경우 이미 굳어진 표기를 그대로 받아들인 것이다. 마지막으로 '무늬, 보늬, 늴리리'와 같이 'ㄴ' 뒤에 표기된 'ㅢ'는 이 단어들에서 ㄴ-구개음화라는 음성적 현상이 적용되지 않는 반면 '니'로 표기된 단어들에서는 ㄴ-구개음화가 적용되기 때문에 이런 차이를 반영한 것이라고 할 수 있다. 이처럼 이중 모음 'ㅢ'를 현실 발음과 달리 그대로 표기한 것은 나름대로 이유를 찾는 것이 가능하다.

그러나 한글 맞춤법은 규범의 성격상 'ㅢ'의 발음에 대해서 자세히 언급하지는 못하고 있다. 'ㅢ'의 발음은 앞의 (48)에 제시된 표준 발음법에 나온다. 여기에 따르면 'ㅢ'를 이중 모음 원래의 음가대로만 발음해야 하는 경우는 단어의 첫머리에 놓이되 자음이 선행하지 않을 때뿐이다. 그 이외의 경우에는 'ㅢ'가 이중 모음이 아닌 단모음으로 발음하는 것도 모두 허용하고 있다.[140] 그래서 한 단어라 하더라도 표준 발음으로 인정할 수 있는 발음이 여러 가지가 된다. 가령 '의의(意義)'의 경우 '의의'가 원칙이지만 '의이'도

140) 이 중 '다만 4'에서 비어두의 '의'를 '[ㅣ]'로 발음할 수도 있다고 한 것은 약간의 수정이 필요한 듯하다. 가령 이 규정대로라면 '의식'이라는 단어의 경우, 그 자체로 쓰이면 '[의식]'으로만 발음해야 하지만 '미의식' 등과 같이 복합어의 후행 요소로 쓰이면 '[의식]'이 원칙이되 '[이식]'으로도 발음할 수가 있다. 실제로 『표준국어대사전』에서는 '미의식'에 대해 '[미:의식]'과 '[미:이식]'의 두 가지 발음을 모두 인정하고 있다. 김선철(2004: 28)이나 신지영(2011: 39)에서는 '[미:이식]'이라는 발음형이 표준 발음으로 부적합하다는 문제점을 지적하기도 했는데, 이보다는 '의식'이라는 동일한 단어가 위치에 따라 허용되는 발음형이 달라지는 상황이 더 큰 문제점이라고 생각된다. 표준 발음법에서 비어두의 '의'가 '[ㅣ]'로도 발음된다고 한 예는 '주의, 강의' 등과 같은 한자어들로서 '미의식'과는 단어의 내부 구조가 전혀 다르다. 표준 발음법의 내용을 볼 때 '의식'과 같은 독립된 단어가 복합어의 후행 요소가 되는 경우는 '다만 4'의 적용을 받지 않는 것으로 해석하는 편이 나아 보인다. 이러한 사정을 반영하여 규정의 내용을 수정하는 것이 좋지 않을까 한다.

허용한다. '다만 4'에 예시된 '강의의' 역시 제시된 '강:의의, 강:이에' 이외에 '강:이의, 강:의에'라는 발음도 표준 발음이 된다.141)

현실 발음에서의 'ㅢ'는 표준 발음법에서 허용하고 있는 발음보다도 더 혼란을 겪고 있다. 우선 현실 발음에서는 어두이면서 초성이 없는 경우의 'ㅢ'도 단모음으로 실현되는 경우가 적지 않다. '의사, 의자, 의미' 등은 일상적인 발화에서 흔히 '으사, 으자, 으미'로 발음된다.142) 또한 '다만 4'의 '협의'와 같이 선행하는 자음이 뒤 음절 초성으로 이동한 결과 '자음+ㅢ'의 구성이 된 경우에도 이중 모음 'ㅢ'가 그대로 발음되는 경우는 거의 없다. '다만 4'에는 제시되어 있지 않지만 '한국의(한국+의)'와 같이 자음으로 끝나는 체언 뒤에 관형격 조사 '의'가 결합되면서 연음이 될 때도 'ㅢ'는 그대로 발음되지 않고 대부분 'ㅔ'로 발음된다. (48)에 제시된 원칙 발음과 허용 발음을 현실 발음과 대비시켜 보면 다음과 같다.

141) 민현식(1999: 344)에서는 표준 발음법의 규정에서 '강의의'의 표준 발음으로 '강:이의'와 '강:의에'가 빠진 것이 문제점이라는 지적을 한 바 있다. 그런데 표준 발음법에서 '강의의'의 표준 발음으로 가능한 네 가지 발음형 중 두 가지만 제시한 것은 원칙으로만 발음되는 형태([강:의의])와 허용 규정으로만 발음되는 형태([강:이에])를 선보이는 것만으로도 충분하다고 보았기 때문인 듯하다. 즉, 표준 발음형이 여러 개가 있을 경우 모두를 제시하지 않고 원칙만을 따른 발음형과 허용 규정만을 따른 발음형 두 가지만 제시하는 것이다. 이런 방식은 『표준국어대사전』에서도 찾아볼 수 있다. 가령 '괴-'의 발음 정보를 보면 어미 '-어'와 결합할 때 실제로는 '[괴어], [괴여], [궤어], [궤여]'의 네 가지가 가능하지만, 이 중 원칙 발음인 '[괴어]'와 허용 발음인 '[궤여]' 두 가지만 나올 뿐이다. 이것을 고려하면 표준 발음법에서 '강의의'의 표준 발음을 두 가지만 제시한 것을 잘못이라고 할 수만은 없다. 물론 이용자의 편의를 고려한다면 민현식(1999)의 지적처럼 표준 발음형을 모두 보이는 것도 고려할 수 있다.

142) 김선철(2006: 62)에 제시된 조사 결과를 보면 '내과 의사'의 'ㅢ'는 'ㅢ'로 발음하는 경우가 74%, 'ㅣ'로 발음하는 경우가 3%, 'ㅡ'로 발음되는 경우가 23%로 나와 있다.

(50)

<table>
<tr><th colspan="3">환경</th><th>원칙</th><th>허용</th><th>현실</th><th>현실 발음의 사례</th></tr>
<tr><td rowspan="2">어두</td><td colspan="2">초성 有</td><td>ㅣ</td><td>×</td><td>ㅣ</td><td>희망[히망]</td></tr>
<tr><td colspan="2">초성 無</td><td>ㅢ</td><td>×</td><td>ㅢ~ㅡ</td><td>의지[의지~으지]</td></tr>
<tr><td rowspan="4">비어두</td><td colspan="2">초성 有</td><td>ㅣ</td><td>×</td><td>ㅣ</td><td>환희[환히]</td></tr>
<tr><td rowspan="3">초성 無</td><td>관형격 조사</td><td>ㅢ</td><td>ㅔ</td><td>ㅔ</td><td>우리의[우리에], 물의[무레]</td></tr>
<tr><td>선행 음절 종성 有</td><td>ㅢ</td><td>ㅣ</td><td>ㅣ</td><td>결의[겨리]</td></tr>
<tr><td>선행 음절 종성 無</td><td>ㅢ</td><td>ㅣ</td><td>ㅣ</td><td>주의[주이]</td></tr>
</table>

(50)에서 보듯이 이중 모음 'ㅢ'가 실제 발음에서 온전하게 쓰이는 경우는 상당히 드물다. 대부분의 환경에서는 이중 모음이 아닌 단모음으로 발음된다. 그런데 (50)의 실제 발음은 서울을 중심으로 한 중앙어의 경우에 해당한다. 방언을 달리 하면 'ㅢ'의 발음에도 차이가 난다.143) 가령 김소영(2008)에 따르면 어두의 초성이 없는 'ㅢ'는 방언에 따라 여러 가지 형태로 발음된다.

(51)

단어	'ㅢ'로 발음	'ㅡ'로 발음	'ㅣ'로 발음
의논	의논 (충남)	으논 (경기/충북/전북/전남)	이논 (강원/경북/경남/제주)
의복	의복 (충남)	으복 (경기/충북/전북)	이복 (강원/전남/경북/경남/제주)
의자	의자 (경기/충북/충남)	으자 (강원/전북)	이자 (전남/경북/경남/제주)

143) 이와 관련하여 이응백(1968: 172)에 제시된 자료가 흥미롭다. 이 자료는 '教育의 意義의 중요성'에서 세 개의 '의'가 연속되는 '意義의'의 발음을 조사한 것인데, 1965년 8월 5일 서울대에서 열린 중등 교원 1급 정교사 강습반에서 조사한 결과이다. 참고 삼아 그 결과를 제시해 둔다.

		서울	경기	강원	충남	전남	제주	부산	경북	황해	평남	함남	함북
어두	意	[ɨi]	[ɨ]	[ɨi]	[ɨi]	[ɨ]	[ɨ]	[i]	[i]	[ɨ]	[i]	[ɨi]	[i]
어중	義	[i]	[i]	[i]	[ɨi]	[i]	[i]	[i]	[i]	[i]	[i]	[i]	[i]
조사	의	[e]	[e]	[e]	[ɨi]	[e]	[ɨ]	[ɨi]	[ɨi]	[e]	[e]	[ɨi]	[i]

(51)을 보면 단어에 따라 세부적인 차이는 있지만 대체로 중앙어는 'ㅢ' 또는 'ㅡ', 서남 방언은 'ㅡ', 동남 방언은 'ㅣ'로 나타나는 경향이 있다.144) 'ㅢ'가 원래의 이중 모음으로 나타나는 경우를 빼면 으-계열과 이-계열의 둘로 나눌 수 있다.145) 으-계열과 이-계열 중 어느 쪽으로 나타나는지는 지역에 따라서도 다르고 음운론적 조건에 따라서도 다르다. 가령 비어두이면서 초성에 자음이 있는 경우에는 이-계열과 으-계열의 방언별 출현 양상이 (51)과는 상당히 다른 방식으로 나타난다.146)

이러한 'ㅢ'의 변화는 최근 들어서 생겨난 것이 아니다. 방언에 따라 변화의 시기가 조금씩 다른데 남부 방언의 경우 17~18세기부터 이미 변화가 나타나며 다른 방언들도 19~20세기 초에는 변화가 일어나고 있다. 대부분의 방언에서 현대 한국어 이전 시기에 'ㅢ'의 변화가 시작되었다.

다른 이중 모음들에 비해 'ㅢ'가 유독 다른 변화를 겪어 혼란스러운 모습을 보이는 이유는 이중 모음 체계에서 차지하는 'ㅢ'의 지위에서 찾을 수 있다. 현대 한국어의 'ㅢ'는 '반모음+단모음', '단모음+반모음', '단모음+단모음'의 세 가지 분석 방법이 있는데 그 어느 쪽으로 분석하든 현대 한국어 이중 모음 체계에서는 외톨이와 같은 존재이다. 'ㅢ'를 제외한 나머지 이중 모음들은 모두 반모음 'j' 또는 'w'로 시작하지만 'ㅢ'는 그 어느 쪽도 아닌 것이다.

중세 한국어 시기만 하더라도 'ㅢ'는 'ㅐ, ㅔ, ㅚ, ㅟ' 등과 동일하게 '단모음+j(또는 i)'의 구성을 가진 이중 모음이었다. 따라서 'ㅢ'는 체계상 매우

144) 충남 방언에서 대체로 'ㅢ'가 이중 모음으로 잘 간직되어 있는데 이러한 양상은 '예의'와 같은 비어두 위치에서도 동일하다. 충남 방언은 'ㅢ' 외에 'ㅚ'나 'ㅟ'도 중세 한국어 모습과 비슷한 이중 모음이 간직되어 있다는 보고가 있어 왔다.

145) 'ㅢ'는 'ㅔ'로도 변화하는 경우가 있다. 다만 'ㅣ'나 'ㅡ'에 비해 수적으로 열세인 것은 분명하다. 'ㅢ>ㅔ'에 대해서는 박기영(2006)을 참고할 수 있다.

146) 지역별로 'ㅢ'가 보이는 변화 양상과 시기에 대해서는 김소영(2008)을 참고할 수 있다.

안정적인 지위를 지닐 수 있었다. 그런데 근대 한국어 시기를 거치면서 'ㅐ, ㅔ, ㅚ, ㅟ'는 단모음으로 바뀌었든지 또는 'ㅢ'와는 다른 구성을 지닌 이중 모음으로 바뀌었고, 그 결과 'ㅢ'만 홀로 예전의 성질을 유지하게 되었다. 이런 상황은 체계 내적으로 'ㅢ'의 지위를 매우 불안정하게 만들었고 그 결과 현재와 같은 혼란으로 이어진 것이다.

이상은 표준 발음법 제5항에서 직접 언급한 이중 모음의 발음에 대한 것이다. 그런데 비록 규범에서 다루지는 않았지만 인접하는 음에 따라 이중 모음의 발음이 달라지는 현상이 좀 더 존재한다. 그중 대표적으로 양순음 뒤에 놓이는 w-계 이중 모음의 발음을 들 수 있다. 가령 '봐:라(보+아라), 뭐(무엇)' 등을 일상 발화에서는 '바:라, 머'로 발음하는 경우가 매우 흔하다. 즉, 양순음 뒤에서 w-계 이중 모음의 'w'가 탈락하는 것이다. 고유어의 형태소 내부에서 양순음과 w-계 이중 모음으로 이루어진 음절을 찾기 어렵다거나 한자음 중 양순음 뒤에 w-계 이중 모음이 결합하는 경우가 존재하지 않는 것도 모두 이와 관련이 있다고 생각된다.147)

이처럼 w-계 이중 모음이 양순음 뒤에서 'w'의 탈락을 겪어 단모음으로 발음되는 경향은 'w'와 양순음의 음성적 특성이 중복되기 때문으로 보인다. 양순음과 원순 모음의 관련성은 원순모음화나 비원순모음화와 같은 음운 변화에서도 이미 확인할 수 있는 바이다. 'w'도 원순 모음 못지않은 원순성을 가지고 있으므로 양순음과 매우 비슷한 음성적 속성을 지닌다. 이것이 강력하게 표출된 것이 양순음 뒤에서의 'w' 탈락이라고 할 수 있다. 경구개음 뒤에서 동일한 음성적 성질을 지닌 'j'가 탈락하듯이 양순음 뒤에서도

147) 양순음을 초성으로 가지는 한국 한자음은 중국 한자음 중 원순성을 가지는 합구형(合口形)을 원순성이 없는 개구형(開口形)으로 받아들이는 것이 원칙이다. 한국 한자음 중 양순음과 w-계 이중 모음으로 이루어진 것이 없는 이유는 이와 관련된다. 자세한 것은 河野六郎(1968)과 伊藤智ゆき(2007)을 참고할 수 있다.

그와 성질이 비슷한 'w'가 자주 탈락한다.

이러한 'w'의 탈락이 양순음 뒤에서뿐만 아니라 다른 자음 뒤에서 일어나는 경우도 자주 발견할 수 있다. 일상 생활에서 '과자'를 '가자', '괜찮다'를 '갠찮다'와 같이 발음할 때가 적지 않은 것이다. 흔히 '사귀다'를 '사기다'로, '된장'을 '덴장'이라고 발음하는 것 역시 'ㅟ, ㅚ'를 이중 모음으로 발음하되 이중 모음의 'w'를 자음 뒤에서 탈락시켰기 때문이다. 이처럼 'w' 탈락이 점차 확대되면 경상도의 노년층 방언과 같이 모든 자음 뒤에서 'w'가 거의 필수적으로 탈락하는 상황이 올 수도 있다.

한편 둘 이상의 음운으로 이루어진 모음에는 이중 모음 외에 삼중 모음도 존재한다. 삼중 모음은 단모음과 반모음을 합쳐 세 개의 음운으로 이루어진 모음이다. 현대 한국어의 표준 발음법에 따르면 모음 체계에 삼중 모음은 존재하지 않는다.148) 그러나 일부 방언에서는 삼중 모음이 나타난다는 보고도 없지 않았다. 가령 전남 방언 중에는 다음과 같은 모습을 보이는 단어들이 있다.

(51) 말륜다/몰륜다(말리+ㄴ다), 말ᄅᆆ[malljwa]/몰ᄅᆆ[molljwa](말리+어),
말류고/몰류고(말리+고)

(51)은 『한국방언자료집VI(전라남도 편)』(한국정신문화연구원)에 나온 자료로, '말ᄅᆆ[malljwa]/몰ᄅᆆ[molljwa]'에서 삼중 모음의 존재를 찾을 수 있다.149) 여기에 제시된 삼중 모음은 'jwa'와 같이 '반모음+반모음+단모음'

148) 물론 중세 한국어에서는 'ᅤ, ᅨ, ᅫ, ᅰ' 등 삼중모음이 다수 존재했다.

149) '말ᄅᆆ/몰ᄅᆆ'라는 한글 표기 대신 '말ᄅힲ/몰ᄅힲ' 또는 '말ᄅᆄ/몰ᄅᆄ'라는 한글 표기도 가능하기는 하다. 즉, 동일한 모음의 표기로 'ᆆ, ힲ, ᆄ'라는 세 가지 방식이 가능한 것이다. 발음만을 고려한다면 '말ᄅᆆ/몰ᄅᆆ'보다는 '말ᄅힲ/몰ᄅힲ'나 '말ᄅᆄ/몰ᄅᆄ'가 좀 더 정확하다. 'ᆆ, ힲ, ᆄ' 모두 이중 모음의 표기는 아니지만, 'ힲ, ᆄ'는 세 개의 음운을 포함하는 데 비해 'ᆆ'는 네 개의 음운을 포함한다. 따라서 이중 모음 표기에 더 가까운 것은 'ᆆ'보다는 'ힲ, ᆄ'이

의 구조로 되어 있다. 이러한 삼중 모음은 원래부터 존재했던 것은 아니고 어간의 말음 'ㅠ' 뒤에 어미의 두음 '아'가 오면서 반모음화가 일어나 'ㅠ'의 단모음 'ㅜ'가 'w'로 바뀐 결과이다.

그런데 이것은 엄밀히 말하면 삼중 모음이라고 보기는 어렵다. 음성학적으로 본다면 '[mallywa]/[mollywa]'는 '[maʎʎwa]/[moʎʎwa]' 또는 '[mallɥa]/[mollɥa]'로 실현된다. '[maʎʎwa]/[moʎʎwa]'는 'jwa'의 'j'가 선행하는 유음과 결합하여 경구개 설측음으로 바뀌고 'wa'는 그대로 발음되었다고 해석할 때 나오는 음성형이고 '[mallɥa]/[mollɥa]'는 전설 평순의 반모음 'j'와 후설 원순의 반모음 'w'가 결합하여 전설 원순의 반모음 'ɥ'로 바뀌었다고 해석할 때 나오는 음성형이다. 이 두 가지 음성형 중 어느 쪽도 삼중 모음으로 볼 수는 없다. 음운론적으로 보아도 '반모음+반모음+단모음'의 구조로 된 삼중 모음은 인정하기 어렵다. 한 음절에서 반모음 두 개가 연속되는 구조는 다른 언어에서도 사례를 찾기 어려운 매우 부자연스러운 존재이다.[150]

(51)에 나오는 'jwa'는 어간의 기저형에서도 존재하지 않고 실제 발음상으로도 존재하지 않는다. 다만 음운 분석의 차원에서 볼 때 어간에 반모음화가 적용되기 때문에 'jwa'로 해석할 수 있을 뿐이다. 이처럼 현대 한국어의 삼중 모음으로 제시된 것은 기저형에서 표면형으로 실현되는 중간 과정에서 음운 분석상 잠시 등장하는 가상의 존재이다. 실제로 발음되는 것은 이중 모음일 따름이다. 음운 체계의 차원에서는 현대 한국어에 삼중 모음이 존재하지 않는다고 보는 편이 타당할 듯하다. 만약 음운 체계에 삼중 모음

다. 그러나 여기서는 재출자(再出字)는 재출자끼리 합친다는 『訓民正音』의 정신을 존중하여 'ᆈ'와 같은 표기를 채택하기로 한다. 'ᆈ'와 'ᆄ'는 초출자(初出字)와 재출자를 합친 것이라서 『訓民正音』에서 규정한 합자의 방식을 위배한다.

150) 중세 한국어 시기에 존재했던 삼중 모음들의 구조(반모음+단모음+j)와 비교해 보아도 이런 구성이 매우 어색하다는 것을 알 수 있다.

이 존재한다고 말하려면 (51)과 같이 반모음화가 적용된 결과가 아니라 원래부터 'ᅶ, ᆒ' 등과 같은 모음이 있어야만 한다. 그렇지만 현대 한국어의 경우 형태소 내부에서는 이러한 삼중 모음을 찾을 수가 없다.

제4장 음의 길이

4.1. 초분절음 개관

사람의 말소리에는 자음이나 모음만 있는 것은 아니다. 가령 '산이 매우 푸르다.'라는 문장을 제대로 발음하기 위해서는 'ㅅ, ㄴ, ㅁ, ㅍ, ㄹ, ㄷ'과 같은 자음과 'ㅏ, ㅣ, ㅐ, ㅜ, ㅡ'라는 모음뿐만 아니라 길이나, 높낮이, 세기 등도 필요하다. '산이 푸르다'라는 문장을 발음할 때 길이, 높낮이, 세기 등이 일정하지 않고 변화하는 것을 보아도 알 수 있다. 자음과 모음만으로 된 말소리는 우리가 일상적으로 듣고 말하는 것과는 매우 다른 부자연스러운 소리의 나열에 그친다.

자음과 모음은 하나하나를 쪼개어 나눌 수 있는 소리로 흔히 음소 또는 분절음(segment)이라고 부른다. 반면 길이, 높낮이, 세기 등은 이것들만 따로 분리할 수가 없으며 분절음이나 분절음의 결합체에 얹혀서 실현된다. 이런 소리를 운소 또는 초분절음(supra-segment)이라고 한다. 인간의 말소리는 분절음에 초분절음을 실어서 내는 것이라고 할 수 있다.

분절음과 초분절음은 단순히 분리 가능성에서만 차이가 나지는 않는다. 분절음은 값어치가 절대적으로 정해져 있다. 인접한 음과 비교해서 그 음가를 결정하지는 않는다. 가령 자음 'ㅅ'은 치조에서 강한 마찰을 통해 발음되는 음이라는 특성을 명확히 규정할 수 있으며, 이러한 특징으로 인해 다른 분절음들과 구분이 된다. 반면 초분절음의 가치는 상대적으로 정해진다. 인접한 음과의 대비를 통해 그 값이 결정된다. 가령 높낮이의 경우 물리적으로 일정한 Hz 값 이상은 높은 소리, 그 이하는 낮은 소리라고 확정할 수가 없다. 물리적으로는 동일한 높이의 소리라도 더 높은 소리가 인접하면 낮은 소리로 규정되고 더 낮은 소리가 인접하면 높은 소리로 규정된다.

현대 한국어에 존재하는 초분절음 중 가장 대표적이라고 할 수 있는 것은 장단이다.[1)] 표준어인 서울말에서는 장단이 중요한 초분절음으로 기능한다. 그런데 장단 이외에도 초분절음으로 작용하는 것이 좀 더 있다. 그래서 장단에 대해 자세히 살피기에 앞서 우선 초분절음 전반에 대해 간략히 검토하기로 한다.

4.1.1. 초분절음의 종류

초분절음의 종류는 실현되는 방식에 따라 대체로 다음과 같이 나눌 수 있다.

(1)

실현 방식	길이	높낮이	세기
초분절음	장단	성조, 고저 악센트, 억양	강약 악센트

소리의 길이를 통해 실현되는 초분절음에는 장단(length)이 있다. 소리

1) '장단' 대신 '길이'라는 용어를 사용하기도 한다. 어느 쪽을 사용하든 문제는 없지만 이 책에서는 초분절음 자체를 가리킬 때는 '장단', 초분절음이 실현되는 방식을 가리킬 때 '길이'라는 표현을 사용하도록 한다. 다만 4장 제목인 '음의 길이'는 표준 발음법의 제3장 제목을 그대로 가져온 것으로 초분절음을 가리키는 용법에 더 가깝다는 점을 밝혀 둔다.

의 길고 짧음은 단어의 뜻을 구분하기도 하고 특수한 표현 효과를 내기도 한다.[2] 장단은 크게 장음과 단음의 두 가지만 구분하는 것이 보통이다. 그러나 몇몇 언어는 세 종류의 길이를 구분하는 경우도 있다고 한다.[3] 한국어는 대부분의 논의에서 장음과 단음의 두 가지만 나누지만 최현배(1937)이나 이극로(1947)과 같이 '긴 소리, 예사 소리, 짧은 소리'의 세 가지를 구분한 적도 없지 않다. 그러나 이러한 구분이 순수하게 소리의 길이에 의해서만 이루어진 것인지는 의문이 든다.[4]

높낮이를 통해 실현되는 초분절음은 여러 가지가 있다. 이들의 차이는 다음과 같다.

(2)

	성조	고저 악센트	억양
어휘 변별성	있음	있음	없음
높낮이 유형의 제약 정도	낮음	높음	낮음

성조, 고저 악센트, 억양은 모두 소리의 높낮이를 통해 실현된다는 공통점이 있지만 어휘 변별성, 높낮이 유형의 제약 정도라는 두 가지 기준에서 차이를 보인다. 어휘의 변별성이란 어휘의 뜻을 구분해 주는 변별적 기능의 유무를 가리킨다. 높낮이를 제외한 나머지 음운의 구성이 동일한 두 개의 서로 다른 어휘가 오로지 높낮이에서만 차이를 보인다면, 이 두 어휘는 높낮이를 통해 최소 대립쌍을 이루는 셈이 된다. 이런 기능을 보일 경우 높낮이가 어휘 변별성을 갖는다.

높낮이 유형의 제약 정도란 한 단어 안에서 높낮이가 얼마나 자유롭게

2) 장단의 기능에 대해서는 4.2.1에서 좀 더 구체적으로 살핀다.

3) Blevins(2004: 201)에서는 이런 언어가 현재까지 3~5개 정도만 발견되었다고 했다. 김수형(2001: 56)에는 세 개의 길이가 변별되는 것으로 의심되는 몇몇 언어의 예가 제시되어 있다.

4) 이진호(2009ㄱ: 105)에서는 최현배(1937)에서 소리의 길이에 따라 셋으로 나눈 태도는 길이 이외에 세기나 높낮이까지 함께 고려한 데서 비롯되었을 가능성이 있다고 추정한 바 있다.

실현될 수 있는지와 관련된다. 이론적으로 보면 단어를 이루는 각각의 음절은 고유의 높낮이를 가질 수 있다. 높낮이를 크게 고조(H)와 저조(L)의 두 가지만 인정한다고 하더라도 음절 수가 n개이면 가능한 높낮이 유형이 2^n개이다.[5] 만약 어떤 단어가 2음절로 되어 있다면 최대 4가지의 높낮이 유형이, 3음절 단어라면 8가지의 높낮이 유형이 나올 수 있어야 한다. 물론 실제로는 이러한 높낮이 유형을 모두 이용하지 않기도 하지만, 이론적으로는 이렇게 다양한 높낮이 유형이 실현 가능하다.

그런데 언어에 따라서는 단어의 음절 수나 구조에 따라 높낮이의 유형이 적은 수로 고정되어 있는 경우도 존재한다. 이런 언어는 각 음절마다 고유한 높낮이가 오는 것이 아니고 단어나 형태소의 길이나 구조에 따라 높낮이 유형이 상당히 제약되어 있다. 이것이 좀 더 극단적으로 나타나면 한 단어 내에서 고조(H)는 하나뿐이라든지 또는 한 단어 안에서 높낮이가 높아진 봉우리는 하나밖에 없다든지 하는 제약으로 굳어지기도 한다.[6] (2)에서 말하는 '높낮이 유형의 제약 정도'는 이러한 사실과 관련된다.

성조(tone)는 어휘 변별성을 가지지만 높낮이 유형의 제약 정도는 낮은 초분절음이다. 즉, 높낮이의 차이에 따라 단어의 뜻이 구분되되 한 단어 내에서의 높낮이 실현이 비교적 자유로울 때 그러한 높낮이를 성조라고 할 수 있다. 중국어를 비롯한 여러 언어들에서 성조가 초분절음으로 기능하다고 있다고 알려져 있다.

고저 악센트(pitch-accent)는 성조와 마찬가지로 어휘 변별성을 가지지만 높낮이 유형이 상당히 제약된 초분절음이다. 용어에서 알 수 있듯이 높낮이가 악센트의 역할을 할 때 고저 악센트라고 부른다. 악센트의 개념이

5) 고조(H)와 저조(L)가 한 음절에 함께 실현되는 가능성까지 고려하면 이보다 훨씬 많은 숫자의 높낮이 유형이 가능하다.
6) 구체적인 예는 뒤에서 후술한다.

약간씩 다르지만, 초분절음과 관련해서는 한 단어 내의 어떤 특정 음절을 두드러지게 만들어 주는 요소라고 할 수 있다.[7] 이처럼 단어 내의 한 음절을 돋들리게 하는 요소로는 크게 높낮이와 세기가 있는데 이 중 높낮이가 악센트의 역할을 할 때 고저 악센트라고 한다. 높낮이가 악센트의 역할을 하는 이상 악센트가 한 단어의 여러 음절에 대등한 자격으로 놓일 수는 없기 때문에, 이로 인한 높낮이 유형의 제약이 생길 수밖에 없다.

한국어의 경우 중세 한국어나 현대 한국어의 방언 등을 고저 악센트 언어로 분석하는 경우가 많다. 중세 한국어의 경우 소위 율동 규칙이라는 독특한 고저 실현 절차가 존재하여 한 단어의 높낮이를 음절 수에 따라 일정하게 조정한다.[8] 또한 현대 한국어의 경상도 방언을 비롯하여 높낮이가 변별적 기능을 하는 방언들은 한 단어 내의 첫 고조(H)에서 저조(L)로 이행이 이루어진 후에는 다시 고조(H)로 높아지는 경우가 거의 없다.[9] 즉 한 단어 내에서 높아진 봉우리는 하나만 존재하는 것이다. 이처럼 한 단어에서의 높낮이 실현에 제약이 있는 경우 고저 악센트라는 개념을 사용한다.

억양(intonation)은 단어보다 큰 구나 문장 등에 얹히는 높낮이를 가리킨다. 흔히 설명 의문문의 마지막 부분은 높이를 낮추고 판정 의문문의 마지막 부분은 높이를 높인다고 할 때의 높이가 바로 억양이다. 억양은 기본적

7) 악센트는 초분절음과 무관하게 말투나 말씨를 지칭하는 데 쓰이기도 하고, 경우에 따라서는 세기와 동일한 의미로 쓰이기도 한다. 악센트의 다양한 의미에 대해서는 이진호(2017ㄱ)의 '악센트' 항목을 참고할 수 있다.

8) 중세 한국어는 성조 언어라고 분석하기도 하고 고저 악센트 언어라고 분석하기도 한다. 높낮이가 단어의 의미를 변별한다는 사실을 중시하는 경우에는 성조 언어라고 하지만, 단어의 음절 수에 따라 높낮이 유형이 매우 제한되어 있다는 사실을 중시하는 경우에는 고저 악센트 언어라고 한다. 그런데 중세 한국어라고 하더라도 높낮이 유형이 완전히 고정되어 있는 것은 아니다. 형태소에 따라 고유한 높낮이를 지니는 경우가 적지 않다. 결국 중세 한국어는 성조 언어로서의 특성과 악센트 언어로서의 특성을 모두 지닌다고 할 수 있는데 김성규(2009)에서는 이러한 특성을 반영하여 중세 한국어를 형태소 성조 언어라고 분석하기도 했다.

9) 이러한 제약을 갖지 않은 매우 드문 예외가 정연찬(1974)에서 다룬 통영, 고성 방언이다.

으로 어휘 변별의 기능이 없다. 억양이 달라진다고 해서 어휘의 의미가 바뀐다거나 어휘의 의미가 변별되는 것은 아니다. 이것은 억양이 단어보다 큰 단위에 걸린다는 점을 고려하면 당연하다고 할 수 있다. 억양은 단어 내의 높낮이 유형 제약도 갖지 않는데, 이것 역시 억양이 단어보다 큰 단위를 실현 영역으로 한다는 사실과 관련된다.

억양은 비록 단어의 의미를 변별하지는 못하지만 언어 사용상 매우 중요한 기능을 한다. 억양에 따라 문장의 종류가 결정된다는 것은 잘 알려진 바이다. '책을 읽어.'라는 문장이 어떤 억양을 취하느냐에 따라 평서문, 명령문, 의문문 모두로 사용될 수가 있다. 게다가 억양은 화자의 감정을 표현하는 데 핵심적인 역할을 한다. 특정 부분을 강조하는 것은 물론이고 미묘한 느낌 등을 살리는 데 있어 억양이 얼마나 중요한지는 말할 필요도 없다.

억양과 관련하여 지금까지 중시한 측면은 대략 두 가지이다. 하나는 문말 억양이다. 문장에 얹히는 억양 중에서도 특히 중요한 부분은 맨 마지막에 놓이는 억양이다. 이것을 몇 가지 유형으로 분류하여 각각의 억양 유형이 문장의 종류나 화자의 전달 의도 등과 어떻게 관련을 맺는지 논의한 경우가 많다. 다른 하나는 억양에 있어 높낮이의 이동이 지니는 의미이다. 높낮이가 급격히 이동하는지 아니면 완만히 이동하는지, 상승에서 하강으로 가는지 하강에서 상승으로 가는지가 모두 다른 의미를 지니는데 여기에 대한 해석도 관심을 끌어 왔다.

앞선 (1)에서 보듯 소리의 세기가 초분절음으로 쓰이는 것은 강약 악센트(stress-accent)라고 부른다. 강약 악센트는 악센트의 일종이라는 점에서 앞의 고저 악센트와 비슷한 특성을 지닌다. 다만 단어 내의 특정 음절을 돋들리게 만들어 주는 요소가 높낮이가 아닌 세기라는 점이 다를 뿐이다. 강약 악센트를 지닌 대표적인 언어는 영어이다.

한국어에도 강약이 나타나기는 한다. 여러 음절로 된 말을 발음할 때 모든 음절을 동일한 세기로 발음하는 것은 아니므로 강약이 없다고 볼 수는 없다. 그러나 한국어의 강약은 단어를 변별하는 기능을 가지지 않는다. 다만 어떤 사실을 강조한다든지 또는 장모음을 가진 음절에 부수적으로 강약이 동반되든지 할 뿐이다. 그래서 한국어의 초분절음 목록에는 강약이 포함되지 않는다.

4.1.2. 초분절음의 기능

초분절음은 여러 가지 기능을 한다.10) 그중 가장 중요한 것은 단어 변별의 기능이다. 분절음 차원에서는 구분되지 않는 단어들을 초분절음으로 구분할 수 있다는 점에 초분절음의 일차적 중요성이 있다. 언어들마다 또는 같은 언어에 속하는 방언들이라고 하더라도, 초분절음이 단어 의미를 변별하는 기능이 있는지의 여부 또는 어떤 초분절음이 단어 의미를 변별하는지 등은 차이를 보인다.

그런데 단어의 의미 구별 못지않게 중요한 초분절음의 기능이 더 존재한다. 억양을 언급하면서 제시한 문장의 종류 구분과 화자의 감정 표현 역시 초분절음의 대표적 기능이다. 이러한 기능은 자음이나 모음과 같은 분절음은 가지기 어렵다. 또한 초분절음은 특정한 음운 현상을 유발하거나 저지하는 기능도 한다. 음운 현상의 적용 여부에 초분절음이 그 조건으로 관여하는 경우가 적지 않다. 그 밖에 초분절음은 문법 단위의 경계를 구분 짓는 기능도 한다. 특정한 초분절음을 통해 문법 단위가 끝나는 지점 또는 시작하는 지점을 알 수 있다.

10) 초분절음 중 장단의 기능에 대해서는 4.2.1에서 따로 자세하게 검토하기로 하고 여기서는 초분절음 전체의 기능들을 매우 간략히 거론한다.

4.1.3. 한국어의 초분절음

서울과 경기도의 방언을 비롯한 중앙어와 충청, 전라 지역의 방언은 장단을 초분절음으로 지니지만 다른 지역은 그렇지 않다. 학술원(1993)에서는 '말(言)'의 초분절음이 어떻게 실현되는지를 전국에 걸쳐 조사한 적이 있었는데 음장 방언, 성조 방언, 무음장 무성조 방언의 세 가지 유형이 나타나는 것으로 보고되었다.11) 이러한 초분절음들이 남한의 방언에서 어떻게 분포되어 있는지를 보이면 다음과 같다.12)

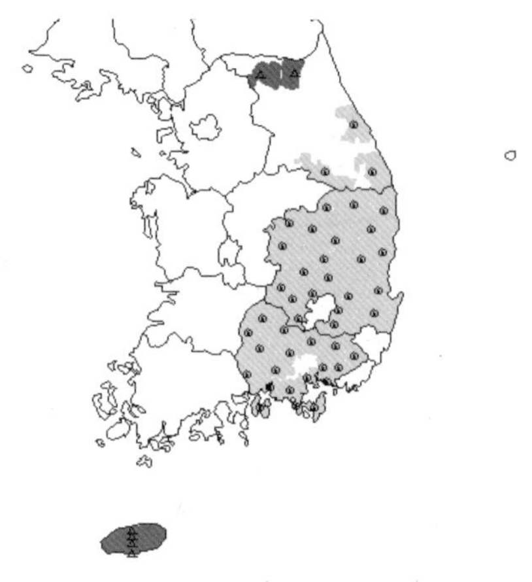

<지도 6> 한국어 초분절음의 분포

중부 이남 지역의 경우 중부와 서부는 길이를 이용한 초분절음을, 남동부

11) 같은 성조 방언이라고 하더라도 구체적인 성조형은 차이가 난다. 학술원(1993)에 의하면 '말(言)'의 성조형은 방언에 따라 상승조형, 저조형, 고조형의 세 가지가 나타난다. 대체적으로 상승조형은 경상북도, 저조형은 경상남도, 고조형은 함경도 방언에서 찾아볼 수 있다.

12) 아무런 표시가 없는 것이 음장 방언, 옅은 음영의 '◉'이 성조 방언, 짙은 음영의 '△'이 무음장 무성조 방언이다.

는 높낮이를 이용한 초분절음을 사용하는 경향이 매우 뚜렷하다. 그리고 제주도와 강원도의 극히 일부 지역에서는 음장이나 성조가 모두 나타나지 않고 있다. 이처럼 남한 지역에서는 초분절음의 분포가 지역별로 뚜렷한 구분을 보이지만 북한 지역은 약간 다른 양상이다.

(3) ㄱ. 음장 방언: [평북] 강계, 위원, 벽동, 창성, 의주, 희천, 구성, 영변, 용천, 철산, 선천, 정주, 박천 [평남] 영원, 덕천, 개천, 안주, 양덕, 성천, 강동, 대동, [황해] 곡산, 서흥, 송화, 신천, 평산, 벽성, 옹진, 금천, 연백 [경기] 장단, 개풍 [강원] 통천, 평강, 김화 [함남] 안변

ㄴ. 성조 방언: [평북] 후창 [함북] 전역 [함남] 혜산, 삼수, 갑산, 장진, 단천, 풍산, 북청, 신흥, 이원, 흥원, 함주, 정평

ㄷ. 무음장 무성조 방언: [평북] 자성, 후창, 초산, 삭주, 운산, 태천 [평남] 영원, 맹산, 순천, 평원, 강서, 용강, 중화 [황해] 수안, 황주, 안악, 신계, 은율, 봉산, 재령, 장연 [함남] 영흥, 고원, 문천, 덕원 [강원] 이천, 회양

북한 지역의 경우 음징 방언은 중부와 서부에 위치한다. 남한과 비교할 때 서쪽에 위치한 방언이 주로 음장을 지닌다는 것을 알 수 있다. 그러나 서부의 곳곳에 무음장 무성조 방언이 분포하고 있다. 평북, 평남, 황해, 강원, 함남 등 함북을 제외한 모든 도에 무음장 무성조 방언이 존재한다. 더욱이 그 분포가 어느 한쪽에 몰려 있는 것이 아니라 산발적으로 흩어져 있는 형국이다. 성조 방언은 남쪽의 일부를 제외한 함경도 지역에서만 나타나고 있다. 이러한 방언 분포가 무엇을 의미하는지 현재로서는 알 수 없다. 이 문제는 한국어 초분절음의 역사적 변화 과정을 해명하는 데 중요한 관건이 될 것으로 보인다.

4.1.4. 한국어 초분절음의 변천

현대 한국어 중앙어는 장단을 초분절음으로 지니지만 예전에는 그렇지 않았다. 중앙어를 표기했으리라 예상되는 중세 한국어의 문헌에는 방점이라는 특이한 표기가 존재하는데 방점에 대한 설명을 보면 이것이 소리의 높낮이와 관련되어 있다는 것을 쉽게 알 수 있다. 그래서 중세 한국어의 성조가 소멸하면서 장단이 그 역할을 계승했다는 설명이 현재 일반화되어 있다. 즉, 중세 한국어 시기에는 성조가 단어를 변별하는 주요 초분절음이었으며 장단은 성조에 동반되어 실현되는 잉여적이고 비변별적인 존재에 불과했는데 성조가 사라지면서 자연스럽게 장단이 성조의 변별적 기능을 이어받게 되었다는 것이다.

이런 시각에서 보자면 중세 한국어의 성조와 현대 한국어의 음장 사이에는 어떤 대응 관계가 있어야만 한다. 실제로 이러한 대응은 두 가지 측면에서 매우 잘 성립한다. 하나는 중세 한국어 상성과 현대 한국어 장음의 대응이다. 이미 많은 연구에서 지적되었듯이 중세 한국어 시기에 상성을 지니던 음절은 대부분 현대 한국어에 장음으로 실현된다. 상성은 저조(L)와 고저(H)의 복합 성조이기 때문에 그 길이도 저조나 고조가 하나만 있는 것보다 길었을 것으로 추정된다. 이러한 상성이 장음으로 남아 있는 것은 중세 한국어 성조와 현대 한국어 음장의 대응 관계를 잘 말해 준다.

다른 하나는 성조 변동과 음장 변동의 평행성이다. 4.4에서도 언급하겠지만 중세 한국어 시기에는 상성이 그대로 유지되거나 평성으로 바뀌는 현상이 존재한다. 이러한 양상은 현대 한국어에서 장음이 그대로 유지되거나 단음으로 바뀌는 것과 평행적이다. 더구나 중세 한국어 시기에 상성이 비어두에서 제한적으로 실현되는 것과 현대 한국어에서 장음이 비어두에서 극히 일부만 나타나는 것도 매우 유사하다. 이런 점들을 감안할 때 현대 한국어의 장단은 중세 한국어의 성조를 계승한 것이라고 할 수 있다.

중세 한국어의 성조가 근대 한국어 시기 들어서 사라지고 그 대신 이전에 비변별적이었던 장단이 새로운 초분절음으로 자리잡게 된 것이 중앙어라면, 아직도 중세 한국어의 성조를 초분절음으로 유지하는 것이 경상도 방언이나 함경도 방언이라고 할 수 있다. 그러나 방언에 따라 성조형의 실현에는 차이가 난다. 따라서 현대 한국어의 성조 방언이라고 하더라도 중세 한국어의 성조 실현 양상이 그대로 이어져 내려왔다고 볼 수는 없다.[13)]

4.2. 한국어 장단에 대한 이론적 검토

4.2.1. 장단의 기능

앞에서 살펴보았듯이 초분절음은 여러 가지 기능을 지닌다. 장단 역시 초분절음의 하나로서 다양한 역할을 수행한다. 한국어의 장단이 어떤 역할을 하는지 구체적으로 살펴보면 다음과 같다.

❶ 단어의 의미 변별

어떤 음운이 단어의 의미를 변별하는지 알려면 최소 대립쌍을 찾는 것이 편리하다. 장단에 의해 만들어지는 최소 대립쌍은 그 수가 상당히 많다.

(4) ㄱ. 눈(眼)⇔눈:(雪), 말(馬)⇔말:(語), 밤(夜)⇔밤:(栗), 발(足)⇔발:(簾), 매(鞭)⇔매:(鷹)

13) 중세 한국어 성조형과 현대 한국어 방언 성조형의 대비에 대해서는 허 웅(1954), 문효근(1974), Ramsey(1974) 등을 참고할 수 있다.

ㄴ. 산다(買)⇔산:다(活), 간다(去)⇔간:다(磨), 적다(記)⇔적:다(少)
ㄷ. 성인(成人)⇔성:인(聖人), 가정(家庭)⇔가:정(假定)

(4ㄱ)은 고유어 명사, (4ㄴ)은 용언의 활용형, (4ㄷ)은 한자어에서 장단에 따라 단어의 뜻이 구별되는 예이다. (4ㄱ)은 가장 대표적인 경우이며, 장단에 의한 최소 대립쌍의 예로 가장 널리 언급되는 것들이다. (4ㄴ)의 '산다(買)⇔산:다(活), 간다(去)⇔간:다(磨)'는 용언의 기본형을 기준으로 하면 '사다(買)⇔살:다(活), 가다(去)⇔갈:다(磨)'와 같이 말음 'ㄹ'의 유무에서 차이를 지니기 때문에 최소 대립쌍이 아닌 것처럼 보인다. 그러나 활용형 중 일부에서는 장단에 의해서만 구분되는 최소 대립쌍이 존재할 수 있다.

한편, (4ㄷ)과 같은 한자어의 경우 순수한 최소 대립쌍의 예로 보기 어려운 측면이 있다. 한자어의 구별에는 소리의 차이뿐만 아니라 한자 자체의 차이도 관여하기 때문이다. 가령, (4ㄷ)에서 '성인(成人)'과 '성:인(聖人)'의 의미가 구별되는 것은 '成'와 '聖'이라는 한자 자체가 동일하지 않은 데서 비롯되며 여기에 장단의 차이 역시 기능을 한다고 할 수 있다. '成'과 '聖'의 의미 차이가 장단에만 있다고 볼 수 없는 한, '成人'과 '聖人'도 장단에 의해서만 구별된다고 볼 수는 없다.14)

장단에 의한 최소 대립쌍들을 검토해 볼 때 몇 가지 경향이 발견된다. 첫째, 고유어 중 장단에 의해 구별되는 단어의 구조를 보면 말음이 없는 경우보다는 말음이 있는 경우에 장단의 변별적 기능이 두드러진다. 말음을 가지고 있는 최소 대립쌍의 수가 그렇지 않은 것보다 더 많은 경향이 보인다. 또한, 그 말음은 장애음보다는 비음이나 유음과 같이 공명음인 경우가

14) 이런 점에서 한자어들은 장단에 의한 최소 대립쌍의 예로 그다지 적합하지 않다. 최소 대립쌍을 설정하는 데 있어 고려해야 할 사항들에 대해서는 이진호(2010ㄱ)에서 다룬 바가 있다.

훨씬 많다.15) 이러한 두 가지 경향 중 첫 번째 경향은 왜 그런지 설명하기가 어렵지만 두 번째 경향은 어느 정도 설명이 가능하다. 한국어는 장애음이 종성에 올 때 'ㅂ, ㄷ, ㄱ'과 같은 평파열음으로 바뀌며 파열 단계가 생략된다. 이처럼 미파음으로 끝나는 음절은 소리의 지속이 제한되기 때문에 장음과 단음을 구별하기도 쉽지 않다. 장애음으로 끝나는 음절에서 장단에 의한 최소 대립쌍이 적게 존재하는 것은 이와 무관하지 않을 듯하다.

둘째, 여러 음절보다는 한 음절로 된 어휘 형태소에서 장단에 의한 최소 대립쌍이 많이 발견되는 경향이 있다. (4ㄱ)의 체언은 물론이고 (4ㄴ)의 용언 역시 어간이 하나의 음절로 이루어진 최소 대립쌍이 대부분이다. (4ㄷ)의 한자어는 둘 이상의 음절로 이루어진 것이 많지만 한자어를 이루는 한자 자체는 단음절 형태소인 것을 고려하면 (4ㄷ)도 (4ㄱ, ㄴ)과 크게 다르지 않다. 이런 경향이 생긴 이유는 명확지 않지만, 한 음절로 된 단어는 분절음의 수가 적어서 분절음 차원에서는 동일한 경우가 상대적으로 많이 생길 수 있으므로 초분절음의 차이를 더 이용하여 단어를 구분할 필요가 커진다는 점과 관련이 있을 듯하다. 만약 단어의 음절 수가 길면 분절음의 수가 늘어나고 따라서 분절음의 차이만으로도 단어의 의미를 구별할 수 있으므로 굳이 장단의 차이까지 이용할 필요성이 적어진다.

❷ 감정의 표현

장단은 어휘의 변별 기능 외에 표현적 기능도 담당할 수 있다. 표현적

15) 말음이 장애음으로 끝나도 장단에 따라 단어의 뜻이 구별되는 예는 '묻다(埋)⇔묻:다(問)', '곱다(曲)⇔곱:다(麗)'와 같이 규칙 어간과 불규칙 어간의 쌍에서 많이 발견된다. 한때 불규칙 용언 어간의 특성을 장단에서 찾고자 하는 노력도 있었던 것도 이와 관련된다. 그러나 이러한 예들은 항상 장단에 의해서만 구분된다고 볼 수는 없다. 모음으로 시작하는 어미와 결합하면 장단의 차이는 사라지고 어간 말음이 차이를 보이기 때문이다. 따라서 '적다(記)⇔적:다(少)'와 같이 장단에 의해서만 구분되는 최소 대립쌍과는 성격이 다르다.

기능이란 어떤 사실의 강조나 의미 초점은 물론 청자에 대한 화자의 심리적 태도 등을 표출하는 일체의 작용을 말한다. 이러한 표현적 기능은 세기나 높낮이를 통해서도 할 수 있지만 길이를 통해 이루어질 때 특별히 표현적 장음이라고 부른다.

단어 변별의 기능을 담당하는 장음과 표현적 기능을 담당하는 장음은 역할뿐만 아니라 다른 측면에서도 차이가 난다. 첫째, 변별적 기능의 장음은 주로 어두에서만 나타나며 비어두 위치에서의 실현은 매우 제약되어 있다. 그러나 표현적 기능의 장음은 이러한 제약을 갖지 않는다. 어두는 물론이고 비어두에서도 얼마든지 올 수 있다. 심지어 실질 형태소 뒤에 결합하는 문법 형태소에도 표현적 장음이 올 수 있다. 다만 표현적 장음이 올 수 있는 위치를 규칙화하기는 쉽지 않다. 이병근(1986)이나 김창섭(1991)에서 지적했듯이 단어에 따라 표현적 장음의 분포가 달라지며 같은 단어라도 어감에 따라 표현적 장음의 위치가 달라질 수 있다.

둘째, 변별적 기능의 장음은 현재 많이 혼란을 겪고 있어 언중들이 제대로 인식하지 못하지만 표현적 장음은 그렇지 않다. 변별적 기능을 하는 장음의 혼동은 결국 최소 대립쌍의 수를 감소시키며 초분절음으로서 장단의 지위를 흔들리게 만들고 있다. 그러나 표현적 장음에 실린 의도는 많은 사람들이 제대로 파악한다. 변별적 기능의 장음을 구분하지 못하는 세대라도 표현적 장음은 잘 인식하고 있다.

셋째, 변별적 기능의 장음은 단어에 따라 정해져 있지만 표현적 기능의 장음은 그렇지 않다. 어떤 단어가 변별적 기능의 장음을 가지는지는 개별 단어의 형태와 관련된 정보로서 단어마다 일정하게 정해져 있다. 비록 장단의 교체가 일어난다고 하더라도 그것은 기본적으로 부여된 장음 또는 단음이 환경에 따라 변동을 일으킨 결과일 뿐이다. 반면에 표현적 기능의 장음은 화자의 의도에 따라 수시로 부여할 수 있어서 유동적이다. 즉, 단어에 따라 표현적 장음을 가진 것과 그렇지 않은 것이 따로 정해져 있지는 않은 것이다.

③ 음운 현상의 조건

음운 현상의 조건은 그 음운 현상을 일으키는 촉발자 또는 음운 현상이 더 잘 일어날 수 있게 하는 촉매자로서의 기능을 할 수도 있는 반면, 그 음운 현상의 적용을 막는 저지자로서의 기능을 할 수도 있다. 한국어의 장음은 이 두 가지 역할을 모두 담당한다.

우선 장단이 음운 현상의 적용에 긍정적인 역할을 하는 경우로 고모음화 현상을 들 수 있다. 고모음화는 여러 가지 유형으로 분류할 수 있는데, 입력형에 따라서는 'ㅓ'의 고모음화, 'ㅗ'의 고모음화, 'ㅔ'의 고모음화를 나눌 수 있다.[16] 이 중 어두에서 일어나는 고모음화는 해당 모음의 길이가 짧을 때보다는 길 때에 훨씬 더 잘 일어난다. 가령 'ㅗ'의 고모음화는 현재 표준어로는 인정되지 않지만 중앙어에서는 일어난 것으로 확인되는데 장모음인 경우에만 일어난다.[17] 또한 'ㅔ'나 'ㅓ'의 고모음화는 장음이 아니라도 어두에서 일부 일어나지만 역시 장음일 때 더욱 활발하게 일어난다.[18] 이것은 장음이 고모음화의 적용을 촉진시키는 경우라고 하겠다.

정인호(2005)에서 다룬 화순 지역어의 특이한 유기음화 현상은 장음이 음운 현상의 촉발자로 작용하는 또 다른 경우이다. 정인호(2005: 299)에 따르면 화순 지역어에서는 다음과 같은 특이한 유기음화 현상이 존재한다.

---

16) 한국어의 고모음화를 입력형이나 적용 환경에 따라 자세하게 유형 분류를 한 논의로 김아름(2008)을 들 수 있다.

17) 'ㅗ'의 고모음화 예로는 '돈:>둔:(錢), 곰:국>굼:국(煮羹)' 등을 들 수 있다. 이러한 예들은 현재는 좀처럼 듣기 쉽지 않다.

18) 'ㅔ'와 'ㅓ'의 고모음화 예로는 각각 '베:다>비:다(割), 메:다>미:다(擔)'와 '없:다>읎:다(無), 썰:다>쓸:다(剩)' 등을 들 수 있다.

(5) 폴:쌔(벌써), 차:꼬(자꾸), 참:시(잠시)

(5)에서는 표현적 장음을 갖는 부사의 어두 평음이 유기음으로 나타나고 있다. 이러한 현상은 장음으로 인한 높낮이의 고조화(高調化)가 모음을 무성화시키고 그것이 다시 평음을 유기화시킨 결과라고 한다.

이처럼 장음은 특정한 음운 현상의 적용을 촉발하거나 촉진시키기도 하지만 반대로 음운 현상의 적용을 막거나 방해하는 역할도 한다. 곽충구(1982: 41)에 따르면 중세 한국어 시기에 'j'로 끝나는 이중 모음들이 아산 지역어에서 단모음화를 겪을 때 장음에 의해 저지되는 경향이 강하다.[19] 단모음화뿐만 아니라 움라우트 현상에 장음이 저지 기능을 한다는 보고도 있어 왔다. 즉 일부 방언에서는 피동화음가 장모음인 경우에 움라우트가 적용되지 않는다는 것이다.[20]

④ 단모음(單母音)의 음가 변이

장음은 단모음(單母音)의 음가 변이에도 관여한다. 일반적으로 길이가 짧은 모음보다는 길이가 긴 모음이 모음 사각도에서 좀 더 가장자리로 치우치는 경향이 있다. 가령 긴 'i'가 짧은 'i'보다 혀의 위치가 더 높으면서 앞쪽에 놓이며 마찬가지로 긴 'u'가 짧은 'u'보다 혀의 위치가 더 높고 뒤쪽에 놓인다. 또한 긴 모음의 긴장성이 짧은 모음보다 높아서 더욱 뚜렷하게 청취된다는 언급도 있어 왔다. 이러한 사실들은 모두 장단이 모음의 음가 변이에 관여함을 말해 준다.

---

19) 물론 장음이 이중 모음의 단모음화를 저지하는 것은 이중 모음에 선행하는 자음의 조음 위치에 따라 차이를 보인다고 한다. 선행 자음이 양순음이나 연구개음과 같은 비설정성 계열의 자음일 때는 단모음화를 막는 장음의 저지력이 비교적 강하지만 선행 자음이 설정성 계열의 자음일 때는 장음의 저지력이 약화된다.

20) 이러한 논의들에 대해서는 최명옥(1989)를 참고할 수 있다.

한국어의 경우도 크게 다르지 않다. 3.3.3.1의 (37)과 (38)에서 이미 동일한 모음이 장단에 따라 음가에 차이가 난다는 것을 쉽게 확인한 바 있다. 여기에 따르면 후설 모음은 길이가 긴 것이 더 뒤에서 발음되고, 전설 모음은 길이가 긴 것이 더 앞에서 발음된다. 또한 고모음은 장음이 더 위쪽에서, 저모음은 장음이 더 아래쪽에서 나는 모습을 보인다. 이러한 양상은 앞서 긴 모음이 모음 사각도에서 가장자리에 더 가깝게 발음되는 경향이 있다고 한 것과 잘 부합한다.

4.2.2. 장단과 음운론적 단위

장단이 어떤 음운론적 단위에 얹히는 것인지에 대해서는 이견이 존재한다. 크게는 장단이 음절에 걸린다고 보는 견해와 모음에 걸린다고 보는 견해가 있다. 만약 장단이 음절에 걸린다면 장음절(長音節), 단음절(短音節)이라는 용어가 필요하고, 장단이 모음에 걸린다면 장모음(長母音), 단모음(短母音)이라는 용어가 필요하다. 일반적으로는 장모음, 단모음이라는 표현이 통용되고 있다. 이것은 실제 발음 양상을 고려할 때 타당하다고 할 수 있다.

'아:'와 같이 초성과 종성이 없이 중성만으로 이루어진 음절을 발음할 때는 장단이 음절에 실린 것인지 모음에 실린 것인지가 애매모호하다. 그러나 '가:'와 '가'처럼 초성이 있되 길이에 차이가 나는 두 음절을 비교해서 발음해 보면 그 둘의 차이는 'ㄱ'의 길이가 아닌 'ㅏ'의 길이에 좌우되고 있다. 또한 '감:'이나 '눈:'과 같이 종성이 있는 음절을 발음해 보면 장음으로 실현되는 것은 종성을 제외한 부분임을 쉽게 알 수 있다.

음운 이론의 측면에서도 음절 전체에 장단이 얹힌다고 보는 것은 그리 일반적이지 않다. 가령 시간의 길이를 나타내는 이론적 단위로 모라(mora)를 설정하는 경우가 많은데 이러한 모라가 음절이라는 단위 전체와 직접 연결되어 있다고 보는 경우는 많지 않다. 그 대신 단모음(單母音)에는 기본적으로 하나 이상의 모라를 부여하며 그 외에 논의에 따라 일부 초성이나 종성 또는 반모음 등에 모라를 연결하기도 한다. 이것은 시간 단위를 음절이라는 단위와 직접 연결시키기보다 그렇지 않은 것이 이론적으로 더 일반화된 것임을 말해 준다.

4.2.3. 장단의 음운론적 분석

4.2.2에서 살폈듯이 장단이 모음이라는 음운론적 단위에 얹혀서 실현된다고 하면 음운 분석과 관련하여 한 가지 해결해야 할 문제가 있다. 즉 장모음의 경우 단모음(短母音)과 구별되는 별개의 모음으로 분석할 것인지 아니면 단모음(短母音)에 장단이라는 초분절음이 결합한 것으로 분석할 것인지를 정해야만 하는 것이다.[21] 전자의 입장이라면 가령 길이가 긴 'ㅏː'는 길이가 짧은 'ㅏ'와는 구분되는 새로운 단모음(單母音)으로 해석해야 하고 후자의 입장이라면 'ㅏː'는 'ㅏ'에 길이를 나타내는 초분절음이 결합된 것으로 해석해야 한다.

이 두 가지 입장은 여러 가지 차원에서 차이를 야기한다. 첫째, 단모음 목록에서 차이가 난다. 전자와 같이 장모음을 단모음(短母音)과 구별되는 모음으로 보면 길이만 다른 두 모음이 별개의 모음으로 구분되어 단모음(單母音)의 목록이 후자보다 두 배로 많아진다.[22] 그뿐만 아니라 장모음을 표

21) 제3의 방식으로 단모음(短母音)은 모음이 하나만 있고 장모음(長母音)은 동일 모음이 두 개 있는 것으로 분석하는 방식도 생각할 수는 있다. 그러나 장모음과 동일 모음 연쇄가 동일한 음운론적 가치를 지닌다고 단정할 수도 없을 뿐만 아니라 이런 방식을 취하면 단모음의 장모음화 또는 장모음의 단모음화 등에 대한 해석도 전부 달라지기 때문에 여기서는 더 이상 고려하지 않기로 한다.

22) 물론 이것은 기존의 모든 단모음(單母音)이 장모음과 단모음(短母音) 모두로 실현될 수 있는 경우에 한해서이다.

시하는 데 필요한 '[장음성(long)]'이라는 새로운 변별적 자질도 필요해진다.

둘째, 장단이라는 초분절음의 인정 여부에서도 차이가 생긴다. 전자의 경우에는 모음으로부터 길이를 나타내는 초분절음을 분리하지 않기 때문에 굳이 장단이라는 초분절음을 인정할 필요가 없어진다. 반면 후자의 경우에는 장모음을 단모음과 초분절음의 결합으로 해석하므로 장단은 초분절음으로서의 지위를 가진다.[23] 전체 음운의 숫자 차원에서 볼 때 전자는 단모음(單母音)의 숫자가 두 배로 느는 대신 초분절음의 숫자가 줄어드는 반면, 후자는 단모음의 숫자는 늘어나지 않고 초분절음의 숫자가 늘어나는 셈이다.

셋째, 장단의 교체 현상에 대한 음운론적 해석도 달라진다. 가령 장모음화나 단모음화와 같이 모음의 길이가 달라지는 현상의 경우 전자는 질적으로 다른 모음들 사이의 변화이므로 음운 현상의 유형 중 대치에 속한다.[24] 반면 후자는 적어도 분절음 차원에서는 아무런 변화가 없기 때문에 단순한 대치라고 볼 수 없게 된다.[25]

이상에서 보듯이 둘 중 어떤 입장을 취하느냐에 따라 음운론 전반에 걸쳐 설명 방식이 달라진다. 그런데 지금까지의 논의를 볼 때 대체로 전자의 태도보다는 후자의 태도를 취하는 것이 일반화되어 있다. 그 이유는 무엇보다도 단모음(單母音) 숫자의 증가가 불러올 체계상의 복잡성 때문이다. 음운의 숫자가 두 배로 늘어나면 경제적으로 매우 복잡해지지만 그러한 복잡성을 상쇄할 만한 이점은 별로 눈에 띄지 않는다. 이러한 점으로 인해 지금까

23) 여기서 알 수 있듯이 초분절음(운소)으로서의 장단을 인정하는 태도는 곧 장모음을 단모음과 장단의 결합으로 해석하는 것에 다름 아니다.

24) 음운 현상의 유형은 대치, 탈락, 첨가, 축약, 도치의 다섯 가지로 나누는 방식이 흔히 쓰인다. 여기서의 대치도 이러한 분류에 기인한 것이다.

25) 장단의 교체를 어떻게 해석할 것인지와 관련해서는 뒤에서 다시 언급하기로 한다.

지 전자보다는 후자의 입장이 좀 더 보편화되지 않았을까 한다.

그런데 후자의 입장을 취한다고 해도 좀 더 고려해야 할 사항이 존재한다. 단모음(短母音)과 장모음의 차이를 단순히 장음에 해당하는 초분절음의 유무로만 해석해서는 곤란한 것이다. 다시 말해서 짧은 'ㅏ'는 하나의 음운(분절음 'ㅏ'), 긴 'ㅏ:'는 분절음 'ㅏ'와 '長'에 해당하는 초분절음이 결합된 두 개의 음운으로 분석해서는 안 된다. 그 이유는 크게 세 가지이다.

첫째, 장음에 대응하는 단음을 존재가 없는 것으로 해석할 수는 없다는 점이다. 장음이 길이가 길다는 사실을 가리킨다면 단음은 길이가 짧은 것을 가리킨다. 이처럼 장음의 반대는 '없다(無)'가 아니고 '짧다(短)'이다. 따라서 길이가 짧은 'ㅏ'는 하나의 음운이 아니라 분절음 'ㅏ'와 초분절음 '短'의 두 음운으로 이루어졌다고 해석하는 것이 합리적이다.

둘째, 단모음(短母音)과 장모음의 차이를 초분절음의 유무 차이로 보게 되면 '눈:⇔눈'을 포함하여 앞서 (4)에 제시된 최소 대립쌍들은 모두 초분절음의 유무에 의해 구별된다고 보아야만 한다. 그런데 최소 대립쌍은 음운의 유무에 의해 만들어지는 것으로 해석해서는 안 된다. 최소 대립쌍은 두 소리의 대립적 기능 여부를 알아보기 위한 개념이므로 최소 대립쌍을 이루는 두 단어는 음운의 수가 같아야만 한다.[26] '알(卵)'과 '칼(刀)'을 'Ø(無)⇔ㅋ'의 대립에 의한 최소 대립쌍으로 인정할 수 없다면, '눈:'과 '눈'의 대립도 초분절음의 유무 차이로 볼 수는 없다.

셋째, 단모음(短母音)과 장모음의 차이를 초분절음의 유무 차이로 보게 되면 단모음화나 장모음화와 같은 장단의 교체는 모두 음운의 탈락 또는 첨가에 속해야만 한다. 가령 장모음의 단모음화는 초분절음이 없어진 것이고 단모음(短母音)의 장모음화는 초분절음이 새로 생긴 것이 된다. 그런데

26) 이진호(2010ㄱ)에서는 이것을 '양적 대등성'의 관점에서 논의한 바 있다.

과연 이러한 장단의 교체가 특정 음운의 탈락 또는 첨가라는 단순한 수적인 변화로 해석할 수 있을지 매우 의문이다.

이상과 같은 문제점을 고려하면 장모음과 단모음(短母音) 각각에 장단과 관련된 초분절음을 모두 부여하는 것이 타당할 듯하다. 장모음은 '단모음+長', 단모음(短母音)은 그냥 단모음(單母音)으로만 이루어졌다고 볼 것이 아니라, 장모음은 '단모음(單母音)+長', 단모음(短母音)은 '단모음(單母音)+短'과 같이 이루어졌다고 보는 것이다. 이렇게 되면 장모음과 단모음(短母音)의 차이는 음운의 숫자에 있는 것이 아니라 장단과 관련된 초분절음의 종류에 있게 된다. 단모음(短母音)이라고 해서 장단과 관련된 초분절음이 존재하지 않는다고 보아서는 곤란하다.

4.2.4. 장단에 영향을 주는 요소

소리의 길이는 실현되는 데 여러 가지 요소의 영향을 받는다. 이러한 요소에 따라 심지어 동일한 장모음이라도 실제 길이에 차이가 날 수 있다. 소리의 길이에 영향을 주는 요소들은 크게 내재적인 것과 외재적인 것으로 나눌 수 있다.

내재적인 요인이란 단모음(單母音) 자체의 성질을 가리킨다. 단모음(單母音)의 음성적 성격으로 인해 소리의 길이에 차이가 날 수 있다. 즉, 인접음을 비롯한 모든 조건이 동일하더라도 순수하게 단모음의 종류에 따라 모음의 길이가 달라지는 것이다.

한국어의 경우 이미 이숭녕(1959: 109)에서 'ㅜ>ㅣ>ㅓ>ㅐ>ㅏ'의 순으로 지속성이 커진다는 언급을 한 바 있지만 이러한 주장은 Jespersen의 책에 나오는 다른 언어 자료의 실험 결과에 의지한 것으로서 한국어의 실험 결과에 바탕한 것은 아니다. 이숭녕(1959) 이후에는 한국어 모음들의 길이를 실측하여 단모음의 길이에 차이가 있다는 사실을 언급한 논의들이 여럿 있다.27) 그중 가장 최근의 논의이면서 실제 실험에 기초한 지민제(1993)에 따르면 한국어의 단모음들은 동일한 환경에서 다음과 같은 길이의 차이가 있다.

(6)

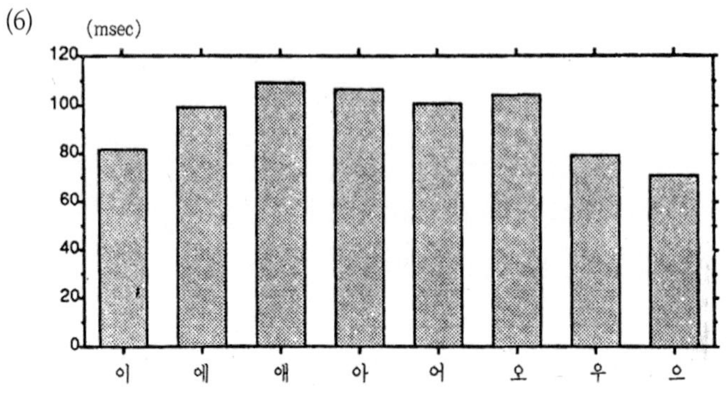

여기에 따르면 고모음의 길이가 전반적으로 저모음보다 짧은 경향이 있음을 알 수 있다. 같은 전설 모음 중에서는 'ㅣ'의 길이가 가장 짧으며 후설 모음 중에서도 고모음인 'ㅜ, ㅡ'의 길이가 상당히 짧다. 이러한 사실은 이숭녕(1959)를 비롯한 여러 논의에서도 지적된 바로 모음의 길이가 혀의 높낮이와 어떤 관계가 있음을 암시한다고 할 수 있다. 가장 긴 모음인 'ㅐ'의 길이와 가장 짧은 모음인 'ㅡ'의 길이 비율은 '1.57 : 1'로서 'ㅡ'에 비해 'ㅐ'가 약 50% 정도 더 길다.

이처럼 모음의 길이는 모음 자체의 내적인 속성에 영향을 받기도 하지만 그보다는 외적인 요소들에 영향을 받는 경우가 더 많다. 지금까지 모음의 길이에 영향을 주는 요소들로 제시된 것은 상당히 다양하다. 이 중 대표적

27) 자세한 것은 김수형(2001: 24)을 참고할 수 있다.

인 것을 몇 가지 살피기로 한다.

첫째, 모음에 인접하는 음운이 모음의 길이에 영향을 주는 경우가 가장 흔하다. 특히 모음에 선행하거나 후행하는 자음이 중요하다. 지금까지의 논의에서 지적된 것만 해도 적지 않은데 그중 일부를 가져오면 다음과 같다.[28]

(7) ㄱ. 'r'에 후행하는 모음의 길이는 길어진다.
ㄴ. 유기음 뒤의 모음은 짧아진다.
ㄷ. 경음이나 유기음 앞의 모음은 짧아진다.

(7ㄱ, ㄴ)은 선행하는 자음에 의한 영향이고 (7ㄷ)은 후행하는 자음에 의한 영향이다. 이 외에도 다양한 논의에서 인접 자음과 모음의 길이 사이에 어떤 영향이 있는지를 살핀 적이 있다.

둘째, 다른 초분절음의 의해서도 모음의 길이가 달라질 수 있다. 가장 대표적인 것은 강세가 들어간 음절의 모음이 길어진다는 사실이다. 이숭녕(1959)를 비롯한 많은 논의에서 이러한 사실이 지적되었으며, 이후 실험 음성학적으로 뒷받침하는 논의도 이어졌다. 강세 이외에 높낮이가 높은 음절의 모음 길이가 길어지는 경우도 있다. 강세가 들어간 음절이든 높낮이가 높은 음절이든 모두 소리가 돋들리는 음성적 효과를 지니며, 이것이 모음 길이의 증가를 낳았다고 해석할 수 있다.

셋째, 말소리의 위치도 모음의 길이에 영향을 미친다. 지민제(1993:50~51)에 따르면 2음절로 된 단어의 경우 첫음절이 둘째 음절보다 길다. 또한 경계 앞에 놓일 때 길이가 길어진다는 것도 실험적으로 보고된 바 있다.

28) (7)에 제시하는 내용은 이숭녕(1959), 지민제(1993), 김수형(2001)을 참고하여 몇몇 중요 내용을 정리한 것이다.

이 외에 단어의 음절 수, 발화의 속도 등 많은 요인들이 소리의 길이와 관련되어 있다고 한다. 그런데 여기서 살핀 제반 요인들은 어디까지나 소리의 물리적 시간에만 영향을 미칠 뿐이고 장단의 음운론적 대립에까지 영향을 주지는 않는다. 즉, 인접한 소리나 초분절음 또는 위치 등이 소리의 길이에 영향을 준다고 해서 장모음이 단모음으로 바뀐다거나 단모음이 장모음으로 바뀌지는 않는 것이다. 가령 's' 뒤에서 모음의 길이가 제일 많이 짧아진다고 하더라도 장모음은 그대로 장모음의 지위를 지니고 단모음은 단모음의 지위를 유지한다.

4.3. 장모음의 실현

4.3.1. 장모음의 길이

장모음의 길이는 절대적인 값어치가 중요한 것이 아니라 단모음과 대비한 상대적인 값어치가 중요하다. 김수형(2001: 47)에서 재인용한 세계 몇몇 언어의 경우를 제시하면 다음과 같다.29)

(8)

Danish	Finnish	Serbo-Croatian	Thai	German(E)	German(W)
1 : 1.98	1 : 2.27	1 : 1.49	1 : 2	1 : 1.11	1 : 1.96

여기서 알 수 있듯이 언어에 따라 장모음과 단모음의 길이 비율은 적지 않은 차이가 있다. 단모음에 비해 불과 10% 남짓 더 긴 경우가 있는가 하면

29) 김수형(2001: 47)에서 이용한 자료는 Lehiste(1970)에 제시된 것으로 총 7개 언어가 포함되어 있다. 이 중 장단에 따라 세 가지가 구별되는 Estonian을 제외한 나머지 6개 언어를 단모음에 대비한 장모음의 길이 비율로 환산하여 여기에 제시한다.

2배 이상 더 긴 경우도 있는 것이다. 한국어를 대상으로 장모음과 단모음의 길이 비율을 조사한 논의도 존재한다. 그 중 Mieko(1964)의 논의에 따르면 단모음의 종류에 따라 다음과 같은 차이가 있다고 한다.30)

(9)

	ㅣ	ㅜ	ㅓ	ㅏ	ㅗ
길이 비율	1 : 2.88	1 : 2.82	1 : 2.70	1 : 2.09	1 : 2.07

(9)에 나온 길이 비율을 평균하면 한국어의 장모음 길이는 단모음(短母音)과 비교하여 대략 1.5배 정도 더 긴 셈이 된다. 그런데 이러한 비율은 각 단어를 독립시켜 단독으로 발음했을 때에 해당한다. 지민제(1993: 41)에서 지적했듯이 문장 속에서 발음될 때에는 이보다 비율이 더 줄어든다. 지민제(1993: 41)에서 측정한 값에 따르면 단모음과 장모음의 길이 비율이 두 명의 화자에게서 각각 '1 : 1.74'와 '1 : 1.86'으로 나타난다고 한다. 아무튼 이러한 비율은 (6)에서 단모음(單母音) 본래의 속성에 따라 가장 긴 모음인 'ㅐ'와 가장 짧은 'ㅡ'가 보이는 비율(1 : 1.57)보다는 좀 더 높은 수치를 보인다.

4.3.2. 장모음의 분포

표현적 장음이 아닌 어휘적 장음에 국한할 경우, 한국어의 장모음은 어디에서든 자유롭게 실현될 수 있는 존재가 아니다. 단어의 차원에서 보자면 단어의 첫머리인 어두에만 오는 것이 원칙이다. 어떤 단어가 하나의 형태소로 이루어졌는데도 불구하고 장모음이 둘째 음절 이하에 오는 경우는 일반적으로 존재하지 않는다. 또한 단어들이 모여서 이루어지는 더 큰 단위의

30) (9)는 김수형(2001: 47)에 인용된 것을 가져온 것이다.

차원에서 보자면 역시 해당 단위의 첫음절에서만 장모음이 실현될 수 있다.[31] 따라서 원래 어두에 장모음을 가졌던 단어라도 다른 형태소와 결합하여 상위 단위를 이루는 과정에서 상위 단위의 첫머리에 놓이지 않게 되면 장모음은 단모음(短母音)으로 바뀌고 만다.

이상과 같은 사실은 현재의 표준 발음법의 제6항에서 명시적으로 밝히고 있다.[32]

(10)

【제6항】 모음의 장단을 구별하여 발음하되, 단어의 첫음절에서만 긴소리가 나타나는 것을 원칙으로 한다.

(1)	눈보라[눈:보라]	말씨[말:씨]	밤나무[밤:나무]
	많다[만:타]	멀리[멀:리]	벌리다[벌:리다]
(2)	첫눈[천눈]	참말[참말]	쌍동밤[쌍동밤]
	수많이[수:마니]	눈멀다[눈멀다]	떠벌리다[떠벌리다]

다만, 합성어의 경우에는 둘째 음절 이하에서도 분명한 긴소리를 인정한다.

반신반의[반:신 바:늬/반:신 바:니] 재삼재사[재:삼 재:사]

이 조항에서는 장모음의 출현 환경을 명확히 단어의 첫음절이라고 규정한 후 장모음을 가진 단어가 다른 단어와 결합하여 합성어를 이룰 때 둘째 음절 이하에 놓이면 단모음으로 바뀐다는 사실까지 밝히고 있다. 다만 합성어라고 하더라도 예외적으로 '반신반의, 재삼재사' 등과 같이 특수한 구조를 지닌 합성어에 한해서 둘째 음절 이하에서 장모음이 출현하는 것을 허용한다. '반신반의'나 '재삼재사'는 모두 'ABAC'와 같이 대칭-반복의 구조를

31) 이러한 단위를 이병근(1986)에서는 기식군(氣息群)이라고 명명한 바 있다. 엄밀하게 말하면 기식군은 하나의 단어로 이루어질 수도 있으므로 기식군에는 단어까지 포함할 수 있다. 그렇게 되면 장모음은 기식군의 첫머리에만 올 수 있다고 단일화하는 것도 가능하다.

32) 표준 발음법 제6항은 붙임 조항을 더 가지고 있지만 여기서의 논의와는 무관하기 때문에 (10)에서 제외한다. 붙임 조항은 장단의 교체를 다루는 4.4에서 따로 살피기로 한다.

가진 합성어들로, 이런 경우에 한해 되풀이되는 어두 음절의 장모음을 비어두에서도 인정했다고 볼 수 있다.[33] 이병근(1988: 53)에서는 '반신반의, 재삼재사'가 '반신-반의, 재삼-재사'와 같이 어느 정도 끊어서 발음할 수 있는 첩어의 성격을 지닌다고 한 후 '반:관반:민(半官半民), 선:남선:녀(善男善女)'도 같은 범주에 든다고 설명한 바 있다.

장모음이 비어두에서 단모음으로 바뀌는 현상은 한자어에서도 발견할 수 있다. 가령 '電'은 '전:기(電氣), 전:화(電話)'에서 보듯이 어두에서는 길지만 '방:전(放電), 절전(節電)'과 같이 비어두에 놓이면 짧아진다. '大'도 '대:신(大臣), 대:국(大國)'에서는 길지만 '거:대(巨大), 확대(擴大)'에서는 짧다.

이처럼 단어의 첫머리에만 장모음이 올 수 있는 것은 현대 한국어 들어서의 일이 아니고 중세 한국어 시기에도 비슷한 제약이 존재했다. 중세 한국어 시기에는 일부 예외를 제외하면 상성(上聲)이 비어두에 놓이지 않는 것이 일반적이었다. 즉, 상성은 원칙상 단어의 첫머리에만 놓였던 것이다. 한자어도 마찬가지여서 상성을 지닌 한자가 한자어를 이루면서 둘째 음절 이하에 놓이면 상성을 잃어버리고 평성이나 거성으로 실현된다.[34] 상성이 후대에 장음으로 발달한 것을 감안하면 중세 한국어에서 상성이 어두에만 오는 것과 현대 한국어에서 장음이 어두에만 오는 것은 평행적이라고 할 수 있다.

장모음이 단어의 첫음절에만 올 수 있다는 것은 장단의 변별적 기능 측면에 있어서는 그다지 긍정적이지가 않다. 다양한 위치에서 장단에 의한 대립

33) 2.2.3.2에서도 잠시 언급했듯이 비어두에서의 장모음 인정 여부는 표준 발음법을 정하는 과정에서 논란이 되었을 뿐만 아니라 커다란 변화를 겪었다. 표준 발음법의 시안이라고 할 수 있는 문교부(1979ㄴ)에서는 단일어의 경우 비어두의 장모음을 전혀 인정하지 않았지만 합성어의 경우는 그렇지 않았다. 단일어가 지니던 장모음을 합성어에서도 그대로 유지하는 것을 원칙으로 했기 때문에 비어두에도 장모음이 자유롭게 올 수 있었던 것이다.

34) 단어 내에서의 위치에 따른 한자음의 성조 변화에 대해서는 伊藤智ゆき(2007)을 참고할 수 있다.

쌍이 만들어질 때 장단의 기능 부담량도 커지고 그에 비례하여 장단의 지위도 확고해질 수 있다. 그런데 매우 제한된 위치에서만 장모음이 나타날 수 있기 때문에 장단에 의한 대립의 유무도 분포상의 많은 제약을 받을 수밖에 없는 것이다.

한편, 표준 발음법에서는 (10)과 같이 단어 차원에서만 장모음의 출현 분포를 규정했지만 이병근(1986)에서 다루었듯이 발화 차원에서 기식군이라는 상위 단위를 대상으로 해도 상황은 크게 다르지 않다. 즉, 첫음절에 장모음을 가진 단어라도 기식군을 이루면서 그 앞에 다른 단어가 선행하게 되면 장모음은 단모음으로 바뀌는 것이다. 가령 '웃:는다' 앞에 '예쁘게'라는 수식어가 붙어서 '예쁘게 웃는다'가 하나의 기식군을 이루면 '웃:는다'의 어두 장모음은 장음을 상실하여 '웃는다'로 실현된다.

이상에서 알 수 있듯이 장모음은 기식군의 첫음절에서만 자유롭게 실현될 수 있다는 제약이 있다. 그러나 몇몇 예외적인 경우도 없지는 않다. (10)의 표준 발음법 제6항에 제시된 특수한 구성의 합성어가 아니더라도 비어두에서 장모음이 실현되는 경우가 있다. 여기에는 몇 가지 유형이 있다.

첫째, 모음 동화에 의해 길어진 장모음은 기식군의 첫머리가 아니라도 장모음이 그대로 유지된다. 여기에 속하는 예로 다음과 같은 예를 들 수 있다.

(11) ㄱ. 담:(다음), 첨:(처음), 맘:(마음), 말:(마을)
ㄴ. [그 담:에는], [맨 첨:에는], [내 맘:에는], [건넌 말:에는]

(11ㄱ)은 후행하는 'ㅡ'가 선행 모음에 닮아가서 동일한 두 개의 모음이 놓여 결과적으로 장모음으로 실현된 것이다.[35] 이렇게 해서 만들어진 장모

35) (11ㄱ)은 모음 동화 대신 모음 탈락으로 해석하는 경우도 있다.

음은 (11ㄴ)에서와 같이 앞에 수식어가 와서 기식군의 일부로 쓰이더라도 장모음을 그대로 유지하고 있다. 이러한 현상에 대해 이 단어들을 2음절로 해석하여 단모음화의 적용을 받지 않는다고 설명하는 것도 가능하다. 가령 (11ㄱ)의 '담:'을 음운론적으로 '다암'이라고 분석하면 장모음은 애초부터 없는 것이므로 단모음화와도 상관이 없게 되는 것이다.[36)]

둘째, 반모음화에 의한 보상으로 생겨난 장모음은 기식군의 첫머리가 아니라도 장모음이 그대로 유지되는 경향이 있다.

(12) ㄱ. 과:라(고+아라), 봐:(보+아), 쏴:(쏘+아)
ㄴ. [푹 과:라], [잘 봐:], [빨리 쏴:]

이병근(1986: 30~31)에서는 (12ㄱ)과 같이 보상적으로 생겨난 장모음도 기식군의 일부가 되어 첫머리에 놓이지 않으면 일률적으로 단모음(短母音)이 된다고 보았다. 그러나 (12ㄴ)과 같은 환경에서의 장모음 실현은 그리 부자연스러워 보이지 않는다. (12ㄱ)의 경우는 기식군의 중간에 놓인다고 해서 단모음화가 필수적으로 일어나야 한다고 생각되지는 않는다.

셋째, 일상 발화에서 형태가 줄어들면서 생긴 장모음은 기식군의 중간에 놓여도 장모음이 잘 실현된다.

(13) ㄱ. 함:서(←하면서), 젤:(←제일), 했음:(←했으면)
ㄴ. [빨리 함:서], [내가 젤: 늦어], [어서 했음: 좋겠다)

(13ㄱ)은 형태의 축소 과정을 규칙적으로 설명할 수는 없지만 일상 발화에서 흔히 들을 수 있다. 이런 축소형들은 기식군을 이룰 때 다른 단어가 선행해도 장모음을 그대로 실현시킨다. 특히 '했음:'과 같은 예는 어미의 일

36) 이러한 해석에 대해서는 최명옥(1998)을 참고할 수 있다.

부가 장모음으로 실현된다는 점에서 지금까지 살펴본 그 어떤 예와도 구별이 된다.

이상에서 살핀 (11)~(13)은 각 단어들이 원래부터 장모음을 지니던 것이 아니라 음절 수가 줄어드는 음운론적 과정을 거친 결과 장모음이 형성되었다는 공통점을 지닌다. 단어의 어두 음절이 처음부터 장모음을 지닌 경우에는 기식군의 중간에 놓일 때 거의 필수적으로 장모음이 단모음(短母音)으로 바뀐다. 그에 비해 (11)~(13)과 같이 음절의 축약 결과 생겨난 장모음은 그러한 단모음화를 거치지 않거나 또는 거치지 않을 수도 있다. 이것을 고려할 때 기식군의 중간에서 장모음이 실현될 수 있는지의 여부는 해당 장모음의 출처에 달려 있다고 할 수 있을 듯하다.

넷째, 표현적 장음도 비어두나 기식군의 중간에 실현될 수 있다. 이병근(1986), 김창섭(1991)에서 제시한 다음과 같은 예를 보면 표현적 장음은 상대적으로 분포상의 제약을 덜 받는다.

(14) ㄱ. 여러: 가지를 먹었다, 해가 무척: 길었다.
ㄴ. 가느스름:하다, 시원:하다

다섯째, 방언에 따라서는 접미사와 같은 문법 형태소 또는 단일 어간의 비어두에서 장모음이 실현되기도 한다. 접미사는 다른 어간 뒤에 결합하므로 한 단어 내에서도 항상 비어두에만 놓인다. 또한 단일 형태소의 비어두는 장모음으로 실현되는 경우가 좀처럼 없다. 그런 점에서 (15)는 매우 특이하다.

(15) ㄱ. 빨린:다(빨린다, 濯), 뚤핀:다~뚤팬:다(뚫린다, 穿)
ㄴ. 바까:(바꿔, 換), 가까:라(가꿔라, 養)
ㄷ. 바꾼:다(바꾼다, 換), 바룬:다(바룬다, 使直)

(15)는 모두 경상북도 방언 자료이다. (15ㄱ)은 피사동 접미사가 장모음으로 실현된 경우이고, (15ㄴ, ㄷ)은 단일 어간의 비어두 음절에서 장모음이 실현된 경우이다.[37] (15ㄱ)의 접미사는 중앙어에서 장모음을 가진 어간에 결합되면 단모음화(短母音化)를 일으키는데도 불구하고 오히려 여기서는 그 스스로가 장모음으로 발음되고 있다.[38] (15ㄴ)은 반모음화가 적용되는 환경인데 비어두임에도 불구하고 장모음이 실현된다. 특히 (15ㄷ)을 보면 몇몇 어간은 반모음화와 상관없이 비어두에 장모음을 가지고 있음을 알 수 있다. 경상북도 방언이 장단을 초분절음으로 지니지 않는다는 사실이 이러한 장모음의 출현과 관련이 있는지 알 수는 없지만 매우 특이한 일임에는 분명하다.

이상과 같이 기식군의 첫머리가 아니라도 장모음이 실현되는 경우가 실재하는 것이 사실이다. 그러나 장모음을 가진 단어 전체를 볼 때 이러한 예외를 보이는 것은 그리 큰 비율을 차지하지는 않는다. 그런 점에서 한국어 장모음의 분포 제약은 여전히 유효하다고 말할 수 있다.

4.4. 장단의 교체

소리의 길이도 교체를 한다. 짧은 모음이 길어지기도 하고 반대로 긴 모음이 짧게 바뀌기도 한다. 이 현상들은 각각 단모음의 장모음화, 장모음의 단모음화로 지칭할 수 있다.

37) (15ㄷ)과 같은 장모음은 어간이 원래 'ㅗ, ㅜ'로 끝나며 어간 말에 후음을 새로이 가지는 방향으로 변화를 겪는 경우에 잘 나타나는 경향이 있다.

38) 이러한 단모음화와 관련된 내용은 4.4.2의 (22)에 나온다.

4.4.1. 단모음의 장모음화

원래는 짧았던 모음이 길어지는 변동은 여러 가지 요인에 의해 일어난다. 표현적 효과를 위한 장음화를 제외하면 단모음의 장모음화는 보통 다음과 같은 경우에 일어난다.

우선, 반모음화가 적용될 때 장모음화가 동반된다. 여기에 대해서는 표준 발음법 제6항의 '붙임' 항목에서도 지적하고 있다.

(16)

[붙임] 용언의 단음절 어간에 어미 '-아/-어'가 결합되어 한 음절로 축약되는 경우에도 긴소리로 발음한다.

보아→봐[봐:] 기어→겨[겨:] 되어→돼[돼:]
두어→둬[둬:] 하여→해[해:]

다만, '오아→와, 지어→져, 찌어→쪄, 치어→쳐' 등은 긴소리로 발음하지 않는다.

(16)에 제시된 표준 발음법 규정은 현대 한국어의 반모음화와 그에 따른 장모음화 양상을 요약적으로 보여 준다.[39] 여기서 알다시피 반모음화에 의한 장모음화는 1음절로 된 어간에서만 일어난다. 2음절 이상으로 된 어간의 경우 반모음화가 둘째 음절 이하에서 일어나기 때문에 설령 장모음이 도출된다고 하더라도 단어의 첫음절에서만 장모음이 실현된다는 제약을 위배하여 단모음으로 바뀌었다고 해석할 수 있다.[40] 또한 1음절 어간이라고 하더라도 '오-, 지-, 찌-, 치-'는 반모음화에 따른 장모음화가 일어나지 않는다.[41]

이처럼 반모음화가 적용되었을 때 부수되는 장모음화는 다소 복잡한 모

---

39) (16)의 예들 중 '되어→돼[돼:], 하여→해[해:]'는 반모음화와는 무관하다. 여기에 대해서는 뒤에서 따로 다룬다.

40) 이러한 해석은 지극히 현대 한국어에 대한 공시론적인 분석 결과이다. 역사적으로 보면 반모음화가 적용되어도 비어두에서는 장모음이 실제로 나타난 적이 없다.

41) 1음절 어간 중 '이-(戴)'도 방언에 따라 장모음의 실현 여부에 혼동이 일어나고 있다.

습을 보인다. 여기에는 역사적인 요인이 관여하고 있다.[42] 장단 대신 성조가 초분절음으로 기능하던 중세 한국어 시기에는 반모음화가 적용되어도 보상적 장음화에 준하는 결과를 일으키지 않았다. 모음으로 끝나는 1음절 어간은 후행하는 어미에 따라 성조가 달리 실현되었는데, 현대 한국어에서 반모음화를 일으키는 '아/어X' 어미 앞에서는 기본적으로 반모음화가 일어날 때 거성으로 실현되었다.[43] 2음절 이상으로 된 어간은 중세 한국어의 율동 규칙에 따라 평성 또는 거성으로 나타났다. 이처럼 중세 한국어 시기에는 어간과 '아/어X'이 결합하여 반모음화가 적용된다고 해서 활용형의 첫음절 성조가 현재의 장음에 해당하는 상성으로 실현되는 경우는 없었다.[44]

이와 더불어 (16)에 제시된 것과 같이 반모음화가 적용될 때 장모음화를 일으키는 어간들은 공통적으로 중세 한국어 시기에는 반모음화의 적용을 거의 받지 않았다는 점도 고려할 필요가 있다. '보-, 두-' 등은 반모음화가 적용되는 경우보다는 그렇지 않은 경우가 압도적으로 많았다. 또한 '기-'는 중세 한국어 시기에 ㅣ-말음 어간이 아니었기 때문에 반모음화와는 아무런 관련이 없었다. 이와는 반대로 장모음화에 대한 예외인 '오-, 지-, 찌-, 치-'는 중세 한국어 시기에 반모음화의 적용을 받는 경우가 훨씬 더 많았다. '오-'는 예외 없이 적용되며 '지-, 찌-, 치-'도 반모음화가 적용되는 비율이 그렇지 않은 비율보다 훨씬 높다.

이러한 사실들은 반모음화 및 그에 따른 장모음화의 역사와 관련하여 몇 가지 중요한 사실을 시사한다. 첫째, 반모음화와 장모음화는 원래부터

42) 반모음화와 보상적 장음화에 대한 통시적 고찰은 이진호(2011ㄱ)에서 이루어진 바 있다. 여기에 제시하는 내용은 이진호(2011ㄱ)을 요약한 것이다.

43) 여기에는 약간의 예외가 없지 않다. 자세한 것은 이진호(2011ㄱ)을 참고할 수 있다.

44) 중세 한국어 시기에는 'ㅣ'로 끝나는 어간 뒤에 어미 '오/우X'가 이어질 때도 반모음화가 적용되었는데, 이런 경우에는 장모음에 대응하는 상성이 실현되었다. 그러나 이러한 환경에서의 반모음화는 '오/우X' 형태의 어미가 소멸하면서 현대 한국어로 이어지지 못했기 때문에 고려 대상에서 제외한다.

필연적인 관련성을 맺지는 않았다는 점이다. 반모음화가 적용되어도 상성으로 실현되지 않을 뿐만 아니라, 중세 한국어 시기의 반모음화 적용 여부와 현대 한국어의 장모음화 여부가 정반대의 모습을 보인다는 것은 이러한 점을 잘 말해 준다. 둘째, 반모음화가 적용되었을 때 장모음화가 일어나는 것은 반모음화 자체의 내적인 발달 과정으로 보기 어렵다는 점이다.[45] 이전까지 장모음화와는 무관하던 반모음화가 갑자기 장모음화를 동반할 수는 없다. 무엇인가 다른 외적인 영향으로 인해 반모음화와 장모음화가 결부되었을 가능성이 크다.[46] 셋째, 반모음화가 일어나도 장모음화가 일어나지 않는 '오-, 지-, 찌-, 치-'는 중세 한국어의 모습이 그대로 유지되는 것일 가능성이 크다는 점이다. 이들은 중세 한국어 시기부터 반모음화의 적용을 활발하게 받고 있었으며 그 당시 거성으로 실현되던 것이 현대 한국어의 단모음(短母音)으로 이어졌다고 생각된다.

다음으로 반모음화가 아닌 다른 음운 현상을 통해 단모음의 장모음화가 초래되기도 한다. 대표적인 경우는 모음의 동화에 의한 장모음화이다.

(17) ㄱ. 담:(다음), 첨:(처음), 맘:(마음), 말:(마을)
ㄴ. 싸:면(←싸으면←쌓으면), 노:니(←노으니←놓으니)
ㄷ. 새:서(새+어서, 漏), 채:도(채+어도), 패:서(패+어서)

(17)은 공통적으로 선행하는 모음에 후행하는 모음이 닮는 과정을 거친

45) 한영균(1988)에서는 성조가 소멸하고 장단이 그 자리를 대신하면서 반모음화가 장모음화를 일으킬 수 있게 되었다고 했다. 성조가 존재할 때는 장단과 관련된 장모음화가 일어날 수 없지만 장단이 초분절음으로 기능하게 되면서 장모음화가 일어날 수 있게 되었다는 해석이다. 그러나 장단이 새로운 운소로 자리 잡은 것은 장단과 관련된 변동이 일어날 수 있는 토대만 만들어 주었을 뿐이다. 장단이 초분절음으로 작용한다고 해서 반모음화의 성격 자체가 갑자기 장모음화를 일으키게끔 바뀌어야 할 필연성은 없다.

46) 이진호(2011ㄱ)에서는 두 가지 외적인 조건을 언급한 바 있다.

다.47) 이와 같이 모음의 완전 동화가 일어나면 동일한 모음이 두 개 연속되기 때문에 결과적으로 장모음이 실현된다. 음운론적으로는 동화에 의해 만들어진 (17)의 장모음을 동일한 단모음(短母音) 연쇄로 된 두 음절로 분석할 여지도 있지만, 이러한 이론적 해석과 상관없이 표면에 장모음이 나타난다는 점 자체는 부인할 수가 없다.

(17ㄱ)과 (17ㄴ)은 후행하는 'ㅡ'가 선행하는 모음에 닮는다는 점에서는 동일하다. 단 (17ㄱ)과 달리 (17ㄴ)은 원래 모음과 모음 사이에 'ㅎ'이 있었는데 이 'ㅎ'이 없어지고 난 후 동화가 일어난다는 차이가 있을 뿐이다. (17ㄷ)은 '아/어'로 시작하는 어미가 어간말 모음에 동화되는 경우이다.48) (17) 이외에도 방언에 따라서는 좀 더 다양한 모음의 순행 동화가 존재한다.49)

동화가 아닌 음운 현상에 의해서도 단모음의 장모음화가 일어난다. 가령 인접한 두 단모음(單母音)이 합쳐져서 축약이 되거나 또는 이중 모음으로 바뀔 때 장모음이 출현할 수 있다.

(18) ㄱ. 새:(사이), 애:(아이), 채:다(차이다), 괴:다(고이다), 뉘:다(누이다)
ㄴ. 띄:[띠:]다(뜨이다), 씌:[씨:]다(쓰이다), 틔:[티:]다(트이다)
ㄷ. 돼:(되+어), 해:(하+여)

(18ㄱ)은 후설 모음과 'ㅣ'의 연쇄가 축약되면서 제3의 전설 모음으로 바뀐 경우이다. (18ㄴ)은 'ㅡ'와 'ㅣ'가 이중 모음 'ㅢ:'로 바뀐 경우로 자음 뒤에서 'ㅢ'가 'ㅣ'로 바뀌는 변화가 추가되어 현재는 'ㅣ:'로 발음되고 있다. (18

47) (11)을 설명하면서 지적했듯이 (17)은 동화가 아닌 후행 모음의 탈락으로 해석하는 경우도 없지는 않다.

48) 역사적으로 보면 'ㅐ'는 반모음 'j'로 끝나는 이중 모음이었고 뒤에 '아/어'로 시작하는 어미가 오면 'ㅐㅑ~ㅏㅑ(새야~사야, 새-)'와 같은 모습을 보였기 때문에 동화가 일어날 수 없는 환경이었다. 그러나 'ㅐ'가 단모음으로 굳어진 현대 한국어의 경우 (17ㄷ)을 모음의 동화로 해석해도 별다른 문제가 생기지 않는다.

49) 자세한 것은 이진호(2008ㄴ)을 참고할 수 있다.

ㄷ)은 이미 (16)에 반모음화의 예와 함께 제시된 적이 있다. 활용형 '돼X'와 '해X'는 어간 말 모음이 어미와 결합할 때 반모음화가 직접 적용되어 나온 것이 아니라 역사적으로 다소 복잡한 과정을 거쳤다.[50] (18)은 두 음절로 분리되어 있던 단모음(單母音) 연쇄가 한 음절로 줄어들었지만 두 음절이었을 때의 길이를 그대로 유지함으로써 장모음이 나온 경우이다.

한편 선행하는 모음과 후행하는 모음의 성질이 중복되면서 장모음이 나타나기도 한다.

(19) ㄱ. 싸:서(←싸아서←쌓아서), 나:서(←나아서←낳아서)
ㄴ. 추:면(추우면, 춥+으면), 구:니(구우니, 굽+으니)
ㄷ. 춰:(←추워), 궈:서(←구워서), 눠:(←누워)

(19ㄱ)에서는 'ㅎ'이 탈락하면서 동일한 모음이 연속되어 결과적으로 장모음이 나타나고 있다. (19ㄴ)은 ㅂ-불규칙 어간 뒤에 'ㅡ'로 시작하는 어미가 결합될 때 어간의 말음과 어미의 두음이 'ㅜ'로 실현되어 어간의 마지막 모음과 같아져서 장모음이 실현된 경우이다. (19ㄷ)은 원순 모음 'ㅜ'와 그에 후행하는 'w'의 성격이 중복되어 역시 한 음절로 줄어들었다. (19)에 제시된 예들은 어떤 점에서는 (17)과 비슷한 측면이 있다. 인접한 두 음의 성질이 같거나 매우 흡사하여 중첩되면서 장모음이 실현되는 것이다. 다만 (17)은 동화에 의해 그러한 중첩이 일어났고 (19)는 동화가 아닌데도 그러한 중첩이 일어났다는 차이가 있을 뿐이다.

이 밖에 빠른 발화 과정에서 음절이 줄어들면서 장모음이 나타나는 경우

50) '돼:X'의 형성 과정에 대해서는 9.4.1의 논의를, '해:X'의 형성 과정에 대해서는 9.5.5의 논의를 참고할 수 있다. 한편, '되-'와 '하-'는 역사적으로 볼 때 '도야~되야', 'ᄒᆞ야'와 같이 후행 어미가 'ㅏ'로 시작했다. 따라서 '돼:'와 '해:'가 각각 '되+어'와 '하+여'가 줄어든 것이라는 해석은 순전히 현대 한국어적인 시각에 따른 것이다.

도 있다. 이러한 현상들은 앞에서 살핀 반모음화나 모음 동화 등과는 달리 규칙성이 떨어지고 구체적인 변화 과정을 명시적으로 설명하기 어렵다는 특징이 있다. 앞서 (13)에 제시된 예들은 물론이고 다음과 같은 자료들이 모두 여기에 해당한다.[51]

(20) 넘:(←너무), 함:만(←한번만), 난:테(←나한테)

지금까지 살핀 단모음의 장모음화는 공통적으로 음절 수가 줄어든다는 특징을 지닌다. 흔히 이런 과정을 거쳐 장모음이 실현될 때는 음절 수가 줄기 전의 전체 길이가 그 후에도 그대로 유지되어 장모음이 나오게 되었다고 해석한다. 그렇지만 음절 수의 감소가 필수적으로 장모음화를 불러일으키는 것은 아니다. 아래의 (21)에서 보듯이 음절 수가 줄어도 장모음이 나타나지 않는 경우가 얼마든지 있다. 이 중 (21ㄱ)과 같은 경우는 의존 명사라는 특성상 항상 기식군의 첫머리에 놓일 수 없다는 사실과 관련된다고 볼 수 있겠지만 (21ㄴ)은 왜 장모음이 나타나지 않는지 명확히 해명하기 어렵다.

(21) ㄱ. 때메(←때문에), 게(←것이)
ㄴ. 일로(←이리로), 얻따가(←어디다가), 근데(←그런데)

4.4.2. 장모음의 단모음화

단모음의 장모음화와는 반대로 원래는 장모음이었지만 환경에 따라 단모음으로 바뀌는 현상도 존재한다. 이 현상은 몇 가지 유형으로 나눌 수

51) (20)은 김성규(1999)에 나온 자료 중 일부를 가져온 것이다. 이 중 '난:테(←나한테)'와 같은 예는 김성규(1999: 126)에서는 '난테'와 같이 짧은 모음으로 실현된다고 보았지만 여기서는 길게 발음된다고 보아 수정하였다.

있는데 표준 발음법 제6항과 제7항에서 자세히 규정하고 있다. 이 중 제6항에 나오는 내용은 장모음이 어두에만 실현되고 비어두에 놓이면 짧아진다는 것으로 이미 4.3.2에서 장모음의 분포를 설명하면서 다룬 바 있다. 이처럼 장모음은 비어두라는 위치상의 제약 때문에 단모음으로 바뀌기도 하지만 후행하는 형태소의 종류에 따라 단모음으로 바뀌기도 한다. 이와 관련된 내용은 표준 발음법 제7항에 나온다.

(22)

【제7항】 긴소리를 가진 음절이라도, 다음과 같은 경우에는 짧게 발음한다.

1. 단음절인 용언 어간에 모음으로 시작된 어미가 결합되는 경우

감다[감:따]-감으니[가므니]　　밟다[밥:따]-밟으면[발브면]

신다[신:따]-신어[시너]　　알다[알:다]-알아[아라]

다만, 다음과 같은 경우에는 예외적이다.

끌다[끌:다]-끌어[끄:러]　　떫다[떫:다]-떫은[떨:븐]

벌다[벌:다]-벌어[버:러]　　썰다[썰:다]-썰어[써:러]

없다[업:따]-없으니[업:쓰니]

2. 용언 어간에 피동, 사동의 접미사가 결합되는 경우

감다[감:따]-감기다[감기다]　　꼬다[꼬:다]-꼬이다[꼬이다]

밟다[밥:따]-밟히다[발피다]

다만, 다음과 같은 경우에는 예외적이다.

끌리다[끌:리다]　　벌리다[벌:리다]　　없애다[업:쌔다]

[붙임] 다음과 같은 복합어에서는 본디의 길이에 관계없이 짧게 발음한다.

밀-물　　썰-물　　쏜-살-같이　　작은-아버지

(22)에 따르면 장모음의 단모음화는 두 가지 환경에서 일어난다. 하나는 모음으로 시작하는 어미가 1음절 장모음 어간에 결합하는 경우이고, 다른 하나는 1음절 장모음 어간에 피사동 접미사가 결합하는 경우이다. 모두 용언 어간에서만 적용될 수 있다. 장모음을 가진 1음절 체언 어간은 후행하는 요소에 의한 단모음화(短母音化)를 겪지 않는다.

모음으로 시작하는 어미 앞에서의 단모음화에 대해, 표준 발음법에서는 자음으로 끝나는 어간만 예로 들었지만 모음으로 끝나는 어간도 단모음화(短母音化)의 적용을 받는다.

(23) ㄱ. 뵈어라(뵈:-), 죄어서(죄:-), 뉘어서(뉘:-), 쉬어라(쉬:-)
ㄴ. 고아서(고:-), 호아라(호:-), 쏘았다(쏘:-)

(23ㄱ)에서 보듯 'ㅚ, ㅟ' 말음 어간 뒤에 'ㅓ'로 시작하는 어미가 결합할 때 어간의 장모음이 단모음으로 바뀐다. (23ㄴ)은 반모음화가 일어날 수 있는 환경이지만 반모음화가 일어나지 않을 경우 역시 어간의 장모음은 단모음으로 실현된다.

비록 첫음절에 장모음이 온다고 하더라도 1음절 어간이 아닌 경우에는 단모음화의 적용을 받지 않는다. 가령 '더:럽다'와 같은 2음절 어간은 어두에 장모음을 지니지만 그 뒤에 어떤 어미가 결합하더라도 어두의 장모음은 단모음으로 바뀌는 일이 없다. 이것은 어간의 장모음 음절과 모음으로 시작하는 어미의 첫음절이 서로 인접하지 않았기 때문에 단모음화의 적용을 받지 않은 결과이다.52) 모음으로 시작하는 어미 앞에서의 단모음화는 어간의 장모음과 어미가 직접 결합할 때만 적용된다.

모음으로 시작하는 어미는 크게 '아/어'로 시작하는 것과 '으'로 시작하는 것의 두 가지 유형이 있다. 이 중 '아/어'로 시작하는 어미는 어간의 구조와

52) '더:럽다'와 같이 단모음화(短母音化)의 적용을 받지 않는 단어는 'ㅓ:'에 모음 상승이라는 변화가 적용될 때 어간의 모든 이형태에서 '드:럽다, 드:럽고, 드:러운, 드:러워'와 같은 모습을 보인다. 반면 '얼:다'와 같이 단모음화의 적용을 받는 어간은 '을:고, 을:지, 어러서, 어렀다'와 같이 단모음화가 일어나지 않는 활용형에서만 모음 상승이 일어날 수 있을 뿐이다. '더럽다'는 단모음화의 적용을 받지 않고 모든 활용형에서 어간 첫음절의 장모음이 나타나지만, '얼다'는 단모음화의 적용을 받지 않는 일부 활용형에서만 어간 첫음절의 장모음이 나타난다. 이러한 차이가 모음 상승이라는 변화의 적용 양상에도 그대로 반영되어 있다.

상관없이 단모음화를 일으키지만 '으'로 시작하는 어미는 'ㄹ'을 제외한 자음으로 끝나는 어간에만 적용되고 그 이외의 어간에는 적용되지 않는다.[53)]

(24) ㄱ. 알:면(알+으면), 아:니까(알+으니까)
　　 ㄴ. 쏘:니(쏘+으니), 쏘:면(쏘+으면)

이처럼 'ㄹ'이나 모음으로 끝나는 1음절 장모음 어간이 'ㅡ'로 시작하는 어미 앞에서 단모음화(短母音化)의 적용을 받지 않는 것은 이들 어간 뒤에서 어미의 두음 'ㅡ'가 표면에 실현되지 않는 것과 관련이 있다. 이병근(1978: 12)에 제시된 '아:니까~아르니까, 아:셔서~아르셔서'와 같은 공존형을 비교해 보면 자명해지듯이 표면에 'ㅡ'가 나타나면 어간의 장모음이 단모음(短母音)으로 나오지만 'ㅡ'가 나타나지 않으면 장모음이 그대로 유지된다. 어미 첫머리의 모음이 표면에 그대로 실현되는지 여부가 장모음의 단모음화에 있어 중요한 관건이 되고 있다.

다음으로 피사동 접미사 앞에서도 1음절 어간의 장모음은 짧게 발음된다. 그런데 피사동 접미사의 이형태는 모음으로 시작하는 것도 있지만 자음으로 시작하는 것도 있어서 이들 접미사 앞에서의 단모음화는 모음으로 시작하는 어미 앞에서의 단모음화와는 성격을 약간 달리한다. 모음으로 시작하는 어미 앞에서의 단모음화든 피사동 접미사 앞에서의 단모음화든 적용 이유를 아직까지는 명쾌히 설명하기 어렵다.

이상에서 살핀 두 가지 유형의 단모음화는 장단 대신 성조가 초분절음으로 기능하던 중세 한국어 시기에도 평행적인 현상이 존재했다.

---

53) '으'로 시작하는 어미의 기저형에 대한 음운론적 분석 방법은 크게 세 가지가 있다. 'ㅡ'가 기저형에 존재하며 이것이 환경에 따라 탈락한다는 견해, 'ㅡ'는 기저형에 존재하지 않으면 환경에 따라 'ㅡ'가 첨가된다는 견해, 'ㅡ'가 있는 것과 없는 것을 모두 기저형으로 인정하는 견해가 그것이다. 여기서는 잠정적으로 'ㅡ'가 기저형에 존재한다고 보고 논의를 한다. 어미의 두음 'ㅡ'와 관련된 기존 논의에 대해서는 배주채(1993)을 참고할 수 있다.

(25) ㄱ. 아ᅀᆞᄫᆞᄃᆡ[RHLH], 알면[RL], 아디[RH], 아논[RL], 아ᄅᆞ샤[RLH] ⇔ 아라[LH], 아라ᅀᅡ[LHH], 아로미라[LHLH]

ㄴ. ᄇᆞᆯ이-[LL~HL](ᄇᆞᆰ[R]-, 밝히-), 감기-[LL~LH](감[R]-, 감기-)

(25)에서 보듯 중세 한국어 시기에는 1음절로 된 상성 어간이 평성으로 실현되는 현상이 존재한다. 그런데 적용 환경을 보면 (22)에 제시된 단모음화 현상과 매우 평행적인 모습을 보인다는 사실을 알 수 있다. 우선 체언에는 적용되지 않고 용언에만 적용된다는 점이 동일하다. 그뿐만 아니라 모음으로 시작하는 어미 또는 피사동 접미사 앞에서 일어난다는 점도 동일하다. (25ㄱ)은 모음으로 시작하는 어미 앞에서, (25ㄴ)은 피사동 접미사 앞에서 어간의 상성이 평성으로 실현되고 있는 것이다.[54] 또한 (25)와 같은 성조 변동을 보이는 어간 목록이 현대 한국어의 단모음화를 보이는 어간 목록과 거의 일치한다는 점도 빼놓을 수 없다.[55] 후술하겠지만 단모음화의 예외와 성조 변동의 예외 목록도 서로 비슷하다.

중세 한국어의 상성이 현대 한국어의 장모음에 대응한다는 사실을 고려할 때 결과적으로 (22)의 단모음화(短母音化)는 중세 한국어에 존재하던 성조의 변동이 현대 한국어에서는 음장의 변동으로 남아 있는 것이라고 할 수 있다. 다시 말해, 중세 한국어 시기에도 상성이 평성으로 바뀌면 그에 따라 장단의 변동이 수반되었으나 당시에는 장단이 비변별적이었기 때문에

54) 다만 (25ㄱ)은 현대 한국어 단모음화와 관련하여 한 가지 차이점이 있다. ‘아ᄅᆞ샤’와 같이 주체 존대 선어말어미 ‘-시-’ 앞에서 매개 모음 어미의 두음 ‘ᄋᆞ’가 탈락하지 않았는데도 불구하고 어간의 성조가 장모음에 대응하는 상성(R)으로 실현된다는 점이다. 이는 앞서 살핀 이병근(1978: 12)에 제시된 ‘아:니까~아르니까, 아:셔서~아르셔서’와는 차이 나는 모습이다. 중세 한국어의 ‘시’ 앞에 놓인 매개 모음 ‘ᄋᆞ/으’는 이 외에도 다른 여타의 매개 모음과는 구별되는 모습을 보인다.

55) 물론 일부 차이 나는 경우도 없지는 않다. 가령 ‘뵈:다, 내:다’와 같은 어간은 (23ㄱ)에서 살핀 바와 같이 현대 한국어에서 단모음화의 적용을 받지만 중세 한국어 시기에는 어간의 상성이 그대로 유지되고 있다.

(25)와 같은 현상을 성조의 변동으로 다루게 된다. 그러나 성조가 사라지고 나서는 동일한 현상이 성조의 변동이 아닌 장단의 변동으로 새로이 해석되는 것이다.

한편, (22)에서 보듯이 두 가지 유형의 단모음화에는 예외가 존재한다. 일부 어간들은 모음으로 시작하는 어미나 피사동 접미사 앞에서도 장모음을 그대로 유지하는 것이다. 모음으로 시작하는 어미 앞에서 단모음화가 일어나지 않는 어간은 (22)에 제시된 어간 외에도 '얻:다, 좋:다, 곱:다(麗), 작:다' 등이 더 존재한다. 이런 예외적인 모습을 보이는 어간들은 크게 두 부류로 나눌 수 있다.

첫째 부류는 '끌:다, 벌:다, 썰:다'와 같은 어간들로 이들은 기원적으로는 1음절 어간이 아닌 2음절 어간이었다.

(26) 끌:다(<그ᅀᅳ다), 썰:다(<사ᄒᆞᆯ다), 벌:다(<벙을다~버을다)

이병근(1975: 24)에서 지적한 바와 같이 이 어간들은 기원적으로 2음절이었다가 1음절로 줄어들었다. 이러한 어간 음절 수의 변화에도 불구하고 모음의 장단은 변화 이전의 모습을 그대로 간직함으로써 장모음이 후행 어미에 상관없이 그대로 고정될 수 있었다.[56] 이것은 (11)~(13)에서 본 비어두 단모음화의 예외와도 맥이 통하는 바가 없지 않다.

둘째 부류는 (26)에 제시된 어간들을 제외한 나머지(떫:다, 없:다, 얻:다 등)로서 이들은 예전에도 이와 평행적인 모습을 보이고 있었다. 이 어간들

56) 2음절 어간에서 1음절로 줄어들었다고 해서 (26)에 제시된 어간들처럼 단모음화의 적용을 받지 않고 장모음이 항상 유지되는 것만은 아닌 듯하다. 가령 이병근(1975: 24)에서 (26)에 제시된 어간과 동일한 성질을 지닌다고 본 '좋:다(<*ᄌᆞᄫᆞᆯ다)'는 『표준국어대사전』(국립국어원)에 따르면 오히려 모음으로 시작하는 어미 앞에서 단모음화의 적용을 받는다고 되어 있어 차이가 난다. 현재 많은 사람들은 '좋:+아/아서/아도'를 '좋아/좋아서/좋아도'와 같이 단모음화된 형태로 발음하고 있는 듯하다.

은 중세 한국어 시기에 (25ㄱ)에서 살핀 상성 어간의 평성화가 적용되지 않고 모음으로 시작하는 어미 앞에서도 항상 상성으로만 실현되었던 것이다. (25ㄱ)과 같이 상성과 평성 사이에서 교체를 보이던 어간을 유동적 상성 어간이라고 부르고 '없다' 등과 같이 언제나 상성으로만 실현되는 어간을 고정적 상성 어간이라고 부르기도 한다.57) 고정적 상성 어간이 현대 한국어 시기에 단모음화의 예외가 되는 것은 결과적으로 예전의 모습이 현재까지 그대로 이어져 내려온 것이라고 해석할 수 있다.

모음으로 시작하는 어미뿐만 아니라 피사동 접미사 앞에서 단모음화의 적용을 받지 않는 예외 역시 존재한다. 이병근(1988: 56)에서 지적했듯이 피사동 접미사 앞에서 단모음화의 적용을 받지 않는 예외적인 어간들은 모음으로 시작하는 어미 앞에서도 단모음화의 적용을 받지 않는다. (22)에 제시된 어간 목록을 비교하면 자명해지듯 모음으로 시작하는 어미 앞에서 단모음화의 적용을 받지 않는 '끌다, 벌다, 없다'는 피사동 접미사가 결합해도 여전히 장모음을 유지하여 '끌:리다, 벌:리다, 없:애다'와 같이 실현된다.

그런데 어미나 파생 접사 앞에서 단모음화가 안 일어나는 예외들도 비어두 위치에서는 단모음화가 일어난다는 점에 주목할 필요가 있다. 가령 '없:다'의 경우 어미나 파생 접사와 결합할 때는 장모음이 그대로 유지되지만 '수없이'와 같이 비어두에 놓이면 장모음이 단모음으로 바뀐다.58) '썰:다'의 장모음도 '가로썰다'에서는 단모음(短母音)으로 변화한다. 동일한 어간이라

57) 자세한 것은 河野六郞(1953), 정연찬(1963), 김완진(1977) 등을 참고할 수 있다.
58) '수없이'가 '수없다'의 파생부사인지 아닌지 불분명하지만, 중세 한국어 시기에는 '수업슨[RRH]'(飜譯朴通事 上46)과 같은 예가 드물지만 존재한다. '수업슨'의 '없-'은 비어두에 놓였음에도 불구하고 장모음에 대응하는 상성으로 나타나고 있어 현대 한국어와는 차이를 보인다. 그런데 '수업슨'에서의 '수없다'를 합성어가 아닌 구로 본다면, '없-'은 모음으로 시작하는 어미 앞에서 상성으로 실현되었으므로 더 이상 예외가 되지 않는다. 물론 여기에는 '수없다'가 원래는 구였다가 현대 한국어로 오면서 합성어로 바뀌었다는 전제가 필요하다.

도 단모음화의 종류에 따라 적용 여부에 차이를 보이고 있다.

4.5. 장단의 혼란

현대 한국어의 장단은 매우 혼란스럽다는 지적이 끊임없이 제기되어 왔다. 장단의 혼란은 두 가지 조사로도 쉽게 알 수 있다. 우선 장모음과 단모음을 올바르게 구별하여 발음하는지를 조사해 보면 노년층 이하의 세대에서는 잘못된 발음을 하는 경우가 매우 많다.[59] 게다가 그러한 발음 오류가 어떤 특별한 변화의 결과라든지 일정한 규칙성을 지닌 것이 아니라 무작위적으로 나타난다는 점에서 장단의 혼란이 심각하다고 하겠다. 물론 화자들 스스로도 장단의 차이에 대한 뚜렷한 인식을 보이지 않고 있다.

장단의 혼란은 곧 장단이 초분절음으로서 기능을 하지 못함을 의미한다. 그런데 이러한 장단의 혼란은 최근 들어 생긴 일은 아니다. 가령 표준 발음을 제정하기 위한 사업이 시작될 초창기에 가장 역점을 두었던 부분이 경음화 여부와 장단의 규정이었던 것이다.[60] 이미 약 반세기 전에도 장단의 혼란은 발음상에 있어 큰 문제로 인식되고 있었다.

장단이 혼란스럽게 된 이유는 명확히 밝혀지지는 않았다. 다만 김수형(2001: 62~63)에서는 장단의 혼란 이유로 1) 장단에 따른 최소 대립쌍의 수가 많지 않다는 점, 2) 개별 단어의 장단은 기억해야 하는 부담이 있다는 점, 3) 장단의 교체가 수시로 일어나서 그에 대한 인식을 흐리게 한다는 점, 4) 장모음의 길이가 줄어서 단모음과의 차이가 극히 미미하다는 점의 네 가지를 든 적이 있다. 그리고 이 중 마지막 요인이 가장 중요하면서도

59) 최근의 조사 결과로는 김수형(2001), 김선철(2006)에 제시된 것이 있다.
60) 자세한 것은 이진호(2008ㄱ)을 참고할 수 있다.

결정적이라고 분석하였다.

이러한 네 가지 요인 중 2)와 3)은 타당성이 의심된다. 2)의 경우 장단을 단어에 따라 기억해야 한다는 것을 문제 삼았는데, 이것은 장단을 초분절음으로 가진 언어라면 모두 마찬가지이다. 장단의 기억은 언어의 자의성과 관련된 것으로서 이 사실 자체는 장단 혼란의 원인이라고 말하기 어렵다. 또한 3)은 장단의 교체가 수시로 일어난다는 것이 장단에 대한 인식을 오히려 더 강하게 만들 수 있다는 점에서 장단 혼란의 원인으로 파악하기 어렵다.[61] 장단 교체가 불규칙하게 일어나는 것이 아닌 이상 장단의 교체는 장단을 인식하는 데 더 도움이 된다.

반면 1)과 4)는 장단 혼란의 원인 중 하나로 충분히 인정할 수 있다. 최소대립쌍의 수가 적다는 것은 초분절음으로서 장단이 지니는 기능 부담량이 크지 않음을 말하기 때문에 장단의 지위가 약해져 혼란으로 이어질 수 있다. 특히 한국어의 경우 장모음이 원칙상 단어의 첫머리에만 올 수 있기 때문에 장단에 따른 최소 대립쌍의 성립 자체가 상당히 제약될 수밖에 없다. 4)는 장단 혼란의 좀 더 직접적인 원인이라고 할 수 있다. 물리적으로 장모음과 단모음의 길이 차이가 미미해지면 아무리 음운론적으로 이 둘을 구별하려고 해도 어렵게 된다.[62]

이러한 요인 외에 장단의 표기 수단이 없다는 점도 현실적으로는 장단의 혼란에 적지 않은 기여를 했다고 생각된다. 성조는 방점으로 표기되었지만 방점이 사라진 후 그 기능을 이어받은 장단은 표기상 드러나지 않는다. 따

61) 장단의 교체와 관련해서는 그러한 장단의 교체가 예외를 많이 가진다는 점을 더욱 중시해야 할 것이다. 앞에서 살핀 장모음화나 단모음화에는 예외가 존재하며 이러한 예외는 장단 교체의 규칙성을 약화시켜 장단 구분에는 부정적인 영향을 줄 수 있는 것이다. 단순히 장단이 교체한다는 사실보다는 장단 교체에 불규칙성이 있다는 사실이 장단의 혼란에 일조했다고 분석하는 편이 더 타당하지 않을까 한다.

62) 4)에서 언급한 장모음의 길이가 짧아진다는 사실은 뒤에서 다시 다루기로 한다.

라서 성조가 사라진 직후부터 일정 기간 동안에는 장단이 별다른 문제 없이 잘 구별되었겠지만, 시간이 많이 흐르고 여러 변화가 축적되면 표기로 확인할 수 없는 장단의 구별은 혼란을 겪기 쉽다. 만약 장단이 표기에 반영되었다면 장단의 혼란은 지금보다 훨씬 줄어들었으리라 생각된다.

그렇다면 현대 한국어에서 일어나는 장단의 혼란은 구체적으로 어떤 양상을 보이는지 살필 필요가 있다. 이론적으로는 크게 다음 네 가지 경우를 생각할 수 있다.

(27) ㄱ. 장모음을 단모음으로 발음
ㄴ. 단모음을 장모음으로 발음
ㄷ. 장모음과 단모음을 서로 뒤바꾸어 발음
ㄹ. 장모음과 단모음을 모두 중간치 정도로 발음

이상의 네 가지 가능성 중에서 실제로 가장 유력한 것은 (27ㄱ)이다. 김수형(2001: 313)에서는 전국적인 조사를 통해 장모음과 단모음 모두를 단모음 형태로 발음한다는 경우가 절대 다수임을 확인한 바 있다. 그뿐만 아니라 김선철(2006: 45~49)의 조사 결과를 보아도 이런 사실을 알게 된다. 여기에 따르면 원래 장모음을 가진 단어의 경우는 단어에 따라 최소 2.57%, 최대 65.43%의 응답자가 장모음을 올바르게 발음한다.[63] 반면 원래 단모음을 가진 단어의 경우는 최소 51.71%, 최대 92%의 응답자가 단모음을 올바르게 발음한다. 이처럼 장모음을 올바르게 발음하는 사람의 비율은 매우 낮고 단모음을 올바르게 발음하는 사람의 비율은 매우 높다는 사실을 통해서도, 장단의 혼란이 장모음을 짧게 발음하는 방향으로 이루어지고 있다고 말할 수 있다.

63) 전반적으로 보면 장모음을 올바르게 발음하는 비율이 50%에 크게 못 미치는 단어가 대부분이다.

제5장 받침의 발음

5.1. 받침과 음절 구조

『표준국어대사전』의 뜻풀이를 보면, '받침'은 '한글을 적을 때 모음 글자 아래에 받쳐 적는 자음'이라는 의미와 '종성(終聲)'이라는 의미 두 가지를 지니고 있다. 전자는 '받쳐 적는다'는 표현에서 알 수 있듯이 표기의 측면을 중시한 것이다. 반면 후자는 발음 단위로서의 음절을 구성하는 요소 중 가장 마지막에 놓이는 '종성(終聲)'과 동일시하고 있으므로 발음의 측면을 중시한 것이다.

받침이라는 용어가 실제로 쓰이는 것을 보면 후자보다는 전자에 치우쳐 있다. 가령 '겹받침'이라는 용어만 봐도 실제로 두 개의 자음이 모두 발음되는지와 상관없이 받침에 두 개의 자음이 표기되어 있으면 겹받침으로 보고 있다. 표준 발음법에서 규정하는 받침의 발음에 사용된 '받침'의 용법 역시 모음 아래에 표기하는 자음을 가리킨다.

그런데 표기상으로의 받침은 후행하는 요소에 따라 발음이 달라진다. 이러한 발음의 차이는 받침으로 표기된 자음이 음절화의 결과 음절의 종성에 놓이는지 초성에 놓이는지와 직접적인 관련을 맺는다. 좀 더 구체적인 내용은 5.2와 5.3에서 검토하겠지만 받침으로 표기된 자음은 모음으로 시작하는 문법 형태소와 결합할 때는 아무런 변화 없이 그대로 연음되어 후행하는 음절의 초성으로 발음된다.[1] 반면 그 이외의 환경에서는 종성에 놓이면서 받침의 종류에 따라 어떤 변동이 일어나거나 또는 변동이 일어난 후 후행 음절의 초성으로 이동하기도 한다.

받침으로 쓰인 자음이 변동을 하는지의 여부는 음절 구조에 대한 음운론적 제약에 의해 결정된다.[2] 흔히 음절 구조 제약이라 불리는 이 제약을 받침이 어기면 변동이 일어나야 하고 그렇지 않으면 변동이 일어나지 않는다. 이것을 고려할 때 받침의 발음을 알기 위해서는 우선 한국어의 음절 구조 제약에 대해 자세히 검토할 필요가 있다.

음절 구조 제약은 이론적으로 초성에 대한 제약, 중성에 대한 제약, 종성에 대한 제약의 세 가지가 구별된다. 이 중 받침과 관련된 것은 초성에 대한 제약과 종성에 대한 제약이다. 받침과 직접 관련된 것은 종성이지만, 앞에서도 언급한 것처럼 받침으로 표기된 자음은 조건에 따라서는 초성으로 옮겨갈 수도 있다. 또한 초성과 종성은 자음이 온다는 공통점도 존재한다. 따라서 받침의 발음을 온전하게 이해하려면 초성, 종성에 대한 제약을 모두 고려할 필요가 있다. 현대 한국어의 초성과 종성의 발음과 관련된 음절 구조 제약은 다음과 같다.

(1)

	개수 제약	가짓수 제약
초성	최대 하나의 자음만 발음	'ㅇ'을 제외한 18가지만 가능
종성	최대 하나의 자음만 발음	'ㄱ, ㄴ, ㄷ, ㄹ, ㅁ, ㅂ, ㅇ'의 7가지만 가능

1) 자음에 따라서는 연음이 되지 못할 수도 있다. 자세한 것은 5.2.1과 5.3.1에서 논의한다.
2) 한국어의 음운론적 제약 체계에 대해서는 이진호(2005ㄴ)에서 다룬 바 있다.

초성과 종성에 대한 제약은 자음의 개수에 대한 것과 자음의 가짓수(종류)에 대한 것으로 나뉜다. 초성이든 종성이든 현대 한국어에서 발음 가능한 최대한의 자음 개수는 하나이다. 다시 말해 초성이나 종성에는 자음이 오지 않든지 온다고 하더라도 하나까지만 올 수 있으며, 둘 이상의 자음이 초성이나 종성에서 발음되는 경우는 없는 것이다.

그런데 하나의 자음만 가능하다고 해서 현대 한국어의 19개 자음이 모두 초성이나 종성에서 발음될 수 있는 것은 아니다. 초성의 경우 연구개 비음인 'ㅇ'은 발음되지 못하므로 18종류만 초성에서 발음할 수 있다. 종성은 그 제약이 더 심해서 'ㄱ, ㄴ, ㄷ, ㄹ, ㅁ, ㅂ, ㅇ'의 7종류만이 발음 가능하다.[3] 종성에 대한 가짓수 제약은 현행 표준 발음법에서도 명시적으로 규정하고 있다. 아래의 표준 발음법 제8항은 받침의 발음을 규정하는 여러 조항 중 가장 앞에 놓인다. 여기서 이 조항 내용의 중요성을 대략 짐작할 수도 있다.

(2) 【제8항】 받침소리로는 'ㄱ, ㄴ, ㄷ, ㄹ, ㅁ, ㅂ, ㅇ'의 7개 자음만 발음한다.

종성에 올 수 있는 7종류의 자음을 보면 자음 체계에 있어 공명음에 속하는 4개의 자음은 모두 종성에 올 수 있다. 반면 장애음에 속하는 15개의 자음은 'ㅂ, ㄷ, ㄱ'의 3개로 줄어든다. 이처럼 종성에 올 수 있는 자음의 가짓수에 대한 제약은 일방적으로 장애음에만 적용되고 있다.

이러한 결과는 한국어의 경우 종성에 놓이는 자음을 닫아서 발음한다는 특징과 관련이 있다.[4] 장애음의 경우 다양한 장애를 일으키며 특히 발음의

3) 결과적으로 한국어의 자음이 19개라고 하더라도 이 자음들이 동일한 위치, 가령 초성 또는 종성 중 어느 하나에서 모두 실현되는 경우는 존재하지 않는 셈이 된다. 초성 체계는 18개 자음, 종성 체계는 7개 자음으로 구성되며, 음절 구조에 대한 정보를 무시하고 단순히 합칠 때 19개의 자음 체계가 된다.

4) 여기서 '닫는다'는 것은 완전히 폐쇄한다는 것을 의미하지는 않는다. 조음체가 조음점에

후반부에 그 특징이 잘 반영되는데, 종성에 올 경우 닫아서 발음함으로써 그러한 조음적 특성이 잘 드러날 수 없다. 그래서 많은 장애음들이 음절말에서는 그대로 발음되지 못하고 다른 자음으로 바뀐다. 그에 비해 공명음은 기본적으로 구강 또는 비강의 울림이 크다는 특징이 있다. 이러한 울림은 종성에서 공명음을 닫아서 발음한다고 하더라도 그 특성이 크게 영향을 받지 않는다. 종성에 놓인 자음의 종류에 있어 공명음과 장애음이 커다란 편차를 보이는 것은 여기에 기인한다.

(1)과 같은 제약의 존재는 한국인들의 실제 발음에서 쉽게 확인할 수 있다. 무엇보다도 한국인들은 '닭'이나 '옷'과 같은 단어를 발음할 때 받침으로 쓰인 자음을 종성에서 온전하게 발음하지 못하고 자음을 하나 탈락시키든지 다른 자음으로 바꾸어 발음하게 된다. 고유어뿐만 아니라 외국어 역시 'strike, most, bus'처럼 음절 구조 제약을 어기는 단어를 발음할 때는 초성이나 종성에 오는 자음들을 그대로 발음하지 못하고 음절 수를 늘려서 음절 구조 제약을 어기지 않게끔 발음한다.

(1)에 제시된 음절 구조 제약은 현대 한국어에서는 예외를 전혀 허용하지 않을 만큼 매우 철저하게 작용하고 있다. 그런데 현대 한국어 이전 시기에는 (1)과는 다른 음절 구조 제약이 존재했다. 가령 중세 한국어의 경우 다음과 같은 음절 구조 제약이 존재했다고 할 수 있다.

(3)

	개수 제약	가짓수 제약
초성	최대 두 개의 자음까지 발음 (단, 선행 자음≧후행 자음)[5]	모든 자음이 올 수 있음
종성	최대 두 개의 자음까지 발음 (단, 선행 자음≦후행 자음)	'ㄱ, ㄴ, ㄷ, ㄹ, ㅁ, ㅂ, ㅅ, ㆁ'의 8가지만 가능

붙은 채로 발음하는 것을 포괄할 뿐이다.

5) 이것은 초성에 놓인 두 자음 중 앞선 자음이 뒤에 오는 자음보다 음운론적으로 같거나

(1)과 비교할 때 중세 한국어 시기에는 초성이나 종성에 올 수 있는 자음의 개수가 하나 더 많았다.[6] 'ᄡᆞᆯ'과 같이 어두에 자음군을 가진 단어가 많이 있었으며 이들은 현재 '좁쌀, 입쌀, 멥쌀' 등의 단어에 그 흔적을 남기고 있다. 음절말에서도 'ㄺ, ㄼ, ㄻ' 등의 겹받침이 모두 발음되었다.

다만 초성이나 종성에 자음이 두 개 올 때에는 엄격한 배열 조건이 있었다. 즉, 자음군을 이루는 자음 중 중성과 더 가까운 자음의 음운론적 강도가 그렇지 않은 자음의 음운론적 강도보다 강할 수 없다는 원칙이 존재했던 것이다.[7] 실제로 중세 한국어 시기의 어두 자음군을 보면 'ㅅ＋ㄴ'은 있어도 'ㄴ＋ㅅ'은 없다. 초성에 오는 다른 자음군도 선행 자음이 후행 자음보다 음운론적 강도가 더 약한 경우는 없다. 종성의 자음군 역시 'ㄹ＋ㅁ, ㄹ＋ㄱ'은 존재했어도 'ㅁ＋ㄹ, ㄱ＋ㄹ'은 결코 존재하지 않았다. 언어 보편적으로 보아도 초성이나 종성에 놓이는 자음군들은 중성에 가까울수록 자음의 음운론적 강도가 더 떨어지는 경향이 강한데 중세 한국어 역시 이런 보편성을 잘 지키고 있었다.[8]

자음의 개수뿐만 아니라 종류에 있어서도 중세 한국어 시기에는 현대 한국어보다 제약이 덜 심한 편이다. 초성 위치에는 연구개 비음을 포함한 모든 자음이 올 수 있었다.[9] 종성 위치에도 'ㅅ'이 더 올 수 있었다.[10] 이처

더 강하다는 의미이다. 바로 아래의 종성에 나오는 '선행 자음≦후행 자음'은 그 반대이다. 여기에 대해서는 후술한다.

6) 초성에 올 수 있는 자음의 최대 개수를 둘로 본 것은 ㅄ-계 합용병서의 발음을 'ㅂ＋경음'으로 해석한 결과이다. 만약 ㅄ-계 합용병서를 'ㅂ＋ㅅ＋평음'으로 해석하면 초성에는 최대 세 개의 자음까지 왔다고 해석할 수 있다.

7) 자음의 음운론적 강도는 공명도와 반비례한다. 한국어 자음의 공명도를 크게 '유음>비음>장애음'으로 설정한다고 할 때 자음의 음운론적 강도 순서는 그 반대가 된다.

8) 음절의 구성상 공명도는 중성에서 정점을 이루며 초성이나 종성은 중성보다 공명도가 낮은 것이 원칙이다. 그런 점에서 본다면 초성이나 종성을 이루는 자음군의 경우 중성에서 멀수록 공명도가 낮고 그 반대일수록 공명도가 더 높은 것은 매우 자연스러운 일이라고 할 수 있다.

9) 중세 한국어 시기에 연구개 비음 'ㆁ'이 초성에 올 수 있었다는 것은 두 가지 사실을 통해

럼 예전에는 초성이나 종성에 대한 제약의 내용이 현재보다는 더 약했는데, 시간의 흐름과 더불어 현재와 같이 상당히 강한 제약이 생겨나게 되었다.11)

이상에서 살핀 한국어의 음절 구조 제약은 한국어에 존재하는 음절의 유형을 규정짓는 데에도 관여한다. 음절의 유형은 음절을 이루는 분절음들의 배열에 따라 여러 가지로 나뉘는데 기본적으로 음절 구조 제약을 만족시켜야만 한다. 한국어의 음절 유형에 대해서는 어문 규정에서 명시적으로 규정하지 않고 있다. 다만 음절 구조 제약 및 표준 발음법의 몇몇 규정을 참고할 때 표준 발음으로 인정할 수 있는 음절 유형은 다음과 같다.12)

(4) ㄱ. V-형 : 아, 오, …
ㄴ. CV-형 : 가, 노, 라, …
ㄷ. SV-형 : 야, 여, 와, 워, …
ㄹ. VS-형 : 의
ㅁ. VC-형 : 악, 언, …
ㅂ. CSV-형 : 교, 며, …
ㅅ. CVC-형 : 각, 난, …
ㅇ. CVS-형 : 한국+의[한구긔], 빛+의[비츼], …
ㅈ. VSC-형 : 의의+입니다[의읩니다], 회의+입니다[회읩니다], …
ㅊ. SVC-형 : 약, 연, …
ㅋ. CSVC-형 : 격, 면, …
ㅌ. CVSC-형 : 논의+는[노닌], 합의+를[하빌], …

확인된다. 하나는 '바올'과 같이 형태소 내부에서 'ㆁ'이 음절의 초성으로 쓰이는 경우가 있었다는 점이고, 다른 하나는 '스스이(스승+이)'와 같이 'ㆁ'으로 끝나는 체언 뒤에 모음으로 시작하는 문법 형태소가 후행할 때 어간말 자음 'ㆁ'이 연철될 수 있었다는 점이다.

10) 중세 한국어 시기에는 일부 환경에서 'ㅿ'도 음절 종성에 표기되는 경우가 있었는데 이것까지 감안하면 9종류의 종성이 가능했다고 할 수도 있다.

11) 한국어 음절 종성 목록의 변화는 언어 유형론적으로 볼 때 보편성을 지향한다는 특징이 있다. 자세한 것은 이진호(근간)을 참고할 수 있다.

12) (4)에서 'C'는 자음(consonant), 'V'는 모음(vowel), 'S'는 반모음(semi-vowel)을 가리킨다. 또한 이중 모음 'ㅢ'는 3장에서 논의한 것처럼 단모음 'ㅡ'와 반모음 'j'로 이루어졌다고 보기로 한다.

(4)에 제시된 음절 유형 중 특이한 것은 이중 모음 'ㅢ'가 포함된 경우이다. 'ㅢ'를 단독으로 발음하는 (4ㄹ)은 문제가 없지만 'ㅢ'의 앞, 뒤에 자음이 오는 (4ㅇ, ㅈ, ㅌ)은 보충 설명이 필요하다.[13] (4ㅇ, ㅈ, ㅌ)은 공통적으로 한 형태소 내에서는 발견할 수 없는 음절 유형이다. 즉, 둘 이상의 형태소가 결합하는 과정에서만 생겨날 수 있는 것이다. 'ㅢ' 앞에 초성이 오는 음절 유형은 자음으로 끝나는 체언 뒤에 관형격 조사 '-의'가 올 때 성립되고, 'ㅢ' 뒤에 종성이 오는 음절 유형은 'ㅢ'로 끝나는 말 뒤에 문법 형태소가 결합할 때 성립될 수 있다.

(4ㅇ)의 CVS-형 음절은 현행 표준 발음법에서 관형격 조사의 발음을 표기 그대로 하는 것을 원칙으로 삼고 '[ㅔ]'로 발음하는 것을 허용하기 때문에 나타나게 되었다. '희, 늬' 등과 같이 원래부터 '자음+ㅢ'로 이루어진 음절은 반드시 'ㅢ'를 'ㅣ'로 발음해야 하지만 관형격 조사와 결합하면서 연음에 의해 만들어진 '자음+ㅢ'는 표기대로 발음하는 것이 원칙이기에 CVS-형 음절을 표준 발음으로 인정할 수 있다. (4ㅈ)과 (4ㅌ)은 (4ㅇ)보다도 더 특수한 환경에서 만들어진 음절 유형이다. (4ㅈ)과 같이 모음으로 끝나는 말 뒤에서 서술격 조사의 두음 'ㅣ'가 없어지는 것이나 (4ㅌ)과 같이 조사 '-는, -를'이 모음으로 끝나는 체언 뒤에서 '-ㄴ, -ㄹ'로 나타나는 것은 표준 발음법을 비롯한 어문 규범을 위반하지 않는다. 따라서 'VSC-형'이나 'CVSC-형'과 같은 음절 유형도 표준 발음으로 배제할 수는 없다.

그런데 현실 발음을 기준으로 하면 음절 유형은 상당히 달라진다. 특히 (4ㅇ, ㅈ, ㅌ)과 같이 이중 모음 'ㅢ'가 자음과 결합하는 음절 유형은 현실 발음에서 실재한다고 보기 어렵다. 무엇보다도 앞에서 지적한 것처럼 이런 음절 유형이 한 형태소 내에서는 발견할 수 없다는 점이 이러한 음절 유형

13) (4ㅇ, ㅈ, ㅌ)에 해당하는 구체적인 사례들은 배주채(2010: 77)을 참고할 수 있다.

의 부자연스러움을 고스란히 반영한다고 할 수 있다. 게다가 '긤, 귿'이나 '늰, 븰' 등과 같이 (4ㅈ, ㅌ)에 속하는 음절 유형이라도 한국인들이 쉽게 발음할 수 없는 음절들이 매우 많고, (4ㅇ)의 경우 관형격 조사를 '[ㅢ]'보다는 '[ㅔ]'로 발음하는 경우가 압도적이다. 이런 점들을 고려할 때 'ㅢ'에 초성이나 종성이 결합된 음절 유형은 현실 발음에서 나타난다고 하기가 곤란하다. 이처럼 표준 발음에서 인정되는 12가지의 음절 유형은 현실 발음에서는 9가지로 줄어든다.[14)]

5.2. 홑받침의 발음

5.2.1. 홑받침과 연음

단일한 자음으로 끝나는 형태소 뒤에 모음으로 시작하는 문법 형태소가 오면 그 자음은 아무런 변화를 입지 않고 그대로 후행 음절의 초성으로 넘어 가는 것이 한국어의 발음 원칙이다. 이것을 흔히 연음(連音)이라고 한다.[15)] 연음은 음운을 다른 음운으로 변화시키는 현상은 아니다. 소리의 특

14) 음절 유형과 관련이 있지만 구별되는 것으로 음절의 가짓수가 있다. 동일한 음절 유형이라도 거기에 속하는 구체적인 음절 형태는 다를 수 있다. 가령 'CV'라는 음절 유형에는 '가, 나, 다, …' 등 구별되는 많은 음절들이 포함되어 있는 것이다. 이러한 한국어의 음절 가짓수에 대해서는 일찍이 유 희(1773~1837)가 지은 『諺文志』(1824년)에서도 언급한 바 있다. 『諺文志』의 <全字例> 부분에서는 초성과 종성의 유무, 중성의 종류 등을 종합적으로 망라하여 10,250개의 음절 가짓수를 계산해 내었다. 음절 가짓수에 대한 최근 논의인 배주채(2010)에서는 표준 발음을 기준으로 할 경우 3,048가지, 현실 발음을 기준으로 할 경우 2,466가지의 음절이 나온다고 했다. 그 외에도 여러 논의가 있는데 계산 결과는 약간씩 다르다.

15) 이진호(2009ㄱ: 95)에서 지적한 바와 같이 연음(連音)은 두 가지 상이한 용법을 가진다. 선행어의 받침이 후행 음절의 초성으로 이동하는 것도 연음이라고 하지만 개별적인 소리(個音)의 결합을 연음이라고 하기도 한다. 전자는 절음(切音)과 대비되고 후자는 개음(個音)과 대비된다.

성은 그대로 유지하되 다만 음절 구조상의 위치가 달라질 뿐이다.[16] 그렇지만 한국어를 자연스럽게 발음하는 데 있어 연음의 원리는 매우 중요하다.

홑받침의 연음에 대해서는 표준 발음법 제13항에서 명시적으로 밝히고 있다.

(5)

> 【제13항】 홑받침이나 쌍받침이 모음으로 시작된 조사나 어미, 접미사와 결합되는 경우에는, 제 음가대로 뒤 음절 첫소리로 옮겨 발음한다.
> 깎아[까까]　옷이[오시]　있어[이써]　낮이[나지]
> 꽂아[꼬자]　꽃을[꼬츨]　쫓아[쪼차]　밭에[바테]
> 앞으로[아프로]　덮이다[더피다]

여기서 알 수 있듯이 형태소의 말자음은 조사, 어미, 접미사와 같은 문법 형태소 중 모음으로 시작하는 것 앞에 오면 연음이 된다. 다만 여기에 몇 가지 예외가 있다. 하나는 연구개 비음 'ㅇ'이다. 'ㅇ'으로 끝나는 형태소 뒤에 모음으로 시작하는 문법 형태소가 와도 'ㅇ'은 연음된다고 보지 않는다. 그 이유는 'ㅇ'이 음절의 초성에 올 수 없다는 음절 구조 제약 때문이다.[17]

'ㅇ' 외에 'ㅎ'도 연음이 되지 않는다. 'ㅎ'으로 끝나는 말 뒤에 모음으로 시작하는 문법 형태소가 오면 'ㅎ'은 연음되지 않고 탈락한다. 이 사실은 표준 발음법 제12항의 하위 조항에도 반영되어 있다. 표준 발음법 제12항은 받침으로 쓰인 'ㅎ'의 발음을 규정하고 있는데 그중 네 번째 하위 조항에

16) 그러므로 연음은 음운 현상의 한 유형이 될 수 없다. 연음을 음운 현상으로 하나로 설정하는 경우를 종종 볼 수 있는데 이것은 잘못된 태도이다.

17) 논의에 따라서는 문법의 층위를 구분하여 'ㅇ'이 음운 층위에서는 연음이 되지 않지만 음성 층위에서는 연음이 된다고 보기도 한다. 이러한 태도는 음운이라는 보다 추상적인 단위가 놓인 층위에서는 음절 구조 제약을 지키지만, 표면의 음성 층위에서는 여타의 다른 자음과 마찬가지로 연음이 일어난다고 해석하는 것이다.

다음과 같은 내용이 나온다.

(6)

> 【제12항】 받침 'ㅎ'의 발음은 다음과 같다.
>
> ⋮
>
> 4. 'ㅎ(ㄶ, ㅀ)' 뒤에 모음으로 시작된 어미나 접미사가 결합되는 경우에는, 'ㅎ'을 발음하지 않는다.
>
> 낳은[나은] 놓아[노아] 쌓이다[싸이다] 많아[마:나]
>
> 않은[아는] 닳아[다라] 싫어도[시러도]

'ㅎ'이 다른 자음과 달리 연음 대신 탈락을 겪는 것은 역사적인 음 변화의 결과이다. 원래 중세 한국어 시기에는 'ㅎ'으로 끝나는 말 뒤에 모음으로 시작하는 문법 형태소가 오면 다른 자음과 마찬가지로 연음이 되었다. (6)에 제시된 예들의 중세 한국어 형태는 다음과 같다.

(7) ㄱ. 나흔(『月印釋譜』 23: 93), 노하(『釋譜詳節』 3: 15), 사히다(『杜詩諺解』 8: 20)

ㄴ. 만ᄒᆞ야(『龍飛御天歌』 123), 달하(『漢淸文鑑』 11: 52), 슬허도(『金剛經三家解』 2: 5)

(7ㄱ)은 홑받침 'ㅎ', (7ㄴ)은 겹받침 중 후행 자음이 'ㅎ'인 경우에 해당한다. 어느 경우든 'ㅎ'은 연음되어 표기될 뿐 탈락되는 경우가 없다. 그러다가 현대 한국어로 진행되어 오던 도중에 'ㅎ'이 탈락했다. 그런데 이러한 'ㅎ'의 탈락은 'ㅎ'으로 끝나는 말 뒤에 모음으로 시작하는 문법 형태소가 오는 경우에만 일어나지는 않았다. 비어두에서 원래부터 'ㅎ+모음'의 구조로 된 음절의 'ㅎ'도 탈락했다. 이러한 변화를 겪은 예는 적지 않다.

(8) 방하>방아(碓), 가히>가이>개:(犬), 막다히>막다이>막대(杖), 올

히>오리(鴨), 디히>디이>지:(菹)

(8)과 같이 어중에 'ㅎ'을 분명히 지니던 형태들의 표기가 현대에 와서 'ㅎ'이 없는 쪽으로 바뀌었다는 것은 'ㅎ'의 탈락이 실재했던 변화임을 명백히 말해 준다. 이것을 볼 때 'ㅎ'의 연음 여부와 상관없이 비어두의 초성에 놓인 'ㅎ'은 역사적으로 탈락이라는 음운 변화를 겪었다고 할 수 있다.[18)]

현대 한국어에서도 '발효'를 '바료'로, '만화'를 '마놔'로 발음하듯 원래부터 비어두의 초성에 놓인 'ㅎ'을 탈락시키는 경우가 매우 많다.[19)] 또한 '수형~수영, 금호~금오' 등과 같이 'ㅎ'의 유무에서만 차이 나는 발음상의 혼동형이 적지 않다. 이런 사실들은 현실 발음의 경우 (6)과 같은 환경뿐만 아니라 비어두 초성 'ㅎ' 전반에 걸쳐 탈락이 광범위하게 일어나고 있음을 말해 준다. 다만 표준 발음에서는 (6)과 같이 'ㅎ'이 연음되는 환경에서만 탈락시키는 것을 표준 발음으로 인정하고, 그 이외의 경우에는 초성의 'ㅎ'을 그대로 발음하도록 규정하고 있을 따름이다.[20)]

'ㅇ'과 'ㅎ' 이외에도 연음에 대한 예외는 존재한다. 가령 받침 'ㄷ, ㅌ'은 'ㅣ'로 시작하는 문법 형태소 앞에서 경구개음 'ㅈ, ㅊ'으로 바뀐다. 또한 자음으로 끝나는 불규칙 활용 어간은 모음으로 시작하는 문법 형태소와 결

18) 비어두의 초성이란 좀 더 정확히 말하면 모음이나 공명음으로 끝나는 음절에 후행하는 음절의 초성을 말한다. 만약 선행 음절이 장애음으로 끝나면 이 장애음과 후행하는 음절 초성의 'ㅎ'이 축약되어 유기음으로 변하게 된다.

19) 이런 환경에서의 'ㅎ'이 완전히 탈락하지는 않았다고 보기도 한다. 가령 이병근(1988: 62)에서는 'ㅎ'이 섞여 있다고 설명했으며 정인호(2004: 26)에서는 '속삭임'에 해당하는 '[ɦ]'라고 한 적도 있다. 여기에 대해서는 3.2.3.5에서 'ㄹ'의 변이음을 설명하면서도 다룬 바 있다.

20) 표준 발음법을 해설한 이병근(1988: 62)에서는 경제학, 광어회, 신학, 공학 등은 'ㅎ'을 그대로 발음하되 '실학(實學), 팔힘'과 같이 'ㄹ'과 'ㅎ'이 결합할 때에는 'ㄹ'을 연음시키면서 'ㅎ'이 섞인 소리로 발음한다고 설명하고 있다. 이러한 설명은 이 단어들을 발음할 때 'ㄹ'이 분명 후행 음절의 초성에 놓이긴 하지만 'ㅎ'이 완전히 탈락한다고 보지 않았기에 나온 것이다. 그런데 이런 현상은 'ㄹ' 뒤의 'ㅎ'뿐만 아니라 모음 뒤나 비음 뒤와 같이 결과적으로 'ㅎ'이 비어두의 초성에 놓이는 경우에 공통적으로 나타난다.

합할 때 단순한 연음 대신 다른 변동이 초래된다.[21] 5.4에서 살필 한글 자모의 발음에서도 몇몇 예외를 찾을 수 있다.

다만 이런 예외들도 역사적으로 보면 해당 받침이 후행 음절의 초성으로 이동했다는 사실을 확인할 수 있다. 중세 한국어의 'ㅎ'이 연음되었다는 것은 (7)에서 볼 수 있었으며 'ㅇ' 역시 5.1의 각주 9)에서 그 사실을 언급하였다. 또한 구개음화가 일어나기 전에는 받침 'ㄷ, ㅌ'도 'ㅣ'로 시작하는 문법 형태소와 결합할 때 단순히 연음되었을 뿐이다. 그 외에 자음으로 끝나는 불규칙 어간 역시 예전에는 연음되는 모습을 보여 주었다. 이처럼 현대 한국어의 일부 예외들조차 역사적으로는 연음이라는 발음 원리를 잘 따르고 있었다.

이상의 논의를 통해 홑받침은 모음으로 시작하는 문법 형태소와 결합할 때 연음이 되는 것이 원칙이며 일부 예외가 있다는 사실이 확인되었다. 그런데 체언 중에는 단순한 연음이 일어나지 않고 매우 특이한 변화가 일어나는 경우가 있다. 가령 'ㅈ, ㅊ, ㅋ, ㅌ, ㅍ'과 같은 자음으로 끝나는 체언들은 모음으로 시작하는 조사와 결합할 때 명사의 말음이 그대로 연음되지 않고 다른 자음으로 바뀐 채 초성에서 발음되는 현상이 현재 광범위하게 퍼져 있다.

(9)[22] ㄱ. 젖+이[저시], 젖+을[저슬], 젖+은[저슨]
ㄴ. 꽃+이[꼬시], 꽃+을[꼬슬], 꽃+은[꼬슨]
ㄷ. 밭+이[바시], 밭+을[바슬], 밭+은[바슨]
ㄹ. 부엌+이[부어기], 부엌+을[부어글], 부엌+은[부어근]
ㅁ. 앞+이[아비], 앞+을[아블], 앞+은[아븐]

21) 여기에 대해서는 9.5의 내용을 참고할 수 있다.
22) 명사의 말음은 방언에 따라 여러 가지 형태로 나오는데 여기에는 대표적인 형태만을 보인다. 좀 더 다양한 방언형에 대해서는 후술하도록 한다.

(9)에서 볼 수 있듯이 명사의 말음이 모음으로 시작하는 조사 앞에서 그대로 연음되지 않고 다른 자음으로 바뀜을 알 수 있다. 이러한 현상은 현재 많은 방언에서 나타나는데 단어에 따라 그 분포에는 약간씩 차이가 난다. (9)에 제시된 단어 중 일부가 모음으로 시작하는 조사와 결합할 때 어떤 실현 양상을 보이는지 전국적인 분포를 보이면 다음과 같다.[23)]

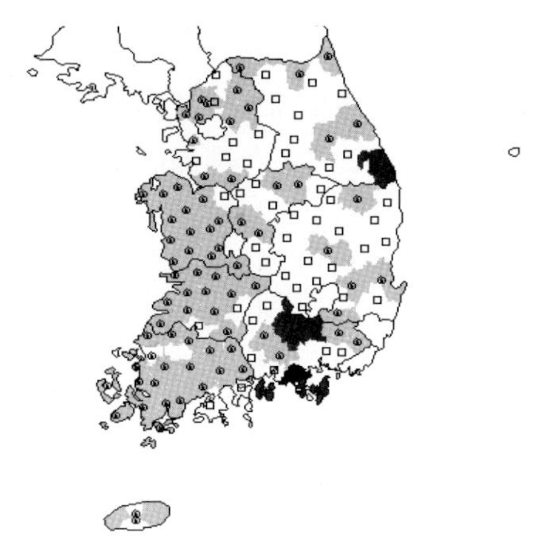

<지도 7> '젖'의 활용형[24)]

<지도 7>에 따르면 '젖' 뒤에 모음으로 시작하는 조사가 올 때 실현되는 말음의 종류는 크게 ㅈ-형, ㅅ-형, ㄷ-형의 세 가지이다. 이 중 (9)에 제시된

23) 동일한 명사라도 뒤에 결합하는 조사의 종류에 따라 (9)와 같은 변화를 보이는 경우와 그렇지 않은 경우가 구별되기도 한다. 가령 주격 조사 앞에서는 (9)와 같은 모습을 보이지만 다른 조사 앞에서는 그렇지 않을 수가 있는 것이다. 이런 개별적인 상황들을 모두 고려하면 지나치게 복잡해지기 때문에 여기서는 편의상 모음으로 시작하는 조사와 결합할 때 한 번이라도 (9)에 제시된 형태가 보이면 일단 그러한 형태가 나타나는 방언권으로 분류한다. 자료는 한국정신문화연구원의 『한국방언자료집』에 제시된 것이다. 이하 모든 지도의 자료 출처는 특별한 언급이 없는 한 『한국방언자료집』임을 밝혀 둔다.

24) 모음으로 시작하는 조사와 결합할 때 '젖'으로 나타나는 지역은 '□', '젓'으로 나타는 지역은 '◉', '젇'으로 나타나는 지역은 '○'로 표시했다. 또한 표준 발음에서 벗어난 지역은 음영을 넣어 구별했다.

것과 같은 ㅅ-형이 나타나는 지역은 충청남도와 전라도를 중심으로 한다. 경기도와 강원도는 지역에 따라 ㅈ-형과 ㅅ-형이 뒤섞여 있는 상황이다. 또한 경상도 방언은 표준 발음의 형태를 유지하는 방언이 많고 그 외에 ㅅ-형과 ㄷ-형이 간간히 보인다.

ㅈ-형, ㅅ-형, ㄷ-형 중 특이한 것은 ㄷ-형이다. 중세 한국어에서 'ㄷ'으로 끝나는 많은 체언들은 모두 현대 한국어로 오면서 그 말이 'ㅅ'으로 바뀌었다. 그리하여 현대 한국어에는 'ㄷ'으로 끝나는 체언이 '낟(穀)'과 같이 잘 안 쓰이는 단어를 제외하면 별로 없다. 그런데 '젖'의 방언형 중 ㄷ-형은 원래 그 말음이 'ㄷ'이 아닌데도 'ㄷ'으로 바뀌었다는 점에서 이례적인 형태이다.

삼척(이상 강원), 합천, 창녕, 함안, 고성, 남해, 통영, 거제(이상 경남) 등은 대부분의 활용형에서 '젖'의 말음이 'ㄷ'으로 실현되어 '저들(젖+을), 저데(젖+에)'와 같은 형태를 보인다. 이런 방언들은 기저형을 정할 때 체언의 말음을 'ㄷ'으로 설정해야만 한다. 또한 강화(이상 경기), 신안(이상 전남), 경주, 봉화, 울진, 경주(이상 경북), 사천, 산청, 진주(이상 경남) 등은 일부 격조사와 결합할 때에 한해 '저데다(젖+에다)'나 '저들(젖+을)'과 같은 활용형이 나온다.[25] '젖'의 말음이 'ㄷ'으로 나타나는 방언은 주로 경상도에 분포되어 있다는 점이 눈에 띄는 특징이다.

25) 이런 방언들은 체언의 말음이 모음으로 시작하는 조사의 종류에 따라 'ㅈ~ㄷ', 'ㅅ~ㄷ', 'ㅈ~ㅅ~ㄷ'의 교체를 보인다.

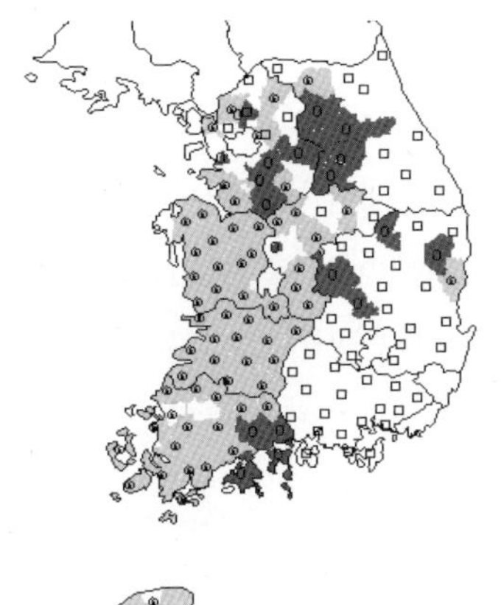

<지도 8> '밭'의 활용형[26]

<지도 8>에 따르면 '밭' 뒤에 모음으로 시작하는 조사(처격 조사는 제외)가 올 때 실현되는 말음의 종류는 크게 ㅌ-형, ㅅ-형, ㅊ-형의 세 가지이다. 이 중 (9)에 제시된 것과 같은 ㅅ-형이 나타나는 지역은 충청도와 전라도를 중심으로 한다. 경기도와 강원도는 지역에 따라 ㅌ-형, ㅊ-형, ㅅ-형이 뒤섞여 있다. 경상도 방언은 표준 발음형인 ㅌ-형이 압도적으로 많이 나타나며 ㅅ-형과 ㅊ-형이 일부 보인다.

'밭'의 방언형 중 특이한 것은 ㅊ-형이다. 흥미롭게도 '밭'과 '빛'의 관계는 앞에서 살핀 '젖'과 '젇'의 관계와 비슷하다. 즉 'ㅌ : ㅊ'과 'ㅈ : ㄷ'은 모두 표면상 구개음화와 관련이 있는 듯 보이는 것이다. 물론 '밭'과 '빛'의 경우 '밭'(표준어형)에 구개음화가 적용되어 '빛'(방언형)이 나오는 데 반해 '젖'과

26) '밭'은 부사격 조사 '-에, -에서, -에다가, -으로' 등과 결합할 때는 대부분은 방언에서 말음 'ㅌ'을 그대로 보존한다. 따라서 '밭'은 부사격 조사가 아닌 다른 모음으로 시작하는 조사와의 결합형을 기준으로 분류를 시도했다. 모음으로 시작하는 조사와 결합할 때 '밭'으로 나타나는 지역은 '□', '밧'으로 나타는 지역은 '◉', '빛'으로 나타나는 지역은 '○'로 표시했다. 또한 표준 발음에서 벗어난 지역은 음영을 넣어 구별했다.

'젙'의 경우 '젖'(표준어형)에 구개음화가 적용되어 '젙'(방언형)이 나오는 것은 아니라는 차이는 분명 존재한다. 그래서인지 몰라도 '젖'에 대한 방언형 '젙'이 나타나는 지역과 '밭'에 대한 방언형 '밫'이 나타는 지역은 상반되게 나온다. '젙'이 주로 경상도 방언에서 출현하고 있다면 '밫'은 오히려 경기도를 중심으로 한 중부 방언에서 많이 나타나고 있다.

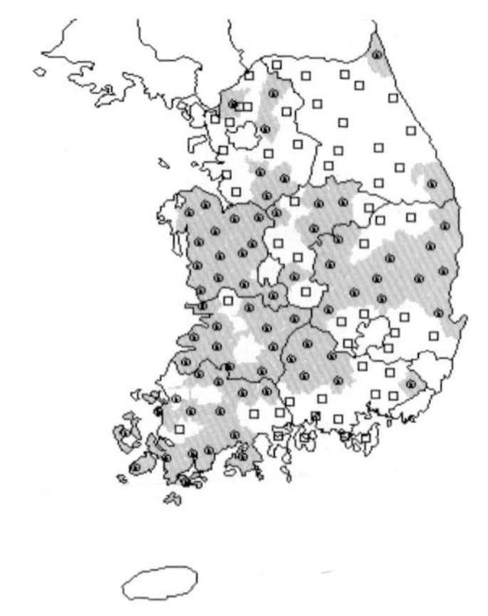

<지도 9> '부엌'의 활용형[27]

<지도 9>에 의하면 '부엌' 뒤에 모음으로 시작하는 조사가 올 때 실현되는 말음의 종류는 크게 ㅋ-형, ㄱ-형의 두 가지이다.[28] 이 중 (9)에 제시된 것과

27) '부엌'은 '廚(부엌)'의 의미뿐만 아니라 '爨(아궁이)'의 의미로 쓰이는 방언형까지 포함시켰다. 또한 '부엌' 역시 '밭'과 마찬가지로 부사격 조사와 결합할 때는 원래의 말음 'ㅋ'을 그대로 유지하는 경향이 강하기 때문에 부사격 조사가 아닌 조사와 결합할 때의 형태를 기준으로 분류했다. 이러한 사정은 뒤에 나올 <지도 10>의 '앞'도 마찬가지이다. '부엌'에 모음으로 시작하는 조사가 결합할 때 말음이 'ㅋ'으로 나타나는 지역은 '□', 'ㄱ'으로 나타는 지역은 '◉'로 표시했다. 또한 표준 발음에서 벗어난 지역은 음영을 넣어 구별했다. '부엌'의 방언형 중에는 '부삽/부섭'이 존재한다. 말음이 'ㅂ'으로 나타나는 것은 PK-대응과 관련된다. 'ㅂ'은 평음이므로 '부삽/부섭'은 '부억'과 동일한 형태로 간주하여 분류하였다.

28) 방언에 따라서는 체언 말음이 'ㄲ'으로 나타나기도 한다. 'ㄲ'은 평음과 유기음 어느 쪽에

같은 ㄱ-형이 나타나는 지역은 충청도와 전라도를 중심으로 하되 경상도에서도 상당히 많이 나타난다.[29] 표준 발음을 그대로 유지하는 지역은 강원도이며 경기도는 ㅋ-형과 ㄱ-형이 뒤섞여 있는 형국이다.

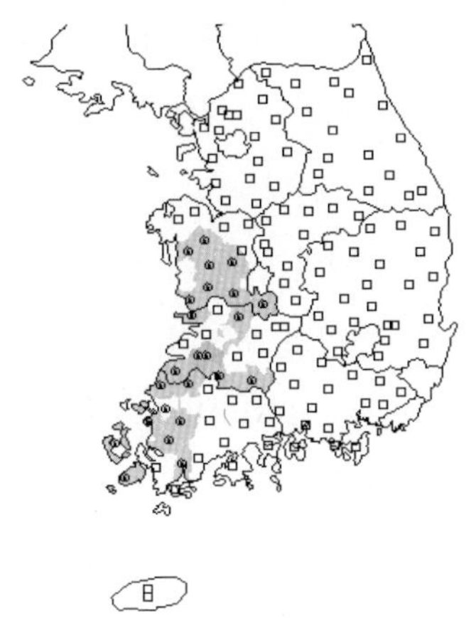

<지도 10> '앞'의 활용형[30]

<지도 10>에 의하면 '앞' 뒤에 모음으로 시작하는 조사가 올 때 실현되는 말음의 종류는 크게 ㅍ-형, ㅂ-형의 두 가지이다.[31] 이 중 (9)에 제시된 것과 같은 ㅂ-형이 나타나는 지역은 충청남도와 전라도에 국한된다. 충청남도도 북부 지역은 ㅂ-형 대신 ㅍ-형이 나타나며 전라남도 역시 ㅂ-형은 서부 지역

더 가까운지 쉽게 판별하기 어렵지만 체언 말음의 경우 음절말에서 'ㄱ'으로 바뀐다는 점을 감안할 때 'ㅋ'과 동일한 부류로 묶는 것이 타당하다고 보고 <지도 9>에서는 ㅋ-형으로 분류했다.

29) '젖'이나 '밭'과 달리 '부엌'에서 (9)의 ㄱ-형이 더 넓은 지리적 분포를 보이는 것은 '부엌'의 말음이 역사적으로 '브섭, 브석'과 같이 평음으로 나타났다는 점과 관련이 있을 듯하다.

30) 모음으로 시작하는 조사와 결합할 때 말음이 'ㅍ'으로 나타나는 지역은 '□', 'ㅂ'으로 나타는 지역은 '◉'로 표시했다. 표준 발음에서 벗어난 지역은 음영을 넣어 구별했다.

31) '앞'의 방언형에는 '앜'도 존재한다. '앜'은 '앞'에 PK-교체가 일어난 형태이다. '앜'의 말음 'ㅋ'은 유기음이기 때문에 '앜'은 '앞'과 동일한 형태로 분류한다.

에 치우친다. 전북 또한 경상도와 인접한 동부 지역은 ㅂ-형이 아닌 ㅍ-형이 우세하다.

이상에서 체언의 말자음이 모음으로 시작하는 조사와 결합할 때 연음되지 않고 다른 자음으로 바뀌어 나타나는 경우를 살펴보았다. 이러한 현상에 대해서는 매우 다양한 설명들이 제시된 바 있다.[32] 이들에 대한 검토는 기존 논의로 미루고, 여기서는 개별적으로 검토한 <지도 7, 8, 9, 10>의 공통적인 경향을 간략히 지적하기로 한다.

첫째, 이 현상들은 대부분 체언의 단독형, 즉 뒤에 아무런 조사도 오지 않을 때의 발음형을 지향하는 변화로 보인다. '부엌'이나 '앞'은 단독형으로 발음할 때 각각 '[부억], [압]'으로 실현되며 이 형태로의 변화가 일어나고 있다. '젖'이나 '밭'은 단독형으로 발음하면 각각 '[젇], [받]'이라서 실제 나타나는 변화형 '젓, 밧'과 차이를 보이지만, 이는 현대 한국어에 'ㄷ'으로 끝나는 명사가 매우 드물다는 점과 관련될 가능성이 높다.[33]

둘째, 이러한 변화가 일어나면 명사의 교체 양상이 단순해진다. 가령 '부엌, 앞'이 '부억, 압'으로 바뀌면 교체형의 숫자가 줄어든다. 또한 '젖'과 '밭'이 각각 '젓'이나 '밧'으로 바뀌어도 교체형들 사이의 형태상 유사성이 증가한다.[34] 따라서 이 변화는 명사의 교체 양상을 단순화하는 유추적 평준화(analogical levelling)와 비슷한 성격을 지닌다.

셋째, 부사격 조사와 결합할 때에는 이러한 변화가 느리게 진행되거나 일어나지 않는다. 그래서 '밭'의 경우 모음으로 시작하는 다른 조사와 결합할 때 'ㅅ'으로 활발히 실현되는 지역에서조차 부사격 조사와 결합할 때에는 'ㅌ'이 그대로 유지되는 경우가 대부분이다. '부엌'이나 '앞'도 마찬가지

32) 자세한 논의는 이진호(2004)를 참고할 수 있다.
33) 현대 한국어에서 'ㄷ'으로 끝나는 체언이 드물다는 것은 앞서 <지도 7>의 '젇'과 같은 형태를 설명하면서 언급한 바 있다.
34) 여기에 대해서는 이진호(2004)에서 언급한 바 있다.

상황이다. 이는 이 변화가 체언의 단독형을 지향한다는 앞의 지적과도 잘 부합한다. 부사격 조사는 생략이 상대적으로 잘 안 되기 때문에 단독형을 지향하는 변화가 일어나기에 적합한 환경이 아니다.

넷째, 이 변화가 일어나는 지역적 분포가 매우 유사하다. 부분적인 차이는 있지만 충청남도와 전라도가 이 변화를 많이 겪고 있다. 대체적으로 볼 때 서남부에 위치한 방언에서 이 변화가 잘 일어난다는 점에서 이 변화의 중심지라고 생각된다. 반면 중부는 변화한 형태와 그렇지 않은 형태가 공존하며, 동남부의 방언은 이 변화가 상대적으로 더디게 나타나고 있다.

5.2.2. 홑받침의 음운 현상

5.2.2.1. 현대 한국어의 평파열음화

자음으로 끝나는 형태소 뒤에 모음으로 시작하는 문법 형태소가 올 때를 제외한 경우, 즉 연음이 되지 않는 경우에는 형태소의 말 자음이 일단 음절의 종성 위치에 놓인다.[35] 5.1에서 살핀 것처럼 한국어는 종성에 놓일 수 있는 자음의 종류를 상당히 제한한다. 따라서 종성에 올 수 없는 자음은 이런 환경에서 다른 자음으로 바뀔 수밖에 없다. 이런 현상을 기존에는 말음 법칙, 음절말 중화, 음절의 끝소리 현상, (음절말) 평폐쇄음화, (음절말) 평파열음화 등으로 다양하게 불러 왔다. 이 책에서는 '평파열음화'라는 용어를 사용하기로 한다.[36] 평파열음화는 한국어의 가장 강력한 음운 현상 중 하나로 예외를 전혀 허용하지 않는다.

35) 여기서 '일단'이라는 단서를 단 이유는 일부 경우에 종성에서 음운 현상의 적용을 받은 후 다시 후행 음절의 초성으로 넘어가는 경우가 있기 때문이다. 자세한 것은 후술된다.
36) 지금까지 제시된 다양한 용어들과 각각에 대한 검토 및 '평파열음화'라는 용어의 타당성에 대해서는 이진호(2017ㄱ)의 '평파열음화' 항목을 참고할 수 있다.

앞에서 종성의 음절 구조 제약을 다루면서 언급했듯이 평파열음화는 장애음에만 적용된다. 공명음은 모두 종성에 올 수 있지만 장애음은 'ㅂ, ㄷ, ㄱ'만이 올 수 있다.37) 그래서 'ㅂ, ㄷ, ㄱ'을 제외한 다른 자음들이 종성에 위치하면 'ㅂ, ㄷ, ㄱ' 중 하나로 바뀐다. 이러한 사실은 표준 발음법 제9항에서 명료하게 규정하고 있다.

(10)

【제9항】 받침 'ㄲ, ㅋ', 'ㅅ, ㅆ, ㅈ, ㅊ, ㅌ', 'ㅍ'은 어말 또는 자음 앞에서 각각 대표음 [ㄱ, ㄷ, ㅂ]으로 발음한다.

닦다[닥따]	키읔[키윽]38)	키읔과[키윽꽈]	옷[옫]
웃다[욷:따]	있다[읻따]	젖[젇]	빚다[빋따]
꽃[꼳]	쫓다[쫃따]	솥[솓]	뱉다[밷:따]
앞[압]	덮다[덥따]		

(10)에 제시된 표준 발음법 제9항은 음절의 종성에 올 수 없는 12개의 장애음 중 8개의 자음이 종성에 놓일 때 어떤 자음으로 바뀌는지를 보여주고 있다. 자음의 조음 위치에 따라 'ㅂ, ㄷ, ㄱ' 중 하나의 자음으로 바뀐다. 종성에 올 수 없는 자음 중에서 'ㄸ, ㅃ, ㅉ, ㅎ'은 제9항에서 빠져 있다. 이 중 'ㄸ, ㅃ, ㅉ'은 이런 자음으로 끝나는 형태소가 존재하지 않기 때문에 제외되었고, 'ㅎ'은 다른 자음과는 구별되는 모습을 보이기 때문에 별도의

37) 이러한 현상이 일어나는 음성학적 원인은 5.1에 간략히 제시되어 있다.

38) '키읔'과 바로 뒤의 '키읔과'는 'ㅋ'이 'ㄱ'으로 바뀌는 예로서 그다지 적합하지는 않다. 5.4에서 다룰 표준 발음법 제16항에서도 언급하고 있듯이 '키읔'은 모음으로 시작하는 조사와 결합할 때 '키읔이[키으기], 키읔을[키으글], 키읔에[키으게]'와 같이 발음되는 것을 원칙으로 하고 있으며 실제로도 그렇게 발음된다. 따라서 '키읔'의 말음 'ㅋ'은 표기적인 것일 뿐, 실제 발음상으로는 'ㅋ'이 아닌 'ㄱ'이라고 보아야 한다. 이처럼 발음의 측면에서 본다면 '키읔[키윽], 키읔과[키윽꽈]'에서 나타나는 종성의 발음 'ㄱ'은 'ㅋ'이 'ㄱ'으로 바뀐 것이 아니라 'ㄱ'이 그대로 'ㄱ'으로 실현된 것에 불과하다. '부엌'이나 '녘'과 같은 예로 교체하는 것이 나을 듯하다. 다만, '부엌'이나 '녘'도 예전 시기에는 모두 'ㅋ'을 말음으로 지니지 않았다는 점은 참고할 필요가 있다.

조항에서 규정하기 위해 제외되었다.[39)]

평파열음화는 (10)에 제시된 환경과 같이 뒤에 자음으로 시작하는 형태소가 오든지 또는 아무런 형태소가 오지 않는 경우에 일어나는 것이 일반적이다. 그런데 모음으로 시작하는 어휘 형태소가 후행할 때에도 평파열음화가 일어난다. 이것은 표준 발음법 제15항에서 다루고 있다.

(11)

【제15항】 받침 뒤에 모음 'ㅏ, ㅓ, ㅗ, ㅜ, ㅟ'들로 시작되는 실질 형태소가 연결되는 경우에는, 대표음으로 바꾸어서 뒤 음절 첫소리로 옮겨 발음한다.[40)]

밭 아래[바다래]	늪 앞[느밥][41)]	젖어미[저더미]
맛없다[마덥다]	겉옷[거돋]	헛웃음[허두슴]
꽃 위[꼬뒤]		

다만, '맛있다, 멋있다'는 [마싣따], [머싣따]로도 발음할 수 있다.

자음으로 끝나는 형태소 뒤에 모음으로 시작하는 어휘 형태소가 올 때 이 두 형태소가 하나의 합성어를 이루든 명사구를 이루든 어느 경우에도 평파열음화는 일어나는 것이 원칙이다.[42)] 이렇게 평파열음화가 일어난 후

39) 받침 'ㅎ'의 발음은 뒤의 (12)에서 따로 다룬다.

40) 실질 형태소의 첫음절 모음을 'ㅏ, ㅓ, ㅗ, ㅜ, ㅟ'로 한정한 문제점은 지금까지 여러 차례 지적된 바 있다. 이병근(1988: 64)에서는 모음을 이렇게 제한한 이유를 제시하기도 했지만, 제15항의 아래에 나오는 '맛있다, 멋있다'를 비롯하여 '밑인방[미딘방], 밑음[미듬]' 등의 예에서도 'ㅏ, ㅓ, ㅗ, ㅜ, ㅟ'가 아닌 모음 앞에서 평파열음화가 적용되고 있다. 여기에 '빛에너르기'와 같은 외국어 자료를 포함하면 더 많은 모음 앞에서 평파열음화가 일어난다. 그러므로 제15항과 같이 실질 형태소의 첫음절 모음을 'ㅏ, ㅓ, ㅗ, ㅜ, ㅟ'로 규정해서는 곤란할 듯하다.

41) '밭 아래'와 '늪 앞'이 적절한 예시인지는 의문이 있다. '밭 아래'와 '늪 앞'의 '밭'과 '늪'이 평파열음화를 적용 받아 '[받]'과 '[늡]'으로 발음되는 것은 모음으로 시작하는 실질 형태소 앞에 왔기 때문이 아니라 휴지 앞에 왔기 때문이라고 보아야 하는 것이다. 제15항의 성격상 합성어에서 사례를 찾는 것이 올바른 듯하다.

42) 모음으로 시작하는 형태소가 왔는데도 연음이 일어나지 않고 평파열음화가 먼저 일어나는 것을 한때 절음(絶音)이라고 부르기도 했다. 평파열음화가 일어나는 원인을 끊어서 발음하는 데서 찾았기 때문이다.

에는 다시 음절 구조가 조정되어 결국 'ㅂ, ㄷ, ㄱ'으로 바뀐 자음이 후행 음절의 초성으로 이동한다. 결국 후행 형태소가 모음으로 시작하면 선행 형태소의 말음이 후행 음절 초성으로 이동하기는 하지만, 후행 형태소가 문법 형태소이면 연음만 일어남에 비해 후행 형태소가 어휘 형태소이면 평파열음화가 먼저 일어난다.

(11)에는 이런 과정의 예외로 '맛있다, 멋있다'라는 두 개의 단어가 제시되어 있다.[43] 이 단어들은 음절 종성에서 발음될 수 없는 'ㅅ' 뒤에 모음으로 시작하는 어휘 형태소가 왔기 때문에 '[마딛따], [머딛따]'로 발음하는 것이 원칙이다. 그러나 현실 발음에서 '[마싣따]'와 '[머싣따]'가 워낙 많이 나오기 때문에 그것을 반영하여 현실 발음을 허용하고 있는 것이다.

'맛있다, 멋있다'만이 예외적인 모습을 지니게 된 원인은 분명치 않다. 다만 남광우(1980: 307)에서는 '맛있다, 멋있다'가 '맛이 있다, 멋이 있다'가 줄어든 형태라고 해석하고 있다.[44] '맛이 있다, 멋이 있다'의 경우 모음으로 시작하는 문법 형태소가 후행하므로 명사 말음 'ㅅ'이 그대로 연음될 수 있다는 점을 고려한 듯하다. 그러나 여전히 '[마시 읻따], [머시 읻따]'가 '[마싣따], [머싣따]'로 줄어드는 것을 해명해야만 한다. 그런데 이와 비슷한 변화를 다른 경우에도 발견할 수 있다. 가령, '재밌다(재미 있다), 어딨어(어디 있어)'와 같이 '있-' 앞에 단모음 'ㅣ'가 올 때 두 개의 'ㅣ' 중 하나가 탈락하는 예들이 존재하므로 '[마시 읻따], [머시 읻따]'에 동일한 현상이 일어난다면

43) 현재의 규정대로라면 '맛있다, 멋있다'는 후행하는 실질 형태소가 'ㅣ'로 시작하기 때문에 제15항에서 다룰 수 없다. 제15항은 실질 형태소가 'ㅏ, ㅓ, ㅗ, ㅜ, ㅟ'로 시작하는 경우만 대상으로 하기 때문이다. 김선철(2001: 31)에서는 이런 문제점을 지적하면서 '맛있다, 멋있다'를 ㄴ-첨가와 관련된 제29항에서 다루는 것이 타당하다고 주장했다. 그런데 '맛있다, 멋있다'의 특수성은 ㄴ-첨가의 적용 여부에 있다기보다는 모음으로 시작하는 실질 형태소 앞에서도 'ㅅ'이 'ㄷ'으로 바뀌지 않고 그대로 후행 음절 초성으로 이동한다는 데 있으므로 김선철(2001)의 처리를 최선이라고 하기는 어렵다.

44) 이런 해석은 배주채(1989: 40)에서도 이루어진 바 있다.

'[마싣따], [머싣따]'가 나오는 것을 설명할 수 있게 된다.[45)]

이상은 주로 평파열음화가 일어나는 환경에 대한 것이었다. 이 외에 평파열음화의 방향성에 대한 언급도 필요하다. 기본적으로 평파열음화는 조음 위치가 동일한 자음으로 변동하는 것이 원칙이다. 평파열음화가 특정 조음 위치에서의 폐쇄 때문에 일어난다는 점을 고려하면 이것은 충분히 이해할 수 있는 일이다. 그래서 양순음은 'ㅂ', 치조음은 'ㄷ', 연구개음은 'ㄱ'으로 바뀐다. 문제는 한국어의 자음 중에는 이러한 세 가지 조음 위치 이외에서 발음되는 것도 있다는 점이다. 경구개음으로 분류되는 'ㅈ, ㅊ, ㅉ'과 후음으로 분류되는 'ㅎ'이 그러하다.[46)] 이 자음들이 음절말에 놓이면 어떤 방식으로든 조음 위치의 변화를 수반하지 않을 수 없다. 이것은 조음 위치가 바뀌지 않는다는 평파열음화의 기본 성격을 어긴다. 그런데 여기에는 나름대로의 이유가 존재한다.

우선, 'ㅈ, ㅊ'의 경우 평파열음화에 의해 'ㄷ'으로 바뀌는데, 간혹 그 이유를 한국어에는 경구개 파열음이 존재하지 않는다는 데서 찾기도 한다. 'ㅈ, ㅊ'에 평파열음화가 적용된다고 하더라도 경구개 파열음이 존재하지 않으므로 치조 파열음인 'ㄷ'으로 바뀐다는 것이다. 이러한 설명은 경구개 파열음이 없다는 점이 치조 파열음으로 바뀌어야 하는 필연적인 이유는 되지 못한다는 한계를 지니고 있다. 즉, 경구개 파열음이 없다는 것은 'ㅈ, ㅊ'이 음절말에서 다른 조음 위치의 자음으로 바뀌어야 하는 이유는 되지만 치조 파열음으로 바뀌어야 하는 이유는 될 수 없는 것이다. 좀 더 근본적인 이유

45) '있-'은 역사적으로 시제 관련 선어말어미(-았/었-, -겠-)의 일부로 참여하거나 '게 섰거라' 등과 같은 표현에 쓰일 때 모음 'ㅣ'가 안 나타나는 경우가 존재한다. 이러한 사실들도 '맛이 있다, 멋이 있다'나 '재미있다, 어디 있어'가 '맛있다, 멋있다, 재밌다, 어딨어' 등으로 줄어드는 것과 관련 있을지 모른다.

46) 이 중 'ㅉ'은 'ㅉ'으로 끝나는 형태소가 없어서 평파열음화의 적용 대상이 되지 못하므로 이후 논의에서는 제외하기로 한다.

를 찾아야만 하며 그것은 역사적인 측면을 고려할 필요가 있다.

5.1에서 언급했듯이 현대 한국어에서는 7개의 자음만이 종성에 올 수 있지만 중세 한국어 시기에는 8개의 자음이 종성에 올 수 있었다. 현대 한국어와 달리 'ㅅ'도 예전에는 종성에서 발음되었다.[47] 또한 중세 한국어 시기에는 'ㅈ, ㅊ'이 치음(齒音)이었으며 현대 한국어의 경구개음에 비해 더 앞에서 조음되었다. 이러한 'ㅈ, ㅊ'이 음절 종성에 오면 같은 치음 계열인 'ㅅ'으로 바뀌었다. 이때만 하더라도 'ㅈ, ㅊ'은 음절 종성에서 조음 위치의 변화를 겪지 않았다.

현대 한국어와 같이 경구개음 'ㅈ, ㅊ'이 음절말에서 치조음 'ㄷ'으로 바뀌었다고 해석하게 되는 데에는 두 가지 후속 변화가 결정적 역할을 했다. 하나는 중세 한국어 말엽에 일어난 음절말 'ㅅ'의 평파열음화이다. 이 변화로 말미암아 한국어는 8개의 종성 체계에서 7개의 종성 체계로 바뀌게 된다. 다른 하나는 근대 한국어 시기 들어 초성에서 실현되던 치음 'ㅈ, ㅊ, ㅉ'이 경구개음으로 변화한 것이다. 'ㅈ, ㅊ, ㅉ'이 경구개음으로 바뀜으로써 'ㅈ, ㅊ'이 음절말에서 'ㄷ'으로 실현되는 것은 조음 위치의 변화를 초래한다고 설명할 수밖에 없다.

이러한 과정을 고려할 때 경구개음 'ㅈ, ㅊ'이 음절말에서 조음 위치의 변화를 겪어 'ㄷ'으로 실현된다는 것은 순전히 공시 음운론적 기술에 불과함을 알게 된다. 현대 한국어의 공시 음운론적 측면에서는 경구개음 'ㅈ, ㅊ'이 종성에서 치조음 'ㄷ'으로 바뀐다고 기술하지 않을 수 없다. 그러나 역사적으로 본다면 'ㅈ, ㅊ'이 음절말에서 'ㅅ'이나 'ㄷ'으로 변화했을 때는 아직 'ㅈ, ㅊ'이 경구개음이 아닌 치음이었기 때문에, 음절말에서 조음 위치의 이동이 수반되었다고 보기 어렵다.[48] 종성 위치에서는 'ㅈ, ㅊ'이 경구개

47) 제한된 조건에서는 'ㅿ'도 음절 종성에서 실현되었지만, 이것은 'ㅈ, ㅊ'의 종성 실현 문제와는 무관하므로 거론하지 않는다.

음으로 바뀌기 이전부터 'ㄷ'으로 발음되었고 그것이 현재까지 계속 이어져 왔을 뿐이다. 다만 초성에 놓인 'ㅈ, ㅊ'의 조음 위치가 이후에 경구개음으로 바뀌었기 때문에 그에 맞춰 종성에서의 음운 현상에 대한 해석도 달라진 것이다.

다음으로 'ㅈ, ㅊ' 외에 'ㅎ' 역시 평파열음화의 적용에서 조음 위치의 변동이 초래된다는 점에서 예외적이다. 'ㅎ'은 'ㅈ, ㅊ'보다도 더욱 복잡한 발음 양상을 보이는데, 이러한 사정은 표준 발음법의 규정에도 고스란히 반영되어 있다.

(12)

【제12항】 받침 'ㅎ'의 발음은 다음과 같다.

1. 'ㅎ(ㄶ, ㅀ)' 뒤에 'ㄱ, ㄷ, ㅈ'이 결합되는 경우에는, 뒤 음절 첫소리와 합쳐서 [ㅋ, ㅌ, ㅊ]으로 발음한다.

놓고[노코]	좋던[조:턴]	쌓지[싸치]
많고[만:코]	않던[안턴]	닳지[달치]

[붙임 1] 받침 'ㄱ(ㄺ), ㄷ, ㅂ(ㄼ), ㅈ(ㄵ)'이 뒤 음절 첫소리 'ㅎ'과 결합되는 경우에도, 역시 두 음을 합쳐서 [ㅋ, ㅌ, ㅍ, ㅊ]으로 발음한다.

각하[가카]	먹히다[머키다]	밝히다[발키다]
맏형[마텽]	좁히다[조피다]	넓히다[널피다]
꽂히다[꼬치다]	앉히다[안치다]	

[붙임 2] 규정에 따라 'ㄷ'으로 발음되는 'ㅅ, ㅈ, ㅊ, ㅌ'의 경우에도 이에 준한다.

옷 한 벌[오탄벌]	낮 한때[나탄때]	꽃 한 송이[꼬탄송이]
숱하다[수타다]		

2. 'ㅎ(ㄶ, ㅀ)' 뒤에 'ㅅ'이 결합되는 경우에는, 'ㅅ'을 [ㅆ]으로 발음한다.

닿소[다쏘]	많소[만:쏘]	싫소[실쏘]

48) 물론 'ㅈ, ㅊ, ㅉ'이 'ㄷ'으로 바뀐 중세 한국어 말엽에는 치음 'ㅈ, ㅊ'이 설음(舌音) 'ㄷ'으로 바뀐 셈이 되어 조음 위치의 변화가 일어났다고 할 수 있다. 그러나 치음과 설음의 조음 위치 차이는 경구개음과 치조음의 조음 위치 차이와 비교할 때 매우 미미한 것이어서 현대 한국어와 같이 상당한 조음 위치의 변화가 일어났다고 보기는 힘들다.

3. 'ㅎ' 뒤에 'ㄴ'이 결합되는 경우에는, [ㄴ]으로 발음한다.
놓는[논는] 쌓네[싼네]
[붙임] 'ㄶ, ㅀ' 뒤에 'ㄴ'이 결합되는 경우에는, 'ㅎ'을 발음하지 않는다.
않네[안네] 않는[안는] 뚫네[뚤네→뚤레] 뚫는[뚤는→뚤른]
* '뚫네[뚤네→뚤레], 뚫는[뚤는→뚤른]'에 대해서는 제20항 참조.
4. 'ㅎ(ㄶ, ㅀ)' 뒤에 모음으로 시작된 어미나 접미사가 결합되는 경우에는, 'ㅎ'을 발음하지 않는다.
낳은[나은] 놓아[노아] 쌓이다[싸이다]
많아[마ː나] 않은[아는] 닳아[다라]
싫어도[시러도]

표준 발음법 제12항은 네 개의 하위 항목으로 이루어져 있다. 이 중 네 번째 항목은 5.2.1에서 다룬 바와 같이 연음이 일어나는 환경에 속하므로 평파열음화가 적용되는 환경과는 무관하다. 이것을 제외한 나머지는 'ㅎ'이 일단 음절 종성에 놓이게 된다. 그런데 음절 종성의 'ㅎ'이 'ㅂ, ㄷ, ㄱ' 중 어느 한 자음으로 실제 발음되는 경우는 직접 관찰할 수가 없다.

우선, 제12항의 첫째 항목을 보면 'ㅎ' 뒤에 'ㄱ, ㄷ, ㅈ'이 이어질 때에는 'ㅎ'이 후행하는 자음과 결합하면서 유기음화가 일어난다.49) 이것은 이미 중세 한국어 시기부터 예외 없이 일어나던 음운 현상이다. 현대 한국어에서도 모든 지역의 방언에서 동일한 현상을 보이고 있다. 한편, 이 조항의 '[붙임 1]'과 '[붙임 2]'는 엄밀하게 말하면 받침 'ㅎ'의 발음과는 무관하다. 이때의 'ㅎ'은 다른 장애음의 뒤에 놓이며 음절의 초성에 위치하기 때문이다. 다만 이런 환경에서도 첫째 하위 항목에서 언급한 유기음화가 일어나기에 함께 다루고 있을 뿐이다.50)

49) 유기음 짝을 지닌 평음에는 'ㅂ'도 있지만 'ㅎ'으로 끝나는 형태소 뒤에 'ㅂ'으로 시작하는 형태소가 결합되는 경우가 존재하지 않기 때문에 'ㅂ'은 목록에서 빠졌다.

50) 'ㅎ'이 장애음보다 앞에 올 때의 유기음화와 뒤에 올 때의 유기음화를 구별하여 순행적 유기음화와 역행적 유기음화라고 부르는 경우도 있다. 이 두 가지 유기음화는 구분하지

'[붙임 1]'과 '[붙임 2]'에서 보듯 유기음화는 'ㅎ'이 다른 장애음 뒤에 올 때도 일어난다. 그런데 이때의 유기음화는 'ㅎ'이 다른 장애음 앞에 올 때의 유기음화와 비교할 때 모든 방언에서 일어나지는 않는다는 차이가 있다. 여기서는 '못하다'라는 단어에서 유기음화의 적용 여부가 지역별로 어떻게 다른지 살피기로 한다.[51)]

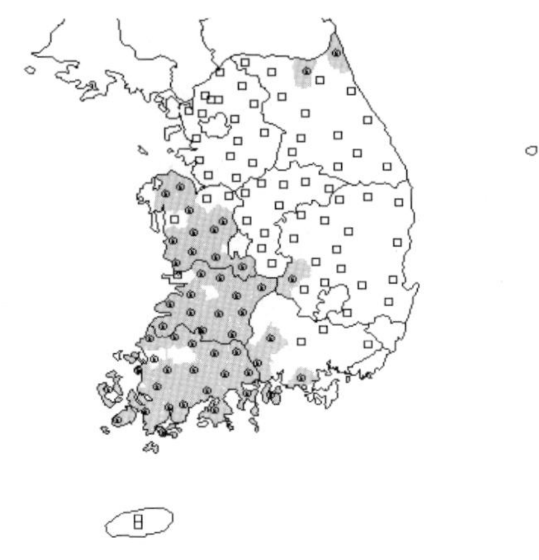

<지도 11> '못하다'에서의 유기음화 분포[52)]

않고 함께 묶기도 하지만 별개의 음운 현상으로 분리하는 것이 바람직한 듯하다. 그 근거는 두 가지이다. 우선, 순행적 유기음화는 방언에 따른 적용 여부에 차이가 전혀 없지만 역행적 유기음화는 후술하듯이 방언에 따라 적용 여부에 차이가 있다. 또한 '놓고[노코]'와 '붓하고[부타고]'에서 보듯이 순행적 유기음화는 항상 평파열음화보다 먼저 적용이 되어야 하지만 역행적 유음화 중 일부는 평파열음화보다 늦게 적용이 되어야 한다. 이러한 두 가지 측면을 고려할 때 순행적 유기음화와 역행적 유기음화는 별개의 음운 현상으로 보는 것이 타당하다.

51) '못하다'를 고려하는 이유는 '못하다'의 '못'과 '하다'가 상당히 긴밀하게 연결되어 있어서 다른 경우보다 유기음화가 잘 일어날 수 있는 환경이라고 보았기 때문이다. 이런 환경에서도 유기음화가 잘 일어나지 않는다면 그런 방언은 역행적 유기음화의 적용이 매우 미약하다고 보아도 좋을 것이다.

52) 유기음화가 일어나는 지역은 '□', 안 일어나는 지역은 '◉'으로 표시한다. 지역에 따라서는 '못'이 '모' 또는 '몯'으로 나오기도 한다. 그럴 경우에는 해당 지역을 공란으로 비워 두었다.

<지도 11>에서 아주 극명하게 나타나듯이 '못하다'의 경우 충남과 전라도 방언에서는 유기음화가 일어나지 않는 지역이 압도적이다. 반면, 그 밖의 지역에서는 유기음화가 일어나는 것이 대세이다. 특히 표준 발음의 근거가 되는 방언인 서울과 경기도 방언은 100% 유기음화가 일어나고 있다.[53)]

이상에서 살핀 표준 발음법 제12항의 첫째 하위 항목 내용은 'ㅎ'이 유기음화를 일으키는 현상과 관련된 것으로 평파열음화와는 그다지 연관성이 없다. 반면 표준 발음법 제12항의 둘째 항목과 셋째 항목은 평파열음화와 직접 관련된다. 둘째 항목은 'ㅎ' 뒤에 'ㅅ'이 결합할 때이고 셋째 항목은 'ㅎ' 뒤에 'ㄴ'이 결합할 때이다. 'ㅅ'과 'ㄴ'은 모두 대응하는 유기음 짝을 지니지 않기 때문에 'ㅎ'과 결합해도 유기음화가 일어날 수 없다. 그런데 유기음화가 일어나지 않는 것은 분명하지만, 그렇다고 해서 'ㅎ'이 평파열음화의 적용을 받았는지도 분명치 않다. 표면적인 발음만을 보면 'ㅅ'과 결합할 때에는 'ㅎ'이 나타나지 않고 'ㄴ'과 결합할 때에는 'ㅎ'이 'ㄴ'으로 나타나서 어느 경우든 평파열음이 실현되지는 않는다.[54)]

그러나 'ㅎ'이 'ㅅ'이나 'ㄴ' 앞에서 평파열음화의 적용을 받지 않는다고 볼 수는 없다. 만약 평파열음화가 적용되지 않는다면 'ㅎ'이 'ㅅ'과 결합할 때는 두 음소의 축약을 거쳐 'ㅆ'으로 실현된다고 보아야 하고 'ㅎ'이 'ㄴ'과 결합할 때는 곧바로 'ㄴ'으로 실현된다고 보아야 하는데 이 두 가지 설명은

53) 2003년에 서울말 화자들의 실제 발음을 조사한 결과인 김선철(2006: 64)에 따르면 99.71%가 '못하다'를 발음할 때 유기음화를 적용한다고 하여 이전의 조사 결과인 <지도 11>과 잘 부합한다.

54) 형태소의 말음 'ㅎ'이 평파열음화의 적용을 받아 'ㄷ'으로 실현되는 것을 직접 확인할 수 있는 예는 극히 제한된다. '놓치다'와 같은 소수의 예를 제외하면 'ㅎ'이 'ㄷ'으로 실현되는 예를 찾기 어렵다. 표준 발음법에서 받침 'ㅎ'이 'ㄷ'으로 발음된다는 언급을 하지 않은 것도 이와 관련되리라 생각된다. 그런데 '놓치다'도 표기 형태만 보면 예전부터 이어져 내려온 것이라고 할 수는 없다. 예전의 문헌 자료에서는 받침으로 'ㅎ'을 표기하지 않았으므로, '놓치다'는 20세기 들어 어근 '놓-'을 고려하여 새롭게 표기한 단어임에 틀림없다.

모두 매우 부자연스럽다.55) 음절말에 올 수 없는 자음이 평파열음화 또는 이에 준하는 현상의 적용을 받는다는 원칙은 'ㅎ'이라고 해서 예외일 수는 없다.56) 비록 음절말의 'ㅎ'이 평파열음 중 하나로 직접 실현되는 경우는 없다고 해도 역시 평파열음화(또는 이에 준하는 규칙)가 적용된다고 보는 편이 공시 음운론적 기술에서 더 타당하다.

그리고 받침 'ㅎ'에 평파열음화가 적용되면 'ㄷ'으로 발음된다고 보지 않을 수 없다. 그 근거는 크게 세 가지 측면에서 고려할 수 있다. 첫째, 음절말에 올 수 없는 장애음이 변화를 입으면 'ㅂ, ㄷ, ㄱ' 중 하나의 자음으로 바뀌게 된다. 그런데 'ㅎ'이 'ㅂ'이나 'ㄱ'으로 바뀐다고 보기는 어렵다는 점에서 'ㄷ'으로 바뀐다고 보는 것이 가장 타당하다.

둘째, 역사적으로 'ㅎ'은 음절말에서 'ㄷ'으로 바뀌었다는 것을 확인할 수 있다. 중세 한국어의 음절말 'ㅎ'은 후행하는 자음에 따라 'ㅅ' 또는 'ㄷ'으로 실현되었다.57) 이 중 'ㅅ'은 이후 다시 'ㄷ'으로 바뀐다. 그러므로 'ㅎ'이 음절말에서 'ㄷ'으로 바뀌었다는 것은 역사적으로 실재했던 일이다.

셋째, 'ㅎ'이 'ㅅ'이나 'ㄴ' 앞에서 보이는 음운 현상은 현대 한국어의 형태소 말음 'ㄷ'이 'ㅅ'이나 'ㄴ' 앞에서 보이는 음운 현상과 평행적이다. 가령 '믿-'의 경우 'ㅅ'으로 시작하는 어미 앞에서는 현실적으로 '믿소[미쏘], 믿습니다[미씀니다]'와 같이 발음된다. 표준 발음법에서는 '믿소, 믿습니다'의 표준 발음을 '[믿쏘], [믿씀니다]'로 하고 있지만 이것은 현실 발음과는 동떨어진 것이다.58) '믿소, 믿습니다'를 '[미쏘], [미씀니다]'로 발음하는 것은 '닿

55) 여기에 대해서는 이진호(2008ㄴ: 338)에서 자세히 살핀 바 있다.

56) '이에 준하는'이라는 표현을 사용한 것은 'ㅎ'이 평파열음 중 하나로 바뀌는 과정이 다른 자음들과는 약간 다르기 때문이다. 자세한 것은 이진호(2008ㄴ: 339~340)을 참고할 수 있다.

57) 음절말에 놓인 'ㅎ'이 중세 한국어 시기에 'ㅅ'과 'ㄷ'으로 실현되는 과정에 대해서는 이진호(2003)을, 음절말의 'ㅎ'이 역사적으로 어떤 변화 과정을 거쳤는지에 대해서는 이진호(2008ㄴ: 336)을 참고하기 바란다.

소, 닿습니다'가 각각 '[다쏘], [다씁니다]'로 발음되는 것과 평행하며 '믿소, 믿습니다'의 첫음절 말음 'ㄷ'이 실제로 발음되지 않음을 의미한다.[59] 또한 'ㄷ'으로 끝나는 형태소 뒤에 'ㄴ'으로 시작하는 형태소가 올 때 'ㄷ'이 'ㄴ'으로 실현되는 것 역시 'ㅎ'이 'ㄴ' 앞에서 'ㄴ'으로 나타나는 것과 동일하다. 그러므로 음절 종성에 놓인 'ㅎ'은 'ㄷ'으로 바뀐다고 하는 것이 타당하다.[60]

이상으로 평파열음화가 적용되었을 때 예외적으로 조음 위치까지 함께 바뀌는 두 가지 경우를 살펴보았다. 'ㅈ, ㅊ'의 경우 역사적으로는 음절말에서 조음 위치의 변동을 겪지 않았지만 음절초에서 자음의 조음 위치 변화가 일어남으로써 그에 따라 공시 음운론에서도 경구개음이 치조음으로 바뀐다고 기술하게 되었음을 확인했다. 'ㅎ'은 이미 중세 한국어 시기부터 음절말에서 'ㄷ'으로 바뀌었다. 다만, 현대 한국어에서는 'ㅎ'이 'ㄷ'으로 실현되는 것을 직접 확인하기 어려우나 여러 가지 증거를 감안할 때 역시 'ㄷ'으로 바뀐다고 보아야 함을 알 수 있었다.

---

58) 엄밀하게 말하면 표준 발음법에서는 '믿소, 믿습니다'의 표준 발음을 명확히 규정하지는 않고 있다. 그러나 표준 발음법에 따르면 'ㄷ' 뒤에서 'ㅅ'은 경음으로 발음되며 'ㅆ' 앞의 'ㄷ'은 탈락한다는 특별한 규정을 두지 않았다. 또한 제23항에는 '낯설다[낟썰다]'와 같이 'ㅆ' 앞에서 'ㄷ'이 발음되는 예시가 나오고 있다. 이것을 감안할 때 표준 발음은 '[믿쏘], [믿씀니다]'임을 충분히 알 수 있다. 여기에 대해서는 7.1에서 다시 언급한다.

59) 이 현상은 'ㅆ' 앞에서의 ㄷ-탈락이라고 할 수 있다. 표준 발음법에서는 이것을 인정하지 않지만 분명히 실재하고 있다. 이 현상에 대해서는 7.1에서 좀 더 상세히 설명하기로 한다.

60) (12)에서도 볼 수 있듯이 현행 표준 발음법은 음절 종성의 'ㅎ'이 'ㄷ'으로 바뀐다는 명시적인 규정은 하지 않았다. 다만, 표준 발음법 제18항에서는 받침에 놓일 때 'ㄷ'으로 발음되는 자음 목록에 'ㅅ, ㅆ, ㅈ, ㅊ, ㅌ'과 함께 'ㅎ'을 포함시켜 놓고 있을 뿐이다. 만약 표준 발음법에서 음절 종성의 'ㅎ'이 'ㄷ'으로 바뀐다고 규정하게 되면 '놓소'의 표준 발음을 현재와 같이 '[노쏘]'로 하기는 곤란하다. 앞의 각주 59)에서도 언급했듯이 표준 발음법에서는 'ㅆ' 앞의 'ㄷ'을 그대로 발음하게끔 하고 있으므로 '놓소'도 'ㅎ'이 'ㄷ'으로 바뀌는 이상 '[녿쏘]'와 같이 발음된다고 보는 것이 일관성 있는 방식이 된다. 물론 이러한 '[녿쏘]'가 현실 발음과 동떨어진 것이라는 점은 말할 필요도 없다.

5.2.2.2. 평파열음화의 역사적 변화

현대 한국어의 평파열음화는 예전에도 존재했다. 그러나 예전에는 현재와는 적용 양상이 조금 달랐다. 적용 환경은 동일하지만 적용 결과가 차이 난다. 15세기 한국어의 평파열음화는 기본적으로 다음과 같은 양상을 보였다.

(13)

부류	대상 자음	음절말에서의 실현
아음(牙音)	ㄱ / ㆁ	ㄱ / ㆁ
설음(舌音)	ㄴ / ㄷ, ㅌ / ㄹ	ㄴ / ㄷ / ㄹ
순음(脣音)	ㅁ / ㅂ, ㅍ, ㅸ	ㅁ / ㅂ
치음(齒音)	ㅅ, ㅈ, ㅊ, ㅿ	ㅅ
후음(喉音)	ㅎ	ㄷ('ㄴ' 앞)~ㅅ('ㅅ' 앞)

(13)은 현대 한국어와 비교할 때 몇 가지 차이가 있다. 우선 음절말에서 'ㅅ'이 발음되었다는 점이 다르다. 또한 'ㅈ, ㅊ'은 'ㄷ' 대신 'ㅅ'으로 바뀌었다. 마지막으로 'ㅎ'은 후행 자음에 따라 'ㄷ'과 'ㅅ'으로 실현되었다.[61]

이러한 양상에서 두 가지 중요한 사실을 알게 된다. 하나는 현대 한국어보다는 중세 한국어 시기에 평파열음화의 적용 범위가 더 좁았다는 것이다. 바꾸어 말하면 음절말에 올 수 있는 자음의 종류가 더 많았다고 할 수 있다. 더욱이 중세 한국어 이전 시기에는 'ㅈ'도 음절말에서 그대로 발음되었다고 추측된다.[62] 그런 점에서 역사적으로 평파열음화는 적용 영역을 계속 확대

61) 여기에 대해서는 이진호(2003)과 이진호(2008ㄴ)에서 다룬 적이 있다.

62) 15세기 이전에 'ㅈ'도 음절말에서 발음될 수 있었다는 사실은 세 가지 측면에서 확인이 가능하다. 차자 표기 자료에서 음절말의 'ㅈ, ㅊ' 등을 '次'로 표시하고 있다는 점, '아자비(앚+아비)'와 같은 복합어 자료에서 선행 성분의 'ㅈ'이 후행 음절의 초성에 나타난다는 점, 중세 한국어 시기의 어중 'ㅅㄱ'이 현대 방언에서 'ㅊ'으로 남아 있다는 점이다. 좀 더 자세한 것은 이진호(2008ㄴ: 331)을 참고할 수 있다.

해 나갔다고 하겠다.

다른 하나는 중세 한국어의 경우 엄밀히 말하면 '평파열음화'라는 용어를 사용할 수 없다는 점이다. 평파열음화는 음절말에서 'ㅂ, ㄷ, ㄱ' 중 하나의 자음으로 바뀌는 현상이다. 그런데 중세 한국어 시기에는 'ㅅ'으로 바뀌는 경우도 있었기 때문에 평파열음화라는 용어를 사용해서는 (13)에 제시된 것과 같은 현상을 포괄할 수 없다. 시대와 상관없이 음절 종성에서의 음운 변동을 나타낼 마땅한 용어를 찾는 것은 쉽지 않다. '음절말 중화'와 같이 음운 변동의 출력형에 대한 정보를 포함하지 않는 용어가 아니면 이 문제는 해결할 수 없다. 그런데 '음절말 중화'와 같은 성격의 용어는 현재로서는 받아들이기 어렵다.[63]

평파열음화가 현대 한국어의 모습을 지니게 된 것은 16세기 중엽 이후이다.[64] 이 시기에 음절말의 'ㅅ'이 평파열음화의 적용을 받아 'ㄷ'으로 바뀌면서 현재의 모습이 완성되었다. 이후에는 평파열음화가 별다른 변화 없이 예전의 모습을 그대로 잇고 있다.

5.3. 겹받침의 발음

5.3.1. 겹받침과 연음

겹받침 역시 홑받침과 기본적인 실현 양상은 동일하다. 뒤에 모음으로 시작하는 문법 형태소가 오면 연음이 되는 것이다. 단, 겹받침이 모두 연음되는 것이 아니라 겹받침 중 선행 자음은 앞 음절의 종성에 그대로 있고

63) 자세한 것은 이진호(2017ㄱ)의 '평파열음화', '중화' 항목을 참고할 수 있다.
64) 정확한 시기에 대해서는 논의에 따라 이견이 있다. 근대 한국어가 본격화되는 17세기 이전에는 완성되었다는 것이 대체적인 시각이다.

후행 자음만 뒤 음절의 초성으로 연음된다. 겹받침이 모두 연음되면 후행 음절의 초성에 자음이 두 개 놓여 음절 구조 제약을 어기므로 이런 방식의 연음은 일어날 수 없다.65)

겹받침의 연음에 대해서는 표준 발음법 제14항에서 명시적으로 밝히고 있다.

(14)

【제14항】 겹받침이 모음으로 시작된 조사나 어미, 접미사와 결합되는 경우에는 뒤엣것만을 뒤 음절 첫소리로 옮겨 발음한다.(이 경우, 'ㅅ'은 된소리로 발음함.)			
넋이[넉씨]	앉아[안자]	닭을[달글]	젊어[절머]
곬이[골씨]	핥아[할타]	읊어[을퍼]	값을[갑쓸]
없어[업:써]			

(14)에서 'ㅅ'으로 끝나는 겹받침의 경우 그 'ㅅ'이 발음상으로는 'ㅆ'으로 나타난다는 점은 주의해야 한다. 여기에 따르면 표기상으로는 'ㅅ'으로 되어 있어도 실제 발음상으로는 'ㅅ'이 온전히 나타나는 경우는 없고 모두 'ㅆ'으로만 나타나는 셈이 된다. 이 때문에 이런 겹받침을 가진 어간들의 실제 기저형이 무엇인지에 대한 논란이 일어나기도 했다.66)

한편, 'ㅎ'은 홑받침의 경우와 마찬가지로 겹받침의 경우에도 연음의 적용을 받지 않는다. 즉, 'ㅎ'으로 끝나는 겹받침은 뒤에 모음으로 시작하는 문법 형태소가 올 때 연음이 일어나는 대신 'ㅎ'이 탈락한다. 또한 'ㅎ'이 탈락하고 나면 여전히 후행 음절의 초성 자리는 비어 있어 결국 겹받침의

65) 반면 초성에 두 개의 자음도 올 수 있었던 중세 한국어 시기에는 겹받침이 모두 후행 음절의 초성으로 연음되는 경우를 종종 발견할 수 있다. 가령 '닭-'의 경우 '다ᇚ(닭+아)', '없-'의 경우 '어ᄡᅵ(없+이)'와 같은 형태가 나타났다.

66) 즉, 기저형의 어간 말음이 'ㅅ'인지 'ㅆ'인지 이견이 있어 왔던 것이다. 이 문제와 관련해서는 이미 이병근(1970)부터 논의가 있어 왔다. 기저형 설정과 관련된 이론적 쟁점은 이진호(2008ㄴ: 122)을 참고할 수 있다.

선행 자음이 연음된다. 가령 '닳아, 싫은'은 각각 '[다라], [시른]'과 같이 발음되는 것이다.

이처럼 'ㅎ'을 제외하면 겹받침 뒤에 모음으로 시작하는 문법 형태소가 올 때 연음이 일어나야 한다. 그러나 명사의 경우 이러한 연음이 일어나지 않고 다른 변화가 동반되는 경우를 쉽게 찾을 수 있다. (15)와 같은 현상이 그러하다.

(15)[67] ㄱ. 넋+이[너기], 넋+을[너글], 넋+은[너근]
ㄴ. 닭+이[다기], 닭+을[다글], 닭+은[다근]
ㄷ. 여덟+이[여더리], 여덟+을[여더를], 여덟+은[여더른]
ㄹ. 외곬+이[외고리], 외곬+을[외고를], 외곬+은[외고른]
ㅁ. 값+이[가비], 값+을[가블], 값+은[가븐]

이 중 (15ㄷ, ㄹ)은 대부분의 지역에서 모음으로 시작하는 조사가 와도 겹받침을 발음하지 않고 있다. 특히 (15ㄹ)과 같이 'ㄺ'으로 끝나는 경우 겹받침이 거의 발음되지 않아서, 예전의 '돐'은 '돌'로 표준어를 바꾸기조차 했다.[68] 여기서는 '닭'과 '값'을 가지고 (15)와 같은 형태가 지역별로 어떤 실현 양상을 보이는지 살피고자 한다.[69]

67) 실제 발음은 방언에 따라 좀 더 다양하게 나타나지만 여기서는 대표형만을 제시하기로 한다.
68) 일부 방언에서는 '돌쎄, 돌씨'와 같이 겹받침의 형태를 지니기도 하지만 출현 범위가 그리 넓지 않다.
69) 방언형은 겹받침이 모두 실현되는 경우와 그렇지 않은 경우의 두 가지만 구분하기로 한다. 또한 편의상 모음으로 시작하는 조사 중 일부에서만 (15)와 같은 모습을 보이더라도 겹받침이 실현되지 않는 방언권으로 분류한다.

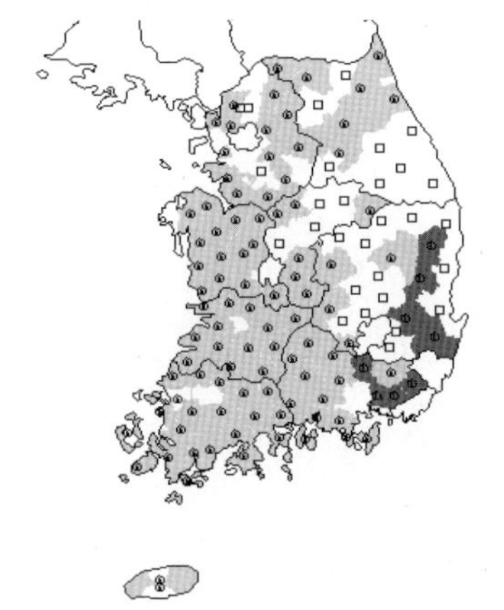

<지도 12> '닭'의 활용형[70)]

<지도 12>에 따르면 '닭' 뒤에 모음으로 시작하는 조사가 올 때 겹받침 'ㄺ'이 모두 실현되는 지역은 경기도, 충청북도, 경상북도, 강원도 등에 분포되어 있지만 충북, 경북, 강원 남부를 제외하면 다소 산발적인 모습이다. 반면 겹받침 대신 홑받침으로 실현되는 지역은 그 분포가 훨씬 넓다. 홑받침으로 발음된다고 하더라도 '[다기], [다글]'과 같이 'ㄱ'으로 발음되는 경우와 '[다리], [다를]'과 같이 'ㄹ'로 발음되는 지역이 차이 난다. 'ㄹ'로 발음되는 지역은 주로 경상도의 동부에 위치해 있는데, 이러한 차이는 '닭'에 자음군 단순화가 적용되었을 때 어떤 자음이 탈락하는지와 밀접한 관련이 있다.[71)]

70) '닭'이 겹받침을 그대로 유지하는 지역은 '□'로 표시한다. '닭'이 (15)와 같이 홑받침을 가진 말로 바뀐 지역의 경우 '닥'으로 실현되는 지역은 '◉'로, '달'로 실현되는 지역은 '⦶'로 표시한다. 홑받침으로 바뀐 지역은 모두 음영을 넣어 구별했다.

71) 여기에 대해서는 5.3.2에서 자세히 다룬다.

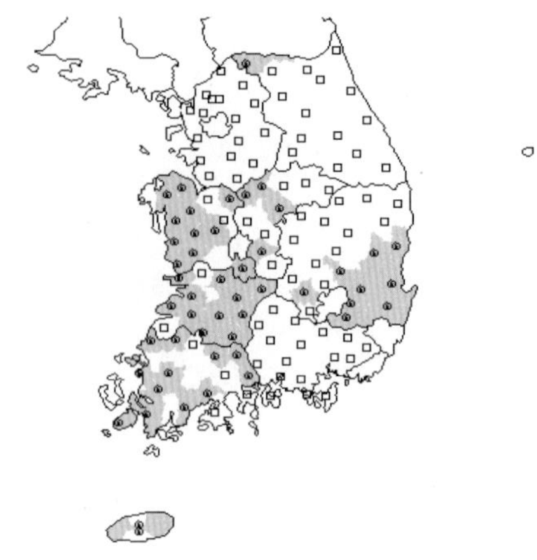

<지도 13> '값'의 활용형[72)]

<지도 13>에 의하면 '값' 뒤에 모음으로 시작하는 조사가 올 때 겹받침 'ㅄ'이 모두 실현되는 지역은 경기도, 강원도, 경상남도 전역과 경상북도의 중부 이북, 충청북도의 일부 등이다. <지도 12>에 비하면 겹받침의 실현 범위가 훨씬 넓다. 겹받침 대신 홑받침으로 실현되는 지역은 충남과 경북, 전남과 경북의 일부이다.[73)] '닭'의 경우와 달리 '값'은 홑받침으로 발음될 때 모든 지역이 '[가비], [가블]'과 같은 ㅂ-형으로만 나타나고 '[가시], [가슬]'과 같은 ㅅ-형으로는 나타나지 않는다. 그 이유는 겹받침 'ㄺ'이 지역에 따라 자음군 단순화가 적용될 때 'ㄹ'이 탈락하거나 'ㄱ'이 탈락하는 차이가 있음에 비해, 'ㅄ'은 모든 지역에서 자음군 단순화가 적용될 때 'ㅅ'이 탈락하여 'ㅂ'이 남는 데서 찾을 수 있다.

<지도 12>와 <지도 13>에서 살핀 (15)와 같은 현상은 앞서 살핀 (9)와

72) '값'이 겹받침을 그대로 유지하는 지역은 '□'로, 홑받침으로 바뀐 지역은 '◉'로 표시한다.
73) 전남의 경우 좀 더 넓은 지역에서 홑받침으로 실현될 것이 예상되는데, 그렇지 않은 것은 전남의 많은 지역에서 '갑씨가(값+이), 갑씨를(값+을)'과 같이 명사의 형태가 '갑씨'로 바뀌었기 때문이다.

평행적이라고 할 수 있다. 변화의 지역적 분포를 보면, (9)와 비교해 (15)가 훨씬 더 광범위하게 나타나고 있기는 하지만 (9)가 나타나는 중심지인 충남이나 전라도가 (15)에서도 여전히 중심지라는 점에서 (9)와 (15)는 비슷한 지역적 분포를 지닌다. 또한 변화의 방향이 명사의 단독형을 지향한다는 점, 변화의 결과 명사의 교체 양상이 단순해진다는 점에서 (15)는 (9)와 동일하게 유추적 평준화에 해당한다. 이처럼 기본적으로 (15)의 변화는 (9)와 동일하다. 다만 '삶, 앎'과 같은 파생 명사가 이러한 변화를 겪지 않는다는 점은 매우 특이하다.

5.3.2. 겹받침의 음운 현상

5.3.2.1. 현대 한국어의 자음군 단순화

5.3.1에서 살핀 연음이 일어나는 환경을 제외할 경우, 겹받침은 음절의 종성에 놓일 수밖에 없다. 현대 한국어는 음절의 종성에 자음이 두 개 이상 오는 것을 허용하지 않기 때문에 겹받침이 종성에 위치하면 음절 구조 제약을 만족시키기 위해 음운 현상이 적용된다. 'mask, first' 등과 같은 외국어의 경우는 모음 'ㅡ'를 더 넣어 음절 종성의 자음들을 모두 발음함에 비해 고유어는 두 자음 중 하나를 탈락시켜 음절 구조 제약을 따르게 된다. 이러한 자음의 탈락을 흔히 자음군 단순화라고 부른다.[74)]

자음군 단순화는 예외를 전혀 허용하지 않는 강력한 음운 현상이다. 다

74) 한국어의 자음군 단순화는 겹받침에만 적용되는 것이 아니라 '알+은/을→(앒/앓→)안/알' 등과 같이 겹받침이 아닌 경우에도 적용된다. 그러나 여기서는 표준 발음법의 규정을 중심으로 겹받침에 적용되는 자음군 단순화만 살핀다. 겹받침이 아닌 경우에 적용되는 자음군 단순화는 기본적으로 'ㄹ+비음/유음'의 구조에 적용되며 적용 양상은 앞선 'ㄹ'을 탈락시킨다.

만, 자음군 단순화가 적용되었을 때 겹받침 중 어떤 자음이 탈락하는지는 그리 단순하지 않다. 겹받침의 구성 자음, 방언 차이, 문법 범주, 세대 등 여러 가지 변수에 따라 겹받침의 선행 자음과 후행 자음 중 어떤 자음이 탈락하는지에 있어 차이가 난다. 심지어 동일한 겹받침이라도 단어에 따라 탈락 자음이 다른 경우조차 있다. 자음군 단순화가 일어날 때의 탈락 자음에 대해서는 표준 발음법에서도 상세히 규정해 놓고 있다.

(16)

【제10항】 겹받침 'ㄳ', 'ㄵ', 'ㄼ, ㄽ, ㄾ', 'ㅄ'은 어말 또는 자음 앞에서 각각 [ㄱ, ㄴ, ㄹ, ㅂ] 으로 발음한다.

넋[넉]	넋과[넉꽈]	앉다[안따]	여덟[여덜]
넓다[널따]	외곬[외골]	핥다[할따]	값[갑]

다만, '밟-'은 자음 앞에서 [밥]으로 발음하고, '넓-'은 다음과 같은 경우에 [넙]으로 발음한다.

(1)	밟다[밥:따]	밟소[밥:쏘]	밟지[밥:찌]
	밟는[밥:는→밤:는]	밟게[밥:께]	밟고[밥:꼬]
(2)	넓-죽하다[넙쭈카다]	넓-둥글다[넙뚱글다]	

(16)은 자음군 단순화가 적용되었을 때 겹받침을 구성하는 자음 중 후행 자음이 탈락하는 경우이다. 다만 'ㄼ'은 단어에 따라 선행 자음이 탈락하는 경우도 있다.[75] 'ㄼ'의 자음군 단순화는 역사적으로 봐도 다소 복잡한 모습

75) 그렇다고 하더라도 'ㄼ'에 자음군 단순화가 적용되면 'ㅂ'이 탈락하고 'ㄹ'이 남는 것이 원칙이다. 그런데 표준 발음법의 다른 조항을 보면 'ㄼ'에 자음군 단순화가 적용되었을 때의 발음 규정에 일관성이 다소 떨어진다. 가령 제18항을 보면 'ㄼ'은 'ㅍ, ㄿ, ㅄ'과 함께 비음 동화의 적용을 받아서 'ㅁ'으로 발음하도록 되어 있다. 그런데 'ㄼ'은 종성에서 'ㄹ'로 발음하는 것이 원칙이므로 비음 동화가 적용될 수 없다. 또한 제20항을 보면 활용형에서 순행적 유음화가 적용되는 경우로 'ㅀ, ㄾ'만 제시되고 'ㄼ'은 빠져 있다. 'ㄼ'이 종성에서 'ㄹ'로 발음된다면 그 뒤에 'ㄴ'으로 시작하는 어미가 올 때 순행적 유음화가 적용되어야 하는데도, 규정에서는 이 부분을 간과했다. 평파열음 뒤에서의 경음화를 다루는 제23항에서도 'ㄼ'은 'ㅍ, ㄿ, ㅄ'와 묶어서 'ㅂ'으로 발음된다고 보고 있다. 반면 제25항의 경우 음절말에서 'ㄹ'로 발음되는 겹받침 뒤의 경음화 환경으로 'ㄼ'을 'ㄾ'과 함께 묶어 놓고

을 보인다. 가령 '여덟'의 경우 처음에는 'ㄹ'이 탈락하는 경향을 보였지만 현재는 매우 많은 방언에서 'ㅂ'이 탈락하고 있다.

(17)

【제11항】 겹받침 'ㄺ, ㄻ, ㄿ'은 어말 또는 자음 앞에서 각각 [ㄱ, ㅁ, ㅂ]으로 발음한다.

닭[닥]　　흙과[흑꽈]　　맑다[막따]　　늙지[늑찌]

삶[삼ː]　　젊다[점ː따]　　읊고[읍꼬]　　읊다[읍따]

다만, 용언의 어간 발음 'ㄺ'은 'ㄱ' 앞에서 [ㄹ]로 발음한다.

맑게[말께]　　묽고[물꼬]　　얽거나[얼꺼나]

(17)은 자음군 단순화가 적용되었을 때 선행하는 자음 'ㄹ'이 탈락하는 경우이다. 그런데 'ㄺ'은 용언에 한해 'ㄱ'으로 시작하는 어미 앞에서 'ㄱ'이 탈락한다고 규정되어 있다. 실제로 많은 방언에서 이러한 모습을 보이고 있는 것이 사실이다. 그러나 그에 못지 않게 'ㄱ'으로 시작하는 어미 앞에서도 'ㄹ'이 탈락하는 모습을 보이는 방언 역시 적지 않다.76)

(16), (17)에서는 다양한 겹받침들의 발음을 다루고 있다. 그런데 'ㅎ'으로 끝나는 겹받침(ㄶ, ㅀ)은 빠져 있다. 그 이유는 'ㅎ'이 포함된 받침은 모두

있어 제23항과는 다른 태도를 취한다. 이처럼 종성의 'ㄼ'은 'ㄹ'로 발음되는 것이 원칙임에도 불구하고 정작 다른 조항에서는 'ㅂ'으로 발음되는 것처럼 다루고 있어서 일관성이 없다.

76) 『한국방언자료집』(한국정신문화연구원)에 따르면 다음과 같은 지역들이 그런 모습을 보인다.

경기	포천, 김포, 남양주, 시흥, 양평, 이천, 여주
충북	진천, 음성, 중원, 제천, 청원, 보은, 옥천, 영동
충남	서산, 홍성, 공주, 서천, 논산, 대전, 금산
전북	군산, 익산, 전주, 진안, 무주, 김제, 부안, 정읍, 임실, 장수, 고창, 순창, 남원
전남	영광, 장성, 담양, 곡성, 구례, 함평, 광주, 신안, 무안, 나주, 화순, 순천, 강진, 장흥, 보성, 고흥, 여수, 완도

여기에 대해 이진호(2009ㄴ: 143)에서는 'ㄹ'을 탈락시키는 것보다 'ㄱ'을 탈락시키는 것이 자음군 단순화의 규칙 간소화에 더 유리하다는 점을 들어 변화의 이유를 설명한 바 있다.

별도의 조항(12항)에서 따로 다루었기 때문이다. 12항에서 'ㅎ'이 포함된 겹받침의 발음을 규정한 내용은 다음과 같다.

(18)

> 【제12항】 받침 'ㅎ'의 발음은 다음과 같다.
>
> ⋮
>
> 3. 'ㅎ' 뒤에 'ㄴ'이 결합되는 경우에는, [ㄴ]으로 발음한다.
>
> 놓는[논는] 쌓네[싼네]
>
> [붙임] 'ㄶ, ㅀ' 뒤에 'ㄴ'이 결합되는 경우에는, 'ㅎ'을 발음하지 않는다.
>
> 않네[안네] 않는[안는]
>
> 뚫네[뚤네→뚤레] 뚫는[뚤는→뚤른]
>
> * '뚫네[뚤네→뚤레], 뚫는[뚤는→뚤른]'에 대해서는 제20항 참조.
>
> ⋮

(18)은 겹받침의 후행 자음으로 'ㅎ'이 오는 경우이다. 이 경우 자음군 단순화가 적용되면 항상 'ㅎ'이 탈락한다.77) 이러한 양상은 지역이나 그 밖의 어떤 변수와도 무관하게 일정하게 유지된다.

이상에서 알 수 있듯이 탈락 자음에 대한 규정은 세 개의 조항에 분산되어 있다. 제10항과 제11항으로 분리한 것은 겹받침 중 후행 자음이 탈락하는 경우(제10항)와 선행 자음이 탈락하는 경우(제11항)를 구분했기 때문이다. 또한 받침 'ㅎ'의 발음을 별도의 규정에서 설명하다 보니 'ㅎ'이 포함된 'ㄶ, ㅀ'의 자음군 단순화는 제10항과 제11항에서 설명할 수 없게 되었다.78)

지금까지 살펴본 표준 발음법에서의 겹받침 발음은 당연히 서울말을 기준으로 한 것이다. 정확히는 표준 발음법 조항이 마련되던 1980년대 중반의 서울말에서 실현되던 겹받침의 발음이라고 할 수 있다. 이러한 겹받침의

77) 엄밀하게는 겹받침의 일부인 'ㅎ'이 평파열음화의 적용을 받아 'ㄷ'으로 바뀐 후 자음군 단순화에 의해 탈락했다고 보는 편이 공시 음운론적 기술의 차원에서는 더 정확하다.

78) 'ㄶ, ㅀ'에 자음군 단순화가 적용되면 후행 자음인 'ㅎ'이 탈락하므로 굳이 넣는다면 제10항에 포함시켜야 할 것이다.

발음 양상은 그보다 약 40년 정도 앞선 시기와 비교해도 크게 다르지는 않다. 1947년에 나온 『한글』 101호의 '물음과 대답'에서는 서울말의 겹받침 발음에 대해 다음과 같이 답변한 바 있다.

(19) ㄱ. 'ㄳ, ㄵ, ㄶ, ㄽ, ㄼ, ㄾ, ㅀ, ㅄ'은 앞 자음으로만 나되, 'ㄼ'의 경우 '밟-'만은 뒤 자음으로 난다.
ㄴ. 'ㄺ, ㄻ, ㄿ'은 뒤 자음으로 난다.

(19)를 (16)~(18)과 비교하면 거의 비슷하다. 다만, 용언 어간의 'ㄺ'은 (17)에 따르면 'ㄱ'으로 발음되되 'ㄱ'으로 시작하는 어미 앞에서는 'ㄹ'로 발음되지만 (19ㄴ)에서는 항상 'ㄱ'으로 발음된다는 차이가 있을 뿐이다. 이것을 보면 현대 한국어를 기준으로 중앙어에서의 겹받침 발음은 상당 기간 동안 잘 유지되었다고 할 수 있다.

앞에서 살핀 표준 발음법에서는 겹받침에 따라 자음군 단순화가 적용되었을 때의 탈락 자음을 일관되게 규정해 놓았다. 그러나 현실 발음은 표준 발음과는 차이가 있다. 겹받침 중에는 지역, 계층 등의 변수에 따라 자음군 단순화에 의한 탈락 자음에 차이가 나는 것과 그렇지 않은 것이 있다.

(20) ㄱ. ㄳ[ㄱ], ㄵ[ㄴ], ㄶ[ㄴ], ㄻ[ㅁ], ㄽ[ㄹ], ㄾ[ㄹ], ㅀ[ㄹ], ㅄ[ㅂ]
ㄴ. ㄺ[ㄹ~ㄱ], ㄼ[ㄹ~ㅂ], ㄿ[ㄹ~ㅍ]

(20ㄱ)에 제시된 겹받침은 어떤 경우든 자음군 단순화가 일어나면 '[ ]' 속에 제시된 하나의 자음으로만 발음되며 그 양상은 표준 발음법과 일치한다. (20ㄱ)와 같이 항상 탈락 자음이 일률적인 것은 대개 음성학적 이유가 숨어 있다.[79]

79) 아래의 설명은 이진호(2010ㄴ: 576~578)에 제시된 것 중 일부를 참고했음을 밝혀 둔다.

(20ㄱ)에서 '장애음+장애음'으로 이루어진 겹받침(ㄳ, ㅄ)은 반드시 후행 자음이 탈락한다. 역사적으로도 마찬가지여서 중세 한국어 시기에 존재하던 'ㅺ, ㅼ'에 자음군 단순화가 적용되면 후행 자음 'ㄱ, ㄷ'이 탈락하고 'ㅅ'이 남았다. 음절말에 두 개의 장애음이 놓일 때는 선행 자음을 발음하기 위해 장애를 일으키는 과정에서 기류가 약해져 후행 장애음은 조음적 효과가 미미하기 때문에, 자음군 단순화가 적용되면 항상 후행하는 장애음이 탈락하게 된다.

또한 겹받침 중에 비음이 포함되어 있으면 반드시 비음이 남고 다른 자음이 탈락한다. 비음은 비강으로 공기가 흐르면서 울림이 더해지기 때문에 다른 구강음보다 음향적 효과가 더 크다. 특히 음절 종성에서는 구강음들이 조음적으로 닫히는 소리가 되어 음향적으로 덜 두드러짐에 비해 비음은 그렇지 않으므로, 비음이 포함된 겹받침에 자음군 단순화가 적용되면 항상 구강음이 탈락한다.

그 외에 'ㄽ, ㄾ'은 '공명음+장애음'의 구조로 되어 있어 두 자음 사이의 음성적 성격이 상이하지만, 선행 자음과 후행 자음의 조음 위치가 같기 때문에 선행 자음 뒤에서 후행 자음을 발음해도 조음적 효과가 뚜렷하게 부각되기 어렵다. 'ㅀ'의 'ㅎ'은 음절말에서 결과적으로 'ㄷ'이 될 수밖에 없으며 그럴 경우 'ㄽ, ㄾ'과 동일한 이유가 작용한다. 이러한 음성학적 이유 때문에 (20ㄱ)에 제시된 겹받침은 변수의 영향을 받지 않고 항상 탈락 자음이 일정하다.

반면 (20ㄴ)에 제시된 겹받침은 어느 한 자음이 일관되게 탈락해야 할 필연적인 음성학적 이유를 찾기 어렵다. 그래서 동일한 겹받침이라도 변수에 따라 탈락 자음이 달라진다. 가령 '닭'의 경우 자음군 단순화가 적용되었을 때 '[닥]'으로 발음나기도 하고 '[달]'로 발음나기도 하는 것이다. 이러한 탈락 자음의 상이함은 보통 방언의 차이에서 기인한다.[80] (20ㄴ)에 제시된 겹받침에 자음군 단순화가 적용되었을 때의 지역별 발음 차이를 좀 더 구체적으로 알아보기로 한다. 자료는 'ㄺ'에 해당하는 것으로 '흙'을, 'ㄼ'에 해당하는 것으로 '밟-'을 가져온다.81)

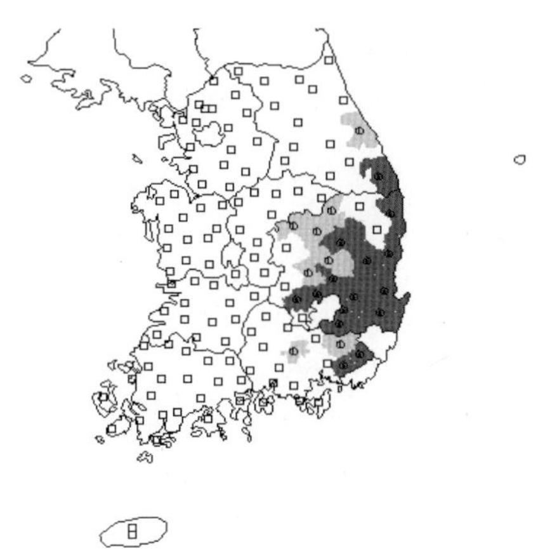

<지도 14> '흙'의 자음군 단순화 양상82)

---

80) 물론 동일한 지역의 화자라고 하더라도 탈락 자음이 다른 경우가 많으며 상당히 복잡한 양상을 보이기도 한다. 가령 김선철(2006: 57~58)에 제시된 서울말 화자들의 경우 다음과 같은 조사 결과를 보인다.

		ㄹ-탈락	ㅂ-탈락
밟-	밟는다	밤는다(84.29%)	발른다(15.71%)
	밟 지	밥찌(33.71%)	발찌(63.71%)
	밟 고	밥꼬(10.00%)	발꼬(90.00%)
짧-	짧 다	짭따(9.43%)	짤따(86.00%)
	짧 지	짭찌(12.00%)	짤찌(82.29%)
	짧 게	짭께(4.57%)	짤께(91.71%)

여기서 알 수 있듯이 같은 단어인데도 후행하는 어미에 따라 탈락하는 자음이 다르게 나타나는 등 실제로는 매우 복잡한 모습이다.

81) 겹받침 'ㄿ'의 자음군 단순화는 'ㄼ'과 비슷하므로 따로 살피지 않는다.

82) '흙'에 자음군 단순화가 적용되었을 때 'ㄹ'이 탈락하는 지역은 '□'로, 'ㄱ'이 탈락하는 지역은 '◉'로, 혼란을 보이는 지역은 '⏀'로 표시한다. 한편 '흙'의 방언형 중에는 앞서 (15)에서 살핀 것과 같이 겹받침이 아닌 홑받침을 가진 것도 있다. 원칙적으로 그런 경우에는 자음군 단순화가 적용되지 않으므로 탈락 자음에 대한 고려도 할 수 없다. 그러나 (15)와 같이 겹받침이 홑받침으로 변화한 것은 자음군 단순화의 적용 결과와 밀접한 관련이 있기 때문

'흙'에 자음군 단순화가 적용되었을 때는 크게 'ㄱ'이 남는 방언, 'ㄹ'이 남는 방언, 혼란스러운 방언의 세 가지를 구별할 수 있다. <지도 14>에서 보듯이 압도적으로 많은 방언이 표준 발음법의 규정과 같이 'ㄹ'을 탈락시켜 'ㄱ'을 남기고 있다. 'ㄱ'을 탈락시키는 방언은 경상도의 동부 지역에 국한된다. 또한 'ㄱ'이 남는 방언과 'ㄹ'이 남는 방언이 만나는 지점에 위치한 방언에서는 경우에 따라 'ㄱ'이 남기도 하고 'ㄹ'이 남기도 하는 등 혼란을 보인다.

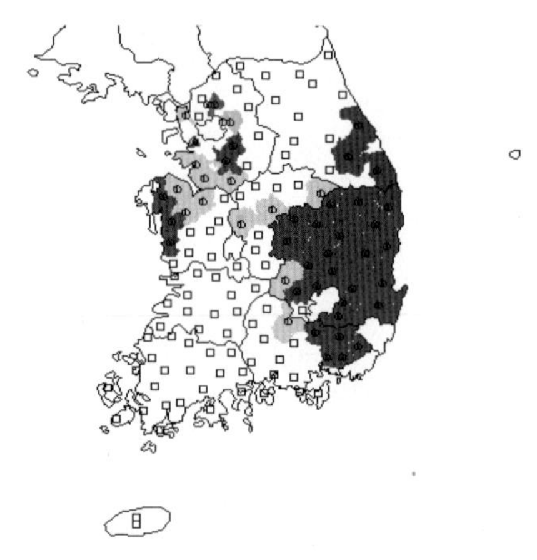

<지도 15> '밟-'의 자음군 단순화 양상[83)]

<지도 15>를 보면 의외로 표준 발음법의 준거가 되는 서울말과 인접한 지역어는 표준 발음법과 달리 '밟-'에 자음군 단순화가 적용되었을 때 'ㅂ'이 탈락하거나 또는 혼란을 보이는 지역이 적지 않다. 이런 경향은 충청남도의

에 표면에 실현되는 홑받침의 종류를 가지고도 탈락 자음을 논의하는 것이 어느 정도 가능하다.

83) '밟-'에 자음군 단순화가 적용되었을 때 'ㄹ'이 탈락하는 지역은 '□'로, 'ㅂ'이 탈락하는 지역은 '◉'로, 혼란을 보이는 지역은 '⊕'로 표시한다.

서해안까지 이어진다. 오히려 표준 발음법의 형태를 잘 따르는 지역은 강원도의 대부분과 전라도 방언이다. 경상도 방언은 'ㅂ'이 탈락하는 경우가 압도적으로 많다. '흙'에 비해 '밟'은 많은 방언에서 표준 발음법과는 다른 방향으로 자음을 탈락시키고 있음을 알 수 있다.

'흙'과 '밟-' 이외의 다른 겹받침 어간들도 지역에 따라 탈락 자음에 차이를 보인다. 특히 같은 겹받침이라고 하더라도 단어에 따라 탈락 양상이 조금씩 다르다. 그래서 정확한 일반화를 하기는 어렵지만 대체적으로 볼 때 경기도와 강원도 등 중부 방언 및 충청도와 전라도와 같은 서남부 방언은 'ㄺ, ㄼ, ㄿ'에 자음군 단순화가 적용되었을 때 'ㄹ'이 탈락하는 경향이 강하고, 반대로 경상도의 동부 방언은 'ㄹ'이 남고 'ㄱ, ㅂ, ㅍ'이 탈락하는 경향이 강하다. 즉, 자음군 단순화에 있어서 탈락 자음의 차이는 한반도의 동서축이 중요한 기준이 되는 것이다.

지금까지 살핀 자음군 단순화는 후행하는 형태소가 자음으로 시작하거나 또는 아무런 형태소도 오지 않는 경우에 적용되는 경우였다. 그런데 후행하는 형태소가 모음으로 시작해도 자음군 단순화가 적용된다. 이것은 표준 발음법 제15항의 '[붙임]'에 나온다.

(21)

【제15항】 받침 뒤에 모음 'ㅏ, ㅓ, ㅗ, ㅜ, ㅟ'들로 시작되는 실질 형태소가 연결되는 경우에는, 대표음으로 바꾸어서 뒤 음절 첫소리로 옮겨 발음한다.

밭 아래[바다래]	늪 앞[느밥]
젖어미[저더미]	맛없다[마덥다]
겉옷[거돋]	헛웃음[허두슴]
꽃 위[꼬뒤]	

다만, '맛있다, 멋있다'는 [마싣따], [머싣따]로도 발음할 수 있다.

[붙임] 겹받침의 경우에는 그 중 하나만을 옮겨 발음한다.

넋 없다[너겁따]	닭 앞에[다가페][84]
값어치[가버치]	값있는[가빈는]

여기서 알 수 있듯이 모음으로 시작하는 실질 형태소 앞에서 자음군 단순화가 일어나는 것은 동일한 환경에서 평파열음화가 일어나는 것과 완전히 평행적이다. 모음으로 시작하는 형태소가 실질 형태소인 경우에 한해서만 음운 변동이 적용된다. 또한 음운 변동이 적용된 후에는 자음이 후행 음절의 초성으로 이동하는 것까지도 자음군 단순화와 평파열음화는 동일한 양상을 보인다.

다만 예로 제시된 것 중 '값어치[가버치]'는 약간의 설명이 필요하다. '어치'는 현행 국어사전에서 파생 접미사로 처리했기 때문에 실질 형태소가 아니며, 그럴 경우에는 자음군 단순화 대신 단순한 연음만 일어나는 것이 일반적이다. 그런데 '값어치'는 '[갑써치]' 대신 '[가버치]'로 발음되어서 연음 대신 자음군 단순화가 일어나고 있다.[85] 여기에 대해 이병근(1988: 64)에서는 사전의 처리가 잘못이며, '어치'는 자립적으로 쓰이지는 않아도 어휘 형태소에 해당한다고 설명한 바 있다. 자음군 단순화의 적용 양상을 보면 이러한 해석이 올바르다고 하겠다.[86]

5.3.2.2. 자음군 단순화의 역사적 변화

현대 한국어의 자음군 단순화는 예전에도 존재했다. 적용되는 환경은 예전에도 같았지만 적용 여부나 적용 양상이 현재와는 매우 달랐다. 15세기

84) '넋 없다'와 '닭 앞에'는 그다지 좋은 예라고 할 수는 없다. 이 경우에 적용되는 자음군 단순화는 모음으로 시작하는 실질 형태소 앞에서 일어났다기보다는 오히려 휴지 앞에서 일어났다고 보는 것이 타당하므로 제15항의 설명 내용과는 잘 부합하지 않는 측면이 있다.

85) 그런데 예전에는 '값어치'를 '[갑써치]'로 발음하는 것을 권장한 적도 있었던 듯하다. 서재극(1967: 239)에서는 일선 교단에서 '값어치'의 발음을 '[갑서치]'로 가르친다거나, KBS 방송에서도 그렇게 하고 있는 데 대해 비판적인 입장을 드러낸 바 있다.

86) 다만 그렇다고 하더라도 굳이 국어사전의 처리를 거스르는 예를 제시할 필요가 있을지는 의문이다. 다른 예로 바꾸는 것이 좋지 않을까 한다.

한국어의 자음군 단순화가 겹받침의 종류에 따라 어떠했는지를 정리하면 대략 다음과 같다.[87]

(22)

겹받침 구조	겹받침 종류	자음군 단순화 양상
'ㄱ'이 선행	ㄳ	• 'ㅅ'이 탈락하지만 거의 적용 안 됨.
'ㄴ'이 선행[88]	ㄵ[89]	• 적용 안 됨.
'ㄹ'이 선행	ㄺ, ㄻ, ㄼ, ㄽ, ㄾ, ㄿ, ㅀ	• 'ㅀ'은 'ㅎ'이 반드시 탈락. 'ㄽ'은 확인 불가. • 나머지는 거의 적용 안 됨.
'ㅁ'이 선행	ㅁㅊ	• 적용 안 됨.
'ㅂ'이 선행	ㅄ	• 체언(값)은 거의 적용 안 됨. • 용언(없-)은 'ㅅ'이 반드시 탈락.
'ㅅ'이 선행	ㅺ, ㅼ	• 후행 자음인 'ㄱ, ㄷ'이 반드시 탈락.

15세기의 자음군 단순화는 겹받침의 선행 자음 종류에 따라 적용 여부가 명확한 차이를 보인다. 마찰음 'ㅅ'이 선행하는 경우는 예외 없이 자음군 단순화가 적용되었지만 파열음이 선행하는 경우는 용언 어간말 'ㅄ'만 완전한 적용을 보인다. 체언 어간말 'ㄳ'과 'ㅄ'은 15세기에는 잘 적용되지 않다가 16세기 중엽 이후에 활발히 적용된다.

반면 비음이나 유음과 같은 공명음이 선행하는 겹받침은 15세기에는 자음군 단순화의 적용을 전반적으로 받지 않았다. 'ㅀ'의 경우만 유일하게 15세기부터 자음군 단순화의 적용을 보편적으로 받았을 뿐이다. 16세기에는 후행 자음이 치음 계열인 'ㄵ, ㄽ, ㅁㅊ' 등이 자음군 단순화의 적용을 받지만

87) 자음군 단순화의 역사에 대한 내용은 이진호(2010ㄴ)을 바탕으로 한다.

88) 중세 한국어 시기에는 'ㄶ'이 아직 완전히 자음군으로 굳어졌다고 보기 어렵기 때문에 목록에서 제외한다.

89) 엄밀하게 말하면 자음군 단순화가 적용되는 환경에서는 'ㄵ' 대신 'ㄴㅅ'이 실현된다. 음절 종성에서 'ㅈ'은 'ㅅ'으로 바뀌기 때문이다. 뒤에 제시되는 겹받침 중 후행 자음이 중세 한국어의 8종성에 해당하지 않는 것은 모두 동일한 상황이다. 다만, 여기서는 논의의 편의를 위해 기저형을 기준으로 겹받침의 형태를 제시하기로 한다.

그 이외의 겹받침들은 근대 한국어 시기에 접어들어서야 비로소 자음군 단순화가 본격적으로 적용되었다.

이러한 자음군 단순화의 역사적 적용 과정에서 두 가지 특징이 발견된다.[90] 첫째, 겹받침의 선행 자음이 공명음인 경우보다 장애음인 경우에 자음군 단순화가 먼저 적용되었다. 겹받침의 선행 자음이 장애음이면 후행 자음도 장애음인데, 그럴 경우 앞에서도 언급한 것처럼 후행 장애음은 음성적 효과가 미미해서 자음군 단순화가 일어나기 쉽다. 둘째, 겹받침의 선행 자음과 상관없이 후행 자음이 치음(ㅈ, ㅊ)인 경우는 공통적으로 16세기 중엽 무렵에 자음군 단순화가 완성되는 모습을 보인다. 여기에는 이 시기를 기준으로 음절 종성의 'ㅅ'이 'ㄷ'으로 변화했다는 사실이 관여할 가능성이 높다. 음절 종성에서 'ㅅ'이 발음될 때는 마찰음이라는 특성으로 인해 음향적 효과가 어느 정도 드러나지만, 'ㄷ'으로 바뀌면 음절 종성에서 미파됨으로써 음향적 효과를 거의 기대할 수 없다. 음절 종성의 'ㅅ'이 'ㄷ'으로 바뀌는 것과 자음군 단순화의 적용 여부가 관련을 맺는 것은 이 때문이다.

5.4. 한글 자모 받침의 발음

한글 자모 명칭에 쓰인 받침의 발음을 살피기에 앞서 우선 한글 자모 명칭의 형성 과정에 대해 잠깐 살필 필요가 있다. 잘 알려져 있다시피 현재의 자모 명칭은 최세진의 『訓蒙字會』에 처음 등장한다.

90) 좀 더 자세한 내용과 설명은 이진호(2010ㄴ)을 참고하기 바란다.

(23) 初聲終聲通用八字
ㄱ(其役) ㄴ(尼隱) ㄷ(池㊟末) ㄹ(梨乙) ㅁ(眉音) ㅂ(非邑) ㅅ(時㊟衣) ㆁ(異凝)
初聲獨用八字
ㅋ(㊟箕) ㅌ(治) ㅍ(皮) ㅈ(之) ㅊ(齒) ㅿ(而) ㅇ(伊) ㅎ(屎)

'기역, 니은, …'과 같은 명칭은 애당초에는 자모의 명칭으로 제안된 것이라기보다는 각 자음 글자가 초성과 종성에서 어떤 음가를 나타내는지를 지시하기 위한 것이었다. 그래서 기본적으로 한자의 음을 빌려 자음이 초성으로 쓰일 때의 용법을 첫째 음절에 밝혀 주고 종성으로 쓰일 때의 용법을 둘째 음절에 밝혀 주는 방식을 취했다. 한자의 음을 빌리기 어려운 몇몇 경우(ㄷ, ㅅ, ㅋ)에는 한자의 훈(訓)을 빌렸으며, 초성에만 올 수 있는 글자(初聲獨用八字)는 종성으로 쓰이는 용법을 보일 필요가 없었기 때문에 그 명칭이 오늘날과 달리 1음절로 되어 있었다.

『訓蒙字會』에 나오는 이 내용은 이후 별다른 논의 없이 계속 이어지다가 개화기 무렵이 되면서 변화를 맞게 된다. 가장 먼저 나오는 것은 강 위(姜瑋)의 『東文字母分解』이다.

(24) 初聲十八
ㆁ(으) ㅎ(흐) ㄱ(그) ㄲ(끄) ㅋ(크) ㅅ(스) ㅆ(쓰) ㅈ(즈) ㅊ(츠) ㄴ(느)
ㄷ(드) ㄸ(뜨) ㅌ(트) ㄹ(르) ㅁ(므) ㅂ(브) ㅃ(쁘) ㅍ(프)
終聲八
ㄱ(기윽) ㄴ(니은) ㄷ(디읃) ㄹ(리을) ㅁ(미음) ㅂ(비읍) ㅅ(시읏)[91] ㆁ(이응)

초성과 종성의 글자를 분리한 것은 『訓蒙字會』와 동일하지만 글자의 명칭은 상당히 다르다. 우선 초성으로 쓰이는 18자는 1음절로 되어 있다. 대

91) 'ㅅ'을 '시읏'이라고 한 것은 예전부터 내려오던 '時衣'를 한자음으로 읽었기 때문이다.

신 종성으로도 쓰이는 8자는 두 음절로 되어 있다. 또한 'ㄱ, ㄷ, ㅅ'의 명칭도 이전과는 달라졌다.

이후 20세기 초가 되면 매우 다양한 견해들이 한꺼번에 쏟아진다.

(25)

지은이	연대	출처	내용
리봉운	1897	국문정리	ㄱ(그윽) ㄴ(느은) ㄷ(드읏) ㄹ(르을) ㅁ(므음) ㅂ(브읍) ㅅ(스읏) ㅇ(으응)
지석영	1905	新訂國文	初聲終聲通用八字 ㄱ(기윽) ㄴ(니은) ㄷ(디읃) ㄹ(리을) ㅁ(미음) ㅂ(비읍) ㅅ(시옷) ㅇ(이응) 初聲獨用六字 ㅈ(지) ㅊ(치) ㅋ(키) ㅌ(티) ㅍ(피) ㅎ(히)
최광옥	1908	大韓文典	ㄱ(그억) ㄴ(느은) ㄷ(드읏) ㄹ(르을) ㅁ(므음) ㅂ(브읍) ㅅ(스읏) ㅇ(으응) ㅎ(흐) ㅈ(즈) ㅊ(츠) ㅋ(크) ㅌ(트)
유길준	1909	大韓文典	ㄱ(극) ㄴ(는) ㄷ(듣) ㄹ(를) ㅁ(믐) ㅂ(븝) ㅅ(슷) ㅇ(응) ㅈ(즈) ㅊ(츠) ㅋ(크) ㅌ(트) ㅍ(프) ㅎ(흐)
김두봉	1916	조선말본	ㄱ(기윽) ㄴ(니은) ㄷ(디읃) ㄹ(리을) ㅁ(미음) ㅂ(비읍) ㅅ(시읏) ㅇ(이응) ㅈ(지읒) ㅎ(히읗)[92]

이 시기만 하더라도 아직 자모 명칭을 어느 하나로 확정해야만 하는 상황은 아니었다. 각자가 자유롭게 견해를 발표하던 때였으며, 예전의 전통을 이으면서 자신만의 견해를 덧붙인 경우도 있고 전혀 새로운 방식을 제시한 것도 있다. 그런데 1920년대 후반에 이르러 어문 규범 제정을 위한 준비 작업이 본격화되면서 자모 명칭의 문제가 현안으로 떠올랐다. 한글 맞춤법 통일안이 제정되기 전인 1930년 조선총독부 학무국 의해 발표된 '언문 철자법'에는 다음과 같은 안이 들어 있다.

92) 김두봉의 책에는 10개의 자음 명칭만 나오지만 최현배(1929: 33)에 따르면 김두봉은 여기에 빠진 자음들에 대해서도 '키읔, 치읓, 티읕, 피읖'으로 하자는 견해를 지녔던 듯하다. 김두봉의 방식은 현재 북한의 자모 명칭과 동일하다.

(26) ㄱ(기역) ㄴ(니은) ㄷ(디귿) ㄹ(리을) ㅁ(미음) ㅂ(비읍) ㅅ(시옷)
ㅇ(이응) ㅈ(지읒) ㅊ(치읓) ㅋ(키읔) ㅌ(티읕) ㅍ(피읖) ㅎ(히읗)

언문 철자법에 제시된 자모 명칭은 이전에 비해 현재의 체계에 훨씬 가까워진 것이 사실이다. 'ㅋ'과 'ㅎ'을 제외한 나머지는 모두 동일하다. 이희승(1959: 74)에 따르면 한글 맞춤법 통일안에서는 언문 철자법의 규정을 따라 자모 명칭을 정하되, 다만 불합리하다고 본 'ㅋ'과 'ㅎ'만 바로잡았다고 한다.

그런데 언문 철자법이 나오기 이전에 이미 현재와 같은 안이 제안된 바 있다. 최현배(1929: 33)에는 한글 맞춤법 통일안의 자모 명칭과 일치하는 안이 제시되어 있으며 그 안은 자신이 새로 만든 것임을 명확히 밝히고 있다. 그렇다고 할 때 한글 맞춤법 통일안에서 규정한 자모 명칭은 최현배의 안을 받아들인 것이라고 보는 편이 더 타당할지도 모른다.

현행 자모의 명칭 중 'ㄱ'부터 'ㅇ'까지의 8글자는 『訓蒙字會』 이래로 계속 내려오던 것이다. 여기에 속하지 않는 'ㅈ'부터 'ㅎ'까지의 6글자는 원래는 명칭이 한 음절이었고 두 음절이 된 것은 20세기 들어 새로 만든 결과이다. 종성 표기법이 달라져 모든 자음 글자를 종성에 표기하게 된 이상, 자음자 역시 모두 두 음절로 통일할 수밖에 없었다. 특히 'ㅈ'부터 'ㅎ'까지의 글자 명칭에서 종성을 지니는 둘째 음절은 이전에는 없었으므로, 그 뒤에 모음으로 시작하는 조사가 결합할 때 어떻게 발음할 것인지도 새롭게 정해야만 했다. 이때 글자의 명칭에 표기된 자음이 단순히 연음될 뿐이라면 별다른 규정이 필요 없겠지만 실제로는 그렇지 않았다. 그래서 표준 발음법에서는 자모 받침의 발음을 따로 밝혀 두었다.

(27)

【제16항】 한글 자모의 이름은 그 받침소리를 연음하되, 'ㄷ, ㅈ, ㅊ, ㅋ, ㅌ, ㅍ, ㅎ'의 경우에는 특별히 다음과 같이 발음한다.

디귿이[디그시]	디귿을[디그슬]	디귿에[디그세]
지읒이[지으시]	지읒을[지으슬]	지읒에[지으세]
치읓이[치으시]	치읓을[치으슬]	치읓에[치으세]
키읔이[키으기]	키읔을[키으글]	키읔에[키으게]
티읕이[티으시]	티읕을[티으슬]	티읕에[티으세]
피읖이[피으비]	피읖을[피으블]	피읖에[피으베]
히읗이[히으시]	히읗을[히으슬]	히읗에[히으세]

(27)에 나오지 않은 자음은 모두 단순히 연음을 하면 되지만 'ㄷ, ㅈ, ㅊ, ㅋ, ㅌ, ㅍ, ㅎ'은 그렇지 않다. (27)에 따르면 'ㄷ, ㅈ, ㅊ, ㅌ, ㅎ'은 모음으로 시작하는 조사 앞에서 'ㅅ'으로, 'ㅋ'은 'ㄱ'으로, 'ㅍ'은 'ㅂ'으로 발음하는 것을 원칙으로 하고 있다. 이러한 발음은 표면상 (9)와 매우 흡사하다. (9)에서도 'ㅈ, ㅊ, ㅌ, ㅋ, ㅍ'으로 끝나는 명사가 모음으로 시작하는 조사 앞에서 연음이 일어나지 않고 다른 자음으로의 변화를 겪었는데, 그 양상을 보면 둘 사이에 매우 비슷한 점이 보이는 것이다.

이병근(1988: 65)에서는 이러한 발음 규정의 문제점을 지적하고 있다. 즉, (9)와 같이 다른 명사에서의 현실 발음은 표준 발음으로 인정하지 않는다는 점에서 볼 때 (27)이 예외적이라는 것이다. 그러면서 이러한 규정은 전통성이나 합리성에 어긋나면서 실제 발음만을 따른 결과라고 설명하고 있다.

그런데 (27)에 제시된 것과 같은 현실 발음이 어떻게 생겨났는지 현재로서는 알기 어렵다는 문제가 있다. (27)에 제시된 자음 중 'ㄷ'을 제외한 나머지 자음의 명칭은 종성을 가진 둘째 음절 자체가 새로이 만들어진 것에 불과하다. 따라서 그 뒤에 모음으로 시작하는 조사가 올 때의 발음 역시 처음에는 인위적일 수밖에 없다. 그럴 경우 여러 가지 발음법이 혼재했을 가능성이 높은데, 어떤 과정을 거쳐 (27)과 같은 발음으로 굳어졌는지가 밝

혀지지 않았다.[93]

다만 초창기에는 (27)과는 다른 발음이 제안되었다. 예컨대 1938년에 나온 『한글』 57호의 '물음과 대답'에서는 '지읒, 치읓, 키읔, 티읕, 피읖, 히읗' 뒤에 모음으로 시작하는 조사가 올 때에는 자음의 표기대로 발음하라고 답변을 한 것이다. 그 이듬해에 나온 『한글』 70호의 '물음과 대답'에서도 모음으로 시작하는 조사가 결합하면 자음 명칭의 본음이 나타난다고 함으로써 이전과 동일한 취지의 답변을 했다. 이것은 연음을 하는 다른 경우와 동일하게 발음하도록 한 것인데, 현재의 방식과는 큰 차이가 난다.

93) 'ㄷ(디귿)'은 예전부터 두 음절로 되어 있었지만 역시 모음으로 시작하는 조사와 결합할 때 그 말음이 연음되지 않고 'ㅅ'으로 바뀌게 된 이유는 분명치 않다. 중세 한국어 시기에 'ㄷ'으로 끝나던 체언들이 근대 한국어를 거치면서 모두 그 말음이 'ㅅ'으로 바뀌었는데 'ㄷ(디귿)'도 그러한 변화에 휩쓸린 것은 아닌지 모르겠다.

제6장 음의 동화

6.1. 동화의 이론적 검토

음의 동화란 말 그대로 소리가 닮아 가는 음운 현상의 부류를 가리킨다. 인접한 소리들은 끊임없이 상호 영향을 미칠 수밖에 없는데 그중에서도 어느 한 쪽이 다른 쪽에 닮는 것이야말로 가장 일반적인 현상이라고 할 수 있다. 인접한 음들의 성질이 비슷해지면 발음하기 편하므로 화자의 입장에서는 매우 유리해진다. 동화에 속하는 음운 현상이 수적으로 많을 뿐만 아니라 광범위한 언어에서 발견되는 것도 이 때문이다.

동화와 관련해서는 동화의 범위, 동화의 유형 분류 등을 검토해 볼 필요가 있다. 우선 동화의 범위는 어떤 현상들을 동화의 범위 속에 포함시킬까에 대한 문제이다. 동화는 그 성격상 닮아 가는 음(피동화음)과 닮게 하는 음(동화음)이 있다. 동화가 일어난다는 것은 동화음은 변하지 않고 피동화음이 동화음에 가깝게 바뀌는 것을 의미한다. 따라서 변화하기 전의 음과 변화한 후의 음을 비교하여 변화의 결과 동화음의 음성적 속성과 조금이라도 비슷해졌으면 동화로 볼 수 있다.

그런데 때로는 표면적인 모습만 가지고는 동화인지 여부를 파악하기 쉽지 않은 경우도 존재한다. 대표적으로 '종로[종노], 담력[담:녁]' 등에서 보이는 'ㄹ'의 비음화를 들 수 있다.[1] 한국어에서 비음 뒤에 오는 'ㄹ'은 모두 'ㄴ'으로 바뀐다. 그러므로 이것만 보면 'ㄹ'이 선행하는 비음에 동화되어 역시 비음인 'ㄴ'으로 바뀌었다고 해석할 수 있다. 그러나 'ㄹ'은 비음뿐만 아니라 'ㄹ'을 제외한 모든 자음 뒤에서 'ㄴ'으로 바뀌는 모습을 보인다. '독립(→독닙→동닙)'을 비롯한 많은 자료들이 그러한 사실을 말해 준다.[2] 이처럼 'ㄹ'이 'ㄴ'으로 바뀌는 현상이 선행하는 비음 때문이 아니라는 점을 고려하면, '종로[종노], 담력[담:녁]'을 단순히 비음에 의한 동화 현상으로 파악할 수는 없다.

이러한 사례는 동화인지를 판단할 때 표면적이고 부분적인 모습만을 보아서는 안 됨을 잘 말해 준다. 그런데 이보다 좀 더 미묘하면서 근본적인 문제를 제기하는 경우가 있다. 이희승(1955) 이래로 많은 문법 교과서는 물론이고 현재의 표준 발음법에 이르기까지 다음과 같은 자료를 동화의 일종으로 분류하는 태도를 취하고 있다.[3]

(1) 되어[되여], 피어[피여]

변화 전과 변화 후를 비교할 때 (1)에서는 반모음 'j'가 더 첨가되었다는 것을 쉽게 알 수 있다. 이런 현상을 동화로 처리한 것은 아마도 첨가된 반모음이 선행하는 전설 모음 'ㅣ'나 'ㅚ' 등과 비슷한 속성을 지녔기 때문이라고 생각된다. 반모음이 첨가되지 않는 것보다 반모음이 첨가되었을 때 선행하는 모음과 조금이라도 비슷해지는 것은 어느 정도 인정할 수 있을 듯하다.

---

1) 이 현상에 대해서는 6.4에서 자세히 다룬다.

2) '독립'이 '[동닙]'으로 발음되는 것에 대해서는 다른 방식의 설명도 존재하기는 한다. 자세한 것은 6.4를 참고할 수 있다.

3) 이 현상에 대해서는 6.7에서 자세히 다룬다.

만약 (1)과 같은 현상이 동화라면 '쏘아서[쏘와서], 좋아서[조와서]'와 같이 원순모음 뒤에서 반모음 'w'가 첨가된 현상도 모두 동화로 보아야 할 것이다.4)

그런데 동화 현상이 피동화음이 동화음에 닮아 가는 것이라는 가장 기본적인 원리에 비추어 보면 (1)과 같은 현상, 더 나아가 첨가나 탈락과 같이 음운의 수에 변동을 초래하는 현상은 동화로 보기 어려움을 알 수 있다. (1)의 반모음 첨가가 동화라면 변화 전의 'ㅚ, ㅣ'가 동화음이고 'ㅓ'가 피동화음이라고 해야만 한다.5) 문제는 반모음이 첨가된 후에도 피동화음은 아무런 변화를 입지 않고 그대로 있다는 점이다. 피동화음이 동화음과 같아져야 동화인데 (1)과 같은 음운 첨가에서는 그런 일이 일어날 수 없다.

물론 이중 모음을 하나의 음운으로 본다면 'ㅓ'가 'ㅕ'로 바뀌므로 동화라고 할 수 있을지 모른다. 그러나 이중 모음을 하나의 음운으로 해석하는 것은 많은 측면에서 크나큰 문제를 야기한다. (1)과 같은 현상을 동화로 끌어들이기 위해 이중 모음을 하나의 음운으로 분석한다면 작은 것을 얻기 위해 너무 큰 희생을 감내해야만 한다.6)

(1)에서 반모음 'j'가 첨가된 것은 분명히 선행하는 모음 때문이다. 그러나 반모음 첨가라는 변화는 피동화음을 동화음과 더 가깝게 만들어 주지는 못한다. 피동화음은 반모음이 첨가되기 전이나 후나 아무런 변화 없이 그대로 있을 뿐이다. 동화의 범위를 어떻게 잡든지 적어도 어떤 현상을 동화로 해석하기 위해서는 음운 단위의 동화음과 피동화음이 존재해야 하며 피동화음이 음성적으로 동화음과 가까워지는 변화를 겪어야 한다. 그런 현상들만을 동화의 범위에 포함시키는 것이 타당할 것이다.7)

4) 이 경우도 원순 모음과 'w'는 성질이 비슷하다는 점을 지적할 수 있다.
5) 혹시 피동화음을 'Ø(zero)'이라고 분석할 수 있을지도 모르겠다. 그러나 피동화주가 'Ø'일 수 있는지는 새로운 문제를 제기한다.
6) 이 문제에 대해서는 이진호(2010ㄷ)을 참고할 수 있다.

다음으로 동화의 유형 분류에 대해 살피기로 한다. 지금까지 동화 현상들을 분류하는 기준에 대해서는 여러 가지가 제시되어 왔는데, 그중 가장 보편적인 것은 세 가지이다.[8] 동화의 방향, 동화의 정도, 동화음과 피동화음의 거리가 그것이다.

동화의 방향에 따라서는 순행 동화와 역행 동화, 상호 동화를 구분하는 방법이 일반화되어 있다. 동화음이 피동화음보다 앞에 있으면 순행 동화이고 그 반대이면 역행 동화이다. 순행 동화와 역행 동화의 구별은 매우 자명하다.

이에 비해 상호 동화는 상당히 복잡하다. 개념상으로만 본다면 상호 동화는 두 음운이 서로 동화를 겪어야 한다. 이것은 곧 영향을 주고받는 두 음운이 동화음인 동시에 피동화음이 되어야 함을 뜻한다. 그런데 이론적으로 이런 상황은 일어날 수가 없다. 두 음운이 모두 동화를 겪는다는 것은 두 가지 동화가 작용한다는 것인데, 이럴 경우 두 동화 현상 사이에는 선후 관계가 작용한다. 두 가지 동화가 동시에 적용될 수는 없는 것이다.

이처럼 어느 한 동화가 먼저 적용되면 피동화음인 음운은 다른 음운으로 바뀌게 되며 이렇게 되는 순간 이전의 피동화음이었던 음운은 더 이상 뒤이어 적용될 동화 현상의 동화음으로 작용할 수 없다. 이전의 피동화음은 이미 다른 음운으로 바뀌어 버렸기 때문에 새로 바뀐 음운이 동화음으로 작용

7) 김봉국(2008: 162)은 표준 발음법에서 '음의 동화'로 분류된 (1)과 같은 현상은 반모음이 첨가되었으므로 '음의 첨가'로 분류해야 한다고 지적했다. 이것은 음운론적 시각에서는 매우 타당하지만 어문 규범 또는 발음 교육의 측면에서는 약간 복잡한 문제를 야기한다. 반모음 첨가를 첨가에서 설명하려면 반모음을 따로 언급해야만 하는데 어문 규범이나 발음 교육에서는 이중 모음에서 반모음을 분리하여 설명하지 않는다. 더욱이 반모음이라는 단위를 일반인들이 인식하기란 그리 쉽지가 않다. 그러므로 표준 발음법에서 반모음 첨가를 음의 첨가로 재분류하는 것이 그리 간단한 일은 아니다.

8) 이희승(1955)는 지금까지 나온 논의 중 동화의 유형을 가장 세밀하게 분류한 논의이다. 동화음과 피동화음의 종류, 동화의 방향, 동화의 정도, 동화의 위치, 동화의 성능, 동화의 분량이라는 총 6가지 기준을 가지고 동화의 유형 분류를 시도한 바 있다.

할 수 있을 뿐이다. 여기서 알 수 있듯이 영향을 주고받는 두 음운이 동화음인 동시에 피동화음이 된다는 것은 논리적으로 성립하기 어렵다.

그럼에도 불구하고 지금까지 상호 동화에 대한 논의가 이어졌던 것은 상호 동화의 개념을 곧이곧대로 해석하지 않고 인접한 두 음이 모두 변화하면 상호 동화로 보았기 때문이다. 인접한 두 음운의 변화가 동화인지 여부는 중시하지 않고 다만 바뀐다는 사실 자체를 중시하는 경향이 강했던 것이다.[9] 그리하여 상호 동화를 논의하던 초창기에는 '사이'가 '새:'로 바뀌는 현상마저도 상호 동화로 본 적이 있었다. 변화의 결과와 상관없이 인접한 두 음운이 모두 바뀌었다는 점만 고려한 결과였다.[10]

상호 동화는 그 자체가 순행 동화나 역행 동화와 대등한 지위를 가질 수 있는지가 매우 의심스럽다. 순행 동화나 역행 동화와 구분되려면 인접한 두 음운이 동화음인 동시에 피동화음이 되어야 하는데 이러한 상황은 앞서 보았듯이 존재할 수가 없다. 결과적으로 이진호(2008ㄷ: 208)에서 자세히 언급했듯이 지금까지 상호 동화로 간주된 대표적인 현상들은 순행 동화와 역행 동화라는 두 개의 하위 현상으로 이루어져 있을 뿐이며 그 자체가 어떤 독립적인 현상은 아니다. 동화의 방향에 따른 분류는 순행 동화 또는 역행 동화 둘 중 하나만 가능하다.

그런데 상호 동화의 개념을 순행 동화와 역행 동화가 모두 일어나는 것이라고 규정을 해도 여전히 여기에 부합하는 한국어 예를 찾기란 쉽지 않다. 한국어의 상호 동화 예로 가장 많이 거론되었던 것은 '독립[동닙]'과 같이 'ㅂ, ㄱ'으로 끝나는 한자 뒤에 'ㄹ'로 시작되는 한자가 결합된 합성어이다.

9) 실제 많은 논의에서 상호 동화를 인접한 두 음이 서로 영향을 주고 받는 현상이라고 정의하고 있다. 인접한 두 음이 서로 동화를 입을 때 상호 동화가 되어야 하는데, 동화인지 여부는 고려하지 않고 다만 두 음이 영향을 서로 끼쳐 둘 다 바뀌었는지만 중시했던 것이다.

10) 한국어의 상호 동화 예로 제시된 것들과 그에 대한 문제점은 이진호(2008ㄷ: 206~208)에서 자세히 검토한 적이 있다.

이 경우 선행하는 자음 'ㅂ, ㄱ'은 비음으로 실현되고 'ㄹ'은 'ㄴ'으로 실현된다. 인접한 두 자음이 영향을 끼쳐 모두 다른 자음으로 바뀌었다는 점을 고려하여 상호 동화의 대표적인 예로 제시해 왔다. 현행 표준 발음법에서도 이런 유형의 자료는 동화의 일종으로 처리하고 있다. 그러나 6.4에서 좀 더 자세히 거론하겠지만 '독립'과 같은 부류의 합성어를 상호 동화의 예로 보기는 곤란하다. 여기에 관여한 두 가지 음운 현상 중 하나는 동화로 보기 무척 어렵기 때문이다.

한국어의 경우 지금까지 제시된 예 중에서는 최현배(1937: 102)의 '감기>강기[kaŋ-gi]'가 상호 동화의 성격에 가장 가깝다고 할 수 있다. 이 예에서 선행하는 자음 'ㅁ'이 'ㅇ'으로 바뀐 것은 후행하는 자음 'ㄱ'의 위치에 동화된 결과이고 후행하는 자음 'ㄱ'이 유성음으로 실현된 것은 선행하는 비음의 유성성에 동화된 결과라고 보았던 것이다. 그런데 'ㅁ'이 'ㅇ'으로 동화된 것은 음운 사이의 변동이고 후행하는 자음 'ㄱ'이 유성음으로 실현된 것은 음운이 변이음으로 실현되는 현상이라서 관여된 두 동화 현상이 동일한 층위에 놓이지 않는다는 문제점이 있다. 게다가 'ㄱ'이 유성음으로 바뀐 데는 선행 자음 비음뿐만 아니라 후행하는 모음도 영향을 주었을 가능성이 높다.[11] 그런 점에서 '감기'가 '강기[kaŋ-gi]'로 발음되는 현상도 최적의 상호 동화 예라고 보기는 어렵다.

이상의 논의에서 알 수 있듯이 상호 동화는 순행 동화나 역행 동화와 구분되는 제3의 대등한 부류라고 할 수는 없다. 그런 부류는 이론상 존재하기가 어렵다. 다만 순행 동화나 역행 동화가 모두 일어난 경우를 상호 동화라고 부르는 것은 가능하다. 그런데 그런 경우에도 적당한 예를 찾기란 무

11) 일반적으로 평장애음은 유성음과 유성음 사이에서 유성음으로 바뀐다고 하는데 거기에 따르면 'ㄱ'이 유성음으로 실현되는 데는 후행하는 모음도 일정 정도 역할을 했기 때문에 순수하게 선행하는 비음만이 동화음이라고 하기 어렵다.

척 어렵다. 게다가 그렇게 함으로써 얻게 되는 이점이 무엇인지 불분명하다. 어쩌면 상호 동화라는 부류의 성립 자체를 근본적으로 재검토해야 할지도 모른다.

동화의 정도에 따라서는 완전 동화와 부분 동화를 구분한다. 피동화음이 동화음과 동일해진 것을 완전 동화, 일부 특징만 닮아 가는 것을 부분 동화라고 한다. 완전 동화인지 부분 동화인지를 판정할 때에는 단순히 표면적인 것만 고려해서는 안 된다. 가령 논의에 따라서는 동일한 음운 현상인데도 '업+는→엄는'은 부분 동화로 보고 '믿+는→민는'은 완전 동화로 보는 경우가 없지 않았다. 비록 표면상으로만 보면 '업+는→엄는'는 피동화음이 동화음의 조음 방식에만 동화되었고 '믿+는→민는'은 피동화음이 동화음과 동일해졌지만, 이 두 예는 모두 파열음이 후행하는 비음의 조음 방식에 닮아 가는 동일한 음운 현상이다. 다만 '믿+는→민는'은 동화가 일어나기 전부터 피동화음과 동화음의 조음 위치가 같았음에 비해 '업+는→엄는'은 그렇지 않음으로써 표면상 하나는 완전 동화, 다른 하나는 부분 동화인 것처럼 보일 뿐이다. 현상의 본질을 고려하면 '믿+는→민는'과 '업+는→엄는'은 모두 부분 동화가 되어야만 한다.

마지막으로, 동화음과 피동화음의 거리에 따라서는 직접 동화와 간접 동화를 구분할 수 있다. 동화음과 피동화음 사이에 다른 음이 없으면 직접 동화, 다른 음이 개재하고 있으면 간접 동화이다. 동화음과 피동화음은 가까울수록 동화가 일어나기 쉽다는 점에서 직접 동화가 간접 동화에 비해 압도적으로 많다. 한국어 역시 대부분의 동화는 직접 동화이다. 간접 동화로 제시되는 현상으로는 '아기>애기'에서 보이는 '이' 모음 역행 동화가 대표적이다.[12] 이 현상이 적용되기 위해서는 특정한 조음 위치의 자음이 동화

12) 한때 '앓+는다→알른다'와 같이 용언의 활용형에서 적용되는 순행적 유음화도 간접 동화로 해석한 적이 있었지만 현재는 직접 동화로 보는 견해가 더 우세하다. 이런 환경에서의

음과 피동화음 사이에 와야 한다는 것이 대체적인 시각이다.13) 이 현상은 표준 발음으로 인정하지 않지만 중앙어에서도 적지 않게 나타나므로 6.7에서 부수적으로 다루기로 한다.

6.2. 구개음화

구개음화는 경구개 이외의 위치에서 발음되는 자음이 단모음 'ㅣ(i)'나 반모음 'j' 앞에서 경구개음으로 바뀌는 현상을 가리킨다. 'ㅣ'나 'j'가 조음되는 위치가 경구개와 매우 가깝기 때문에 구개음화는 자음이 후행하는 'ㅣ, j'의 조음 위치에 닮아 가는 동화 현상이라고 파악한다. 동화의 방향으로는 역행 동화, 동화의 정도로는 부분 동화, 동화주와 피동화주의 거리로는 직접 동화에 속한다.

한국어의 경우 경구개음은 'ㅈ, ㅊ, ㅉ'인데 이 자음들은 한국어의 유일한 파찰음들이다. 그래서 'ㅈ, ㅊ, ㅉ'으로 바뀌는 구개음화가 일어나면 조음 위치만 바뀌는 것이 아니고 조음 방식도 함께 바뀐다. 가령 '밭이'가 '[바치]'로 발음되면 치조음 'ㅌ'의 조음 위치도 바뀔 뿐만 아니라 조음 방식도 파열음에서 파찰음으로 바뀐다. 그렇지만 이 변화의 본질은 조음 방식의 변화가 아닌 조음 위치의 변화라고 보기 때문에, 이 현상의 명칭 역시 이 사실을 반영하여 구개음화라고 부른다.

단모음 'ㅣ' 앞에서 구개음화가 일어나면 선행 자음만 경구개음으로 바뀐다. 그러나 반모음 'j' 앞에서 구개음화가 일어나면 선행 자음의 변화 외에

유음화에 대해서는 6.5.1에서 자세히 다룬다.

13) 한국어의 '이' 모음 역행 동화와 관련된 여러 주제들은 최명옥(1989)에서 자세히 다루고 있다.

후행하는 반모음 'j'가 경구개음 뒤에서 탈락하는 변화도 함께 일어난다. 이것은 경구개음과 반모음 'j'의 조음 위치가 중복되기 때문에 나타난 현상이다.[14] 한국어의 구개음화는 피동화음의 종류에 따라 ㄷ-구개음화, ㄱ-구개음화, ㅎ-구개음화로 나눌 수 있다.

6.2.1. ㄷ-구개음화

ㄷ-구개음화는 'ㄷ, ㅌ, ㄸ'이 'ㅣ, j' 앞에서 'ㅈ, ㅊ, ㅉ'으로 바뀌는 현상이다. ㄷ-구개음화는 역사적으로 적용이 완료되어 버린 경우와 현재도 계속 적용이 되는 경우로 나눌 수 있다. '텬디'가 '천지'로 바뀐 것처럼 한 형태소 내부에서 'ㅣ, j' 앞에 놓였던 'ㄷ, ㅌ, ㄸ'은 ㄷ-구개음화가 적용되어 'ㅈ, ㅊ, ㅉ'으로 굳어져 버렸다. 그래서 한 형태소 내부에서는 더 이상 ㄷ-구개음화가 적용되지 않는다. '마디, 잔디, 디디-' 등과 같은 ㄷ-구개음화의 예외들은 모두 형태소 내부에 'ㄷ, ㅌ, ㄸ'과 'ㅣ, j'가 인접한 경우이다. '디지털, 라디오' 등과 같은 외래어에서의 예외도 기본적인 성격은 크게 다르지 않다. 이처럼 현대 한국어의 경우 한 형태소 내부에서는 ㄷ-구개음화가 적용되는 것을 관찰할 수 없다.

반면 형태소의 결합 과정에서는 ㄷ-구개음화가 적용되고 있다. 구체적으로는 'ㄷ, ㅌ'으로 끝나는 형태소 뒤에 'ㅣ'로 시작하는 문법 형태소가 결합할 때 ㄷ-구개음화가 일어난다.[15] 한국어에는 'ㄸ'으로 끝나는 형태소가 존

14) 현대 한국어에서는 경구개음 뒤에 반모음 'j'가 올 수 없다. 여기에 대해서는 이미 3.3.3.2에서 충분히 설명한 바 있다.

15) 방언에 따라서는 처격 조사 '-에'가 '-이'로 나타나는 경우가 있는데 이런 경우에는 구개음화가 일어나지 않는다. 즉, 표준어 '밭에'에 대응하는 방언형 '밭이'는 구개음화가 적용되는 대신 '[바티]'와 같이 연음만 일어나는 것이다. 기원적으로 'ㅣ'가 아닌 모음이 후대에 변화를 거쳐 'ㅣ'로 바뀐 경우에는 구개음화가 적용되지 않는 것이 원칙이다. '마디, 잔디, 디디-'도 모두 그러한 경우인데 방언에 나타나는 처격 조사 '-이'도 '-에'에 모음 상승이라는

재하지 않으며 'j'로 시작하는 문법 형태소는 'ㄷ, ㅌ'으로 끝나는 형태소 뒤에 오는 경우가 없다.16) 그래서 'ㄸ'에 구개음화가 적용되거나 'j' 앞에서 구개음화가 적용되는 경우는 존재하지 않는다.17)

ㄷ-구개음화에 대해서는 표준 발음법에서도 다루고 있다.

(2)

> 【제16항】 받침 'ㄷ, ㅌ(ㄾ)'이 조사나 접미사의 모음 'ㅣ'와 결합되는 경우에는, [ㅈ, ㅊ]으로 바꾸어서 뒤 음절 첫소리로 옮겨 발음한다.18)
> 곧이듣다[고지듣따] 굳이[구지] 미닫이[미다지]
> 땀받이[땀바지] 밭이[바치] 벼훑이[벼훌치]
> [붙임] 'ㄷ' 뒤에 접미사 '히'가 결합되어 '티'를 이루는 것은 [치]로 발음한다.
> 굳히다[구치다] 닫히다[다치다] 묻히다[무치다]

(2)에서 보듯이 ㄷ-구개음화는 다양한 환경에서 적용되고 있다. 표준 발음법에서는 '체언+조사', '용언+접미사'의 환경에서 일어나는 ㄷ-구개음화의 예만 들었지만 '샅샅이'와 같이 체언류 어근 뒤에 접미사가 올 때도 ㄷ-구개음화가 적용된다.

변화가 일어난 결과이기 때문에 구개음화를 일으키지 못한다. 언어 변화의 측면에서 본다면 ㄷ-구개음화가 이미 세력을 많이 잃어버려서 새롭게 구개음화의 적용 환경이 만들어져도 더 이상 적용이 되지 못하는 것이라고 해석할 수 있다.

16) 청자 존대의 기능을 수행하는 '-요'는 'ㅌ'으로 끝나는 체언 뒤에 붙을 수도 있다. 그러나 이 경우에는 '밭요[반뇨]'와 같이 ㄴ-첨가가 일어날 뿐 ㄷ-구개음화가 일어나지는 않는다. '-요'는 음운론적 기능의 관점에서 볼 때 여타의 문법 형태소와 다르게 행동하기 때문에 일반적인 문법 형태소와 동일시할 수가 없다.

17) 뒤에서 살필 표준 발음법 제16항에서 구개음화를 규정할 때 피동화음 목록에서 'ㄸ'을 제외하고 동화음 목록에서 'j'를 뺀 것도 이 때문이다.

18) 이 표현대로라면 구개음화가 먼저 일어나고 후에 연음이 이루어지는 셈이 된다. 그런데 구개음화는 음절의 초성에 놓인 자음에 적용되므로 순서상 구개음화보다 연음이 먼저 일어나야 한다. 규정의 표현을 수정할 필요가 있다. 이미 제13항에서 연음에 대해서는 규정을 했으므로 제17항에서는 구개음화가 적용된다는 사실을 언급하는 것으로도 충분하리라 본다.

중앙어에서 ㄷ-구개음화가 적용되기 시작하는 것은 대략 18세기로 추정된다. 논의에 따라서는 15세기의 중앙어에 이미 ㄷ-구개음화가 존재했다고 보기도 하지만 안대현(2009)의 검토에 의하면 대부분 근거 자료에 문제가 있음이 드러났다. 중앙어가 아닌 지역 방언의 경우에는 중앙어보다 훨씬 이전부터 ㄷ-구개음화가 나타난다. 가령 16세기 말엽의 전라도 방언을 반영하고 있다고 추정되는 『誡初心學人文·發心修行章·野雲自警序』나 『四法語』, 16세기 말엽의 동북 방언을 반영하고 있다고 추정되는 『村家救急方』에는 ㄷ-구개음화의 예가 다수 발견된다.[19)]

이처럼 ㄷ-구개음화는 현대 한국어 이전 시기부터 존재해 왔다. 그런데 현대 한국어의 ㄷ-구개음화는 점점 적용되는 범위가 줄어들고 있다. 이와 같은 사실은 ㄷ-구개음화가 적용되는 환경을 세밀화하면 더 분명하게 알 수 있다. 현대 한국어에서 ㄷ-구개음화가 적용되는 환경을 구체화하면 다음과 같다.

(3) ㄱ. 체언 뒤에 'ㅣ'로 시작하는 조사가 올 때
(예) 밭이, 밭이다, 밭이랑, …
ㄴ. 체언류 뒤에 'ㅣ'로 시작하는 접미사가 올 때
(예) 샅샅이, 낱낱이, …
ㄷ. 용언 뒤에 'ㅣ, 히'로 시작하는 접미사가 올 때
(예) 붙이다, 묻히다, 미닫이, 굳이, …

(3)에 제시된 환경은 크게 체언에 적용되는 것과 용언에 적용되는 것으로 나눌 수도 있고 조사 앞에서 적용되는 것과 접미사 앞에서 적용되는 것으로 나눌 수도 있다. 이 두 가지 분류는 모두 나름대로의 의미를 지닌다.

우선 구개음화가 적용되는 부류를 가지고 체언과 용언을 구분했을 때,

19) ㄷ-구개음화의 예는 워낙 많으므로 구체적인 예를 제시하지 않는다.

체언에 ㄷ-구개음화가 적용되는 경우가 현격하게 줄어들고 있다. 현대 한국어의 경우 체언의 말음으로 'ㄷ, ㄸ'이 오는 경우는 극히 드물므로 ㄷ-구개음화는 'ㅌ'으로 끝나는 체언에만 적용될 수밖에 없다. 그런데 'ㅌ'으로 끝나는 체언들은 현재 변화를 겪고 있다. 5.2.1의 (9)와 <지도 8>에서 살핀 것처럼 '밭'과 같은 ㅌ-말음 체언들은 뒤에 모음으로 시작하는 조사가 와도 'ㅌ'이 그대로 연음되지 않고 'ㅅ'으로 바뀌거나 또는 'ㅊ'으로 바뀌는 것이다. 그래서 '밭이, 밭을, 밭은' 등이 '[바시], [바슬], [바슨]' 또는 '[바치], [바츨], [바츤]'과 같이 발음된다. 이것은 곧 체언의 말음 'ㅌ'이 'ㅅ' 또는 'ㅊ'으로 바뀌고 있음을 의미한다. 이러한 변화가 더 진행되면 'ㅌ'으로 끝나는 체언은 사라지기 때문에 ㄷ-구개음화가 체언에서 적용되는 경우 역시 존재할 수가 없다.

다음으로 구개음화가 적용되는 조건을 가지고 조사 앞에서 적용되는 것과 접미사 앞에서 적용되는 것을 구분했을 때, 접미사 앞에서 새롭게 ㄷ-구개음화가 적용되는 경우는 찾아보기가 어렵다. (2)의 표준 발음법 규정에 제시된 예나 그 밖의 예 중에는 접미사 앞에서 ㄷ-구개음화가 일어난 것들이 적지 않다. 그런데 이 예들은 모두 현대 한국어 이전에 이미 만들어진 경우이다. 접미사들은 전반적으로 생산성이 낮아서 새로운 말을 만드는 데 참여하는 정도가 낮으며 특히 ㄷ-구개음화와 관련된 접미사들은 더욱 그러하다. 그래서 파생 접미사가 결합하여 새로운 말이 형성되면서 ㄷ-구개음화가 적용되는 경우는 찾아보기 어렵다. 약간 극단적인 입장을 취할 경우 접미사가 결합된 파생어는 현대 한국어의 ㄷ-구개음화 예로 인정하지 않기도 한다.[20]

20) 배주채(2003: 218)에서는 현대 한국어의 구개음화 조건을 체언에 조사 또는 '이다'가 연결될 때로 한정했는데, 이것은 접미사 앞에서의 구개음화가 현대 한국어 이전 시기에 일어난 역사적 사건으로 보고 있기 때문이다.

이상에서 알 수 있듯이 접미사가 결합된 파생어는 현대 한국어에 새로 만들어지기 어렵다는 점 때문에, 그리고 조사가 결합되는 체언은 말음이 'ㅌ'에서 'ㅅ', 'ㅊ'으로 변화가 생기고 있다는 점 때문에 현대 한국어에서 ㄷ-구개음화의 적용 범위는 매우 축소되고 말았다. 지금은 예전에 ㄷ-구개음화가 적용되었던 결과만을 겨우 유지하고 있는 수준이라고 해도 과언이 아니다. 새롭게 ㄷ-구개음화가 적용되는 경우란 찾아보기 매우 어렵다. 어쩌면 머지않아 ㄷ-구개음화는 일종의 언어 화석으로만 존재하게 될지도 모른다.

6.2.2. ㄱ, ㅎ-구개음화

ㄱ-구개음화와 ㅎ-구개음화는 ㄷ-구개음화와는 달리 표준 발음으로 인정받지 못한다. 그렇지만 아래의 <지도 16>과 <지도 17>에서 보듯이 많은 지역에서 ㄱ-구개음화와 ㅎ-구개음화가 나타나고 있다. 이러한 발음 현실을 무시할 수 없어서 간단하게라도 다루어 보도록 한다.

ㄱ-구개음화는 'ㄱ, ㅋ, ㄲ'이 'ㅣ, j' 앞에서 'ㅈ, ㅊ, ㅉ'으로 바뀌는 현상이다. '기름>지름, 길>질, 곁>절' 등과 같은 변화가 ㄱ-구개음화의 예이다. 변화의 적용 환경이나 결과는 ㄷ-구개음화와 동일하지만 ㄱ-구개음화는 주로 어두에서만 적용된다는 차이가 있다. 즉, 'ㄱ, ㅋ, ㄲ'으로 끝나는 형태소 뒤에 'ㅣ, j'로 시작하는 문법 형태소가 올 때에는 구개음화가 적용되지 않고, 한 단어의 첫머리에 오는 'ㄱ, ㅋ, ㄲ+ㅣ, j'에서만 ㄱ-구개음화가 일어나는 것이다. 이런 경우 ㄱ-구개음화가 적용되면 어두의 'ㄱ, ㅋ, ㄲ'이 'ㅈ, ㅊ, ㅉ'으로 완전히 굳어져 버려 형태소의 내부에 적용되는 ㄷ-구개음화와 동일한 결과를 초래한다.

ㄱ-구개음화는 주로 중앙어를 제외한 남부 방언을 중심으로 활발하게 일

어난다고 알려져 있다. 가령 '곁'이라는 단어의 ㄱ-구개음화 양상은 지역별로 다음과 같은 형국을 보인다.[21)]

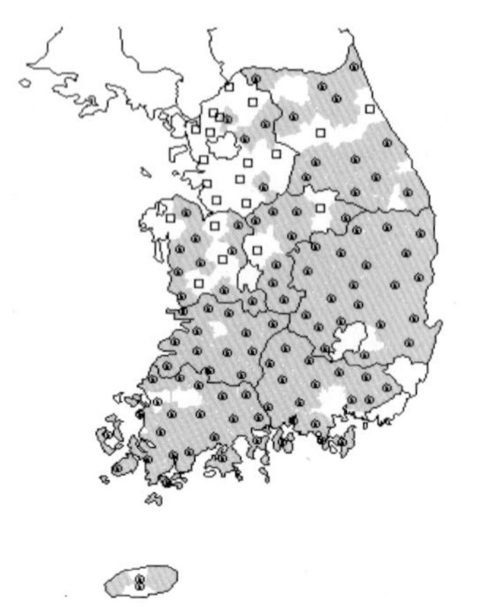

<지도 16> '곁'의 구개음화 양상

여기서 알 수 있듯이 ㄱ-구개음화가 적용되는 지역은 의외로 매우 넓다. 경기도를 제외한 나머지 지역에서는 대부분 ㄱ-구개음화가 일어나며 특히 남쪽으로 갈수록 그 경향은 더욱 강해진다. 경기도도 몇몇 지역은 ㄱ-구개음화의 적용을 보이지만 그렇지 않은 지역이 더욱 많다. 이처럼 ㄱ-구개음화는 많은 지역에서 일어나고 있지만 표준어의 기준이 되는 서울과 그 인근에서는 ㄱ-구개음화를 보이지 않는다.

역사적으로 보면 ㄱ-구개음화는 이미 16세기 말부터 적용되는 것으로 나타난다. 가령 안병희(1978: 199)에 따르면 동북 방언을 반영한 『村家救急方』에 ㄱ-구개음화가 나타난다.[22)] 또한 김주원(1997: 33)에서는 구개음화의 적

21) ㄱ-구개음화가 적용된 지역은 '◉'로 표시(음영도 넣음)하고 그렇지 않은 지역은 '□'로 표시한다.

22) '기름, 기름(油)'을 '지름'으로 표기한 예가 나온다.

용 환경에서 'ㄱ'이 'ㄷ'으로 나타나는 과도 교정 표기를 통해 경상도 방언은 16세기 말엽에 ㄱ-구개음화가 존재했다고 본 바 있다.[23] 이러한 시기는 ㄷ-구개음화와 거의 비슷하다.

ㅎ-구개음화는 'ㅎ'이 'ㅣ, j' 앞에서 'ㅅ'으로 바뀌는 현상이다. ㅎ-구개음화도 ㄱ-구개음화와 마찬가지로 어두에서만 적용된다. '힘>심(力), 형>성(兄)' 등이 ㅎ-구개음화의 예이다. ㅎ-구개음화는 ㄷ-구개음화나 ㄱ-구개음화와 달리 'ㅈ, ㅊ, ㅉ'으로 바뀌지 않고 'ㅅ'으로 바뀐다는 특징이 있다. 더욱이 'ㅅ'은 현대 한국어의 자음 체계에서 경구개음이 아니라 치조음으로 분류된다. 그러므로 엄밀히 말하면 ㅎ-구개음화는 구개음화로 보기 어려울 수도 있다.

ㅎ-구개음화가 이런 특이한 모습을 지닌 데에는 역사적 이유가 있다. 'ㅅ'은 중세 한국어 시기부터 매우 오랫동안 'ㅈ, ㅊ, ㅉ'과 조음 위치를 함께해 왔으며 'ㅈ, ㅊ, ㅉ'이 구개음으로 바뀌었을 때 'ㅅ, ㅆ'도 한 때 구개음으로 바뀌었던 적이 있었다고 추정되고 있다. 이후에 'ㅈ, ㅊ, ㅉ'은 구개음으로 정착했지만 'ㅅ, ㅆ'은 조음 위치의 변화를 다시 겪어 치조음이 되었던 듯하다.[24] 이런 사정을 감안하면 마찰음인 'ㅎ'이 경구개에서 조음된 적이 있는 마찰음 'ㅅ'으로 바뀌는 것 또한 구개음화의 범주 안에 듦을 알 수 있다. ㅎ-구개음화는 다른 구개음화와 적용 조건도 동일하며 'j' 앞에서 ㅎ-구개음화가 일어나면 'j'가 탈락한다는 점까지도 일치한다.

ㅎ-구개음화가 음성적으로는 여러 단계를 거쳐 이루어졌다는 논의도 존재한다. 河野六郎(1945: 286)에서는 'j' 앞에 놓인 'h'가 's'로 변화하는 도중에는 먼저 'ç'로 바뀌고 이 'ç'가 'ʃ'로 된 후 'ʃ'에서 's'로 변화했다고 해석한

---

23) 해바라기를 뜻하는 '규화(葵花)'를 '듀화'로 표기한 것은 '규화'에 ㄱ-구개음화가 적용된 '쥬화'를 ㄷ-구개음화에 대한 과도 교정으로 되돌린 결과라는 설명이다.

24) 여기에 대해서는 3.2.2.2에서 자세히 언급한 바 있다.

바 있다. 이것은 'ㅣ' 앞의 'h'도 마찬가지라고 할 수 있다. 음성적으로 본다면 'ㅎ'은 구개음화를 적용받지 않을 경우 경구개 변이음 'ç'로 실현된다는 점, 'ç'는 'ʃ'와 조음 위치가 가까워서 변하기 쉽다는 점, 또한 'ʃ'에서 's'로 바뀌는 과정은 'ㅅ'의 조음 위치가 역사적으로 바뀐 과정과 일치한다는 점을 고려할 때 이러한 해석은 상당히 설득력 있다고 생각된다.

ㅎ-구개음화는 표준 발음으로 인정하지 않는다는 점에서 ㄱ-구개음화와 동일하다. 그러나 ㅎ-구개음화는 표준 발음의 기준이 되는 중앙어에서도 상당히 적용되고 있다. 가령 '혀'에 ㅎ-구개음화가 적용되는 지역은 다음과 같다.25)

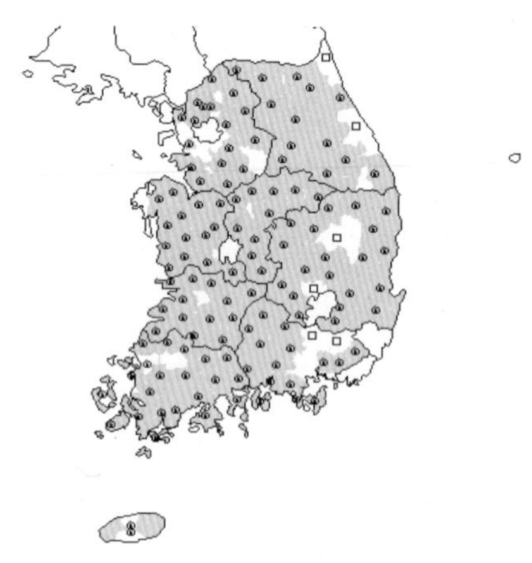

<지도 17> '혀'의 구개음화 양상

<지도 17>을 보면 거의 전역에서 '혀'는 ㅎ-구개음화의 적용을 받고 있다. 표준 발음의 기준이 되는 서울말이나 그 인근 방언에서도 ㅎ-구개음화가

25) '혀'뿐만 아니라 '혓바닥'과 같이 '혀'가 포함된 합성어도 함께 논의 대상에 포함시켜 어느 것이든 'ㅅ'으로 나타나면 ㅎ-구개음화가 적용된 것으로 해석했다. ㅎ-구개음화가 적용된 지역은 '◉'로 표시(음영도 넣음)하고 그렇지 않은 지역은 '□'로 표시한다.

적용되고 있다. 단어에 따라 ㅎ-구개음화가 적용되는 정도에 차이는 있겠지만 ㄱ-구개음화에 비해서는 더 넓은 세력을 지니는 것으로 보인다.

역사적으로도 ㅎ-구개음화는 중앙어에서 적용된 모습을 보인다. 근대 한국어 시기인 17, 18세기에 중앙어의 ㅎ-구개음화 예가 보이고 있다.[26] 물론 방언에서는 좀 더 일찍부터 나타나서 남부 방언의 경우 16세기부터 ㅎ-구개음화가 나타난다.[27]

6.3. 비음 동화

비음 동화는 후행하는 비음의 영향을 받아 선행하는 장애음이 비음으로 바뀌는 현상이다. 선행하는 장애음은 음절의 종성에 놓이기 때문에 평파열음화의 적용을 받아 'ㅂ, ㄷ, ㄱ' 중 하나로 바뀐다. 이 자음들 뒤에 비음이 오면 비음 동화가 일어나서 'ㅁ, ㄴ, ㅇ' 중 하나로 실현된다. 비음 동화는 조음 위치는 바꾸지 않고 조음 방식만 비음으로 바꾸어 준다. 비음 동화는 동화의 방향에서 볼 때 역행 동화, 동화의 정도로는 부분 동화, 동화음과 피동화음의 거리로는 직접 동화에 속한다.

비음 동화는 한국어에서 예외 없이 모든 지역에서 일관된 모습으로 적용되는 유일한 동화 현상이라고 해도 과언이 아니다. 이후에 살필 다른 동화 현상들은 동일한 환경에서 동화 이외에 다른 현상이 적용된다든지 수의적으로 적용된다든지 하는 다소 복잡한 양상을 보인다. 그러나 비음 동화는 환경만 충족되면 반드시 적용된다. 특히 단어와 단어 경계를 넘어서도 적용

26) 김주필(1994: 82)에 의하면 '슈지(<휴지), 실홈(<힐홈), 심쓰고(<힘)' 등의 예가 있으며 과도 교정의 예도 존재한다고 한다.
27) 안병희(1972: 99)에 따르면 『四法語』에서 '兄'의 한자음이 '셩'으로 나온다.

될 정도로 강력하다.[28)]

표준 발음법에서는 비음 동화를 다음과 같이 규정하고 있다.

(4)

【제18항】 받침 'ㄱ(ㄲ, ㅋ, ㄳ, ㄺ), ㄷ(ㅅ, ㅆ, ㅈ, ㅊ, ㅌ, ㅎ), ㅂ(ㅍ, ㄼ, ㄿ, ㅄ)'은 'ㄴ, ㅁ' 앞에서 [ㅇ, ㄴ, ㅁ]으로 발음한다.

먹는[멍는]	국물[궁물]	깎는[깡는]
키읔만[키응만]	몫몫이[몽목씨]	긁는[긍는]
흙만[흥만]	닫는[단는]	짓는[진:는]
옷맵시[온맵시]	있는[인는]	맞는[만는]
젖멍울[전멍울]	쫓는[쫀는]	꽃망울[꼰망울]
붙는[분는]	놓는[논는]	잡는[잠는]
밥물[밤물]	앞마당[암마당]	밟는[밤는]
읊는[음는]	없는[엄:는]	값매다[감매다]

[붙임] 두 단어를 이어서 한 마디로 발음하는 경우에도 이와 같다.

책 넣는다[챙넌는다]	흙 말리다[흥말리다]
옷 맞추다[온마추다]	밥 먹는다[밤멍는다]
값 매기다[감매기다]	

(4)에 따르면 비음동화는 'ㅂ, ㄷ, ㄱ'뿐만 아니라 'ㄲ, ㅋ, ㄳ, ㄺ // ㅅ, ㅆ, ㅈ, ㅊ, ㅌ, ㅎ // ㅍ, ㄼ, ㄿ, ㅄ'에도 적용된다. 이 자음들은 모두 음절말에 올 수 없거나 겹받침이라서 공통적으로 음절 구조 제약을 어긴다. 그래서 평파열음화나 자음군 단순화의 적용을 받아서 'ㅂ, ㄷ, ㄱ' 중 하나로 바뀐 후 비음 동화의 적용을 받게 된다. 'ㄽ'이 비음 동화의 적용 대상에서 빠진 것은 여기에 자음군 단순화가 적용될 경우 'ㄹ'이 남게 되기 때문이다.[29)]

28) 많은 음운 현상은 한 단어 내에서만 적용되는 것이 보통이라는 점에서 비음 동화는 적용되는 단위가 매우 크다고 할 수 있다.

29) 이런 점에서 표준 발음법 제18항에서 'ㅂ'이 'ㅁ'으로 바뀌는 환경에 'ㄼ'을 넣은 것은 타당하지 않다. 표준 발음법 제10항에 따르면 'ㄼ'은 자음군 단순화가 적용되었을 때 'ㄹ'이 남는 것이 원칙이되 다만 '밟-'의 활용형 및 '넓-'이 포함된 일부 파생어에서만 'ㅂ'이 남기

표준 발음법에서는 비음 동화가 'ㄴ, ㅁ' 앞에서만 일어나는 것으로 규정하고 있다. 비음에 닮아가는 현상이라면 비음 동화는 모든 비음 앞에서 적용될 수 있어야 하겠지만 비음 중 'ㅇ'이 빠진 'ㄴ, ㅁ'만이 적용 환경으로 제시되었다. 이것은 현대 한국어의 'ㅇ'이 음절의 초성에 놓일 수 없다는 음절 구조 제약 때문이다. 이 제약이 확고해지면서 'ㅇ'으로 시작하는 음절은 존재하지 않게 되었다. 그래서 'ㅇ' 앞에서의 비음 동화는 기대할 수가 없다.

반면 'ㅇ'이 음절초에 올 수 있었던 이전 시기에는 'ㅇ'에 의한 비음 동화도 이론적으로는 가능하다. 확실치는 않지만 '오징어'가 '烏賊魚'에서 온 것이라면 '魚'는 예전에 연구개 비음 'ㆁ'으로 시작했으므로 이 자음에 의해 '賊'의 종성 'ㄱ'이 비음으로 동화되었다고 해석할 수 있다. '뱅어'가 '白魚'에서 온 것이라면 이것도 비슷한 예라고 하겠다.30)

(4)의 표준 발음법 제18항에는 '[붙임]'이 더 붙어 있다. 이것은 앞서 서술했듯이 비음 동화가 단어와 단어 사이에서도 적용된다는 점을 나타내고 있다. 단어 경계까지 건너뛰어 적용된다는 것은 휴지에 의해 발화가 단절되지 않는 한 언제나 해당 음운 현상이 적용된다는 것을 의미하는 것으로서 비음 동화의 세력이 얼마나 강한지를 잘 말해 준다.

비음 동화는 매우 오래 전부터 한국어에 존재했던 것으로 생각된다. 이미 중세 한국어 시기에 비음 동화가 적용된 자료들이 많이 나타난다.

때문이다. 'ㄹ'에는 비음 동화가 적용될 수 없으므로 비음 동화의 적용 환경에서 'ㄻ'은 제외하는 것이 나을 듯하다.

30) 물론 이렇게 해석할 경우 비음 동화가 일어나면 어중에 'ㆁ'이 두 개 연속하게 되며 이 중 하나가 탈락하는 변화를 더 겪었다고 해야 한다. 또한 'ㆁ'은 중세 한국어 시기에나 음절초에 올 수 있었기 때문에 'ㆁ'에 의한 비음 동화도 중세 한국어 시기에 적용된 셈이 된다.

(5) ㄱ. 븐ᄂᆞᆫ(『杜詩諺解』 16: 65, 븥-), 전노라(『月印釋譜』 11: 53, 젛-), 난ᄂᆞ니(『救急簡易方』 7: 25, 낳-), 문ᄂᆞᆫ(『小學諺解』 5: 104, 묻-), 인ᄂᆞᆫ다(『三綱行實圖』 忠: 27, 잇-)

ㄴ. 굼ᄂᆞ니라(『杜詩諺解』 3: 13, 굽-), 님ᄂᆞ니(『飜譯小學』 7: 22, 닙-), 잠ᄂᆞᆫ(『正俗諺解』 8, 잡-), 감ᄂᆞ니(『小學諺解』 5: 5, 갚-)

ㄷ. 몽 ᄆᆞᆯ라도(『佛說大報父母恩重經諺解』 16, 17, 목), 넝냥(『痘瘡集要』 下: 3, 넉), 틍명으로ᄡᅥ(『東國新續三綱行實圖』 孝 6: 21, 특명)

(5ㄱ, ㄴ, ㄷ)은 각각 ‘ㄷ, ㅂ, ㄱ’에 비음 동화가 적용된 예이다. (5ㄱ)의 경우 ‘ㄷ, ㅌ’으로 끝나는 형태소는 물론이고 ‘ㅎ’으로 끝나는 형태소에도 비음 동화가 적용되고 있다. 특히 음절 종성의 ‘ㅅ’이 ‘ㄷ’으로 바뀌는 변화가 일어난 이후에는 ‘ㅅ’으로 끝나는 형태소에도 비음 동화가 적용된다.[31] (5)를 보면, ‘ㄷ’에 적용되는 비음 동화의 예는 많이 나타남에 비해 ‘ㅂ, ㄱ’에 적용되는 비음 동화의 예는 많지 않다. 특히 ‘ㄱ’에 적용되는 경우는 근대 한국어 시기의 일부 문헌에만 등장한다.[32] 문헌 자료만 봐서는 ‘ㄷ’에 대한 비음 동화가 가장 일찍부터 적용되었고 그 다음으로 ‘ㅂ’, 마지막으로 ‘ㄱ’에 비음 동화가 적용된 모습이지만 확실치는 않다. 그러나 피동화음의 종류에 따라 비음 동화의 적용 시기에 차이가 났을 가능성이 높다.[33]

31) ‘ㅅ’으로 끝나는 형태소에 비음 동화가 적용되는지의 여부는, 역사적으로 음절 종성에서 ‘ㅅ’이 발음될 수 있었는지 없었는지를 판단할 때 매우 중요하게 작용한다.

32) (5ㄱ)과 같이 ‘ㄷ’이 비음 동화의 적용을 받은 예는 매우 많아서 그 일부만 제시했지만, (5ㄴ)의 ‘ㅂ’과 (5ㄷ)의 ‘ㄱ’에 비음 동화가 적용된 예는 여기 제시한 것이 거의 전부라고 해도 과언이 아닐 정도로 매우 적다.

33) 이 문제에 대해서는 이진호(1997: 97~99)에서 자세히 논의한 바 있다.

6.4. 'ㄹ'의 비음화

'ㄹ'의 비음화는 아주 간단하게 말하자면 명칭에서 드러나듯이 'ㄹ'이 비음으로 바뀌는 현상을 말한다. 조음 방식의 변화만을 일으키므로 'ㄹ'은 'ㄴ'으로 바뀌게 된다. 그런데 이 현상은 여러 가지 측면에서 이견이 존재하고 있다.

우선 명칭부터 문제이다. 지금까지 이 현상에 대해서는 비음화, 'ㄹ'의 비음화, 치조 비음화 등의 용어가 제안된 바 있다.[34] '비음화'는 음운 현상의 명칭을 짓는 일반적인 원칙에 비추어 보면 가장 타당하다. 음운 현상의 명칭은 그것이 적용되기 전인 입력형과 적용된 후인 출력형을 비교하여 어떤 변화가 일어났는지를 기준으로 정하게 된다. 앞서 본 평파열음화나 구개음화를 비롯한 많은 현상은 모두 변화의 결과를 중시하여 명칭을 지었다. 그런 점에서 'ㄹ'이 'ㄴ'으로 바뀐 것은 유음이 같은 조음 위치의 비음으로 바뀐 셈이므로 비음화라고 부르는 것이 합당하다. 다만 '비음화'라는 용어는 6.3에서 살핀 비음 동화와 혼동되기 쉽다는 문제를 지닌다. 이미 기존의 많은 논의에서는 '비음화'라는 용어를 장애음이 비음으로 동화되는 현상에 사용해 왔기 때문에 명칭으로 인한 혼란이 빚어질 우려가 매우 높다.

'ㄹ'의 비음화는 이러한 혼란을 초래하지 않는다는 장점을 가진다. 비음화 앞에 'ㄹ'을 덧붙임으로써 장애음이 비음으로 바뀌는 현상과는 완전히 구별된다. 입력형이 'ㄹ'이라는 점을 밝혔기에 장애음이 비음으로 바뀌는 현상이라고 해석될 가능성은 없다. 그러나 다른 음운 현상의 명칭은 입력형에 대한 정보를 제시하지 않는데 유독 이 현상에 대해서는 입력형이 무엇인지를 명칭에 반영했다는 점에서 일관성 있는 방안이라고 보기는 어렵다.

34) 용어의 다양한 별칭에 대해서는 이진호(2017ㄱ)의 해당 항목을 참고할 수 있다.

'치조 비음화'라는 용어를 사용하는 경우도 있다. 아마도 이 용어는 'ㄴ'이 치조음이라는 점을 고려한 듯하다. 'ㄹ'의 비음화와 비교하면 입력형에 대한 정보를 넣지 않았다는 점에서 이점이 있다. 그러나 'ㄹ'이 'ㄴ'으로 바뀐 것은 조음 방식만 달라진 것이므로 '치조'라는 표현을 덧붙이는 것은 적절치 않다. '치조 비음화'라는 표현은 치조음도 아니고 비음도 아닌 어떤 음이 치조 비음인 'ㄴ'으로 바뀌었음을 의미하기 때문에 'ㄹ'이 'ㄴ'으로 바뀌는 현상을 지칭하기에 그리 적절하다고 볼 수 없다.

이 외에 비공식적으로 '폐쇄음화'라는 용어를 쓰는 것이 좋겠다고 의견 표명을 한 경우도 있었다. 이 용어는 위에 제시되었던 것과는 달리 '비음'이라는 정보를 이용하지 않고 'ㄹ'이 '폐쇄음'으로 바뀌었다는 사실을 명칭에 반영했다. 그러나 이것도 문제점이 없지 않다. 우선 '폐쇄음'이라는 용어는 현행 음운 체계 내에서 통용되지도 않으며 그다지 합당하지도 않기 때문에 이것을 음운 현상의 명칭에 넣어서는 안 된다.[35] 또한 유음을 폐쇄시킬 때 'ㄴ'이 되는지도 문제이다. 비강으로의 통로를 열지 않는 한 아무리 폐쇄를 시켜도 'ㄹ'이 'ㄴ'으로 바뀔 수는 없기 때문에, 단순히 폐쇄음화라고만 해서는 'ㄹ'이 'ㄴ'으로 바뀌는 현상을 제대로 표현할 수 없어 보인다.

이처럼 이 현상에 대해 지금까지 제안된 용어들은 모두가 그 나름대로의 문제점을 안고 있다. 그래서 어떤 용어를 쓰는 것이 타당한지를 절대적으로 규정하기 어렵다. 여기서 'ㄹ'의 비음화라고 한 것도 임시 조치에 불과하며 반드시 이 용어를 사용해야 한다고 보는 것은 결코 아니다.[36]

명칭의 문제뿐만 아니라 이 음운 현상의 설명이나 해석에도 이견이 존재한다. 이 현상이 어떤 환경에서 적용되는지에 있어서는 두 가지 상이한 태

35) '폐쇄음'이라는 용어가 가진 문제점은 3.2.2.1에서 지적한 바 있다.
36) 현실적인 혼란을 초래하지 않으면서 현상의 성질을 나타내는 데 'ㄹ'의 비음화가 상대적으로 합당하다고 보고 이 용어를 사용했을 뿐이다.

도가 있다.

(6) ㄱ. 'ㄹ'은 'ㄹ' 이외의 자음 뒤에서 'ㄴ'으로 바뀐다.
ㄴ. 'ㄹ'은 비음 뒤에서 'ㄴ'으로 바뀐다.

(6ㄱ)은 'ㄹ'의 비음화가 'ㄹ'을 제외한 비음이나 장애음 뒤에서 일어난다는 것이고 (6ㄴ)은 비음 뒤에서만 일어난다는 것이다. (6ㄱ)과 비슷한 설명은 주시경(1914)에서 한 적이 있다. 'ㄹ'이 'ㄹ, ㅅ, ㅎ' 이외의 자음 뒤에서 'ㄴ'으로 바뀐다고 설명하고 있다. (6ㄴ)은 小倉進平(1923)의 설명 방식이다. 小倉進平(1923: 148~153)에서는 비음의 영향 때문에 'ㄹ'이 'ㄴ'으로 바뀐다고 해석하고 있다.

두 가지 입장은 'ㄹ'의 비음화가 일어나는 환경에 대한 분석뿐만 아니라 '독립'과 같이 '장애음'으로 끝나는 한자와 'ㄹ'로 시작하는 한자가 결합된 한자어의 음운 현상에 대한 해석에서도 차이를 보인다. (6ㄱ)과 같은 입장을 취하면 '독립'은 (7ㄱ)과 같은 과정을 거치는 것으로 설명해야 하지만, (6ㄴ)과 같은 입장을 취하면 (7ㄴ)과 같은 과정을 거치는 것으로 설명해야 한다.[37)]

(7) ㄱ. 독립 → 독닙 → 동닙
ㄴ. 독립 → 동립 → 동닙

(7ㄱ)의 방식에서는 우선 'ㄱ' 뒤에서 'ㄹ'이 'ㄴ'으로 바뀌며 이 'ㄴ'이 선행 자음을 비음으로 동화시켜 '[동닙]'이라는 발음이 나온다. 그러나 (7ㄴ)의

37) 특이하게도 (6ㄱ)을 제안한 주시경(1914)는 (7ㄱ)과 (7ㄴ) 모두를 인정하는 태도를 취하고 있다. 이것은 주시경(1914)에서 비음 동화의 적용 환경으로 비음 외에 'ㄹ'을 더 포함시켰기 때문이다. 만약 비음 동화가 비음 앞에서만 일어난다고 보면 (7ㄴ)과 같은 방식은 성립할 수 없다.

방식에서는 'ㄱ' 뒤에서 'ㄹ'이 'ㄴ'으로 바뀔 수가 없다. 그래서 'ㄹ' 앞에서 'ㄱ'이 'ㅇ'으로 바뀐 후 비음 'ㅇ' 뒤에서 'ㄹ'이 동화되어 '[동닙]'으로 발음된다.[38)]

(6ㄱ)과 (6ㄴ), (7ㄱ)과 (7ㄴ)은 서로 대칭적인 모습을 보일 뿐만 아니라 각각이 모두 문제점을 지니고 있다.[39)] 그러므로 설명 내용 자체만으로는 우열을 가리기 쉽지 않다. 그렇지만 역사적인 변화 과정을 보면 (6ㄱ)과 (7ㄱ)이 타당함을 알 수 있다. 문헌 자료에 나타난 양상을 보면 비음이 아닌 자음 뒤에서도 'ㄹ'이 'ㄴ'으로 바뀌는 예가 매우 많다. 또한 (7ㄴ)과 같은 변화 과정을 보여 주는 자료는 극히 일부인 데다가 매우 후대에 나타나며 그 신뢰성마저 의심된다. 그러므로 'ㄹ'의 비음화는 'ㄹ'을 제외한 자음 뒤에서 일어난다고 보는 것이 타당하다.

그렇다고 할 때 남은 문제는 과연 'ㄹ'의 비음화가 동화에 속하는가 하는 점이다. (6ㄴ)에서와 같이 'ㄹ'의 비음화가 비음 뒤에서만 일어난다면 보면 비음에 동화된 것이라고 해석할 수 있어서 동화로 보아도 별다른 문제가 없다. 그러나 비음 이외에 장애음 뒤에서도 'ㄹ'이 'ㄴ'으로 바뀌기 때문에 더 이상 선행하는 자음의 비음성이 동화를 일으켰다는 설명은 받아들일 수가 없다.

비록 현행 표준 발음법에서 'ㄹ'의 비음화를 동화에 포함시킨 것은 사실이지만 어떤 점에서 동화인지 명쾌하게 설명한 경우는 없었다. 표준 발음법에 대한 해설인 이병근(1988: 67)에서도 이 현상이 동화인 이유에 대해서는 언급이 없다. 또한 한국어 자음의 발음을 표준 발음법에 근거해 설명한 송철의(1993) 역시 'ㄹ'의 비음화는 동화에서 언급하지 않았다. 김봉국(2008:

38) 'ㄹ' 앞에서 'ㄱ'이 'ㅇ'으로 바뀐다는 것에 대해 小倉進平(1923: 148~153)에서는 유성 자음 앞에서 무성 자음이 유성음으로 바뀌는 현상이라고 보았다.

39) 자세한 내용은 이진호(2008ㄷ: 202~205)를 참고하기 바란다.

161)에서 지적한 것처럼 대부분의 음운론 개론서에서도 'ㄹ'의 비음화를 동화로 다루지는 않는다.

'ㄹ'의 비음화를 동화로 보기 위해 굳이 음성적 요인을 찾는다면 한 가지 가능성은 있어 보인다. 즉, 선행하는 자음의 공명도에 동화되어 'ㄹ'이 'ㄴ'으로 바뀐다고 볼 수 있는 것이다. 'ㄹ'의 비음화가 적용되는 환경을 이루는 자음, 즉 'ㄹ'을 제외한 자음들은 'ㄹ'보다 공명도가 낮으며 그러한 공명도에 동화되면 'ㄹ'의 공명도가 낮아져서 비음이 된다. 그러나 'ㄹ'의 비음화가 적용된 음성적 원인이 공명도 때문인지 확실치도 않고 이런 공명도의 변화를 동화라고 할 수 있을지도 의문이다.[40)]

이처럼 동화인지가 확실하지도 않은데 지금까지 동화로 처리되어 온 근본 원인은 'ㄹ'의 비음화에 대한 성격 파악이 제대로 이루어지지 않은 상태에서 이 현상을 성급하게 동화로 분류했기 때문이다. 음운 현상에 대한 음성학적 고찰의 결과 동화로 밝혀졌다면 아무런 문제가 없지만, 그와 별개로 우선 '동화'에 포함시켜 버리고 뒤늦게 그러한 분류를 정당화하기 위해 설명을 억지로 끌어들이다 보니 부자연스러운 결과가 나오고 만 것이다. 게다가 주시경 이래로 자음 접변에 포함되었던 현상들이 이후 별다른 논의 없이 자음 동화로 흡수되어 버린 탓도 크다.[41)] 자음 접변은 용어 그대로 자음과 자음이 만날 때 일어나는 현상일 뿐, 이 자체가 동화와 동일한 것은 아니다. 실제로 동화라고 하기 어려운 현상들도 자음 접변에 포함되어 있다. 그런데 주시경의 문법에서 자음 접변에 속했던 현상들은 대부분 이후 논의 과정에서 동화로 다루어졌다. 'ㄹ'의 비음화도 자음 접변의 하위 현상이었기에 자

40) 'ㄹ'의 비음화를 두음 법칙의 일종으로 해석하는 경우도 있다. 그러나 '이론, 지리' 등 모음으로 끝나는 한자 뒤에서는 결코 'ㄹ'의 비음화가 적용되지 않으며 무엇보다도 한자어의 둘째 음절 이하는 단어의 첫머리로 인정할 수도 없다는 점에서 이러한 견해에는 수긍하기 어렵다.

41) 여기에 대해서는 이진호(2009ㄱ: 28~29, 524~525)에서 지적한 적이 있다.

연스럽게 자음 동화의 일부가 되어 버렸다.

지금까지의 논의를 바탕으로 할 때, 'ㄹ'의 비음화는 'ㄹ'을 제외한 자음 뒤에서 'ㄹ'이 'ㄴ'으로 바뀌는 음운 현상이며 이 현상이 동화라는 근거는 아직까지 명쾌하게 제시한 바가 없다. 이처럼 비록 현상의 본질과 관련하여 의문점이 없지는 않지만, 'ㄹ'의 비음화가 존재한다는 사실만큼은 결코 부인할 수가 없다. 게다가 이 현상은 예외를 전혀 허용하지 않는 매우 강력한 음운 현상이다.

'ㄹ'의 비음화는 고유어 자료에서는 찾아볼 수 없다. 'ㄹ' 이외의 자음으로 끝나는 한자와 'ㄹ'로 시작하는 한자가 결합하는 합성어 또는 외국어 자료 등에서만 발견된다. 고유어의 경우 'ㄹ' 이외의 자음으로 끝나는 형태소와 'ㄹ'로 시작하는 형태소가 결합되는 환경 자체가 만들어지지 않기 때문에 'ㄹ'의 비음화가 적용될 수가 없다.42)

'ㄹ'의 비음화는 표준 발음법에서도 규정을 하고 있다.

(8)

【제19항】 받침 'ㅁ, ㅇ' 뒤에 연결되는 'ㄹ'은 [ㄴ]으로 발음한다. 담력[담:녁]　　침략[침냑]　　강릉[강능] 항로[항:노]　　대통령[대:통녕] [붙임] 받침 'ㄱ, ㅂ' 뒤에 연결되는 'ㄹ'도 [ㄴ]으로 발음한다. 막론[막논→망논]　　백리[백니→뱅니]　　협력[협녁→혐녁] 십리[십니→심니]

(8)에 제시된 표준 발음법 제19항은 'ㄹ'의 비음화가 일어나는 환경을 설명하는 방식에서 두 가지 특징이 드러난다. 우선 'ㅁ, ㅇ' 뒤에서 적용되는

42) 한글 자모를 순서대로 읽을 때 '…, ㄷ, ㄹ, …'의 경우 '디귿 리을'이 되며 이것을 '[디근 니을]'로 읽는 것을 'ㄹ'의 비음화 예로 보기도 하는데 이것은 매우 예외적인 경우라고 하겠다.

'ㄹ'의 비음화는 규정의 본문에서 언급하고 'ㄱ, ㅂ' 뒤에서 적용되는 'ㄹ'의 비음화는 '[붙임]'에서 따로 규정하고 있다. 아마도 'ㄱ, ㅂ' 뒤에서는 'ㄹ'의 비음화만 일어나는 것이 아니라 비음 동화도 추가적으로 일어나기 때문에 그러한 차이를 반영하여 구분한 것이 아닐까 한다. 그렇지만 'ㅁ, ㅇ' 뒤와 'ㄱ, ㅂ' 뒤는 서로 대등한 지위를 가지는데 한쪽은 규정의 본문에서 다루고 다른 한쪽은 본문에 덧붙이는 '[붙임]'에서 다루는 것이 적절한 방식인지는 의문이다.

다음으로 'ㄹ'의 비음화가 일어나는 환경을 제시할 때 'ㅁ, ㅇ 뒤'라든지 'ㄱ, ㅂ 뒤'와 같이 구체적인 음운을 직접 나열할 뿐 '비음 뒤', '장애음 뒤'와 같이 일반화하지 않았다. 앞에서 'ㄹ'의 비음화는 'ㄹ'을 제외한 모든 자음 뒤에서 일어난다고 한 것과 비교하면 표준 발음법 규정의 내용은 분명 차이가 난다. 이것은 'ㄹ'의 비음화가 실제로 일어나는 환경만을 정확히 밝히고자 한 조치로 보인다. 'ㄹ'의 비음화는 한자어에서 가장 빈번히 일어나는데 각 한자의 종성으로 올 수 있는 자음은 'ㄱ, ㄴ, ㄹ, ㅁ, ㅂ, ㅇ'뿐이다.[43] 이 중 'ㄹ'의 비음화가 실제로 적용되는 것은 'ㄱ, ㄴ, ㅁ, ㅂ, ㅇ'으로 끝나는 한자 뒤에서이다. 또한 'ㄴ'으로 끝나는 한자 뒤에 'ㄹ'로 시작하는 한자가 오면 유음화의 적용 환경이 되기 때문에 이런 경우는 (8)의 표준 발음법 제19항에서 다루지 않고 유음화와 관련된 제20항에서 다루었다. 그러다 보니 'ㄹ'의 비음화가 일어난 실제 환경은 'ㄱ, ㅁ, ㅂ, ㅇ 뒤'로 축소될 수밖에 없어서 각각의 자음을 나열하게 되었으리라 추측된다.[44]

43) 유일한 예외가 'ㅈ'으로 끝나는 '串(곶)'이다. 그런데 '串'은 비음 'ㄴ'으로 끝나는 刪韻에 속하기 때문에 '곶'은 '串'의 원래 한자음은 아니다. 예전에는 '串'의 한자음이 '환'으로 나와서 刪韻의 모습을 보여 준다.

44) 여기서도 각주 42)의 '디귿 리을'은 'ㄹ'의 비음화가 적용되는 매우 특수한 예임이 드러난다. 표준 발음법의 규정에 따르면 'ㄷ' 뒤에서는 'ㄹ'의 비음화가 적용되지 않기 때문에 '디귿 리을'은 'ㄹ'의 비음화 예가 될 수 없다.

'ㄹ'의 비음화는 (8)에서 언급한 'ㅁ, ㅇ'과 'ㄱ, ㅂ' 뒤뿐만 아니라 'ㄴ' 뒤에서도 일어난다. 그런데 'ㄴ' 뒤에서 적용되는 'ㄹ'의 비음화는 제19항에서 다루지 않고 제20항에서 따로 다루었다. 그 이유는 앞에서 지적했듯이 'ㄴ+ㄹ'은 우선적으로 유음화의 적용이 이루어진다고 파악했기 때문이다.

(9)

【제20항】 'ㄴ'은 'ㄹ'의 앞이나 뒤에서 [ㄹ]로 발음한다.

⋮

다만, 다음과 같은 단어들은 'ㄹ'을 [ㄴ]으로 발음한다.

의견란[의:견난]	임진란[임:진난]	생산량[생산냥]
결단력[결딴녁]	공권력[공꿘녁]	동원령[동:원녕]
상견례[상견녜]	횡단로[횡단노]	이원론[이원논]
입원료[이붠뇨]	구근류[구근뉴]	

(9)에 따르면 'ㄹ'에 인접한 'ㄴ'은 'ㄹ'로 바뀌므로 'ㄴ' 뒤에 'ㄹ'이 와도 유음화가 적용되어야 한다. 다만 일부 환경에서는 유음화 대신 'ㄹ'의 비음화가 일어나는 것을 표준 발음으로 한다. 그런데 유음화 대신 'ㄹ'의 비음화가 적용되어야만 하는 경우가 어떤 것인지에 대한 명확한 언급이 없다. 위에 제시된 단어 외에도 'ㄴ'과 'ㄹ'이 결합하는 경우는 매우 많은데 거기에 대한 구체적 규정이 없어서 'ㄴ+ㄹ'에 있어서는 유음화가 적용되는 것이 표준 발음인지 'ㄹ'의 비음화가 적용되는 것이 표준 발음인지에 대한 논란이 끊이지 않고 있다. 이 문제는 유음화에 대한 설명이 이루어지면서 함께 다루어야 하기 때문에 여기서는 더 이상 논의하지 않고 6.5.2에서 자세히 고찰하기로 한다.

'ㄹ'의 비음화는 매우 오래 전부터 존재해 왔다. 중세 한국어 시기의 문헌에 이미 다음과 같은 예들이 존재한다.

(10) 샹녜(『月印釋譜』 20: 95, 常例), 셕뉴(『訓蒙字會』 上: 6, 石榴), 풍뉴(『二倫行實圖』 21, 風流), 법녜ᄅᆞᆯ(『小學諺解』 凡: 3, 法例), 격녀ᄒᆞ야(『小學諺解』 5: 98, 激勵)

근대 한국어 시기가 되면 'ㄹ'의 비음화 예가 더 많아져서 예를 나열하기가 어려울 정도이다. 이것을 볼 때 'ㄹ'의 비음화는 시간의 흐름과 더불어 계속 세력을 확장해 왔으며 현대 한국어 시기에도 예외를 허용하지 않는 강력한 세력을 유지하고 있다고 하겠다.

6.5. 유음화

유음화는 'ㄹ'에 인접한 'ㄴ'이 'ㄹ'에 동화되어 'ㄹ'로 바뀌는 현상이다. 다른 동화 현상은 동화음과 피동화음의 위치가 한 방향으로 고정되어 있지만 유음화는 동화음인 'ㄹ'이 피동화음인 'ㄴ'에 선행할 수도 있고 후행할 수도 있다. 'ㄹ+ㄴ'에 적용되는 유음화를 순행적 유음화, 'ㄴ+ㄹ'에 적용되는 유음화를 역행적 유음화라고 부른다. 그런데 이 두 가지 유음화는 'ㄴ'이 'ㄹ'과 같아진다는 점만 같을 뿐 다른 측면에서는 많은 차이가 있다.[45] 따라서 엄밀하게 말하면 별개의 규칙으로 분리하는 것이 타당하다. 그렇지만 예전부터 순행적 유음화와 역행적 유음화를 묶어서 하나의 음운 현상으로 기술하는 방법이 일반화되어 있다. 현행 표준 발음법도 마찬가지이다.

45) 이진호(1998: 115)에서는 다른 음운 현상과의 관계, 적용 영역, 관련된 음운론적 제약의 세 가지 측면에서 순행적 유음화와 역행적 유음화의 차이점을 지적하고 있다.

(11)

【제20항】 'ㄴ'은 'ㄹ'의 앞이나 뒤에서 [ㄹ]로 발음한다.

(1) 난로[날:로] 신라[실라]
천리[철리] 광한루[광:할루]
대관령[대:괄령]

(2) 칼날[칼랄] 물난리[물랄리]
줄넘기[줄럼끼] 할는지[할른지]

[붙임] 첫소리 'ㄴ'이 'ㅀ', 'ㄾ' 뒤에 연결되는 경우에도 이에 준한다.
닳는[달른] 뚫는[뚤른] 핥네[할레]

다만, 다음과 같은 단어들은 'ㄹ'을 [ㄴ]으로 발음한다.
의견란[의:견난] 임진란[임:진난]
생산량[생산냥] 결단력[결딴녁]
공권력[공꿘녁] 동원령[동:원녕]
상견례[상견녜] 횡단로[횡단노]
이원론[이원논] 입원료[이붠뇨]
구근류[구근뉴]

표준 발음법 제20항은 유음화에 대해 'ㄹ'에 인접한 'ㄴ'이 'ㄹ'로 발음된다고 통합해서 설명하고, 예를 제시할 때만 역행적 유음화와 순행적 유음화를 분리했다. (11)에 나오는 조항의 내용 중 순행적 유음화의 '[붙임]'에는 'ㅀ, ㄾ' 외에 'ㄼ'도 더 포함시키는 것이 타당하다. 'ㅀ, ㄾ'은 물론이고 'ㄼ'도 '밟-'을 제외하면 자음군 단순화가 적용될 때 'ㄹ'이 남는 것이 원칙이기 때문에, 그 뒤에 'ㄴ'으로 시작하는 어미가 오면 순행적 유음화가 일어나야 표준 발음이 된다.

유음화는 동화의 정도에서 본다면 완전 동화로 분류된다. 표면상 피동화음 'ㄴ'이 동화음 'ㄹ'과 동일해졌기 때문이다. 그러나 'ㄴ'과 'ㄹ'은 원래부터 조음 위치가 동일하기 때문에 유음화가 자음의 조음 방식만 바꾸는 부분 동화라고 해도 피동화음 'ㄴ'은 'ㄹ'로 바뀔 수 있다. 한국어의 유음은 치조에만 존재하며, 다른 조음 위치의 자음에는 유음화가 적용되지 않는다는 점으로 인해 유음화가 완전 동화인지 부분 동화인지를 결정하기가 쉽지는 않다.

한편, 동화음과 피동화음의 거리에 따라 분류할 때 유음화가 직접 동화인지 간접 동화인지를 결정하는 데 있어 한때 논란이 있기도 했다. 특히 용언의 활용형에 적용되는 순행적 유음화가 문제이다. 여기에 대해서는 6.5.1에서 좀 더 자세히 고찰하기로 한다.

6.5.1. 순행적 유음화

순행적 유음화는 'ㄹ+ㄴ'에 적용되어 'ㄹㄹ'로 바꾸어 준다. 순행적 유음화는 'ㄹ'로 끝나는 형태소 뒤에 'ㄴ'으로 시작하는 형태소가 올 때 적용되는 것이 원칙이다. 그러나 여기에는 두 가지 예외적 상황이 존재한다.

첫 번째 예외는 'ㄹ'로 끝나는 형태소 뒤에 'ㄴ'으로 시작하는 형태소가 와도 순행적 유음화가 적용되지 않는 경우이다. 가령 '아는(알+는), 우느냐(울+느냐)' 등과 같이 'ㄹ'로 끝나는 용언 어간 뒤에 'ㄴ'으로 시작하는 활용 어미가 결합할 때에는 순행적 유음화가 결코 일어나지 않으며 항상 유음만 단순히 탈락할 뿐이다. 또한 '소나무(솔+나무), 부나비(불+나비)'와 같은 합성어에서도 순행적 유음화 대신 유음 탈락이 일어나는 경우가 있다. 다만, 합성어의 경우 '물랄리(물+난리), 칼랄(칼+날)'과 같이 순행적 유음화가 일어나는 경우도 없지는 않다.

이처럼 순행적 유음화가 일어날 환경에서 유음화 대신 유음 탈락이 일어나는 것은 유음 탈락과 순행적 유음화의 역사적 발생 순서와 밀접한 관련이 있다. 유음 탈락은 이미 15세기부터 존재하고 있었다.[46] 반면 순행적 유음화가 처음 등장하는 것은 16세기 들어서의 일이다.[47]

---

46) 15세기의 유음 탈락에 대해서는 송철의(1987), 기세관(1992), 김 현(1997)을 참고할 수 있다.

(12) ㄱ. 우ᄂᆞᆫ다(『月印釋譜』 8: 101, 울+ᄂᆞᆫ다), 사ᄂᆞ니(『法華經諺解』 2: 28, 살+ᄂᆞ니), 아ᄂᆞᆫ(『楞嚴經諺解』 4: 35, 알+ᄂᆞᆫ), ᄂᆞ니(『金剛經三家解』 2: 42, ᄂᆞᆯ+니), ᄯᆞ님(『釋譜詳節』 11: 40, ᄯᆞᆯ+님) ᄃᆞ님ᄭᅴ(『月印釋譜』 4: 46, ᄃᆞᆯ+님)

ㄴ. 일ᄅᆞᆫ(『小學諺解』 5: 67, 잃+ᄂᆞᆫ), 열라믄(『飜譯小學』 9: 5, 열나믄), 열릴구베(『續三綱行實圖』 孝: 29, 열닐굽에), ᄂᆞᆯ란(『禪家龜鑑諺解』 49, ᄂᆞᆯ난)

(12ㄱ)은 유음 탈락의 예이고, (12ㄴ)은 순행적 유음화의 예이다. 유음 탈락은 이미 15세기에 현대 한국어와 별반 차이가 없는 모습을 보이고 있다. 'ㄹ'로 끝나는 어간 뒤에 'ㄴ'으로 시작하는 어미가 오면 예외 없이 'ㄹ'이 탈락했으며 합성어에서도 유음 탈락의 예가 적지 않았다. 반면, 순행적 유음화는 15세기에는 안 보이며 16세기에도 그리 많은 예가 나오지는 않는다. 유음 탈락과 순행적 유음화의 적용 시기는 문헌에서 매우 뚜렷한 차이를 보이고 있어 역사적으로 유음 탈락이 순행적 유음화보다 먼저 존재했다는 것은 의심의 여지가 없다.

이처럼 유음 탈락이 시간상 먼저 발생했기 때문에 처음에는 'ㄹ+ㄴ' 연쇄에 유음 탈락만이 적용될 수 있었다. 그런데 유음 탈락이 적용되었다고 해서 'ㄹ+ㄴ' 연쇄가 전혀 존재하지 않았던 것은 아니다.[48] 'ㄹ'로 끝나는 단어와 'ㄴ'으로 시작하는 단어가 결합하는 합성어는 물론이고 '긇-, 슳-' 등과 같이 'ㅀ'으로 끝나는 어간 뒤에 'ㄴ'으로 시작하는 어미가 올 때도 'ㄹ+ㄴ' 연쇄가 표면에 그대로 실현되었다.[49] 이것은 유음 탈락의 세력이 약해

47) 순행적 유음화의 역사에 대해서는 이진호(1997, 1998)을 참고할 수 있다.

48) 만약 유음 탈락의 세력이 매우 강력해서 'ㄹ+ㄴ'이라는 연쇄를 전혀 허용하지 않았다면 순행적 유음화는 적용 환경을 만족시키는 입력형 자체가 존재하지 않기 때문에 생겨날 수조차 없었을 것이다.

49) 5.3.2.2에서 살핀 것처럼 어간말 'ㅀ'은 15세기에도 자음군 단순화가 적용되어 '글ᄂᆞᆫ(긇+ᄂᆞᆫ), 슬ᄂᆞ니(슳+ᄂᆞ니)'와 같이 실현되었다. 또한 중세 한국어 시기에는 자음군 단순화의

져서 'ㄴ' 앞에 'ㄹ'이 오는 예외를 허용하게 되었음을 말해 준다. 이렇게 유음 탈락이 적용되지 못하고 그대로 남겨진 'ㄹ＋ㄴ' 연쇄는 이후에 순행적 유음화의 적용을 받아서 'ㄹㄹ'로 바뀌었다.

결국 '아는(알+는), 우느냐(울+느냐)' 등과 같은 용언 활용형 및 '소나무(솔+나무), 부나비(불+나비)' 등과 같은 합성어에서 순행적 유음화가 적용되지 않고 유음 탈락이 적용되는 것은, 순행적 유음화가 생기기 이전에 유음 탈락이 적용된 형태가 그대로 이어진 결과에 지나지 않는다. 역사적으로 볼 때 이런 단어들은 더 이상 'ㄹ＋ㄴ' 연쇄를 지니지 않기 때문에 순행적 유음화가 새로 생겨나도 적용을 받을 수가 없는 것이다. 그에 비해 유음 탈락이 적용되지 않고 'ㄹ'과 'ㄴ'이 직접 결합하던 것들은 이후 순행적 유음화가 적용되는 데 아무런 장애가 없다.

한편 이러한 음운사적 측면에서 한 가지 중요한 사실을 알 수 있다. 그것은 유음 탈락이 이미 15세기에 세력을 상당히 잃어버려서 모든 'ㄹ＋ㄴ' 연쇄에 적용될 수는 없었으며, 반면 순행적 유음화는 유음 탈락이 적용되지 못하던 연쇄에 적용되기 시작하면서 점차 유음 탈락보다 강한 세력을 가지게 되었다는 점이다. 실제로 'ㄹ'로 끝나는 형태소와 'ㄴ'으로 시작하는 형태소가 결합하여 합성어가 새로 만들어질 경우, 순행적 유음화가 압도적으로 많이 적용된다. 심지어는 '부나비(불+나비), 부나방(불+나방)'과 같이 유음 탈락이 적용되던 기존 형태를 밀어내고 '불라비, 불라방'과 같이 순행적 유음화가 적용된 새로운 형태가 널리 자리 잡게 되는 현상까지도 생기고 있다.

다음으로 'ㄹ'로 끝나는 형태소 뒤에 'ㄴ'으로 시작하는 형태소가 올 때 순행적 유음화가 적용된다는 원칙에 대한 두 번째 예외는 (11)에 제시된

적용을 받지 않던 ㄹ-계 겹받침(ㄺ, ㄼ 등)이 후대에 자음군 단순화의 적용을 받아 'ㄹ'이 남게 되는 경우에도 'ㄴ'으로 시작하는 어미와 결합하면 'ㄹ＋ㄴ' 연쇄가 만들어진다.

표준 발음법 제20항의 '[붙임]'과 관련된다. 표면상 선행하는 형태소가 'ㄹ'이 아닌 'ㄾ, ㅀ'으로 끝나는데도 후행하는 'ㄴ'에 순행적 유음화가 적용되고 있다. 첫 번째 예외가 적용 조건을 충족시키는데도 적용되지 않는 경우라면 두번째 예외는 적용 조건을 충족시키지 않는데도 적용되는 경우이다.

'닳는[달른], 뚫는[뚤른], 핥네[할레]'와 같이 'ㄹ'로 시작하는 겹받침 뒤에서 적용되는 순행적 유음화는 용언 어간의 활용형에 적용되는 순행적 유음화가 직접 동화가 아닌 간접 동화라는 논의로 이어졌다.[50] 즉, 동화음인 'ㄹ'과 피동화음인 'ㄴ' 사이에 'ㅌ, ㅎ' 등과 같은 개재 자음이 있어야만 순행적 유음화가 적용될 수 있다는 것이다. 만약 개재 자음이 없으면 앞에서 살핀 것처럼 유음 탈락만이 적용될 뿐이다.

그러나 순행적 유음화의 역사적 적용 양상을 살펴볼 때 'ㄹ'로 시작하는 겹받침 용언 활용형에서의 순행적 유음화도 직접 동화이며 다만 유음 탈락과의 관련성 때문에 다소 복잡해졌을 뿐이다.[51] 앞서 지적했듯이 'ㄹ'로 끝나는 용언 어간은 유음 탈락이 역사적으로 먼저 적용되었기 때문에 순행적 유음화가 적용되지 못한다. 또한 'ㄹ'로 시작하는 겹받침 용언 어간은 예전에 겹받침이 음절말에서 모두 발음될 때에는 유음 탈락이든 순행적 유음화든 모두 적용될 수 없었으며, 자음군 단순화가 적용되어 겹받침이 'ㄹ'로 줄어든다고 하더라도 유음 탈락의 적용을 받지는 않았다. 각주 49)에 제시한 '글ᄂᆞᆫ(긇+ᄂᆞᆫ), 슬ᄂᆞ니(슳+ᄂᆞ니)' 등이 바로 그러한 예이다. 이들은 이후 순행적 유음화가 출현하면서 유음화의 적용을 받게 된다.

이상과 같이 용언의 활용형에 적용되는 순행적 유음화는 표면상 겹받침을 가진 어간 뒤에서만 적용됨으로써 합성어를 비롯한 다른 환경에서의 순행적 유음화와 차이가 나는 듯하지만 그 본질은 서로 다르지 않다. 표기상

50) 김완진(1972: 281~282)에서 이런 주장이 처음 제시되었다.
51) 이하의 내용은 이진호(1997, 1998)의 논의 내용을 요약적으로 정리한 것이다.

으로만 겹받침 어간 뒤에서 적용되는 것처럼 보일 뿐 실제로는 'ㄹ'과 'ㄴ'이 직접 결합할 때 적용되는 것이다. 그런 점에서 (11)의 제20항 '[붙임]'에 나오는 예는 순행적 유음화의 예외라고 볼 수는 없다.

한편, 순행적 유음화는 적용되는 영역이 비음 동화와 동일하다. 형태소와 형태소의 결합 과정은 물론이고 단어와 단어 사이에서도 적용된다. 'ㄹ'과 'ㄴ' 사이에 휴지가 존재하지 않는 한 순행적 유음화는 적용된다.

(13) ㄱ. 잘 날다[잘랄다], 잘넘어라[잘러머라]
ㄴ. 밥을 너무 먹다[바블러무먹따], 집을 높이 짓는다[지블로피진는다]

(13ㄱ)과 같이 수식어와 피수식어 사이에서뿐만 아니라 (13ㄴ)과 같이 통사론적으로 별개의 구 사이에서도 순행적 유음화는 적용될 수 있다. 이러한 특성은 현행 표준 발음법에도 밝혀 주어야 하지만, (11)의 표준 발음법 제20항에는 여기에 대한 언급을 하지 않고 있다. 비음 동화를 다룬 표준 발음법 제18항에서는 '[붙임]'에서 단어와 단어 사이에 적용되는 비음 동화의 예를 따로 거론하고 있다는 점을 감안할 때 순행적 유음화에 대해서도 (13)과 같은 성격의 자료를 추가할 필요가 있어 보인다.

6.5.2. 역행적 유음화

역행적 유음화는 'ㄴ＋ㄹ'에 적용되어 'ㄹㄹ'로 바꾸어 준다. 역행적 유음화는 'ㄴ'으로 끝나는 형태소 뒤에 'ㄹ'로 시작하는 형태소가 올 때 적용되는 것이 원칙이다. 그런데 고유어에서는 이러한 환경이 만들어지지 않는다. 고유어 중 순수하게 'ㄹ'로 시작하는 형태소도 많지 않지만 그런 형태소들이 'ㄴ'으로 끝나는 형태소와 결합하는 경우는 조성되지 않기 때문이다. 그래서 역행적 유음화는 고유어가 아닌 외래어나 한자어에서 찾을 수 있는데 특히 한자어에서 많이 발견된다. (11)의 표준 발음법에도 나오듯이 'ㄴ'으로 끝나는 한자와 'ㄹ'로 시작하는 한자가 결합하는 합성어에서는 역행적 유음화를 광범위하게 찾을 수 있다.

그런데 순행적 유음화와 마찬가지로 역행적 유음화에도 예외적인 상황이 존재한다. 역행적 유음화가 적용되어야 할 환경에서 역행적 유음화 대신 6.4에서 살핀 'ㄹ'의 비음화가 적용되는 경우가 있는 것이다.52) (11)의 표준 발음법에서도 여기에 대한 언급을 하고 있다. 편의상 (11)에 제시된 역행적 유음화의 예외를 다시 가져오기로 한다.

(14) 의견란, 임진란, 생산량, 결단력, 공권력, 동원령, 상견례, 횡단로, 이원론, 입원료, 구근류

(14)에 제시된 단어들은 'ㄴ'과 'ㄹ'이 결합할 때 'ㄹ'의 비음화가 적용되는 것을 표준 발음으로 삼고 있다. (14)에는 일부 단어들만 제시되어 있지만 '음운론, 청산리, 결단력, …' 등 'ㄹ'의 비음화가 적용되어야 하는 단어의 수는 매우 많다.

(14)와 같이 역행적 유음화 대신 'ㄹ'의 비음화가 적용되는 단어 부류는 일정한 경향성을 가진다. 대부분이 3음절로 구성되어 있으며 첫 두 음절은 그 자체로 단어의 자격을 가진다. '의견란, 임진란, 생산량, …' 등에서의 '의견, 임진, 생산, …'은 모두 독립된 단어로 쓰이는 것이다. 그러므로 (14)에 제시된 단어는 'ㄴ'으로 끝나는 한자 합성어 뒤에 'ㄹ'로 시작하는 한자가 결합된 구조로 이루어졌다고 할 수 있다.

---

52) 여기서 말하는 'ㄹ'의 비음화는 'ㄹ'을 제외한 자음들 중 'ㄴ' 뒤에서 일어나는 것에 국한된다.

이에 반해 역행적 유음화가 적용된다고 규정한 예들은 다음과 같다.

(15) 난로, 신라, 천리, 광한루, 대관령

(15)에 제시된 것은 역행적 유음화가 일어나는 예들 중 일부에 불과하다. 실제로는 '산림, 산란, 판례, 군령, 훈련, …' 등 역행적 유음화가 일어나는 예가 무척 많다. 역행적 유음화가 일어나는 단어들 역시 어느 정도 경향성을 가지고 있다. 대부분이 2음절로 구성되어 있으며 '산림(山林)'과 같은 일부 예외를 제외하면 그 속에 독립된 단어가 포함되지 않는다. 가령 '난로'의 경우 '난'과 '로' 그 어느 쪽도 단어의 자격을 가지지 않는 것이다.[53] 역행적 유음화가 적용되는 많은 단어는 'ㄴ'으로 끝나는 한자 뒤에 'ㄹ'로 시작하는 한자가 결합하는 구조이며, 그 속에 단어가 포함되지는 않는다고 할 수 있다.

이처럼 표준 발음법에서 규정한 'ㄴ+ㄹ'의 표준 발음을 보면 'ㄹ'의 비음화가 적용되어야 하는 단어 부류와 역행적 유음화가 적용되어야 하는 단어 부류가 어느 정도 구분되는 모습이다. 단어의 음절 수를 보면 (14)는 3음절어가 압도적임에 반해 (15)는 2음절어가 대다수이다. 또한 단어를 구성하는 하위 요소의 문법적 특성을 보면, (14)는 그 안에 독립된 2음절 단어가 선행 요소로 참여하지만 (15)는 독립된 단어가 포함되지 않는 경우가 훨씬 많다.

그런데 'ㄴ+ㄹ' 연쇄의 현실 발음은 표준 발음의 규정과는 다소 다르게 나타난다. 2003년의 표준 발음 실태를 조사한 결과는 다음과 같다.[54]

53) '천리'의 '천'은 단어의 자격을 가지므로 예외라고 할 수 있다. 그렇지만 '천리'는 그 구성이 '관형사+의존명사'라서 둘 사이의 관계가 일반적인 단어와 단어의 결합과는 차이가 난다.
54) 이 자료는 김선철(2006: 52~53)에 제시된 것 중 일부를 옮긴 것이다.

(16)

	단어	ㄴㄴ	ㄹㄹ
(ㄱ)	광안리	광안니(49.43%)	광알리(48.00%)
	노근리	노근니(79.43%)	노글리(15.71%)
	수년래	수년내(81.43%)	수녈래(14.86%)
	신선로	신선노(46.86%)	신설로(47.71%)
(ㄴ)	반 라	반나(49.71%)	발라(44.86%)
	전 라	전나(19.14%)	절라(79.14%)
	선 례	선녜(26.57%)	설례(72.86%)
	온 랭	온냉(75.51%)	올랭(22.00%)
	촌 로	촌노(59.14%)	촐로(34.57%)

단어의 구조를 볼 때 (16ㄱ)은 'ㄹ'의 비음화가 적용되어야 하는 경우이지만 역행적 유음화가 일어나는 비율도 적지 않다. 특히 '광안리, 신선로'와 같은 단어는 'ㄹ'의 비음화와 역행적 유음화의 적용 비율이 거의 비슷하다. (16ㄴ)은 역행적 유음화가 적용되어야 하나 'ㄹ'의 비음화도 많이 일어난다. 특히 '온랭, 촌로'와 같은 단어는 역행적 유음화보다도 'ㄹ'의 비음화가 더 높은 비율을 보인다.55)

(14), (15), (16)을 보면 역행적 유음화는 'ㄹ'의 비음화와 서로 복잡하게 얽혀 있는 모습이다. 이러한 상황을 정확히 설명해 낸다는 것은 매우 어려운 일이다. 자료 자체가 무척 복잡할 뿐만 아니라 일률적인 모습도 보이지 않기 때문이다. 그러나 역사적인 고찰을 통해 두 음운 변화의 상호 관련성에 대해 대략적으로 설명하는 것은 가능하다.

역행적 유음화와 'ㄹ'의 비음화는 모두 'ㄴ+ㄹ' 연쇄에 적용된다. 그런데

55) 앞서의 논의대로라면 (14)와 동일한 구조를 가진 (16ㄱ)은 'ㄹ'의 비음화가 적용되는 비율이 역행적 유음화가 적용되는 비율보다 높아야 하고 (15)와 동일한 구조를 가진 (16ㄴ)은 그 반대 경향을 보일 것이 예상된다. 그러나 (16)을 보면 단어에 따라 그러한 예상이 빗나가는 경우도 있다. 이는 개별 단어의 사정에 기인하기 때문에 여기서 일일이 거론할 수 없음을 밝혀 둔다.

역사적으로는 역행적 유음화가 'ㄹ'의 비음화보다 먼저 생겨났다. 순행적 유음화와 마찬가지로 역행적 유음화도 16세기부터 모습을 보인다.

(17) 쳘량(『飜譯小學』 9: 57, 천량), 볼릭(『呂氏鄕約諺解』 31, 本來), 쳘리예(『二倫行實圖』 43, 千里), 갈략(『石峰千字文』 37, 簡略), 글로티(『小學諺解』 5: 30, 勤勞), 발란(『諺解痘瘡集要』 下: 24, 班蘭)

역행적 유음화가 적용되면 (15)와 같은 구조의 단어들은 어중의 'ㄴㄹ'이 'ㄹㄹ'로 바뀌어서 완전히 굳어져 버린다. 이 단어들은 그 구성 요소들이 단어의 자격을 갖지 않으므로 개별 한자들을 매번 결합시켜 단어를 형성하기보다는 이미 결합된 한자어 전체를 하나의 단위로 기억하게 된다. 따라서 이런 단어들은 어중의 'ㄴㄹ'이 역행적 유음화의 적용을 받고 나면 'ㄹㄹ'로 바뀐 채 그대로 정착될 가능성이 매우 높은 것이다. (17)에 나오는 '볼릭, 갈략, 실령' 등이 모두 그러한 예라고 하겠다.

'ㄴ' 뒤에서 적용되는 'ㄹ'의 비음화는 17세기부터 모습을 보인다.

(18) 신나왕이(『東國新續三綱行實圖』 孝 1: 4, 新羅), 한님(『東國新續三綱行實圖』 烈 1: 31, 翰林), 간냑ᄒᆞ고(『家禮諺解』 1: 44, 簡略), 신녕을(『家禮諺解』 8: 14, 神靈), 쳔니(『馬經抄集諺解』 上: 16)

'ㄹ'의 비음화는 역행적 유음화로 인해 어중의 'ㄴㄹ'이 완전히 'ㄹㄹ'로 바뀌어 버리지 않은 단어들에 적용되었다. 그런데 역행적 유음화와 'ㄹ'의 비음화는 발생 시기의 선후 차이가 그리 크지 않다. 그래서 'ㄹ'의 비음화가 적용될 수 있는 영역은 역행적 유음화의 영역과 겹칠 수밖에 없다. 결과적으로 이 두 음운 현상은 같은 입력형에 적용되는 경쟁 관계를 맺게 되었으며 이것이 현재까지도 이어지고 있는 것이다.

그런데 두 음운 현상의 경쟁은 대등한 상태에서 이루어져 내려오지는 않았다. 만약 완전히 대등한 경쟁이 일어났다면 앞서 (14), (15)에서 보듯 두 현상이 적용되는 단어 부류에 일정한 경향성이 존재하기 어렵다. 사실 현대 한국어를 기준으로 하면 역행적 유음화보다는 'ㄹ'의 비음화가 더 큰 세력을 가지고 있다.[56] 그리하여 역행적 유음화는 (15)와 같은 부류에 주로 적용되고 (16)과 같은 부류는 일부에만 적용된다. 역행적 유음화가 (15)와 같은 부류에서 강한 모습을 보이는 것은 역사적으로 먼저 발생한 역행적 유음화가 (15)에 속한 단어들의 어중 'ㄴ＋ㄹ'를 'ㄹㄹ'로 굳어지게 만들었고 이로 인해 (15)와 같은 구조의 단어들에는 역행적 유음화가 적용된다는 인식을 심어 주었기 때문으로 보인다. 이처럼 한 단위로 굳어진 경우에는 역행적 유음화가 'ㄹ'의 비음화보다 더 활발히 적용된다.

반면 'ㄹ'의 비음화는 굳어지지 않고 끊임없이 결합의 과정을 통해 만들어지는 단어에 주로 적용된다. 이미 굳어진 단어는 어중의 'ㄴㄹ'이 'ㄹㄹ'로 바뀌어 버렸기 때문에 'ㄹ'의 비음화가 적용될 수 없지만, 결합을 통해 나오는 단어는 'ㄴ'과 'ㄹ'이 만나게 되고 그 경우에는 세력이 강한 'ㄹ'의 비음화가 역행적 유음화 대신 적용되어 'ㄴㄹ'을 'ㄴㄴ'으로 변화시키는 것이다.[57] (14)와 같이 그 속에 독립된 단어를 포함하고 있는 한자어에서 'ㄹ'의 비음화가 활발히 일어나는 것도 이와 관련된다. 독립된 단어가 포함되어 있으므로 분리가 쉬우며 분리 후 다시 결합하는 과정에서 'ㄹ'의 비음화가 적용될 수 있다. 그뿐만 아니라 (15)와 같은 구조라고 하더라도 화자들에게 익숙지 않은 한자어는 'ㄹ'의 비음화가 잘 일어난다. 그 이유는 익숙하지 않으므로

56) 'ㄴ' 뒤에서 적용되는 'ㄹ'의 비음화가 세력을 확장하게 된 것은 규칙의 적용 환경이 확대되는 경향과 관련이 있다. 자세한 것은 이진호(1998: 111)을 참고할 수 있다.

57) 물론 그렇다고 해서 'ㄹ'의 비음화가 적용될 환경에서 역행적 유음화가 전혀 적용될 수 없는 것은 아니다. 상대적으로 미약한 세력을 가졌을 뿐이다.

개별 한자를 결합시키는 과정에서 역행적 유음화가 아닌 'ㄹ'의 비음화를 적용시키기 때문이다.

이상에서 역행적 유음화와 'ㄹ'의 비음화가 맺고 있는 다소 복잡한 관계에 대해 살펴보았다. 그렇지만 이것은 거시적 차원의 경향성만을 다룬 데 불과하다. 개별적으로 검토하면 복잡한 경우가 적지 않다. 가령 '릉(陵)'이 붙은 '선릉, 현릉'의 경우 (15)의 부류에 속하며 표준 발음도 '[설릉], [혈릉]'으로 하고 있지만 실제로는 'ㄹ'의 비음화 비율이 훨씬 높다.[58] '춘란'의 경우도 비슷하다.[59]

외국어까지 고려 대상에 넣으면 더욱 혼란스러워 보인다. 가령 'only'와 'online'의 경우 '온니~올리', '온나인~올라인'이라는 두 가지 형태가 공존하고 있다. 'only'는 2음절로 되어 있고 그 안에 독립된 단어가 없는데도 'ㄹ'의 비음화가 적용되었다는 점이 특이하다. 'online'은 비록 3음절 단어이고 그 안에 독립된 단어가 포함되어 있지만 '음운론' 유형의 단어와는 달리 선행 요소가 1음절이고 후행 요소가 2음절이라는 차이가 있다. 이처럼 외국어의 경우는 한자어와는 상당히 다른 모습을 보인다. 외국어는 자료의 성격상 음절 수나 내부 구조와 무관하게 'n'과 'l'이 새로 결합하는 유형으로 해석되며, 이 과정에서 어떤 음운 현상이 적용되느냐에 따라 두 가지 형태 중 어느 하나가 실현되었다고 할 수 있다.

58) 김선철(2006: 52~53)의 현실 발음 조사에 따르면 '선릉'은 ㄴㄴ-형이 78.86%, ㄹㄹ-형이 14.86%이며 '현릉'은 ㄴㄴ-형이 78.00%, ㄹㄹ-형이 18.29%이다.

59) '선릉, 현릉, 춘란'이 표면상 (15)와 비슷한 구조를 가지는데도 'ㄹ'의 비음화가 우세한 것은 '능(陵)'과 '난(蘭)'이 각각 독립된 단어의 자격을 지닌다는 사실과 관련되어 있을 듯하다. 개별 단어 '능'과 '난'을 연상함으로써 '선릉, 현릉, 춘란'을 '[선능], [현능], [춘난]'으로 발음할 수 있는 것이다. 특히 '陵'은 '태릉, 혜릉'과 같이 모음으로 끝나는 한자 뒤에 결합할 때에도 '[태능], [혜능]'과 같이 '[능]'으로 발음된다는 사실이 더 관여할 가능성이 있다.

6.6. 위치 동화

앞에서 살핀 동화 현상은 모두 자음의 조음 방식과 관련된다. 그런데 자음의 조음 위치도 동화가 일어날 수 있다. 이것을 흔히 위치 동화라고 한다. 한국어의 위치 동화는 선행하는 음절의 종성이 후행하는 음절 초성의 조음 위치에 닮아 가는 현상이다. 이때 조음 방식은 바뀌지 않고 그대로 유지된다. 위치 동화는 동화의 방향에 따라서는 역행 동화, 동화의 정도에 따라서는 부분 동화, 동화음과 피동화음의 거리에 따라서는 직접 동화가 된다.

그런데 모든 자음이 위치 동화의 동화음과 피동화음으로 기능할 수 있는 것은 아니다. 피동화음의 경우 'ㄴ, ㄷ, ㅁ, ㅂ'의 네 가지로 제한된다. 이렇게 일부 자음으로 국한되는 이유는 여러 가지가 있다. 우선, 위치 동화의 피동화음은 음절말에 놓이게 되는데 한국어의 경우 음절말에 올 수 있는 자음이 7종류로 제한된다. 그 7종류 중에서 유음은 조음 위치가 치조로 국한되어 있어 위치 동화의 적용을 받을 수 없다. 또한 한국어의 위치 동화는 양순음과 치조음에만 적용될 뿐 연구개음에는 적용되지 않는다는 특수성이 있다. 그래서 'ㄴ, ㄷ, ㅁ, ㅂ'만이 위치 동화의 적용을 받게 된다.

다음으로 동화음은 'ㄱ/ㅋ/ㄲ, ㅁ, ㅂ/ㅍ/ㅃ'만이 될 수 있다. 조음 위치로 본다면 연구개음과 양순음만 위치 동화를 일으킬 수 있다. 또한 연구개음이라고 하더라도 'ㅇ'은 음절의 초성에 놓일 수 없기 때문에 위치 동화의 동화음으로 작용할 수 없다.

여기서 알 수 있듯이 한국어의 위치 동화는 적용에 상당한 제약이 있다. 피동화음과 동화음 목록을 보면 치조음은 위치 동화의 피동화음만 될 수 있을 뿐 동화음이 되지는 못한다. 반대로 연구개음은 위치 동화의 동화음만 될 수 있을 뿐 피동화음은 되지 않는다. 양순음은 동화음과 피동화음 모두 가능하다.[60]

한국어의 위치 동화는 동화음과 피동화음의 종류에 따라 양순음화와 연구개음화로 세분하는 경우가 많다.[61] 양순음화는 치조음 'ㄴ, ㄷ'이 양순음 'ㅁ, ㅂ, ㅍ, ㅃ'에 동화되어 'ㅁ, ㅂ'이 되는 현상이다. 연구개음화는 치조음 'ㄴ, ㄷ'과 양순음 'ㅁ, ㅂ'이 연구개음 'ㄱ, ㅋ, ㄲ'에 동화되어 'ㄴ, ㅁ'은 'ㅇ'이, 'ㄷ, ㅂ'은 'ㄱ'이 되는 현상이다. 이러한 위치동화에 대해서는 표준 발음법에서도 언급하고 있다.

(19)

【제21항】 위에서 지적한 이외의 자음 동화는 인정하지 않는다.

감기[감:기](×[강:기])	옷감[옫깜](×[옥깜])
있고[읻꼬](×[익꼬])	꽃길[꼳낄](×[꼭낄])
젖먹이[전머기](×점머기])	문법[문뻡](×[뭄뻡])
꽃밭[꼳빧](×[꼽빧])	

(19)에 제시된 제21항에서 자음 동화로 인정하지 않는다고 한 현상이 바로 위치 동화이다. 표준 발음법의 다른 규정은 모두 표준 발음이 무엇인지를 규정함에 비해 이 조항은 표준 발음이 아닌 것을 규정하고 있다는 점에서 매우 특이하다.[62] 위치 동화를 표준 발음으로 인정하지 않는 이유는 이

60) 이처럼 연구개음은 동화를 시키기만 하고 치조음은 동화를 당하기만 하며 양순음은 동화를 시킬 수도 있고 당할 수도 있는 불균형적인 모습을 자음의 음운론적 강도와 관련짓기도 한다. 즉, 양순음, 치조음, 연구개음 사이에는 음운론적 강도의 순위가 존재하며 이 때문에 위치 동화가 조음 위치별로 차이를 보인다는 것이다. 그런데 흥미롭게도 논의에 따라 음운론적 강도의 순서가 전혀 다르게 설정되고 있다. '연구개음>양순음>치조음'과 같은 강도 순서를 설정하는가 하면 그와 정반대로 '치조음>양순음>연구개음'과 같은 강도 순서를 설정하기도 한다. 이와 관련된 논의는 이혁화(1999)를 참고할 수 있다. 다만 여기서 한 가지 덧붙이고자 하는 것은 음운론적 강도를 정할 때 단순히 음운 현상의 적용 결과만을 고려해서는 안 된다는 점이다. 음운론적 강도 자체에 대한 개념 규정을 먼저 하고 음운 현상의 본질을 함께 감안하여 음운론적 강도를 정해야지, 음운 현상의 적용 결과만을 기준으로 하면 음운 현상에 따라 음운들의 음운론적 강도가 매번 달라질 수 있다.

61) 위치 동화를 이루는 두 개의 하위 음운 현상을 구분하는 방식에는 여러 가지가 있다. 자세한 것은 이진호(2017ㄱ)의 '위치 동화' 항목을 참고할 수 있다.

현상이 필수적으로 일어나야만 하는 현상은 아니라는 데 있다. 즉, 위치 동화은 일어날 수도 있고 일어나지 않을 수도 있는 것이다. 일찍이 주시경이 이 현상의 수의성을 지적한 이래로 위치 동화는 반드시 적용되어야 하는 현상이 아니라는 사실이 계속 지적되었다.63) 반면 앞에서 살핀 다른 동화 현상들은 모두 필수적으로 적용되어야만 한다. 이런 차이 때문에 위치 동화는 표준 발음으로 인정하지 않는다.

비록 표준 발음법에서 인정하고 있지는 않지만 위치 동화는 단어의 형태를 바꾼 것도 있을 정도로 역사적으로 오래전부터 존재했다. 아래에 제시하는 단어들은 모두 위치 동화가 적용되어 형태 자체가 변한 경우이다.

(20) ㄱ. 함께(<ᄒᆞᆫᄢᅴ), 솜씨(<손ᄡᅵ), 기쁘다(<깃브다)
ㄴ. 싱겁다(<슴겁다), 영글다(<염글다), 어깨(<엇게)

(20ㄱ)은 치조음이 양순음화의 적용을 받은 경우이다. '기쁘다'와 같은 예는 '깃브다'에서 'ㅅ'이 음절말에서 'ㄷ'을 거쳐 위치 동화를 겪고 다시 탈락한 경우이다. (20ㄴ)은 치조음이나 양순음이 연구개음화의 적용을 받은 경우이다. 이들은 모두 역사적으로 형태 자체가 바뀌어서 위치 동화가 적용되었는지를 알기 어렵지만 예전 형태와 비교하면 위치 동화가 적용되었다는 것을 확인할 수 있다.

한편 일반적인 위치 동화와는 조금 성격이 다른 현상들도 간간히 보고된 적이 있다. 가령 '양말'이 '얌말'로 발음된다거나 '-습니다[슴니다]'가 '-습미다[슴미다]'로 발음되는 경우를 자주 접할 수 있다. '얌말'은 연구개음이 피

62) 흥미롭게도 표준 발음법이 제정되기 이전에 나온 북한의 '문화어발음법'이나 중국의 '조선말 표준발음법'에도 위치 동화를 표준 발음으로 인정하지 않는다는 조항이 나온다.
63) 논의에 따라서는 피동화음이 치조음일 때는 필수적이지만 양순음일 때는 수의적이라고 하여 피동화음에 따라 구분하기도 한다.

동화음라는 점이 특이하고 '-습미다'는 위치 동화가 순행 동화의 형태를 띤다는 점이 특이하다. 표면상으로만 보면 이들은 조음 위치만 바뀌었으므로 위치 동화에 속할지 모른다. 그러나 이러한 경우가 그리 많지 않고 일반적인 위치 동화의 모습과는 차이가 난다는 점에서 별개의 현상이라고 해석하는 편이 나을 것이다.

6.7. '이' 모음 순행 동화

'이' 모음 순행 동화가 동화의 한 종류로서 처음 언급되기 시작한 것은 이희승(1955: 131)이다. 이희승(1955: 130)에서는 모음과 모음 사이의 동화 중 첫 번째로 '이' 모음의 동화를 제시하고 이것의 하위 현상으로 '이' 모음 순행 동화와 '이' 모음 역행 동화를 두었다. 여기에 따르면 '이' 모음 순행 동화의 예에는 다음과 같은 것들이 있다.

(21) ㄱ. 기+어[기여], 비+어[비여], 꾸미+어[꾸미여], 가시+어[가시여]
ㄱ'. 머리+에[머리예], 종이+에[종이예], 주머니+에[주머니예]
ㄴ. 개+어[개여], 세+어[세여], 되+어[되여], 쉬+어[쉬여], 띄+어[띄여]
ㄴ'. 배+에[배예], 수레+에[수레예], 쇠+에[쇠예], 뒤+에[뒤예]

(21ㄱ, ㄱ')은 단모음 'ㅣ' 뒤에서의 '이' 모음 순행 동화 예이고, (21ㄴ, ㄴ')은 'ㅐ, ㅔ, ㅚ, ㅟ, ㅢ'와 같이 문자상 다른 모음자에 후행하는 'ㅣ' 뒤에서의 '이' 모음 순행 동화 예이다. 체언과 용언 모두에서 이러한 현상을 볼 수 있다.

(21)은 공통적으로 반모음이 첨가되었다. (21ㄱ, ㄱ')과 같이 단모음 'ㅣ'

뒤에서는 선행 모음과 비슷한 성질의 반모음이 모음 충돌을 회피하기 위해 첨가되었다. (21ㄴ, ㄴ')은 단모음 'ㅣ' 뒤에서의 반모음 첨가는 아니지만, 역사적으로 볼 때 'ㅐ, ㅔ, ㅚ, ㅟ, ㅢ'는 모두 이중 모음이었으며 이런 이중 모음 뒤에서는 반모음 첨가가 활발하게 일어났다.[64] 이처럼 (21)에서 보이는 반모음 첨가는 적용 동기가 비교적 분명하지만 6.1에서 살폈듯이 동화로 분류할 수 있을지는 의문이다.

표준 발음법에서는 동화의 마지막 조항에서 이 현상을 언급하고 있다.

(22)

> 【제22항】 다음과 같은 용언의 어미는 [어]로 발음함을 원칙으로 하되, [여]로 발음함도 허용한다.
>
> 피어[피어/피여] 되어[되어/되여]
>
> [붙임] '이오, 아니오'도 이에 준하여 [이요], [아니요]로 발음함을 허용한다.

표준 발음법 제22항에 따르면 '피-, 되-'와 같은 어간 뒤에 '어'로 시작하는 어미가 오면 그대로 발음하는 것이 원칙이되 어미의 첫음 '어'를 '여'로 발음하는 것도 허용한다. 또한 서술격 조사 '-이-'와 '아니-' 뒤에 '-오'가 올 때도 동일한 원리가 적용된다. 실제로 현실 발음을 보면 위와 같은 환경에서 반모음이 첨가되는 경우를 흔히 발견할 수 있다.

이병근(1988: 69)에서도 지적했듯이 반모음이 첨가되는 것을 표준 발음으로 허용하는 데에는 상당한 논란이 있었다. 이 제22항은 당초의 표준 발음법 안에는 없던 내용이었으나 심의 도중 별도의 현실 발음 조사를 하면서까지 새로이 추가했다.[65] 그런데 이 조항에는 분명치 않은 부분이 여럿 있다.

64) 가령 중세 한국어의 경우 '개-' 뒤에 '-아'가 오면 '개야~가야'와 같이 실현되었다. '개야'는 반모음이 첨가된 형태이고 '가야'는 'ㅐ'의 반모음 'j'가 뒤로 연음된 형태이다. '개야'과 '가야' 중 현대 한국어로 계승된 것은 '개야' 쪽이다.

65) 여기에 대해서는 2.2.3.2에서 살핀 바 있다.

우선 '다음과 같은'이라는 표현이 의미하는 바가 무엇인지 명확하지 않다.[66] 이것만 가지고는 반모음이 첨가되는 발음을 허용하는 용언이 제22항에 예시된 것만을 가리키는지, 또는 'ㅣ'와 'ㅚ'로 끝나는 어간을 포괄하는지, 아니면 전설 모음으로 끝나는 모든 어간을 포함하는지 알 수 없다. 제22항에 예시된 용언 어간은 물론이고 '비-, 기-'나 '괴-, 쬐-'와 같이 'ㅣ'나 'ㅚ'로 끝나는 다른 어간 뒤에 '어'로 시작하는 어미가 와도 반모음 첨가는 활발히 일어난다. 또한 (21)에서 알 수 있듯이 '개-, 데-, 뛰-' 등과 같이 다른 전설 모음으로 끝나는 어간도 반모음 첨가는 일어나고 있다.

『표준국어대사전』의 발음 정보를 보면 '피-' 이외의 ㅣ-말음 어간, '되-' 이외의 ㅚ-말음 어간은 물론이고 '뛰-, 쉬-'와 같은 ㅟ-말음 어간도 반모음 첨가형을 표준 발음으로 허용하고 있다. 반면 '개-, 데-'와 같은 ㅐ-말음 어간과 ㅔ-말음 어간에 대해서는 반모음 첨가형을 허용하지 않는다. 이러한 처리는 표준 발음법 제22항을 자의적으로 해석한 결과라고 하지 않을 수 없다. 표준 발음법 조항에는 ㅟ-말음 어간만 반모음 첨가형을 허용하고 ㅐ-말음 어간이나 ㅔ-말음 어간은 반모음 첨가형을 허용하지 않는다는 그 어떠한 문구도 나오지 않는다.[67] 이러한 『표준국어대사전』의 문제점은 표준 발음법의 규정 자체의 모호함에서 비롯되었을 가능성이 크다.

'[붙임]'의 내용에도 석연치 않은 점이 있다. 제22항에서는 '-이-'와 '아니-' 뒤에 '-오'가 올 때에만 반모음 첨가가 일어나는 것을 허용했는데 사실 '-이-'와 '아니-' 뒤에 가령 '-었-'과 같은 형태소가 결합해도 반모음 첨가는 일어난다. 가령 '학생이었다[학생이열따], 아니었다[아니열따]'와 같은 발음은 매우 흔히 들을 수 있다. 그런데도 '-오'만 반모음이 첨가되는 발음을 허용한 이유가 그리 명확하지는 않은 듯하다.

66) 이와 비슷한 취지의 지적은 허 춘(2001: 74), 김선철(2004: 31)에서도 이루어졌다.
67) 표준 발음법에 대한 해설인 이병근(1988)에도 그러한 내용은 나오지 않는다.

한편 ‘이’ 모음 순행 동화를 처음 논의한 이희승(1955: 133)에서는 ‘이’ 모음의 동화 속에 ‘이’ 모음 역행 동화도 포함시키고 있다. 이희승(1955)의 체계에서는 ‘이’ 모음 순행 동화와 ‘이’ 모음 역행 동화가 모두 존재하므로 ‘이’의 앞뒤에서 모두 동화가 일어나는 셈이 된다. ‘이’ 모음 역행 동화는 흔히 ‘움라우트’라고도 불리는 현상으로 후행 음절의 ‘ㅣ, j’(동화음)에 동화되어 선행 음절의 후설 모음(피동화음)이 전설 모음으로 바뀌게 된다.[68] 이때 피동화음과 동화음 사이에는 ‘ㅂ, ㅁ, ㄱ, ㅇ’ 등과 같은 ‘[-설정성]’ 계열의 변자음이 놓여야만 한다.[69] ‘아기>애기’가 대표적인 예이며 그 밖의 많은 단어에서 이 현상이 일어나고 있으나 예외도 적지 않다.

표준 발음법에서는 ‘이’ 모음 역행 동화에 대해서 언급하고 있지 않다. 이는 표준어 규정의 제1부 제9항에서 “‘ㅣ’ 역행 동화 현상에 의한 발음은 원칙적으로 표준 발음으로 인정하지 아니하되, …”라고 분명히 지적했기 때문이다. 그런데 ‘이’ 모음 역행 동화가 일어난 모든 단어를 표준어로 인정하지 않기에는 무리가 따를 정도로 일부 단어는 ‘이’ 모음 역행 동화가 적용된 형태가 많이 쓰였다. 그리하여 표준어 규정에서는 다음과 같은 예외를 두었다.

(23) -내기(<나기), 냄비(<남비), 동댕이-치다(<동당이), -쟁이(<장이)

(23)에 제시된 것뿐만 아니라 ‘이’ 모음 역행 동화가 적용된 형태가 역사적으로 굳어져 현재까지 내려온 것도 적지 않다. 이런 단어들은 예전 형태를 잘 모르면 ‘이’ 모음 역행 동화가 일어났는지도 쉽게 알 수 없다.

---

68) ‘이’ 모음 역행 동화는 동화음과 피동화음의 종류, 개재 자음 조건, 음운 현상의 공시성 등 매우 여러 가지 쟁점들이 존재한다. 자세한 것은 최명옥(1988ㄴ, 1989)와 최전승(1990)을 참고할 수 있다.

69) 예외적으로 ‘ㄹ’은 변자음이 아니라도 피동화음과 동화음 사이에 놓일 수 있다. 가령 ‘대리-(<다리-), 되련님(<도련님), 기리-(<그리-)’ 등의 예가 있다.

(24) 올챙이(<올창이), 굼벵이(<굼범이), 제비(<져비), 새끼(<샷기), 기러기(<그려기), 남생이(<남샹이)

(23)에 제시된 단어들이 주로 'ㅏ'에 '이' 모음 역행 동화가 적용된 것이었다면 (24)에 제시된 단어들은 더 다양한 모음들에 '이' 모음 역행 동화가 적용되었다. 'ㅓ'는 물론이고 'ㅡ'에도 '이' 모음 역행 동화가 적용된 것이다. 이처럼 적지 않은 단어들이 '이' 모음 역행 동화의 적용을 받아서 형태가 바뀌었다.

'이' 모음 역행 동화가 현실 발음 속에서 얼마나 많이 나타나는지를 '잡히-'를 가지고 살펴보기로 한다.[70] 이 단어에 '이' 모음 역행 동화가 적용되면 '잽히-'가 된다. '잽히-'는 표준어로 인정받지는 않지만 거의 모든 방언에서 '이' 모음 역행 동화가 적용되고 있다.

<지도 18> '잡히-'의 '이' 모음 역행 동화 양상[71]

70) 사동형과 피동형을 따로 구분하지는 않는다.
71) '잡히다'는 '□'로, '잽히다'는 '◉'로 표시한다.

<지도 18>에서 보듯이 남부 방언은 물론이고 표준 발음의 준거가 되는 서울말에서도 '이' 모음 역행 동화가 일어나고 있다. '이' 모음 역행 동화가 보이지 않는 지역이 없을 정도이다. '이' 모음 역행 동화가 적용될 수 있는 환경을 갖춘 모든 단어가 이러한 광범위한 분포를 보이지는 않지만, 단어에 따라 매우 활발하게 적용되는 경우도 있다는 점만은 부인할 수 없다.

그런데 '잡히-'와 같이 한 단어로 거의 굳어진 파생어에서는 '이' 모음 역행 동화가 잘 일어남에 비해 형태소의 활발한 결합 과정에서는 '이' 모음 역행 동화가 적게 일어난다. 가령 주격 조사 '-이'나 서술격 조사 '-이-'는 거의 모든 명사와 결합할 수 있을 정도로 높은 결합력을 지닌다. 그렇지만 주격 조사나 서술격 조사가 결합할 때의 '이' 모음 역행 동화 적용 양상은 '잡히-'와 비교할 때 매우 다른 모습을 보인다.

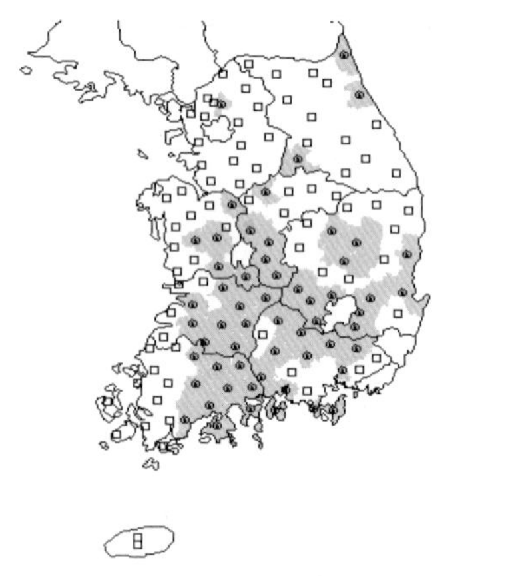

<지도 19> '밥+이'의 이-역행동화 양상[72]

72) '밥+이'가 '[바비]'로 실현되는 것은 '□'로, '[배비]'로 실현되는 것은 '◉'로 표시한다. 강원도 고성이나 양양에서는 '[pa^{j}bi]'와 같이 약한 반모음 'j'가 첨가되는 형태로 나오기도 하는데, 이것 역시 '이' 모음 역행 동화가 적용된 것으로 간주했다.

<지도 18>과 <지도 19>를 비교하면 파생어에 비해 '체언+조사'의 경우에는 '이' 모음 역행 동화가 잘 안 일어난다는 것을 쉽게 알 수 있다. 특히 서울을 중심으로 한 중앙어에서는 '이' 모음 역행 동화를 거의 찾아볼 수 없다. 그런데 그나마 <지도 19>는 1980년대의 조사 자료를 바탕으로 한 것이다. 이로부터 약 40년이 더 지난 현재는 대부분의 중년층 이하에서 체언 뒤에 조사가 결합할 때 '이' 모음 역행 동화를 적용시키지 않는다.

결과적으로 현재는 단일 형태소의 내부 또는 파생어 등 이미 한 단위로 굳어진 경우에만 '이' 모음 역행 동화가 흔적으로 남아 있을 뿐이다. 형태소들 사이의 자유로운 결합 과정에서는 '이' 모음 역행 동화를 찾기 어렵다. 이처럼 '이' 모음 역행 동화의 세력이 급격히 약해진 것은 이 현상을 표준어로 인정하지 않는다는 사실과 직접적인 관계가 있다. 교육이든 대중 매체든 '이' 모음 역행 동화가 일어난 형태를 배제하고 있기 때문에 지금과 같이 교육이 확대되고 매체 언어의 영향이 강력해진 현실에서는 '이' 모음 역행 동화가 매우 위축될 수밖에 없다.

제7장 경음화

경음화는 음절의 초성에 놓인 평음이 경음으로 바뀌는 음운 현상이다. 한국어는 음절말에 경음이 올 수 없으므로 경음화는 음절의 종성에는 적용되지 않는다. 한국어의 경음화는 적용 조건이나 환경에 따라 여러 가지가 구분된다. 순수하게 음운론적 조건에 의해서만 일어나는 경음화도 있고 다른 비음운론적 조건에 의해서 일어나는 경음화도 있다. 그래서 경음화는 성격에 따라 하위 구분하는 것이 필요하다.

현행 표준 발음법에서는 경음화를 별도의 장(제6장)으로 분리하여 받침의 발음(제4장), 음의 동화(제5장), 음의 첨가(제7장)와 대등하게 다루고 있다. 이러한 방식은 받침의 발음이나 음의 동화, 음의 첨가가 여러 하위 현상들로 이루어진 것과 마찬가지로 경음화 역시 여러 현상들로 이루어진 데 기인한다. 표준 발음법의 경음화는 총 6개의 하위 조항으로 나누어 설명되고 있는데 이 중 2개 조항은 그 성격이 동일하다. 그래서 표준 발음법의 경음화는 5가지 유형으로 나눌 수 있다. 여기에 표준 발음법에 나오지 않는 특수한 경음화를 추가하면 6가지 경음화가 구분된다. 이 현상들에 대해 자세히 살피기로 한다.

7.1. 평파열음 뒤의 경음화

이 현상은 평파열음 뒤에 오는 평음이 경음으로 바뀌는 것을 가리킨다. '평파열음'이라는 표현 대신 '장애음'이라는 표현을 사용하여 장애음 뒤의 경음화라고 부르기도 한다. 이 책에서 '장애음' 대신 '평파열음'이라는 용어를 사용한 이유는 두 가지이다. 첫째, 이런 유형의 경음화가 적용되는 동기는 평음에 선행하는 자음의 폐쇄 과정과 밀접하게 관련되어 있을 가능성이 높다.[1] 만약 '장애음'이라는 표현을 사용하면 폐쇄와 무관한 마찰음까지 포함하므로 이 사실을 제대로 나타내기 어렵다. 둘째, 평음에 선행하는 장애음은 음절말에 놓이므로 결국은 평파열음인 'ㅂ, ㄷ, ㄱ' 중 하나로 실현될 수밖에 없다. 그러므로 실제 발음을 기준으로 하면 평파열음 뒤에서 경음화가 일어나는 셈이 된다.[2]

평파열음 뒤의 경음화는 한국어의 경음화 중 가장 대표적인 현상이라고 할 수 있다. 다른 경음화와 달리 이 현상은 유일하게 음운론적 조건만 충족되면 예외 없이 적용된다. 표준 발음법에서는 두 개 항에 걸쳐 이 현상을 설명하고 있다.

(1)

【제23항】 받침 'ㄱ(ㄲ, ㅋ, ㄳ, ㄺ), ㄷ(ㅅ, ㅆ, ㅈ, ㅊ, ㅌ), ㅂ(ㅍ, ㄼ, ㄿ, ㅄ)' 뒤에 연결되는 'ㄱ, ㄷ, ㅂ, ㅅ, ㅈ'은 된소리로 발음한다.

국밥[국빱]	깎다[깍따]	넋받이[넉빠지]	삯돈[삭똔]
닭장[닥짱]	칡범[칙뻠]	뻗대다[뻗때다]	옷고름[옫꼬름]
있던[읻떤]	꽂고[꼳꼬]	꽃다발[꼳따발]	낯설다[낟썰다]

1) 평파열음 뒤의 경음화가 일어나는 음성적 원인이 무엇인지는 아직 정확하게 알지 못하는 실정이다. 다만 선행하는 자음이 음절말에서 미파되는 것과 관련이 있으리라 추측하고 있다.

2) 뒤에서 살필 표준 발음법의 규정도 받침 'ㄱ, ㄷ, ㅂ' 뒤에서 경음화가 일어난다고 기술하고 있다.

(2)

> 【제25항】 어간 받침 'ㄼ, ㄾ' 뒤에 결합되는 어미의 첫소리 'ㄱ, ㄷ, ㅅ, ㅈ'은 된소리로 발음한다.
> 넓게[널께] 핥다[할따] 훑소[훌쏘] 떫지[떨찌]

(1)은 별도의 설명이 필요 없을 만큼 매우 자명하다. 반면, (2)는 약간의 보충 설명이 필요하다. (2)는 겹받침 뒤에서의 경음화인데 표면상으로는 겹받침이 음절말에서 'ㄹ'로 발음되어 'ㄹ' 뒤의 경음화처럼 보인다. 그러나 '알-, 울-, 살-'과 같이 'ㄹ'로 끝나는 어간 뒤에서는 경음화가 일어나지 않는다는 점을 고려할 때, 제25항에 나오는 경음화는 'ㄹ' 뒤에서 적용된 것이라고 할 수는 없다. 역사적으로 본다면 이런 유형의 경음화는 'ㄹ'에 후행하는 자음에 의해 일어났음이 분명하므로 (2)도 평파열음 뒤의 경음화에 속한다.[3)]

이처럼 (1), (2)는 동일한 현상임에도 불구하고 표준 발음법에서는 별개의 조항으로 구분하고 있다. 이는 (2)의 경우 겹받침이 'ㄹ'로 발음되어 표면상으로는 평파열음이 아닌 자음 뒤에서 경음화가 일어난 것처럼 보이기 때문이다. 더욱이 이로 인해 이 현상은 (1)에 제시된 제23항에 바로 이어지지 못하고 제25항에 나오게 되는 결과까지 초래되었다. (2)는 표면상으로는 'ㄹ' 뒤의 경음화가 되므로 'ㄴ, ㅁ' 뒤의 경음화(제24항)와 비교할 때 국어사전에서의 자음 배열 순서가 뒤쳐져 부득이하게 이런 상황이 나타난 것이다.[4)]

3) (2)와 같은 유형의 경음화에 대한 역사적 고찰은 뒤에서 따로 하기로 한다. 한편 이러한 겹받침 뒤의 경음화는 '여덟'과 같은 체언 뒤에서는 일어나지 않는다. 그래서 '여덟'은 '여덟과[여덜과], 여덟보다[여덜보다]'와 같이 발음되는 것이 원칙이다.

4) 경음화에 대한 표준 발음법의 하위 조항들을 배열할 때 자음들의 배열 순서를 크게 고려하지 않는다면, 제25항과 제24항의 순서를 바꾸어 현재의 제25항이 제23항에 바로 이어지게 하는 것도 좋을 듯하다.

한편 표준 발음법에서 고려하지 않은 사항 중 논의가 필요한 것이 있다. 그것은 평파열음 뒤의 경음화 중 'ㄷ(ㅅ, ㅆ, ㅈ, ㅊ, ㅌ)' 뒤에서 'ㅅ'이 경음화되는 경우이다. 현재의 규정대로라면 'ㄷ(ㅅ, ㅆ, ㅈ, ㅊ, ㅌ)'과 'ㅅ'이 만나면 경음화만 일어난다. 따라서 (1)에 나오는 '낯설다[낟썰다]'와 같은 발음이 표준이다. 그런데 한국인의 현실 발음을 보면 'ㅆ' 앞에는 'ㄷ'이 발음되지 않는다.[5] 가령 '닫+소'의 경우 만약 음절말에서 'ㄷ'이 그대로 발음된다면 폐쇄 과정이 반드시 있어서 공기의 흐름이 잠시라도 단절되는 구간이 존재해야 하지만 실제 발음에서는 그렇지가 않다. 이것은 'ㄷ'이 발음되지 않음을 말한다.[6] 이 현상은 표기에만 반영되지 않을 뿐 한국어에서 필수적으로 일어나고 있다.[7] 그러므로 이와 관련된 언급이 표준 발음법의 어딘가에서 이루어질 필요가 있다.[8]

이상에서 살핀 평파열음 뒤에서의 경음화는 한국어의 가장 중요한 음운 현상 중 하나이며 그 세력도 매우 강력하여 예외를 허용하지 않는다. 그렇지만 이 현상이 역사적으로 어떻게 적용되었는지는 알기가 무척 어렵다. 문헌 자료에는 이 현상이 잘 반영되지 않기 때문이다. 중세 한국어 시기 자료 중 경음화를 반영한 것으로 생각할 만한 경우는 다음과 같다.

---

5) 배주채(1996), 이진호(2005ㄱ)을 비롯한 많은 논의에서 'ㅆ' 앞의 'ㄷ' 탈락이라는 음운 현상을 별도로 설정한 것은 이와 관련된다.

6) 논의에 따라서는 'ㄷ'이 탈락한 것이 아니고 'ㅅ'으로 바뀐 것이라고 해석하기도 한다. 이런 태도는 일찍이 Ramstedt(1939)에서 보이며 이후 국내 학자들의 논의에서도 자주 등장했다. 그런데 이러한 설명을 취하면 특수한 경우, 즉 'ㅆ' 앞이라는 환경에 국한하여 음절말에 'ㅅ'이 올 수 있다고 허용해야만 하는 문제가 발생한다.

7) 이 현상이 표기에 반영된 매우 드문 경우로 '비싸다'를 들 수 있다. 역사적으로 '價'를 뜻하는 '빋'과 '値'를 뜻하는 'ᄊᆞ다'가 결합되어 만들어진 이 단어는 '빋ᄊᆞ다'에서 'ㄷ'이 탈락된 형태가 표기에 그대로 굳어졌다.

8) 이 문제는 신지영(2006: 150)에서도 지적한 바 있다.

(3) 안ᄍᆞᄫᆞ시니(『月印千江之曲』 17, 앉-), 연ᄍᆞᆸ고(『釋譜詳節』 23: 37, 엱-), 앗씨노라(『杜詩諺解』 23: 32, 앗기-), 봇ᄭᅡ(『救急方諺解』 上: 74, 봇-), 어럿ᄯᅥ니(『續三綱行實圖』 烈: 26, 얼-), 밧ᄭᅴ(『飜譯老乞大』 下: 7, 밨), 맛ᄯᅩᆯ(『訓蒙字會』 下: 13, 맏-)

(3)을 보면 원래는 평음이었던 것이 각자병서 또는 ㅅ-계 합용병서로 표기되어 있다. ㅅ-계 합용병서가 된소리를 나타낸다고 보면 (3)은 경음화를 반영하고 있을 가능성이 높다. 그러나 환경을 자세히 보면 경음으로 바뀐 자음에 선행하는 자음이 'ㅅ'인 경우가 많아서 이들이 경음화를 나타낸 것인지 확실치는 않다. 선행하는 'ㅅ'이 ㅅ-계 합용병서로의 표기에 영향을 주었을지 모르는 것이다. 또한 '안ᄍᆞᄫᆞ시니, 연ᄍᆞᆸ고'의 경우 '앉-'과 '엱-'의 마지막 자음 'ㅈ'이 후행하는 형태소의 첫 자음과 동일하다는 점도 간과할 수 없다. 이것이 각자병서 표기와 관련을 맺을 수도 있기 때문이다.

근대 한국어 시기가 되면 경음화를 반영한 표기가 좀 더 늘어난다. 그러나 비율상으로 보면 여전히 경음화가 표기되지 않는 경우가 압도적으로 많다.

(4) ㄱ. 쉽꺼니와(『御製常訓諺解』 25, 쉽-), 눕ᄭᅵᄂᆞᆫ(『馬經抄集諺解』 上: 77, 눕-), 업쓰니(『女小學諺解』 203, 없-), 억찌의(『竈君靈蹟誌』 36, 억지)
ㄴ. 엷ᄭᅩ(『朴通事諺解』 中: 2, 엷-), ᄆᆞᆰᄯᅵ(『馬經抄集諺解』 下: 54, ᄆᆞᆰ-)

(4ㄱ)은 (1)의 경음화에 대응하고 (4ㄴ)은 (2)의 경음화에 대응한다. (4ㄱ)에서 알 수 있듯이 근대 한국어 시기가 되면 중세 한국어와는 달리 'ㅅ' 뒤가 아닌 'ㅂ, ㄷ, ㄱ' 뒤에서의 경음화가 등장한다. 특히 (4ㄴ)과 같은 표기는 앞서 (2)에서 살핀 경음화가 겹받침 중 'ㄹ'에 의한 것이 아니라 'ㄹ'에 후행하는 자음에 의한 것임을 명백히 보여 준다.

7.2. 비음 뒤의 경음화

비음 뒤의 경음화는 말 그대로 비음 뒤에 놓인 평음이 경음으로 바뀌는 현상이다. 그런데 이 현상은 모든 비음 뒤에서 일어나는 것은 아니다. '안+과[안과](內), 밤+도[밤도](夜)'에서 보듯이 체언의 경우 비음 뒤에서의 경음화가 일어나지 않는다. 뒤에서 자세히 보겠지만, 이러한 경음화는 용언의 어간 마지막에 놓인 비음 뒤에서만 일어난다. 그래서 '봄비[봄삐], 안방[안빵]'과 같은 예는 여기서 말하는 비음 뒤의 경음화에 포함되지 않는다.[9] 비록 '용언의 어간말'이라는 비음운론적 정보가 필요하기는 하지만 일단 이 조건만 만족되면 이 현상은 대부분의 지역에서 규칙적으로 일어난다.[10]

표준 발음법에서도 이 현상에 대한 조항을 찾을 수 있다.

(5)

> 【제24항】 어간 받침 'ㄴ(ㄵ), ㅁ(ㄻ)' 뒤에 결합되는 어미의 첫소리 'ㄱ, ㄷ, ㅅ, ㅈ'은 된소리로 발음한다.
>
> 신고[신:꼬]　　껴안다[껴안따]　　앉고[안꼬]
> 얹다[언따]　　삼고[삼:꼬]　　더듬지[더듬찌]
> 닮고[담:꼬]　　젊지[점:찌]
>
> 다만, 피동, 사동의 접미사 '-기-'는 된소리로 발음하지 않는다.
>
> 안기다　　감기다　　굶기다　　옮기다

이 조항에서 어간 받침으로 'ㄴ, ㅁ'만 제시되고 'ㅇ'이 빠진 것은 'ㅇ'으로 끝나는 어간이 존재하지 않기 때문이다. 'ㅇ'으로 끝나는 어간이 존재하지 않는다는 것은 우연한 빈칸으로 보이므로, 이러한 경음화는 'ㄴ, ㅁ'뿐만 아니라 모든 비음 뒤에서 일어난다고 해도 큰 문제가 없다.

---

9) 이 예들은 사잇소리 현상으로서의 경음화이며, 7.5에서 따로 다룬다.

10) 용언 어간말의 비음 뒤라고 하더라도 피사동 접미사에는 경음화가 적용되지 않는다. 여기에 대해서는 (5)에서 자세히 언급한다.

(5)에서 주의해야 할 점은 '다만'의 내용이다. 비음으로 끝나는 용언 어간 뒤에 피사동 접미사가 결합하면 경음화가 일어나지 않는다. 즉, 용언 어간 뒤에 평음으로 시작하는 어미가 올 때에만 경음화가 적용되고 파생 접미사가 올 때에는 경음화가 적용되지 않는 것이다. 물론 현실 발음에서는 양상이 조금 다르게 나타나기도 한다. 가령 '신기-'의 경우 지역에 따라 다음과 같은 실현 양상을 보인다.

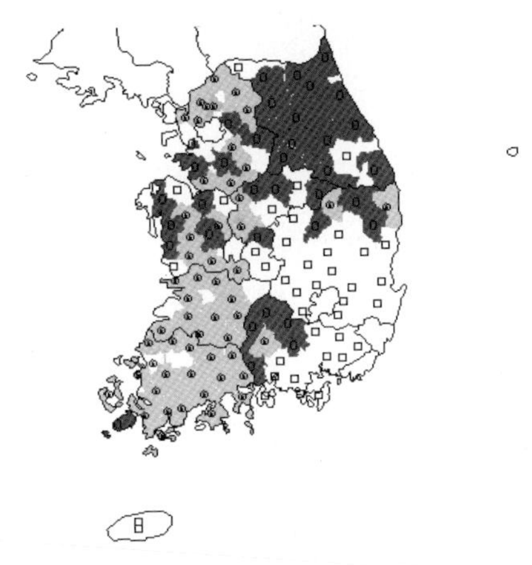

<지도 20> '신기-'의 경음화 양상[11]

<지도 20>에서 알 수 있듯이 '신기다'는 크게 '신기다', '신끼다', '신키다'의 세 가지 형태로 나타난다. 이 중 '신키다'는 '신끼다'와 매우 관련이 높은 형태로서 경음과 유기음 사이의 상호 교체에 의한 결과로 보이기 때문에 경음화가 적용된 형태로 분류할 수 있다.[12] 그렇다고 할 때 '신기다'는 표준 발음법의 규정과는 달리 경음화가 일어난 형태가 전국적으로 매우 우세한

11) '신기다'는 '□', '신끼다'는 '◉', '신키다'는 '○'로 표시했다. 또한 표준 발음법의 규정과 다른 형태(신끼다, 신키다)는 음영을 넣어 구별했다.

12) 경음과 유기음은 상호 교체되는 현상이 산발적으로 나타난다.

모습이다. 표준 발음법의 준거가 되는 서울, 경기도 지역은 물론이고 매우 많은 지역에서 경음화가 일어난다. 경상도 방언에서만 경음화가 적용되지 않은 표준 발음형이 나타날 뿐이다.

'신기다'의 경우 매우 이례적인 형태라고 할 수 있다. 다른 경우에는 '신기다'와 같이 경음화 형태가 광범위하게 나타나지는 않는다. 방언에 따라 '안기다, 보듬기다'와 같은 형태에도 경음화가 적용된 형태가 산발적으로 나타나지만 대체로 경음화가 일어나지 않는 경우가 우세하다. 그런 점에서 (5)의 '다만'에 나오는 내용은 경향성이 강하다는 것을 부인할 수 없다.

이처럼 비음으로 끝나는 용언 어간 뒤에서의 경음화 적용 여부가 후행 요소의 종류에 따라 차이를 보이는 데 대해서는 몇 가지 해석이 있어 왔다. 일차적으로는 '어미'와 '접미사'라는 문법 범주의 차이가 경음화 적용 여부에 관여한다고 보았지만 그러한 문법 범주의 차이가 어떻게 경음화 적용과 관련되는지를 설명하는 것이 문제 해결의 관건이다. 이와 관련하여 주목할 만한 견해는 김성규(1987)에서 제시되었다.

김성규(1987)에서는 비음 뒤의 경음화가 적용되기 시작한 시기와 파생 접미사의 생산성을 결부시켜 이 문제를 해결하고자 했다. 비음 뒤의 경음화가 적용되기 시작한 시기는 대체로 근대 한국어 중엽 이후인데, 이때는 이미 피사동 접미사의 생산성이 낮아져서 이 접미사가 결합된 파생어는 하나의 단위로 굳어져 버렸다. 그래서 비음 뒤의 경음화가 새로 발생해도 이들 파생어에는 적용될 수가 없었다. 반면 어미는 생산성이 높기 때문에 어간과 끊임없이 결합되어 수많은 활용형을 만들어 내며, 그 과정에서 새로 생긴 비음 뒤의 경음화도 활발히 적용되었던 것이다. 이러한 견해를 따르면 <지도 20>의 '신기-'와 같이 방언에 따라 경음화 적용 여부에 차이가 나는 경우는 방언에 따라 비음 뒤의 경음화 적용 시기가 다르든지 또는 접미사의 생산성이 낮아진 시기가 다르기 때문으로 해석할 수도 있다.

한편 (5)의 표준 발음법 제24항에는 수정이 필요한 부분이 있다. 그것은 'ㄴ' 뒤에서의 경음화와 'ㄵ' 뒤에서의 경음화를 동일시한 태도이다. 표준 발음법에서는 'ㄵ'에 자음군 단순화가 적용되면 'ㄴ'이 되며 따라서 'ㄴ' 뒤에서의 경음화나 'ㄵ' 뒤에서의 경음화나 모두 동일하다고 해석한 듯하다. 그러나 이 두 가지 경음화는 동일한 현상이 아니다. 'ㄵ' 뒤에서의 경음화는 (2)에서 살핀 'ㄾ' 뒤에서의 경음화와 마찬가지로 평파열음 뒤에서의 경음화가 되어야만 한다. 그 근거는 다음과 같다.

(5)에 제시된 비음 뒤에서의 경음화는 대부분의 지역에서 규칙적으로 적용되지만 일부 방언에서는 적용이 되지 않기도 한다. 즉 '안-, 담-'과 같은 어간 뒤에서 경음화가 일어나지 않고 평음이 그대로 실현될 수도 있는 것이다. 가령 '안-' 뒤에서 경음화가 일어나지 않는 지역은 다음과 같다.

<지도 21> '안-' 뒤에서의 경음화 양상[13)]

비록 많은 지역은 아니지만 경상도의 일부 방언에서는 '안-'과 같이 비음

13) 경음화가 일어나지 않는 지역은 '◉'와 함께 음영으로 표시했다.

으로 끝나는 용언 어간 뒤에서 경음화가 일어나지 않는다. 이러한 양상은 '삼-, 삶-'과 같은 다른 어간에서도 비슷하게 나타난다. 그런데 흥미롭게도 '앉-' 뒤에서는 어떤 지역이든 경음화가 완벽하게 적용된다. 이것은 '안-' 뒤에서의 경음화와 '앉-' 뒤에서의 경음화가 동일한 현상이 아님을 잘 말해준다. 역사적으로 봐도 '앉-'과 같이 겹받침을 가진 단어의 경음화는 후행하는 자음에 의한 것임이 드러난다.[14] 그러므로 (5)에서 'ㄴ' 뒤의 경음화와 'ㄵ' 뒤의 경음화를 하나로 묶어서 설명하고 있는 부분은 수정해야만 한다.[15]

비음 뒤에서의 경음화는 문헌 자료에서 좀처럼 등장하지 않는다. 김성규(1987: 61)에서는 '삼ㅅ고(『關聖帝君明聖經諺解 32』, 삼-)'와 함께 18세기 일본 자료의 '안코(『全一道人』, 抱)'를 들고 있다. 평파열음 뒤의 경음화와 마찬가지로 비음 뒤의 경음화 역시 문헌 자료에는 잘 드러나지 않는다. 이 현상이 정확히 언제부터 나타났는지 알 수는 없지만 근대 한국어 시기 들어서 출현했을 가능성이 매우 높다.

7.3. 유음 뒤의 경음화

유음인 'ㄹ' 뒤에서 일어나는 경음화도 있다. 이러한 경음화는 앞에서 살핀 경음화에 비해 적용 조건이 훨씬 까다롭다. 우선, 모든 자음이 경음화되지는 않는다. 'ㄷ, ㅅ, ㅈ'과 같이 'ㄹ'과 조음 위치가 비슷한 자음만 경음화

14) 여기에 대해서는 (4ㄴ)의 역사적 자료를 참고할 수 있다.
15) 앞서 비음 뒤에서의 경음화는 비음이 용언 어간의 마지막에 놓여야 한다고 한 것도 이와 관련된다. '앉-'의 'ㄴ'은 어간의 마지막 위치가 아니기 때문에 경음화를 일으킬 수 없다. 그런데도 '앉-' 뒤에서 경음화가 일어나므로 이것은 'ㄴ'에 의한 경음화가 아니라 'ㅈ'(평파열음화의 적용 후에는 'ㄷ')에 의한 경음화라고 보아야 한다.

가 된다. 'ㄱ'이나 'ㅂ'과 같이 조음 위치가 먼 자음은 경음화가 일어나지 않는다. 또한 고유어에는 적용되지 않는다. 오로지 한자어에서만 적용될 뿐이다.

표준 발음법에서는 이 현상을 다음과 같이 규정하고 있다.

(6)

【제26항】 한자어에서, 'ㄹ' 받침 뒤에 연결되는 'ㄷ, ㅅ, ㅈ'은 된소리로 발음한다.		
갈등[갈뜽]	발동[발똥]	절도[절또]
말살[말쌀]	불소(弗素)[불쏘]	일시[일씨]
갈증[갈쯩]	물질[물찔]	발전[발쩐]
몰상식[몰쌍식]	불세출[불쎄출]	
다만, 같은 한자가 겹쳐진 단어의 경우에는 된소리로 발음하지 않는다.		
허허실실[허허실실](虛虛實實)	절절-하다[절절하다](切切-)	

표준 발음법 제26항의 설명처럼 이러한 경음화는 적어도 동일한 한자가 겹쳐진 단어를 제외하면 2음절로 된 한자어에서는 예외 없이 적용되는 듯하다. 다만 배주채(2003: 275~276)의 지적처럼 3음절 이상의 한자어에서는 예외가 적지 않다. 가령 (6)의 '몰상식(沒常識)'과 거의 동일한 구조를 가진 '몰지각(沒知覺)'에는 경음화가 적용되지 않는다. 그 외에 배주채(2003)에 제시된 자료를 보면 3음절 이상 단어 중 'ㄹ' 뒤에서의 경음화를 보이지 않는 단어들은 대체로 다음의 두 가지 유형에 속한다.

(7) ㄱ. 'ㄹ'로 끝나는 한자+2음절 이상 한자어
(예) 골-세포, 별-세계, 불-성립, 열-손실, …
ㄴ. 'ㄹ'로 끝나는 2음절 이상 한자어+'ㄷ, ㅅ, ㅈ'으로 시작하는 1음절 한자
(예) 경찰-대, 지질-도, 특별-상, 직할-시, 대출-실, 어물-전

이것을 볼 때 3음절 이상 단어는 'ㄹ'과 'ㄷ, ㅅ, ㅈ' 사이에 내부 단어 경계가 놓일 경우 경음화가 잘 안 일어나는 경향이 일부 보인다고 할 수 있을지 모른다.[16] 3음절 이상 단어라도 하더라도 '달성률[달썽뉼], 활동력[활똥녁]'과 같이 (7)과 다른 구조의 한자어에는 경음화가 필수적으로 적용되고 있다.[17] 물론 (7)과 동일한 구조의 한자어라 하더라도 경음화가 일어나는 단어 또한 매우 많기 때문에 이것을 일반화하기는 어렵다.

한자어에서 일어나는 'ㄹ' 뒤에서의 경음화가 역사적으로 언제부터 적용되었는지 알기란 무척 어렵다. 앞서 살핀 경음화와 마찬가지로 'ㄹ' 뒤에서의 경음화 역시 표기에는 거의 반영되지 않는다.[18] 그래서 문헌 자료에 의지해서는 이 현상의 역사를 명확히 알 수 없다.

7.4. 관형사형 어미 뒤의 경음화

한국어의 관형사형 어미는 크게 '-은, -는, -을'이 있는데 이 중 '-을' 뒤에 오는 형태소에 경음화가 적용된다. 표준 발음법에서는 이 현상을 다음과 같이 규정하고 있다.

16) 내부 단어 경계란 한 단어 안에 또 다른 단어가 내포되어 있을 때 내포된 단어와 다른 요소 사이의 경계를 지칭한다.

17) '달성률'이나 '활동력'은 각각 '달성-률, 활동-력'의 구조를 지니고 있어서 이때의 경음화는 2음절 한자어에 일어난 경음화와 별반 차이가 없다.

18) 한자어에서 일어나는 경음화는 다른 경음화보다 표기에 반영될 가능성이 더욱 낮다. 한국 한자음은 경음을 초성으로 가진 것이 중세 한국어 시기에는 없었고 근대 한국어 시기에도 극히 일부만이 변화를 통해 경음을 가진 것으로 바뀌었을 뿐이다. 따라서 한자음의 초성은 경음이 아니라는 인식이 작용하여 경음화 표기를 더욱 어렵게 만들었을 것으로 보인다.

(8)

【제27항】 관형사형 '-(으)ㄹ' 뒤에 연결되는 'ㄱ, ㄷ, ㅂ, ㅅ, ㅈ'은 된소리로 발음한다.

할 것을[할꺼슬]	갈 데가[갈떼가]	할 바를[할빠를]
할 수는[할쑤는]	할 적에[할쩌게]	갈 곳[갈꼳]
할 도리[할또리]	만날 사람[만날싸람]	

다만, 끊어서 말할 적에는 예사소리로 발음한다.

[붙임] '-(으)ㄹ'로 시작되는 어미의 경우에도 이에 준한다.

할걸[할껄]	할밖에[할빠께]	할세라[할쎄라]
할수록[할쑤록]	할지라도[할찌라도]	할지언정[할찌언정]
할진대[할찐대]		

이 설명대로라면 관형어와 후행 형태소 사이에 휴지를 두어 끊어서 말하지 않는 한 관형사형 어미 '-을' 뒤에서는 경음화가 일어나야만 한다.[19] 그런데 현실 발음을 보면 항상 그렇지는 않다. 휴지를 두지 않고 이어서 발음하더라도 관형사형 어미 뒤의 경음화가 일어나지 않는 경우가 적지 않은 것이다. 지금까지 여러 논의에서 제시된 예외들은 성격에 따라 크게 두 가지 유형으로 나눌 수 있다.

(9) ㄱ. 돌아갈 고향, 마실 보약, 구경할 건물, …
ㄴ. 만날 그 사람, 이사할 새 집, …

(9ㄱ)은 특별한 이유 없이 경음화가 일어나지 않은 경우이다. 한 단위로 이어서 발음해도 경음화가 잘 일어나지 않는다. 이런 예들은 매우 많이 찾을 수 있다. (9ㄴ)은 배주채(2003: 223)에서 다룬 예로 관형어와 후행 명사 사이에 다른 요소가 끼어든 경우이다. (9)에서 경음화가 일어나지 않는 이

19) 이와 비슷한 취지의 설명은 다른 데서도 찾아볼 수 있다. 가령 김유범(1999: 20)에서는 경음화의 요건으로 관형어와 후행어 사이의 결속력을 중시했으며, 배주채(2003: 223)에서는 한 단위로 이어서 발음할 때 경음화가 잘 일어난다고 했다.

유는 표준 발음법의 설명이나 그 밖의 다른 논의에서 언급한 '결속력' 등의 개념으로는 설명하기 쉽지 않다.

관형사형 어미 뒤에서의 경음화 여부에는 몇 가지 변수가 작용하는 듯하다. 우선 가장 두드러진 것은 후행 명사가 자립성을 지니는지의 여부이다. 자립성이 없는 의존 명사는 관형사형 어미 '-을' 뒤에서 경음화가 대부분 일어나지만 자립 명사는 경음화가 안 일어나기도 한다. 다음으로 후행하는 명사가 'ㅅ, ㅈ, ㄷ'으로 시작할 때 경음화가 잘 일어나는 듯하다. (9ㄱ)에서 '고향'이나 '건물'을 '집'으로 바꾸면 경음화를 시키는 것이 좀 더 자연스러워진다. 또한 관형사형 어미가 붙는 용언 어간의 길이가 짧을수록 경음화가 잘 일어나는 경향이 있다. (8)의 표준 발음법 제27항에 제시된 예들은 대체로 이런 조건들을 한두 개 이상 충족시키고 있다. 관형사형 어미 뒤의 경음화에 대한 예외는 이런 조건들을 충족시키지 못한 경우에 많이 나타난다.

관형사형 어미 '-을' 뒤에서의 경음화는 역사적으로 매우 오래전부터 존재했던 것으로 생각된다. 15세기에 이미 이러한 경음화를 반영한 표기가 많이 나타난다.

(10) ㄱ. ᄇᆡ홀 싸ᄅᆞ미(『法華經諺解』 4: 48)
ㄴ. ᄇᆡ홇 사ᄅᆞᄆᆞᆯ(『月印釋譜』 11: 108)

(10ㄱ)은 후행하는 명사의 두음을 각자병서로 적어 경음화를 직접 반영한 표기이고, (10ㄴ)은 관형사형 어미 '-을'에 'ㆆ'을 더 넣어 경음화를 간접 반영한 표기라고 할 수 있다. 중세 한국어 시기에는 (10)과 같은 두 가지 유형의 표기가 매우 많다.[20] 그뿐만 아니라 기원적으로 관형사형 어미 '-을'

20) 물론 'ᄇᆡ홀 사ᄅᆞ미'와 같이 경음화가 반영되지 않는 표기도 나타난다. 그런데 이것은 각자병서 표기의 폐지와 직접 관련되기 때문에 관형사형 어미 뒤에서의 경음화가 일어나지 않은 예라고 보기는 어렵다. 이와 관련된 논의는 이익섭(1992)를 참고할 수 있다.

과 의존 명사 'ᄉ'가 포함되어 있었다고 추측되는 '-을씨, -을씨-'와 같은 어미의 존재는 이러한 경음화가 중세 한국어 이전 시기에도 있었음을 말해 준다.

7.5. 사잇소리 현상으로서의 경음화

지금까지 검토한 경음화는 정도의 차이는 있지만 경음화의 적용에 음운론적 조건이 존재했다. 즉, 선행하는 음의 종류가 명확히 정해져 있었던 것이다. 반면 사잇소리 현상으로서의 경음화는 선행하는 음의 정보는 그다지 큰 의미가 없다.

사잇소리 현상으로서의 경음화는 기본적으로 합성어를 형성할 때 일어난다. 표준 발음법에서는 다음과 같이 규정되어 있다.

(11)

【제28항】 표기상으로는 사잇시옷이 없더라도, 관형격 기능을 지니는 사이시옷이 있어야 할(휴지가 성립되는) 합성어의 경우에는, 뒤 단어의 첫소리 'ㄱ, ㄷ, ㅂ, ㅅ, ㅈ'을 된소리로 발음한다.

문-고리[문꼬리]	눈-동자[눈똥자]	신-바람[신빠람]
산-새[산쌔]	손-재주[손째주]	길-가[길까]
물-동이[물똥이]	발-바닥[발빠닥]	굴-속[굴:쏙]
술-잔[술짠]	바람-결[바람껼]	그믐-달[그믐딸]
아침-밥[아침빱]	잠-자리[잠짜리]	강-가[강까]
초승-달[초승딸]	등-불[등뿔]	창-살[창쌀]
강-줄기[강쭐기]		

표준 발음법 제28항의 예시를 보면 두 가지 측면에서 특이한 점이 드러난다. 우선, 합성어를 구성하는 하위 요소 중 선행어는 'ㄴ, ㅁ, ㅇ, ㄹ'과 같은

공명음으로 끝나고 있다. 선행어가 'ㄴ, ㅁ, ㅇ, ㄹ' 이외의 자음으로 끝나거나 모음으로 끝나는 경우에도 경음화가 적용되지만 그런 예는 제시되지 않았다. 이 중 'ㄴ, ㅁ, ㅇ, ㄹ' 이외의 자음으로 끝나는 말이 선행어로 쓰이는 경우는 평파열음 뒤의 경음화가 예외 없이 적용되기 때문에 굳이 사잇소리 현상과 관련지을 필요가 없어서 제외한 듯하다. 선행어가 모음으로 끝나는 경우는 사이시옷을 표기하며, 이런 경우는 음의 첨가로 분류하고서 '경음화'가 아닌 '음의 첨가' 부분에서 다루었기에 제28항에 나오지 않는다고 할 수 있다.

또한, 예시로 든 합성어는 하위 요소 중 하나 이상이 반드시 고유어인 경우로 국한된다. 즉, 합성어를 이루는 하위 요소가 모두 한자어로만 된 경우는 없는 것이다. 이것은 표준 발음법에서 규정하는 사잇소리 현상으로서의 경음화가 사이시옷 표기와 관련되기 때문이다. 한자어로만 이루어진 합성어는 '곳간, 셋방, 숫자, 찻간, 툇간, 횟수'를 제외하면 경음화가 일어나도 사이시옷을 표기하지 않는다. 그래서 표준 발음법에서도 사이시옷 표기와 무관한 한자끼리의 합성어는 사잇소리 현상으로서의 경음화에서 언급하지 않은 것이다.

(11)에서 다루는 경음화는 합성어를 형성할 때 항상 일어나지는 않는다. (11)과 같은 환경에서의 경음화 여부는 크게 두 가지 조건에 따라 결정된다. 하나는 합성어를 이루는 요소들 사이의 의미 관계이고 다른 하나는 특수한 형태소 부류이다.

첫째, 합성어 형성에서의 경음화는 합성어를 구성하는 하위 요소들이 서로 어떠한 의미적 관계를 맺는지에 따라 적용 여부가 결정되는 경우가 많다. 경음화를 일으키는 의미 관계가 무엇인지에 대해서는 아직 합치된 결과도 없을 뿐만 아니라 예외가 항상 존재한다.

(12)

김창섭(1996)	배주채(2003)
1. A가 B의 시간 - 아침밥, … 2. A가 B의 장소 - 안방, … 3. A가 B의 기원/소유주 - 솔방울, … 4. A가 B의 용도 - 술잔, …	1. A가 B의 시간 - 가을바람, … 2. A가 B의 장소 - 길거리, … 3. A가 B의 용도 - 땀구멍, … 4. A가 B의 기원/소유주 - 눈동자, … 5. A가 B의 단위 - 푼돈, …

(12)는 김창섭(1996)과 배주채(2003)에서 사잇소리 현상으로서의 경음화가 어떤 경우에 일어나는지 정리한 결과를 다시 가져온 것이다. 대체로 일치하지만 부분적인 차이도 없지 않다. 이 문제를 다룬 다른 논의 역시 세부적으로 조금씩 차이가 난다. 아무튼 대다수의 합성어는 그 하위 요소들이 (12)에 제시된 의미 관계를 지닐 때 경음화를 일으킨다.

그런데 합성어의 하위 요소들이 동일한 의미 관계를 가진 경우인데도 경음화 여부에 차이 나는 경우가 적지 않다. 김선철(2006)의 조사 결과에 따르면 서울말을 쓰는 화자들 사이에 사잇소리 현상으로서의 경음화 여부에 상당한 차이가 보인다. 가령 '촌샌님, 섬곡식'은 경음화가 되어야 하지만 실제 경음화가 일어나는 비율은 5% 남짓이다. '밤벌레(栗蟲)'와 같은 예는 경음화가 일어나면 안 되지만 경음화가 일어나는 비율이 75%를 넘는다. 이러한 조사 결과는 합성어 구성 요소의 의미 관계만으로는 경음화의 적용 여부를 완전하게 설명할 수 없음을 잘 말해 준다.

둘째, 합성어를 이루는 하위 요소들의 의미 관계와 상관없이 특정한 형태소가 합성어의 일부로 쓰이면 경음화가 일어나는 경우도 존재한다. 이 같은 사실은 임홍빈(1981)에서 논의된 것으로 합성어를 이룰 때 그 자신이 언제나 경음화의 적용을 받는 것은 ㅅ-전치 명사, 합성어를 이룰 때 자신보다 후행하는 요소를 언제나 경음화시키는 것은 ㅅ-후치 명사라고 부른다. ㅅ-전치 명사와 후치 명사 중 대표적인 것을 간략히 제시하기로 한다.[21]

(13)

ㅅ-전치 명사	ㅅ-후치 명사
가(邊) - 강가, 길가, 눈가, … 가게 - 반찬가게, 쌀가게, … 발 - 눈발, 면발, … 살 - 눈살, 물살, 창살, …	뒤 - 뒷걸음, 뒷다리, … 아래 - 아랫사람, 아랫집, … 위 - 윗사람, 윗집, …

ㅅ-전치 명사는 선행 요소와 상관없이 경음화가 일어난다. 이러한 경음화는 사이시옷이 선행하기 때문이라고 해석하고 ㅅ-전치 명사라고 명명한다. 반면 ㅅ-후치 명사는 후행 요소를 반드시 경음화시킨다. 후행 요소의 경음화는 선행 명사가 사이시옷을 뒤에 지니고 있기 때문이라고 보고 ㅅ-후치 명사라고 부른 것이다.

배주채(2003: 228~229)에서는 ㅅ-전치 명사나 ㅅ-후치 명사에서 보이는 것과 비슷한 현상을 합성어 형성뿐만 아니라 일반적인 명사구에서도 발견할 수 있다고 했다. 가령 '값'의 경우 '옷 한 번 값, 차 한 대 값'의 경우 반드시 경음으로 실현된다. 의존 명사 '동안'과 '것(거)'도 '밤 동안, 이틀 동안', '아들 것(거), 누구 것(거)' 등의 예를 보면 마치 ㅅ-전치 명사인 것처럼 행동한다. 반면 '열(十)'과 '여덟(八)'은 뒤에 단위를 나타내는 명사가 올 때 반드시 경음화를 일으킨다는 점에서 ㅅ-후치 명사처럼 행동한다.[22] '열 가지, 열 개, 여덟 바퀴, 여덟 자루' 등에서 후행 명사는 경음으로 발음된다.

21) 이러한 명사들의 목록은 임홍빈(1981), 김창섭(1996), 배주채(2003) 등을 참고할 수 있다.
22) 이 사실은 중국의 조선말 표준발음법에서 일찌감치 규정한 바 있어서 주목된다. 부록에 나오는 조선말 표준발음법의 제11항을 보면 '열, 여덟' 뒤에 명사가 오면 경음으로 발음한다는 내용이 들어 있다. 이 내용은 1977년에 제정된 규정에도 나온다.

7.6. 그 밖의 경음화

현실 발음 속에서 일어나는 경음화 중에는 표준 발음법에서 규정하지 않은 것도 있다. 이러한 경음화는 주로 한자어에서 많이 나타나며 특히 한자어의 후행 요소로 쓰인 한자에 적용된다. 한자어 경음화의 특이성에 대해서는 이미 여러 차례 논의가 이루어진 바 있다.[23] 이를 바탕으로 몇몇 특수한 경우를 유형별로 살피기로 한다.

첫째, 한자에 따라서는 한자어의 후행 요소로 쓰일 때 반드시 경음화가 일어나는 경우가 있다. 여기에 속하는 대표적인 한자는 '가(價)'이다.

(14) 고가(高價), 물가(物價), 유가(油價), 감정가(鑑定價), 상한가(上限價), 매매가(賣買價), 소비자가(消費者價)

'가(價)'는 선행 요소의 종류와 상관없이 한자어를 이룰 때 항상 경음화가 일어난다. 이러한 특성을 지닌 한자에는 '과(科), 권(權), 권(圈), 권(券)' 등이 더 있다.

둘째, 첫째 경우와는 달리 특수한 의미로 쓰일 때에만 한정하여 경음화가 일어나는 경우도 있다. 가령 '병(病)'의 경우 한자어의 후행 요소로 쓰일 때 다음과 같은 경음화 양상을 보인다.

(15) ㄱ. 열병(熱病), 불치병(不治病), 심장병(心臟病), 눈병, …
ㄴ. 간병(看病), 발병(發病), 질병(疾病), …

(15ㄱ)과 같이 구체적인 병명이나 병의 종류를 지시하는 용법으로 '병(病)'이 쓰이면 경음화가 일어나고, 그렇지 않은 경우에는 경음화가 일어나

23) 송기중(1992), 배주채(2003), 안소진(2005) 등을 들 수 있다.

지 않는다. 이처럼 의미에 따라 경음화 여부에 차이를 보이는 한자는 '병(病)' 이외에도 '격(格), 과(課), 급(級)'을 비롯하여 꽤 여럿이 있다.[24)]

셋째, 한자어의 음절 수가 경음화 여부에 깊이 관여하는 경우가 있다. 즉, 어떤 한자가 몇 음절 한자어에 쓰이느냐에 따라 경음화 여부에서 차이를 보이는 것이다. 이러한 모습을 보여 주는 대표적인 한자는 '적(的)'과 '성(性)'이다. 우선 '적(的)'은 2음절 한자어에 쓰일 때는 경음화가 일어나지만 3음절 이상의 경우에는 경음화가 잘 일어나지 않는다.

(16) ㄱ. 동적(動的), 미적(美的), 심적(心的), 인적(人的), …
ㄴ. 개인적(個人的), 양심적(良心的), 사회적(社會的), 성공적(成功的), …

(16ㄱ, ㄴ)은 음절 수에 따라 '적(的)'의 경음화 여부가 결정된다는 사실을 잘 말해 주고 있다. '적(的)'이 이러한 특수한 경음화를 보이는 것은 접미사로서 '그 성격을 띠는', '그에 관계된', '그 상태로 된'이라는 의미로 쓰일 때에만 국한된다. 가령, '적(的)'이 접미사가 아니라 '표적, 참, 진실' 등과 같은 실질적 의미를 가질 경우에는 (17)에서 보듯 경음화가 일어나지 않는다.

(17) 표적(標的), 진적(眞的), 준적(準的), 사적(射的)

3음절 이상 단어 중에는 경음화가 일어나면 안 되는데도 일어나는 예외가 존재하기도 한다. 배주채(2003: 279)에서는 다음과 같은 예외들을 거론하고 있다.

(18) ㄱ. 건설적(建設的), 산발적(散發的), 예술적(藝術的), …
ㄴ. 세계사적(世界史的), 서사시적(敍事詩的), …

24) 여기에 대해서는 배주채(2003: 281~290)을 참고할 수 있다.

(18ㄱ, ㄴ)은 경음화 여부가 사람에 따라 달라지는 경향이 있다. 즉, 현실 발음에서 경음화의 적용이 필수적이지는 않은 것이다.[25] 그런 점에서 경음화 여부가 일정한 (16), (17)과는 차이가 있다. (18ㄱ)은 '적(的)'에 선행하는 단어가 모두 'ㄹ'로 끝나기 때문에 이들은 7.3에서 검토한 유음 뒤의 경음화 예로 볼 수 있다. (18ㄴ)과 같은 4음절 이상 단어는 '적(的)' 앞에 오는 말이 'X史, X時'와 같이 '史'나 '詩'로 끝나는데 '史的, 詩的'이라는 단어가 경음화를 일으켜 '[사쩍], [시쩍]'으로 발음되는 것에 영향을 받아 (18ㄴ)에서도 경음화가 일어났을 가능성이 있다. 이렇게 보면 (18)의 예외적인 경음화는 나름대로의 이유가 있는 셈이 된다.

이처럼 '적(的)'이 2음절 단어에서 필수적인 경음화를 겪고 3음절 이상에서는 경음화가 잘 일어나지 않음에 비해 '성(性)'은 거의 정반대의 모습을 보이고 있어 흥미롭다.

(19) ㄱ. 개성(個性), 심성(心性), 중성(中性), 천성(天性), …
ㄴ. 규범성(規範性), 사교성(社交性), 세균성(細菌性), 후천성(後天性), …

(19)에서 보듯이 '성(性)'은 2음절 한자어에서는 경음화가 일어나지 않는 것이 원칙이지만 3음절 한자어에서는 경음화가 잘 일어나고 있다. 이러한 경향의 예외는 '시성(詩性)'으로 2음절 한자어인데도 경음화가 일어난다. 아마도 '시성(詩性)'은 다른 2음절 한자어와 달리 '시(詩)'가 독립된 단어의 자격을 지니기 때문에 '한자어+性'의 구조로 된 3음절 한자어와 동일한 모습을 보인 것이 아닐까 한다. 아무튼 '적(的)'과 '성(性)'이 한자어의 후행 요소로 참여할 때 일어나는 경음화는 한자어의 음절 수와 밀접한 관련이 있음에

25) 표준 발음법이나 『표준국어대사전』의 발음 정보에 따르면 (18ㄱ)은 경음화가 적용되어야 하고 (18ㄴ)은 경음화가 적용되면 안 된다.

틀림없다.

이상에서 살펴본 세 가지 경우 중 첫 번째 경우와 두 번째 경우는 합성어 형성 과정에서 일어나는 사잇소리 현상으로서의 경음화와 비슷한 모습이다. 특히 특정 한자가 한자어를 이루면서 일관되게 경음화를 일으킨다는 점에서 ㅅ-전치 명사와 통하는 면이 없지 않다. 반면 세 번째 경우는 이와 매우 이질적이다. 표면상 한자어의 음절 수가 관여하고 있는데, 어떤 이유 때문에 이것이 경음화의 적용과 연관이 되는지를 현재로서는 정확히 알 수가 없다.

제8장 음의 첨가

음의 첨가는 원래 없던 음이 새로 덧붙는 음운 현상이다. 다른 유형의 변화와 달리 음의 첨가는 규칙성이 높은 현상이 그리 많지 않다. 8.1에서 살필 ㄴ-첨가를 제외하면 음의 첨가는 산발적으로 일어나거나 또는 그 조건을 명확히 규정하기가 어렵다. 표준 발음법에 음의 첨가로 분류된 현상이 적게 포함된 것도 이러한 사정과 관련된다.

표준 발음법에서는 두 가지 유형의 첨가를 규정하고 있다. 이 중 8.1에서 살필 ㄴ-첨가는 표기에는 반영되지 않는 음운 현상이다. 반면 8.2에서 다룰 현상은 사이시옷이라는 표기와 밀접하게 관련이 있다.

한편, 표준 발음법에서 규정하지 않았지만 현실 발음에서 많이 일어나는 현상으로 반모음 첨가가 있다.

(1) ㄱ. 피어[피어~피여], 되어[되어~되여]
ㄴ. 좋아[조:아~조:와], 놓아[노아~놔:~노와]

(1)은 모두 어간 모음과 어미 모음의 충돌을 막기 위해 그 사이에 반모음이 첨가된 현상이다. 첨가되는 반모음의 종류는 어간 모음의 종류에 따라 결정된다. (1ㄱ)과 같이 어간 모음이 전설 모음 계열이면 그와 성질이 유사

한 'j'가 첨가되고 (1ㄴ)과 같이 어간 모음이 후설 원순 모음 계열이면 그와 성질이 비슷한 'w'가 첨가된다.

이 중 (1ㄱ)은 6.7에서 살폈듯이 현행 표준 발음법에서는 동화의 한 종류로 보며 표준 발음으로 인정하고 있다. 반면 동일한 반모음 첨가인 (1ㄴ)은 표준 발음으로 인정하지 않는다. 이러한 사정 때문에 (1)과 같은 반모음 첨가는 그 어느 것도 표준 발음법의 '음의 첨가' 단원에 포함되지 않는다.

8.1. ㄴ-첨가

ㄴ-첨가는 합성어, 파생어, 구 등을 이루는 선행 요소가 자음으로 끝나고 후행 요소가 단모음 'ㅣ'나 반모음 'j'로 시작할 때 'ㄴ'이 첨가되는 현상을 가리킨다. 만약 선행 요소가 'ㄹ'로 끝나면 첨가되는 자음은 'ㄴ'이 아니라 'ㄹ'이다. 이것은 역사적으로 'ㄹ' 뒤에서 'ㄴ'이 순행적 유음화의 적용을 받은 결과이다. 그래서 ㄴ-첨가와 ㄹ-첨가를 구분하지 않고 ㄴ-첨가로 합치는 것이 일반적인 방식이다.[1)]

ㄴ-첨가는 예외 없이 일어나는 현상은 아니다. 배주채(2003: 241)에서는 구보다는 단어에서, 단모음 'ㅣ' 앞에서보다는 반모음 'j' 앞에서 더 잘 일어난다고 지적한 바 있다.[2)] 구보다 단어에서 ㄴ-첨가가 잘 적용되는지는 좀 더 많은 자료를 통해 면밀히 확인해 볼 필요가 있다. 다만, 단모음 'ㅣ'보다 반모음 'j' 앞에서 'ㄴ'이 더 잘 첨가되는 것은 분명한 듯하다. 한국어에서는 구개음화나 '이' 모음 역행 동화 등과 같이 단모음 'ㅣ'와 반모음 'j'가 음운 현상의 적용 환경으로 함께 작용하는 경우가 있는데, 다른 음운 현상도 단

1) 논의에 따라서는 두 가지를 구분하기도 한다.
2) ㄴ-첨가의 구체적인 예외는 배주채(2003: 242)를 참고할 수 있다.

모음 'ㅣ'보다는 반모음 'j' 앞에서의 적용이 더 활발한 경향을 보인다.[3)]

이처럼 ㄴ-첨가는 상이한 조건에 따라 적용 여부에 차이를 보이기도 하지만, 동일한 조건 아래에서 적용 여부가 다른 경우도 존재한다. 김선철(2006: 35~44)에서 서울말 화자들을 대상으로 조사한 결과를 보면, 한 단어의 발음에서 ㄴ-첨가의 적용 여부가 모든 화자에게서 일치하는 경우는 없으며 단어에 따라 극심한 편차를 드러내고 있다. 가령 ㄴ-첨가의 비율이 5%도 안 되는 단어가 있는 반면 90%가 훨씬 넘는 단어도 있다. 또한 표준 발음법에서 ㄴ-첨가의 예로 제시한 단어라 하더라도 '솜이불, 막일, 늑막염'은 ㄴ-첨가 비율이 모두 50%를 넘지 않았다. 이것을 볼 때 ㄴ-첨가의 적용 여부는 쉽사리 단정 짓기 어려움을 알 수 있다.

표준 발음법에서 규정하는 ㄴ-첨가의 내용은 다음과 같다.

(1)

【제29항】 합성어 및 파생어에서, 앞 단어나 접두사의 끝이 자음이고 뒤 단어나 접미사의 첫음절이 '이, 야, 여, 요, 유'인 경우에는, 'ㄴ' 음을 첨가하여 [니, 냐, 녀, 뇨, 뉴]로 발음한다.[4)]

솜-이불[솜니불]	홑-이불[혼니불]	막-일[망닐]
삯-일[상닐]	맨-입[맨닙]	꽃-잎[꼰닙]
내복-약[내:봉냑]	한-여름[한녀름]	남존-여비[남존녀비]
신-여성[신녀성]	색-연필[생년필]	직행-열차[지캥녈차]
늑막-염[능망념]	콩-엿[콩녇]	담-요[담:뇨]
눈-요기[눈뇨기]	영업-용[영엄뇽]	식용-유[시공뉴]
국민-윤리[궁민뉼리]	밤-윷[밤:늄]	

다만, 다음과 같은 말들은 'ㄴ' 소리를 첨가하여 발음하되, 표기대로 발음할 수 있다.

이죽-이죽[이중니죽/이주기죽]	야금-야금[야금냐금/야그먀금]
검열[검:녈/거:멸]	욜랑-욜랑[욜랑뇰랑/욜랑욜랑]
금융[금늉/그뮹]	

3) 'ㅣ'보다는 'j'가 혀의 위치도 더 높고 경구개에 근접하기 때문에 음운 현상을 일으키는 데 유리하다고 생각된다.

[붙임 1] 'ㄹ' 받침 뒤에 첨가되는 'ㄴ' 음은 [ㄹ]로 발음한다.

들-일[들:릴]	솔-잎[솔립]	설-익다[설릭따]
물-약[물략]	불-여우[불려우]	서울-역[서울력]
물-엿[물렫]	휘발-유[휘발류]	유들-유들[유들류들]

[붙임 2] 두 단어를 이어서 한 마디로 발음하는 경우에도 이에 준한다.

한 일[한닐]	옷 입다[온닙따]	서른 여섯[서른녀섣]
3연대[삼년대]	먹은 엿[머근녇]	할 일[할릴]
잘 입다[잘립따]	스물 여섯[스물려섣]	1연대[일련대]
먹을 엿[머글렫]		

다만, 다음과 같은 단어에서는 'ㄴ(ㄹ)' 음을 첨가하여 발음하지 않는다.

6·25[유기오]	3·1절[사밀쩔]	송별연[송:벼련]
등-용문[등용문]		

표준 발음법에서는 매우 다양한 환경에서 일어나는 ㄴ-첨가의 예를 제시하고 있다.[5] 이 외에 배주채(2003: 242~243)은 일반적인 파생어나 합성어 또는 구 형식이 아닌 구성에서 일어나는 ㄴ-첨가도 다루고 있다.

(2) ㄱ. 성+이름[6] - 김유신, …
ㄴ. 성+칭호 - 김 약국, …

4) 이 조항에서 후행 요소의 첫음절 모음을 'ㅣ'나 'j'로 시작하는 이중 모음으로 일반화하지 않고 '이, 야, 여, 요, 유'로 제한한 것은 문제를 일으킬 소지가 있다. 가령 신지영(2006:151)에서 지적한 것처럼 '먼 옛날[먼녠날], 뒷얘기[뒨냬기]'와 같이 '예'나 '얘'로 시작하는 단어 앞에서도 'ㄴ'이 첨가되기 때문이다.

5) 이 중에는 예전에 어두에 'ㄴ'을 갖고 있어서 실제로 'ㄴ'이 첨가되었다고 보기 어려운 것도 있다. 가령 '솜-이불, 홑-이불'의 '이불'은 예전에 '니블'이었으므로 예전 형태가 그대로 남아 있는 것이라고 할 수 있다. '잎(<닢)'이나 '여름(<녀름)'이 후행 요소로 쓰인 '꽃-잎'이나 '한-여름' 등도 마찬가지이다. 합성어가 매우 보수적인 성격을 띠고 있음을 감안하면 이런 단어들은 ㄴ-첨가가 아닐 가능성이 높다. 물론 '솜-이불, 홑-이불, 꽃-잎, 한-여름'과 같은 단어들이 현대 한국어 시기에 새로 만들어진 것이라면 당연히 ㄴ-첨가의 예가 되어야만 한다.

6) 이 경우의 ㄴ-첨가는 '성'이 파열음으로 끝날 때는 잘 적용되지 않는 경향이 있다. 가령 '박(朴)' 뒤에 'ㅣ, j'로 시작하는 이름이 올 때에 만약 ㄴ-첨가가 일어난다면 첨가된 'ㄴ' 때문에 비음 동화도 동반되어야 하지만 그런 발음은 부자연스러워 보인다.

ㄷ. 한자 훈+음 - 기름 유(油), …
ㄹ. 단어+요[7] - 그럼요, …

이상에서 검토한 ㄴ-첨가의 적용 환경을 볼 때 ㄴ-첨가는 복합 구성의 후행 요소가 조사, 어미, 고유어계 접미사가 아닌 이상 자음으로 끝나는 형태소와 'ㅣ, j'로 시작하는 형태소 사이에서 일어난다고 일반화해도 큰 문제는 없어 보인다. 다만 1음절 한자와 1음절 한자가 결합하는 한자어의 경우에는 ㄴ-첨가가 원칙적으로 일어나지 않는다고 보아야 한다. 이런 구조를 가진 한자어 중 표준 발음법에서 ㄴ-첨가를 인정하는 경우는 '검열'과 '금융'밖에 없다. 그런데 이 두 단어도 ㄴ-첨가가 일어나지 않는 것을 허용하고 있어 ㄴ-첨가가 필수적으로 일어나는 것은 아니다. '경영, 금연, 만연, …'과 같은 경우 ㄴ-첨가가 일어나지 않는 것이 표준 발음이다.

표준 발음과 달리 현실 발음에서는 ㄴ-첨가가 일어나는 단어의 부류가 더 다양하다. 표준 발음법에서 인정하지 않는 환경에서도 ㄴ-첨가가 잘 일어난다. 가령, 1음절 한자들로 이루어진 2음절 한자어 '경영, 금연' 등도 현실 발음에서는 ㄴ-첨가가 일어나 '[경녕], [금ː년]'과 같이 실현되는 경우가 적지 않다. 방언에 따라서는 '월요일, 목요일, 금요일, 일요일'과 같은 요일 명칭을 '[월료일], [몽뇨일], [금뇨일], [일료일]'과 같이 발음하기도 한다.[8]

ㄴ-첨가의 역사에 대해서는 많은 논의가 이루어지지 못했다. 더욱이 문헌

---

7) 이때의 '-요'는 높임의 기능을 가진 조사로서 가령 '했어요'의 '-요'를 가리킨다. 이병근(1988: 74)에 따르면 서술격 조사의 활용형인 '이오'에서 줄어든 '요'는 ㄴ-첨가가 되지 않는다고 한다. 서술격 조사 '이-'에는 ㄴ-첨가가 일어날 수 없으므로 이러한 지적은 타당하다. ㄴ-첨가가 일어나는 조사 '요'는 서술격 조사 뒤에 '-오'가 붙어서 줄어든 '요'와는 다른 형태라고 보아야 할 것이다.

8) 요일 명칭의 발음은 표준 발음법에서 직접 언급하지 않았지만, 그것을 해설한 이병근(1988: 73)에서는 이 단어들에 대해 'ㄴ'을 첨가하지 않고 '월요일[워료일], 목요일[모교일], 금요일[그묘일]'과 같이 발음한다고 했다.

자료에는 ㄴ-첨가가 잘 반영되지 않고 있다. 그래서 ㄴ-첨가가 적용되기 시작한 시기나 ㄴ-첨가가 적용된 원인 등에 대해서는 명확히 알 수 없다. 다만 김주필(1994: 116~119)에서는 현대 한국어의 ㄴ-첨가가 일어나는 것을 두 가지로 구분한 바 있다. 즉, 역사적으로 원래부터 'ㄴ'을 갖고 있던 단어가 그대로 실현된 것도 있고, ㄴ-구개음화로 인한 어두 'ㄴ'의 탈락에 대해 과도 교정이 일어난 것도 있다는 것이다. 여기에 따르면 앞서 (1)에 제시된 예들 중 '솜-이불, 홑-이불, 꽃-잎, 한-여름'과 같이 후행 요소가 기원적으로 'ㄴ'을 가진 것은 그것이 그대로 현대 한국어까지 이어진 것에 불과하다. 또한 그 이외의 단어들은 ㄴ-구개음화에 이은 ㄴ-탈락에 대한 과도교정으로 'ㄴ'이 첨가된 셈이 된다.9)

다만, 이러한 해석에는 해소되지 않는 문제점이 존재한다. 우선, ㄴ-구개음화는 어두에서 일어났는데, 그에 대한 과도 교정은 어두가 아닌 어중에서 일어났다는 점이다. 과도 교정이 어떤 변화에 대한 반작용인 이상, 해당 변화와 과도 교정은 동일한 조건에서 일어나는 것이 일반적이다. 또한, 선행 요소가 자음으로 끝나야 한다는 조건이 ㄴ-첨가에 필요한 이유 역시 설명하기 쉽지 않다. ㄴ-구개음화에 대한 과도 교정이라면 굳이 선행 요소가 자음으로 끝날 필요는 없기 때문이다. 마지막으로, 김주필(1994: 119)에서 인정하고 있듯이 ㄴ-구개음화가 일어나지 않은 방언에서도 ㄴ-첨가가 일어나고 있다는 점 역시 해결해야 할 문제이다.

9) ㄴ-구개음화나 ㄴ-첨가는 모두 후행 요소가 'ㅣ, j'로 시작할 때 적용된다는 공통점이 있다. 김주필(1994)에서 이 두 현상을 과도 교정이라는 개념으로 연결시킨 것은 이러한 사실과 관련된다.

8.2. 사잇소리 현상으로서의 첨가

현행 표준 발음법에서는 사이시옷을 표기한 경우의 음운 현상을 음의 첨가에 포함시켜 다루고 있다. 여기에는 두 가지 하위 현상이 들어 있다. 하나는 경음화이고 다른 하나는 비음 'ㄴ'의 첨가이다. 둘 다 기본적으로는 7.5에서 살핀 현상과 동일하게 합성어를 이루는 하위 요소 사이의 의미 관계에 따라 일어나는 현상들이다.

우선 표준 발음법의 규정을 살피기로 한다.

(3)

【제30항】 사이시옷이 붙은 단어는 다음과 같이 발음한다.

1. 'ㄱ, ㄷ, ㅂ, ㅅ, ㅈ'으로 시작하는 단어 앞에 사이시옷이 올 때는 이들 자음만을 된소리로 발음하는 것을 원칙으로 하되, 사이시옷을 [ㄷ]으로 발음하는 것도 허용한다.

   냇가[내:까/낻:까] 샛길[새:낄/샏:낄]
   빨랫돌[빨래똘/빨랟똘] 콧등[코뜽/콛뜽]
   깃발[기빨/긷빨] 대팻밥[대:패빱/대:팯빱]
   햇살[해쌀/핻쌀] 뱃속[배쏙/밷쏙]
   뱃전[배쩐/밷쩐] 고갯짓[고개찓/고갣찓]

2. 사이시옷 뒤에 'ㄴ, ㅁ'이 결합되는 경우에는 [ㄴ]으로 발음한다.

   콧날[콛날→콘날] 아랫니[아랟니→아랜니]
   툇마루[퇻:마루→퇸:마루] 뱃머리[밷머리→밴머리]

3. 사이시옷 뒤에 '이' 음이 결합되는 경우에는 [ㄴㄴ]으로 발음한다.[10]

   베갯잇[베갣닏→베갠닏] 깻잎[깯닙→깬닙]
   나뭇잎[나묻닙→나문닙] 도리깻열[도리깯녈→도리깬녈]
   뒷윷[뒫:늍→뒨:늍]

표준 발음법 제30항 중 첫째 조항은 경음화에 대한 것이고 둘째와 셋째

10) 여기서 사이시옷 뒤에 '이'가 결합할 때 'ㄴㄴ'이 첨가된다고 한 것은 수정이 필요하다. 아래에 제시된 예에서 보듯 '이'가 아닌 '여, 유'가 결합해도 동일한 현상이 일어나기 때문이다. 원칙상으로는 'ㅣ'나 'j'로 시작하는 이중 모음이 올 때 'ㄴㄴ'이 첨가될 수 있다.

조항은 ㄴ/ㄴㄴ-첨가에 대한 것이다.11) 경음화의 경우 발음상 원칙은 사이시옷을 발음하지 않고 경음화만 시키는 것이지만 사이시옷을 '[ㄷ]'으로 발음하는 것도 허용하고 있다.12) 그러다 보니 음의 첨가에 속하는 예인데도 불구하고 발음의 원칙은 첨가된 쪽이 아니며 오히려 첨가된 쪽은 허용하는 발음이 되는 문제가 발생하고 있다.13) 그런데 이것은 어쩔 수 없는 일이기도 하다. 사이시옷 표기에 대한 규정인 한글 맞춤법 제30항에 따르면 '냇가'와 같은 경우에 사이시옷을 표기하는 것은 뒷말의 첫소리가 된소리로 나기 때문이지, 'ㅅ'이 실제로 발음나기 때문은 아니다. 그러므로 표준 발음법에서도 사이시옷을 발음하는 쪽보다는 발음하지 않는 쪽을 원칙으로 삼는 것이 더 타당할 수 있는 것이다.14)

---

11) 표준 발음법 제30항의 둘째 조항에 나오는 ㄴ-첨가는 8.1에서 살핀 ㄴ-첨가와는 전혀 다른 현상이다. 첨가되는 'ㄴ'의 위치가 전자는 음절 종성이지만 후자는 음절 초성으로 다르다. 적용되는 음운론적 조건도 전자(비음 앞)와 후자(자음으로 끝나는 형태소와 'ㅣ, j'로 시작하는 형태소 사이)가 완전히 다르다. 또한 전자는 사잇소리 현상의 일환이기 때문에 구성 요소 사이의 의미 관계가 중요하지만 후자는 그렇지 않다. 그 밖에 전자는 합성어 형성에서만 일어나지만 후자는 파생어나 구에서도 일어난다. 이처럼 두 가지 ㄴ-첨가는 너무나 이질적이기 때문에 분리해서 다루어야 하지만, 문법 교과서에서는 이 둘을 구분하지 않고 함께 다룬 경우도 없지 않았다. 여기에 대해서는 이진호(2009ㄱ: 414)을 참고할 수 있다.

12) 2.2.3에서 보았듯이 처음에는 사이시옷을 '[ㄷ]'으로 발음하는 것을 원칙으로 삼고 발음하지 않는 것도 허용했지만 최종적으로는 그 내용이 뒤바뀌어 현재와 같이 되었다.

13) 이러한 문제점은 이진호(2009ㄱ: 584)에서 지적한 바 있다.

14) 한글 맞춤법 제30항을 고려하지 않는다면 사이시옷을 'ㄷ'으로 발음하는 편이 오히려 원칙에 가까울지 모른다. 첫째, 역사적으로 볼 때 사이시옷은 'ㅅ' 또는 그에 준하는 음으로 발음되고 있었다. 이것은 '밧둥(발+등), 그 짓 쏠(집+쏠)' 등에서와 같이 'ㅅ' 앞에서 선행어의 종성이 탈락했던 사실에서 확인할 수 있다. 둘째, 이병근(1988: 75)에서 지적했듯이 음운론적으로 본다면 '깃발[기빨]'은 '[긷빨]'에 음운 현상이 적용된 결과이므로 '[긷빨]'과 같이 사이시옷이 'ㄷ'으로 발음된다고 보는 편이 합리적이다. 셋째, '콧날'과 같이 'ㄴ'이 첨가되는 경우는 사이시옷이 종성에서 비음 동화의 적용을 받은 결과로서 'ㅅ'이 발음되는 형태만을 표준 발음으로 인정한 셈이므로, '깃발'도 '[긷빨]'로 발음하는 것을 원칙으로 삼아야만 일관된 방식이라고 할 수 있다. 넷째, 겹받침과 같은 극히 제한된 경우를 제외하면 표기된 자음을 어떻게든 발음하는 것이 원칙이므로 사이시옷도 'ㄷ'으로 발음하는 쪽이 원칙에 가깝다. 다섯째, 사이시옷에 의한 경음화가 표준 발음법에서 '음의 첨가'로 분류된 이상 사이시옷이 'ㄷ'으로 발음되는 쪽을 원칙으로 삼아야 음의 첨가가 된다. 물론 사이시

ㄴ/ㄴㄴ-첨가에 대해 언급하고 있는 둘째와 셋째 조항 규정 중 사이시옷 표기의 전형적인 예에 해당하는 것은 둘째 조항이다. 한글 맞춤법의 사이시옷 규정에 따르면, 사이시옷은 원칙상 합성어의 후행 요소가 자음으로 시작하는 경우에 표기한다. 후행 요소가 평음으로 시작하면 경음화를 나타내기 위해, 후행 요소가 비음으로 시작하면 'ㄴ'의 첨가를 나타내기 위해 사이시옷을 표기하는 것이다. 둘째 조항에 제시된 예들에서 사이시옷 표기가 'ㄴ'으로 발음되는 것은 역사적으로 볼 때 첨가된 'ㅅ'이 평파열음화와 비음 동화의 적용을 순서대로 받은 결과라고 해석할 수 있다.

반면 셋째 조항에 해당하는 예들은 매우 특이한 경우이다. 이들은 합성어의 후행 요소가 모음으로 시작하기 때문에 사잇소리 현상이 일어날 수 없다. 그뿐만 아니라 합성어의 선행 요소가 모음으로 끝나므로 8.1의 ㄴ-첨가도 적용되어서는 안 된다. 그런데 표면적인 발음만 본다면 셋째 조항의 예로 제시된 단어들은 사잇소리 현상으로서의 ㄴ-첨가와 8.1에서 살핀 ㄴ-첨가가 모두 일어난 것과 같은 모습이다. 그래서 표준 발음법에서도 '[ㄴㄴ]'으로 발음한다는 내용이 들어 있다. 이러한 특이한 현상이 일어난 원인을 정확히 알 수는 없지만 여기에는 '나뭇잎, 깻잎'과 같은 단어들이 큰 역할을 했으리라 보인다.

'나뭇잎, 깻잎'의 후행 요소인 '잎'은 기원적으로 '닢'이었다. 후행 요소가 비음으로 시작하기 때문에 '나무+닢, 깨+닢'은 둘째 조항에 나오는 다른 예들과 동일한 과정을 거쳐 '[나문닙], [깬닙]'으로 발음되었다. 역사적으로

옷이 표기된 형태의 표준 발음을 정하는 문제는 그리 간단한 문제가 아니다. 만약 '깃발'의 표준 발음을 '[긷빨]'로 하고 '[기빨]'을 허용하는 쪽으로 바꾼다면 한글 맞춤법의 사이시옷 표기 규정도 바꾸어야만 한다. 즉, 사이시옷은 단순히 경음화나 'ㄴ/ㄴㄴ'의 첨가를 나타내기 위해 표기하는 것이 아니라 실제로 발음되기 때문에 표기한다고 수정하지 않을 수 없는 것이다. 이것은 상당한 혼란을 초래할 수도 있다. 그래서 사이시옷 발음의 원칙을 섣불리 바꾸기는 어렵다. 다만 사이시옷을 'ㄷ'으로 발음하는 쪽이 원칙에 더 가까움을 말해 주는 근거가 상당히 많다는 점만큼은 분명하다.

보면 이 단어들은 단순히 사잇소리 현상으로서의 ㄴ-첨가만 일어났을 뿐, 8.1에서 살핀 ㄴ-첨가는 일어나지 않았을 가능성이 높다.[15] 그런데 '닢'이 '잎'으로 바뀐 이후에는 '나뭇잎, 깻잎'에 ㄴㄴ-첨가가 일어나서 '[나문닙], [깬닙]'으로 발음되는 것처럼 해석됨으로써 특수한 상황이 발생하게 되었다.

'나뭇잎, 깻잎' 이외에 '베갯잇, 도리깻열'의 경우는 후행 요소인 '잇, 열'이 예전에 어떤 형태였는지 확인되지 않으며 '뒷윷'의 '윷'은 '슛(『訓蒙字會』)'과 같은 표기는 있어도 비음으로 시작했다는 증거는 없다. 또한, '뒷일'과 같은 예에서의 '일'은 예전에도 '일'이었기 때문에 어두에 'ㄴ'을 지니지 않았다. 그러므로 '베갯잇, 도리깻열, 뒷일' 등은 'ㄴㄴ'이 첨가된 예라고 볼 수밖에 없다. 이러한 'ㄴㄴ'의 첨가에는 아무래도 '나뭇잎, 깻잎'과 같은 단어에 대한 유추가 강하게 작용했으리라 추측된다.

아무튼 현행 표준 발음법에서는 사이시옷이 표기되는 경우는 모두 음의 첨가로 처리하고 있다. 그러나 이러한 방식이 그리 합리적인지는 의심의 여지가 없지 않다. 사이시옷이 표기된 단어들의 발음을 모두 단순한 음의 첨가로 보기 어려운 이유는 여러 가지이다. 우선, 현대 한국어의 사이시옷은 표기적인 것일 뿐 실제로 'ㅅ'이라는 자음을 반영하지는 않는다.[16] 표면에는 'ㅅ'이 그대로 나타나는 경우가 전혀 없다.[17] 또한, 사이시옷에 의한 경음화는 7.5에서 살핀 사잇소리 현상으로서의 경음화와 본질적으로 동일하다. 따라서 표기만을 가지고 사이시옷이 있는 것은 음의 첨가라고 하고

---

15) 즉, '나뭇잎, 깻잎'의 마지막 음절 초성에서 발음되는 'ㄴ'은 명사의 일부였을 뿐, 첨가에 의해 생겨나지는 않은 것이다.

16) 앞의 각주 14)나 뒤의 (4)에서 보듯 역사적으로는 이전 시기에 사이시옷이 '[ㅅ]'으로 발음되던 경우가 있었던 것으로 보인다.

17) 그래서 사이시옷의 기저형을 두고 많은 논란이 있어 왔다. 크게 보면 사이시옷의 기저형을 'ㅅ'으로 보는 견해, 'ㄷ'으로 보는 견해, 'ㆆ[ʔ]'으로 보는 견해가 존재한다.

사이시옷이 없는 것은 음의 첨가가 아니라고 하기가 무척 어렵다. 다음으로 사이시옷은 합성어 구성 요소 사이의 특수한 의미 관계를 나타내며 그 자체가 어떤 기능을 가진다고 볼 여지도 있으므로 아무런 기능을 하지 않는 음이 단순히 첨가되었다고만 말하기가 쉽지 않다.[18] 마지막으로 사이시옷과 관련된 현상은 순수 음운 현상이 아니므로 음운 현상의 부류 속에 포함시키는 것이 그리 합당하지는 않다.

사이시옷은 중세 한국어 시기에도 나타난다. 그런데 중세 한국어의 사이시옷은 현대 한국어와는 좀 더 복잡한 모습을 보인다. 중세 한국어의 사이시옷은 합성어 형성에서만 나타나는 것이 아니라 속격을 표시하는 조사로도 쓰였기 때문이다. 예외는 존재하지만 대체로 중세 한국어 시기에는 두 개의 명사가 결합할 때 선행 명사가 평칭의 유정물이면 '-ᄋᆡ/의', 무정물이거나 존칭의 대상이면 '-ㅅ'을 표기하여 속격 관계를 나타냈다.[19] 이러한 속격 조사로서의 'ㅅ'이 결국 현재의 사이시옷으로 남아 있는 셈인데, 중세 한국어의 경우 사이시옷이 속격 조사로 쓰인 것인지 합성어 형성에서 나타난 것인지를 구분하기도 쉽지 않고 더욱이 현재와 같은 합성어 구성 요소 사이의 특수한 의미 관계가 중세 한국어 시기에도 존재하는지 명확히 알 수 없는 상황이다.

다만 현대 한국어와 달리 중세 한국어의 사이시옷이 일부 환경에서는 표기 그대로 '[ㅅ]'의 음가를 가진 듯 행동하는 예들이 다수 존재한다는 점은 주목을 요한다. 중세 한국어 시기에는 'ㄹ'로 끝나는 명사가 합성 명사의 선행 요소로 쓰일 때 사이시옷 앞에서 'ㄹ'이 탈락하는 모습을 보인다.[20]

18) 사이시옷이 역사적으로 속격의 기능을 하는 'ㅅ'과 관련된다는 점을 고려하면 더 그러하다. 다만 사이시옷을 하나의 형태소로 인정할 수 있는지에 대해서는 판단을 유보한다. 이 문제와 관련한 최근 논의로는 최형용(2009)가 있다.

19) 중세 한국어의 사이시옷과 관련된 문제점은 이광호(1993)을 참고할 수 있다.

20) 여기에 대해서는 구본관(2000)을 참고할 수 있다.

(4) 밧등(발+등), 뭇듥(믈+듥), 픗뎌(플+뎌), 밧바당(발+바당), 뭇결(믈+결)

이러한 단어들은 대부분 'ㄹ'이 탈락한 형태와 그렇지 않은 형태가 공존한다. 즉 '밧등'에 대해 '밠등'이, '뭇듥'에 대해 '믌듥'이 같은 시기의 문헌에 나타나는 것이다.[21] 이런 환경에서 적용되는 'ㄹ'의 탈락은 자음군 단순화라고 보기는 어렵다. 'ㄹ'로 시작하는 자음군은 중세 한국어 시기에 일반적으로 자음군 단순화가 적용되지 않았을 뿐만 아니라, 설령 자음군 단순화가 적용된다고 하더라도 'ㄹㅅ'처럼 'ㄹ'에 후행하는 자음이 'ㄹ'과 조음 위치가 비슷한 자음일 경우 'ㅅ'이 탈락할 것으로 예상되기 때문이다.

따라서 (4)와 같은 환경에서 'ㄹ'이 탈락하는 것은 자음군 단순화와 관련을 지을 수가 없다. (4)는 'ㅅ' 앞에서 적용되는 유음 탈락을 반영하고 있다고 생각된다. '프서리(플+서리), 두서(둘+서)' 등에서 보듯 중세 한국어 시기에도 'ㅅ' 앞에서 'ㄹ'은 탈락했으므로 (4) 역시 그런 현상의 일환으로 해석하는 것이 타당할 것이다. 그리고 이것은 (4)와 같은 환경에서의 'ㅅ'이 당시에 '[ㅅ]'으로 발음되고 있었음을 말해 준다.[22]

21) 박창원(1997: 478)에서는 '밧등'처럼 선행어의 'ㄹ'을 탈락시키는 'ㅅ'과 '밠등'처럼 그렇지 않은 'ㅅ'을 구분하여, 전자는 통사적 기능을 수행하는 속격 조사이고 후자는 합성의 내부의 미파화를 반영하는 사잇소리라고 본 적도 있다.

22) 물론 중세 한국어의 모든 사이시옷이 (4)와 같이 '[ㅅ]'의 음가를 가졌다고 볼 수는 없다.

제9장 한글 맞춤법에 반영된 표준 발음

한글 맞춤법에는 발음을 그대로 표기에 반영한 것이 적지 않다. 이들은 표기 그대로 발음하면 되므로 표준 발음법에서 따로 규정하지는 않는다. 그러나 이러한 표기들 중에는 한국어의 표준 발음에 대한 중요 내용을 담고 있는 것이 많다. 그러므로 이런 경우들도 논의 대상으로 삼아야만 한국어의 발음을 좀 더 완전히 이해할 수 있다. 여기서는 한글 맞춤법의 관련 조항들에 반영된 표준 발음을 다루기로 한다.

9.1. 두음 법칙

두음 법칙은 단어의 첫머리, 즉 어두에 올 수 있는 음의 종류와 관련된 현상이다. 언어에 따라 어두에 오는 음의 종류에 제약이 있는데, 이것을 총칭하여 두음 법칙이라고 부른다.[1] 여기서 보듯이 두음 법칙은 어떤 음을 다른 음으로 직접 바꾸어 주는 음운 현상과는 성격이 약간 다르다. 두음

---

1) 두음 법칙의 반대 개념으로는 말음 법칙을 들 수 있다. 이것은 단어의 마지막 위치에 올 수 있는 음의 제약과 관련된다.

법칙은 음운 현상이라기보다는 음운론적 제약에 더 가깝다고 해야 할지 모른다.[2] 다만 두음 법칙을 만족시키기 위해서는 다른 변화가 뒤따르기 때문에 음운 현상과 무관하다고 할 수는 없다.

어두에 올 수 없는 음들은 매우 많지만 그것을 모두 두음 법칙에 포함할 수는 없다. 구체적으로 음절의 초성에 대한 제약으로 인해 단어의 첫머리에 올 수 없는 경우는 두음 법칙이라고 하기 어렵다. 이것은 어두에만 국한된 것이 아니라 비어두라도 음절 초성에는 모두 적용이 되기 때문에 두음 법칙이라고 할 수 없는 것이다. 예를 들어 한국어의 어두에 연구개 비음 'ㅇ'이 오지 못하는 것은 음절 초성에 대한 제약일 뿐 어두음에 대한 제약이 아니므로 두음 법칙에 속하지 않는다.[3]

또한 두음 법칙은 자립할 수 있는 단어의 첫머리에만 적용되는 것이 원칙이다. 한국어에는 조사나 의존 명사와 같이 단어로 처리되면서도 자립할 수 없는 부류가 있다. 이 중 조사는 항상 다른 단어에 후행하므로 두음 법칙과 아무런 관련이 없다. 의존 명사는 표기상 그 앞에 오는 말과 띄어 쓰는 것은 사실이지만, 실제로는 독립된 단위라고 하기 어려우며 선행어에 종속되는 모습을 보인다.[4] 그러므로 조사나 의존 명사에는 두음 법칙을 적용하기 어렵다.[5]

두음 법칙의 개념을 이렇게 설정할 경우 한국어에는 크게 두 가지 두음 법칙이 존재한다.

2) 두음 법칙은 음운론적 단어의 구조에 대한 제약이므로 단어 구조 제약이라고 부를 수 있다. 이와 관련해서는 이진호(2005ㄴ)에서 다룬 바 있다.
3) 동일한 논리는 단어의 마지막 위치에 대한 제약인 말음 법칙에도 그대로 적용된다. 음절 종성에 의한 제약 때문에 어말에 특정 음들이 오지 못한다면 이것은 말음 법칙이라고 볼 수 없다.
4) 의존 명사의 음운론적 종속성에 대해서는 유필재(1994: 22~24)를 참고할 수 있다.
5) 실제로 뒤에서 살필 두음 법칙의 내용은 조사나 의존 명사에는 적용되지 않으며 한글 맞춤법에도 이런 사실이 명시되어 있다.

(1) ㄱ. 어두에 'ㄹ'이 올 수 없다.
ㄴ. 어두에 'ㄴ+ㅣ, j'가 올 수 없다.

(1)은 한국어의 두음 법칙을 논의할 때 가장 많이 언급하는 내용이다. 고유어의 경우는 (1)을 충족시키는 방향으로 변화가 완료되어 '녀석'과 같은 극히 일부 예외를 제외하면 (1)을 어기는 단어는 존재하지 않는다.[6] 그러므로 (1)과 같은 두음 법칙 때문에 고유어의 형태가 바뀌는 일은 현재 일어나지 않는다. 한자어는 고유어와는 상황이 다르다. 한자어는 한자들의 끊임없는 결합에 따라 여러 단어들이 만들어질 수 있으며 한자음 중에는 'ㄹ'이나 'ㄴ+ㅣ, j'로 시작하는 것이 많으므로 이런 한자들이 어두에 놓이는 한자어들은 모두 두음 법칙의 적용을 받게 된다. 그리하여 (1ㄱ)을 어길 경우 어두의 'ㄹ'을 'ㄴ'으로 바꾸며 (1ㄴ)을 어길 경우 어두의 'ㄴ'을 탈락시킨다.

반면, 외국에서 활발하게 들어오고 있는 외국어들은 두음 법칙의 적용을 좀처럼 받지 않는다. 원어의 발음에 충실하고자 하는 인식이 강하게 작용하면서 두음 법칙을 어겨도 원음 그대로 받아들이고 있다. 두음 법칙에 예외인 외국어는 그 수가 너무 많아서 일일이 거론할 필요조차 없는 상황이다.

현재 한글 맞춤법에서는 '두음 법칙'이라는 제목 아래 4개의 하위 규정을 두고 있을 정도로 이 현상을 중시하고 있다.[7] (1ㄱ)을 반영한 규정은 한글 맞춤법 제12항이다.

---

6) 『표준국어대사전』에서는 '녀석'을 의존 명사로 분류하기 때문에 두음 법칙의 예외라고 볼 수 없을지 모른다. 그러나 '녀석'은 선행어 없이 쓰이는 경우도 많이 있으므로 단순한 의존 명사로 분류해서는 곤란하다. 『표준국어대사전』의 '녀석' 항목에 제시된 예문 중에도 '녀석'이 의존 명사가 아닌 경우가 다수 포함되어 있다.

7) 이 중 여기서는 두음 법칙의 내용을 직접적으로 규정하고 있는 3개의 하위 규정을 살필 것이다.

(2)

【제12항】 한자음 '라, 래, 로, 뢰, 루, 르'가 단어의 첫머리에 올 적에는 두음 법칙에 따라 '나, 내, 노, 뇌, 누, 느'로 적는다. (ㄱ을 취하고, ㄴ을 버림.)

ㄱ	ㄴ	ㄱ	ㄴ
낙원(樂園)	락원	뇌성(雷聲)	뢰성
내일(來日)	래일	누각(樓閣)	루각
노인(老人)	로인	능묘(陵墓)	릉묘

[붙임 1] 단어의 첫머리 이외의 경우에는 본음대로 적는다.

쾌락(快樂)	극락(極樂)	거래(去來)	왕래(往來)
부로(父老)	연로(年老)	지뢰(地雷)	낙뢰(落雷)
고루(高樓)	광한루(廣寒樓)	가정란(家庭欄)	동구릉(東九陵)

[붙임 2] 접두사처럼 쓰이는 한자가 붙어서 된 단어는 뒷말을 두음 법칙에 따라 적는다.

내내월(來來月)	상노인(上老人)
중노동(重勞動)	비논리적(非論理的)

'[붙임 1]'을 통해서 이 규정은 어두에만 적용된다는 사실을 잘 알 수 있다. '[붙임 2]'는 두음 법칙이 단어의 첫머리가 아닌 경우에도 적용되는 듯한 모습을 보여 준다. 이런 양상은 '[붙임 2]'에 제시된 파생어적 성격의 한자어뿐만 아니라 '가내노동(家內勞動), 다가논리(多價論理)' 등과 같은 합성어에서도 발견된다. 이것은 두음 법칙의 적용을 이미 받은 한자어가 단어의 자격으로 파생어나 합성어의 형성에 참여한다는 사실을 반영하고 있다. 즉, '비논리적(非論理的)'의 경우 '非(비)+論(론)+理(리)+的(적)'의 결합이 아닌 '非(비)+논리적(論理的)'과 같은 결합으로 형성되기 때문에 '논리적'은 두음 법칙의 적용이 완료된 형태로 접두사와 결합하는 것이다. 합성어도 마찬가지이다. 그래서 이런 유형의 단어들은 마치 비어두에 두음 법칙이 적용된 듯 보이지만 실제로는 이미 어두에 두음 법칙이 적용된 단어가 복합어를 이룰 때 후행 요소로 쓰인 경우에 불과하다.

(1ㄴ)을 반영한 규정은 한글 맞춤법 제10항이다.

(3)

【제10항】 한자음 '녀, 뇨, 뉴, 니'가 단어 첫머리에 올 적에는 두음 법칙에 따라 '여, 요, 유, 이'로 적는다. (ㄱ을 취하고, ㄴ을 버림.)

ㄱ	ㄴ	ㄱ	ㄴ
여자(女子)	녀자	유대(紐帶)	뉴대
연세(年歲)	년세	이토(泥土)	니토
요소(尿素)	뇨소	익명(匿名)	닉명

다만, 다음과 같은 의존 명사에는 '냐, 녀' 음을 인정한다.

냥(兩) 냥쭝(兩-) 년(年)(몇 년)

[붙임 1] 단어의 첫머리 이외의 경우에는 본음대로 적는다.

남녀(男女) 당뇨(糖尿) 결뉴(結紐) 은닉(隱匿)

[붙임 2] 접두사처럼 쓰이는 한자가 붙어서 된 말이나 합성어에서, 뒷말의 첫소리가 'ㄴ' 소리로 나더라도 두음 법칙에 따라 적는다.

신여성(新女性) 공염불(空念佛) 남존여비(男尊女卑)

[붙임 3] 둘 이상의 단어로 이루어진 고유 명사를 붙여 쓰는 경우에도 붙임 2에 준하여 적는다.

한국여자대학 대한요소비료회사

(3)에 제시된 내용을 보면 앞서 언급했듯이 두음 법칙이 의존 명사에는 적용되지 않는다는 점, 파생어나 합성어의 후행 요소로 참여하는 한자어에도 두음 법칙이 적용된다는 점 등을 잘 알 수 있다.

한편 (1ㄱ)과 (1ㄴ)을 모두 반영한 규정도 존재하는데 한글 맞춤법 제11항이 그러하다.

(4)

【제11항】 한자음 '랴, 려, 례, 료, 류, 리'가 단어의 첫머리에 올 적에는 두음 법칙에 따라 '야, 여, 예, 요, 유, 이'로 적는다. (ㄱ을 취하고, ㄴ을 버림.)

ㄱ	ㄴ	ㄱ	ㄴ
양심(良心)	량심	용궁(龍宮)	룡궁
역사(歷史)	력사	유행(流行)	류행
예의(禮儀)	례의	이발(理髮)	리발

다만, 다음과 같은 의존 명사는 본음대로 적는다.

리(里): 몇 리냐?

리(理): 그럴 리가 없다.

[붙임 1] 단어의 첫머리 이외의 경우에는 본음대로 적는다.

개량(改良)	선량(善良)	수력(水力)	협력(協力)
사례(謝禮)	혼례(婚禮)	와룡(臥龍)	쌍룡(雙龍)
하류(下流)	급류(急流)	도리(道理)	진리(眞理)

다만, 모음이나 'ㄴ' 받침 뒤에 이어지는 '렬, 률'은 '열, 율'로 적는다. (ㄱ을 취하고, ㄴ을 버림.)

ㄱ	ㄴ	ㄱ	ㄴ
나열(羅列)	나렬	진열(陣烈)	진렬
치열(齒列)	치렬	선율(旋律)	선률
비열(卑劣)	비렬	비율(比率)	비률
규율(規律)	규률	실패율(失敗率)	실패률
분열(分裂)	분렬	전율(戰慄)	전률
선열(先烈)	선렬	백분율(百分率)	백분률

[붙임 2] 외자로 된 이름을 성에 붙여 쓸 경우에도 본음대로 적을 수 있다.

신립(申砬)　　최린(崔麟)　　채륜(蔡倫)　　하륜(河崙)

[붙임 3] 준말에서 본음으로 소리나는 것은 본음대로 적는다.

국련(국제연합)　　대한교련(대한교육연합회)

[붙임 4] 접두사처럼 쓰이는 한자가 붙어서 된 말이나 합성어에서 뒷말의 첫소리가 'ㄴ' 또는 'ㄹ' 소리로 나더라도 두음 법칙에 따라 적는다.

역이용(逆利用)　　연이율(年利率)

열역학(熱力學)　　해외여행(海外旅行)

[붙임 5] 둘 이상의 단어로 이루어진 고유 명사를 붙여 쓰는 경우나 십진법에 따라 쓰는 수(數)도 붙임 4에 준하여 적는다.

서울여관　　신흥이발관

육천육백육십육(六千六百六十六)

(4)에 제시된 단어들처럼 어두의 'ㄹ' 뒤에 'ㅣ, j'가 후행할 경우 'ㄹ'은 (2)에 제시된 단어들과 마찬가지로 'ㄴ'으로 바뀌어야 하지만 어두의 'ㄴ' 역시 'ㅣ, j' 앞에는 올 수 없기 때문에 결과적으로 (3)에서와 같이 탈락하고 만다. (4)는 표면상 'ㄹ'이 'ㅣ, j' 앞에서 탈락한 모습이지만 실제로는 (2)와

(3)의 과정이 연속적으로 일어난 것이라고 할 수 있다.[8)]

(4)는 앞서 살핀 (2), (3)과 달리 특별히 언급해야 할 부분이 있다. 그것은 '[붙임 1]'의 '다만'에 나오는 내용이다. '렬, 률'이라는 한자음은 모음이나 'ㄴ'으로 끝나는 한자 뒤에서는 'ㄹ'을 잃어버려 마치 두음 법칙이 적용된 것과 같은 형태를 지니는 것이다. 다만, 모음과 'ㄴ' 뒤에서 '렬, 률'이 '열, 율'로 나타나는 것은 어두의 위치가 아니기 때문에 이것이 두음 법칙과 직접적인 관련을 맺는지 여부는 명확히 알기 어렵다.

그런데 이런 현상은 그 이전부터 존재했던 듯하다. 현대 한국어 이전 시기의 문헌에는 이런 모습을 보여 주는 표기가 적지 않게 존재한다. 주로 고소설 판본에서 많이 보이는데 '나열, 진열, 분열'과 같은 표기가 '나렬, 진렬, 분렬'과 같은 표기와 함께 나타나고 있다. '나렬, 진렬, 분렬' 등이 한자의 원래 음을 밝힌 다소 보수적인 표기라면, '나열, 진열, 분열' 등은 실제 발음을 반영한 표기라고 생각된다. 한글 맞춤법을 정할 무렵에는 이런 현상이 널리 퍼짐으로써 현실 발음을 표기에 그대로 반영한 것이 아닌가 한다.

이상은 두음 법칙을 주로 한글 맞춤법 규정의 측면에서 검토한 것이다. 그런데 두음 법칙은 규범 외적인 측면에서도 검토할 부분들이 존재한다. 두음 법칙 (1ㄱ)과 (1ㄴ)은 차이점이 적지 않으므로 구분하여 살피기로 한다.

우선, (1ㄱ)에 제시된 두음 법칙은 그 역사가 매우 오래되었다. 이미 중세 한국어 시기만 해도 고유어 중에서 어두에 'ㄹ'을 가진 단어를 거의 발견하기 어렵다. 『訓民正音』에 나오는 '러울'이 유력한 예외이기는 하지만 이 역시 한자로부터 비롯되었을 가능성이 높아서 실제로는 고유어의 경우 'ㄹ'로 시작하는 말이 중세 한국어 시기에 없었다고 해도 무방하다.[9)] 이처럼 이미

8) 실제 이러한 순서로 역사적 변화가 진행되었다.

9) 伊藤智ゆき(2007: 266)에서는 '러울'의 첫음절이 '貍'의 상고음 'lɨəg'과 관련이 있을 가능성

오래전부터 'ㄹ'로 시작하는 고유어가 없는 것은 한국어와 알타이어와의 관련성을 언급할 때 자주 지적되었다. 알타이 제어의 공통 특징 중 하나가 어두에 'r'이 오지 않는다는 점이기 때문이다.

한자어의 경우는 고유어와 약간 양상을 달리한다. 중세 한국어 시기에는 'ㄹ'로 시작하는 한자어의 두음을 그대로 'ㄹ'로 표기하는 경우가 매우 많다. 이것이 실제 발음을 반영한 표기인지 아니면 실제로는 'ㄹ'을 'ㄴ'으로 발음하는데도 불구하고 원래의 한자음을 그대로 살리고자 한 인위적인 표기인지 정확히 알기 어렵다. 물론 고유어는 어두에 'ㄹ'이 오지 않는데 한자어는 그렇지 않다면 이것은 당시 화자들에게 매우 혼란스러운 일이었으리라 추정된다. 그러나 그렇다고 해서 한자어에도 고유어와 동일한 두음 법칙이 적용되었다고 단정할 수는 없다.

다만 중세 한국어 시기에는 'ㄹ'로 시작하는 한자어의 두음을 'ㄴ'으로 적는 경우도 없는 것은 아니다.

(5) ᄂᆡ싨아ᄎᆞᆷ(『南明集諺解』 上: 40, 來日), 년곶(『訓蒙字會』 上: 4, 蓮곶), 난초(『新增類合』 上: 7, 蘭草), 냥반의(『飜譯小學』 10: 15, 兩班), 녜도옛(『小學諺解』 5: 49, 禮度)

이런 예들은 한자어에도 두음 법칙이 적용되었음을 분명히 보여 준다. 그뿐만 아니라 원래 'ㄴ'으로 시작하는 고유어조차 'ㄹ'로 표기되는 예가 산발적으로 나타난다.

(6) 랄호여(『飜譯小學』 8: 14, 날회-), 랏ᄭᆞᆯ(『石峰千字文』 39, 낛-), 롤라(『飜譯小學』 9: 66, 놀라-), 롤애(『新增類合』 下: 23, 놀애), 리를(『新增類合』 下: 8, 니를-)

을 언급한 바 있다.

(6)에 제시된 고유어들은 원래부터 ‘ㄴ’으로 시작했기 때문에 ‘ㄹ’과 혼동될 이유가 없다. 그런데도 (6)에서와 같이 ‘ㄹ’로 표기되는 예가 있는 것은 아무래도 한자어에서의 혼동이 영향을 주었을 가능성이 크다. 이 외에 ‘ㄹ’로 시작하는 한자나 ‘ㄴ’으로 시작하는 한자의 초성이 ‘ㄹ’과 ‘ㄴ’ 사이에서 혼란을 보이는 경우도 중세 한국어 시기에 많이 목격된다. 이러한 일련의 사실들은 중세 한국어 시기에 이미 한자어에 대한 두음 법칙이 적용되고 있었음을 말해 준다. 다만 그 세력이 어느 정도였는지는 단정하기 어렵다. 계속 세력이 확장되던 단계였는지 아니면 현대와 같이 어느 정도 완성된 단계였는지 불분명하다.

한편, (1ㄱ)과 관련하여 주목을 끌어 왔던 점 중의 하나는 북한 어문 규범과의 차이점이다. 잘 알려진 바와 같이 북한에서는 ‘ㄹ’로 시작하는 한자어의 원음을 그대로 밝힘으로써 두음 법칙을 따르지 않는다. 그리하여 ‘樂園’은 ‘낙원’이 아닌 ‘락원’으로, ‘勞動’은 ‘노동’이 아닌 ‘로동’으로 표기하며 실제 발음도 표기대로 하게끔 규정하고 있다. 물론 고유어는 이미 오래전부터 어두의 ‘ㄹ’이 존재하지 않았으므로 어두의 ‘ㄹ’을 발음하게끔 규정하지는 않았다.

북한에서 한자어에 두음 법칙을 적용하지 않는 조치는 매우 오래전부터 나왔다. 북한은 광복 직후부터 1948년 정권을 수립하기 전까지는 조선어학회의 ‘한글맞춤법통일안’을 그대로 사용하다가 1948년 ‘조선어 신철자법’을 공포하였다.[10] ‘조선어 신철자법’의 내용은 대체로 ‘한글맞춤법통일안’과 비슷하지만 몇 가지 세부적인 차이가 있는데 그중 하나가 한자어의 경우 두음 법칙을 따르지 않고 원음을 그대로 밝히는 것이었다. 이러한 방식은 이후에 제정된 각종 어문 규범에도 그대로 이어졌다.

10) 북한의 언어 정책과 관련해서는 김민수(1985), 전수태·최호철(1989), 고영근(1994) 등을 참고할 수 있다.

사회과학원 언어학연구소(1971: 82~83)에서는 한자어의 경우 두음 법칙을 적용하지 않고 원음을 그대로 밝히는 이유에 대해 "한자는 뜻글자이고 매 글자마다 뜻을 가지고 있다. 그러므로 우리 말에서 한자어를 적을 때에는 매 글자마다 밝혀 적는 것을 원칙으로 따른다."라고 한 후 이러한 표기의 장점을 다음과 같이 제시했다.

(7) ㄱ. '로력⇔노력', '련습⇔연습'과 같은 구별 표기를 통해 본의 아닌 동음이의어를 만드는 현상을 바로잡을 수 있다.
ㄴ. 같은 한자는 언제 어디서나 똑같이 표기하여 해당 단어의 의미를 곧바로 정확히 이해할 수 있다.[11)]

이러한 방식은 당시의 현실 발음을 그대로 준용하여 규범화한 것이라고 보기는 어렵다. 사회과학원 언어학연구소(1971: 263)에서는 단어의 첫머리에서 'ㄹ'이 발음되는 것이 우리말 발음에 나타난 새로운 현상의 하나라고 하여 이것이 결코 인위적인 조치가 아님을 밝히고 있다. 그러나 앞에서 살펴보았듯이 이미 중세 한국어 시기에 고유어는 'ㄹ'로 시작하는 단어가 거의 존재하지 않으며 한자어도 두음 법칙을 따르는 예들이 적지 않았다는 점, 1930년대에 '한글맞춤법통일안'을 제정할 때 현실 발음을 고려하여 한자어에서 두음 법칙을 인정했다는 점 등을 고려하면 한자어의 두음 'ㄹ'은 새로운 변화의 결과라고 할 수 없다.

물론 예외적으로 1920년대 말에 조사한 결과를 담은 小倉進平(1930)에 따르면 '라, 랴, 러, 려, 로, 료, 루, 류'로 시작하는 한자어는 함경북도 국경 지방과 함경남도 풍산 지역에서 대체로 원음 그대로 발음하며, '리'는 특히

11) 이 문제는 '한글맞춤법통일안'을 제정할 때도 문제가 되었던 듯하다. 이희승(1959: 283~287)에서는 두음 법칙을 따름으로써 동일한 한자가 어두와 비어두에서 다르게 표기할 수밖에 없는 데 대해 자세히 옹호하는 입장을 기술한 바 있다.

함경북도의 국경은 물론이고 평안남북도의 거의 전역에서 '[리]'로 발음한다고 한다. 그러나 이것이 북한 지역 방언의 보편적이고 일반적인 현상이었다고 말할 수 있을지는 의문이다. (1ㄱ)과 관련된 북한의 어문 규범은 인위적인 조치라고 하는 편이 타당할 듯하다.

(1ㄱ)에 비해 (1ㄴ)은 알타이 제어와의 관련성도 없고 생겨난 역사도 그리 오래지 않다는 차이가 있다. 중세 한국어 시기만 해도 한자어든 고유어든 'ㅣ, j' 앞의 'ㄴ'이 어두에 얼마든지 올 수 있었다. '니마, 녀름, 니르다, …' 등 수많은 예들이 존재한다.

그러다가 현재와 같은 두음 법칙이 생겨나게 된 데는 ㄴ-구개음화에 따른 ㄴ-탈락이 결정적인 이유로 작용했다. 어중과 달리 어두에서는 구개음화의 적용 환경에 놓인 'ㄴ'이 구개음화 이후 탈락을 겪었다. 김주필(1994: 90)에 따르면 중앙어의 경우 16세기부터 나타나지만 하나의 경향으로 확산된 것은 18세기 들어서의 일이라고 한다. 다른 방언도 대체로 17, 18세기 자료에 이러한 현상이 많이 나타난다. 이것을 볼 때 (1ㄴ)이 한국어의 두음 법칙으로 자리 잡은 것은 대략 18세기 이후의 일이라고 할 수 있다.

북한에서는 (1ㄱ)과 마찬가지로 (1ㄴ) 역시 한자어에서는 따르지 않는다. 즉, 한자어 어두의 '냐, 녀, 뇨, 뉴, 니' 등을 원래의 음 그대로 표기하고 발음하게끔 한 것이다. 반면 고유어는 '냠냠'과 같은 매우 특수한 경우를 제외하면 역사적으로 ㄴ-구개음화에 이은 ㄴ-탈락이 적용되어 어두의 'ㄴ'을 잃어버린 형태를 인정하고 있다. 가령 예전에 '녀름(夏), 녚(側), 닉다(熟)'과 같은 형태의 단어들은 '여름, 옆, 익다'를 표준으로 정한 것이다. 고유어에 관한 한 북한에서도 (1ㄱ, ㄴ)을 준수하는 형태를 표준으로 삼았다.

9.2. 모음 조화

모음 조화란 한 단어 내에서 같은 성질을 공유하는 모음들끼리 어울려 나타나는 현상을 가리킨다. 모음 조화를 가진 여러 언어들을 검토해 보면, 혀의 전후 위치, 입술의 모양, 혀의 높낮이, 혀뿌리의 전진 등에서 같은 성질을 가진 모음들끼리 모음 조화를 이루는 경우가 많다. 그런데 현대 한국어의 모음 조화는 이 중 어디에도 속하지 않는 독특한 양상을 보인다.[12] 기존 논의에서 모음 조화는 한국어를 알타이 어족에 포함시키는 유력한 근거가 되어 왔다. 터키어, 몽고어 등 알타이 어족에 속하는 언어들은 공통적으로 모음 조화 현상을 지니고 있기 때문이다.

한국어의 모음 조화는 한 형태소를 이루는 모음의 구성, 문법 형태소의 이형태, 어휘의 분화 등 여러 측면에서 확인할 수 있다. 우선, 한 형태소 안의 모음들은 모음 조화에 있어 같은 부류에 속하므로 비슷한 음성적 특징을 지닌다. 이것은 모음 조화의 존재를 말해 주는 가장 일차적인 근거가 된다.[13] 또한 동일한 문법 형태소의 이형태가 모음 조화에서 대립하는 모음들로 시작하는 현상 역시 모음 조화에 의한 결과이다.[14] 이는 주로 음운 변동으로서의 모음 조화로 작용한다. 마지막으로 상징어 '촐랑촐랑~출렁출렁'이나 일반 어휘 중 '뽀얗다~뿌옇다'와 같이 모음의 종류에 따른 어휘 분화가 많이 일어난 것도 모음 조화 때문이다.

이처럼 한국어의 모음 조화는 문법의 여러 측면에 걸쳐 영향을 미친다. 그런데 현대 한국어의 모음 조화는 그 세력이 매우 약화되어 있다. 이것을

12) 여기에 대해서는 뒤에서 자세히 살피도록 한다.
13) 다만, 뒤에서 살펴보겠지만 한국어의 경우 단모음 체계의 역사적 변화를 거치면서 한 형태소 안에서의 모음 조화는 상당히 문란해졌다.
14) 가령 '-아X' 형태의 문법 형태소는 그 이형태로 '-어X' 형태를 가지고 있다. 이런 현상은 현대 한국어보다 중세 한국어 시기에 훨씬 다양하게 나타났다.

이해하기 위해서는 현대 한국어의 모음 조화에서 어떤 모음들이 같은 부류로 기능하는지를 알 필요가 있다. 한글 맞춤법 제16항의 내용을 보면 'ㅏ, ㅗ'가 하나의 부류를 이루고 나머지가 하나의 부류를 이루는 것으로 되어 있다.

(8)

【제16항】 어간의 끝 음절 모음이 'ㅏ, ㅗ'일 적에는 어미를 '-아'로 적고, 그 밖의 모음일 적에는 '-어'로 적는다.

1. '-아'로 적는 경우

나아	나아도	나아서
막아	막아도	막아서
얇아	얇아도	얇아서
돌아	돌아도	돌아서
보아	보아도	보아서

2. '-어'로 적는 경우

개어	개어도	개어서
겪어	겪어도	겪어서
되어	되어도	되어서
베어	베어도	베어서
쉬어	쉬어도	쉬어서
저어	저어도	저어서
주어	주어도	주어서
피어	피어도	피어서
희어	희어도	희어서

현대 한국어의 모음 조화에 참여하는 모음들의 부류를 나누는 방식은 약간씩 이견이 있으나 위에 제시된 방식이 가장 일반적이다.[15] 'ㅏ, ㅗ'와 '그 외의 모음'은 흔히 양성 모음, 음성 모음으로 부르는 경우가 많다. 이것은 모음을 표기하는 글자를 창제할 때 음양의 원리를 이용했기 때문이다.

그런데 'ㅏ, ㅗ'나 '그 외의 모음'들은 음성적으로 별다른 공통점을 지니고

15) 이러한 견해는 최현배(1937)에서 나타나고 있다.

있지 않다. ‘ㅏ, ㅗ’가 공유하는 음성적 특징은 적어도 현대 한국어의 모음 분류 기준에 비추어 볼 때 존재하지 않는다. ‘그 밖의 모음’인 ‘ㅜ, ㅡ, ㅓ, ㅐ, ㅔ, ㅟ, ㅚ, ㅣ’도 마찬가지 상황이다. 이처럼 모음 조화에서 같은 부류로 행동하는 모음들 사이에 공통점이 없다면 이것은 모음 조화가 일어나는 가장 중요한 동기가 사라졌음을 뜻한다. 즉, 모음 조화가 강력하게 작용할 음운 체계상의 토대가 없는 것이다.

현대 한국어 이전 시기에는 양상이 조금 달랐다. 중세 한국어 시기의 모음 조화는 ‘縮’이라는 특성에 따라 ‘舌縮’과 ‘舌小縮’이 대립하는 방식으로 이루어졌다.[16] ‘縮’의 정체가 분명치는 않으나 여기에 따른 모음 조화는 상당히 규칙적으로 작용했다.

(9)

舌縮		舌小縮
ᄋᆞ	⇔	으
오	⇔	우
아	⇔	어

(9)와 같은 대립을 바탕으로 현대 한국어보다 훨씬 많은 부분에서 모음 조화가 작용했다. 가령 모음으로 시작하는 어미만 하더라도 현대 한국어는 ‘아/어X’ 형태의 어미에서만 모음 조화가 보이지만 중세 한국어 시기에는 ‘ᄋᆞ/으X’ 형태는 물론이고 ‘오/우X’ 형태에서도 모음 조화가 나타났다.

16) 중세 한국어 이전의 모음 조화는 전설 모음과 후설 모음이 대립하는 방식이었다는 논의가 현재 보편화되어 있다. 이러한 모음 조화가 중세 한국어의 ‘縮’에 의한 모음 조화로 바뀌기 위해서는 모음 추이라는 대규모 모음 변화를 인정해야만 한다. Ramstedt(1928)에서 그 가능성을 시사한 이래로 한국어 모음 체계와 모음 조화의 관련성은 기본적으로 이러한 바탕 위에서 논의되어 왔다. 한국어 모음 조화에 대한 연구는 매우 많은데 1950년대 이전의 연구사에 대해서는 이진호(2009ㄱ)을, 1950년대 이후의 연구사에 대해서는 김영진(1990), 최태영(1990)을 참고할 수 있다.

(10)

	아/어X	ᄋᆞ/으X	오/우X
ᄂᆞᆰ-	ᄂᆞᆯ가	ᄂᆞᆯᄀᆞ니	ᄂᆞᆯ곰
늙-	늘거	늘그니	늘굼
몯-	모다	모ᄃᆞ니	모돔
묻-	무더	무드니	무둠
막-	마가	마ᄀᆞ니	마곰
먹-	머거	머그니	머굼

이처럼 강한 세력을 갖고 적용되던 모음 조화가 현대 한국어와 같이 세력을 잃어버린 결정적인 이유는 단모음 체계의 변화에 있다. 중세 한국어 시기만 하더라도 모음 조화는 '縮'에 의거한 단모음 체계와 어느 정도 부합하고 있었다. 그런데 16세기에 활발해진 비어두의 'ㆍ>ㅡ'는 모음 조화의 근간을 뒤흔든 크나큰 사건이었다. 舌縮 계열의 'ㆍ'가 반대 계열인 舌小縮의 'ㅡ'로 바뀌면서 모음 조화는 혼란스러워질 수밖에 없었다. 뒤이어 비어두에서 일어난 'ㅗ>ㅜ'는 다시 한번 모음 조화를 깨뜨리는 계기로 작용했다. 이 두 변화로 말미암아 형태소 내부에서 지켜지던 모음 조화는 상당한 타격을 입게 되었다.

여기에 더해 근대 한국어 시기에 새로운 전설 모음들이 생겨난 것도 모음 조화의 약화에 크게 기여했다. 후설 모음에 대응하는 전설 모음이 확립되면서 이전의 '縮'에 근거한 단모음의 대립은 유지될 수 없었다. 그 대신 혀의 전후 위치가 단모음의 대립에 중요하게 기능을 하게 되었다. 그런데도 새롭게 형성된 단모음 체계와 기존의 모음 조화가 서로 부합될 수 있도록 하는 추가적인 조정이 뒤따르지 않음으로써 현재와 같은 문란한 상황이 초래되었다.

앞서 여러 차례 지적했듯이 현대 한국어의 모음 조화는 매우 약화되어 있다. 이것은 모음 조화의 예외가 많이 존재함을 의미한다. 심지어 표준어 규정에는 모음 조화의 예외를 언급하는 규정이 따로 마련되어 있을 정도이다.

(10)

【제8항】 양성 모음이 음성 모음으로 바뀌어 굳어진 다음 단어는 음성 모음 형태를 표준어로 삼는다. (ㄱ을 표준어로 삼고, ㄴ을 버림.)

ㄱ	ㄴ	비 고
깡충-깡충	깡총-깡총	큰말은 '껑충껑충'임.
-둥이	-동이	←童-이. 귀-, 막-, 선-, 쌍-, 검-, 바람-, 흰-
발가-숭이	발가-송이	센말은 '빨가숭이', 큰말은 '벌거숭이, 뻘거숭이'임.
보퉁이	보통이	
봉죽	봉족	←奉足. ~꾼, ~들다
뻗정-다리	뻗장-다리	
아서, 아서라	앗아, 앗아라	하지 말라고 금지하는 말
오뚝-이	오똑-이	부사도 '오뚝-이'임.
주추	주초	←柱礎. 주춧-돌

다만, 어원 의식이 강하게 작용하는 다음 단어에서는 양성 모음 형태를 그대로 표준어로 삼는다. (ㄱ을 표준어로 삼고, ㄴ을 버림.)

ㄱ	ㄴ	비 고
부조(扶助)	부주	~금, 부좃-술
사돈(查頓)	사둔	밭~, 안~
삼촌(三寸)	삼춘	시~, 외~, 처~

표준어 규정 제1부 제8항에서 모음 조화의 예외로 인정한 것은 비어두의 'ㅗ>ㅜ'에 의해 형태가 바뀐 단어가 대부분이다. 양성 모음인 'ㅗ'가 음성 모음인 'ㅜ'로 바뀌면서 모음 조화를 어기는 형태들이 나타나게 된다. 예컨대 이전 형태인 '깡총깡총'은 모음 조화를 잘 지키지만, 변화에 의해 나타난 '깡충깡충'은 모음 조화를 지키지 않는다.

그런데 현실 발음 속에서는 비록 표준 발음으로 인정받지는 못해도 모음 조화의 예외가 좀 더 다양하게 존재한다. 형태소 내부의 모음 구성이나 어휘 분화는 논외로 하고, 용언 어간 뒤에 '아/어'로 시작하는 어미가 올 때의 예외를 살피면 크게 두 가지로 나눌 수 있다. 하나는 양성 모음 계열의 어간 뒤에 '아'가 아닌 '어'로 시작하는 어미가 결합하는 경우이고, 다른 하나는 음성 모음 계열의 어간 뒤에 '어'가 아닌 '아'로 시작하는 어미가 결합하는 경우이다. 우선 앞의 상황부터 살피기로 한다.

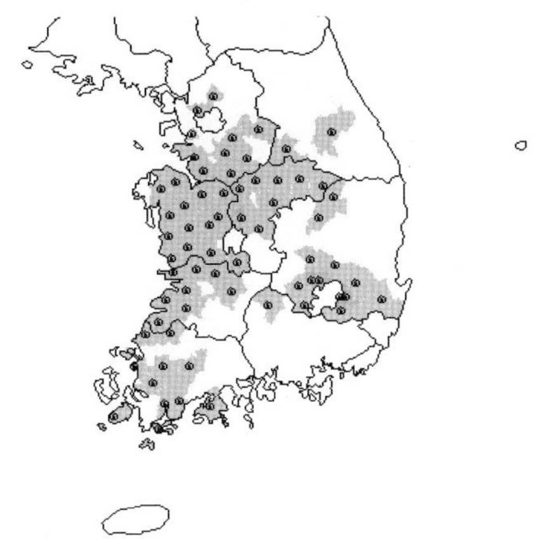

<지도 22> '잡-'과 모음 조화의 예외[17)]

<지도 22>는 어간 모음이 'ㅏ'인데도 '어'로 시작하는 어미가 결합한 경우이다. 이것이 현대 한국어에서 보이는 가장 대표적인 모음 조화의 예외이다. '잡-'뿐만 아니라 어간 모음이 'ㅏ'인 '앉-, 막-' 등에서도 비슷한 현상이 발견된다. 이러한 모음 조화의 예외는 자음으로 끝나는 어간에서만 보인다. 모음 'ㅏ'로 끝나는 어간은 오래 전부터 모음 충돌을 회피하기 위해 동일 모음 탈락이 적용되었다.[18)] 그래서 '가-, 나-'와 같은 어간들은 모음 조화의

17) 모음 조화를 어기는 형태만 '◉'로 표시하여 음영을 넣었다. 이하에 제시할 나머지 지도도 마찬가지이다.
18) 여기에 대해서는 9.4.2를 참고할 수 있다.

예외가 될 수 없었다.

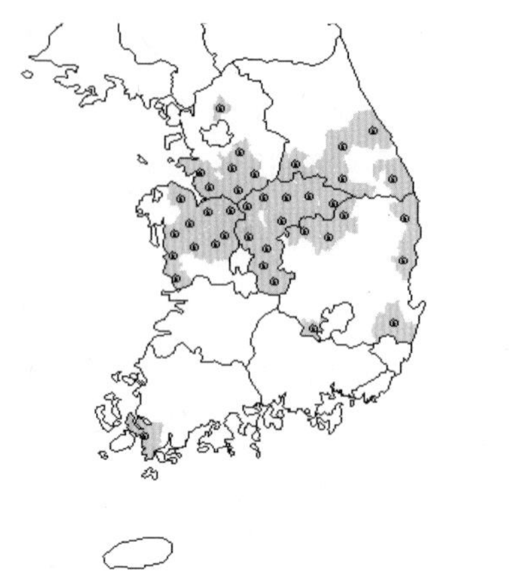

<지도 23> '꽂-'과 모음 조화의 예외

<지도 23>은 어간 모음이 'ㅗ'인 경우의 모음 조화 예외를 보여 주고 있다. <지도 22>와 비교하면 분포 지역이 더 좁음을 쉽게 알 수 있다.[19] 지역별 분포뿐만 아니라 한 지역 내의 경향을 살펴보아도 어간말 모음이 'ㅗ'인 경우는 'ㅏ'인 경우에 비해 모음 조화의 예외 비율이 현저히 떨어진다. 어간말 모음 'ㅗ'는 아직도 양성 모음으로서 모음 조화를 유지하는 세력이 강한 편이라고 할 수 있다.

19) 그렇지만 <지도 22>나 <지도 23> 모두 충청도 지역을 중심으로 모음 조화의 예외가 많이 나타난다는 점은 공통적이다.

<지도 24> '아름답-'과 모음 조화의 예외

<지도 24>는 ㅂ-불규칙 어간에서 보이는 모음 조화의 예외이다.[20] 방언 분포를 보면 <지도 22>나 <지도 23>과 겹치는 부분이 많다. 즉, 충청남북도를 중심으로 한 지역에서 모음 조화의 예외가 많이 보이는 것이다. 파생 접미사 '-답-'이나 '-롭-'을 가진 파생어들은 모음 조화에 따르면 '아' 계열의 어미가 결합해야 하지만 그렇지 않은 모습을 보이는 단어들이 대다수이다. 그래서 한글 맞춤법에서도 이러한 파생어들에 한해서는 '어'로 시작하는 어미가 결합한 활용형을 표준으로 인정하고 있다.

음성 모음 계열의 어간 뒤에서도 모음 조화를 어기는 형태의 어미가 결합한다. 그런데 예외의 정도는 앞서 살핀 양성 모음 계열의 어간 뒤에서와 비교할 때 훨씬 떨어진다. 가령 음성 모음으로만 이루어진 어간의 경우에는 거의 대부분 모음 조화를 잘 따른다. 김아름(2011: 32~35)의 지적처럼 예외는 대개 동해안 방언을 비롯한 몇몇 방언에서 나타날 뿐이다. 좀 더 광범위

20) ㅂ-불규칙 어간의 경우 모음 조화의 예외가 상당히 광범위하게 나타난다. 한글 맞춤법만 보더라도 '곱-, 돕-'을 제외한 나머지 어간은 모음 조화와 상관없이 '아/어'로 시작하는 어미의 경우 '어'를 선택하게끔 규정하고 있다.

한 지역에서도 예외가 출현하는 경우는 ㅂ-불규칙 어간에서 많이 보인다.

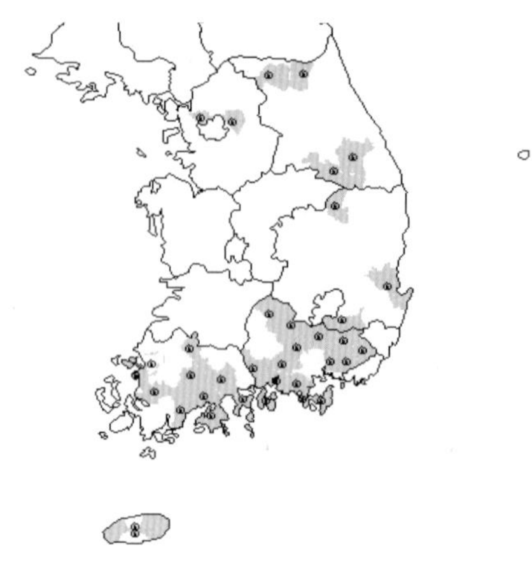

<지도 25> '무섭-'과 모음 조화의 예외

'무섭-'은 원래대로라면 모음 조화에 따라 '어'로 시작하는 어미와 결합해야 하지만 <지도 25>에서 보듯 '아'로 시작하는 어미와 결합하는 형태도 여러 지역에 걸쳐 나타난다. 흥미롭게도 '무섭-'과 같이 음성 모음 계열의 어간 뒤에서 보이는 모음 조화의 예외형 분포는 앞서 <지도 22, 23, 24>에서 살핀 양성 모음 계열의 어간 뒤에서 보이는 모음 조화의 예외형 분포와 상당한 차이를 보인다. 두 가지 유형의 모음 조화 예외는 비율이나 지역 분포 등 여러 가지 면에서 구별되고 있어 별개의 현상일 가능성이 높다. 즉, 큰 틀에서는 모음 조화의 예외라는 공통점을 보이지만 세부적으로는 서로 다른 성격의 현상으로 해석되는 것이다.

한편, 지금까지 살핀 것과는 달리 어간 모음이 변화를 입어 다소 복잡해진 경우의 모음 조화도 예외를 보인다. '가두-(＜가도-), 맞추-(＜마초-), 바꾸-(＜밧고-)' 등과 같이 기원적으로는 양성 모음으로만 이루어졌으나 비어두 'ㅗ>ㅜ'의 변화를 입어 어간에 양성 모음과 음성 모음이 뒤섞인 경우가 대표적이다. 어간형 자체가 이미 모음 조화를 어기기 때문에 결합하는 어미가 '아' 계열인 경우를 예외라고 해야 할지 '어' 계열인 경우를 예외라고 해야 할지 결정하기도 쉽지는 않다. 아무튼 '가두-, 맞추-, 바꾸-'는 방언에 따라 '가둬~가돠', '맞춰~맞촤', '바꿔~바꽈'의 두 가지 형태 중 하나가 나타나고 있다. 이 중 '가돠, 맞촤, 바꽈'는 역사적으로 어간이 '가도-, 마초-, 바꼬-'이던 시기의 활용형이 그대로 이어진 것이라고 해석할 수 있고, '가둬, 맞춰, 바꿔'는 어간의 둘째 음절 모음이 변화한 데에 맞게 새로이 모음 조화가 작용한 것이라고 해석할 수 있을 듯하다.

9.3. 유음 탈락

유음 탈락은 'ㄹ'이 'ㄴ, ㅅ' 등 조음 위치가 비슷한 자음 앞에서 탈락하는 현상이다. 유음 탈락이 일어나는 환경을 명시적으로 밝히지 않고 'ㄴ, ㅅ 등'이라고 표현한 것은 뒤에서 언급하겠지만 문법적 조건에 따라 그 환경이 다소 유동적이기 때문이다. 가령, 복합어에서는 'ㄴ, ㅅ' 외에 'ㄷ, ㅈ' 앞에서도 유음이 탈락한다. 아무튼 유음 탈락을 일으키는 자음들은 공통적으로 평음이라는 특징이 있다. 경음이나 유기음 앞에서는 유음 탈락이 일어나지 않는 것이 일반적이다.[21]

유음 탈락은 문법적 조건에 따라 적용 양상에 차이를 보인다. 유음 탈락이 가장 활발하게 적용되는 경우는 'ㄹ'로 끝나는 용언 어간 뒤에 어미가 결합하는 경우이다. 복합어 형성 과정에서는 유음 탈락이 덜 활발하다. 반

21) 구본관(2000: 24)이나 이동석(2002: 136~140)에는 유기음 또는 경음 앞에서 유음 탈락이 일어난 문헌 자료가 제시되어 있지만 그 수가 매우 적다.

면 체언 뒤에 조사가 결합하는 경우에는 적용되지 않는다. 또한 단어와 단어 사이에서도 유음 탈락이 일어나지 않는다.

용언 어간에 적용되는 유음 탈락은 'ㄴ, ㅅ' 앞에서 일어나는 것이 원칙이되 높임의 기능을 가진 '-으옵-, -으오'와 약속의 의미를 가진 '-으마' 앞에서도 일어난다.[22]

(11) ㄱ. 사는(살+는), 사신다(살+으신다)
ㄴ. 사옵고(살+으옵고), 사오(살+으오)
ㄷ. 사마(살+으마), 거마(걸+으마)

(11ㄱ)은 'ㄴ, ㅅ' 앞에서의 유음 탈락으로, 이 경우는 'ㄹ'의 조음 위치와 'ㄴ, ㅅ'의 조음 위치가 동일한 데서 비롯된 일종의 이화로 해석하고 있다.[23] (11ㄴ)은 높임의 기능을 가진 '-으옵-, -으오' 앞에서의 유음 탈락이다. 이 형태소들은 원래 'ㅿ'으로 시작했으므로 (11ㄴ)은 'ㅿ' 앞에서의 유음 탈락이라고 할 수 있다.[24] (11ㄷ)은 그 원인을 명확히 알 수 없다. 이병근(1981: 239)에서는 (11ㄷ)의 유음 탈락이 수의적으로 일어난다고 지적하고 있다. (11ㄱ)은 순수한 음운론적 조건에 의한 유음 탈락이지만, (11ㄴ, ㄷ)은 그렇지 않다는 점에서 차이가 있다.[25]

유음 탈락은 합성어나 파생어와 같은 복합어가 형성될 때도 일어난다.

22) '으'로 시작하는 어미의 경우 유음 탈락이 일어나기 전에 으-탈락이 먼저 일어난다. 물론 어미의 두음에 '으'가 있다고 보지 않는 견해도 존재하는데 그럴 경우에는 으-탈락 없이 유음 탈락이 적용된다고 해석해야 할 것이다. 어미의 두음 '으'에 대한 음운론적 해석은 배주채(1993)을 참고할 수 있다.

23) 이것을 흔히 동기관적 이화에 의한 유음 탈락이라고 부른다. 자세한 것은 이병근(1981)을 참고할 수 있다.

24) 이 문제에 대해서는 이진호(2008ㄴ: 311)에서 자세히 다룬 바 있다. 후술하겠지만 중세 한국어 시기에는 'ㅿ' 앞에서도 유음 탈락이 일어났다.

25) 다만 (11ㄴ)은 현대 한국어 관점에서는 음운론적 조건에 의한 유음 탈락이라고 할 수 없지만, 역사적으로는 'ㅿ'과 관련되기 때문에 음운론적 조건이 관여했다고 볼 수 있다.

(12) ㄱ. 버드나무(버들+나무), 다달이(달+달+이), 부삽(불+삽), …
ㄴ. 아드님(아들+님), 바느질(바늘+질), …

복합어에서의 유음 탈락은 용언 활용에서의 유음 탈락보다 적용 환경이 더 넓다. 즉, ‘ㄴ, ㅅ’은 물론이고 ‘ㄷ, ㅈ’ 앞에서도 유음 탈락이 일어나는 것이다. 그러나 용언 활용에서의 유음 탈락이 매우 규칙적으로 일어남에 비해 복합어에서의 유음 탈락은 그렇지가 않다. 유음 탈락 자체가 일어나지 않는 예(돌도끼, 돌사막, 칼질, 활시위, 별지기, …)도 매우 많고 ‘불라비(불+나비)’와 같이 유음 탈락 대신 순행적 유음화가 일어나는 경우도 존재한다. 복합어 내에서의 유음 탈락은 이미 그 세력을 거의 잃어버려서 더 이상 활발하게 적용되지 못하는 단계에 이르렀다고 보아도 무방할 듯하다.[26)]

유음 탈락은 한자어에서는 일어나지 않는다. 유일하게 ‘불(不)’만은 ‘ㄷ, ㅈ’으로 시작하는 한자 앞에서 ‘ㄹ’이 탈락함으로써 유음 탈락과 비슷한 모습을 보이기도 한다.[27)] 그러나 ‘ㄹ’로 끝나는 다른 한자는 유음 탈락이 적용되지 않으므로 이것은 ‘불(不)’의 특이성 때문이라고 해야 할 듯하다.

흥미롭게도 대부분의 한자어는 유음 탈락의 적용 환경에서 유음 탈락 대신 7.3에서 살핀 유음 뒤의 경음화가 적용된다. 즉, ‘ㄹ’로 끝나는 한자 뒤에 ‘ㄷ, ㅅ, ㅈ’으로 시작하는 한자가 오는 경우는 유음 탈락과 경음화의 적용 환경을 모두 충족시키지만 거의 대부분의 한자어는 유음 탈락 대신 경음화의 적용을 받고 있다. 가령 ‘活動’은 ‘[활똥]’으로, ‘發射’는 ‘[발싸]’로 발음된다. 이처럼 한자어에서 유음 탈락이 일어나지 않는 것과 ‘ㄹ’ 뒤에서

26) 이것을 바꾸어 말하면 복합어에서의 유음 탈락은 모두 예전의 모습을 간직한 일종의 언어 화석이라고 할 수 있다. 유음 탈락과 순행적 유음화의 관련성에 대해서는 6.5.1에서 언급한 바 있다.

27) ‘부실(不實)’과 같이 ‘ㅅ’ 앞에서 ‘불(不)’의 ‘ㄹ’이 탈락하는 예도 있지만 일부 단어를 제외하면 ‘不死[불싸], 不成[불썽], 不俗[불쏙], 不熟[불쑥], 不時[불씨]’와 같이 ‘ㅅ’ 앞에서 ‘ㄹ’이 탈락하지 않고 대신 후행하는 ‘ㅅ’이 경음으로 바뀐다.

'ㄷ, ㅅ, ㅈ'이 경음으로 바뀌는 것은 서로 모종의 관련성을 맺을 가능성이 높다. 경음 앞에서는 유음 탈락이 일어나지 않으며 유음 탈락이 일어나면 경음화가 적용될 수 없다는 점에서 보자면, 두 현상은 어느 하나가 적용되면 다른 하나는 적용될 수 없는 관계, 즉 경쟁 관계에 있다고 볼 수 있다.

한편, 'ㄹ'이 탈락한다고 해서 그것을 모두 유음 탈락이라고 볼 수는 없다. 특히 음절말에 두 개의 자음이 옴으로써 'ㄹ'이 탈락하는 경우는 유음 탈락에 포함해서는 안 된다. 이것은 음절 구조 제약을 어겨서 자음군 단순화가 적용된 것에 불과하다.[28] 가령 (13)과 같은 경우가 그러하다.

(13) 산다(살+은다), 삼(살+음), 삼니다(살+읍니다)

(13)은 'ㄹ' 뒤에서 어미의 두음 '으'가 탈락한 후 자음군 단순화가 적용된 결과이다. 즉, '살+은다, 살+음, 살+읍니다'는 각각 '삸다, 삶, 삷니다'와 같은 중간 단계를 거치는 것이다. (13)이 유음 탈락과 다르다는 점은 (11)에 제시된 유음 탈락의 예와 비교하면 분명히 드러난다. (11)에서는 음절말에 'ㄹ'이 하나만 왔는데도 'ㄹ'이 탈락하지만, (13)에서는 음절말에 자음이 두 개 놓이는 단계에서 'ㄹ'이 탈락하게 된다.

현행 한글 맞춤법에서는 유음 탈락에 해당하는 현상이 여러 조항에 분산되어 있다.

(14)

【제18항】 다음과 같은 용언들은 어미가 바뀔 경우, 그 어간이나 어미가 원칙에 벗어나면 벗어나는 대로 적는다.

1. 어간의 끝 'ㄹ'이 줄어질 적

갈다:	가니	간	갑니다	가시다	가오
놀다:	노니	논	놉니다	노시다	노오

28) 자세한 것은 이진호(2008ㄴ: 309)를 참고할 수 있다.

불다:	부니	분	붑니다	부시다	부오
둥글다:	둥그니	둥근	둥급니다	둥그시다	둥그오
어질다:	어지니	어진	어집니다	어지다	어지오

[붙임] 다음과 같은 말에서도 'ㄹ'이 준 대로 적는다.

마지못하다	마지않다
(하)다마다	(하)자마자
(하)지 마라	(하)지 마(아)

⋮

(14)는 용언 어간에 적용되는 유음 탈락에 대한 규정이다. 그런데 이 규정은 불규칙 용언에 대해 다루는 한글 맞춤법 제18항의 일부에 속해 있다. 다시 말해, 유음 탈락을 불규칙적 교체와 관련시키고 있는 것이다. 실제로 'ㄹ'이 탈락하는 용언 어간을 한때 ㄹ-불규칙으로 규정한 적이 있었다. 'ㄹ'이 탈락한 것을 표기에 그대로 반영한 것도 이러한 인식과 관련된다.

(14)에서는 '[붙임]'의 내용도 검토할 필요가 있다. 이것은 '말-(勿)'에 적용되는 유음 탈락과 관련된다. '마지못하다, 마지않다, (하)다마다, (하)자마자'는 모두 'ㄷ, ㅈ' 앞에서의 유음 탈락을 반영하고 있다. 후술하겠지만 현대 한국어 이전에는 용언의 활용형에서도 'ㄷ, ㅈ' 앞에서 유음 탈락이 일어났다. 문제는 '(하)지 마라, (하)지 마(아)'의 '마라, 마(아)'이다.[29] 이들은 '말아라, 말아'로 실현되어야 정상인데 오히려 유음이 탈락한 형태를 표준으로 삼고 있다. 유필재(2004: 107)에 따르면 '마라'는 이미 중세 한국어 시기에도 나타나기 때문에 이 형태는 예전부터 존재했던 형태가 그대로 이어진 것이다.[30] 그러나 어떤 이유로 인해 이런 환경에서 유음 탈락이 일어났는지는 아직 알 수 없다.

29) 이 외에 '(하)지 마요'의 '마요'에서도 유음 탈락이 일어나고 있다.

30) 유필재(2004: 110)에서는 '마라'는 중세 한국어 시기부터 존재했던 형태이지만 '마(아), 마요'는 19세기 후반에 '해체'와 '해요체'가 새롭게 자리 잡으면서 생성되었다고 보고 있다.

한글 맞춤법에서는 복합어 형성에서 보이는 유음 탈락에 대해서도 별도의 조항을 마련하고 있다.

(15)

【제28항】 끝소리가 'ㄹ'인 말과 딴 말이 어울릴 적에 'ㄹ' 소리가 나지 아니하는 것은 아니 나는 대로 적는다.

다달이(달-달-이)	따님(딸-님)	마되(말-되)
마소(말-소)	무자위(물-자위)	바느질(바늘-질)
부나비(불-나비)	부삽(불-삽)	부손(불-손)
소나무(솔-나무)	싸전(쌀-전)	여닫이(열-닫이)
우짖다(울-짖다)	화살(활-살)	

한편, 역사적으로는 유음 탈락이 적용된 예이지만 한글 맞춤법에서는 유음 탈락으로 다루지 않는 것이 있다.

(16)

【제29항】 끝소리가 'ㄹ'인 말과 딴 말이 어울릴 적에 'ㄹ' 소리가 'ㄷ' 소리로 나는 것은 'ㄷ'으로 적는다.

반짇고리(바느질~)	사흗날(사흘~)	삼짇날(삼짇~)	섣달(설~)
숟가락(술~)	이튿날(이틀~)	잗주름(잘~)	푿소(풀~)
섣부르다(설~)	잗다듬다(잘~)	잗다랗다(잘~)	

(16)에 제시된 조항의 설명 내용만 보면 이 경우는 마치 'ㄹ'이 'ㄷ'으로 바뀐 결과처럼 보이지만 이들은 역사적으로 유음 탈락과 관련된다.[31] 가령 이튿날'의 경우 역사적으로는 '이틀+ㅅ+날'의 구성으로 된 '이틄날'에서 유음 탈락이 일어나 '이틋날'이 되었다.[32] 이후 평파열음화와 비음 동화를 통해 현재는 '[이튼날]'로 발음되고 있다. 따라서 원래의 형태를 밝혀 적는다

31) 한국어에서 음절말의 'ㄹ'이 'ㄷ'으로 바뀌는 변화는 인정할 수 없다.
32) 이때의 유음 탈락은 8.2에서 살핀 바와 같이 '[ㅅ]'으로 발음되는 사이시옷 앞에서 일어난 것이다. 이것을 단순한 자음군 단순화로 볼 수 없는 이유는 8.2를 참고할 수 있다.

면 사이시옷의 형태를 살린 '이틋날'이 옳으며 유음 탈락의 한 예로 간주해야 한다. 다른 예들도 마찬가지이다.[33] 그런데 한글 맞춤법을 정할 때 이런 사실을 충분히 고려하지 않음으로써 현재는 받침을 'ㄷ'으로 표기하고 있다.[34]

현대 한국어의 유음 탈락은 오랜 역사를 가지고 있다. 중세 한국어 시기부터 용언의 활용형과 복합어에서 유음 탈락이 적용되고 있었다.

(17) ㄱ. 우ᄂᆞᆫ다(『月印釋譜』 8: 101, 알+ᄂᆞᆫ), 아더라(『釋譜詳節』 3: 35, 알+더라), 아ᅀᆞᆸ고(『法華經諺解』 1: 104, 알+ᅀᆞᆸ고), 마져(『杜詩諺解』 16: 18, 말+져)

ㄴ. 아ᄃᆞ님(『釋譜詳節』 6: 17, 아ᄃᆞᆯ+님), 프ᅀᅥ리예(『月印釋譜』 10: 24, 플+서리), 벼ᄃᆞ리(『月印釋譜』 8: 7, 별+ᄃᆞᆯ), 화살(『飜譯老乞大』 上: 30, 활+살), 소진(『南明集諺解』 上: 67, 솔+진)

ㄴ'. 아ᄃᆞᆯ님(『月印釋譜』 14: 2, 아ᄃᆞᆯ+님), ᄆᆞᆯ셕(『救急方諺解』 下: 16, ᄆᆞᆯ+셗), 믈집(『訓蒙字會』 中: 1, 믈+집), 일ᅀᅡ마(『法華經諺解』 7: 159, 일+삼다)

(17ㄱ)은 용언 활용형에 적용되는 유음 탈락의 예이다. 현대 한국어와 마찬가지로 중세 한국어 시기에도 용언의 활용형에 적용되는 유음 탈락은 매우 규칙적인 모습을 보인다. 다만 현대 한국어와 비교할 때 유음 탈락이 일어나는 환경에는 차이가 있다. 현대 한국어는 'ㄴ, ㅅ' 앞에서 유음 탈락이 일어나지만 예전에는 'ㄴ, ㄷ, ㅿ, ㅈ' 앞에서 유음 탈락이 일어난다.

'ㅅ'이 빠진 것은 중세 한국어 시기에 'ㅅ'으로 시작하는 어미가 'ㄹ'로 끝나는 어간 뒤에 결합하는 경우가 없기 때문이다. 특히 현대 한국어 '-으시-'에 대응하는 중세 한국어 어미 '-ᄋᆞ/으시-'의 경우 '아ᄅᆞ샤, 우르시고' 등에서

33) '잗다랗다'는 예외적인 존재이다. '잗다랗다'는 의미상으로 볼 때 형용사 '잘-'에 접미사 '-다랗-'이 결합된 것으로서 '기다랗다'와 동일한 구성의 파생어이다. 그런데 '기다랗다'와는 다른 형태로 나타나고 있다.

34) 여기에 대해서는 이희승·안병희(1994: 110~111)을 참고할 수 있다.

보듯 첫음절 모음 'ᄋᆞ/으'가 어간말 'ㄹ' 뒤에서 탈락하지 않음으로써 결과적으로 유음 탈락을 일으키지 못한다.[35] 만약 'ㅅ'으로 시작하는 어미와 직접 결합했더라면 어간말 'ㄹ'에 유음 탈락이 적용되었으리라 생각되므로, 'ㅅ'이 제외된 것은 우연한 공백이라고 하겠다.

전반적으로 볼 때 중세 한국어 시기에는 현대 한국어보다 더 많은 자음 앞에서 유음 탈락이 일어나고 있다. 특히 'ㄴ'은 물론이고 'ㄷ, ㅿ, ㅈ' 앞에서도 유음 탈락이 적용되는 것으로 볼 때, 용언의 활용형에서는 치음이나 설음과 같이 'ㄹ'과 조음 위치가 비슷한 자음은 유음 탈락의 적용 환경으로 기능할 수 있었던 듯하다. 결과적으로 중세 한국어에서 현대 한국어로 올수록 용언 활용형에 적용되는 유음 탈락의 적용 환경은 더 줄어든 셈이 된다.[36]

(17ㄴ)은 복합어에 적용되는 유음 탈락의 예이다. 'ㄴ, ㄷ, ㅅ, ㅈ' 등의 자음 앞에서 유음 탈락이 일어나고 있다.[37] 그러나 (17ㄴ')에서 보듯 중세 한국어 시기에도 복합어에 적용되는 유음 탈락은 많은 예외가 존재한다. 동일한 구조로 된 복합어가 유음 탈락의 적용을 받기도 하고 받지 않기도 한다. 이것을 볼 때 이미 중세 한국어부터 복합어에서의 유음 탈락은 그 세력이 강하지 않았으며 현대 한국어로 이어지면서 더욱 약화되었다고 할 수 있다.

35) 현대 한국어에서는 '-으시-'가 다른 '으'로 시작하는 어미와 동일하게 행동하지만, 중세 한국어 시기에는 그렇지가 않았다. 여기서 본 것처럼 어간말 'ㄹ' 뒤에서 'ᄋᆞ/으'의 탈락이 일어나지 않는다는 점은 물론이고, 유동적 상성 어간의 성조 변동에 있어서도 '-ᄋᆞ/으시-'는 다른 'ᄋᆞ/으'로 시작하는 어미와는 구별되는 모습을 보인다.

36) 현대 한국어의 방언 중에는 용언 활용형에 적용되는 유음 탈락의 적용 환경이 중세 한국어보다 더 넓은 경우도 존재한다. 극단적인 경우에는 자음으로 시작하는 모든 어미 앞에서 어간말 'ㄹ'이 탈락하기도 한다. 여기에 대해서는 이진호(2008ㄴ: 174)를 참고할 수 있다.

37) 앞에서도 지적했듯이 몇몇 논의에서는 '바톱과(『杜詩諺解』 17: 13, 발+톱), ᄎᆞᄯᅥᆨ(『訓蒙字會』 中: 10, ᄎᆞᆯ+ᄯᅥᆨ)'처럼 유기음이나 경음 앞에서 유음이 탈락한 예를 제시하기도 했으나 그 예가 많지 않고 다른 해석의 가능성이 있기 때문에 여기서는 언급하지 않기로 한다.

9.4. 모음 충돌 회피

모음 충돌 회피란 단모음과 단모음이 음절 경계를 사이로 연속되는 것을 피하는 현상을 말한다. 언어 보편적으로 가장 자연스러운 음의 연쇄는 자음과 모음이 번갈아 나타나는 것이지만 형태소들의 결합 과정에서 '단모음+단모음'의 연쇄가 생길 수밖에 없다. 이때 연속하는 단모음 사이에는 충돌이 발생하며 이러한 충돌을 무마하기 위해 다양한 음운 현상들이 적용된다. 이런 현상들을 총칭하여 모음 충돌 회피라고 한다.[38] 모음 충돌 회피는 언어 보편적으로 널리 나타나는 현상이다.

모음 충돌을 피하는 방법은 이론적으로 네 가지 정도가 가능하다. 연속한 단모음 중 하나를 단모음이 아닌 다른 부류의 음운으로 바꾸거나(대치) 두 개의 단모음 중 하나를 없애거나(탈락) 단모음 연쇄 사이에 단모음이 아닌 다른 음운을 끼워 넣거나(첨가) 두 개의 단모음을 합쳐서 제3의 단모음으로 바꿀(축약) 수 있다. 대치, 탈락, 첨가, 축약 중 어떤 과정을 거치든 단모음의 연쇄는 더 이상 유지되지 않는다.

한국어에는 모음 충돌을 피하는 네 가지 방법이 모두 음운 현상으로 나타나며 표준어 또는 표준 발음으로도 인정하고 있다. 한글 맞춤법에서는 네 가지 방법 중 대치, 탈락, 축약에 대한 내용이 들어 있다. 한글 맞춤법에 빠진 '첨가'는 단모음과 단모음 사이에 반모음이 첨가되는 것인데 표준 발음법에 규정되어 있으며 6.7에서 이미 살핀 바 있다. 따라서 여기서는 대치, 탈락, 축약에 의한 모음 충돌 회피를 다루기로 한다.

38) '자음+자음'의 연쇄도 모음과 마찬가지로 충돌이 발생한다. 이런 충돌을 없애기 위해 일어나는 현상을 한국어 연구 초창기에는 '자음 접변'이라고 불렀다. 또한 모음 충돌을 피하기 위한 현상은 '모음 접변'이라고 하여 '자음 접변'과 대응시킨 적도 있다. 자세한 것은 이진호(2009ㄱ: 525)를 참고할 수 있다.

9.4.1. 대치

연속한 두 개의 단모음 중 어느 하나를 다른 음운으로 바꿈으로써 모음 충돌을 회피하는 현상 중 가장 대표적인 것은 반모음화이다.39) 두 개의 단모음 중 하나가 반모음으로 바뀌면 모음 충돌은 더 이상 일어나지 않는다. 현대 한국어의 반모음화는 'ㅗ, ㅜ'나 'ㅣ'로 끝나는 어간 뒤에 '아/어'로 시작하는 어미가 결합할 때 적용된다. 반모음화가 일어날 때 단모음은 성질이 비슷한 반모음으로 바뀐다. 그래서 'ㅗ, ㅜ'는 'w'로, 'ㅣ'는 'j'로 변한다. 한글 맞춤법에서는 반모음화 현상을 준말과 관련지어 규정하고 있다.

(18)

【제35항】 모음 'ㅗ, ㅜ'로 끝난 어간에 '-아/-어, -았-/-었-'이 어울려 'ㅘ/ㅝ, ㅘㅆ/ㅝㅆ'으로 줄 때에는 준 대로 적는다.

본 말	준 말	본 말	준 말
꼬아	꽈	꼬았다	꽜다
보아	봐	보았다	봤다
쏘아	쏴	쏘았다	쐈다
두어	둬	두었다	뒀다
쑤어	쒀	쑤었다	쒔다
주어	줘	주었다	줬다

[붙임 1] '놓아'가 '놔'로 줄 적에는 준 대로 적는다.

[붙임 2] 'ㅚ' 뒤에 '-어, -었-'이 어울려 'ㅙ, ㅙㅆ'으로 될 적에도 준 대로 적는다.

본 말	준 말	본 말	준 말
괴어	괘	괴었다	괬다
되어	돼	되었다	됐다
뵈어	봬	뵈었다	뵀다
쇠어	쇄	쇠었다	쇘다
쐬어	쐐	쐬었다	쐤다

39) 반모음화 현상은 운소의 변동을 동반하지만 여기에 대해서는 이미 4.4.1에서 다루었으므로 다시 언급하지는 않기로 한다.

(18)은 어간말 모음이 'ㅗ, ㅜ'인 경우의 반모음화 예이다. 여기에 따르면 반모음화가 일어난 형태와 일어나지 않은 형태 모두를 인정하고 있다. 이것은 반모음화 현상이 반드시 일어나야만 하는 필수적인 현상은 아니라는 점과 관련이 있다고 할 수 있다. 그러나 '오-, 싸우-, 배우-, 채우-' 등과 같이 반모음화가 일어나는 음절이 초성을 갖고 있지 않은 경우에는 현실 발음에서 반모음화가 필수적으로 일어난다. (18)에 제시된 예가 모두 '자음+ㅗ/ㅜ'로 된 1음절 어간인 것은 이런 사실을 염두에 두었기 때문일지도 모른다.

'[붙임 1]'에 제시된 '놓-'은 '아'로 시작하는 어미 앞에서 먼저 'ㅎ'이 탈락한 후 반모음화가 적용되고 있다. '놓-' 이외에 어간 마지막 음절의 모음이 'ㅗ, ㅜ'이면서 받침에 'ㅎ'을 더 가진 단어에는 '좋-'이 더 있다. 그러나 '좋-'은 '아'로 시작하는 어미 앞에서 'ㅎ'이 탈락하기만 할 뿐 반모음화가 일어나지 않는다.[40]

(18)에서 주의해야 할 것은 '[붙임 2]'의 내용이다. 이것은 'ㅗ, ㅜ'의 반모음화와는 전혀 다른 현상이며 역사적으로 다음과 같은 과정을 거친 결과이다.[41]

(19) (ᄃᆞᄫᅵ->ᄃᆞ외->되-) toja(되+아) > toɛ(도애) > twɛː(돼:)

여기서 알 수 있듯이 역사적으로는 어간에 결합한 어미가 '어'가 아닌 '아'로 시작했다. 어간의 모음과 어미의 모음이 결합하여 줄어든 형태가 'ㅞ'가 아닌 'ㅙ'인 것도 이와 관련된다.[42] 또한 (19)의 변화 과정에서 알 수 있듯이

40) 반모음화 대신 반모음 첨가가 일어나서 '조와(좋+아)'와 같이 실현되는 경우는 많다. '좋-'에 반모음화가 적용된다는 보고는 전북 임실 지역어를 조사한 심병기(1985: 28)에서 나타난다.

41) 'ㅚ'로 끝나는 어간의 변화와 관련된 여러 문제들은 이진호(2008ㄴ: 273~286)에서 자세히 다루었다.

42) '돼'의 표기와 관련해서는 정희창(2010)을 참고할 수 있다.

'ㅚ'와 'ㅏ'가 직접 'ㅙ'로 줄어든 것도 아니다. 여기에는 반모음 'j'의 역할이 컸다.

이처럼 '[붙임 2]'에서 다루는 현상은 'ㅗ, ㅜ'의 반모음화와 무관하지만 한글 맞춤법의 같은 조항에서 다루다 보니 불필요한 오해를 낳게 되었다.[43] 즉, 기존의 학교 문법에서 'ㅗ, ㅜ'의 반모음화와 'ㅚ+ㅓ→ㅙ'를 따로 구분하지 않고 동일한 현상으로 기술하게 된 것이다. 'ㅚ+ㅓ→ㅙ'는 단순한 반모음화가 아니며 어미의 모음도 바뀌었기 때문에 'ㅗ, ㅜ'의 반모음화와 함께 다루어서는 곤란하다. 학교 문법의 태도는 한글 맞춤법의 내용을 잘못 해석한 결과라고 할 수 있다.

한글 맞춤법에서는 'ㅣ'의 반모음화와 관련된 내용도 다루고 있다.

(20)

【제36항】 'ㅣ' 뒤에 '-어'가 와서 'ㅕ'로 줄 적에는 준 대로 적는다.

본 말	준 말	본 말	준 말
가지어	가져	가지었다	가졌다
견디어	견뎌	견디었다	견뎠다
다니어	다녀	다니었다	다녔다
막히어	막혀	막히었다	막혔다
버티어	버텨	버티었다	버텼다
치이어	치여	치이었다	치였다

(21)

【제38항】 'ㅏ, ㅗ, ㅜ, ㅡ' 뒤에 '-이어'가 어울려 줄어질 적에는 준 대로 적는다.

본 말	준 말		본 말	준 말	
싸이어	쌔어	싸여	뜨이어	띄어	
보이어	뵈어	보여	쓰이어	씌어	쓰여
쏘이어	쐬어	쏘여	트이어	틔어	트여
누이어	뉘어	누여			

43) 여기에는 용언의 활용형에서 음절 수가 줄어든다는 공통점이 크게 작용했다.

한글 맞춤법 제36항은 'ㅣ'의 반모음화만을 다루는 반면 제38항은 반모음화의 예를 모음 축약과 함께 다루고 있다. 제38항의 준말 중 왼쪽에 있는 형태들(쌔어, 뵈어 등)은 어간의 모음 축약과 관련된 예이고 오른쪽에 있는 형태들(싸여, 보여 등)은 본말에 적용된 반모음화와 관련된 예이다.[44)]

제36항이든 제38항이든 모두 'ㅣ'의 반모음화 예로 2음절 어간만 제시했다. 그러나 '겨:라(기+어라), 펴:서(피+어서)' 등과 같이 1음절 어간에도 반모음화가 적용되기는 한다. 다만 2음절 어간의 경우 반모음화가 매우 잘 적용되지만 1음절 어간은 반드시 그런 것만은 아니라는 차이가 있다. 가령 '기+어라, 피+어서'는 '겨:라, 펴:서' 대신 '기어라~기여라, 피어서~피여서'와 같은 형태도 많이 나타나는 것이다.

한편 현실 발음 중에는 원래 'ㅣ'로 끝나지 않았는데 변화에 의해 어간말 모음이 'ㅣ'로 바뀐 후 반모음화의 적용을 받는 경우도 존재한다. 가령 '메-(擔), 베-(枕)'와 같이 'ㅔ'로 끝나던 어간에 고모음화가 적용되어 '미-, 비-'로 발음하는 경우가 많다. 그런데 여기에 다시 반모음화가 적용되어 '며:서(미+어서), 벼:도(비+어도)' 등과 같은 형태가 나타나기도 하는 것이다. 이는 변화된 어간의 형태에 맞춰 음운 현상이 새롭게 적용된 결과이다.[45)]

어간말 'ㅗ, ㅜ'와 'ㅣ'에 적용되는 반모음화는 중세 한국어 시기에도 존재했다. 그러나 적용 양상은 현대와 차이가 난다.[46)] 'ㅗ, ㅜ'에 적용되는 반모음화는 2음절 이상으로 이루어진 용언 어간 및 1음절 어간 중 '오-'에서 주로 일어났다.[47)] 그나마도 반모음화가 일어나는 음절이 모음만으로 이루어졌

44) 모음 축약과 관련된 형태들은 9.4.3에서 다룬다.

45) 이것을 보면 비록 반모음화가 필수적으로 적용되지는 않는다고 해도 세력이 상당하다는 것을 알 수 있다. 세력이 약화된 음운 변화라면 새로운 입력형이 만들어져도 적용되지 않기 때문이다.

46) 중세 한국어의 반모음화 현상은 송철의(1987), 한영균(1988), 김종규(1989), 이진호(2011ㄱ) 등을 참고할 수 있다.

47) 1음절 어간 중 '오-' 이외에 반모음화가 한 번이라도 나타나는 어간에는 '두-(置), 소-(射),

거나 '후음+ㅗ/ㅜ'로 이루어졌을 때에만 활발할 뿐, 그 이외의 경우에는 수의적으로 일어났다. 'ㅣ'에 적용되는 반모음화는 'ㅗ, ㅜ'에 적용되는 반모음화보다는 훨씬 강한 세력을 가지고 있었다. 어간의 음절 수에 상관없이 반모음화가 일어났다. 또한 반모음화가 적용되지 않고 어간의 'ㅣ'와 어미의 '아/어'가 그대로 실현되는 경우도 없었다. 다만, 어간에 따라서는 반모음화 대신 반모음 첨가가 적용되는 경우도 있기 때문에 모든 어간에서 예외없이 적용되었다고 하기는 어렵다.

9.4.2. 탈락

인접한 두 모음 중 하나가 탈락하면 모음 충돌은 자동적으로 사라진다. 한국어에는 모음 충돌을 막기 위한 여러 가지 탈락 현상이 존재한다.

(22)

【제18항】 다음과 같은 용언들은 어미가 바뀔 경우, 그 어간이나 어미가 원칙에 벗어나면 벗어나는 대로 적는다.

⋮

4. 어간의 끝 'ㅜ, ㅡ'가 줄어질 적

푸다:	퍼	펐다	뜨다:	떠	떴다
끄다:	꺼	껐다	크다:	커	컸다
담그다:	담가	담갔다	고프다:	고파	고팠다
따르다:	따라	따랐다	바쁘다:	바빠	바빴다

⋮

한글 맞춤법 제18항에서는 다양한 요인에 의해 어간이나 어미의 형태가 바뀐 경우를 규정하고 있는데, 이 중 어간말의 으-탈락에 대해서도 다루고

호-(縫)'가 있으나 반모음화가 일어나는 비율은 그렇지 않은 비율과 비교할 때 매우 미약하다.

있다.[48] '끄-, 담그-, 따르-, 뜨-, 크-' 뒤에 '아/어'로 시작하는 어미가 오면 규칙적으로 어간말의 'ㅡ'가 탈락한다. 단, ㅅ-불규칙 어간인 '긋-'은 '어'와 결합할 때 'ㅅ'이 안 나타나서 어간 모음 'ㅡ'와 어미의 '어'가 직접 결합하는데도 불구하고 으-탈락이 적용되는 대신 '그어'로 발음된다.

용언 어간에 적용되는 으-탈락은 중세 한국어 시기에도 존재했다. 그런데 중세 한국어 시기에는 어간말의 'ㅡ'뿐만 아니라 'ㆍ'도 탈락했다.[49] 그래서 'ᄎᆞ-, ᄑᆞ-'와 같은 어간 뒤에 '아'나 '오'로 시작하는 어미가 오면 'ㆍ'가 실현되지 않았다. 이러한 어간말의 ᄋᆞ-탈락은 으-탈락과 동일한 성질의 것이다.

으-탈락은 어간뿐만 아니라 어미에도 적용된다고 할 수 있다.[50] 어간의 말음에 따라 '으'가 나타나기도 하고 나타나지 않기도 하는 어미의 경우 '으'가 있는 쪽을 기저형으로 설정하면 으-탈락 규칙이 필요해진다.[51]

(23) ㄱ. 먹으면, 먹으니, 먹으면서
ㄴ. 가면, 가니, 가면서
ㄷ. 알면, 아니, 알면서

(23)의 경우 (23ㄱ)에 나오는 '-으면, -으니, -으면서'를 기저형으로 설정한 후, 어미의 '으'가 모음이나 'ㄹ'로 끝나는 어간 뒤에서 탈락한다고 설명하게 되는 것이다. 이러한 으-탈락은 용언 어간 뒤에서는 활발하게 일어나지만 체언 뒤에서는 잘 일어나지 않는다. 가령 '-은, -을'과 같은 조사는 '칼은, 칼을'에서 보듯 'ㄹ' 뒤에서 '으'가 그대로 유지된다. 다만, '넌(너+은), 널(너

---

48) (22)에는 어간의 으-탈락이 아닌 경우(푸-, 고프-, 바쁘-)도 포함되어 있는데 여기에 대해서는 9.5.6에서 다루기로 한다.
49) 중세 한국어 시기에 어간말의 'ㅡ'와 'ㆍ' 탈락은 매우 규칙적으로 일어나므로 예를 따로 제시하지는 않는다.
50) 여기서의 어미에는 조사 '으로'까지 포함된다. 즉, 문법 형태소로서 '으'가 첫소리로 나타나기도 하고 그렇지 않기도 하는 것을 포괄하는 것이다.
51) 만약 '으'가 없는 형태를 기저형으로 설정하면 어미에 적용되는 으-탈락은 불필요하다.

+을)'과 같이 모음으로 끝나는 일부 체언 뒤에 '-은, -을'이 결합할 때에는 '으'가 탈락하기도 한다.52) 예외적으로 '-으로'는 '바다로, 들로'에서 보듯 모음이나 'ㄹ' 뒤에서 으-탈락이 적용되어 (23)과 동일한 모습을 보인다. 이처럼 어미의 두음 'ㅡ'가 탈락하는 것은 어간 말음 'ㅡ'가 탈락하는 것보다 훨씬 복잡한 양상이다.

어미에 적용되는 으-탈락은 중세 한국어 시기에도 존재했다. 또한 어간과 마찬가지로 당시에는 어미초의 'ㆍ' 역시 동일한 환경에서 탈락했다. 그러나 높임의 선어말어미 '-ᄋᆞ/으시-'는 'ㄹ'로 끝나는 어간 뒤에서 'ᄋᆞ'와 '으'가 탈락하지 않았다. 그래서 '아ᄅᆞ시고(알+ᄋᆞ시고), ᄂᆞᄅᆞ샤(ᄂᆞᆯ+ᄋᆞ샤), 여르시고(열+으시고), ᄡᅮ르시니(ᄡᅮᆯ+으시니)'와 같은 형태로 실현되었다. 이것을 제외하면 현대 한국어와 비교해서 큰 차이가 없다. 으-탈락은 중세 한국어에 시기에 이미 상당 부분 적용이 완료되어 현대 한국어까지 이어지고 있는 셈이다.

한글 맞춤법에는 으-탈락 외에도 두 가지 모음 탈락이 더 존재한다. 이 두 가지 현상은 제34항에서 함께 다루고 있다.

52) 일반적으로는 모음으로 끝나는 체언 뒤에 '-은, -을' 대신 '-는, -를'이 결합하는 것이 원칙이다. 그러나 일부 경우에 한해 '-은, -을'이 결합하면서 '으'가 탈락하기도 하는데, 이런 현상은 중세 한국어 시기에 이미 존재했다. 물론 중세 한국어에서든 현대 한국어에서든 필수적으로 적용되지는 않는다. 또한 '너은, 너을'과 같이 '으'가 탈락하지 않고 그대로 실현되는 경우는 존재하지 않는다. 한글 맞춤법 제33항에서는 '넌, 널'을 '너는, 너를'이 줄어든 형태라고 했는데, 이것은 어디까지 규범 차원에서의 해설이고 실제로는 '-은, -을'이 결합하면서 '으'가 탈락했다고 해석하는 편이 나을 듯하다.

(24)

【제34항】 모음 'ㅏ, ㅓ'로 끝난 어간에 '-아/-어, -았-/-었-'이 어울릴 적에는 준 대로 적는다.

본 말	준 말	본 말	준 말
가아	가	가았다	갔다
나아	나	나았다	났다
타아	타	타았다	탔다
서어	서	서었다	섰다
켜어	켜	켜었다	켰다
펴어	펴	펴었다	폈다

[붙임 1] 'ㅐ, ㅔ' 뒤에 '-어, -었-'이 어울려 줄 적에는 준 대로 적는다.

본 말	준 말	본 말	준 말
개어	개	개었다	갰다
내어	내	내었다	냈다
베어	베	베었다	벴다
세어	세	세었다	셌다

⋮

제34항의 본문에서 설명하는 것은 소위 동일 모음 탈락이라고 불리는 현상이다. '하-'를 제외하고 'ㅏ, ㅓ'로 끝나는 어간 뒤에 '아/어'로 시작하는 어미가 오면 어간 모음과 어미 모음이 동일하여 둘 중 하나가 탈락한다.53) '켜-, 펴-'는 'ㅓ'가 아닌 'ㅕ'로 끝나지만 'ㅕ'는 반모음 'j'와 단모음 'ㅓ'의 결합으로 이루어지므로 'ㅓ'로 끝나는 어간과 별반 다르지 않다. 동일 모음 탈락에서는 어떤 모음이 탈락하는지 명확하지가 않다. 논의에 따라 어간 모음이 탈락한다고 보기도 하고 어미 모음이 탈락한다고 보기도 한다.54)

제34항에서는 동일 모음 탈락이 적용되지 않는 본말과 적용된 준말을

53) 어미의 모음이 '아'인지 '어'인지는 어간 모음에 의한 모음 조화에 따라 결정된다고 할 수 있다. 'ㅏ'로 끝나는 어간 뒤에는 '아'로 시작하는 어미가, 'ㅓ'로 끝나는 어간 뒤에는 '어'로 시작하는 어미가 결합해서 모음이 탈락하므로 동일 모음 탈락이라고 부른다. 한편, 현대 한국어의 모음 조화를 음운 현상으로 인정하지 않기도 한다. 그럴 경우에는 어미의 선택 과정이 다소 복잡해질 수 있으며 동일 모음 탈락이라는 현상을 인정하기 어려울 수도 있다.

54) 이 문제와 관련된 기존 논의는 임석규(2002)에서 자세히 고찰한 바 있다.

모두 인정하고 있다. 그렇지만 동일 모음 탈락은 현대 한국어에서 필수적으로 적용된다. 따라서 본말은 쓰이지 않고 준말만 나타난다. 단, 'ㅎ'으로 끝나는 어간에 ㅎ-탈락이 적용되거나 ㅅ-불규칙 용언이 모음으로 시작하는 어미 앞에서 어간말 자음이 나타나지 않는 경우에는 이 현상이 적용되지 않는다. 즉, '낳+아[나아], 넣+어[너어]'나 '낫+아[나아], 젓+어[저어]'에서 보듯 어간 모음과 어미 모음이 모두 유지되는 것이다.55) 이들은 기원적으로 'ㅎ'이나 'ㅿ'이 발음되어 '나하, 너허, 나ᅀᅡ, 저ᅀᅥ'와 같이 실현되었다. 이후 어중의 'ㅎ, ㅿ'이 탈락했지만 그때는 이미 동일 모음 탈락의 세력이 약화되었기에 더 이상 적용되지 못한 채 현재에 이르고 있다.56)

동일 모음 탈락은 중세 한국어 시기부터 존재했다. 그런데 흥미롭게도 중세 한국어 시기에는 동일 모음 탈락이 적용된 형태와 그렇지 않은 형태가 공존했다.

(25) ㄱ. 가아(『釋譜詳節』 3: 14, 가+아), 놀라아(『釋譜詳節』 13: 42, 놀라+아), 하아(『月印釋譜』 1: 24, 하+아), 맛나아(『釋譜詳節』 9: 16, 맛나+아), 셔어(『月印釋譜』 8: 83, 셔+어)

ㄴ. 가셔(『杜詩諺解』 6: 44, 가+아셔), 놀라(『月印釋譜』 8: 50, 놀라+아), 하도(『法華經諺解』 7: 60, 하+아도), 맛나셔(『杜詩諺解』 5: 8, 맛나+아셔), 셔(『楞嚴經諺解』 8: 67, 셔+어)

(25ㄱ)은 동일 모음 탈락이 적용되지 않은 것이고 (25ㄴ)은 적용된 것이다. 상대적 출현 빈도는 (25ㄴ)이 (24ㄱ)보다 훨씬 높지만, 빈도수 자체만

55) 때로는 어간 모음과 어미 모음이 동일하기 때문에 '[나아], [너어], [저어]'가 하나의 장모음 '[나:], [너:], [저:]'로 발음되기도 한다. 이때는 표면상 모음이 하나밖에 안 남지만 동일 모음 탈락의 겪을 경우에는 모음이 장모음이 아닌 단모음(短母音)이라는 점에서 여전히 구별이 된다.

56) 반면, (24)에 제시된 '나-, 서-' 등은 원래부터 모음으로 끝났기 때문에 동일 모음 탈락의 적용을 일찍부터 받을 수 있었다.

보면 (25ㄱ)도 그리 적지가 않다.[57] 중세 한국어의 표기법이 비교적 발음에 충실했다는 점을 고려하면 중세 한국어 시기에는 동일 모음 탈락이 필수적으로 적용되지는 않았을지 모른다. 실제로 김종규(1989: 49)에서는 동일 모음 탈락이 15세기 중엽을 전후하여 필수 규칙으로 자리 잡게 되며 (24ㄱ)은 그 이전의 상태를 반영한다는 해석을 하기도 했다.

한편, (24)에 제시된 한글 맞춤법 제34항의 '[붙임 1]'은 동일 모음 탈락과는 다른 음운 현상이다. 자료에서 분명히 드러나듯이 어간의 모음은 'ㅐ, ㅔ'이므로 어미의 모음 '아, 어'와는 차이가 난다. 이 현상의 적용 결과를 보면 어미의 모음 'ㅏ, ㅓ'가 나타나지 않으며 어간 모음은 장모음으로 실현된다. 이것을 논의에 따라서는 모음 탈락으로 기술하기도 하고 모음의 완전 순행 동화로 기술하기도 한다. 모음 탈락으로 기술하면 어미의 모음이 탈락하면서 보상적 장음화가 일어났다고 보아야 하고, 모음의 완전 순행 동화로 기술하면 어간 모음과 어미 모음이 같아지면서 동일한 모음이 연속되어 장모음으로 실현되었다고 보아야 한다. 이진호(2008ㄴ: 304~305)에서는 몇 가지 근거를 들어 모음의 완전 순행 동화로 설명하는 것이 낫다는 견해를 제시한 바 있으며, 그에 따르면 이 현상은 탈락이 아닌 대치로 분류해야만 한다. 그러나 여기서는 한글 맞춤법의 규정에 맞추어 편의상 탈락으로 분류하기로 한다.

'[붙임 1]'에 나오는 현상은 필수적으로 적용되는 현상은 아니다. 또한 어간의 음절 수에 따라 적용 여부에 차이가 드러난다.[58] 가령, 1음절 어간의 경우에는 탈락이 잘 일어나지만 어미의 'ㅓ'를 그대로 발음하는 것도 가능하다. 반면 2음절 이상의 어간은 어미 'ㅓ'를 탈락시키지 않고 그대로 발음

57) 다만, 'ㅏ'로 끝나는 어간에 비해 'ㅓ'로 끝나는 어간의 경우에는 (25ㄱ)과 같은 모습을 보이는 빈도가 현저하게 줄어든다.

58) 배주채(2003: 252)에 따르면 후행하는 어미의 종류에 따라서도 차이가 나타난다.

하는 것이 상당히 어색한 경우가 많다. '달래-, 보내-, 보태-, 쪼개-, 포개-' 등에 '-어, -어도, -었다' 등을 결합시켰을 때 어미 'ㅓ'를 그대로 발음하면 상당히 부자연스러운 발음으로 느껴진다.

역사적으로 보면 '[붙임 1]'에 나오는 어간들은 어미와 결합할 때 어미의 탈락을 일으키지 않았다. 중세 한국어의 경우 다음과 같은 모습을 보였다.

(26) ㄱ. 개야(『杜詩諺解』 11: 41, 개+아), 내야(『釋譜詳節』 3: 24, 내+아), 데여(『救急方諺解』 上: 9, 데+어)
ㄴ. 가야(『楞嚴經諺解』 2: 29, 개+아), 나야(『三綱行實圖』 忠: 18, 내+아), 더여(『簡易辟瘟方』 8, 데+어)

(26)에서 알 수 있듯이 당시에는 두 가지 표기가 공존했다. 즉, (26ㄱ)과 같이 어간 뒤에서 반모음 'j'가 첨가되든지 또는 (26ㄴ)과 같이 어간말의 반모음 'j'가 어미의 첫음절로 이동했던 것이다. 이 중 (26ㄱ)의 빈도가 (26ㄴ)의 빈도보다 훨씬 높은 것은 사실이다.

두 가지 표기가 실제 발음상의 차이를 반영한 것인지 알 수는 없지만 어떤 경우든 어미가 탈락하지는 않았다. (26)과 같은 상태에서 어미가 탈락하려면 어중의 반모음이 없어져야만 한다. 반모음이 그대로 있는 한 모음 충돌이 일어나지 않기 때문에 탈락이 일어나기 어렵다.

(26)의 단계에서 현대 한국어의 형태로 변화하는 구체적 변화 과정에는 이견이 존재한다.[59] 그러나 어떤 견해든 역사적으로 이중 모음 'ㅐ, ㅔ'의 단모음화를 거쳐 현재에 이르렀다고 보는 점만은 일치한다. 단모음으로 바뀐 후 어떤 과정이 후속하느냐에 대한 견해가 다른 것이다. 단모음 'ㅐ, ㅔ' 뒤에서 모음이 탈락했다고 주장하기도 하고 단모음 'ㅐ, ㅔ' 뒤에서 이중 모음 'ㅑ, ㅕ'가 축약을 거쳤다고 주장하기도 한다.[60]

59) 이러한 이견들에 대해서는 고광모(2009)에서 검토한 바 있다.

9.4.3. 축약

인접한 두 모음을 제3의 단모음으로 축약시키는 것도 모음 충돌을 피하는 방법 중의 하나이다. 한글 맞춤법에서는 이러한 축약에 대해서도 언급하고 있다.

(27)

【제37항】'ㅏ, ㅕ, ㅗ, ㅜ, ㅡ'로 끝난 어간에 '-이-'가 와서 각각 'ㅐ, ㅖ, ㅚ, ㅟ, ㅢ'로 줄 적에는 준 대로 적는다.

본 말	준 말	본 말	준 말
싸이다	쌔다	누이다	뉘다
펴이다	폐다	뜨이다	띄다
보이다	뵈다	쓰이다	씌다

(28)

【제38항】'ㅏ, ㅗ, ㅜ, ㅡ' 뒤에 '-이어'가 어울려 줄어질 적에는 준 대로 적는다.

본 말	준 말		본 말	준 말	
싸이어	쌔어	싸여	뜨이어	띄어	
보이어	뵈어	보여	쓰이어	씌어	쓰여
쏘이어	쐬어	쏘여	트이어	틔어	트여
누이어	뉘어	누여			

(27)은 어간 자체의 축약 과정과 관련되고 (28)은 축약된 어간 뒤에 어미가 올 때의 활용과 관련된다. (28)의 준말 중 왼쪽에 있는 것은 (27)의 축약된 어간 뒤에 단순히 어미가 그대로 이어진 것에 불과하며, 오른쪽에 있는 것은 축약되기 전의 본말에 반모음화가 적용되었을 뿐이다. 따라서 여기서

60) 역사적 변화 과정에 대한 이러한 입장 차이는 (23)의 '[붙임 1]'을 모음 탈락으로 기술할 것인지, 모음의 완전 순행 동화로 기술할 것인지와도 관련된다고 할 수 있다. 역사적으로 탈락을 거쳤다고 볼 경우에는 현대 한국어의 기술에서도 모음 탈락을 택하는 것이 유리하며, 역사적으로 'ㅑ, ㅕ'의 축약을 거쳤다고 본다면 현대 한국어의 기술에서도 모음의 완전 순행 동화를 택하는 편이 유리하다.

는 (27)의 축약만 검토하는 것으로도 충분하다.

(27)의 축약은 후설모음 뒤에 'ㅣ'가 올 때 이 두 모음이 합쳐져 전설 모음으로 바뀌는 현상을 가리킨다. 단 '뜨이다, 쓰이다'의 경우와 같이 'ㅡ+ㅣ'가 축약되면 이중 모음 'ㅢ'로 바뀌기 때문에 이 경우는 엄밀히 말하면 음운의 축약이라고 보기는 어렵다.[61] 아무튼 '후설 모음'과 'ㅣ'가 만날 때 모음 충돌을 피하기 위해 전설 모음으로 줄어드는 변화는 이 외에도 많이 찾아볼 수 있다. '사이>새, 아이>애, 버히다>버이다>베다' 등 여러 예들이 존재한다.

9.5. 불규칙 어간

불규칙 어간은 교체 양상이 규칙적이지 못한 어간을 말한다. 형태소의 교체는 일정한 조건 아래에서 예외 없이 일률적으로 일어나는 경우도 있지만, 그렇지 않고 교체를 보이는 형태소들을 범주화할 수 없거나 또는 교체 양상이 매우 독특하여 일반화할 수 없는 경우가 있다. 전자의 경우에는 규칙성을 포착하는 장치를 사용하여 설명을 할 수 있으며 규칙적 교체라고 부른다. 반면 후자는 규칙성이 존재하지 않으므로 그러한 설명을 할 수가 없으며 불규칙적 교체라고 부른다. 불규칙 어간은 용언 어간 중에서 불규칙적 교체를 하는 것들을 묶어서 부르는 명칭이다.

어떤 어간의 교체가 규칙적인지 불규칙적인지를 판단하려면 비슷한 구조를 가진 다른 어간이 어떻게 교체하는지 비교해야만 한다. 가령 'ㅂ'으로 끝나는 어간 중에는 교체 양상이 전혀 다른 두 가지 부류가 존재한다.

---

61) 음운의 차원에서는 음운 변화의 입력형과 출력형을 비교할 때 음운의 개수에 차이가 없으므로 축약이 일어나지 않았다. 음절의 차원에서 보자면 축약이 일어났다고 할 수도 있다.

(29) ㄱ. 굽어, 굽으니, 굽고, 굽는 (굽-, 曲)
ㄴ. 구워, 구우니, 굽고, 굽는 (굽-, 炙)

(29ㄱ)과 같은 부류에는 '곱-(曲), 잡-, 접-, 좁-' 등이 있고, (29ㄴ)과 같은 부류에는 '깁-, 눕-, 돕-, 밉-, 줍-' 등이 있다. 같은 구조의 용언 어간이 보이는 두 가지 교체 양상 중 어느 것이 규칙적인지는 (29)만 보아서는 판단할 수 없다. 특히 동일한 교체 방식을 보이는 어간의 숫자를 살펴보면 (29ㄱ)보다는 (29ㄴ)에 속하는 어간이 훨씬 더 많다. 그러나 수적으로 열세라도 (29ㄱ)에 속한 어간을 규칙 어간으로 분류하고, 오히려 (29ㄴ)에 속한 어간을 불규칙 어간으로 분류한다.

이것은 한국어에서 자음으로 끝나는 다른 용언 어간을 볼 때 자명해진다. 즉, 한국어에서는 자음으로 끝나는 형태소 뒤에 모음으로 시작하는 문법 형태소가 결합하면 자음이 단순히 연음되는 것이 일반적인 원칙이다. (29ㄱ)은 이러한 일반적인 원칙을 잘 따르고 있지만 (29ㄴ)은 그렇지 않다. 그래서 수적으로는 (29ㄴ)에 속하는 어간이 훨씬 우세함에도 불구하고 (29ㄱ)을 규칙 어간으로 설정하는 것이다.

한국어에는 많은 불규칙 어간이 존재한다. 불규칙 어간을 매우 세밀하게 분류한 배주채(2003: 149)에서는 11가지 유형의 불규칙 용언을 구분하고 있다. 이것은 한국어의 불규칙 어간을 최대한으로 세분한 결과이다. 여기서는 한글 맞춤법에서 다루고 있는 8가지 유형을 살피기로 한다.[62)]

불규칙 용언의 명칭은 대체로 어간이 어미 '-다'와 결합할 때의 말음 표기를 기준으로 삼는 경우가 많다. 가령 ㅂ-불규칙 어간, ㅅ-불규칙 어간 등이 모두 그러하다. 이들은 모두 어미 '-다'와 결합할 때 어간 말음이 무엇인지를 명칭에 반영하고 있다. 여기서도 이러한 입장을 취하도록 한다.[63)]

62) 8가지 불규칙 어간을 7개의 유형으로 나누어 고찰한다.

9.5.1. ㄷ-불규칙 어간

'ㄷ'으로 끝나는 어간은 다음과 같이 두 가지 교체 양상을 보인다.

(30) ㄱ. 걷어, 걷으니, 걷고, 걷는 (걷-, 揎)
ㄴ. 걸어, 걸으니, 걷고, 걷는 (걷-, 步)

모음으로 시작하는 어미와 결합할 때 연음을 보이는 (30ㄱ)이 규칙 어간이고, 같은 환경에서 'ㄷ'이 'ㄹ'로 실현되는 (30ㄴ)이 불규칙 어간이다. 규칙 어간에는 '굳-, 닫-, 믿-' 등이, 불규칙 어간에는 '깨닫-, 듣-(聽), 묻-(問)' 등이 있다. ㄷ-불규칙 어간이 모음으로 시작하는 어미와 결합할 때 나타나는 어간 말음 'ㄹ'은 규칙 어간의 말음 'ㄹ'과는 차이가 난다. 즉, 규칙 어간의 경우 '알면, 알면서'에서 보듯 어간말 'ㄹ' 뒤에서 어미의 두음 '으'가 탈락하지만, ㄷ-불규칙 어간의 경우 '걸으면, 걸으면서'에서와 같이 'ㄹ' 뒤에서도 어미의 두음 '으'가 탈락하지 않는다.

한글 맞춤법에서는 ㄷ-불규칙 어간을 따로 다루지 않고 다른 불규칙 어간과 함께 묶은 후 어간이나 어미의 형태가 원칙에서 벗어난다는 언급만 하고 있다. 여기서 말하는 '원칙'이 규칙적인 교체 양상을 가리킨다는 것은 말할 것도 없다.

---

63) 다만 이럴 경우 어간의 말음이 같은데도 불규칙적 교체 양상이 다른 경우를 구분하기 어렵다는 문제가 있기는 하다. 가령 9.5.7에서 살필 르-불규칙 어간에는 전통적으로 르-불규칙이라고 불렀던 것과 러-불규칙이라고 것이 함께 묶이게 된다. 이런 문제점에도 불구하고 여기서는 명칭 선정의 일관성을 고려하여 어미 '-다'와 결합할 때의 형태를 기준 삼아 불규칙 어간의 명칭을 정하기로 한다.

(31)

> 【제18항】 다음과 같은 용언들은 어미가 바뀔 경우, 그 어간이나 어미가 원칙에 벗어나면 벗어나는 대로 적는다.
>
> ⋮
>
> 5. 어간의 끝 'ㄷ'이 'ㄹ'로 바뀔 적
>
> | | | | |
> |---|---|---|---|
> | 걷다[步]: | 걸어 | 걸으니 | 걸었다 |
> | 듣다[聽]: | 들어 | 들으니 | 들었다 |
> | 묻다[問]: | 물어 | 물으니 | 물었다 |
> | 싣다[載]: | 실어 | 실으니 | 실었다 |
>
> ⋮

ㄷ-불규칙 어간 중에는 규칙적 교체를 보이는 쪽으로 변화를 일으키는 것이 있다. 대표적인 것이 '싣-(得)'이다. 이 어간은 원래 (32ㄱ)과 같이 교체를 해야 하지만 실제로는 (32ㄴ)과 같이 교체를 보이는 경우가 매우 흔하다.[64]

(32) ㄱ. 실어, 실으니, 싣고, 싣는
ㄴ. 실어, 실으니, 실코, 실른

(32ㄴ)은 규칙 어간 '싫-(厭)'의 교체 양상과 일치한다. 즉, 더 이상 불규칙 용언이 아니고 규칙 용언인 것이다.[65] (32ㄱ)에서 (32ㄴ)으로의 변화는 불규칙적 교체를 보이는 어간이 규칙 교체를 지향하여 생겨난 것이다. 이러한 변화는 한국어에서 끊임없이 일어나고 있다. 참고로 '싣-'이 (32ㄴ)과 같은 모습을 보이는 방언은 다음과 같다.[66]

64) (32ㄴ) 대신 '실어, 실으니, 실꼬, 실른'으로 나타나는 방언도 있다. 이 역시 기본적으로는 (32ㄴ)과 비슷한 성격의 변화이다.

65) 이와 같은 변화는 '걷-(步), 묻-(問)' 등에서도 보이지만 그 분포가 '싣-'에 비해 상대적으로 매우 좁은 편이다.

66) 지도에서 '◉'로 표시된 곳은 (32ㄴ)뿐만 아니라 각주 64)에서 언급한 형태의 변화가 나타나는 지역도 모두 포함한다.

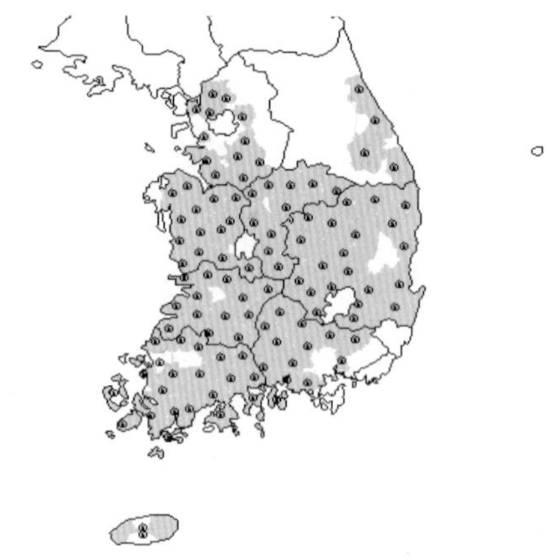

<지도 26> '싣-'의 어간 변화

<지도 26>을 보면 전국적으로 '싣-'의 활용형이 (31ㄱ)에서 (31ㄴ)으로 변하고 있음을 알 수 있다. 강원도와 경기도 동부를 제외하면 거의 대부분의 지역에서 이러한 변화가 일어났다. ㄷ-불규칙 어간 중에서 특히 '싣-'이 이런 모습을 강하게 보이는 이유를 알 수는 없지만, 조만간 이 단어는 모든 지역에서 규칙 용언으로 굳어질 가능성이 매우 높다.

ㄷ-불규칙 어간은 중세 한국어 시기에도 현대 한국어와 완전히 동일한 모습이었다. 중세 한국어의 ㄷ-불규칙 어간들은 (31)과 동일한 양상의 교체를 보였다. 또한 중세 한국어 이전의 어느 단계에서는 불규칙 어간이 아닌 규칙 어간이었으리라 추정되고 있다.[67] 그러나 어간의 정확한 형태에 대해서는 엇갈린 두 가지 견해가 존재한다.

하나는 예전에 어간 말음이 'ㄷ'으로 끝났다고 보는 것이다. 이 입장대로라면 ㄷ-불규칙 어간은 일부 어간의 말음 'ㄷ'이 모음 사이에서 'ㄹ'로 바뀜으로써 생겨난 셈이 된다. 그러나 'ㄷ'으로 끝나는 일부 어간에만 이러한

67) 중세 한국어 이전 단계의 ㄷ-불규칙 어간에 대해서는 유필재(2011)을 참고할 수 있다.

변화가 생겨난 이유가 무엇인지를 해명할 수 없다는 문제가 있다.68)

다른 하나는 어간 말음이 치조 부근의 유성 마찰음('z'는 아님)이었다고 보는 것이다.69) 이런 입장은 뒤에서 살필 ㅂ-불규칙 어간과 ㅅ-불규칙 어간이 모두 예전에 유성 마찰음 'ㅸ(β), ㅿ(z)'을 말음으로 가졌다는 데 근거하여 ㄷ-불규칙도 비슷한 유성 마찰음을 가졌으리라고 추측한 것이다. 이러한 유성 마찰음이 모음으로 시작하는 어미 앞에서는 'ㄹ'로 바뀌고 자음으로 시작하는 어미 앞에서는 'ㄷ'으로 바뀌어 ㄷ-불규칙 어간이 생겨나게 된다. 그러나 유성 마찰음의 정확한 정체가 무엇인지, 그리고 그런 음이 실재했는지를 확인할 수 없다는 문제가 있다.

9.5.2. ㅂ-불규칙 어간

'ㅂ'으로 끝나는 어간은 다음과 같이 세 가지 교체 양상을 보인다.

(33) ㄱ. 잡아, 잡으니, 잡고, 잡는 (잡-, 捉)
ㄴ. 도와, 도우니, 돕고, 돕는 (돕-, 助)
ㄷ. 뵈어, 뵈니, 뵙고, 뵙는 (뵙-, 謁)

모음으로 시작하는 어미와 결합할 때 연음을 보이는 (33ㄱ)이 규칙 어간이고 같은 환경에서 'ㅂ'이 안 나타나는 (33ㄴ, ㄷ)이 불규칙 어간이다. (33ㄴ)과 (33ㄷ)의 차이는 모음으로 시작하는 어미 앞에서 'ㅂ'이 완전히 없어지는지의 여부와 관련된다. (33ㄴ)과 같은 부류는 '아/어'로 시작하는 어미 앞에서는 반모음 'w'가 실현되며 '으'로 시작하는 어미와 결합할 때는 어미

68) 다만 모음 사이에서 'ㄷ'이 'ㄹ'로 바뀌는 변화가 한국어의 역사에서 많이 발견되는 것은 사실이다.

69) 유성 파열음 'd'였다고 보는 견해도 존재한다.

의 '으'가 '우'로 실현된다. 반면, (33ㄷ)은 모음으로 시작하는 어미와 결합할 때 'ㅂ'이 나타나지 않는 모습만 보일 뿐이다. 규칙 어간에는 '곱-(曲), 잡-, 접-, 좁-' 등 소수의 어간만 존재하고 나머지는 불규칙 어간이다. 그런데 불규칙 어간이라도 (33ㄴ)에 속하는 부류가 대부분이고 (33ㄷ)에 속하는 어간은 '뵙-, 여쭙-'에 국한된다.70)

한글 맞춤법에서는 ㅂ-불규칙 어간을 따로 다루지 않고 다른 불규칙 어간과 함께 묶어서 다루고 있다. 그런데 제시된 예를 보면 (33ㄴ)에 속하는 어간만 있을 뿐 (33ㄷ)에 속하는 어간은 없다.

(34)

【제18항】 다음과 같은 용언들은 어미가 바뀔 경우, 그 어간이나 어미가 원칙에 벗어나면 벗어나는 대로 적는다.

⋮

6. 어간의 끝 'ㅂ'이 'ㅜ'로 바뀔 적

깁다:	기워	기우니	기웠다
굽다[炙]:	구워	구우니	구웠다
가깝다:	가까워	가까우니	가까웠다
괴롭다:	괴로워	괴로우니	괴로웠다
맵다:	매워	매우니	매웠다
무겁다:	무거워	무거우니	무거웠다
밉다:	미워	미우니	미웠다
쉽다:	쉬워	쉬우니	쉬웠다

70) 만약 '여쭈어, 여쭈니'를 '여쭙-'의 활용형으로 인정하면 '여쭙-'도 (33ㄷ)의 유형에 포함된다. 그런데 설명 방식에 따라서는 (33ㄷ)의 부류를 설정하지 않을 수도 있다. 즉, (33ㄷ)에서 '뵈어, 뵈니'와 같이 'ㅂ'이 그냥 탈락하는 형태는 '뵙-'의 활용형이 아니라 비슷한 의미를 가지는 '뵈-'의 활용형이라고 볼 수 있는 것이다. '여쭈어, 여쭈니'도 '여쭙-'의 활용형이 아니라 '여쭈-'의 활용형이라고 보면 (33ㄷ)의 유형에 속하는 ㅂ-불규칙 어간은 따로 설정하지 않아도 된다. 이럴 경우 '뵙-'과 '여쭙-'은 모음으로 시작하는 어미와는 결합하지 못하는 일종의 불완전 용언이 된다. 『표준국어대사전』의 처리를 보면 '뵈어, 뵈니'는 '뵈-'의 활용형으로 분류하고 '뵙-'은 자음으로 시작하는 어미와만 결합한다고 해 놓았다. 또한 '여쭈어, 여쭈니'도 '여쭈-'의 활용형으로 보았다. 따라서 『표준국어대사전』의 방식에서는 (33ㄷ) 유형의 ㅂ-불규칙 어간은 없다. 다만, '여쭙-'에 대해서는 '여쭈워, 여쭈우니'와 같은 활용형을 인정하고 있어서, '여쭙-'은 '뵙-'과 달리 불완전 용언이 아닐 뿐만 아니라 (33ㄴ)에 속하는 여타의 어간과 동일한 교체를 하는 것으로 기술되었다.

다만, '돕-, 곱-'과 같은 단음절 어간에 '-아'가 결합되어 '와'로 소리나는 것은 '-와'로 적는다.

돕다[助]:	도와	도와서	도와도	도왔다
곱다[麗]:	고와	고와서	고와도	고왔다

⋮

방언에 따라서는 ㅂ-불규칙 어간인데도 불구하고 모음으로 시작하는 어미 앞에서 'ㅂ'이 그대로 실현되는 경우가 있다. 즉, ㅂ-불규칙 어간이 아닌 ㅂ-규칙 어간으로 실현되는 지역이 존재하는 것이다.

<지도 27> '굽-(炙)'과 ㅂ-불규칙

<지도 27>을 보면 '굽-'이 ㅂ-규칙 어간으로 실현되는 지역은 주로 경상도 방언을 중심으로 한다. 이 현상은 단어에 따라 적지 않은 차이를 보인다. 가령 '쉽-'의 경우는 '굽-'보다도 더 많은 지역에서 ㅂ-규칙 어간으로 나타난다. 그러나 '돕-'은 ㅂ-규칙 어간으로 나타나는 지역이 별로 없다.

또한 ㅂ-불규칙 어간 중 '줍-'은 어간 말음이 'ㅂ'과 상관없는 형태로 나타

나기도 한다.

(35) ㄱ. 주워, 주우니, 줍고, 줍는
ㄴ. 줏어, 줏으니, 줏고, 줏는

'줍-'이 ㅂ-불규칙 어간이라면 (35ㄱ)과 같이 나타나야 하지만, 실제로는 (35ㄴ)과 같이 나타나는 경우도 매우 많다. (35ㄴ)은 ㅅ-규칙 어간의 형태로서 상당한 세력을 가지고 있다. 아래의 <지도 28>은 '줍-'이 ㅅ-규칙 어간으로 나타나는 지역을 표시한 것이다.

<지도 28> '줍-'과 '줏-'

<지도 28>을 보면 한반도의 서부 방언은 대부분 '줍-'이 ㅅ-규칙 어간으로 나타나고 있다. '줍-'이 ㅂ-불규칙 어간으로 나타나지 않고 ㅅ-규칙 어간으로 나타나는 것은 역사적으로 이 어간의 말음이 'ㅿ'이었다는 사실과 관련된다. 원래 '줍-'은 '줐-'이었으며 'ㅿ'이 'ㅅ'으로 남아 있는 방언의 형태가 널리 퍼지면서 (35ㄴ)과 같은 형태를 띠게 되었다. 이처럼 ㅂ-불규칙 어간인

'즙-'은 '즈-'에서 변화한 결과이다.[71] ㅂ-불규칙 어간이 ㅂ-규칙 어간으로 실현되는 경상도 방언에서, '즙-'이 ㅂ-규칙 어간으로 나타나는 예가 전혀 없다는 사실도 이러한 역사와 관련이 된다.

ㅂ-불규칙 어간의 역사는 'ㅸ'과 매우 밀접한 관련이 있다. ㅂ-불규칙 어간은 중세 한국어 시기에 다음과 같은 모습을 보였다.

(36) ㄱ. 도ᄫᅡ(『釋譜詳節』 9: 18, 돕+아), 도ᄫᆞ샤(『月印釋譜』 20: 36, 돕+ᄋᆞ샤), 돕고(『法華經諺解』 3: 127, 돕+고), 돕ᄂᆞᆫ(『楞嚴經諺解』 8: 44, 돕+ᄂᆞᆫ)

ㄴ. 누ᄫᅥ(『釋譜詳節』 23: 44, 눕+어), 누ᄫᅳ며(『月印釋譜』 1: 17, 눕+으며), 눕고(『救急方諺解』 下: 38, 눕+고), 눕ᄂᆞᆫ(『法華經諺解』 1: 82, 눕+ᄂᆞᆫ)

(36)에서 알 수 있듯이 모음으로 시작하는 어미 앞에서는 'ㅸ'이 나타나고 자음으로 시작하는 어미 앞에서는 'ㅂ'이 나타난다.[72] 이후 'ㅸ'이 소멸하면서 자음으로 시작하는 어미와 결합할 때의 어간형은 그대로 유지되고 모음으로 시작하는 어미와 결합할 때의 어간형은 많은 변화를 입게 되었다.[73] 즉, 'ᄫᅡ, ᄫᅥ'의 'ㅸ'은 'w'로 바뀌고 'ᄫᆞ, ᄫᅳ'의 'ㅸ'은 후행 어미와 합쳐져 '오, 우'로 바뀌어 모음으로 시작하는 어미와 결합할 때는 더 이상 어간말 자음

71) 9.5.3에서 다루겠지만 'ㅿ'은 ㅅ-불규칙 어간과 직접 관련이 있으므로 '즈->즙-'은 ㅅ-불규칙 어간을 ㅂ-불규칙 어간으로 잘못 해석한 결과라고 할 수 있다. ㅅ-불규칙 어간이나 ㅂ-불규칙 어간은 모두 모음으로 시작하는 어미 앞에서 어간말 자음이 나타나지 않는다는 공통점이 있다. 그래서 ㅂ-불규칙을 보이는 형태소와 ㅅ-불규칙을 보이는 형태소 사이에는 유추에 의한 상호 변화가 가끔씩 일어난다. 이와 관련된 논의는 유필재(2000), 황문환(2001)을 참고할 수 있다.

72) 이 경우 어간의 기저형을 어떻게 정하는지는 현재 이견이 존재한다. 여기에 대해서는 이진호(1999)에서 다룬 바 있다.

73) 'ㅸ'은 어간의 활용형 중 어간이 모음으로 시작하는 어미와 결합할 때만 나타났으므로 'ㅸ'의 소멸도 모음으로 시작하는 어미와 결합하는 활용형에만 영향을 준다.

이 드러나지 않게 된 것이다. 이것이 ㅂ-불규칙 어간이 생겨난 역사적 과정이다.

한편, ㅂ-불규칙 어간이 ㅂ-규칙 어간으로 나타나는 경상도 방언에 대한 역사적 설명은 두 가지가 가능하다. 하나는 이 방언에서 애초부터 'ㅸ'이 존재하지 않았다고 보는 것이다. 그럴 경우 경상도 방언은 원래부터 ㅂ-규칙 어간만 존재했다고 할 수 있다. 다른 하나는 이 방언에도 원래 'ㅸ'이 존재했다고 보는 것이다. 그럴 경우 'ㅸ'이 'ㅂ'으로 바뀌는 변화를 별도로 인정해야 한다. 최명옥(1978)에 따르면 경상도 방언에도 기원적으로 'ㅸ'이 존재했었다고 하는데 그럴 경우 후자의 가능성이 더 크다.

9.5.3. ㅅ-불규칙 어간

표기상 'ㅅ'으로 끝나는 어간은 다음과 같이 두 가지 교체 양상을 보인다.

(37) ㄱ. 솟아, 솟으니, 솟고, 솟는 (솟-. 峙)
ㄴ. 부어, 부으니, 붓고, 붓는 (붓-, 注)

모음으로 시작하는 어미와 결합할 때 연음을 보이는 (37ㄱ)이 규칙 어간이고, 같은 환경에서 'ㅅ'이 안 나타나는 (37ㄴ)이 불규칙 어간이다. 엄밀하게 말하면 ㅅ-불규칙 어간이라고 하지만 어간말 자음이 'ㅅ'으로 실제 발음되는 경우는 없다. 어간말 자음은 자음으로 시작하는 어미와 결합할 때만 모습을 보이며, 이때는 'ㄷ'으로 발음되거나 비음 동화의 환경에서 'ㄴ'으로 실현될 뿐이다. 그래서 논의에 따라서는 ㅅ-불규칙 어간이라고 하지 않고 ㄷ-불규칙 어간이라고 하기도 한다. 규칙 어간에는 '벗-, 빗-, 빼앗-, 씻-, 웃-' 등이, 불규칙 어간에는 '긋-, 낫-, 잇-, 젓-, 짓-' 등이 있다.

ㅅ-불규칙 어간은 모음으로 시작하는 어미와 결합할 때 'ㅅ'이 나타나지 않으므로 어간 모음과 어미의 모음이 모음 충돌을 일으키지만 그것을 회피하는 현상이 필수적으로 일어나지는 않는다. 이것은 원래부터 모음으로 끝나는 규칙 어간과 비교할 때 잘 드러난다.

(38) ㄱ. 나으면, 나아서 (낫-, 癒) ⇔ 나면, 나서 (나-, 出)
ㄴ. 지어서, 지어도 (짓-, 作) ⇔ 져서[저서], 져도[저도] (지-, 負)
ㄷ. 그어서, 그어도 (긋-, 線) ⇔ 써서, 써도 (쓰-, 用)

(38ㄱ)을 보면 ㅅ-불규칙 어간은 모음으로 시작하는 어미와 결합해도 어미의 으-탈락이나 동일 모음 탈락이 일어나지 않음을 알 수 있다. (38ㄴ)은 반모음화가 ㅅ-불규칙 어간에 필수적으로 적용되지는 않음을 보여 준다. 설령 빠른 발화에서 반모음화가 일어난다고 하더라도 ㅅ-불규칙 어간은 '저:서(짓+어서), 저:도(짓+어도)'와 같이 보상적 장음화를 일으켜서 규칙 어간인 '지-'에 적용되는 반모음화와는 차이가 난다. (38ㄷ)을 보면 어간말의 으-탈락도 ㅅ-불규칙 어간에는 적용되지 않는다.

한글 맞춤법에서는 ㅅ-불규칙 어간을 다른 불규칙 어간과 함께 묶어서 다루고 있다.

(39)

【제18항】 다음과 같은 용언들은 어미가 바뀔 경우, 그 어간이나 어미가 원칙에 벗어나면 벗어나는 대로 적는다.

⋮

2. 어간의 끝 'ㅅ'이 줄어질 적

긋다:	그어	그으니	그었다
낫다:	나아	나으니	나았다
잇다:	이어	이으니	이었다
짓다:	지어	지으니	지었다

⋮

ㅂ-불규칙 어간의 경우와 마찬가지로 ㅅ-불규칙 어간 역시 방언에 따라서는 규칙 어간으로서 모음으로 시작하는 어미와 결합해도 'ㅅ'이 그대로 실현되는 경우가 존재한다. 아래의 <지도 29>에 표시된 지역이 그러하다.

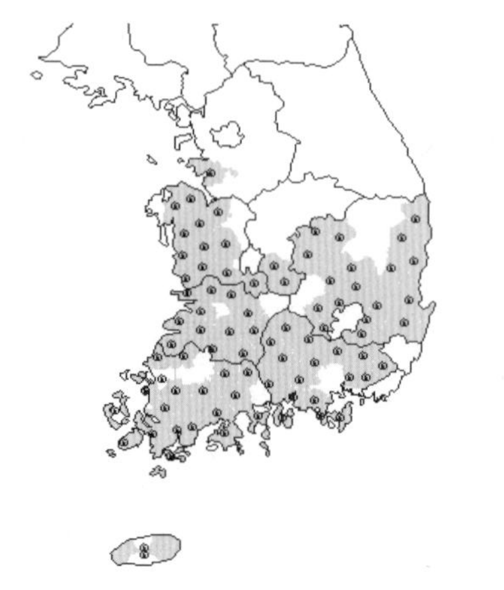

<지도 29> '낫-(癒)'과 ㅅ-불규칙

여기에 따르면 '낫-'은 전반적으로 남부 지방에서는 모두 ㅅ-규칙 어간으로 나타나고 있다. 물론 이러한 분포는 단어에 따라 약간의 차이가 난다. 그래서 동일한 ㅅ-불규칙 어간이라도 '짓-'의 경우는 ㅅ-규칙 어간으로 실현되는 지역이 상대적으로 드물다.74)

역사적으로 보면 ㅅ-불규칙 어간은 'ㅿ'과 매우 밀접한 관련이 있다. ㅅ-불규칙 어간은 중세 한국어 시기에 다음과 같은 모습을 보였다.

(41) 지ᅀᅥ(『釋譜詳節』 3: 4, 짓+어), 지ᅀᅳ니(『楞嚴經諺解』 3: 85, 짓+으니), 짓고(『月印釋譜』 7: 40, 짓+고), 짓ᄂᆞᆫ(『杜詩諺解』 8: 44, 짓+ᄂᆞᆫ)

74) 『한국방언자료집』에 따르면 전남의 몇몇 방언에서만 '짓-'이 ㅅ-규칙 어간으로 실현되고 있다.

(41)에서 알 수 있듯이 모음으로 시작하는 어미 앞에서는 'ㅿ'이 나타나고 자음으로 시작하는 어미 앞에서는 'ㅅ'이 나타난다.[75] 이후 'ㅿ'이 소멸하면서 모음으로 시작하는 어미와 결합할 때는 어간말 자음이 사라져 버렸다. 또한 자음으로 시작하는 어미와 결합할 때는 'ㅅ'이 평파열음화의 적용을 받아 'ㄷ'으로 바뀌면서 현재의 모습이 완성되었다.

한편, <지도 29>에 제시된 것처럼 ㅅ-불규칙 어간이 ㅅ-규칙 어간으로 나타나는 경우에 대한 역사적 설명은 ㅂ-불규칙 어간의 경우와 마찬가지로 두 가지가 가능하다. 하나는 이 방언에서 애초부터 'ㅿ'이 존재하지 않았다고 보는 것이다. 그럴 경우 <지도 29>에 표시된 지역들은 원래부터 ㅅ-규칙 어간만 존재했다고 할 수 있다. 다른 하나는 이 방언에도 원래 'ㅿ'이 존재했다고 보는 것이다. 그럴 경우 'ㅿ'이 'ㅅ'으로 바뀌는 변화를 별도로 인정해야 한다.

9.5.4. ㅎ-불규칙 어간

'ㅎ'으로 끝나는 어간은 다음과 같이 두 가지 교체 양상을 보인다.

(42) ㄱ. 놓아[노아], 놓은[노은], 놓고[노코], 놓니[논니] (놓-, 置)
ㄴ. 파래, 파란, 파랗고[파라코], 파랗니[파란니] (파랗-, 碧)

ㅎ-규칙 어간은 모음으로 시작하는 어미와 결합하면 어간말의 'ㅎ'이 사라지고 자음으로 시작하는 어미와 결합하면 유기음화를 일으키든지 평파열음화를 일으켜야 한다. (42ㄱ)이 전형적인 ㅎ-규칙 어간의 모습이다. 반면, ㅎ-불규칙 어간은 자음으로 시작하는 어미와 결합할 때는 규칙 어간과 차이

75) 앞의 (36)과 마찬가지로 이 경우에도 어간의 기저형 설정 방법에는 이견이 존재한다.

가 전혀 없으며 모음으로 시작하는 어미와 결합할 때도 'ㅎ'이 안 나타난다는 점은 동일하다. 그러나 어간과 어미의 모음 실현 양상에서 큰 차이를 보인다. '놓아'와 '파래', '놓은'과 '파란'을 비교해 보면 알 수 있듯이 ㅎ-불규칙 어간은 '아/어'로 시작하는 어미와 결합할 경우에는 어간말 모음과 어미초 모음이 녹아 붙어 'ㅐ'로 실현되며 '으'로 시작하는 어미와 결합할 때에는 어미에 으-탈락이 적용된다.

ㅎ-규칙 어간에는 '낳-, 넣-, 놓-, 닿-, 땋-, 빻-, 좋-' 등 1음절 어간이, ㅎ-불규칙 어간에는 '그렇-, 노랗-, 빨갛-, 뿌옇-, 동그랗-' 등 2음절 이상의 대부분 어간이 속한다.76) 이처럼 어간의 음절수에 따라 규칙 어간과 불규칙 어간이 나뉘는 것은 후술하겠지만 ㅎ-불규칙 어간이 기원적으로 'Xᄒᆞ-'와 같이 다음절(多音節) 구성을 지녔다는 것과 직접적인 관련이 있다.

한글 맞춤법에서는 ㅎ-불규칙 어간을 다른 불규칙 어간과 함께 묶어서 다루고 있다. 다만 (43)에서 보듯이 한글 맞춤법에서는 ㅎ-불규칙 어간이 '으'로 시작하는 어미와 결합할 때의 형태에 대해서만 언급할 뿐 '아/어'로 시작하는 어미와 결합할 때의 형태에 대해서는 언급하지 않는다.

(43)

【제18항】 다음과 같은 용언들은 어미가 바뀔 경우, 그 어간이나 어미가 원칙에 벗어나면 벗어나는 대로 적는다.

⋮

3. 어간의 끝 'ㅎ'이 줄어질 적

그렇다:	그러니	그럴	그러면	그러오
까맣다:	까마니	까말	까마면	까마오
동그랗다:	동그라니	동그랄	동그라면	동그라오
퍼렇다:	퍼러니	퍼럴	퍼러면	퍼러오
하얗다:	하야니	하얄	하야면	하야오

⋮

76) 물론 1음절로 된 ㅎ-규칙 어간이 후행 요소로 참여하는 복합어 어간은 2음절 이상이라도 규칙 어간에 속한다.

ㅎ-불규칙 어간이 모음으로 시작하는 어미와 결합할 때 독특한 교체를 보이는 것은 이들이 기원적으로 'ᄒᆞ-'와 밀접한 관련을 맺기 때문이다. ㅎ-불규칙 어간의 말음 'ㅎ'은 'ᄒᆞ-'의 'ㅎ'에서 온 것이다. 그래서 ㅎ-불규칙 어간은 'ᄒᆞ-'의 활용 양상과 비슷한 측면이 있다.77) 우선, ㅎ-불규칙 어간의 중세 한국어 활용형을 살피도록 한다.78)

(44) ㄱ. 퍼러ᄒᆞᆫ(『杜詩諺解』 11: 52, 퍼러ᄒᆞ+ᄋᆞᆫ), 퍼러ᄒᆞ고(『內訓』 2: 61, 퍼러ᄒᆞ+고), 퍼러ᄒᆞ도다(『杜詩諺解』 6: 17, 퍼러ᄒᆞ+도다), 퍼러호미(『金剛經三家解』 4: 5, 퍼러ᄒᆞ+옴이), 퍼러ᄒᆞ얏도다(『杜詩諺解』 15: 10, 퍼러ᄒᆞ+앗도다), 퍼러ᄒᆞ니(『杜詩諺解』 10: 17, 퍼러ᄒᆞ+ᄋᆞ니), 퍼러혼(『金剛經三家解』 2: 30, 퍼러ᄒᆞ+온)

ㄴ. 퍼런(『金剛經三家解』 4: 16』, 퍼러ᄒᆞ+ᄋᆞᆫ), 퍼러코(『釋譜詳節』 3: 41』, 퍼러ᄒᆞ+고), 퍼러커늘(『南明集諺解』 上: 20』, 퍼러ᄒᆞ+거늘)

(44ㄱ)은 '퍼렇다'가 '퍼러ᄒᆞ-'의 형태로 활용하는 경우이다. 'ᄒᆞ-'가 형태상으로 분명하게 드러나며 활용 양상도 'ᄒᆞ-'와 동일하다. (44ㄴ)은 '퍼러ᄒᆞ-'의 'ᄒᆞ-'가 표면상 드러나지 않는다. '퍼런'의 경우 'ᄒᆞ' 전체가 탈락했다.79) 또한 '퍼러코, 퍼러커늘'은 '퍼러ᄒᆞ-'에 '-고, -거늘'이 결합하면서 복합 어간

77) 물론, 'Xᄒᆞ-'로부터 변화한 모든 어간이 ㅎ-불규칙 활용을 하는 것은 아니다. 가령 '됴ᄒᆞ-'에서 변화한 '좋-'은 ㅎ-규칙 어간이다. 또한 'ᄀᆞᆮᄒᆞ-, 만ᄒᆞ-'에서 바뀐 '같-, 많-'도 ㅎ-규칙 활용을 보인다. 다만 '같-, 많-'은 지역에 따라 뒤에 '아'로 시작하는 어미가 올 때 '가태(같+아), 가태서(같+아서), 마내(많+아), 마내서(많+아서)'와 같은 활용형을 보이는 경우도 적지 않은데, 이것은 'ᄀᆞᆮᄒᆞ-, 만ᄒᆞ-'의 'ᄒᆞ-'가 '아'로 시작하는 어미와 결합할 때 '해'로 나타나는 것과 관련된다.

78) ㅎ-불규칙 어간 중 중세 한국어 자료에 용례가 가장 풍부하게 나오는 '퍼렇-'을 가지고 살피기로 한다. ㅎ-불규칙 어간의 역사적 형성과 관련해서는 이현희(1985)와 최명옥(1988ㄱ)을 참고할 수 있다.

79) 그런 점에서 '퍼런'과 같이 '으'로 시작하는 어미와 결합할 때의 ㅎ-불규칙 어간 활용형은 이미 중세 한국어 시기에 완성되어 있었다고 할 수 있다. 다만 당시에는 '퍼러ᄒᆞᆫ'과 같은 형태도 공존하고 있었다는 차이가 있다.

의 후행 요소로 쓰인 'ᄒᆞ-'의 'ㆍ'가 줄고 남은 'ㅎ'이 유기음화를 일으킨 것이다.

현대 한국어의 ㅎ-불규칙 어간은 크게 두 단계를 거쳐 만들어졌다고 할 수 있다. 첫 번째는 'Xᄒᆞ-'에서 'Xㅎ-'으로 줄어드는 단계이다. 여기에는 (44ㄴ)과 같은 활용형이 큰 역할을 했으리라 본다. (44ㄴ)은 표면에서 'ᄒᆞ-'가 나타나지 않기 때문에 'Xᄒᆞ-'에서 'Xㅎ-'으로 변화할 수 있는 계기를 마련해 준다.

두 번째는 'Xᄒᆞ-' 뒤에 '아'로 시작하는 어미가 올 때의 활용형이 'Xᄒᆞ야'에서 'X해'로 바뀌는 단계이다. 이 변화는 상당히 후대에 일어나는데, 단일 어간으로 쓰이는 'ᄒᆞ-'의 활용형 'ᄒᆞ야'가 '해:'로 변화하는 것과 직접적인 관련이 있다.[80] ㅎ-불규칙 어간이 '아/어'로 시작하는 어미와 결합할 때 어간과 어미의 모음이 축약된 듯한 모습을 보이는 것은 이 때문이다.

9.5.5. 아-불규칙 어간

'ㅏ'로 끝나는 어간은 다음과 같이 두 가지 교체 양상을 보인다.

(45) ㄱ. 가서, 가니, 가고, 가는 (가-, 去)
ㄴ. 하여서~해:서, 하니, 하고, 하는 (하-, 爲)

'ㅏ'로 끝나는 어간의 규칙적인 활용 방식은 (45ㄱ)과 같이 '아/어'로 시작하는 어미와 결합할 때는 동일 모음 탈락이 적용되고 '으'로 시작하는 어미와 결합할 때는 어미의 으-탈락이 적용되며 자음으로 시작하는 어미와 결합할 때는 아무런 변화가 없는 것이다. '하-' 또는 '하-'가 포함된 복합어 어간을

80) 여기에 대해서는 9.5.5에서 자세히 다룬다.

제외한 나머지는 모두 (45ㄱ)과 같은 모습을 보인다. 바꿔 말하면 '하'로 끝나는 어간은 (45ㄴ)과 같은 모습을 보인다.

불규칙 어간인 '하-'의 특징은 '아/어'로 시작하는 어미와 결합할 때 나타난다. '하여서'처럼 표면상 반모음 'j'가 덧붙든지 또는 어간과 어미의 모음이 녹아 붙여 모음이 'ㅐ:'로 실현된다.[81] '하여서'와 같은 반모음 첨가형은 문어에서 주로 쓰일 뿐이며 구어상으로는 '해:서'와 같은 모음 축약형이 쓰인다.

현재는 '하'로 끝나지 않지만 기원적으로 'Xᄒᆞ-'의 구조를 가졌던 말 중에는 아직도 '하-'의 활용 양상과 비슷한 모습을 보이는 단어들이 있다. 9.5.4에서 본 ㅎ-불규칙 어간은 물론이고 가령 '만ᄒᆞ-'에서 변화한 '많-'이나 'ᄀᆞᆮᄒᆞ-'에서 변화한 '같-'은 '아/어'로 시작하는 어미와 결합할 때 '많애, 같애'로 발음하는 경우가 적지 않다.[82] 이것은 모두 '하-'의 활용 양상을 그대로 유지한 결과이다. 'ᄒᆞ야>해:'와 같은 변화가 후대에 일어났음을 감안할 때 '많-, 같-'은 매우 오랜 기간 동안 '만ᄒᆞ-, ᄀᆞᆮᄒᆞ-'와의 관계를 그대로 유지한 셈이 된다.

'하-'의 활용형과 관련된 불규칙성은 한글 맞춤법의 여러 조항에 분산되어 있다.

81) '하여서'를 기준으로 할 경우에는 여-불규칙, '해:서'를 기준으로 할 경우에는 애-불규칙이라고 부르기도 한다. 여-불규칙은 불규칙의 원인을 어미에 두는 용어이고, 애-불규칙은 불규칙의 원인을 어간과 어미 모두에 두는 용어이다. 그런데 (45ㄴ)과 같은 불규칙적 교체의 원인은 '하-'라는 어간에 있기 때문에 여-불규칙이나 애-불규칙 어느 것도 타당한 용어라고 보기는 어렵다. 여기서 아-불규칙이라고 한 것은 이러한 사실을 고려하여 '하-'가 '-다'와 결합할 때의 말음 'ㅏ'를 기준으로 명칭을 정한 결과이다.

82) '많애, 같애' 대신 '많여, 같여'로 발음하는 경우 역시 마찬가지이다.

(46)

> 【제18항】 다음과 같은 용언들은 어미가 바뀔 경우, 그 어간이나 어미가 원칙에 벗어나면 벗어나는 대로 적는다.
>
> ⋮
>
> 7. '하다'의 활용에서 어미 '-아'가 '-여'로 바뀔 적
>
> 하다: 하여 하여서 하여도 하여라 하였다
>
> ⋮

(47)

> 【제34항】 모음 'ㅏ, ㅓ'로 끝난 어간에 '-아/-어, -았-/-었-'이 어울릴 적에는 준 대로 적는다.
>
> ⋮
>
> [붙임 2] '하여'가 한 음절로 줄어서 '해'로 될 적에는 준 대로 적는다.

본 말	준 말	본 말	준 말
하여	해	하였다	했다
더하여	더해	더하였다	더했다
흔하여	흔해	흔하였다	흔했다

(46), (47)을 통해 현대 한국어 관점에서는 '하여'가 본말이고 이것이 줄어든 준말을 '해:'로 보고 있음을 알 수 있다. 그러나 역사적인 차원에서는 약간 다르다. '해:'가 '하여'의 이전 형태인 'ᄒᆞ여'에서 변했다고 할 수도 있지만 현재는 존재하지 않는 'ᄒᆞ야'에서 변했다고 할 수도 있다. 음운 변화의 차원에서 본다면 오히려 'ᄒᆞ여'보다는 'ᄒᆞ야'에서 '해:'로 바뀌는 것이 좀 더 자연스럽다. 뒤에서 다시 살피겠지만 'ᄒᆞ야>해:'는 'ᄇᆞ얌>뱀:'과 같이 'ㆍ+ㅑ'가 'ㅐ:'로 바뀌는 것과 평행하게 볼 수 있기 때문이다.[83)]

'하-'는 전국적으로 매우 다양한 형태로 실현되고 있다. 즉 '하-' 이외에 '허-, 히-, 해-'로도 실현되는 것이다. 이 중 '허-'는 'ᄒᆞ-'의 'ㆍ'가 'ㅓ'로 바뀐 음 변화의 결과이며 '히-, 해-'는 음 변화 때문이라기보다는 어간의 다른 활

83) 물론 '해:'의 형성이 음운 변화가 아닌 다른 원인에 의한 것이라고 해석할 수도 있다. 여기에 대해서는 뒤의 설명을 참조하기 바란다.

용형에 유추하여 새롭게 생겨난 어간형이라고 생각된다.

'하-'는 예전부터 동일한 구조, 즉 'ㆍ'로 끝나는 다른 어간과는 차이를 보였다. 특히 '아'나 '오'로 시작하는 형태소와 결합할 때의 활용형이 달랐다.

(48) ㄱ. 차도(『救急方諺解』 上: 77, ᄎᆞ+아도), 초ᄆᆞᆯ(『法華經諺解』 3: 64, ᄎᆞ+옴ᄋᆞᆯ), ᄎᆞ며(『楞嚴經諺解』 5: 65, ᄎᆞ+ᄋᆞ며), ᄎᆞ더니(『杜詩諺解』 16: 73, ᄎᆞ+더니), ᄎᆞ고(『月印釋譜』 1: 26, ᄎᆞ+고)
ㄴ. ᄒᆞ야도(『釋譜詳節』 9: 24, ᄒᆞ+아도), ᄒᆞ요ᄆᆞᆯ(『禪宗永嘉集諺解』 下: 31, ᄒᆞ+옴ᄋᆞᆯ)~호ᄆᆞᆯ(『月印釋譜』 9: 6, ᄒᆞ+옴ᄋᆞᆯ), ᄒᆞ며(『楞嚴經諺解』 7: 13, ᄒᆞ+ᄋᆞ며), ᄒᆞ더니(『法華經諺解』 4: 10, ᄒᆞ+더니), ᄒᆞ고(『釋譜詳節』 24: 4, ᄒᆞ+고)

'아'로 시작하는 어미와 결합할 때는 필수적으로 반모음 'j'가 첨가되었으며 '오'로 시작하는 어미와 결합할 때는 반모음 'j'가 첨가되기도 하고 어간 모음 'ㆍ'가 탈락하기도 했다. 이러한 특수성이 어디에서 기인한 것인지 알 수는 없다. 다만 'ᄒᆞ-'가 기원적으로 'ᄒᆡ-'에서 변화했기 때문이라는 가설이 제기된 적은 있다.[84]

자음으로 시작하거나 '으'로 시작하는 어미와 결합할 때의 활용형은 중세 한국어나 현대 한국어에 차이가 없다. 또한 '오/우'로 시작하는 형태소는 현대 한국어에 존재하지 않는다. 결국 '아/어'로 시작하는 어미와 결합할 때의 활용형이 현대 한국어의 아-불규칙 어간이 만들어지는 데 중요한 역할을 한 셈이다.

현대 한국어의 '하여'에 해당하는 형태는 중세 한국어 시기에도 'ᄒᆞ여'로 나타난다. 다만 그 빈도가 'ᄒᆞ야'와 비교해 매우 낮은 것이 사실이다. 아무

84) 자세한 것은 이현희(1985: 228)를 참고할 수 있다.

튼 현대 한국어의 '하여'는 'ᄒᆞ여'로부터 변화한 형태이다.

현대 한국어의 '해:'는 중세 한국어의 'ᄒᆞ야' 또는 'ᄒᆞ여'에서 바뀌었다. 이러한 변화 과정을 설명하는 방식은 크게 두 가지로 나눌 수 있다. 하나는 음 변화로 보는 견해로서 최전승(1998)과 고광모(2009)가 대표적이다. 최전승(1998)에서는 'ᄒᆞ여'를 변화의 출발점으로 보고 'ᄒᆞ여>ᄒᆡ여>ᄒᆡᄋᆡ>ᄒᆡ:'와 같은 변화 과정을 상정했다. 반면 고광모(2009)에서는 변화의 출발점이 'ᄒᆞ야'이며 'ᄒᆞ야>해:'는 'ᄇᆞ얌>뱀:'과 평행적인 모습을 보이기 때문에 동일한 음 변화가 관여하고 있다고 설명했다. '해:'의 형성에 대한 또 다른 해석은 이것을 어간 재구조화로 보는 견해로서 최명옥(1988ㄱ)이 대표적이다. 여기에 따르면 'ᄒᆞ야'로부터 화자들이 어간형을 'ᄒᆡ-'라고 재해석하여 어간이 '해-'로 변했고 바뀐 어간에 '어'가 결합하여 '해:'가 나오게 되었다.[85]

9.5.6. 우-불규칙 어간

'ㅜ'로 끝나는 어간은 다음과 같이 두 가지 교체 양상을 보인다.

(49) ㄱ. 꿔:서~꾸어서, 꾸면, 꾸고, 꾸는 (꾸-, 夢)
ㄴ. 퍼서, 푸면, 푸고, 푸는 (푸-, 汲)

'ㅜ'로 끝나는 어간은 (49ㄱ)과 같이 '어'로 시작하는 어미와 결합할 때 반모음화가 수의적으로 일어난다.[86] 또한 그 밖의 다른 어미와 결합할 때는 어간의 형태가 변하지 않는다. 이것이 우-규칙 어간의 모습이다. '양순음+

85) 세부적으로는 여기서의 논의에 맞게 내용을 수정한 부분이 있다.
86) 반모음 'w'가 첨가되기도 하지만 표준 발음으로 인정되지는 않는다. 한편 9.4.1에서도 지적했듯이 2음절 이상 어간 중 마지막 음절이 초성이 없는 'ㅜ'로 끝나는 것은 현실 발음에서 반모음화가 필수적으로 일어난다. 물론 마지막 음절의 초성이 있다고 해도 2음절 이상 어간은 반모음화가 잘 적용된다.

ㅜ'로 끝나는 어간을 제외하면 모두 (49ㄱ)과 같은 교체를 보인다.

반면, (49ㄴ)에서는 '어'로 시작하는 어미와 결합할 때 어간 모음이 필수적으로 탈락하고 있다. 이 때문에 (49ㄴ)과 같은 모습을 보이는 어간들을 우-불규칙 어간이라고 부른다. 우-불규칙 어간에는 '푸-' 이외에 '고프-, 바쁘-, 슬프-'와 같이 표기상 '양순음+ㅡ'로 끝나는 모든 어간이 포함된다. '고프-' 등은 표기와 달리 실제 발음상으로는 어간말의 'ㅡ'가 'ㅜ'로 실현되기 때문에 '푸-'와 별반 다를 것이 없다. 결국 발음을 기준으로 할 때 '양순음+ㅜ'로 끝나는 어간은 모두 우-불규칙 어간이라고 할 수 있다.[87)]

한글 맞춤법에서는 우-불규칙 어간을 으-탈락을 겪는 어간과 묶어서 다루고 있다.

(50)

【제18항】 다음과 같은 용언들은 어미가 바뀔 경우, 그 어간이나 어미가 원칙에 벗어나면 벗어나는 대로 적는다.

⋮

4. 어간의 끝 'ㅜ, ㅡ'가 줄어질 적

푸다:	퍼	펐다	뜨다:	떠	떴다
끄다:	꺼	껐다	크다:	커	컸다
담그다:	담가	담갔다	고프다:	고파	고팠다
따르다:	따라	따랐다	바쁘다:	바빠	바빴다

⋮

한글 맞춤법 제18항에서 어간 끝의 'ㅜ'와 'ㅡ'가 없어지는 것을 함께 다룬 것은 어간 모음이 탈락한다는 공통점에 근거한 듯하다. 그러나 두 부류의 어간은 교체의 규칙성 측면에서 차이를 보인다. 즉, 'ㅡ'가 탈락하는 것

87) 'ㅜ'로 끝나는 어간 전체를 고려하지 않고 '양순음+ㅜ'로 끝나는 어간만 고려한다면 여기에 속하는 모든 어간이 일률적으로 (49ㄴ)과 같은 모습을 보이므로 규칙적 교체를 보인다고 해석할 여지도 없는 것은 아니다. 그러나 이런 태도를 취하면 다른 측면에서 또 다른 부자연스러움이 생겨난다. 자세한 것은 이진호(2008ㄴ: 208~212)를 참고할 수 있다.

은 규칙적인 교체에 속하지만 'ㅜ'가 탈락하는 것은 그렇지가 않은 것이다.

역사적으로 볼 때 우-불규칙 어간의 형성은 원순모음화와 직접적인 관련이 있다.88)

(51) ㄱ. 퍼서, 프니, 프고, 프는 > 퍼서, 푸니, 푸고, 푸는
ㄴ. 슬퍼서, 슬프니, 슬프고, 슬픈 > 슬퍼서, 슬푸니, 슬푸고, 슬푼

(51ㄱ)의 '푸-'는 기원적으로 '프-'였다. 여기에 '어'로 시작하는 어미가 결합하면 으-탈락이 적용되었고 그 외의 어미가 결합하면 '프-'가 그대로 실현되었다. 이 시기만 하더라도 어간의 교체는 불규칙적이지 않고 규칙적이었다. 어간말의 으-탈락은 규칙적으로 일어나는 현상이었기 때문이다.

그런데 이러한 상황은 원순모음화가 적용되면서 전혀 달라진다. 새로 생긴 원순모음화는 어간이 '으'나 자음으로 시작하는 어미와 결합할 때의 활용형에만 적용될 수 있을 뿐이다. '어'로 시작하는 어미와 결합할 때의 활용형은 이미 'ㅡ'가 탈락해 버렸기 때문에 원순모음화가 적용될 수 없었다. 이처럼 원순모음화가 적용된 후에는 어간의 이형태 중 '프'는 더 이상 존재하지 않는다. 그 대신 후행하는 어미에 따라 어간이 'ㅍ-' 또는 '푸-'로 나타난다.

'ㅍ-'과 '푸-'의 차이는 어간말 모음의 유무에 있다. 어간 이형태들의 차이가 어간말 모음의 유무에 있다는 사실은 원순모음화가 적용되기 이전(프- : ㅍ-)이나 이후(푸- : ㅍ-)나 동일하다. 그러나 원순모음화가 적용되기 전에는 어간말 모음의 유무를 으-탈락이라는 규칙적인 현상으로 설명할 수 있었지만, 원순모음화가 적용된 후에는 어간말 모음의 유무를 규칙적으로 설명할 수 없다. 어간말의 'ㅡ'와 달리 'ㅜ'는 (49ㄱ)에서 보듯 '어'로 시작하는

88) 이와 관련해서는 김성규(1989)에서 자세히 다룬 바 있다.

어미 앞에서 탈락하지 않는 것이 원칙이기 때문이다. 이것이 우-불규칙 어간의 발생 원인이다.

(51ㄴ)의 '슬프-'도 기본적인 변화 과정은 (51ㄱ)과 동일하다. 다만 '슬프-'은 발음상으로 일어난 원순모음화가 표기에는 반영되지 않았다. 또한 표준 발음상으로도 '슬프-'의 둘째 음절 모음은 표기와 동일하게 'ㅡ'로 발음해야 한다. 이로 인해 표면상 (51ㄱ)과는 달라 보이지만, 현실 발음을 기준으로 하면 (51ㄴ) 역시 우-불규칙 어간에 해당한다.

9.5.7. 르-불규칙 어간

'르'로 끝나는 어간은 다음과 같이 세 가지 교체 양상을 보인다.

(52) ㄱ. 치러서, 치르니, 치르고, 치르는 (치르-, 算, 過)
ㄴ. 이르러서, 이르니, 이르고, 이르는 (이르-, 至)
ㄷ. 흘러서, 흐르니, 흐르고, 흐르는 (흐르-, 流)

(52ㄱ)은 '아/어'로 시작하는 어미 앞에서 어간말의 'ㅡ'가 탈락하는 모습을 보인다. 이는 '쓰-, 트-'를 비롯하여 '으'로 끝나는 다른 어간과 동일한 방식으로 으-규칙 어간에 해당한다. (52ㄴ)은 '아/어'로 시작하는 어미와 결합할 때 'ㄹ'이 덧붙는다는 특징이 있다. 전통적으로는 어미 '어'가 몇몇 어간 뒤에서 '러'로 바뀐다고 보고 러-불규칙이라고 불러 왔다.[89] (52ㄷ)은 '아/어'로 시작하는 어미와 결합할 때 어간의 'ㅡ'가 탈락한다는 점은 (52ㄱ)과 같지만 'ㄹ'이 덧붙는다는 점은 (52ㄴ)과 같다. (52ㄷ)에 속하는 어간은 르-

89) 이러한 태도는 현행 한글 맞춤법 조항의 내용에도 반영되어 있다. 뒤에서 간략히 언급한다.

불규칙 어간이라고 부르고 있다.

한국어의 용언 어간 중 '르'로 끝나는 것의 절대 다수는 (52ㄷ)과 같은 모습을 보인다. (52ㄱ)에 속하는 어간은 '들르-, 따르-, 다다르-, 우러르-, 잦추르-'밖에 없다. 이 중 '따르-, 우러르-'는 예전 시기에 각각 'ᄠᆞᆯ오-, 울월-'로서 '르'로 끝나는 어간이 아니었고 '다다르-'는 ㄷ-불규칙 어간인 '다닫-'과 관련되므로 역시 순수하게 '르'로 끝나는 어간이었다고 보기는 어렵다.[90] (52ㄴ)에 속하는 어간도 그리 많지는 않아서, '이르-(至), 노르-(黃), 누르-(黃), 푸르-' 정도에 국한된다. 그런데 이 어간들은 예전에 '니를-(>이르-), 누를-(>누르-), 프를-(>푸르-)'와 같이 '를'로 끝나는 어간이 '르'로 끝나는 어간과 함께 존재했다.[91]

이러한 사정들을 고려할 때 '르'로 끝나는 어간은 매우 오래전부터 (52ㄷ)과 같은 활용 양상을 보이는 것이 일반적이었다고 할 수 있다. 현대 한국어에서 '르'로 끝나는 어간 중 (52ㄷ)이 아닌 (52ㄱ, ㄴ)에 속하는 것들은 예전에는 '르'로 끝나지 않았든지 또는 특수한 예외적 상황에 있었다고 해도 무방하다.

한글 맞춤법에서는 르-불규칙 어간에 대한 내용을 분리해서 다루고 있다. 이것은 (52ㄴ)과 (52ㄷ)의 성격이 다른 데서 기인한다. 그런데 아래의 (53)에서 알 수 있듯이 (52ㄴ)이든 (52ㄷ)이든 모두 어미에 'ㄹ'이 덧붙었다고 해석하여 불규칙성의 원인을 어미에 두고 있다. 뒤에서 자세히 살피겠지만 이러한 해석은 역사적으로 그리 타당하다고 하기 어렵다.

90) '들르-, 잦추르-'는 예전 형태가 확인되지 않는다.

91) 이것을 고려할 때, (52ㄴ)에서 덧붙는다고 한 'ㄹ'은 실제로는 이전 시기에 존재했던 어간의 마지막 음절 '를'의 말음 'ㄹ'이었음이 명확히 드러난다. 더 자세한 것은 (55ㄴ)을 참고할 수 있다.

(53)

【제18항】 다음과 같은 용언들은 어미가 바뀔 경우, 그 어간이나 어미가 원칙에 벗어나면 벗어나는 대로 적는다.

⋮

8. 어간의 끝 음절 '르' 뒤에 오는 어미 '-어'가 '-러'로 바뀔 적

이르다[至]:	이르러	이르렀다	누르다:	누르러	누르렀다
노르다:	노르러	노르렀다	푸르다:	푸르러	푸르렀다

9. 어간의 끝 음절 '르'의 'ㅡ'가 줄고, 그 뒤에 오는 어미 '-아/-어'가 '-라/-러'로 바뀔 적

가르다:	갈라	갈랐다	부르다:	불러	불렀다
거르다:	걸러	걸렀다	오르다:	올라	올랐다
구르다:	굴러	굴렀다	이르다:	일러	일렀다
벼르다:	별러	별렀다	지르다:	질러	질렀다

⋮

르-불규칙 어간에 속하는 (52ㄴ, ㄷ) 중 (52ㄷ)에 속하는 어간은 현재 규칙적 교체를 보이는 어간으로의 변화가 활발히 진행 중이다. 즉, (52ㄷ) 대신 아래의 (54)와 같은 활용 양상을 지니는 것이다.

(54) 흘러서, 흘르는, 흘르고, 흘르는

(52ㄷ)과 (54)를 비교하면 어간 활용형의 변화는 '으'나 자음으로 시작하는 어미와 결합할 때 일어나고 있다. 구체적으로 보자면 이런 환경에서의 활용형에 'ㄹ'이 더 첨가되었다. 이러한 변화가 일어나면 어간은 '흘르-'로 고정되며 다만 '아/어'로 시작하는 어미와 결합할 때 어간말에 으-탈락이 적용된다. 어간말에 적용되는 으-탈락은 한국어에서 규칙적이면서도 필수적으로 일어나므로 (54)의 교체는 더 이상 불규칙적이 아니라 규칙적인 것이 된다. 그런 점에서 (54)는 불규칙 어간을 규칙 어간으로 바꾸려는 커다란 변화의 흐름 중 하나라고 할 수 있다.

(54)와 같은 변화를 보이는 지역은 매우 광범위하다. '흐르-'의 경우 다음과 같은 분포를 보인다.92)

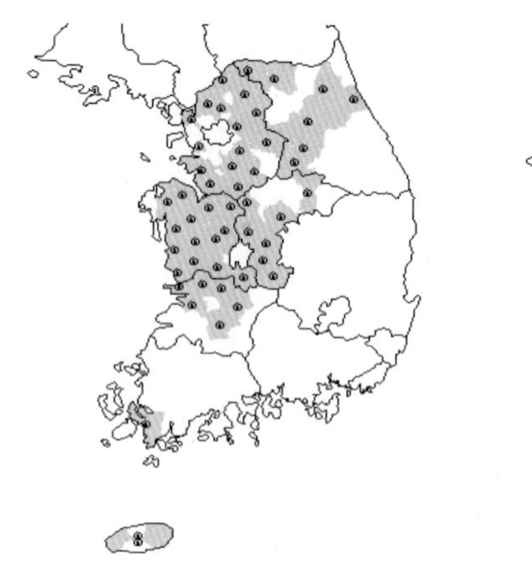

<지도 30> '흐르-'의 어간 변화

<지도 30>에서 보듯이 이 현상은 지역적으로 매우 뚜렷한 경향성을 보인다. 경기도와 충청도 방언을 중심으로 매우 활발히 일어나고 있으며 이 여파가 전북의 북부 방언과 강원도 중북부 지방까지 미치고 있다. 반면 경상도 방언은 이런 변화를 전혀 보이지 않는다.

르-불규칙 어간의 역사는 (52ㄴ)과 (52ㄷ)이 많은 차이를 보인다. 우선, (52ㄴ)의 경우 중세 한국어 시기에는 두 가지 어형이 공존하는 모습을 보인다.93)

92) '흐르-'의 활용형 중 극히 일부에서만 변화를 보이는 경우는 제외했다. 둘 이상의 여러 활용형에 걸쳐 (54)와 같은 모습을 보이는 경우만 지도에 표시했다.

93) (55)에는 현대 한국어 '이르-(至)'의 선대형인 '니르-~니를-'을 제시한다. 앞에서 언급했듯이 '이르-(至)' 이외의 다른 어간들도 '르'로 끝나는 것과 '를'과 끝나는 것의 두 가지 형태가 존재했다.

(55) ㄱ. 니르게(『釋譜詳節』 19: 38, 니르+게), 니르거늘(『杜詩諺解』 25: 17, 니르+거늘), 니르며(『釋譜詳節』 19: 14, 니르+으며), 니르면(『楞嚴經諺解』 1: 9, 니르+으면), 니르리라(『法華經諺解』 2: 21, 니르+으리라), 니르시니(『楞嚴經諺解』 5: 83, 니르+으시니)

ㄴ. 니를어나(『月印釋譜』 8: 47, 니를+거나), 니를오(『釋譜詳節』 13: 13, 니를+고), 니를에(『楞嚴經諺解』 1: 9, 니를+게), 니를리니(『內訓』 3: 58, 니를+으리니), 니를면(『法華經諺解』 6: 18, 니를+으면), 니르르시고(『法華經諺解』 6: 99, 니를+으시고), 니르르시니(『月印釋譜』 8: 85, 니를+으시니), 니르러(『月印釋譜』 2: 26, 니를+어), 니르러도(『月印釋譜』 12: 34, 니를+어도), 니르러ᅀᅡ(『月印釋譜』 14: 40, 니를+어ᅀᅡ)

ㄷ. 니르니(『法華經諺解』 1: 64, 니르~니를+으니), 니를씨라(『月印釋譜』 序: 25, 니르~니를+을씨라), 니를씩(『楞嚴經諺解』 8: 138, 니르~니를+을씩), 니르더니(『月印釋譜』 17: 16, 니르~니를+더니)

(55ㄱ)은 '니르-(至)'의 형태인데 반해 (55ㄴ)은 '니를-(至)'의 형태이다. (55ㄷ)은 '니르-'로 볼 수도 있고 '니를-'로 볼 수도 있다. '니르-'와 '니를-'은 형태만 다를 뿐 의미나 기능은 동일하다. (55ㄱ~ㄷ)을 살펴보면 알 수 있듯이 중세 한국어 시기에는 '니르-'든 '니를-'이든 불규칙적 교체를 보이지는 않았다. 모두 중세 한국어의 규칙적 교체 양상을 보일 뿐이다.

중세 한국어 활용형을 검토할 때 현대 한국어의 (52ㄴ)에 속하는 불규칙 어간의 경우 '아/어'로 시작하는 어미와 결합할 때의 활용형은 (55ㄴ) '니를-'의 활용형을 이어받았고, 그 이외의 어미와 결합할 때의 활용형은 (55ㄱ) '니르-'의 활용형을 이어받은 모습이다. 그런데 실제로도 이런 변화를 겪었을 가능성이 매우 높다. 안병희(1959: 38)에서 지적한 것처럼 (55ㄴ)의 '니를-'은 자음으로 시작하는 어미든 모음으로 시작하는 어미든 모두 결합하지만, (55ㄱ)의 '니르-'는 '아/어'나 '오/우'로 시작하는 어미와는 결합하지 않고 자음이나 '으'로 시작하는 어미와만 결합한다. 이는 '니르-'의 활용 패러다임에서 '아/어, 오/우'로 시작하는 어미와의 활용형이 빈칸으로 존재했음을 말해 준다.

이러한 빈칸은 '니르-'와 동일한 의미를 가진 '니를-'의 활용형이 채웠던 것으로 보인다. 그 결과 '니르-'의 활용 패러다임은 두 가지 상이한 구조의 어간 활용형이 뒤섞이게 된다. 즉, 자음이나 '으'로 시작하는 어미와의 결합형은 '니르-' 계열이, '아/어'로 시작하는 어미와의 결합형은 '니를-' 계열이 차지하는 것이다.94) 한편, '니르-'와 더불어 공존하던 '니를-'은 이후 소멸하게 된다. 이것이 오늘날의 러-불규칙 어간으로 이어졌다.95) 결과적으로 규칙적 교체를 보이는 쌍형어 관계의 두 어간 활용형이 하나의 패러다임으로 합쳐지면서 불규칙적 교체를 낳게 되었다고 하겠다.

한편, (52ㄷ)에 속하는 어간은 중세 한국어 시기에 'ᄅᆞ' 또는 '르'로 끝나고 있었다. 이 어간들은 활용 양상에 따라 두 가지 부류가 구분되었다.96)

(56) ㄱ. 달아(다ᄅᆞ+아), 달옴(다ᄅᆞ+옴), 다ᄅᆞ니(다ᄅᆞ+ᄋᆞ니), 다ᄅᆞ고(다ᄅᆞ+고) (다ᄅᆞ-, 異)
ㄴ. 몰라(모ᄅᆞ+아), 몰롬(모ᄅᆞ+옴), 모ᄅᆞ니(모ᄅᆞ+ᄋᆞ니), 모ᄅᆞ고(모ᄅᆞ+고) (모ᄅᆞ-, 不知)

(56ㄱ)과 (56ㄴ)의 차이는 '아/어' 및 '오/우'로 시작하는 어미와 결합할 때의 활용 양상에 달려 있다. (56ㄱ)은 어간의 끝부분이 'ㄹㅇ'의 형태를 보이고 (56ㄴ)은 'ㄹㄹ'의 형태를 보인다. (56ㄱ)에 속하는 어간에는 '고ᄅᆞ-, 그르-, 므르-(軟), 바ᄅᆞ-, 오ᄅᆞ-' 등이 있고, (56ㄴ)에 속하는 어간에는 '므르-,

94) '오/우'로 시작하는 어미는 근대 한국어 시기를 거치면서 사라지므로 언급하지 않는다.
95) 역사적으로 볼 때 다른 불규칙 어간은 모두 한 어간형 내의 문제이지만, 이 경우는 두 가지 상이한 어간형 사이의 문제라는 점에서 특이하다고 할 수 있다.
96) 이와 관련된 논의는 이기문(1962)에서 자세히 다루어졌다.

브르-, ᄲᆞᄅᆞ-, 흐르-' 등이 있다. 중세 한국어 시기에는 이 두 가지 형태가 명확히 구분되었다. 그러나 이후 'ㄹㅇ'에서 후음 'ㅇ'이 탈락하고 다시 'ㄹ'이 첨가되면서 (56ㄱ)과 (56ㄴ)은 더 이상 구별되지 않고 현대 한국어에 이르고 있다.

(56ㄱ)과 (56ㄴ) 중 어느 쪽으로 활용을 하든 이들은 모두 불규칙 어간이다. 'ᄅᆞ/르'로 끝나는 어간 중 'ㄹㅇ'으로 교체하는 것과 'ㄹㄹ'로 교체하는 것을 구분할 만한 명확한 조건이 존재하지 않는다. 다시 말해, (56ㄱ)에 속하는 어간과 (56ㄴ)에 속하는 어간은 일일이 기억하는 수밖에 없다. 이것은 불규칙 어간들의 전형적인 모습이다.

그런데, 중세 한국어 이전 시기에는 (56)에 제시된 불규칙 어간도 규칙 어간이었을 것으로 추정되고 있다. 다만, 규칙 어간의 형태에 대해서는 이견이 존재한다. (56ㄱ, ㄴ)을 각각 '*다ᄅᆞ-, *모ᄅᆞᆯ-'로 재구하는 견해와 '*달ᄀᆞ-, *몰ᄅᆞ-'로 재구하는 견해가 대표적이다. 첫 번째 견해에서는 어간이 '아/어'나 '오/우'로 시작하는 어미와 결합할 때 어간 마지막 음절 모음이 탈락하는 변화를 겪고 자음이나 '으'로 시작하는 어미와 결합할 때 어간말 자음이 탈락하는 변화를 거쳐 불규칙 교체에 이르게 된다. 두 번째 견해에서는 어간이 '아/어'나 '오/우'로 시작하는 어미와 결합할 때 어간말의 'ㆍ/ㅡ'가 탈락하고 자음이나 '으'로 시작하는 어미와 결합할 때 어간 중간의 'ㄱ'과 'ㄹ'이 탈락함으로써 불규칙적 교체를 일으키게 된다.

9.6. 한자어의 특이한 음

한자어를 구성하는 한자가 원래의 음으로 읽히지 않고 다른 독특한 음으로 읽히는 경우가 종종 있다. 한글 맞춤법에서는 이러한 경우에 대해서도 언급하고 있다.

(56)

【제52항】 한자어에서 본음으로도 나고 속음으로도 나는 것은 각각 그 소리에 따라 적는다.

본음으로 나는 것	속음으로 나는 것
승낙(承諾)	수락(受諾), 쾌락(快諾), 허락(許諾)
만난(萬難)	곤란(困難), 논란(論難)
안녕(安寧)	의령(宜寧), 회령(會寧)
분노(忿怒)	대로(大怒), 희로애락(喜怒哀樂)
토론(討論)	의논(議論)
오륙십(五六十)	오뉴월, 유월(六月)
목재(木材)	모과(木瓜)
십일(十日)	시방정토(十方淨土), 시왕(十王), 시월(十月)
팔일(八日)	초파일(初八日)

제시된 자료를 보면 한자음의 초성 'ㄴ'과 'ㄹ'이 상호 교체되는 경우가 상당히 많고 다른 경우는 종성의 유무와 관련이 된다. 이러한 현상은 규칙적으로 일어나지 않으며 단어에 따라 차이를 보이기 때문에 설명을 하기가 쉽지 않다. 아무튼 한글 맞춤법의 설명대로라면 이것은 해당 한자가 본음과 속음 두 가지를 갖고 있기 때문에 나타난 현상이다.

이 외에 배주채(2003: 292)에서는 다음과 같은 현상들도 한자음에서 일어나는 특이한 교체로 보고 있다.

(57) ㄱ. '不(불)'이 'ㄷ, ㅈ' 앞에서 '부'로 발음되는 현상
ㄴ. '炎(염)'이 '폐렴(肺炎)'에서만 '렴'으로 발음되는 현상
ㄷ. '愎(퍅)'이 '괴팍(乖愎)'에서 '팍'으로 발음되는 현상
ㄹ. '蘇(소)'가 '소련(蘇聯)'에서 '쏘'로 발음되는 현상

(57ㄱ)을 고유어에 적용되는 유음 탈락으로 보기 어렵다는 것은 9.3에서 이미 언급한 바 있다. (57ㄴ)의 경우 '炎'이 원래는 *云母*에 속하지만 실제로

는 羊母였으며 羊母의 마찰성이 'ㄹ'로 반영되는 경우가 종종 있다고 함으로써 그 특이성을 설명하는 경우도 있다.[97] (57ㄷ)은 표준어 사정 원칙 제10항에서 '괴팍하다/괘팩하다'를 버리고 '괴팍하다'를 표준어로 삼은 것과 관련된다. (57ㄹ)은 배주채(2003: 293)의 해석처럼 '소련'을 외래어로 인식하여 외래어의 어두 'ㅅ'을 'ㅆ'으로 발음하는 습관에 따른 것이다.

이 외에 초성이 'ㄷ'인 한자가 비어두에서 쓰이면서 초성이 'ㄹ'로 읽히는 경우도 있다.

(58) 차례(次第), 거란(契丹), 모란(牧丹)

'第'의 현대음 '제'는 '뎨'에서 변화했으며 '丹'는 원래 '단'이다. 이 한자들의 초성이 위와 같은 단어에서 'ㄹ'로 실현된 것에 대해, 河野六郎(1968)에서는 모음과 모음 사이의 'ㄷ'이 'ㄹ'로 바뀐 변화의 흔적이라고 해석하고 있다. 실제로 이러한 변화는 규칙적이지는 않아도 많은 단어에서 보이고 있다. '菩提'를 '보리', '道場'을 '도량'으로 읽는 것 역시 이와 관련된다. '提'와 '場'의 예전 한자음은 각각 '뎨'와 '댱'이었으며 이때의 'ㄷ'이 'ㄹ'로 바뀌어 '보리, 도량'이 되었다.

97) 伊藤智ゆき(2007: 173)에서 그러한 해석이 이루어진 바 있다.

제10장 국외 한국어의 표준 발음법

국외에서 사용되는 한국어의 표준 발음을 규정한 어문 규범도 존재한다. 현재 공식적으로는 북한의 '문화어발음법'과 중국의 '조선말 표준발음법'이 있다. 이 장에서는 여기에 반영된 한국어의 표준 발음에 대해 살펴보기로 한다.

10.1. 북한의 문화어발음법

10.1.1. 문화어발음법의 개관

북한에서는 표준 발음법에 해당하는 규정이 일찍부터 존재했다.[1] 1954년에 제정된 '조선어 철자법'은 총 8장 56항으로 구성되어 있다. 이 중 제6장의 제목이 '표준 발음법 및 표준어와 관련된 철자법'이며, 여기에 속한 32항부터 44항 중 32항에서 40항까지의 9개 조항이 표준 발음과 관련된다.[2]

1) 북한의 표준 발음 규정과 관련된 내용은 김무림(1989), 권인한(1993), 이봉원(1997, 2003) 등을 참고할 수 있다.

2) 40항은 한자음에 대한 규정이며 관점에 따라서는 표준 발음에 대한 내용이 아니라고 볼

권인한(1993: 163)의 지적처럼 이 조항은 남북한을 통틀어 한국어의 표준 발음을 규정한 최초의 어문 규범이라는 의의가 있다. 그러나 표준 발음법이 아직 독립되지는 못하고 표기법 규정의 일부에 포함된 방식을 취하고 있었다.

표준 발음에 대한 조항이 독립된 규범의 형태를 띤 것은 1966년에 간행된 『조선말규범집』에 와서이다.[3] 여기서는 규범의 내용을 크게 '맞춤법, 띄여쓰기, 문장부호법, 표준발음법'의 네 가지로 설정했다. 표준발음법은 총 11장 43항으로 이루어져 있어 이전에 비해 양적으로 매우 풍부해졌음을 알 수 있다. 그뿐만 아니라 내용을 살펴보아도, 1954년의 조선어 철자법에 포함된 것은 주로 한자어의 발음에 대한 것이 주를 이루었지만 『조선말규범집』의 표준발음법은 고유어에 대한 내용이 대폭 늘어났고 주제별로 개별 장을 구분하고 있어 훨씬 발전된 모습을 보인다.

1966년의 표준발음법은 1987년 『조선말규범집』에서 '문화어발음법'으로 명칭이 수정되었다. 또한 이전의 11장 43항에서 10장 31항으로 항목이 조정되었다. 전반적으로 세부적인 항목의 수를 줄이는 쪽으로 변화가 일어났지만 전체적인 틀은 1966년의 표준발음법과 큰 차이가 없다. 이후 2010년에는 10장 30항으로 미세한 변화가 이루어졌다.[4] 여기서는 2010년에 나온 '문화어발음법'의 세부 조항을 대한민국의 '표준 발음법' 체계에 맞춰 살피기로 한다.[5]

수도 있다.

3) 이에 앞서 1960년에도 '조선어 표준 발음의 규정'이라는 이름의 표준 발음 규정이 존재했다. 그러나 이 안은 공식적으로 시행되지는 않았다. 자세한 것은 권인한(1993)을 참고할 수 있다.

4) 표면적으로는 조항 수가 1개 줄어든 차이만 있지만, 실제로는 내용상의 적지 않은 변화가 있다. 자세한 것은 후술하도록 한다.

5) 따라서 논의 진행 방식이 문화어발음법의 순서나 체계와는 차이가 많이 있다. 이것은 10.2에서 살필 중국의 조선말 표준발음법도 마찬가지이다. 문화어발음법과 조선말 표준발음법의 원래 순서와 체계는 부록에 제시된 자료를 참고할 수 있다.

10.1.2. 총칙

북한의 문화어발음법에는 개별 조항으로 독립되지는 않았지만 총칙이 존재한다.

(1)

> 조선말발음법은 혁명의 수도 평양을 중심지로 하고 평양말을 토대로 하여 이룩된 문화어의 발음에 기준한다.

총칙의 내용은 단순하다. 문화어발음법이 평양말을 중심으로 한 문화어에 기반한다는 사실을 간략히 밝혔다. 이러한 총칙의 내용은 표준 발음법의 총칙에 비해 다소 단순한 편이다. 표준 발음법의 총칙은 제1항의 별도 조항으로 설정되어 있다.

(2)

> 【제1항】 표준 발음법은 표준어의 실제 발음을 따르되, 국어의 전통성과 합리성을 고려하여 정함을 원칙으로 한다.

(2)에 제시된 표준 발음법의 총칙은 크게 두 가지 내용으로 이루어져 있다. 이 중 표준 발음법이 표준어의 실제 발음을 따른다는 내용은 (1)의 문화어발음법과 그 취지가 동일하다. 그런데 (2)에는 표준 발음법 선정의 대원칙, 즉 전통성과 합리성을 고려한다는 점이 더 추가되어 있다. 그런 점에서 문화어발음법의 총칙이 더 단순하다고 할 수 있다.

10.1.3. 자음과 모음

문화어발음법에서는 자음 체계에 대해서는 아무런 언급을 하지 않았다.

이것은 적어도 문화어에 있어서 자음 체계에 대해서는 특별히 언급할 만한 내용이 없다고 판단했기 때문이다. 평양을 포함한 서북 방언에서 'ㅈ, ㅊ, ㅉ'이 경구개음이 아닌 치조음이라는 점은 한국어 전체의 관점에서는 중요하지만, 문화어에 국한하면 이것은 어떠한 변이도 없는 일관된 모습이기에 따로 언급하지 않아도 될 듯하다.

모음에 대해서는 '모음의 발음'이라는 별도의 장(제1장)을 설정했다. 그러나 그 내용은 매우 소략한 편이다. 우선, 단모음 체계를 따로 제시하지 않았다.[6] 다만 '외, 위'의 발음에 대해서는 다음과 같이 언급하고 있다.[7]

(3)

> 【제3항】 ≪ㅚ≫, ≪ㅟ≫는 어떤 자리에서나 홑모음으로 발음한다.
> 례: - 외국, 외삼촌, 외따르다, 대외사업
> - 위대하다, 위병대, 위하여, 가위

단모음 중 'ㅚ, ㅟ'에 대해서만 항상 홑모음으로 발음한다고 규정한 것은 그만큼 이 두 모음의 발음이 혼란스러움을 인식한 결과라고 할 수 있다. 문화어발음법의 규정은 'ㅚ, ㅟ'의 발음에 관한 한 매우 엄격한 모습을 지닌다. 그런데 평양 방언의 현실 발음을 조사한 결과에 따르면 'ㅚ, ㅟ'는 이미 단모음이 아닌 이중 모음으로 발음되고 있는 듯하다. 1990년대에 20대 남성을 조사한 강순경(1996)이나 2000년대에 60대 장년층을 조사한 이금화(2007), 역시 2000년대에 80~90대 노인을 조사한 소신애(2010) 모두 동일한

6) 사회과학원 언어학연구소(1971: 258)에서는 홑모음(단모음)이 'ㅏ, ㅓ, ㅗ, ㅜ, ㅡ, ㅣ, ㅐ, ㅔ, ㅚ, ㅟ'의 10개라고 설명하고 있다. 또한 'ㅟ'는 특별히 길게 발음하거나 강조할 때 이중모음으로 발음할 수 있다는 설명도 덧붙이는데 흥미롭게도 이중 모음으로 발음할 때의 'ㅟ'는 단모음 'ㅟ'로 시작했다가 다음에 'ㅣ'가 오는 발음이라고 했다. 이러한 설명은 이후 중국의 조선말 표준발음법 규정에 직접적인 영향을 준다.

7) 이하에서 문화어발음법의 규정을 인용할 때는 지면 관계상 제시된 예 중 일부를 생략하도록 한다. 완전한 예시는 부록을 참고할 수 있다.

결론을 제시하고 있다. 또한 북한의 방송 언어를 분석한 이봉원(1997)에서도 'ㅚ, ㅟ'는 이중 모음으로 발음하는 경우가 많다고 분석한 바 있다.

'ㅚ, ㅟ'가 이중 모음으로 발음되는 것 이외에도 평양 방언은 단모음 체계의 변화를 겪고 있다. 대표적인 것이 'ㅗ'와 'ㅓ'의 합류, 'ㅜ'와 'ㅡ'의 합류이다. 강순경(1996), 곽충구(2003), 소신애(2010)은 모두 'ㅗ'와 'ㅓ'가 합류했다고 보고 있다.[8] 다만 'ㅜ'와 'ㅡ'의 경우 강순경(1996), 곽충구(2003)에서는 합류했다고 한 데 반해, 소신애(2010)은 합류에 가까운 단계에 있지만 완전히 합류하지는 않았다고 했다. 이금화(2007)에서는 'ㅗ'와 'ㅓ', 'ㅜ'와 'ㅡ' 모두 합류하지는 않고 다만 두 모음의 변별력이 점차 약화되고 있다고 했다. 이 밖에 'ㅐ'와 'ㅔ'는 강순경(1996)에서 합류했다고 보지만, 곽충구(2003), 이금화(2007), 소신애(2010)에서는 아직 합류가 완료되지는 않았다고 보았다.

이상의 논의를 통해 볼 때 평양 방언의 단모음은 최소 5개에서 최대 8개까지 인정할 수 있다.[9] 비록 8개의 단모음 체계를 설정하더라도 이 중 'ㅗ'와 'ㅓ'는 합류가 매우 많이 진척되었으며 'ㅜ'와 'ㅡ', 'ㅔ'와 'ㅐ'도 계속 합류되는 쪽으로 변화가 일어나고 있기 때문에 앞으로 그 숫자는 더 줄어들 가능성이 높다.[10]

---

8) 'ㅗ'와 'ㅓ'의 합류와 관련해서는 'ㅗ'의 저설화를 그 원인으로 들 수 있을 듯하다. 이들 방언에서 'ㅗ'가 저모음에 가깝다는 사실은 이현복(1979: 89)나 곽충구(2003: 65)에서도 지적된 바 있다. 곽충구(2003: 65~66)에서는 이러한 'ㅗ'의 저설화가 'ㅓ'의 후설화를 야기하고 이것이 두 단모음의 합류로 이어졌다는 해석을 한 바 있다. 그런데 'ㅗ'의 저설화 자체가 이미 'ㅓ'와의 합류를 예견하는 것이기도 하다. 3.3.2.1.1과 3.3.3.1에서 언급했듯이 혀의 높낮이가 낮을수록 원순성은 약해지기 때문에 원순성에 의한 대립도 유지되기가 어려워진다.

9) 이것은 앞서 제시한 사회과학원 언어학연구소(1971: 258)의 10모음 체계와는 많은 차이가 난다.

10) 평양 방언에서 확인되는 모음의 합류는 기본적으로 개별 단모음들의 음가와 깊은 관련이 있다. 자세한 것은 강순경(1996), 이봉원(1997), 곽충구(2003), 소신애(2010) 등을 참고할 수 있다.

이중 모음 중 문화어발음법에서 언급하고 있는 것은 'ㅢ'와 'ㅖ'이다.

(4)

【제2항】 ≪ㅢ≫는 겹모음으로 발음하는것을 원칙으로 한다.

례: 의리, 의무, 의사, 의주, 의롭다, 의젓하다, 의존하다, 의지하다

[붙임]

1) 자음과 결합될 때와 단어의 가운데나 끝에 있는 ≪ㅢ≫는 [ㅣ]로 발음함을 허용한다.

례: - 띄우다[띠우다], 씌우다[씨우다]

- 결의문[겨리문], 회의실[회이실], 정의[정이], 의의[의이]

2) 속격토로 쓰인 경우 일부 [ㅔ]와 비슷하게 발음함을 허용한다.

례: 혁명의 북소리[혁명에 북소리]

우리의 집은 당의 품[우리에 지븐 당에 품]

(5)

【제4항】 ≪ㄱ, ㄹ, ㅎ≫뒤에 있는 ≪ㅖ≫는 각각 ≪ㅔ≫로 발음한다.

례: 계속[게속], 계시다[게시다], 관계[관게], 례절[레절], 사례[사레], 차례[차레], 혜택[헤택], 은혜[은헤]

(4)를 대한민국의 표준 발음법과 비교하면 'ㅢ'를 원래 음가대로 발음하도록 하는 경향이 더 강하다. 가령, '희'와 같은 경우 표준 발음법에서는 [히]로만 발음해야 하지만 문화어발음법에서는 [희]가 원칙이되 [히]도 허용한다. 그렇지만 'ㅢ'를 'ㅣ'나 'ㅔ'로 발음하는 것도 허용하고 있어 'ㅢ'의 변화를 어느 정도 수용하는 입장이다. (5)는 자음 뒤에서 'ㅖ'를 온전히 발음하지 못하는 현상과 관련된다. 대한민국의 표준 발음법에도 비슷한 취지의 조항이 있다. 다만, 'ㅖ'를 'ㅔ'로 발음해도 되는 음운론적 조건은 차이가 난다.

한편, 문화어발음법에서는 운소에 대해서는 특별히 언급하지 않은 채 다음과 같이 간단한 규정만 두고 있다.

(6)

> 【제1항】 모음들이 일정한 자리에서 각각 짧고 높은 소리와 길고 낮은 소리의 차이가 있는것은 있는대로 발음한다.
>
> | 례: | (짧고 높은 소리) | (길고 낮은 소리) |
> |---|---|---|
> | | 밤(낮과 밤) | 밤(밤과 대추) |
> | | 곱다(손이 곱다) | 곱다(꽃이 곱다) |

장단의 실현에 대해 꽤 자세히 언급하고 있는 대한민국의 표준 발음법과 비교하면 내용이 매우 소략하다. 또한 장단과 고저를 함께 묶어서 다루기 때문에 어휘 변별의 기능을 가진 운소가 장단인지 고저인지가 분명치 않다. 고저가 단어의 뜻을 구별하는 방언은 한반도의 동쪽에 위치한 경상도 방언이나 함경도 방언이라는 점에서 평양 방언은 장단만이 어휘 변별의 기능을 가질 가능성이 크다. 실제로 이금화(2007: 23)에 따르면 평양 방언의 8개 단모음(單母音)은 모두 장단에 따른 대립쌍을 가진다고 한다.

10.1.4. 받침의 발음

문화어발음법의 조항 중 받침의 발음과 관련된 것은 그 내용에 따라 크게 다섯 가지 유형으로 나눌 수 있으며, 각 조항은 여러 장에 걸쳐 분산되어 있다. 첫 번째는 음절 구조 제약과 관련된 내용이다.

(7)

> 【제6항】 우리 말의 받침소리는 [ㄱ, ㄴ, ㄷ, ㄹ, ㅁ, ㅂ, ㅇ]의 7개이다.

대한민국의 표준 발음법에서도 받침의 발음을 언급할 때 이와 동일한 취지의 내용이 제일 앞에 나온다. 받침의 발음을 결정하는 가장 중요한 원리라고 보기 때문에 이런 방식을 택했다고 할 수 있다.

두 번째는 받침 'ㄹ'의 변이음과 관련된 내용이다. 변이음에 대한 기술이 대한민국의 표준 발음법에는 전혀 나오지 않는다는 점에서 이 조항의 존재는 매우 특이하다.

(8)

> 【제7항】 ≪ㄹ≫이 받침소리로 될 때는 혀옆소리로 발음한다.
> 례: - 갈, 갈매기, 놀다

한국어의 'ㄹ'은 종성에서 설측음으로 발음되는데 이러한 사실이 규정에 포함되어 있다. 물론 소신애(2021)에 따르면 북한의 방언 중 육진 방언에서는 종성의 'ㄹ'이 설측음이 아닌 비설측음으로 실현되기도 한다. 그러나 이것은 평양말을 기준으로 하는 문화어의 발음은 아니기에 문제가 되지는 않는다.

세 번째는 연음에 대한 내용이다. 1987년에 나온 『조선말규범집』에서는 홑받침과 겹받침의 연음이 별개의 조항으로 분리되어 제시되었었지만, 2010년의 개정안에서는 하나의 조항으로 통합되었다.

(9)

> 【제9항】 모음앞에 있는 받침은 뒤소리마디의 첫소리로 이어서 발음한다.
> 1) 모음으로 시작하는 토나 뒤붙이앞에 있는 받침은 이어서 발음한다. 둘받침의 경우에는 왼쪽받침을 받침소리로, 오른쪽받침을 뒤모음의 첫소리로 발음한다.
> 례: - 높이[노피], 삼발이[삼바리]
> - 몸에[모메], 밭으로[바트로], 꽃을[꼬츨]
> - 젖어서[저저서], 갔었다[가썻따], 씻으며[씨스며]
> - 닭을[달글], 곬이[골시], 값에[갑쎄]
> - 맑은[말근], 밟아[발바], 읊어[을퍼], 젊은이[절므니]
> 그러나 부름을 나타내는 토≪-아≫앞에서 받침은 끊어서 발음한다.
> 례: - 벗아[벋아→버다], 꽃아[꼳아→꼬다]

> 2) 한자말에서 모음앞에 놓이는 받침은 모두 이어서 발음한다.
> 례: - 검열[거멸], 답안[다반], 국영[구경], 월요일[워료일]
> - 8. 15[파리로], 3. 14[사밀싸]

(9)를 보면 표준 발음법과 두 가지 큰 차이가 있다. 하나는 호격 조사 '아'가 결합할 때 연음을 시키지 않고 오히려 절음에 대응하는 발음을 표준으로 인정한다는 점이다. 그래서 '벗아, 꽃아'의 받침 'ㅅ, ㅊ'은 문법 형태소에 해당하는 호격 조사와 결합할 때 'ㅅ, ㅊ' 대신 모두 'ㄷ'으로 발음된다. 다른 하나는 한자어에서의 받침 발음을 연음에 준해서 발음하도록 규정한 것이다.[11] 가령 '검열'과 같은 단어의 경우 표준 발음법에서는 'ㄴ'이 첨가된 것을 원칙으로 하고, 표기대로 발음하는 것을 허용한다. 반면 문화어발음법에서는 모두 표기대로 발음해야만 하는 것이다.

네 번째는 평파열음화나 자음군 단순화와 같이 음절의 종성에 적용되는 음운 현상에 관한 것이다. 이 내용은 매우 장황한데 대한민국의 표준 발음법과 일치하는 것도 있지만 그렇지 않은 것도 있다. 홑받침의 경우는 방언에 상관없이 모두 단일한 양상을 보이므로 그 내용도 동일하지만 겹받침의 발음에서는 일부 차이가 난다.

(10)

> 【제8항】 받침자모와 받침소리의 호상관계는 다음과 같다.
> 1) 받침 ≪ㄳ, ㄺ, ㅋ, ㄲ≫의 받침소리는 무성자음앞에서와 발음이 끝날 때는 [ㄱ]으로 발음한다.
> 례: - 넋살[넉쌀], 붉다[북따], 부엌세간[부억세간], 낚시[낙시]
> 그러나 동사나 형용사의 말줄기끝의 받침≪ㄺ≫은 ≪ㄱ≫앞에서 [ㄹ]로 발음한다.

11) 한자어의 경우 각각의 한자가 문법 형태소가 아니므로 연음의 조건과는 무관하지만, 문화어발음법에서는 다른 연음의 예와 함께 다루었다.

례: - 맑고[말꼬], 맑구나[말꾸나], 맑게[말께], 맑기[말끼]

2) 받침 ≪ㅅ, ㅈ, ㅊ, ㅌ, ㅆ≫의 받침소리는 무성자음앞에서와 발음이 끝날 때는 [ㄷ]으로 발음한다.

례: - 잇다[읻따], 잦다[잗따], 밭갈이[받까리], 있다[읻따]
- 옷[옫], 젖[젇], 꽃[꼳], 뭍[묻]

3) 받침 ≪ㄼ, ㄿ, ㅄ, ㅍ≫의 받침소리는 무성자음앞에서와 발음이 끝날 때는 [ㅂ]으로 발음한다.

례: - 넓지[넙찌], 읊다[읍따], 없다[업따], 높다[놉따], 값[갑]

그러나 형용사말줄기끝의 받침 ≪ㄼ≫은 ≪ㄱ≫앞에서 [ㄹ]로 발음하며 ≪여덟≫은 [여덜]로 발음한다.

례: 넓게[널께], 짧고[짤꼬], 얇기[얄끼], 섧게[설께], 떫구나[떨꾸나]

4) 받침 ≪ㄽ, ㄾ, ㅀ≫의 받침소리는 자음앞에서와 발음이 끝날 때는 [ㄹ]로 발음한다.

례: - 곬빠지기[골빠지기], 핥다[할따], 곯느냐[골르냐], 옳네[올레]
- 돐[돌], 곬[골]

5) 받침 ≪ㄻ≫의 받침소리는 자음앞에서와 발음이 끝날 때는 [ㅁ]으로 발음한다.

례: - 젊다[점따], 젊고[점꼬], 삶느냐[삼느냐], 삶네[삼네]
- 고결한 삶[~삼], 죽음과 삶[~삼]

6) 받침 ≪ㄵ, ㄶ≫의 받침소리는 자음앞에서는 [ㄴ]으로 발음한다.

례: - 얹게[언께], 얹느냐[언느냐], 많고[만코], 많네[만네]

⋮

표준 발음법과 비교해 차이가 나는 부분은 음절말에서 'ㅂ'으로 발음되는 경우를 규정한 하위 조항 3)이다. 표준 발음법에서는 'ㄼ'의 경우 원칙적으로 '[ㄹ]'로 발음하되 '밟-'을 비롯한 몇몇 예외를 두었을 뿐이다. 반면에, 문화어발음법에서는 'ㄼ'의 경우 예외 없이 '[ㅂ]'으로 발음하게끔 규정하고 있다. 더욱이 '넓고[널꼬], 얇게[얄께]' 등과 같이 형용사 어간 뒤에 'ㄱ'으로 시작하는 어미가 결합할 때에 한해서는 '[ㅂ]' 대신 '[ㄹ]'로 발음하게 하고

있는데, 이것은 'ㄺ'으로 끝나는 용언 어간의 경우와 매우 흡사하다.12)

아래의 (11)은 자음으로 끝나는 말 뒤에 모음으로 시작하는 어휘 형태소가 와도 평파열음화나 자음군 단순화가 적용된다는 사실을 규정한 조항들이다. 이것은 연음과 대비시켜 절음이라고 부르기도 한다.13)

(11)

【제10항】 모음 ≪아, 어, 오, 우, 애, 외≫로 시작한 고유어말뿌리앞에 있는 받침은 끊어서 발음한다.

례: - 부엌안[부억안→부어간], 넋없다[넉업따→너겁따]
- 옷안[옫안→오단], 젖어머니[젇어머니→저더머니], 닻올림[닫올림→다돌림]
- 무릎우[무릅우→무르부]

[붙임]

≪있다≫ 앞에 오는 받침들도 끊어서 발음한다.

례: 값있는[갑읻는→가빈는]

그러나 ≪맛있다≫, ≪멋있다≫만은 이어내여 발음함을 허용한다.

례: 맛있다[마싣따/마딛따], 멋있께[머싣께/머딛께]

【제11항】 단어들이 결합관계로 되여있는 경우에도 앞단어가 받침으로 끝나고 뒤단어의 첫소리가 모음일적에는 끊어서 발음함을 원칙으로 한다.

례: 팔 아홉키로[팔 아홉키로], 짚 열단[집 열딴]

제10항은 복합어의 경우, 제11항은 단어 경계 사이에 해당한다. 모두 앞말의 받침이 모음으로 시작하는 어휘 형태소 앞에서 평파열음화 또는 자음

---

12) 대한민국의 표준 발음법을 정하는 과정에서 비록 '안'에 불과했지만 이와 유사한 내용이 포함된 적이 있어 주목된다. 즉, 국어연구소(1987ㄱ)에서 '밟-'에 대해 '[밥]'으로 발음하는 것이 원칙이되 'ㄱ'으로 시작하는 어미와 결합할 때는 '[발]'로 발음하게끔 규정했던 것이다.

13) 문화어발음법에서는 제10항이 시작되기에 앞서 절음에 해당하는 '끊어내기'를 "받침자모를 발음을 끝낼 때의 받침소리로 바꾸고 뒤의 모음에 이어서 발음한다"라고 정의하고 있다.

군 단순화의 적용을 받은 후 그 자음이 뒤 음절의 초성으로 이동한다. 구체적인 내용은 표준 발음법과 크게 다르지 않다. '맛있다, 멋있다'의 예외적 모습을 지적한 것조차 동일하다.14)

받침의 발음과 관련된 다섯 번째 내용은 받침 'ㅎ'에 대한 것이다. 문화어 발음법에서는 이 내용을 여러 조항으로 나누어 다루고 있다.

(12)

【제8항】 받침자모와 받침소리의 호상관계는 다음과 같다.

⋮

7) 말줄기끝의 받침≪ㅎ≫은 단어의 끝소리마디에서와 ≪ㅅ≫이나 ≪ㄴ≫으로 시작하는 토앞에서 [ㄷ]처럼 발음한다.

례: - 히읗[히읃], 좋소[졷소→조쏘], 좋니[졷니→존니]

【제18항】 토나 뒤붙이의 첫머리에 온 순한소리는 말줄기의 끝받침 ≪ㅎ, ㄶ, ㅀ≫뒤에서 거센소리로 발음한다.

례: - 좋다[조타], 좋고[조코], 좋지[조치]
- 많다[만타], 많고[만코], 많지[만치]
- 옳다[올타], 옳고[올코], 옳지[올치]

【제28항】 말줄기끝의 ≪ㅎ≫은 모음으로 시작된 토나 뒤붙이앞에서 발음하지 않는다.

례: 낳아[나아], 낳으니[나으니], 싫어[실어→시러]

【제30항】 둘받침 ≪ㅀ≫으로 끝나는 말줄기에 ≪ㄴ≫으로 시작되는 토가 이어질 때 ≪ㅎ≫은 받침소리로 내지 않는다.

례: 옳네[올레], 싫네[실레], 곯느니라[골르니라]

[붙임] ≪ㄶ≫으로 끝나는 말줄기에 ≪ㄴ≫으로 시작되는 토가 이어질 때의 ≪ㅎ≫도 받침소리로 내지 않는다.

례: [제8항 6조 참조]

14) 1987년의 문화어발음법에서는 '[마신따], [머신따]'만 허용하여 표준 발음법과는 차이를 보였지만, 2010년의 문화어발음법에서는 표준 발음법과 그 내용이 같아졌다. 다만 문화어 발음법에서는 '맛있다'와 '멋있다'의 복수 표준 발음을 배열할 때 허용 발음인 '[마신따], [머신따]'를 원칙 발음인 '[마딛따], [머딛따]'보다 더 앞에 두고 있다.

표준 발음법과 비교할 때 큰 차이는 없다. 다만 제8항의 7)에서 언급한 내용은 주목할 만하다. 표준 발음법의 경우 'ㅅ' 앞의 'ㅎ'은 'ㅅ'과 합쳐 '[ㅆ]'으로 발음한다(예. 닿소[다쏘])고 했고 'ㄴ' 앞의 'ㅎ'은 '[ㄴ]'으로 발음한다(예. 놓는[논는])고 했다. 이 내용만 보면 음절말에 올 수 없는 'ㅎ'이 어떤 자음으로 실현되는지를 분명하게 규정하지는 않은 셈이다. 반면, 문화어발음법에서는 'ㄴ, ㅅ' 앞의 'ㅎ'을 '[ㄷ]'으로 발음한다고 명시하고 있다.[15)]

10.1.5. 음의 동화

문화어발음법에서 규정한 음의 동화에는 구개음화, 비음 동화, 유음화, 'ㄹ'의 비음화라는 네 가지 자음 변동이 포함된다. 구개음화에 대한 문화어 발음법의 규정은 다소 단순하다는 점을 제외하면 표준 발음법의 내용과 다르지 않다.

(13)

> 【제20항】 받침 ≪ㄷ, ㅌ, ㄾ≫뒤에 토나 뒤붙이인 ≪이≫가 올 때 그 ≪이≫는 각각 [지, 치]로 발음한다.
>
> 례: 가을걷이[가을거지], 굳이[구지], 해돋이[해도지], 같이[가치], 붙이다[부치다], 벼훑이[벼훌치], 핥이다[할치다]

비음 동화에 대한 규정은 표준 발음법과 약간 차이가 난다. (14)에서 보듯 비음 동화의 환경에 'ㄹ'이 더 포함되어 있는 것이다. 이것은 주시경의 설명 내용과 흡사하다. 비음 동화의 환경에서 'ㄹ'은 제외하는 것이 타당하다.[16)]

---

15) 물론 '[ㄷ]으로'가 아니라 '[ㄷ]처럼'이라고 표현하여 'ㅎ'이 'ㄷ'으로 발음된다고 단정하지는 않았다. 또한 '좋소'의 경우 위의 제8항에서는 '졷소'를 거쳐 '[조쏘]'로 발음한다고 했지만 제17항에서는 '[졷쏘]'로 발음된다고 해서 차이를 보인다. 위의 규정대로라면 'ㅎ'을 'ㄷ'으로 발음하는 '[졷쏘]'가 표준 발음이 되어야 할 듯하다.

(14)

【제21항】 받침 ≪ㄱ, ㄳ, ㅋ, ㄲ≫, ≪ㄷ, ㅅ, ㅈ, ㅊ, ㅌ, ㅆ≫, ≪ㄿ, ㅂ, ㅄ, ㅍ≫뒤에 자음≪ㄴ, ㅁ, ㄹ≫이 이어질 때는 다음과 같이 발음한다.

1) 받침 ≪ㄱ, ㄳ, ㅋ, ㄲ≫은 [ㅇ]으로 발음한다.

례: 익는다[잉는다], 격멸[경멸], 몫나눔[몽나눔], 부엌문[부엉문]

2) 받침 ≪ㄷ, ㅅ, ㅈ, ㅊ, ㅌ, ㅆ≫은 [ㄴ]으로 발음한다.

례: 받는다[반는다], 젖먹이[전머기], 꽃눈[꼰눈], 밭머리[반머리]

3) 받침 ≪ㄿ, ㅂ, ㅄ, ㅍ≫은 [ㅁ]으로 발음한다.

례: 밟는다[밤는다], 법령[범령/범녕], 없는것[엄는걷], 앞마을[암마을]

자음 동화 중에서 유음화는 매우 복잡한 내용을 포함하고 있지만, 표준 발음법에서는 상당히 단순하게 다루고 있다. 이러한 사정은 문화어발음법도 마찬가지이다.

(15)

【제22항】 받침 ≪ㄹ≫뒤에 ≪ㄴ≫이 왔거나 받침 ≪ㄴ≫뒤에 ≪ㄹ≫이 올 때에는 그 ≪ㄴ≫을 [ㄹ]로 발음한다.

례: - 들놀이[들로리], 물농사[물롱사], 별나라[별라라]
- 근로자[글로자], 천리마[철리마], 권리[궐리]

그러나 형태부들의 경계에서는 뒤의 ≪ㄹ≫을 ≪ㄴ≫으로 발음한다.

례: 순리익[순니익], 발전량[발쩐냥]

(15)에서 주목할 만한 것은 역행적 유음화의 예외로 제시된 '순리익, 발전량'이다. 이 단어들에 대해서는 유음화 대신 'ㄹ'의 비음화가 적용된다고 명시하고 있다. 특히 이러한 예외들에 대해 '형태부들의 경계'라는 설명을 덧붙인 점이 흥미롭다. 이것이 의미하는 바가 명확하지 않고 이것만으로

16) 비음 동화의 적용 환경에서 'ㄹ'을 제외하는 태도는 주시경의 학설을 이어받은 김두봉의 논의에서 이미 나타나고 있다.

모든 예외를 규정할 수 있는 것도 아니다. 그러나 유음화 대신 'ㄹ'의 비음화가 적용되는 단어들의 성격을 설명하고자 한 시도의 결과임에는 틀림없다. 아무런 별다른 설명 없이 유음화 대신 'ㄹ'의 비음화가 적용된다고 규정한 표준 발음법 제20항과는 차이가 드러난다.

2010년에 개정된 문화어발음법은 'ㄹ'의 비음화를 표준적인 발음으로 인정했다는 점에서 그 이전의 규정과는 차이가 난다.

(16)

【제24항】 받침소리 [ㅁ, ㅇ]뒤에서 ≪ㄹ≫은 [ㄴ]으로 발음한다.

례: 목란[몽난], 백로주[뱅노주]

그러나 모음 ≪ㅑ, ㅕ, ㅛ, ㅠ≫의 앞에서는 [ㄴ] 또는 [ㄹ]로 발음할 수도 있다.

례: - 식량[싱냥/싱량], 협력[혐녁/혐력]
- 식료[싱뇨/싱료], 청류벽[청뉴벽/청류벽]

(16)에 제시된 문화어발음법 제24항은 'ㄹ'의 비음화에 해당하는 자음 변동을 다루고 있다. 2010년의 개정안 이전까지는 'ㄹ'의 비음화를 인정하지 않아서 'ㅁ, ㅇ' 뒤의 'ㄹ'도 그대로 'ㄹ'로만 발음해야만 했다.[17] 그런데 개정안에서는 'ㅁ, ㅇ' 뒤의 'ㄹ'은 원칙상 'ㄹ'의 비음화가 적용되어 'ㄴ'으로 발음되도록 했다.[18] 다만 'ㅑ, ㅕ, ㅛ, ㅠ' 앞의 'ㄹ'은 'ㄴ'과 'ㄹ' 모두 발음할 수 있게 허용하여, 이 조건에서는 'ㄹ'의 비음화가 수의적으로 적용되도록 규정했다. 이것은 이해하기 쉽지 않은 조치이다.

17) 이것은 모든 모음 앞에서 'ㄹ'은 그대로 발음하는 것을 원칙으로 한다는 제5항의 내용을 절대적으로 따른 결과라고 볼 수 있다.

18) 'ㄱ, ㅂ' 뒤의 'ㄹ'도 'ㄴ'으로 발음해야 하지만 문화어발음법에서는 'ㄱ, ㅂ'이 'ㄹ'의 비음화를 일으키는 조건에 포함되지 않았다. 그 이유는 앞서 (14)에서 본 것처럼 'ㄹ' 앞의 'ㄱ, ㅂ'은 모두 비음인 'ㅇ, ㅁ'으로 발음된다고 규정했기 때문에, 'ㄹ' 앞에는 'ㄱ, ㅂ'이 나타나지 못한다고 본 것과 관련된다.

한편, 1987년의 문화어발음법에서는 위치 동화와 '이' 모음 역행 동화가 표준 발음이 아니라는 사실을 구체적인 조항에서 언급했었다.

(17)

【제25항】 이상과 같은 닮기현상밖의 모든 ≪영향관계≫를 원칙적으로 인정하지 않는다.

례:	(옳음)	(그름)
	- 밥그릇[밥그릇]	[박끄릇]
	- 안기다[안기다]	[앙기다]
	- 전보[전보]	[점보]
	- 잡히다[자피다]	[재피다]

(17)과 비슷한 취지의 내용은 위치 동화가 표준 발음이 아니라고 한 표준 발음법 제21항에서도 찾아볼 수 있다. 이 조항은 표준 발음이 무엇인지를 정한 나머지 규정과 비교할 때 표준 발음이 아닌 것을 규정했다는 점에서 매우 이질적이다. 그런데 이 조항이 2010년의 개정안에서는 빠졌다. 표준 발음에 대한 규정에서 표준 발음이 아닌 것을 일일이 다 정해 줄 수는 없는 일이다. 그런 점에서 보자면 비표준적인 발음에 대한 규정을 제외한 것은 매우 합리적인 조치라고 평가할 만하다.

10.1.6. 경음화

표준 발음법에서 다루는 경음화의 종류는 모두 다섯 가지였다.[19] 그러나 문화어발음법에서 제시한 경음화는 분류 방식이나 설명이 이와는 약간 다르다.

19) 자세한 것은 7장의 내용을 참고할 수 있다.

(18)

> 【제12항】 [ㄱ, ㄷ, ㅂ]으로 나는 받침소리뒤에 오는 순한소리는 된소리로 발음한다.
>
> 례: - 국밥[국빱], 맏사위[맏싸위], 곱돌[곱똘]
> - 흙밥[흑빱], 꽃밭[꼳빧], 없다[업따], 밟기[밥끼]

(18)은 평파열음 뒤의 경음화를 다루고 있다. 한국어의 경음화 현상 중 가장 대표적이며 강력한 세력을 가지고 있다. 그런데 원래 이 현상은 1987년의 문화어발음법에서는 포함되어 있지 않았다. (18)의 내용이나 취지는 표준 발음법의 관련 조항과 크게 다르지 않다.

다음으로 용언 어간말 비음 뒤에서의 경음화도 별개의 조항으로 분리되어 있다. 그런데 이 조항에는 비음 뒤의 경음화와 무관한 것도 들어 있다.

(19)

> 【제13항】 동사나 형용사의 말줄기끝의 받침 ≪ㄴ, ㄵ, ㄻ, ㅁ≫과 ≪ㄹ≫로 발음되는 받침 ≪ㄺ, ㄼ, ㄾ≫ 뒤에 오는 토나 뒤붙이의 순한소리는 된소리로 발음한다.
>
> 례: - (아기를) 안다[안따], 안고[안꼬], 안기[안끼]
> - 앉다[안따], 앉고[안꼬], 앉기[안끼]
> - 옮다[옴따], 옮고[옴꼬], 옮기[옴끼]
> - (나무를) 심다[심따], 심고[심꼬], 심기[심끼]
> - 굵게[굴께], 얇고[얄꼬], 훑다[훌따], 핥기[할끼]

(19)에는 여러 가지 경음화가 포함되어 있다. 경음화가 일어난 자음의 앞에 오는 받침의 발음만 고려한다면 'ㄴ, ㅁ, ㄹ'과 같은 공명음 뒤의 경음화라고 할 수 있을지 모른다. 그러나 앞서 7.1과 7.2에서 언급했듯이, 'ㄴ, ㄻ, ㅁ' 뒤의 경음화는 'ㄵ' 뒤의 경음화나 'ㄺ, ㄼ, ㄾ' 뒤의 경음화와 구분되는 현상이다. 'ㄴ, ㄻ, ㅁ' 뒤의 경음화만이 용언 어간말 비음 뒤의 경음화이

며, 'ㄵ'이나 'ㄺ, ㄼ, ㄾ' 뒤의 경음화는 (18)에 제시된 경음화와 그 성격이 동일하다. 그런 점에서 (19)와 같이 이질적인 경음화를 하나의 조항에서 함께 다루는 것은 그다지 타당하다고 하기는 어렵다.

다음의 (20)에 제시된 제14항 역시 이질적인 경음화를 하나로 묶어 놓기는 마찬가지이다.

(20)

【제14항】 다음과 같은 경우에 ≪ㄹ≫받침뒤의 순한소리는 된소리로 발음한다.

1) 한자말에서 뒤의 순한소리가 ≪ㄷ, ㅅ, ㅈ≫인 경우
례: 발동[발똥], 결실[결씰], 발전[발쩐]

2) 일부 고유어로 된 보조적단어가 ≪ㄹ≫ 뒤에 오는 경우
례: 열개[열깨], 여덟그루[여덜끄루], (집) 열동[열똥]

3) 규정토 ≪ㄹ≫의 뒤에 오는 경우
례: - 들것[들껃], 갈데[갈떼], 갈 사람[갈 싸람]
- 들가[들까], 올지[올찌], 볼듯[볼뜯]

(20)에는 세 가지의 경음화가 포함되어 있다. 이들은 모두 경음화가 일어나는 자음 앞에 받침 'ㄹ'이 온다는 공통점이 있기는 하다. 그러나 그 성격은 모두 다르다. 이미 표준 발음법의 관련 내용을 설명하면서 언급했듯이 1)은 한자어에서 일어나는 경음화, 2)는 ㅅ-후치 명사 뒤에서의 경음화, 3)은 관형사형 어미 '-을' 뒤에서 일어나는 경음화이다. 1987년의 문화어발음법과 비교해 2010년의 개정안에서는 각각의 경음화에 대한 설명 자체는 좀 더 정교해졌지만, 이질적인 것을 묶어 놓았다는 점에서 여전히 한계가 있다.

(21)

【제15항】 일부 한자말들에서 ≪적(的), 성(性), 법(法), 권(權, 眷), 점(點), 건(件), 가(價), 과(課, 果)≫ 등의 한자말은 일부 제한하여 된소리로 발음한다.

례: - 당적[당쩍], 시적[시쩍]
- 혁명성[형명썽], 전투성[전투썽]
- 헌법[헌뻡], 료법[료뻡]
- 주권[주꿘], 구매권[구매꿘]
- 사건[사껀], 조건[조껀]

(21)은 한자어에서 일어나는 경음화이다. 표준 발음법에서는 이러한 유형의 경음화를 따로 다루지는 않았다. 7.6에서 살핀 특이한 경음화의 예가 대부분 이 조항에 포함되어 있다.

(22)

【제16항】 단어나 단어결합에서 사이소리가 순한소리앞에 끼여 나는 경우는 그 순한소리를 된소리로 발음한다.

사이소리가 끼우지 않는 경우:

례: - 된벼락, 센바람, 봄가을, 날바다, 별세계

사이소리가 끼우는 경우:

례: - 논두렁[논뚜렁], 손가락[손까락], 안사람[안싸람]
- 전주대[전주때], 나루가[나루까], 강가[강까], 그믐달[그믐딸]

(22)는 합성어를 형성할 때의 경음화이다. 표준 발음법에서는 사이시옷 표기의 유무에 따라, 합성어의 앞말이 자음으로 끝나서 사이시옷이 표기되지 않는 경우는 경음화 단원에서 다루고, 합성어의 앞말이 모음으로 끝나서 사이시옷이 표기되는 경우는 음의 첨가 단원에서 다루었다. 북한의 경우 사이시옷을 표기하지 않기 때문에 원칙적으로 그러한 방식의 구분을 하기 어렵다. 그래서 합성어의 앞말이 자음으로 끝나든 모음으로 끝나든 구분하

지 않고 모두 하나의 조항에 포함하였다. 다만, 뒤의 첨가 단원(제27항)에서는 이러한 경음화가 사잇소리 'ㄷ'의 첨가에 의해 이루어진다는 설명을 해 두었다.[20]

한편, 문화어발음법에서는 어간말 'ㅎ' 뒤의 특수한 경음화에 대해서 별개의 조항을 두고 있다.

(23)

> 【제17항】 말줄기의 끝받침 ≪ㅎ≫, ≪ㄶ≫, ≪ㅀ≫ 뒤에 오는 토의 순한소리 ≪ㅅ≫은 된소리로 발음한다.
> 례: 좋소[졷쏘], 많습니다[만씀니다], 옳소[올쏘]

(23)은 'ㅎ'으로 끝나는 어간 뒤에 'ㅅ'으로 시작하는 어미가 올 때의 경음화 현상이다. 표준 발음법에서는 이 현상을 경음화 단원에서 다루지 않고 받침의 발음 단원에서 다루며, 'ㅎ+ㅅ'은 '[ㅆ]'으로 발음된다고 본다.[21] 두 자음이 합쳐져서 경음인 'ㅆ'으로 발음되는 것은 일반적인 경음화의 양상과 다르므로 받침 'ㅎ'의 특수성과 관련지어 받침의 발음 단원에서 언급했던 것이다.[22] 반면, 문화어발음법에서는 제8항의 7)에서 'ㄴ, ㅅ' 앞의 'ㅎ'을 '[ㄷ]'으로 발음한다고 규정했으므로 'ㅎ' 뒤에서 'ㅅ'이 'ㅆ'으로 바뀌는 것은 'ㄷ' 뒤에서 경음화가 일어나는 것과 별반 다를 바가 없다. 그래서 '좋소'의 표준 발음도 '[조쏘]'가 아닌 '[졷쏘]'로 규정하고 있다.[23] 이처럼 남한의 표

20) 그러나 첨가된 'ㄷ'은 경음화만 일으키고 최종적으로는 탈락되는 것으로 처리했다. 예컨대, '강가'나 '바다가'의 경우 'ㄷ'이 첨가되어 '강ㄷ가, 바닫가'가 된 후 최종적인 발음은 '강까, 바다까'라고 규정한 것이다. 자세한 것은 뒤의 (26)을 참고할 수 있다.

21) 표준 발음법에 따르면 '닿소'는 '[다쏘]'로 발음된다. 표면상 'ㅎ'과 'ㅅ'이 축약되어 'ㅆ'이 나타난 모습이다. 여기에 대한 음운론적 설명 방식은 크게 두 가지이다. 하나는 'ㅎ+ㅅ'이 's^h'가 된 후 이런 음이 한국어에 존재하지 않기 때문에 'ㅆ'으로 바뀌었다고 해석하는 것이다. 다른 하나는 'ㅎ'이 'ㅅ' 앞에서 'ㄷ'으로 바뀐 후 경음화와 'ㅆ' 앞에서의 ㄷ-탈락이 더 적용되었다고 해석하는 것이다.

22) 일반적인 경음화는 선행 자음이 그대로 있고 후행 자음만 경음으로 바뀐다.

준 발음법과 북한의 표준 발음법은 'ㅎ + ㅅ'의 연쇄에 대한 발음을 규정함에 있어 표준 발음으로 인정하는 형태도 다르고 그것을 다루는 단원도 차이가 난다.

10.1.7. 음의 첨가

문화어발음법에서는 제9장(소리끼우기현상과 관련한 발음)에서 음의 첨가와 관련된 현상을 규정하고 있다. 그 이전의 1987년 규정에서는 첨가 단원이 없고, 대신 제9장의 제목이 '사이소리현상과 관련한 발음'이었다. 사회과학원 언어학연구소(1971: 298)에 따르면 북한에서는 사잇소리 현상을 "사이소리현상이란 어근과 어근이 이어질 때, 또는 접두사와 어근이 이어질 때 그 이어지는 사이에 일정한 소리가 덧나는 현상"이라고 정의하고 있다. 즉, 사잇소리 현상을 합성어 형성에서 일어나는 경음화나 'ㄴ, ㄴㄴ'의 첨가로 한정하는 것이 아니라, 좀 더 넓은 조건에서의 첨가로 보는 것이다. 그런데 2010년의 개정안에서는 제목을 음의 첨가로 바꾸면서 다른 첨가 현상까지 포함하고 있다.

문화어발음법에서 규정한 첨가는 모두 세 가지이다. 그중 제일 먼저 나오는 것은 'ㄴ' 또는 'ㄴㄴ'의 첨가이다.

23) 각주 15)에서 언급한 것처럼 제8항에서는 표준 발음을 '[조쏘]'로 달리 규정하기도 했다.

(24)

【제25항】 고유어가 들어가 만들어진 합친말(또는 앞붙이와 말뿌리가 어울린 단어)의 뒤형태부가 ≪이, 야, 여, 요, 유≫로 시작되는 경우에는 다음과 같이 발음한다.

1) 앞형태부가 자음으로 끝날 때에는 형태부사이에 [ㄴ]을 끼워 발음한다.

례: - 논일[논닐], 꽃잎[꼰닙], 짓이기다[짇이기다→진니기다]
- 들양[들냥→들량], 불여우[불녀우→불려우]

그러나 ≪있다≫의 경우에는 제10항에 준하여 끊어내기로 발음한다.

2) 앞형태부가 모음으로 끝날 때에는 사이소리가 끼우는 경우에 한하여 [ㄴㄴ]을 끼워 발음한다.

사이소리가 끼우지 않는 경우:

례: - 나라일, 바다일, 베개잇

사이소리가 끼우는 경우:

례: - 수여우[순녀우], 수양[순냥], 아래이[아랜니]

(24)는 'ㄴ' 또는 'ㄴㄴ'의 첨가에 대한 규정이다. 표준 발음법과 비교할 때 기본적인 내용에는 차이가 없다. 다만, 구체적인 예가 다르거나 또는 동일한 단어에 대해 표준 발음으로 정한 결과가 다를 뿐이다. 가령 '베개잇'의 경우 문화어발음법에 따르면 'ㄴㄴ'을 첨가하지 않고 '[베개읻]'으로 발음하는 것이 표준이지만, 표준 발음법에 따르면 'ㄴㄴ'을 첨가한 '[베갠닏]'이 표준 발음이며 표기 형태도 '베갯잇'이 된다.

두 번째 첨가는 표준 발음법에는 없는 경우로서, '암'과 '수'라는 특수한 형태소와 관련되어 있다.

(25)

【제26항】 ≪암, 수≫가 들어가 만들어진 단어의 발음은 다음과 같이 한다. 1) 뒤형태부의 첫소리가 ≪ㄱ, ㄷ, ㅂ, ㅈ≫인 경우는 [ㅋ, ㅌ, ㅍ, ㅊ]의 거센소리로 발음한다. 례: - 암돼지[암퇘지], 수강아지[수캉아지], 수병아리[수평아리] - 암기와[암키와], 수돌쩌귀[수톨쩌귀] 2) 그밖의 경우 앞형태부가 ≪수≫이면 사이소리를 끼워 발음한다. 례: - 수사자[숟사자→수싸자], 수소[숟소→수쏘] - 수나비[숟나비→순나비], 수오리[숟오리→수도리]

(25)에는 기원적으로 'ㅎ'을 말음으로 가지던 '암'과 '수'가 복합어를 형성할 때 일어나는 음의 첨가가 포함되어 있다. 여기에 따르면 '암'과 '수'는 1)에 제시된 단어에 국한하여 'ㅎ'의 흔적이 남아 있는 형태를 표준 발음으로 인정한다. 또한 그 이외의 경우 '수'에 국한하여 사잇소리 'ㄷ'이 첨가된다. 그런데 첨가된 'ㄷ'은 경음화를 일으키는 경우에는 표면에 그대로 나타나지 못한다. 그래서 '수사자'의 경우 후행 자음을 경음화시킨 후에 탈락해야만 한다. 또한 경음화와 무관한 조건에서는 'ㄷ'이 비음 동화의 적용을 받아 'ㄴ'으로 실현되거나 또는 후행 음절의 초성으로 이동하여 실현된다.

마지막 첨가는 사잇소리 현상으로서의 첨가이다.

(26)

【제27항】 고유어로 만들어지는 일부 합친말이나 단어결합에서 사이소리가 끼여나는 경우는 형태부들사이에 ≪ㄷ≫을 끼워 발음한다. 례: - 강가[강ㄷ가→강까], 길가[길ㄷ가→길까] - 뒤문[뒫문→뒨문], 뒤사람[뒫사람→뒤싸람]

(26)에 제시된 현상은 사잇소리 현상과 관련되며 한글 맞춤법의 사이시옷 표기와도 무관하지 않다. 그런데 사이시옷을 표기하지 않는 북한의 경우

에는, 문화어발음법에서 단순히 'ㄷ'이 첨가된다는 언급만 하고 있다. 이렇게 첨가된 'ㄷ'은 조건에 따라 표면에 실현되기도 하고 그렇지 않기도 한다. 앞에서도 언급한 것처럼 경음화를 일으키는 기능의 'ㄷ'은 표면형에서는 탈락한다. 반면 첨가된 'ㄷ'이 비음 동화의 적용을 받으면 'ㄴ'으로 실현된다.

10.1.8. 그 밖의 경우

문화어발음법에서는 초성의 발음에 대해 별도의 장(제2장. 첫소리자음의 발음)을 마련한 후 초성 'ㄹ'의 발음을 하나의 조항에서 다루고 있다. 여기에는 두음 법칙과 관련된 내용이 포함되어 있다.

(27)

> 【제5항】≪ㄹ≫은 모든 모음앞에서 ≪ㄹ≫로 발음하는것을 원칙으로 한다.
> 례: 라지오, 려관, 론문, 루각, 리론, 레루, 용광로
> 그러나 한자말에서 ≪렬, 률≫은 편의상 모음뒤에서는 [열]과 [율]로, ≪ㄹ≫을 제외한 자음 뒤에서는 [녈, 뉼]로 발음한다.
> 례: - 대렬[대열], 규률[규율], 선렬[선녈], 정렬[정녈]

(27)에 따르면 일부 예외적인 경우를 제외하면 초성의 'ㄹ'은 모두 'ㄹ'로 발음하는 것이 원칙이다. 비어두는 물론이고 어두의 'ㄹ' 역시 마찬가지이다. 특히 어두로 한정하면, 어두의 'ㄹ'은 다른 자음의 영향을 받지 않으므로 항상 'ㄹ'로 발음하게 된다.[24] 그리하여 두음 법칙으로서의 어두 'ㄹ' 회피란 북한의 문화어에서는 존재할 수가 없다.

문화어발음법의 마지막 장(제10장, 약화 또는 빠지기 현상과 관련한 발

24) 어중 'ㄹ'은 'ㄹ'의 비음화에 의해 '[ㄴ]'으로 발음되는 경우도 있다. 자세한 것은 앞의 (16)에서 다룬 바 있다.

음)에서는 음의 탈락 현상을 다루고 있다. 모두 세 개의 조항이 포함되어 있는데, 모두 비어두에 놓인 'ㅎ'의 발음과 관련된다. 이 중 두 개의 조항, 즉, 어간말 'ㅎ'의 탈락과 자음군 단순화로서의 'ㅎ' 탈락은 이미 (12)에서 다루었다. 따라서 여기서는 나머지 한 조항만 간략히 언급하기로 한다.

(28)

【제29항】 소리마디의 첫소리 ≪ㅎ≫은 모음이나 울림자음 뒤에서 약하게 발음할 수 있다.
례: 마흔, 아흐레, 안해, 열흘, 부지런히, 확실히, 험하다, 말하다

(28)은 비어두의 초성에 표기된 'ㅎ'의 발음을 다룬 것으로서, 표준 발음법에는 여기에 대응하는 조항이 없다. 원래 이런 조건에서의 'ㅎ'은 매우 약하게 발음되어서 역사적으로는 탈락을 경험한 단어들도 적지 않다. 가령, '가히, 막다히, 올히, 부헝이' 등에서의 'ㅎ'이 모두 역사적으로 탈락하여 오늘날의 '개, 막대, 오리, 부엉이'가 되었다. 그렇지만 이렇게 표기상으로 'ㅎ'이 없어져 형태 자체가 바뀐 경우를 제외한 나머지에 대해, 표준 발음법에서는 아무런 언급을 하지 않은 반면, 문화어발음법에서는 'ㅎ'을 약하게 발음할 수 있다고 하여 발음 현실을 어느 정도 반영하였다. 다만, 'ㅎ'을 발음하지 않는다고 하지는 않고 약하게 발음한다고 함으로써 이 규정은 음운 층위가 아닌 음성 층위의 문제로 국한되어 버렸다.

10.2. 중국의 조선말 표준발음법

10.2.1. 조선말 표준발음법의 개관

중국에서 사용되는 한국어의 표준 발음에 대한 정부 차원의 규범화 사업은 1977년부터 시작되었다. 중국조선어사정위원회 편(2016: 1)에 따르면 1977년에 동북3성조선어문사업협의령도소조가 설립되면서 중국에서의 한국어 규범화 사업이 활기를 띠었으며, 이후 1986년에는 중국조선어사정위원회가 설치되어 본격적인 규범화 사업이 시작되었다. 1977년에 처음 제정된 '조선말 표준발음법'은 이후 몇 차례 수정을 거쳤고, 여기에 근거하여 1999년에는 『조선말표준발음법사전』까지 간행되었다.[25)]

여기서 검토할 조선말 표준발음법은 2016년에 개정되어 나온 것이다. 1977년의 규정이 8장 31항으로 구성된 반면, 최신 개정안은 총칙을 제외하더라도 7장 30개 항으로 이루어져 있다. 1977년의 조선말 표준발음법은 북한의 문화어발음법과 그 구성이나 내용이 매우 비슷했다.[26)] 그러나 2010년의 문화어발음법과 2016년의 조선어 표준발음법은 예전에 비해서는 그 체계나 내용이 좀 더 달라졌다. 편의상 두 규정의 구성을 비교해 보기로 한다.

---

25) 이 사전은 연변사회과학원 언어연구소에서 편찬한 『조선말사전』의 중요 기본 단어 중 표기와 발음이 다른 단어를 대상으로 실제 발음을 표시해 놓고 있다. 이 사전에 대해서는 전병선(2000)을 참고할 수 있다.

26) 여기에 대해서는 이 책의 초판 10.2.1을 참고할 수 있다. 이러한 유사성은 조선말 표준발음법을 처음 제정할 때 문화어발음법을 많이 참조한 데서 비롯되었음이 틀림없다. 1977년에 조선말 표준발음법을 제정할 때 검토했으리라 생각되는 1966년의 북한 '표준발음법'과 비교하면 둘 사이의 유사성은 더욱 더 커진다.

(29)

문화어발음법(2010년)	조선말 표준발음법(2016년)
총칙 1장. 모음의 발음 2장. 첫소리자음의 발음 3장. 받침자모와 관련한 발음 4장. 받침의 이어내기현상과 관련한 발음 5장. 받침의 끊어내기현상과 관련한 발음 6장. 된소리현상과 관련한 발음 7장. ≪ㅎ≫과 어울린 거센소리되기 현상과 관련한 발음 8장. 닮기현상이 일어날 때의 발음 9장. 소리끼우기현상과 관련한 발음 10장. 약화 또는 빠지기 현상과 관련한 발음	총칙 1장. 모음 'ㅚ, ㅟ, ㅢ, ㅖ'의 발음 2장. 단어 첫머리의 자음 'ㄴ, ㄹ'의 발음 3장. 받침소리의 발음 4장. 된소리현상과 관련한 발음 5장. 'ㅎ'과 관련한 발음 6장. 동화현상이 일어날 때의 발음 7장. 사이소리현상이 일어날 때의 발음

(29)에서 알 수 있듯이 북한의 문화어발음법과 중국의 조선말 표준발음법은 그 구성에서 차이가 적지 않다. 조선말 표준발음법이 좀 더 단순한 구성인데, 이는 관련되는 발음 현상을 하나로 묶었기 때문이다. 예컨대 받침의 발음을 문화어발음법에서는 3~5장까지 3개 장에 걸쳐 다루지만 조선말 표준발음법에서는 하나의 장에서 다룬다. 'ㅎ'과 관련된 현상도 문화어발음법에서는 7장과 10장으로 나누어져 있지만 조선말 표준발음법에서는 하나의 장에 포함되어 있다.

이러한 표면적인 구성 방식의 차이에도 불구하고 이 두 규정은 비슷한 성격을 가진다. 조선말 표준발음법이 처음 제정될 당시부터 문화어발음법과 그 구성이나 내용이 유사했기 때문에, 이후의 개정 작업이 있었다고 하더라도 큰 틀에서는 비슷한 모습을 유지하고 있다. 이러한 사정을 감안하여 중국의 조선말 표준발음법은 문화어발음법과 중복되지 않는 내용을 중심으로 간단하게 살펴보도록 한다.[27)]

10.2.2. 중요 내용 검토

단모음 체계와 관련하여 조선말 표준발음법은 'ㅚ, ㅟ'의 경우 단모음으로 발음하는 것을 원칙으로 하되 'ㅚ, ㅟ'는 이중 모음으로 발음하는 것도 허용하고 있다.

(30)

【제1항】 'ㅚ, ㅟ'는 홑모음으로 발음하는 것을 원칙으로 한다.
례: 외교부[외교부], 시외[시외], 위성[위성], 고귀하다[고귀하다]
[붙임] 'ㅚ, ㅟ'는 각각 겹모음 [ㅞ, ㅟㅣ]로 발음할 수도 있다.
례: 외가집[웨가찝], 위대하다[위이대하다], 윙윙[위잉위잉]

여기에 따르면 단모음 'ㅚ'와 'ㅟ'는 각각 이중 모음 '[ㅞ]'와 '[ㅟㅣ]'로 발음할 수 있다. 이 중 특이한 것은 '[ㅟㅣ]'이다. 단모음 'ㅟ'를 이중 모음으로 발음한다면 음운론적으로는 '[wi]'로 분석된다. 그런데 조선말 표준발음법에서는 이러한 이중 모음을 '[ㅟㅣ]'와 같은 특이한 한글 표기로 나타냈다. 이것은 앞서 10.1.3에서 지적했듯이 사회과학원 언어학연구소(1971: 262)에 나오는 북한 표준 발음 해설을 그대로 받아들인 결과로 보인다.[28] 단모음 'y'와 이중 모음 'wi'를 한글로 구분해서 표기하기가 어렵다는 현실이 'ㅟㅣ'와 같은 특수한 이중 모음 표기를 낳았다고 생각된다.

이중 모음의 발음에서도 미세한 차이가 확인된다. 가령, 자음 뒤의 'ㅢ' 또는 비어두의 '의'에 대해 문화어발음법에서는 'ㅢ'로 발음하는 것이 원칙이되 'ㅣ'로 발음하는 것도 허용한다. 반면, 조선말 표준발음법은 모두 'ㅣ'로만 발음하도록 하고 있다.[29] 또한 'ㅖ'를 'ㅔ'로 발음할 수 있도록 허용한

27) 여기서 언급하지 않은 조선말 표준발음법은 부록의 원문을 참고하는 것으로도 충분하다.
28) 사회과학원 언어학연구소(1971: 262)에서는 'ㅟ'에 대해 "겹모음으로 발음되는 특별한 경우는 처음에 홑모음 [ㅟ]로 시작하였다가 다음에 [ㅣ]의 발음으로 넘어가게 된다."라고 설명하고 있다.

환경도 문화어발음법은 'ㄱ, ㄹ, ㅎ' 뒤인 데 반해 조선말 표준발음법은 'ㄱ, ㄹ, ㅁ, ㅎ' 뒤로서 'ㅁ'이 더 포함되었다는 차이가 난다.

받침의 발음은 두 규정이 거의 비슷하다. 다만, 문화어발음법의 경우 '디귿, 지읒' 등과 같은 자모의 명칭 뒤에 모음으로 시작하는 조사가 올 때 어떻게 발음하는지에 대한 규정이 없지만, 조선말 표준발음법은 여기에 대한 별도의 조항이 존재한다. 그 내용은 표준 발음법과 동일하다.

음운 현상과 관련해서는 'ㄹ'의 비음화와 관련된 내용에 차이가 있다. 문화어발음법에서는 (16)에서도 본 것처럼 'ㅁ, ㅇ' 뒤에서 일어나는 'ㄹ'의 비음화 현상을 전면적으로 인정하고 있다. 특히 'ㄹ' 앞의 'ㅂ, ㄱ'은 'ㅁ, ㅇ'으로 발음된다고 규정했기 때문에 실제로는 'ㄹ'의 비음화가 일어나는 조건에 있어 문화어발음법은 표준 발음법과 별반 차이가 없다. 반면, 조선어 표준발음법에서는 '렬, 률'과 같은 일부 한자의 경우에만 'ㄹ'의 비음화를 인정할 뿐, 원칙적으로는 'ㄹ'의 비음화를 인정하지 않는다. 원래 북한의 문화어발음법도 2010년 이전에는 'ㄹ'의 비음화를 인정하지 않고 다른 자음 뒤에서 'ㄹ'을 그대로 발음하도록 했었다. 그러나 2010년의 개정안에서 제24항을 따로 두어 'ㄹ'의 비음화를 인정하게 되었고, 그로 인해 두 규정 사이에 차이가 생겨났다.

이 외에도 두 규정은 음운 현상의 설명에서 미묘하게 차이가 존재하기는 한다. 그러나 별도로 언급할 만한 수준은 아니다. 두 규정의 차이는 부록에 제시된 내용을 서로 비교하는 것만으로도 충분하므로 더 이상의 논의는 하지 않는다.

---

29) 그 결과 '희망'과 '의의'의 표준 발음은 표준 발음법, 문화어발음법, 조선말 표준발음법이 모두 차이를 보이게 되었다. 가령 표준 발음법의 경우 '히망, 의의~의이', 문화어발음법은 '희망~히망, 의의~의이', 조선말 표준발음법은 '히망, 의이'가 표준 발음이 된다. 여기서 '~'의 앞에 있는 형태가 원칙적인 표준 발음이고 뒤에 있는 형태는 허용하는 표준 발음이다.

제11장 맺음말

이 책에서는 현대 한국어의 표준 발음과 현실 발음에 대해 살펴보았다. 표준 발음은 표준 발음법을 비롯하여 어문 규범에서 규정하고 있는 내용을 기준으로 하였다. 이러한 표준 발음이 현실 발음 속에서는 어떻게 나타나는지를 서로 대비해 보았다. 이 과정에서 차이가 나는 것은 어떠한 언어 변화와 관련되는지도 함께 검토하였다.

논의의 순서는 현행 표준 발음법의 구성을 따랐다. 그리하여 자음과 모음, 음의 길이, 받침의 발음, 음의 동화, 경음화, 음의 첨가로 나누어 표준 발음법에서 규정한 표준 발음의 내용을 정리하고, 현실 발음은 어떻게 나타나며 이전 시기에는 어떠했는지를 다각도로 고찰하였다. 아울러 표준 발음법이 아닌 다른 어문 규범에 반영된 표준 발음의 문제 및 국외 한국어의 표준 발음에 대한 규정, 구체적으로는 북한과 중국의 규정도 함께 다루었다.

한국어의 발음은 자음, 모음과 같은 음운 체계에서부터 음절이나 음운 현상에 이르기까지 다양한 층위에 걸쳐 있다. 이들은 규범에서 규정하는 내용과 현실에서 실현되는 현상 사이에 적지 않은 차이가 있다. 이런 차이를 확인하는 것은 향후 어문 규범을 정비하는 언어 정책의 측면은 물론이고, 한국어의 변화 과정을 확인하는 학술적 측면에서도 분명히 의미가 있다.

이제 이렇게 확인된 한국어 발음의 실상을 대조 언어학적 차원에서 검토해 볼 필요가 있다. 다른 언어와의 비교를 통해 한국어 발음의 보편성과 특수성을 확인하는 것 역시 중요한 의의를 가지고 있음에 분명하다. 소위 언어 유형론적 관점에서 한국어 발음의 문제에 접근하는 것이 하나의 과제로 부각되는 것이다. 이 책에서 다룬 내용이 이러한 움직임으로의 전환에 작은 보탬이 되기를 기대한다.

참고문헌

강순경(1996), 남북한의 모음분석,『어학연구』 제32권 1호, 서울대 어학연구소, 1~18.

강옥미(2003),『한국어 음운론』, 태학사.

강창석(1985), 곡용과 활용에서의 형태론과 음운론,『울산어문논집』 2, 울산대 국문과, 47~68.

강창석(1989), 현대국어 음운론의 허와 실,『국어학』 19, 국어학회, 3~40.

강희숙(2010),『국어 정서법의 이해』(개정판), 역락.

고광모(1991), 국어의 보상적 장음화 연구, 서울대 박사학위논문.

고광모(2009), VjV의 축약에 대하여-'바얌>뱀' 형과 '바얌>뱜' 형의 두 갈래 변화-,『언어학』 55, 한국언어학회, 129~168.

고영근(1993),『우리말의 총체서술과 문법체계』, 일지사.

고영근(1994),『통일시대의 어문문제』, 길벗.

고영근(1999),『국어형태론연구』(증보판), 서울대 출판부.

고영근(2005), 형태소의 교체와 형태론의 범위,『국어학』 46, 국어학회, 19~52.

고영근·구본관(2008),『우리말 문법론』, 집문당.

구본관(2000), 'ㄹ'말음 어기 합성명사의 형태론,『형태론』 2권 1호, 박이정, 17~41.

곽충구(1982), 아산지역어의 이중모음 변화와 이중모음화-y계 이중모음과 ə>wə변화를 중심으로-,『방언』 6, 한국정신문화연구원, 27~55.

곽충구(1984), 체언어간말 설단자음의 마찰음화에 대하여,『국어국문학』 91, 국어국문학회, 1~22.

곽충구(1994), 계합 내에서의 단일화에 의한 어간 재구조화,『남천 박갑수선생 화갑기념논문집』, 태학사, 549~586.

곽충구(1997), 국어 음절의 변화,『국어사연구』, 태학사, 387~421.

곽충구(2001), 구개음화 규칙의 발생과 그 확산,『진단학보』 92, 진단학회, 237~268.

곽충구(2003), 현대국어의 모음체계와 그 변화의 방향,『국어학』 41, 국어학회, 237~268.

곽충구 외(2008),『중국 이주 한민족의 언어와 생활-길림성 회룡봉-』, 태학사.

구현옥(2010),『국어 음운학의 이해』(개정판), 한국문화사.

국어연구소(1987ㄱ),『표준어 개정안』, 국어연구소.

국어연구소(1987ㄴ), 한글 맞춤법 및 표준어 개정안 주요 내용, 『국어생활』 9, 국어연구소, 80~87.

국어연구소(1987ㄷ), 『표준어 규정안-표준어 사정 원칙·표준 발음법-』.

국어연구소(1988), 『표준어 규정 해설』, 국어연구소.

국어연구소(1990), 표준어 모음, 『국어생활』 22, 국어연구소, 129~189.

권경근(2001), 현대국어에서의 모음 체계 변화의 움직임에 대하여, 『언어학』 30, 한국언어학회, 29~48.

권경근(2005), 국어의 음운론적 세기에 대하여, 『한글』 270, 한글학회, 65~86.

권인한(1987), 음운론적 기제의 심리적 실재성에 대한 연구-발화실수와 외래어 수용의 자료를 중심으로-, 『국어연구』 76, 서울대 국어연구회.

권인한(1993), '표준발음법'과 '문화어발음법' 규정, 『새국어생활』 3권 1호, 국립국어연구원, 157~188.

권인한(1997), 현대국어 한자어의 음운론적 고찰, 『국어학』 29, 국어학회, 243~260,

권인한(2000), 표준 발음, 『새국어생활』 10권 3호, 국립국어연구원, 153~160.

권인한(2006), 국어사전의 발음 표시에 대하여, 『이병근선생퇴임기념 국어학논총』, 태학사, 757~770.

기세관(1992), 『국어 단어형성에서의 /ㄹ/ 탈락과 /ㄴ/ 첨가에 대한 음운론적 연구』, 홍문각.

김경아(1990), 활용에서의 기저형설정과 음운현상, 『국어연구』 94, 서울대 국어연구회.

김경아(2000), 『국어의 음운표시와 음운과정』, 태학사.

김계곤(1977), 새로 정한 표준말에 대하여, 『한글새소식』 62, 한글학회, 8.

김두봉(1922), 『깁더 조선말본』, 새글집.

김무림(1989), 남·북한의 표준 발음법, 『북한의 어학혁명-민족어의 이질화를 극복하기 위하여-』, 백의, 111~124.

김무식(1999), 20세기 국어음운론의 연구 동향과 방향, 『어문론총』 33, 경북어문학회, 67~100.

김미담(2003), 한국어 장애음 지각에서의 VOT와 F0의 상관 관계, 『대한음성학회 학술대회지』, 대한음성학회, 163~167.

김민수(1973), 『국어정책론』, 고려대 출판부.

김민수(1985), 『북한의 국어연구』, 고려대 출판부.

김병남(1995), 『우리말의 장단음』, 해동.

김봉국(2002), 강원도 남부지역 방언의 음운론, 서울대 박사학위논문.

김봉국(2003), 복수기저형의 설정과 그 타당성 검토, 『어학연구』 39권 3호, 서울대 어학연구소, 559~578.

김봉국(2006), 개화기 이후 국어의 '위, 외' 음가의 그 변화, 『이병근선생퇴임기념 국어학논총』, 태학사, 155~191.

김봉국(2008), 음운론적 관점에서 본 「표준어 규정(제2부 표준 발음법)」의 문제점, 『열린정신 인문학 연구』 9권 1호, 원광대 인문학연구소, 151~174.
김선철(2004), 표준 발음법 분석과 대안, 『말소리』 50, 대한음성학회, 23~39.
김선철(2005), 『국어 억양의 음운론』, 경진문화사.
김선철(2006), 『중앙어의 음운론적 변이 양상』, 경진문화사.
김성규(1987), 어휘소설정과 음운현상, 『국어연구』 77, 서울대 국어연구회.
김성규(1988), 비자동적 교체의 공시적 기술, 『관악어문연구』 13, 서울대 국문과, 25~44.
김성규(1989), 활용에 있어서의 화석형, 『주시경학보』 3, 탑출판사, 159~165.
김성규(1999), 빠른 발화음에서 음절 수 줄이기, 『애산학보』 23, 애산 학회, 109~137.
김성규(2006), 음장의 변화 방향-1음절 용언 어간을 중심으로-, 『이병근선생퇴임기념 국어학논총』, 태학사, 267~289.
김성규(2009), 15세기 한국어 성조의 성격에 대하여, 『국어학』 56, 국어학회, 3~32.
김성규·정승철(2005), 『소리와 발음』, 한국방송통신대 출판부.
김성렬(2001), 국어 음장의 통시론적 고찰, 『국어학』 21, 국어학회, 235~273.
김성렬(1996), 한국어 표준 발음의 한 고찰, 『한국말 교육』 7, 국제한국어교육학회, 21~29.
김세중(2004), 표준어 정책에 대하여, 『새국어생활』 14-1, 국립국어원, 105~122.
김세환(2012), 청송지역어 용언 어간의 통시적 변화 연구, 서울대 박사학위논문.
김소영(2009), 이중모음 /의/의 통시적 변화 연구, 『국어연구』 213, 서울대 국어연구회.
김수형(2001), 『현대 국어의 음장』, 역락.
김아름(2008), 국어 고모음화 현상 연구, 아주대 석사학위논문.
김아름(2011), 모음조화의 변화 양상 연구-활용·곡용을 중심으로-, 『국어연구』 226, 서울대 국어연구회.
김영선(2003), 15C 국어의 모음 연결제약과 Glide화, 『우리말 연구』 3, 우리말학회, 17~40.
김영선(2008), 국어 음운 현상에서 비음운론적 정보의 처리와 관건, 『우리말 연구』 22, 우리말학회, 25~57.
김영진(1990), 모음체계, 『국어연구 어디까지 왔나』, 동아출판사, 55~67.
김옥영(2009), 국어 표준발음법과 음운제약, 『언어와 정보 사회』 11, 서강대 언어정보연구소, 29~66.
김옥화(2001), 부안지역어의 음운론적 연구, 서울대 박사학위논문.
김완진(1971), 『국어음운체계의 연구』, 일조각.
김완진(1972), 형태론적 현안의 음운론적 극복을 위하여, 『동아문화』 11, 서울대 동아문화연구소, 271~299.
김완진(1974), 음운변화와 음소의 분포-순경음 'ㅸ'의 경우-, 『진단학보』 38, 진단학회, 105~120.
김완진(1977), 『중세국어성조의 연구』(재판), 탑출판사.
김완진(1978), 모음체계와 모음조화에 대한 반성, 『어학연구』 14권 2호, 서울대 어학연구소, 127~139.

김유범(1995), 국어 유음의 음운사적 연구, 고려대 석사학위논문.
김유범(1999), 관형사형어미 '-ㄹ' 뒤의 경음화 현상에 대한 통시적 고찰, 『한국어학』 10, 한국어학회, 5~25.
김유범(2000), 현대국어 음운론의 통시적 조망-100여 년간의 음운론적 특징에 대한 조망을 중심으로-, 『현대 국어의 형성과 변천 1』, 박이정, 61~86.
김유범(2007), 형태론적 과정에 나타나는 음운론적 현상에 대하여, 『한국어학』 37, 한국어학회, 47~73.
김정우(1984), 국어 음운론의 경계문제에 관한 연구, 『국어연구』 59, 서울대 국어연구회.
김정우(1994), 음운현상과 비음운론적 정보에 관한 연구, 서울대 박사학위논문.
김정우(1997), 조음자질과 음향자질, 『국어학』 29, 국어학회, 51~70.
김정태(1996), 『국어 과도음 연구』, 박이정.
김정태(2005), 국어 모음의 수평변이와 수직변이, 『한밭한글』 9, 한글학회 대전지회, 71~85.
김정태(2006), 충남방언 활용에서의 음성모음화, 『어문연구』 51, 어문연구학회, 278~299.
김종규(1989), 중세국어 모음의 연결제약과 음운현상, 『국어연구』 90, 서울대 국어연구회.
김종규(2003), 히아투스와 음절, 『한국문화』 31, 서울대 한국문화연구소, 1~22.
김종규(2006), 음운현상의 수의성과 음장, 『어문학』 92, 한국어문학회, 19~48.
김종규(2010), 이중모음의 운율구조와 음장, 『어문학』 110, 한국어문학회, 61~89.
김주원(1997), 구개음화와 과도교정, 『국어학』 29, 국어학회, 33~49.
김주필(1985), 구개음화에 대한 통시론적 연구, 『국어연구』 68, 서울대 국어연구회.
김주필(1994), 17·8세기 국어의 구개음화와 관련 음운현상에 대한 통시론적 연구, 서울대 박사학위논문.
김주필(1990), '표준어 모음'의 심의 경위와 해설, 『국어생활』 22, 국어연구소, 190~207.
김주필(1995), 두음법칙의 음운론적 해석에 대하여, 『한일어학논총』, 국학자료원, 65~84.
김주필(1996), 경상도 방언의 ㅔ와 ㅐ의 합류 과정에 대하여, 『이기문교수 정년퇴임기념논총』, 신구문화사, 116~137.
김진수(2007), 『프랑스의 언어정책』, 부산외국어대 출판부.
김차균(1993), 『우리말의 음운』, 태학사.
김창섭(1991), '하다' 형용사에서의 표현적 장음, 『국어학의 새로운 인식과 전개』, 민음사, 744~762.
김창섭(1996), 『국어의 단어형성과 단어구조 연구』, 태학사.
김하수(1993), 독일의 언어정책, 『세계의 언어정책』, 태학사, 115~138.
김　현(1997), 15세기 국어 자음연쇄에 대한 연구, 『국어연구』 145, 서울대 국어연구회.
김　현(2006ㄱ), 음운론적 제약과 음소 변동의 기술, 『이병근선생퇴임기념 국어학논총』, 태학사, 61~81.
김　현(2006ㄴ), 『활용의 형태음운론적 변화』, 태학사.
김　현(2008), /ㅓ/의 음성 실현과 그 실현 조건, 『국어학』 52, 국어학회, 3~25.

김현정(2009), 'ㅎ' 탈락의 통시적 양상에 대한 고찰, 서울대 석사학위논문.

김희진(1989), 말하기 교육을 위한 표준어 규정 개정안 변천고-발음 변화에 따른 표준어 규정을 중심으로-, 『국어교육』 65, 한국국어교육연구학회, 219~298.

남광우(1978), 서울말의 발음경향과 표준말의 문제점, 『어문연구』 6권 3호, 한국어문교육연구회, 209~220.

남광우(1979), 어문관계 표기법 개정시안 비판, 『어문연구』 7권 2호, 한국어문교육연구회, 177~188.

남광우(1980), 표준발음의 검토-지나친 규제를 지양하고 현실발음을 존중하는 방향으로-, 『어문연구』 8권 3호, 한국어문교육연구회, 290~307.

남광우 외(1982), 표준국어발음사전 간행을 위한 조사연구, 『어문연구』 10권 1호, 한국어문교육연구회, 7~66.

문교부(1979ㄱ), 『한글 맞춤법 개정 시안•표준말 재사정 시안•외래어 표기법 개정 시안』, 문교부.

문교부(1979ㄴ), 『맞춤법안•표준말안•외래어표기법안•국어의 로마자 표기법안』, 문교부.

문교부(1988), 『한글 맞춤법 및 표준어 규정』, 문교부.

문효근(1974), 『한국어 성조의 분석적 연구-15세기 성조와 방언 성조와의 대조-』, 세종출판공사.

민현식(1999), 『국어정서법 연구』, 태학사.

박갑수(2004), 표준어 정책의 회고와 반성, 『새국어생활』 14권 1호, 국립국어원, 5~22.

박기영(1995), 국어 유음에 대한 통시론적 고찰, 『국어연구』 131, 서울대 국어연구회.

박기영(2006), 이중모음 '의'의 변화에 대한 일고찰-'의>에'의 변화를 중심으로-, 『이병근선생퇴임기념 국어학논총』, 태학사, 133~153.

박보연(2005), 현대국어 음절축소형에 대한 연구, 『국어연구』 185, 서울대 국어연구회.

박선우(2006), 국어의 유추적 음운현상에 대한 연구, 고려대 박사학위논문.

박정수(1999), 『경남방언 분화연구』, 한국문화사.

박종덕(2005), 음운론 연구사-최근 30년 사이의 음운론 연구의 성과와 특징-, 『한국어교육』 22, 한국어문교육학회, 19~72.

박창원(1984), 중세국어의 음절말 자음체계, 『국어학』 13, 국어학회, 171~197.

박창원(1986), 음운교체와 재어휘화, 『어문논집』 2, 경남대 국문과, 1~31.

박창원(1989), 통시음운론 연구사와 국어음운사 연구 30년, 『국어학』 19, 국어학회, 41~66.

박창원(1990), 음운규칙의 통시적 변화, 『국어학 논문집』, 태학사, 427~438.

박창원(1997), 사잇소리와 사이시옷(1), 『이화어문논집』 15, 이화어문학회, 461~482.

박창원(2002), 음운론 연구 50년, 『국어학 연구 50년』, 혜안, 47~127.

배영환(2005), 어간재구조화와 관련된 이론적 논의, 『개신어문연구』 23, 개신어문연구회, 19~58.

배재연 외(1999), 음성 환경에 따른 한국어 폐쇄음의 음향적 특성-시간적 특성을 중심으로-,

『음성과학』 5-2, 한국음성학회, 139~159.
배주채(1989), 음절말자음과 어간말자음의 음운론, 『국어연구』 91, 서울대 국어연구회.
배주채(1993), 현대국어 매개모음의 연구사, 『주시경학보』 11, 탑출판사, 73~106.
배주채(1996), 『국어 음운론 개설』, 신구문화사.
배주채(2001), 고흥방언의 음장과 음조, 『국어학』 21, 국어학회, 275~306.
배주채(2002), 국어음운론 반세기, 『국어국문학회50년』, 태학사, 289~316.
배주채(2003), 『한국어의 발음』, 삼경문화사.
배주채(2006), 표준발음법의 이상, 『어문연구』 34권 3호, 한국어문교육연구회, 69~92.
배주채(2010), 현대국어 음절 가짓수 연구, 『어문연구』 38권 4호, 한국어문교육연구회, 67~88.
백두현(1992), 『영남 문헌어의 음운사 연구』, 태학사.
백두현(1997), 19세기 국어의 음운사적 고찰-모음론-, 『한국문화』 20, 서울대 한국문화연구소, 1~47.
백문식(2005) 『품위 있는 언어 생활을 위한 우리말 표준 발음 연습』, 박이정.
사회과학원 언어학연구소(1971), 『「조선말규범집」해설』, 사회과학출판사.
서울대 대학원 국어연구회 편(1990), 『국어연구 어디까지 왔나』, 동아출판사.
서재극(1967), 맞춤법 및 표준어, 『국어국문학』 34·35, 국어국문학회, 236~240.
서태룡(1993), 캐나다의 언어 정책, 『세계의 언어정책』, 태학사, 139~180.
소신애(2006), 공시적 음운 변이와 통시적 음운 변화의 상관성-함북 육진 방언을 중심으로-, 서강대 박사학위논문.
소신애(2008), 중세 국어 음절말 유음의 음가와 그 변화-방언 자료와 문헌 자료에 근거하여-, 『국어학』 53, 국어학회, 35~64.
소신애(2010), 평안 방언의 실험음성학적 연구-평양 지역어의 모음을 중심으로-, 『국어학』 58, 국어학회, 231~254.
소신애(2021), 구술 발화에서 관찰되는 음성·음운론적 변이-함북 육진 방언의 음절말 유음의 변이를 중심으로-, 『방언학』 34, 한국방언학회, 7~40.
송기중(1992), 현대국어 한자어의 구조, 『한국어문』 1, 한국정신문화연구원, 1~85.
송기중(1993), 미국과 영국의 언어정책, 『세계의 언어정책』, 태학사, 15~40.
송 민(1992), 전통, 구조음운론, 『국어학연구백년사(Ⅰ)』, 일조각, 40~49.
송 민(1997), 국어사의 시대 구분, 『국어사 연구』, 태학사, 347~360.
송철의(1982ㄱ), 음운현상의 기술을 정밀화시킨 국어음운론연구에 대하여, 『한국학보』 27, 일지사, 2~19.
송철의(1982ㄴ), 국어의 음절문제와 자음의 분포제약에 대하여, 『관악어문연구』 7, 서울대 국문과, 175~194.
송철의(1987), 15세기 국어의 표기법에 대한 음운론적 고찰-훈민정음 창제 초기문헌을 중심으로-, 『국어학』 16, 국어학회, 325~360.

송철의(1990), 자음동화, 『국어연구 어디까지 왔나』, 동아출판사, 20~32.
송철의(1993), 자음의 발음, 『새국어생활』 3권 1호, 국립국어연구원, 3~22.
송철의(1995), 국어의 활음화와 관련된 몇 문제, 『단국어문논집』 1, 단국대 국문과, 269~292.
송철의(1998), 표준 발음법, 『우리말 바로 알기』, 문화관광부, 61~81.
송철의(2006), 1910~20년대 한국어 연구와 한국어의 실상-음운론을 중심으로-, 『이병근선생퇴임기념 국어학논총』, 태학사, 1515~1542.
송향근(2011), 음운 이론과 한국어 발음 교육, 『한국어학』 50, 한국어학회, 1~27.
신승용(2003ㄱ), 『음운 변화의 원인과 과정』, 태학사.
신승용(2003ㄴ), 표준발음의 실재와 표준발음법 교육의 필요성-중등교육을 중심으로-, 『어문연구』 118, 한국어문교육연구회, 97~116.
신지영(2000ㄱ), 『말소리의 이해』, 한국문화사.
신지영(2000ㄴ), 국어 평음의 음성적 실현에 대한 음운론적 해석-평폐쇄음을 중심으로-, 『한글』 250, 한글학회, 5~41.
신지영(2006), 표준 발음법에 대한 비판적 검토, 『한국어학』 30, 한국어학회, 133~158.
신지영(2011), 음운론과 어문 규범, 『한국어학』 50, 한국어학회, 29~49.
신지영·차재은(2003), 『우리말 소리의 체계』, 한국문화사.
심병기(1985), 임실지역어의 음운론적 연구, 전북대 석사학위논문.
안대현(2009), 한국어 중앙어 ㄷ-구개음화의 발생 시기, 『국어학』 54, 국어학회, 109~136.
안병섭(2010), 『한국어 운율과 음운론』, 월인.
안병희(1959), 십오세기국어의 활용어간에 대한 형태론적 연구, 『국어연구』 7, 서울대 국어연구회.
안병희(1972), 임진란직전 국어사자료에 관한 이삼 문제에 대하여, 『진단학보』 33, 진단학회, 81~102.
안병희(1978), 촌가구급방의 향명에 대하여, 『언어학』 3, 한국언어학회, 191~199.
안소진(2005), '한자어의 경음화'에 대한 재론, 『국어학』 45, 국어학회, 69~92.
양순임(2001), 유기음과 성문 열림도, 『우리말 연구』 11, 우리말학회, 101~121.
양순임(2002), 음절 말 자음의 음성 자질, 『한글』 258, 한글학회, 55~81.
엄태수(1986), 현대국어의 경음화 현상에 대한 연구, 서강대 석사학위논문.
오미라(2006), ㄴ-삽입 환경의 재검토, 『언어학』 14권 3호, 대한언어학회, 117~135.
오새내(2005), 20세기초 서울말 모음 음운현상과 계층적 지표-1930년대 김복진의 동화구연 유성기자료의 분석-, 『국어문학』 40, 국어문학회, 129~160.
오새내(2006), 현대 국어의 형태음운론적 변이 현상에 대한 사회언어학적 연구, 고려대 박사학위논문.
오정란(1988), 『경음의 국어사적 연구』, 한신문화사.
오정란(1995), 비음화와 비음동화, 『국어학』 25, 국어학회, 137~164.

유재원(1985), 현대 국어의 모음충돌 회피 현상에 대하여, 『한글』 189, 한글학회, 3~24.
유필재(1994), 발화의 음운론적 분석에 대한 연구-단위 설정을 중심으로-, 『국어연구』 125, 서울대 국어연구회.
유필재(2000), '잡숫다'류 동사의 사전 기술, 『서울말 연구』 1, 박이정, 231~241.
유필재(2002), '뵙다'류 동사의 형태음운론, 『한국문화』 29, 서울대 한국문화연구소, 43~63.
유필재(2004), '말다(勿)' 동사의 음운론과 형태론, 『국어학』 43, 국어학회, 97~118.
유필재(2006), 『서울방언의 음운론』, 월인.
유필재(2011), 중세국어 이전 시기 ㄷ불규칙용언, 『최명옥 선생 정년 퇴임 기념 국어학논총』, 태학사, 517~530.
이경희(2000), 국어의 /ㅅ/는 평음인가 격음인가, 『국어학』 36, 국어학회, 65~95.
이경희·정명숙(2000), 한국어 파열음의 음향적 특성과 지각 단서, 『음성과학』 7-2, 한국음성학회, 139~155.
이관규(1995), 학교문법, 한글 맞춤법, 표준 발음법, 외래어 표기법, 국어의 로마자 표기법에 나타난 상치점, 『새국어교육』 51, 한국국어교육학회, 37~57.
이관규(2002), 『학교 문법론』(개정판), 월인.
이광호(1993), 중세 국어의 '사이시옷' 문제와 그 해석 방안, 『국어사 자료와 국어학의 연구』, 문학과지성사, 311~337.
이극로(1932), 조선말의 홋소리, 『한글』 4, 조선어학회, 156~160.
이극로(1947), 『실험 도해 조선어 음성학』, 아문각.
이금화(2007), 평양 지역어의 음운론적 연구, 서울대 박사학위논문.
이기문(1962), 중세국어의 특수어간 교체에 대하여, 『진단학보』 23, 진단학회, 119~147.
이기문(1971), 모음조화의 이론, 『어학연구』 7권 2호, 서울대 어학연구소, 29~36.
이기문(1977), 『국어음운사연구』, 탑출판사.
이기문(1979), 중세국어 모음론의 현상과 과제, 『동양학』 9, 단국대 동양학연구소, 23~36.
이기문(1983), '아자비'와 '아ᄌᆞ미', 『국어학』 12, 국어학회, 3~12.
이기문(2000), 현대 한국어의 변화들에 대한 단상, 『서울말 연구』 1, 박이정, 1~14.
이동석(2002), 국어 음운 현상의 소멸과 변화에 대한 연구, 고려대 박사학위논문.
이동석(2004), 효과적인 표준 발음 교육, 『말소리』 51, 대한음성학회, 17~37.
이문규(2003), 국어지식 영역 음운 관련 단원의 내용 검토, 『어문학교육』 27, 한국어문교육학회, 243~264.
이문규(2004ㄱ), 『국어 교육을 위한 현대 국어 음운론』, 한국문화사.
이문규(2004ㄴ), 학교 문법 속의 음운론, 『국어교육연구』 36, 국어교육학회, 149~170.
이병근(1970), Phonological & Morphophonological Studies in a Kyonggi Subdialect, 『국어연구』 20, 서울대 국어연구회.
이병근(1975), 음운규칙과 비음운론적 제약, 『국어학』 3, 국어학회, 17~44.
이병근(1977), 자음동화의 제약과 방향, 『국어국문학논총』, 탑출판사, 246~264.

이병근(1978), 국어의 장모음화와 보상성, 『국어학』 6, 국어학회, 1~28.
이병근(1979), 『음운현상에 있어서의 제약』, 탑출판사.
이병근(1980), 동시조음 규칙과 자음 체계-Prestopped Nasals를 중심으로-, 『말소리』 1, 대한음성학회, 40~55.
이병근(1981), 유음탈락의 음운론과 형태론, 『한글』 173·174, 한글학회, 223~246.
이병근(1985), 음운론의 연구, 『국어학연구사-흐름과 동향-』, 학연사, 45~65.
이병근(1986), 발화에 있어서의 음장, 『국어학』 15, 국어학회, 11~39.
이병근(1988), 표준 발음법 해설, 『표준어 규정 해설』, 국립국어연구원, 45~75.
이병근·최명옥(1997), 『국어음운론』, 한국방송대학교 출판부.
이봉원(1997), 북한 표준 발음의 실태, 『김정일 시대의 북한언어』, 태학사, 59~72.
이봉원(2002), 현대국어 음성·음운 현상에 대한 사용 기반적 연구, 고려대 박사학위논문.
이봉원(2003), 남북 표준 발음의 통일 방안, 『우리어문연구』 20, 우리어문학회, 57~82.
이상신(1998), VyV 연쇄에 대한 통시론적 연구, 『국어연구』 155, 서울대 국어연구회.
이상신(2009), 학교 문법의 '축약(縮約)' 및 관련 어문 규정에 대하여, 『국어국문학』 153, 국어국문학회, 417~439.
이상신(2010), 이중모음 어간의 공시 음운론-반모음과 음운 현상의 적용 제약-, 『어문학』 110, 한국어문학회, 91~112.
이상억(1987), 현대 음운이론과 국어의 몇 문제, 『언어』 12권 2호, 한국언어학회, 380~397.
이숭녕(1949), 모음조화연구, 『진단학보』 16, 진단학회, 1~109.
이숭녕(1954ㄱ), 十五世紀의 母音體系와 二重母音의 Kontraktion的 發達에 對하여, 『東方學志』 1, 연세대 동방학연구소, 331~432.
이숭녕(1954ㄴ), 『국어학개론』, 진문사.
이숭녕(1954ㄷ), 『국어음운론연구 제일집 'ㆍ'음고』(수정보수판), 을유문화사.
이숭녕(1959), 현대 서울말의 accent의 고찰-특히 condition phonétique와 Accnet의 관계를 주로 하여-, 『서울대학교논문집』 9, 서울대, 105~154.
이숭녕(1967), 한국방언사, 『한국문화사대계Ⅴ(언어·문학사)』, 고려대 민족문화연구소, 323~411.
이승재(1980), 구례지역어의 음운체계, 『국어연구』 45, 서울대 국어연구회.
이승재(1990), 자음체계 및 중화, 『국어연구 어디까지 왔나』, 동아출판사, 9~19.
이승재(1992), 방언 음운론의 동향, 『국어학연구백년사(III)』, 일조각, 639~646.
이승재(1993), 모음의 발음, 『국어생활』 3권 1호, 국립국어연구원, 23~38.
이승재(1998), 표준어와 방언, 『우리말 바로 알기』, 문화관광부, 47~60.
이응백(1968), 국어 모음의 음가에 대하여, 『국어교육』 14, 한국국어교육연구회, 161~175.
이응백(1978), 표준어에 대하여, 『어문연구』 6권 1호, 한국어문교육연구회, 3~4.
이응백(1988), '표준어 규정' 해설, 『국어생활』 13, 국어연구소, 35~47.
이익섭(1983), 한국어 표준어의 제문제, 『한국 어문의 제문제』, 일지사, 7~46.

이익섭(1988), 국어 표준어의 형성과 변천, 『국어생활』 13, 국어연구소, 17~23.
이익섭(1992), 『국어표기법연구』, 서울대 출판부.
이익섭 외(2008), 『한국언어지도』, 태학사.
이진호(1997), 국어 어간말 자음군과 관련 현상에 대한 통시음운론, 『국어연구』 147, 서울대 국어연구회.
이진호(1998), 국어 유음화에 대한 종합적 고찰, 『국어학』 31, 국어학회, 81~120.
이진호(1999), 중세국어 어간말 유성마찰음의 설정 여부, 『형태론』 1권 2호, 박이정, 371~376.
이진호(2001), 국어 비모음화와 관련된 이론적 문제, 『국어학』 37, 국어학회, 61~84.
이진호(2003), 국어 ㅎ-말음 어간의 음운론, 『국어국문학』 133, 국어국문학회, 167~195.
이진호(2004), '삿(簟)'에 대한 국어사적 고찰, 『국어학』 43, 국어학회, 299~327.
이진호(2005ㄱ), 『국어 음운론 강의』, 삼경문화사.
이진호(2005ㄴ), 국어의 음운론적 제약 체계, 『어문연구』 33권 2호, 한국어문교육연구회, 59~82.
이진호(2008ㄱ), 국어 표준 발음법의 제정 과정, 『어문학』 100, 한국어문학회, 173~203.
이진호(2008ㄴ), 『통시적 음운 변화의 공시적 기술』, 삼경문화사.
이진호(2008ㄷ), '독립(獨立)'류 한자어의 음운론, 『한국문화』 44, 서울대 규장각 한국학연구원, 201~216.
이진호(2009ㄱ), 『국어 음운 교육 변천사』, 박이정.
이진호(2009ㄴ), 현대국어의 음운사적 고찰, 『국어사 연구』 9, 국어사학회, 123~150.
이진호(2010ㄱ), 국어 최소대립쌍의 설정에 대하여, 『어문학』 107, 한국어문학회, 119~137.
이진호(2010ㄴ), 국어 자음군 단순화에 대한 종합적 고찰, 『최명옥 선생 정년 퇴임 기념 국어학논총』, 태학사, 561~584.
이진호(2010ㄷ), 국어 이중모음의 구성에 대한 연구사적 고찰, 『이중모음』, 태학사, 13~32.
이진호(2011), 국어 반모음화에 따른 운소 변동의 통시적 고찰, 『국어학』 60, 국어학회, 1~24.
이진호(2017ㄱ), 『국어 음운론 용어 사전』, 역락.
이진호(2017ㄴ), '훈민정음'의 모음, 『관악어문연구』 42, 서울대 국문과, 195~238.
이진호(2020), 한국어 파열음 체계의 언어 유형론적 고찰, 『어문연구』 186, 한국어문교육연구회, 5~29.
이진호(2021), 『(개정 증보판) 국어 음운론 강의』, 집문당.
이진호(2022), 파열음의 함의 관계는 얼마나 유효한가?, 『인문논총』 79-1, 서울대 인문학연구원, 497~524.
이진호(근간), 『한국어 종성 체계의 언어 유형론』, 서울대 출판문화원.
이진호 외 공역(2009), 『小倉進平과 國語 音韻論』, 제이앤씨.
이혁화(1999), 국어 자음의 음운론적 강도에 대하여, 『애산학보』 23, 애산 학회, 165~193.

이혁화(2002ㄱ), 국어 반모음 'ɥ'의 음성학과 음운론, 『어학연구』 38권 1호, 서울대 언어교육원, 339~364.
이혁화(2002ㄴ), 교체에 대하여, 『형태론』 4권 1호, 박이정, 59~80.
이혁화(2007), '애아' 모음 연쇄의 통시적 변화와 공시적 기술, 『국어국문학』 146, 국어국문학회, 293~336.
이현복(1974), 국어 말토막과 자음의 음가, 『한글』 154, 한글학회, 5~16.
이현복(1979), 표준말의 재사정에 따른 문제점, 『한글』 163, 한글학회, 81~106.
이현복(1987), 한국어 표준발음 실태 조사, 『말소리』 11~14, 대한음성학회, 13~57.
이현복(1989), 『한국어의 표준발음』, 교육과학사.
이현복(2003), 『한국어 표준발음 사전-발음·강세·리듬』(수정보완판), 서울대 출판부.
이현희(1985), 'ᄒᆞ다' 어사의 성격에 대하여-누러ᄒᆞ다류와 엇더ᄒᆞ다류를 중심으로-, 『한신논문집』 2, 한신대, 221~245.
이현희(1994), 19세기 국어의 문법사적 고찰, 『한국문화』 15, 서울대 한국문화연구소, 57~81.
이호영(1996), 『국어음성학』, 태학사.
이호영(2000), 서울말과 표준발음법, 『서울말 연구』 1, 박이정, 177~203.
이희승(1955), 『국어학개설』, 민중서관.
이희승(1959), 『한글 맞춤법 통일안 강의』, 신구문화사.
이희승·안병희(1994), 『고친판 한글 맞춤법 강의』, 신구문화사.
임석규(2002), 음운탈락과 관련된 몇 문제, 『국어학』 40, 국어학회, 113~138.
임석규(2004ㄱ), 재분석에 의한 재구조화와 활용 패러다임, 『형태론』 6권 1호, 박이정, 1~23.
임석규(2004ㄴ), 동남방언 음운론 연구를 위한 몇 가지 제언, 『국어학』 43, 국어학회, 63~95.
임석규(2010), 어간 음절수에 따른 음운규칙 적용의 차이, 『최명옥 선생 정년 퇴임 기념 국어학논총』, 태학사, 609~629.
임홍빈(1981), 사이시옷 문제의 해결을 위하여, 『국어학』 10, 국어학회, 1~35.
임홍빈(1993ㄱ), 국어 억양의 기본 성격과 특징, 『새국어생활』 3-1, 국립국어연구원, 58~90.
임홍빈(1993ㄴ), 북한의 언어정책, 『세계의 언어정책』, 태학사, 227~365.
장소원(1993), 프랑스의 언어정책, 『세계의 언어정책』, 태학사, 203~225.
장향실(1992), 음운론 연구사-자음 및 중화-, 『현대의 국어연구사-1945~1992-』, 서광학술자료사, 49~73.
장혜진·신지영(2010), 어두 폐쇄음의 발성 유형 지각에서 보이는 방언 간 차이-서울 방언과 대구 방언의 비교를 바탕으로-, 『한국어학』 49, 한국어학회, 369~388.
전병선(2000), 『조선말표준발음법사전』편찬에서의 몇가지 문제-『조선말표준발음법사전』(1999편)을 중심으로-, 『중국조선어문』 5, 길림성민족사무위원회, 24~27.
전수태·최호철(1989), 『남북한 언어비교-북한시대의 민족어 통일을 위하여-』, 녹진.

정명숙(2002), 현대국어 말소리의 통시적 변화-1950년대 이후 방송 자료를 중심으로-, 고려대 박사학위논문.
정승철(1995), 『제주도 방언의 통시음운론』, 태학사.
정승철(1997), 자음의 변화, 『국어사연구』, 태학사, 423~455.
정승철(2001), 음운론 연구, 『한국의 학술연구-국어국문학-』, 대한민국 학술원, 10~27.
정연찬(1963), 15세기 국어의 활용어간의 성조에 대하여-특히 1음절 어간을 중심으로-, 『논문집』 3, 충남대, 1~43.
정연찬(1974), 『경상도방언성조연구』, 탑출판사.
정연찬(1976), 『국어성조에 관한 연구』, 일조각.
정연찬(1997), 『한국어음운론』(개정판), 한국문화사.
정인호(2004ㄱ), 하강 이중모음과 부동 이중모음의 음변화, 『어문연구』 32권 2호, 한국어문교육연구회, 119~143.
정인호(2004ㄴ), '자음-ㅎ' 연쇄에서의 음변화, 『한국문화』 34, 서울대 한국문화연구소, 21~41.
정인호(2005), 전남 화순지역어에서의 운율 및 그와 관련된 음운변화, 『국어국문학』 140, 국어국문학회, 277~304.
정인호(2006), 『평북방언과 전남방언의 음운론적 대비 연구』, 태학사.
정준섭(2000), 『국어교육 사랑』, 대한교과서.
정희창(2010), '-돼-' 표기의 역사적 해석, 『한국어학』 49, 한국어학회, 389~403.
조경하(2006), 국어의 후두 자질과 음운 현상, 이화여대 박사학위논문.
조선어학회(1946), 『사정한 조선어 표준말 모음』, 조선어학회.
주시경(1914), 『말의 소리』, 신문관.
중국조선어사정위원회 편(2016), 『조선말규범집』, 연변교육출판사.
지민제(1993), 소리의 길이, 『새국어생활』 3권 1호, 국립국어연구원, 39~57.
차익종(2008), 경주 지역 치경마찰음의 음성학적 연구-서울말과의 대비를 통하여-, 『국어연구』 200, 서울대 국어연구회.
차재은(1992), 음운론 연구사 1, 『현대의 국어연구사-1945~1992-』, 서광학술자료사, 11~47.
차재은(2005), 1930년대의 한국어 음장에 대한 연구-<보통학교 조선어독본>의 음성 자료를 중심으로-, 『민족문화연구』 43, 고려대 민족문화연구원, 105~128.
차재은(2007ㄱ), 외래어 표준 발음 문제에 대한 고찰, 『한국어학』 35, 한국어학회, 363~390.
차재은(2007ㄴ), 20세기 초의 한국어 모음 체계-1930년대의 음성 자료를 중심으로-, 『한국어학』 37, 한국어학회, 361~396.
최명옥(1978), 'ㅸ, ㅿ'와 동남방언, 『어학연구』 14권 2호, 서울대 어학연구소, 185~194.
최명옥(1982), 『월성지역어의 음운론』, 영남대 출판부.
최명옥(1985), 변칙동사의 음운현상에 대하여-p-, s-, t-변칙동사를 중심으로-, 『국어학』 14, 국어학회, 57~97.

최명옥(1988ㄱ), 변칙동사의 음운현상에 대하여-li-, lə-, ε(jə)-, h-변칙동사를 중심으로-, 『어학연구』 24권 1호, 서울대 어학연구소, 41~68.

최명옥(1988ㄴ), 국어 Umlaut의 연구사적 검토-공시성과 통시성의 문제를 중심으로-, 『진단학보』 65, 진단학회, 63~80.

최명옥(1989), 국어 움라우트의 연구사적 고찰, 『주시경학보』 3, 탑출판사, 7~39.

최명옥(1992ㄱ), 19세기 후기국어의 연구-<모음음운론>을 중심으로-, 『한국문화』 13, 서울대 한국문화연구소, 55~90.

최명옥(1992ㄴ), 경상북도의 방언지리학-부사형어미 '아X'의 모음조화를 중심으로-, 『진단학보』 73, 진단학회, 139~163.

최명옥(1993), 어간의 재구조화와 교체형의 단일화 방향, 『성곡논총』 24, 성곡학술문화재단, 1599~1642.

최명옥(1998), 현대국어의 성조소체계, 『국어학』 31, 국어학회, 23~52.

최명옥(2001), 국어음운론 연구의 비판적 검토, 『한민족어문학』 38, 한민족어문학회, 139~162.

최명옥(2004), 『국어 음운론』, 태학사.

최명옥(2005), 한국어 음운규칙 적용의 한계와 그 대체 기제, 『인문논총』 53, 서울대 인문학연구원, 285~311.

최용기(2003), 『남북한 국어정책 변천사 연구』, 박이정.

최윤현(1990), 모음충돌, 『국어연구 어디까지 왔나』, 동아출판사, 77~83.

최전승(1986), 『19세기 후기 전라방언의 음운현상과 그 역사성』, 한신문화사.

최전승(1990), 움라우트, 『국어연구 어디까지 왔나』, 동아출판사, 95~108.

최전승(1995), 『한국어 방언사 연구』, 태학사.

최전승(1998), 국어 방언과 방언사 기술에 있어서 언어 변이(variations)에 관한 연구(Ⅰ), 『방언학과 국어학』, 태학사, 593~643.

최전승(2004), 『한국어 방언의 공시적 구조와 통시적 변화』, 역락.

최전승(2008), 『국어사와 국어방언사와의 만남』, 역락.

최태영(1990), 모음조화, 『국어연구 어디까지 왔나』, 동아출판사, 68~76.

최현배(1929), 『우리말본 첫재매』, 연희전문학교 출판부.

최현배(1937), 『우리말본』, 연희전문학교 출판부.

최형용(2009), 현대 국어의 사이시옷은 과연 형태소인가, 『형태론』 11권 1호, 박이정, 61~78.

최혜원(2002), 『표준 발음 실태 조사』, 국립국어연구원.

최호철(2002), 남북한 통일 표준 발음법 시안, 『남북의 언어 어떻게 통일할 것인가』, 국학자료원, 101~118.

표진이(1975), 한국어 폐색자음의 음향음성학적 양상, 『한글』 155, 한글학회, 97~127.

하신영(2004), 'X{C, V}]$_{Vst}$ 아/어Y'의 음운론적 연구, 『국어연구』 175, 서울대 국어연구회.

학술원(1983),『맞춤법 개정안, 표준어 개정안, 외래어표기법 개정안』, 대한민국 학술원.
학술원(1984),『맞춤법 개정안, 표준어 개정안, 외래어표기법 개정안』, 대한민국 학술원.
학술원(1993),『한국 언어 지도집』, 성지문화사.
한국어교육학회 편(2005),『국어교육론2』, 한국문화사.
한글학회(1970ㄱ), 한글 신문,『한글』145, 한글학회, 169~174.
한글학회(1970ㄴ), 한글 신문,『한글』146, 한글학회, 403~414.
한문희(1979), 실험 음성학적인 면에서 본 현대 한국어 모음체계,『한글』166, 한글학회, 51~80.
한성우(2005),「보통학교 조선어독본」음성자료에 대한 음운론적 연구,『어문연구』33권 3호, 한국어문교육연구회.
한성우(2006),『평안북도 의주방언의 음운론』, 월인.
한성우(2009),『인천 토박이말 연구』, 인천대 인천학연구원.
한수정(2014), 불규칙용언의 활용형 연구, 부산대 박사학위논문.
한영균(1985), 음운변화와 어휘부의 재구조화,『관악어문연구』10, 서울대 국문과, 375~402.
한영균(1988), 비음절화규칙의 통시적 변화와 그 의미,『울산어문논집』4, 울산대 국문과, 1~26.
한영균(1990), 불규칙활용,『국어연구 어디까지 왔나』, 동아출판사, 157~168.
한영균(1991), 모음체계의 재정립과 현대국어의 비음절화,『진단학보』71·72, 진단학회, 249~264.
한영균(1995), ‘ㅚ, ㅟ’ 단모음화와 방언분화,『국어사와 차자표기』, 태학사, 817~846.
한재영(1985), 중세국어 성조에 관한 일고찰-특히 피동사와 사동사의 파생을 중심으로-,『국어학』14, 국어학회, 237~263.
허만길(1994),『한국 현대 국어 정책 연구』, 국학자료원.
허성도(1993), 중국의 국어 정책에 대하여,『세계의 언어정책』, 태학사, 41~63.
허 웅(1954), 방점연구-경상도방언 성조와의 비교-,『동방학지』2, 연세대 국학연구소, 39~194.
허 웅(1968), 국어의 상승적 이중모음 체계에 있어서의 ‘빈간(case vide)’,『이숭녕박사송수기념논총』, 을유문화사, 609~617.
허 웅(1970), 우리말과 글의 내일을 위하여,『한글』146, 한글학회, 333~341.
허 웅(1975),『우리 옛말본-15세기 국어 형태론-』, 샘문화사.
허 웅(1985),『국어 음운학-우리말 소리의 오늘·어제-』, 샘문화사.
허인영(2021), 전사 자료를 통해 본 한국어 전설모음의 형성 과정, 고려대 박사학위논문.
허 춘(2001), 우리말 ‘표준 발음법’ 보완,『어문학』74, 한국어문학회, 69~117.
홍윤표(1985), 구개음화에 대한 역사적 연구,『진단학보』60, 진단학회, 143~157.
황문환(2001), ‘의심젓다’와 ‘의심접다’-유추에 의한 어간 오분석의 일례-,『형태론』3권 1호,

박이정, 23~33.

金澤庄三郎(1917), 朝鮮語發音篇(五),『朝鮮教育研究會雜誌』26, 朝鮮教育會, 63~66.

梅田博之(1983),『한국어의 음성학적 연구-일본어와의 대조를 중심으로-』, 형설출판사

梅田博之(2000), 서울말 모음의 통시적 변화,『서울말 연구』1, 박이정, 27~52.

小倉進平(1923),『國語及朝鮮語 發音概說』, 近澤印刷所出版部.

小倉進平(1929), 平安南北道の方言,『京城帝國大學法文學部研究調查冊子』1, 小倉進平(1944) [이진호 역(2010),『한국어 방언 연구』, 전남대 출판부]에 재수록.

小倉進平(1930), 咸鏡南道及び黃海道の方言,『京城帝國大學法文學部研究調查冊子』2, 小倉進平(1944)[이진호 역(2010),『한국어 방언 연구』, 전남대 출판부]에 재수록.

小倉進平(1931), 朝鮮語母音の記號表記法に就いて,『音聲の研究』4, 139~148, 이진호 외(2009)에 수록.

小倉進平(1944),『朝鮮語方言の研究(下)』, 岩波書店[이진호 역(2010),『한국어 방언 연구』, 전남대 출판부].

藥師寺知曨(1909),『文法註釋 韓語研究法』, 盛文堂.

伊藤智ゆき(2007),『朝鮮漢字音研究-本文篇-』, 汲古書院[이진호 역(2011),『한국 한자음 연구-본문편-』, 역락].

河野六郎(1945),『朝鮮方言學試攷』, 東都書籍[이진호 역(2012),『한국어 방언학 시론』, 전남대 출판부].『河野六郎著作集1』(1979, 平凡社)에 재수록, 101~373.

河野六郎(1953), 中期朝鮮語用言語幹の聲調に就いて,『金田一博士 古稀記念 言語民俗論叢』, 三省堂.『河野六郎著作集1』(1979, 平凡社)에 재수록, 446~463.

河野六郎(1968),『朝鮮漢字音の研究』, 天理時報社[이진호 역(2010),『한국 한자음의 연구』, 역락].

Blevins, J.(2004), *Evolutionary Phonology-The Emergence of Sound Patterns-*, Cambridge University Press.

Bybee, J. L.(2001), *Phonology and Language Use*, Cambridge University Press.

Cho, T. H., S. A. Jun & P. Ladefoged(2002), Acoustic and aerodynamic correlates of Korean stops and fricatives, *Journal of Phonetics* 30, pp. 193~228.

Joseph, A. et al.(2020), A comparative approach to the vowel systems and harmonies in the Transeurasian languages and beyond, in M. Robbeets & A. Savelyev eds.(2020), *The Oxford Guide to the Transeurasian Languages*, Oxford University Press, pp. 486~508.

Kim, C.-W.(1965), On the Autonomy of Tensity Features in Stop Classification(with Special Reference to Korean Stops), *Word* 21, pp. 339~359.

Kim, C.-W.(1970), A Theory of Aspiration, *Phonetica* 21, pp. 107~116.

Ladefoged, P.(1982), *A Course in Phonetics*(2nd edition), HBJ Inc.

Ladefoged, P. & I., Maddieson(1996), *The Sounds of the World's Languages*, Blackwell.

Lee, J.(2022), *Phonological Typology of Plosives*, SNU Press.

Lehiste, I.(1970), *Suprasegmentals*, The MIT Press.

Lisker, L. & A. S., Abramson(1964), A Cross-Language Study of Voicing in Initial Stops: Acoustical Measurements, *Word* 20, pp. 384~422.

Mieko, S. H.(1963), Acoustic Phonetics of Korean, *Technical Report*(1), University of California(L.A.).

Mieko, S. H.(1964), Duration of Korean Vowels, *Technical Report*(2), University of California(L.A.).

Pericliev, V. & R. E. Valdés-Pérez(2002), Differentiating 451 languages in terms of their segment inventories, *Studia Linguistica* 56-1, pp. 1~27.

Ramsey, S. R.(1974), 함경 경상 양방언의 액센트 연구, 『국어학』 2, 국어학회, 105~132.

Ramsey, S. R.(1978), *Accent and Morphology in Korean Dialects-a Descriptive and Historical Study-*, 탑출판사.

Ramstedt, G. J.(1928), Remarks on the Korean Language, *Mémoires de la Société Finno-ougrienne* 58, soumalais-ugrilainen seura, pp. 441~453.

Ramstedt, G. J.(1939), A Korean Grammar, *Mémoires de la Société Finno-ougrienne* 82, soumalais-ugrilainen seura.

Shin, J.(2015), The Sounds of Korean, in Brown, L. & J. Yeon eds, *The Handbook of Korean Linguistics*, Wiley Blackwell, pp. 3~21.

Trask, R. L.(1996), *A Dictionary of Phonetics and Phonology*, Routledge.

부록

Ⅰ. 문화어발음법

총 칙

조선말발음법은 혁명의 수도 평양을 중심지로 하고 평양말을 토대로 하여 이룩된 문화어의 발음에 기준한다.

제1장. 모음의 발음

제1항. 모음들이 일정한 자리에서 각각 짧고 높은 소리와 길고 낮은 소리의 차이가 있는것은 있는대로 발음한다.

례:	(짧고 높은 소리)	(길고 낮은 소리)
	밤(낮과 밤)	밤(밤과 대추)
	곱다(손이 곱다)	곱다(꽃이 곱다)

제2항. ≪ㅢ≫는 겹모음으로 발음하는것을 원칙으로 한다.

례: 의리, 의무, 의사, 의탁, 의롭다, 의젓하다, 의존하다, 의지하다

[붙임]

1) 자음과 결합될 때와 단어의 가운데나 끝에 있는 ≪ㅢ≫는 [ㅣ]로 발음

함을 허용한다.

례: - 희망[희망/히망], 띄우다[띠우다], 씌우다[씨우다]
- 결의문[겨릐문/겨리문], 정의[정이], 의의[의이], 회의[회의/회이]

2) 속격토로 쓰인 경우 일부 [ㅔ]와 비슷하게 발음함을 허용한다.

례: 혁명의 북소리[혁명에 북쏘리]
우리의 집은 당의 품[우리에 지븐 당에 품]

제3항. ≪ㅚ≫, ≪ㅟ≫는 어떤 자리에서나 홑모음으로 발음한다.

례: - 외국, 외삼촌, 외지다, 대외사업
- 위대하다, 위병대, 위하여, 가위

제4항. ≪ㄱ, ㄹ, ㅎ≫ 뒤에 있는 ≪ㅖ≫는 각각 ≪ㅔ≫로 발음한다.

례: 계속[게속], 계시다[게시다], 관계[관게], 례절[레절],
사례[사레], 차례[차레], 혜택[헤택], 은혜[은헤]

제2장. 첫소리자음의 발음

제5항. ≪ㄹ≫은 모든 모음앞에서 ≪ㄹ≫로 발음하는것을 원칙으로 한다.

례: 라지오, 려관, 론문, 루각, 리론, 레루, 용광로

그러나 한자말에서 ≪렬, 률≫은 편의상 모음뒤에서는 [열]과 [율]로, ≪ㄹ≫을 제외한 자음뒤에서는 [녈, 뉼]로 발음한다.

례: - 대렬[대열], 규률[규율], 선렬[선녈], 정렬[정녈], 선률[선뉼]

제3장. 받침자모와 관련한 발음

제6항. 우리 말의 받침소리는 [ㄱ, ㄴ, ㄷ, ㄹ, ㅁ, ㅂ, ㅇ]의 7개이다.

제7항. ≪ㄹ≫이 받침소리로 될 때는 혀옆소리로 발음한다.

례: - 갈, 갈매기, 놀다
- 달과 별, 말과 글, 쌀과 물, 얼른
- 갈라지다, 달리다, 몰리다, 빨래, 쏠리다

제8항. 받침자모와 받침소리의 호상관계는 다음과 같다.

1) 받침 ≪ㄳ, ㄺ, ㅋ, ㄲ≫의 받침소리는 무성자음앞에서와 발음이 끝날 때는 [ㄱ]으로 발음한다.

례: - 넋살[넉쌀], 늙다[늑따], 부엌세간[부억세간], 낚시[낙시]
- 몫[목], 닭[닥], 동녘[동녁], 밖[박]

그러나 동사나 형용사의 말줄기끝의 받침 ≪ㄺ≫은 ≪ㄱ≫앞에서 [ㄹ]로 발음한다.

례: - 맑고[말꼬], 맑구나[말꾸나], 맑게[말께], 맑기[말끼]
- 밝고[발꼬], 밝구나[발꾸나], 밝게[발께], 밝기[발끼]
- 붉고[불꼬], 붉구나[불꾸나], 붉게[불께], 붉기[불끼]

2) 받침 ≪ㅅ, ㅈ, ㅊ, ㅌ, ㅆ≫의 받침소리는 무성자음앞에서와 발음이 끝날 때는 [ㄷ]으로 발음한다.

례: - 잇다[읻따], 잦다[잗따], 닻줄[닫쭐], 밭갈이[받까리], 있다[읻따]
- 옷[옫], 젖[젇], 꽃[꼳], 뭍[묻]

3) 받침 ≪ㄼ, ㄿ, ㅄ, ㅍ≫의 받침소리는 무성자음앞에서와 발음이 끝날 때는 [ㅂ]으로 발음한다.

례: - 넓지[넙찌], 읊다[읍따], 없다[업따], 높다[놉따], 값[갑]

그러나 형용사말줄기끝의 받침 ≪ㄼ≫은 ≪ㄱ≫ 앞에서 [ㄹ]로 발음하며 ≪여덟≫은 [여덜]로 발음한다.

례: 넓게[널께], 짧고[짤꼬], 얇기[얄끼], 섧게[설께], 떫구나[떨꾸나]

4) 받침 ≪ㄽ, ㄾ, ㅀ≫의 받침소리는 자음앞에서와 발음이 끝날 때는 [ㄹ]로 발음한다.

례: - 곬빠지기[골빠지기], 핥다[할따], 곯느냐[골르냐], 옳네[올레]
- 돐[돌], 곬[골]

5) 받침 ≪ㄻ≫의 받침소리는 자음앞에서와 발음이 끝날 때는 [ㅁ]으로 발음한다.

례: - 젊다[점따], 젊고[점꼬], 삶느냐[삼느냐], 삶네[삼네]
- 고결한 삶[~삼], 죽음과 삶[~삼]

6) 받침 ≪ㄵ, ㄶ≫의 받침소리는 자음앞에서는 [ㄴ]으로 발음한다.

례: - 앉다[안따], 앉고[안꼬], 얹게[언께], 얹느냐[언느냐]
- 많다[만타], 많고[만코], 많네[만네]

7) 말줄기끝의 받침 ≪ㅎ≫은 단어의 끝소리마디에서와 ≪ㅅ≫이나 ≪ㄴ≫으로 시작하는 토앞에서 [ㄷ]처럼 발음한다.

례: - 히읗[히읃]
- 좋소[졷쏘→조쏘], 좋니[졷니→존니]
- 놓네[녿네→논네]

제4장. 받침의 이어내기현상과 관련한 발음

제9항. 모음앞에 있는 받침은 뒤소리마디의 첫소리로 이어서 발음한다.

1) 모음으로 시작하는 토나 뒤붙이앞에 있는 받침은 이어서 발음한다. 둘받침의 경우에는 왼쪽받침을 받침소리로, 오른쪽받침을 뒤모음의 첫소리로 발음한다.

례: - 높이[노피], 삼발이[삼바리]
- 몸에[모메], 밭으로[바트로], 꽃을[꼬츨]
- 젖어서[저저서], 갔었다[가썯따], 씻으며[씨스며]
- 닭을[달글], 곬이[골시], 값에[갑쎄]
- 맑은[말근], 밟아[발바], 읊어[을퍼], 젊은이[절므니]

그러나 부름을 나타내는 토≪-아≫앞에서 받침은 끊어서 발음한다.

례: - 벗아[벋아→버다], 꽃아[꼳아→꼬다]

2) 한자말에서 모음앞에 놓이는 받침은 모두 이어서 발음한다.

례: - 검열[거멸], 답안[다반], 국영[구경], 월요일[워료일]
- 8. 15[파리로], 3. 14[사밀싸]

제5장. 받침의 끊어내기현상과 관련한 발음

끊어내기는 받침자모를 발음을 끝낼 때의 받침소리로 바꾸고 뒤의 모음에 이어서 발음한다. 받침자모와 받침소리의 대응관계는 제9항과 같다.

제10항. 모음 ≪아, 어, 오, 우, 애, 외≫로 시작한 고유어말뿌리앞에 있는 받침은 끊어서 발음한다.

례: - 부엌안[부억안→부어간], 넋없다[넉업따→너겁따],
- 옷안[옫안→오단], 첫애기[첟애기→처대기], 젖어머니[젇어머니→저더머니], 닻올림[닫올림→다돌림]
- 무릎우[무릅우→무르부]

[붙임] ≪있다≫ 앞에 오는 받침들도 끊어서 발음한다.

례: 값있는[갑읻는→가빈는]

그러나 ≪맛있다≫, ≪멋있다≫는 이어내여 발음함을 허용한다.

례: 맛있다[마싣따/마딛따], 멋있게[머싣께/머딛께]

제11항. 단어들이 결합관계로 되여있는 경우에도 앞단어가 받침으로 끝나고 뒤단어가 모음으로 시작될 때에는 끊어서 발음한다.

례: 팥 아홉키로[팓 아홉키로], 짚 열단[집 열딴], 옷 열한벌[옫 여란벌], 첫 의정[첟 의정/처 듸정/처 디정]

제6장. 된소리현상과 관련한 발음

제12항. [ㄱ, ㄷ, ㅂ]으로 나는 받침소리뒤에 오는 순한소리는 된소리로 발음한다.

례: - 국밥[국빱], 맏사위[맏싸위], 곱돌[곱똘]
- 흙밥[흑빱], 꽃밭[꼳빧], 없다[업따], 밟기[밥끼]

제13항. 동사나 형용사의 말줄기끝의 받침 ≪ㄴ, ㄵ, ㄻ, ㅁ≫과 ≪ㄹ≫로 발음되는 받침 ≪ㄺ, ㄼ, ㄾ≫ 뒤에 오는 토나 뒤붙이의 순한소리는 된소리로 발음한다.

례: - (아기를) 안다[안따], 안고[안꼬], 안기[안끼]
- 앉다[안따], 앉고[안꼬], 앉기[안끼]
- 옮다[옴따], 옮고[옴꼬], 옮기[옴끼]
- (나무를) 심다[심따], 심고[심꼬], 심기[심끼]
- 굵게[굴께], 얇고[얄꼬], 훑다[훌따], 핥기[할끼]

제14항. 다음과 같은 경우에 ≪ㄹ≫받침뒤의 순한소리는 된소리로 발음한다.

1) 한자말에서 뒤의 순한소리가 ≪ㄷ, ㅅ, ㅈ≫인 경우

례: 발동[발똥], 결실[결씰], 발전[발쩐]

2) 일부 고유어로 된 보조적단어가 ≪ㄹ≫ 뒤에 오는 경우

례: 열개[열깨], 여덟그루[여덜끄루], (집) 열동[열똥]

3) 규정토 ≪ㄹ≫의 뒤에 오는 경우

례: - 들것[들껃], 갈데[갈떼], 갈 사람[갈 싸람]
- 들가[들까], 올지[올찌], 볼듯[볼뜯]

제15항. 일부 한자말들에서 ≪적(的), 성(性), 법(法), 권(權, 眷), 점(點), 건(件), 가(價), 과(課, 果)≫ 등의 한자말은 일부 제한하여 된소리로 발음한다.

례: - 당적[당쩍], 시적[시쩍]
- 혁명성[형명썽], 전투성[전투썽]
- 헌법[헌뻡], 료법[료뻡]
- 주권[주꿘], 구매권[구매꿘]
- 사건[사껀], 조건[조껀]
- 물가[물까]. 시가[시까]
- 내과[내꽈], 외과[외꽈], 자재과[자재꽈]

제16항. 단어나 단어결합에서 사이소리가 순한소리앞에 끼여 나는 경우는 그 순한소리를 된소리로 발음한다.

사이소리가 끼우지 않는 경우:

례: - 된벼락, 센바람, 봄가을, 날바다, 별세계

사이소리가 끼우는 경우:

례: - 논두렁[논뚜렁], 손가락[손까락], 안사람[안싸람]
- 전주대[전주때], 나루가[나루까], 강가[강까], 그믐달[그믐딸]

제17항. 말줄기의 끝받침 ≪ㅎ≫, ≪ㄶ≫, ≪ㅀ≫ 뒤에 오는 토의 순한소리 ≪ㅅ≫을 된소리로 발음한다.

례: 좋소[존쏘], 많습니다[만씀니다], 옳소[올쏘]

제7장. ≪ㅎ≫과 어울린 거센소리되기현상과 관련한 발음

제18항. 토나 뒤붙이의 첫머리에 온 순한소리는 말줄기의 끝받침 ≪ㅎ, ㄶ, ㅀ≫ 뒤에서 거센소리로 발음한다.

례: - 좋다[조타], 좋고[조코], 좋지[조치]
- 많다[만타], 많고[만코], 많지[만치]
- 옳다[올타], 옳고[올코], 옳지[올치]

제19항. 한 단어안에서 받침 ≪ㄱ, ㄷ, ㅂ, ㅈ≫이나 ≪ㄵ, ㄺ, ㄼ≫뒤에 ≪ㅎ≫이 올 때 그 ≪ㅎ≫은 각각 [ㅋ, ㅌ, ㅍ, ㅊ]으로 발음한다.

례: - 먹히다[머키다], 특히[트키], 딱하다[따카다], 역할[여칼], 맏형[마텽], 잡히다[자피다], 맺히다[매치다], 꽂히다[꼬치다]
- 앉혔다[안쳗따], 얹히다[언치다], 밝혔다[발켣따], 밝히다[발키다], 넓혔다[널펻따], 밟히다[발피다]

제8장. 닮기현상이 일어날 때의 발음

제20항. 받침 ≪ㄷ, ㅌ, ㄾ≫ 뒤에 토나 뒤붙이인 ≪이≫가 올 때 그 ≪이≫는 각각 [지, 치]로 발음한다.

례: 가을걷이[가을거지], 굳이[구지], 해돋이[해도지], 같이[가치], 붙이다[부치다], 핥이다[할치다]

제21항. 받침 ≪ㄱ, ㄳ, ㅋ, ㄲ≫, ≪ㄷ, ㅅ, ㅈ, ㅊ, ㅌ, ㅆ≫, ≪ㄼ, ㅂ, ㅄ, ㅍ≫뒤에 자음 ≪ㄴ, ㅁ, ㄹ≫이 이어질 때는 다음과 같이 발음한다.

1) 받침 ≪ㄱ, ㄳ, ㅋ, ㄲ≫은 [ㅇ]으로 발음한다.

례: 익는다[잉는다], 격멸[경멸], 식료품[싱료품/싱뇨품], 몫나눔[몽나눔], 동녘노을[동녕노을], 부엌문[부엉문], 닦네[당네]

2) 받침 ≪ㄷ, ㅅ, ㅈ, ㅊ, ㅌ, ㅆ≫은 [ㄴ]으로 발음한다.

례: 받는다[반는다], 맏며느리[만며느리], 웃느냐[운느냐], 옷매무시[온매무시],
젖먹이[전머기], 꽃눈[꼰눈], 밭머리[반머리], 있는것[인는걷]

3) 받침 ≪ㄼ, ㅂ, ㅄ, ㅍ≫은 [ㅁ]으로 발음한다.

례: 밟는다[밤는다], 법령[범령/범녕], 없는것[엄는걷], 앞마을[암마을]

제22항. 받침 ≪ㄹ≫뒤에 ≪ㄴ≫이 왔거나 받침 ≪ㄴ≫뒤에 ≪ㄹ≫이 올 때에는 그 ≪ㄴ≫을 [ㄹ]로 발음한다.

례: - 들놀이[들로리], 물농사[물롱사], 별나라[별라라], 살눈섶[살룬썹]
- 근로자[글로자], 본래[볼래], 천리마[철리마], 난로[ㄴ로], 진리[질리], 원리[월리], 권리[궐리]

그러나 형태부들의 경계에서는 뒤의 ≪ㄹ≫을 ≪ㄴ≫으로 발음한다.

례: 순리익[순니익], 발전량[발쩐냥]

제23항. 받침 ≪ㄴ≫뒤에 ≪ㄴ≫이 올 적에는 적은대로 발음하는것을 원칙으

로 한다.

례: 눈나비, 단내, 분노, 신념, 안내

제24항. 받침소리 [ㅁ, ㅇ]뒤에서 ≪ㄹ≫은 [ㄴ]으로 발음한다.

례: 목란[몽난], 백로주[뱅노주]

그러나 모음 ≪ㅑ, ㅕ, ㅛ, ㅠ≫의 앞에서는 [ㄴ] 또는 [ㄹ]로 발음할수도 있다.

례: - 식량]싱냥/싱량], 협력[혐녁/혐력]
- 식료[싱뇨/싱료], 청류벽[청뉴벽/청류벽]

제9장. 소리끼우기현상과 관련한 발음

제25항. 고유어가 들어가 만들어진 합친말(또는 앞붙이와 말뿌리가 어울린 단어)의 뒤형태부가 ≪이, 야, 여, 요, 유≫로 시작되는 경우에는 다음과 같이 발음한다.

1) 앞형태부가 자음으로 끝날 때에는 형태부사이에 [ㄴ]을 끼워 발음한다.

례: - 논일[논닐], 밭일[반닐], 꽃잎[꼰닙], 안팎일[안팡닐], 옛일[옌닐], 낯익은[난니근], 못잊을[몬니즐], 짓이기다[진니기다]
- 들양[들냥→들량], 산양[산냥], 불여우[불녀우→불려우], 눈요기[눈뇨기], 풋윷[푼뉻]

그러나 ≪있다≫의 경우에는 제10항에 준하여 끊어내기로 발음한다.

2) 앞형태부가 모음으로 끝날 때에는 사이소리가 끼우는 경우에 한하여 [ㄴㄴ]을 끼워 발음한다.

사이소리가 끼우지 않는 경우:

례: - 나라일, 바다일, 베개잇

사이소리가 끼우는 경우:

례: - 수여우[순녀우], 수양[순냥], 아래이[아랜니]

제26항. ≪암, 수≫가 들어가 만들어진 단어의 발음은 다음과 같이 한다.

1) 뒤형태부의 첫소리가 ≪ㄱ, ㄷ, ㅂ, ㅈ≫인 경우는 [ㅋ, ㅌ, ㅍ, ㅊ]의 거센소리로 발음한다.

례: - 암돼지[암퇘지], 수강아지[수캉아지], 수병아리[수평아리]
- 암기와[암키와], 수돌쩌귀[수톨쩌귀]

2) 그밖의 경우 앞형태부가 ≪수≫이면 사이소리를 끼워 발음한다.

례: - 수사자[숟사자→수싸자], 수소[숟소→수쏘]
- 수나비[숟나비→순나비], 수오리[숟오리→수도리]

제27항. 고유어로 만들어지는 일부 합친말이나 단어결합에서 사이소리가 끼여나는 경우는 형태부들사이에 ≪ㄷ≫을 끼워 발음한다.

례: - 강가[강ㄷ가→강까], 길가[길ㄷ가→길까], 바다가[바닫가→바다까], 수도가[수돋가→수도까]
- 뒤문[뒫문→뒨문], 뒤사람[뒫사람→뒤싸람]

제10장. 약화 또는 빠지기 현상과 관련한 발음

제28항. 말줄기끝의 ≪ㅎ≫은 모음으로 시작된 토나 뒤붙이앞에서 발음하지 않는다.

례: 낳아[나아], 낳으니[나으니], 닿아다아], 많아[만아→마나], 싫어[실어→시러]

제29항. 소리마디의 첫소리 ≪ㅎ≫은 모음이나 울림자음 뒤에서 약하게 발음할수 있다.

례: 마흔, 아흐레, 안해, 열흘, 부지런히, 확실히, 험하다, 말하다

제30항. 둘받침 ≪ㅀ≫으로 끝나는 말줄기에 ≪ㄴ≫으로 시작되는 토가 이어질 때 ≪ㅎ≫은 받침소리로 내지 않는다.

례: 옳네[올레], 싫네[실레], 곯느니라[골르니라]

[붙임]

≪ㄶ≫으로 끝나는 말줄기에 ≪ㄴ≫으로 시작되는 토가 이어질 때의 ≪ㅎ≫도 받침소리로 내지 않는다.

례: [제8항 6조 참조]

Ⅱ. 조선말 표준발음법

총 칙

조선말 표준발음법은 우리 나라 조선족 인민들에게 널리 쓰이고 조선말 발달법칙에 맞는 발음을 가려잡는 것을 원칙으로 한다.

제1장. 모음 'ㅚ,ㅟ, ㅢ, ㅖ'의 발음

제1항 'ㅚ, ㅟ'는 홑모음으로 발음하는 것을 원칙으로 한다.

례: 외교부[외교부], 시외[시외], 위성[위성], 고귀하다[고귀하다]

[붙임] 'ㅚ, ㅟ'는 각각 [ㅞ, ㅟㅣ]로 발음할 수도 있다.

례: 외가집[웨가찝], 위대하다[위이대하다], 윙윙[위잉위잉]

제2항 'ㅢ'는 단어의 첫머리에서 겹모음으로 발음하는 것을 원칙으로 한다.

례: 의사[의사], 의견[의견]

[붙임 1] 단어의 첫머리에서 자음과 결합될 경우와 단어의 첫머리가 아닌 경우에는 홑모음 [ㅣ]로 발음한다.

례: 희망[히망], 띄여쓰다[띠여쓰다], 의의[의이], 사회주의[사회주이], 회의실[회이실]

[붙임 2] 속격토로 쓰일 경우 [에]로 발음할 수도 있다.

례: 우리의 노래[우리에노래], 이번 회의의 의의[이번회이에의이]

제3항 'ㄱ, ㄹ, ㅁ, ㅎ' 뒤에 있는 'ㅖ'는 [ㅔ]로 발음한다.

례: 계급[게급], 계시다[게시다], 세계[세게], 례절[레절], 경례[경레], 첨예[처메], 혜택[헤택], 은혜[은헤]

제2장. 단어 첫머리의 자음 'ㄴ, ㄹ'의 발음

제4항 'ㄴ, ㄹ'은 모든 모음 앞에서 [ㄴ, ㄹ]로 발음하는 것을 원칙으로 한다.

례: 나라[나라], 녀성[녀성], 뇨산[뇨산], 뉴대[뉴대], 니탄[니탄],
니코틴[니코틴], 랑비[랑비], 량심[량심], 력사[력싸], 로동[로동],
료해[료해], 루락[루락], 류학[류학], 리론[리론], 래일[래일],
레루[레루], 례외[레외], 뢰관[뢰관]

제3장. 받침소리의 발음

제5항 우리 말의 받침소리는 [ㄱ, ㄴ, ㄷ, ㄹ, ㅁ, ㅂ, ㅇ]의 7개이다. 받침으로 쓰이는 자모와의 호상관계는 다음과 같다.

1) 받침 'ㄱ, ㅋ, ㄲ, ㄳ, ㄺ'의 받침소리는 [ㄱ]이다. 그 가운데서 받침 'ㄺ'은 그 뒤에 토나 접미사 '-고, -기, -게' 등이 올 때에는 [ㄹ]로 발음한다.

례: 국[국], 박[박], 옥[옥]
동녘[동녁], 부엌[부억], 새벽녘[새병녁], 키읔[키윽]
낚다[낙따], 낚시[낙씨], 닦다닥따, 밖[박]
넋[넉], 넋살[넉쌀], 몫[목]
굵다[국따], 긁다[극따], 닭[닥], 맑다[막따] 밝다[박따], 붉다[북따], 읽다
익따], 흙흑]
굵게[굴께], 맑게[말께], 밝고[발꼬], 읽기[일끼]

2) 받침 'ㄴ, ㄵ, ㄶ'의 받침소리는 [ㄴ]이다.

례: 손[손], 앉다[안따], 많다[만타], 끊다[끈타]

3) 받침 'ㄷ, ㅌ, ㅈ, ㅊ, ㅅ, ㅆ'의 받침소리는 [ㄷ]이다.

례: 곧[곧], 닫다[닫따], 듣다[듣따], 묻다[묻따], 뜯다[뜯따]
뭍[묻], 바깥[바깓], 밭[받], 붙다[붇따]. 뱉다[밷따], 솥[솓]
낮[낟], 맞다[맏따], 빚다[빋따], 꽂다[꼳따]
빛발[빋빨], 윷[윧], 꽃[꼳], 쫓다[쫃따]
솟다[솓따], 옷[옫], 웃다[욷따], 젓다[젇따]
있다[읻따]

[붙임] 받침 'ㅎ'의 받침소리도 [ㄷ]이다.

례: 놓소[녿쏘]

4) 받침 'ㄹ, ㄽ, ㄾ, ㅀ'의 받침소리는 [ㄹ]이다.

례: 갈다[갈다], 길[길], 놀다[놀다], 달[달], 꿀벌[꿀뻘]
곬[골], 돐[돌], 외곬[외골]
핥다[할따], 훑다[훌따]
옳다[올타]

5) 받침 'ㅁ, ㄻ'의 받침소리는 [ㅁ]이다.

례: 곰[곰], 놈[놈]
닮다[담따], 삶[삼], 옮다[옴따], 젊다[점따]

6) 받침 'ㅂ, ㅍ, ㄼ, ㄿ, ㅄ'의 받침소리는 [ㅂ]이다. 그 가운데 받침 'ㄼ'은 그 뒤에 토나 접미사 '-고, -기, -게' 등이 올 때에는 [ㄹ]로 발음한다.

례: 갑[갑], 곱다[곱따], 덥다[덥따], 밉다[밉따], 밥[밥], 법[법], 좁다[좁따]
깊다[깁따], 높다[놉따], 늪[늡], 덮다[덥다], 무릎[무릅]
넓다[넙따], 넓기[널끼], 밟다[밥따], 밟고[발꼬], 떫다[떱따], 떫게[떨께]
읊다[읍따]
값[갑], 없다[업따]

[붙임] '여덟'만은 언제나 [여덜]로 발음한다.

7) 받침 'ㅇ'의 받침소리는 [ㅇ]이다.

례: 땅[땅], 공산당[공산당]

제6항 단어 안에서 받침은 뒤의 모음에 이어서 발음한다. 둘받침의 왼쪽 받침은 받침소리로 되고 오른쪽 받침은 뒤의 모음에 이어서 발음한다.

례: 국영[구경], 군음식[구늠식], 높으니[노프니], 몸이[모미], 물오리[무로리], 받으니[바드니], 밭에[바테], 속옷[소곧], 손에[소네], 절약[저략], 첨예[처메], 떡이[떠기], 깎으니[까끄니], 넋이[넉시→넉씨], 밟아[발바], 앉으니[안즈니], 흙이[흘기]

[붙임] 조선어 자모의 이름 'ㄷ, ㅈ, ㅊ, ㅋ, ㅌ, ㅍ, ㅎ'의 경우에는 특별히 다음과 같이 발음한다.

례: 디읃이[디으시], 디읃을[디으슬]
지읒이[지으시], 지읒을[지으슬]
치읓이[치으시], 치읓을[치으슬]
키읔이[키으기], 키읔을[키으글]
티읕이[티으시], 티읕을[티으슬]
피읖이[피으비], 피읖을[피으블]
히읗이[히으시], 히읗을[히으슬]

제7항 '아, 어, 오, 우, 으, 애, 외'로 시작한 어근의 앞에 있는 받침 'ㅋ, ㄳ, ㄺ', 'ㅅ, ㅈ, ㅊ, ㅌ', 'ㅍ, ㅄ'은 각각 같은 계렬의 받침소리 [ㄱ], [ㄷ], [ㅂ]으로 끊었다가 다시 그 받침소리를 뒤에 오는 모음에 이어서 발음한다.

례: 부엌 안[부억안→부어간], 넋없이[넉업씨→너겁씨], 닭우리[닥우리→다구리], 맛오르다[맏오르다→마도르다], 맛없다[맏업따→마덥따], 웃옷[욷옫→우돋], 젖어미[젇어미→저더미], 옻오르다[옫오르다→오도르다], 팥알[팓알→파달], 무릎아래[무릅아래→무르바래], 값없다[갑업다→가법따]

[붙임] '멋있다', '맛있다'는 각각 [머싣따], [마싣따]로 발음할 수도 있다.

제8항 받침 'ㅇ'은 모음 앞에서도 받침소리 [ㅇ]으로 발음하는 것을 원칙으로 한다.

례: 방안[방안], 병원[병원], 앙양[앙양], 송아지[송아지]

[붙임] '중앙, 영웅'은 [주앙, 여웅]으로 발음할 수도 있다.

제4장. 된소리현상과 관련한 발음

제9항 받침 'ㄱ, ㅋ, ㄲ, ㄳ, ㄺ', 'ㄷ, ㅅ, ㅈ, ㅊ, ㅌ, ㅆ', 'ㅂ, ㅍ, ㄼ, ㄿ, ㅄ' 다음에 오는 순한소리는 된소리로 발음한다.

례: 먹다[먹따], 부엌간[부억깐], 닦다[닥따], 깎다[깍따], 몫도[목또], 맑다[막따],
듣다[듣따], 잇다[읻따], 늦다[늗따], 꽃도[꼳또], 빛살[빋쌀], 밭도[받또],

있지[읻찌],
입다[입따], 높다[놉따], 밟다[밥따], 읊다[읍따], 없다[업따]

제10항 용언어근의 끝음절받침 'ㄴ, ㄵ', 'ㅁ, ㄻ', 'ㄾ' 다음에 오는 토나 접미사의 첫머리에 오는 순한소리는 된소리로 발음한다.

례: 안고[안꼬], 안기[안끼], 안다[안따], 안소[안쏘], 안지[안찌]
앉고[안꼬], 앉기[안끼], 앉다[안따], 앉소[안쏘], 앉지[안찌]
남고[남꼬], 남기[남끼], 남다[남따], 남소[남쏘], 남지[남찌]
옮고[옴꼬], 옮기[옴끼], 옮다[옴따], 옮소[옴쏘], 옮지[옴찌]
훑고[훌꼬], 훑기[훌끼], 훑다[훌따], 훑소[훌쏘], 훑지[훌찌]

[붙임] 피동이나 사역의 뜻을 나타내는 접미사 '-기'일 때에는 된소리로 발음하지 않는다.

례: 넘기다[넘기다], 안기다[안기다], 옮기다[옴기다]

제11항 용언토내에서 받침 'ㄹ' 다음에 오는 순한소리는 된소리로 발음한다.

례: -ㄹ가[-ㄹ까], -ㄹ수록[-ㄹ쑤록], -ㄹ지[-ㄹ찌]

[붙임 1] 규정토 'ㄹ' 뒤에 순한소리로 시작한 명사가 올 때는 그 순한소리를 된소리로 발음한다.

례: 갈 바[갈빠], 갈 데[갈떼], 갈 사람[갈싸람]

[붙임 2] '열', '여덟' 뒤에 순한소리로 시작하는 명사가 올 때는 그 순한소리를 된소리로 발음한다.

례: 열개[열깨], 열 사람[열 싸람], 여덟자[여덜짜], 여덟그릇[여덜끄릇]

제12항 한자어 안에서는 받침 'ㄹ' 뒤에 오는 순한소리 'ㄷ, ㅅ, ㅈ'을 된소리로 발음한다.

례: 발달[발딸], 결심[결씸], 결정[결쩡]

[붙임] 같은 한자가 겹쳐서 이루어진 한자어에서는 된소리로 발음하지

않는다.

례: 절절하다[절절하다]

제5장. 'ㅎ'과 관련한 발음

제13항 받침 'ㅎ, ㄶ, ㅀ'의 'ㅎ'은 순한소리 'ㄱ, ㄷ, ㅈ'과 어울릴 때 각각 'ㅋ, ㅌ, ㅊ'으로 발음한다.

례: 좋고[조코], 좋다[조타], 좋지[조치],
많고[만코], 많다[만타], 많지[만치],
옳고[올코], 옳다[올타], 옳지[올치]

[붙임] '옳바르다', '싫증'은 각각 [올바르다], [실쯩]으로 발음한다.

제14항 받침 'ㅎ'은 'ㅅ, ㅊ'이나 'ㄴ' 앞에서는 [ㄷ]로 발음한다.

례: 놓소[놛쏘], 놓치다[놛치다], 놓니[놛니→논니],
좋니[졷니→존니], 좋소[졷쏘]

제15항 둘받침 'ㄶ, ㅀ'은 'ㅅ'나 'ㄴ, ㄹ' 앞에서 각각 [ㄴ], [ㄹ]로 발음한다.

례: 많소[만쏘], 많네[만네], 옳소[올쏘], 옳네[올네→올레], 곯리다[골리다]

제16항 받침 'ㅎ'은 모음 앞에서 발음하지 않는다.

례: 놓아[노아], 놓으니[노으니], 많아[마나], 많으니[마느니],
배앓이[배아리], 수놓이[수노이], 싫어[시러]

제17항 받침소리 [ㄱ, ㄷ, ㅂ] 뒤에 'ㅎ'이 올 때 그 'ㅎ'은 각각 [ㅋ, ㅌ, ㅍ]으로 발음한다.

례: 석회[석쾨/석퀘], 맏형[맏텽], 입학[입팍]

[붙임] 받침 'ㅅ, ㅈ, ㅊ'의 받침소리는 [ㄷ]으로 되기에 'ㅎ'을 만나면 [ㅌ]

으로 발음한다.

례: 첫해[철해→철태], 늦호박[늗호박→늗토박], 꽃향기[꼳향기→꼳턍기]

제18항 둘받침 'ㄵ, ㄺ, ㄼ'은 뒤에 'ㅎ'이 올 때 그 둘받침의 왼쪽 받침은 제대로 받침소리로 내고 오른쪽 받침은 'ㅎ'과 어울려 해당한 거센소리로 발음한다.

례: 앉히다[안치다], 얹히다[언치다], 밝히다[발키다], 밟히다[발피다]

제19항 모음이나 유향자음 뒤에 오는 음절의 첫소리 'ㅎ'은 약하게 발음한다.

례: 마흔, 아홉, 안해, 열흘, 용감히

제6장. 동화현상이 일어날 때의 발음

제20항 받침 'ㄷ, ㅌ, ㄾ' 뒤에 토나 접미사 '-이', '-히'가 올 때 받침 'ㄷ, ㅌ'은 '-이', '-히'와 어울려 각각 [지, 치]로 발음한다.

례: 굳이[구지], 굳히다[구치다], 해돋이[해도지], 밭이[바치], 붙이다[부치다], 벼훑이[벼훌치], 핥이다[할치다]

제21항 받침소리 [ㄱ, ㄷ, ㅂ] 뒤에 유향자음 'ㄴ, ㅁ, ㄹ'이 올 때 그 받침소리를 해당한계렬의 유향자음으로 발음한다.

례: 폭로[퐁로], 부엌문[부엉문], 닦는다[당는다], 몫몫[몽목], 흙물[흥물], 꽂는다[꼰는다], 웃는다[운는다], 받는다[반는다], 밭머리[반머리], 있는다[인는다], 쫓는다[쫀는다], 협력[혐력], 엎는다[엄는다], 밟는다[밤는다], 없느냐[엄느냐], 읊는다[음는다]

[붙임] 단어들이 어울릴 때 우와 같은 동화현상이 일어나는 것은 본 항의 규정을 따른다.

례: 밥 먹는다[밤멍는다], 옷 만든다[온만든다]

제22항 받침소리 [ㄹ] 뒤에 'ㄴ'이 올 때 그 'ㄴ'을 [ㄹ]로 발음한다.

례: 별나라[별라라], 실내[실래], 옳네[올레], 할는지[할른지]

제23항 한자어 음절 사이에서 받침 'ㄴ' 뒤에 'ㄹ'이 올 때에 그 'ㄴ'을 [ㄹ]로 발음한다.

례: 건립[걸립], 단련[달련], 산량[살량], 인류[일류], 진리[질리], 혼란[홀란]

제24항 합성어 또는 파생어에서 앞 형태소의 끝소리가 'ㄴ'이고 뒤 형태소의 첫소리가 'ㄹ'일 때에는 제대로 [ㄴ, ㄹ]로 발음하는 것을 원칙으로 하면서 [ㄴ, ㄴ]로 발음할 수도 있다.

례: 순리윤[순리윤], [순니윤]
생산량[생산량], [생산냥]
손로동[손로동], [손노동]

제25항 한자 '렬', '률'은 모음 아래에서는 [열], [율]로 발음하고 'ㄹ'을 제외한 기타 자음 아래에서는 [녈], [뉼]로 발음한다.

례: 가렬하다[가열하다], 규률[규율], 강렬하다[강녈하다],
격렬하다[경녈하다], 진렬실[진녈실], 능률[능뉼],
법률[범뉼], 선률[선뉼], 생산률[생산뉼]

제26항 한자어 안에서 받침 'ㄴ' 뒤에 'ㄴ'이 올 때에는 제대로 [ㄴ, ㄴ]로 발음하는 것을 원칙으로 한다.

례: 근년[근년], 관념[관념], 만년필[만년필], 안내[안내], 한난계[한난게]

[붙임] '곤난'만은 발음이 굳어진 대로 [골란]으로 발음한다.

제27항 다음과 같은 동화현상은 표준발음법으로 인정하지 않는다.

1) 받침소리 [ㄷ](ㄷ, ㅌ, ㅅ, ㅆ, ㅈ, ㅊ), [ㅂ]이 뒤에 오는 'ㄱ, ㅂ'과 같게

발음하는 것은 표준발음으로 인정하지 않는다.

례:	옳음	그름
받고	[받꼬]	[박꼬]
돋보기	[돋뽀기]	[돕뽀기]
밭고랑	[받꼬랑]	[박꼬랑]
엿보다	[엳뽀다]	[엽뽀다]
있고	[읻꼬]	[익꼬]
늦보리	[늗뽀리]	[늡뽀리]
꽃보라	[꼳뽀라]	[꼽뽀라]
갑갑증	[갑깝쯩]	[각깝쯩]

2) 받침소리 [ㄴ, ㅁ]이 뒤에 온 자음 'ㄱ, ㄲ, ㅋ'을 닮아서 [ㅇ]으로 발음하는 것은 표준발음으로 인정하지 않는다.

례:	옳음	그름
반갑다	[반갑따]	[방갑따]
산꼭대기	[산꼭때기]	[상꼭때기]
손칼	[손칼]	[송칼]
참고	[참꼬]	[창꼬]
깜고	[깜꼬]	[깡꼬]

3) 받침소리 [ㄴ]이 뒤에 온 자음 'ㅁ, ㅂ, ㅍ, ㅃ'을 닮아서 [ㅁ]으로 발음하는 것은 표준발음으로 인정하지 않는다.

례:	옳음	그름
신문	[신문]	[심문]
전보	[전보]	[점보]
간판	[간판]	[감판]
눈뿌리	[눈뿌리]	[눔뿌리]

7장. 사이소리현상이 일어날 때의 발음

제28항 합성어(또는 파생어)에서 앞 형태소가 유향자음이거나 모음으로 끝나고 뒤 형태소의 첫소리가 순한소리일 때는 그 순한소리를 된소리로

발음한다.

례: 기발[기빨], 달빛[달삗], 도장방[도장빵], 바다가[바다까], 밤길[밤낄],
보리짚[보리찝], 손등[손뜽], 시계방[시게빵], 일군[일꾼],
정신병[정신뼝], 총소리[총쏘리], 코등[코뜽], 표기법[표기뻡]

[붙임] 한자어에서 다음과 같은 경우에도 사이소리를 내여 발음한다.

례: ~가(價): 대가[대까], 물가[물까], 원가[원까], 평가[평까]
~건(件): 문건[문껀], 사건[사껀], 조건[조껀]
~격(格): 성격[성껵], 주격[주껵]
~고(庫): 금고[금꼬], 저장고[저장꼬], 창고[창꼬]
~구(句): 례구[례꾸], 성구[성꾸]
~고(庫): 창고[창꼬], 저장고[저장꼬], 금고[금꼬]
~과(果): 성과[성꽈], 효과[효꽈], 후과[후꽈]
~과(科): 내과[내꽈], 분과[분꽈]
~권(權): 인권[인꿘], 정권[정꿘]
~법(法): 가법[가뻡], 필법[필뻡], 헌법[헌뻡]
~수(數): 배수[배쑤], 허수[허쑤]
~자(字): 문자[문짜], 한자[한짜]
~적(的): 내적[내쩍], 인적[인쩍]
~점(點): 관점[관쩜], 우점[우쩜], 중점[중쩜]

제29항 합성어(또는 파생어)에서 앞 형태소가 자음으로 끝나고 뒤 형태소가 '야, 여, 요, 유, 이'로 시작될 때에는 아래 음절 첫소리에 언제나 [ㄴ]을 덧내여 발음한다.

례: 관절염[관절념→관절렴], 낮일[낟닐→난닐], 담요[담뇨],
덧양말[덛냥말→던냥말], 물약[물냑→물략], 부엌일[부억닐→부엉닐],
사업열[사업녈→사엄녈], 솔잎[솔닙→솔립], 암여우[암녀우],
앞이마[압니마→암니마], 옛이야기[옏니야기→옌니야기], 콩엿[콩녇],
폭발약[폭빨냑→폭빨략], 꽃잎[꼳닙→꼰닙]

[붙임] 단어들이 어울릴 때의 발음도 본 항의 규정을 따른다.

례: 쓸 일[쓸닐→쓸릴], 할 일[할닐→할릴], 흙 이기다[흑니기다→흥니기다]

第30항 합성어(또는 파생어)에서 앞 형태소가 모음으로 끝나고 뒤 형태소가 유향자음 'ㄴ, ㅁ'으로 시작될 때는 그 사이에 [ㄴ]를 덧내여 발음한다.

례: 내물[낸물], 배머리[밴머리], 이레날[이렌날], 코날[콘날]…

第31항 합성어(또는 파생어)에서 앞 형태소가 모음으로 끝나고 뒤 형태소가 '야, 여, 요, 유, 이'로 시작될 때는 그 사이에 [ㄴ, ㄴ]를 덧내여 발음한다.

례: 나무잎[나문닙], 뒤일[뒨닐], 바다일[바단닐], 깨잎[깬닙]

III. 체언과 용언의 지역별 활용 양상

서울 방언은 『서울 토박이말 자료집』(국립국어연구원 간행)에서, 인천 방언은 『인천 토박이말 연구』(한성우 저)에서 자료를 뽑았다. 이 자료들은 대체로 조사된 지 그리 오래지 않은 최근 결과물이다. 서울과 인천을 제외한 지역 자료는 『한국방언자료집』(한국정신문화연구원)에서 가져온 것으로 조사된 지 약 30년 이상 지났다. 또한 조사 당시 광역시에 속한 지역은 조사하지 않고 그 인근 지역을 조사했기 때문에 부득이하게 부산은 김해 방언, 광주는 광산 방언, 대구는 달성 방언, 대전 방언은 대덕 방언 자료를 제시할 수밖에 없었다.

방언형 옆의 괄호 안에는 체언 또는 용언 어간에 결합한 조사와 어미의 표준어 대응형을 적어 두었다. 공존형은 '/'로 묶었다. 실제 발음은 있는 그대로 전사했다. 가령 '값+이'의 경우 경음화가 일어나는 경우에는 '갑씨', 안 일어나는 경우에는 '갑시'로 하여 구분했다. 또한 체언이나 용언이 복합어의 일부로 쓰인 경우도 자료에 포함시켰다.

≪체언편≫

	서울	부산	광주	대구	대전	인천
값	헐:깝쌔/헐갑쎄/헐갑쌔(에) 헐:깝씨라구(이라고) 헐갑씨/가비(이)	갑쌔(에) 갑씨(이) 갑또(도) 가바고(하고) 감만(만)	헐갑쌔(에) 갑씨/갑씨가/가비(이) 갑또(도) 갑하고(하고) 갑씨만(만)	갑시/가비(이) 갑또(도) 가파고(하고) 감만(만)	헐가배(에) 가비(이) 갑뚜(도) 가파구(하고) 감만(만)	갑씨(이) 갑쓸(을) 갑쎄서(에서) 갑쓰루/갑쓰로(으로) 갑뚜/갑또(도)

	서울	부산	광주	대구	대전	인천
꽃	꼬치(이) 꼬슬/꼬츨(을) 꼬신대(인데) 꼬시라구(이라고) 꼬스루(으로) 꼬태서/꼬세서/꼬새서/꼬테서/꼬태서(에서)	꼬털(을) 꼬태(에)	꼬새서(에서)	꼬털(을) 꼬태서(에서)	열꼬시(이) 열꼬슬(을) 꼬세서/꼬테서(에서)	꼬시/꼬치(이) 꼬슬/꼬츨(을) 꼬세서/꼬체서(에서) 꼬스루/꼬츠로(으로) 꼬뚜/꼳또(도)

	서울	부산	광주	대구	대전	인천
나	나(#) 내가(가) 내(의) 나에게/내게(에게) 나한태(한테)	나(#) 내가(가) 내(의) 내한태(한테) 나넌(는) 내와/나와(와) 내캉/내랑(랑) 내하고(하고)	나(#) 내가(가) 내(의) 나한태(한테) 나는(는) 나하고(하고	내(#) 내:가(가) 내(의) 내인대(한테) 나넌/낭아(는) 나캉(랑)	나(#) 내가(가) 내(의) 내게(에게) 나한티(한테) 나는(는) 나하구(하고)	내가(가) 내(의) 나를(를) 나에게/내게(에게) 나하구(하고) 나랑(랑) 나는(는) 나두(도)

	서울	부산	광주	대구	대전	인천
너	네/너(#) 니:가/니가(가) 네/네:/니:(의) 네:게/너에게/니게(에게) 너한테(한테) 널/너를(를)	니(#) 니가(가) 니한태(한테) 닐로(를)	너(#) 니가(가) 너한태(한테) 너를(를)	너(#) 니:가(가) 니자태(의 곁에) 너럴(를)	너(#) 니가(가) 느:(의) 너한티(한테) 너를(를)	네:가/네가(가) 네:/네(의) 너를(를) 네게(에게) 너와(와) 너는(는) 너도/너두(도)

	서울	부산	광주	대구	대전	인천
누구	누가(가) 누구요(요) 누구냐(냐) 뉘(의) 누구로(로) 누구한테(한테)	누:가(가) 누고(냐) 누(의) 눌로/누구로(로) 눈줄(인 줄) 누한태(한테)	누가(가) 누구여(야) 뉘(의) 누구로(로) 누한태(한테)	누가(가) 누:고(냐) 누:(의) 눈:줄(인 줄) 누:로(로) 누구한태/누:한태(한테)	누가(가) 누구여(야) 뉘(의) 누구로(로) 누구한티(한테)	누구요(요) 누구냐(냐) 누가(가) 누구(의) 누굴(를) 누구한테(한테) 누구허구(하고) 누구와(와)

	서울	부산	광주	대구	대전	인천
닭	닥(#) 다기지(이지) 다근(은) 다기/달기(이) 닥또/닥뚜(도) 다간테/다칸테/다칸태(한테) 다개다(에다)	달(#) 다리/달키/암따리(이) 달컬(을) 달또(도) 달한태(한테)	닥(#) 다기(이) 닥또(도), 닥한테(한테)	닥/암딸(닥#) 다키/장딸기(이) 닥또(도) 다린대(한테)	다기지(이지) 다기/암따기(이) 다글(을) 닥뚜(도) 닥한티(한테)	다기라구(이라고) 다기/수타기(이) 다글(을) 다게서(에서) 다게(에) 다그루/다그로(으로) 닥뚜/닥또(도)

	서울	부산	광주	대구	대전	인천
덫	도시/더치/더시(이) 도슬/더츨/더슬(을) 도새/도세/더체/더세/더새(에)	-	도시(이) 도슬(을) 도새(에)	-	도시(이) 도슬(을) 도시(에)	도슬/더슬(을)

	서울	부산	광주	대구	대전	인천
돌(週)	돌씨/도리(이) 돌리얘요(이에요) 도를(을) 돌쌔/도래/도레(에)	도럴(을) 도래(에)	도래(에)	돌시(이) 도래(에)	도리다(이다) 도를(을) 도레(에)	도리라구(이라고) 도리(이) 도를(을) 도레(에) 도레서(에서) 돌루/돌로(로) 돌두/돌도(도)

	서울	부산	광주	대구	대전	인천
몫	모기/목씨(이) 목씨다(이다) 목씨구(이고) 목씨야(이야) 모글/목쓸(을)	-	모기다(이다) 모글(을) 목쌔(에) 목(#)	-	모기다(이다) 모글(을)	목쓸(을)

	서울	부산	광주	대구	대전	인천
무릎	무르비(이) 무루불/무루블/무르불(을) 무루베/무르베/무르배(에)	무러펄(을) 무러패(에)	무르블(을) 무르베(에)	-	무루비(이) 무루불(을) 부루베(에)	무르블(을) 무르베(에) 무르베서(에서)

	서울	부산	광주	대구	대전	인천
밑	시루미시나(이나) 시루미시라구(이라고) 시루미슬/시루미슬/시루미틀(을) 미테는(에는) 미테/미태(에) 미치(이) 미테다(에다)	미치(이) 미태(에)	미시(이) 미태(에)	미치(이) 미태(에)	시루미설(을) 미티(이) 미테(에) 미트루(으로)	-

	서울	부산	광주	대구	대전	인천
밭	바치(이) 바치여써(이었어) 바치야/바시야(이야) 바테/바태(에) 바테다(에다) 바츨/바슬/바틀(을)	바치(이) 바태(에) 바털(을)	바슬(을) 바태(에) 받뽀다(보다) 받뿌터(부터)	바태/바채(에) 받뽀다(보다) 받부텅(부터)	바시라구(이라고) 바슬(을) 바시다(에다) 바티/바테(에) 받뽀담(보다) 받뿌틈(부터)	바치(이) 바슬/바틀(을) 바테서(에서) 바트루/바트로(으로) 바뚜/바또(도)

	서울	부산	광주	대구	대전	인천
부엌	붺:큰(은) 부어기라구(이라고) 붺케서/부:어캐서/부어게서(에서) 부어게/붺:케(에) 붺키/부어기/부어키/붸:키(이) 붺:키야(이야)	부서캐(에) 부서키(이)	부어기(이) 부어개다(에다)	부서키(이) 부서캐(에)	부에기(이) 부어게서(에서)	부어기(이) 부어글(을) 부어게서(에서) 부어케(에) 부어그루/부어그로(으로) 부억뚜/부억또(도)

	서울	부산	광주	대구	대전	인천
빗	비스루(으로) 비시(이) 비시구(이고) 비시라구(이라고) 비슬(을) 비스루(으로)	비시/얼기비시(이) 비설(을) 비서로(으로)	비시(이) 비시로(으로)	비치/얼비치/챔비시/챔비치(이) 비털/비설(을)	비시(이) 비설(을) 비스루(으로)	참비슬/챔비슬(을) 참비세/챔비세(에)

	서울	부산	광주	대구	대전	인천
삯	배싸기/삭씨/배싹씨(이) 배싸기지(이지) 배싸글/배싹쓸/품싸글(을) 사카고(하고)	싸기(이) 싹또(도) 싸가고(하고) 쌍만(만)	싸기/싹씨가(이) 싹또(도) 싹하고(하고) 쌍만(만)	사기(이) 삭또(도) 사카고(고) 상만(만)	싸기(이) 싹또(도) 싸카구(하고) 쌍만(만)	품싸기다(이다) 삭씨(이) 품싸글/삭쓸(을) 품싸게서(에서) 삭쎄(에) 품싸그루/삭쓰로(으로) 품싹뚜/삭또(도)

	서울	부산	광주	대구	대전	인천
솥	가마소틀/소츨/소슬(을) 소치/소시(이) 무새소새다/소테다/소태다(에다) 가마소시라구(이라고)	소치(이) 소털(을) 소태(에) 가매소태다(에다)	소시(이) 소슬(을) 소태(에) 가매소시(이)	소치(이) 소태(에)	소시(이) 소설(을) 소티(에)	소시(이) 가마소슬(을) 소테/가마소테(에)

	서울	부산	광주	대구	대전	인천
숯	수치/수시(이) 수시라구(이라고) 수시야(이야) 수세다/수새다(에다) 수테/뜬수새(에) 수츨/수슬(을) 참수슨(은)	수치(이) 수털(을) 수태다(에다)	수시(이) 수슬(을) 수새다(에다)	수치/참나무수치(이) 수털(을) 수태(에)	수시(이) 수설(을) 수시다(에다) 수시지(이지)	수시(이) 수슬(을) 수세/수테(에)

	서울	부산	광주	대구	대전	인천
앞	아피(이) 아프루(으로)	아펄(을) 아패(에)	아프로(으로)	아푸로(으로) 아피(이)	아프루(으로)	아피(이) 아플(을) 아페서(에서) 아페(에) 아프루/아푸루(으로) 압뚜/압또(도)

	서울	부산	광주	대구	대전	인천
여덟	여:덜빈대(인데) 여덜비/여더리(이) 여덜(#)	-	-	-	-	여더리(이) 여덜블/여더를(을) 여덜베서(에서) 여더레(에) 여덜브루/여덜로(으로) 여덜두/여덜도(도)

	서울	부산	광주	대구	대전	인천
윷	유:시/유치/유시(이) 유:슬/유슬(을) 유:슨(은) 유:시야(이야) 유:시구(이고)	유털(을) 유치라(이야)	유시(이) 유슬(을) 수시야(이야)	유치야(이야) 유털(을) 밤:유치/유:치(이)	유:시(이) 유:설(을)	유:슬/유슬(을) 유:세/유세(에)

	서울	부산	광주	대구	대전	인천
이웃	이:우시지(이지) 이우시/이우지(이) 이우재서(에서) 이우제/이우세/이우새(에)	이우지(에)	유:시(이) 유재(에)	이우시라(이야) 이우지(에)	이우세(에) 이우시(이) 이우설(을)	이우시(이) 이우지에/이우세(에)

	서울	부산	광주	대구	대전	인천
저(代)	저(#) 제:가/제가(가) 제/저/저애(의) 제게/저에게(에게)	저(#) 지가(가) 지(의) 지한태(한테)	지(의) 저(#) 지:가(가) 저한태(한테)	지/지:(의) 저(#) 지:가(가) 지한태(한테)	제(의) 저(#) 지:가(가) 저한티(한테) 제게(에게)	제:가/저가(가) 제:/제(의) 저를(를) 저에게(에게) 저와(와) 저는(는) 저도(도)

	서울	부산	광주	대구	대전	인천
젖	저슬(을) 저시(이) 저세(에) 저새다(에다)	저절(을) 저재다(에다)	저슬(을) 저새다(에다)	저지(이) 저절(을) 저재(에)	저시(이) 저슬(을) 저세다(에다)	저시라구(이라고) 저시(이) 저슬(을) 저세서(에서) 저세(에) 저스루/저스로(으로) 저뚜/젇또(도)

	서울	부산	광주	대구	대전	인천
팥	파시(이) 파츨/파틀/파츨/파슬(을) 파츠루/파츠로/파스로/파스루/파트루(으로) 파치/파시(이) 파츤/파슨(은)	파치(이) 파털(을) 파턴(은)	포시(이) 포슬(을) 포시로(으로) 포슨(은)	파치(이) 파털(을) 파터로(으로) 파턴(은)	파시(이) 파설(을) 파스루(으로) 파슨(은)	파시야(이야) 파시(이) 파슬/콩파슬(을) 파세서(에서) 파테/콩파세(에) 파스루/파스로(으로) 파뚜/팓또(도)

	서울	부산	광주	대구	대전	인천
흙	흑(#) 흐기(이) 흘글/흐글(을) 흐게(에) 흐개다(에다) 흐개다가(에다가) 흑또/흑뚜(도)	헐(#) 허리(이) 헐로(을) 허래다(에다) 헐도(도)	흑(#) 흐기(이) 흐글(을) 흐개다(에다) 흑또(도)	헉(#) 허걸(을) 허개(에) 헉또(도)	흑(#) 흐기(이) 흐글(을) 흐게다(에다) 흑또(도)	흐기(이) 흐글(을) 흐게서(에서) 흐그루/흐그로(으로) 흑뚜/흑또(도)

≪용언편≫

	서울	부산	광주	대구	대전	인천
가두다	가둔다(은다) 가돠/가둬(아) 가둬라(어라) 가두고/가두구(고)	가둔다(은다) 가두고(고) 가다:라(어라)	가둔다(은다) 가두고(고) 가돠라(어라)	가두운다(은다) 가두우고(고) 가다아라(어라)	가둔다(은다) 가두고(고) 가둬라(어라)	가둔다(은다) 가둬서(어서) 가둬라(어라)

	서울	부산	광주	대구	대전	인천
가볍다	가볍꾸(고) 가볍찌(지) 가벼와서/가벼워서(어서) 가벼운(은) 가벼우니까(으니까)	개곱따(다) 개고분(은) 개고바서(아서)	개굽따(다) 개구운(은) 개구와서(아서)	개갑따(다) 개가분(은) 개가버서(어서)	개볍따(다) 개벼운(은) 개벼워서(어서)	가볍따(다) 가벼워서/가벼서(어서)

	서울	부산	광주	대구	대전	인천
가엽다/가엾다	가:엽써서/가엽써서/가여와서/가여워서(어서) 가:엽따(다) 가:엽써라/가엽써라/가여워라(어라)	가이업서(어) 가이업따(다)	-	-	가:엽써서(어서) 가엽써라(어라)	-

	서울	부산	광주	대구	대전	인천
같다	갇따/똑까트다/똑까따(다) 똑까트내(네) 가타서/가태서/똑까태서(아서)	가따(다) 가태서(아서)	가따(다) 가:태서(아서)	가따(다) 가태서(아서)	가따/거따(다) 가터서(아서)	가태서(아서) 갇떠라(더라) 가따(다)

	서울	부산	광주	대구	대전	인천
걷다(步)	거러(더) 건:는다/건는다(는다)	건넌다(는다) 거러(어) 거러나마나(으나마나) 거꼬(고)	걸른다(는다) 거러(어) 거르나마나(으나마나) 걸:따가(다가)	건:넌다(는다) 거러(어) 거러나마:나(으나마나)	건는다(는다) 거러(어) 거르나마나(으나마나) 거:따마다(다마다)	거:꾸/걷:꼬/걷:꾸(고) 거:떠라/걷:떠라(더라) 건는다(는다) 거러라(어라)

	서울	부산	광주	대구	대전	인천
고다	고:지/곱찌/고우지/고지/구:찌/구:지/과:지/과지(지) 고아서/고와서/고워서/과:서(아서) 고아따/고와따/구워따/과:따/과따(고-았다)	고찌(지) 고와(아) 고와따(았다)	곱찌(지) 과:서(아서) 과따(았다) 곰는다(는다)	꼬코(고) 까아서(아서) 까아따(았다)	곧찌(지) 과:서(아서) 과:따(았다)	고:아라/과:라(아라) 고:고(고)

	서울	부산	광주	대구	대전	인천
곪다	골마서(아서) 곰:찌/곰찌(지)	-	곰:찌(지) 골마서(아서)	-	곰:찌(지) 골마서(아서)	곰:는다(는다) 골마서(아서)

	서울	부산	광주	대구	대전	인천
굵다	국:찌(지) 굴:깨(게) 국:따/굴:따(다) 굴:거서/굴거서(어서) 굴거(어) 굴:근/굴근(은)	굴따(다) 굴군(은) 굴거서(어서)	국:따(다) 굴:거서(어서) 굴:근(은)	굴:따(다) 굴:건/굴건(은) 굴:거가지고(어 가지고)	국:따(다) 굴긍걸(은 것을) 굴거서(어서) 굴:근(은)	굴:따/국:따(다) 굴:거서(어서)

	서울	부산	광주	대구	대전	인천
굽다(狄)	구워/구어/궈(어) 구워서(어서) 굼:는다/군:다/굼는다(는다) 구:꼬/구:꾸/굽:꼬/굽:꾸/굽꾸(고)	꿈넌다(는다) 꾸:(어)	군:다(는다) 구:꼬(고) 궈(어)	꿈:넌다(는다) 꾸:꼬(고) 꾸버(어)	군는다(는다) 구꾸(고) 궈:(어)	군:다(는다) 구:꾸(고) 구워라(어라)

	서울	부산	광주	대구	대전	인천
긋다	그:꾸/귿:꼬(고) 근:다/근:는다/근는다(는다) 거:라/그어라/그:라(어라)	거꼬(고) 거어라(어라) 건넌다(는다) 거어니깨(으니까) 거어(어) 거어소(으오)	-	꺼어(어) 껃코/껙코(고) 꺼어라(어라) 꺼엉끼내(으니까) 꺼어소(으오)	그시구/그:꾸/귿:꾸(고) 그:라(어라) 근는다(는다) 그:싱개(으니까) 그:서(어서)	근:다(는다) 그:꾸(고) 거:라/그어라(어라)

	서울	부산	광주	대구	대전	인천
깁다	김:는다/긴:다/기운다(는다) 김는(는) 게:/기워/겨:(어) 기:워라/겨:라(어라) 기:찌/깁:찌/깁찌(지)	짐넌다(는다) 집찌(지) 지버라(어라)	준:다(는다) 줍찌(지) 줘:라(어라)	집:따(다) 집:찌(지) 지버라(어라)	진는다(는다) 지찌(지) 겨:라(어라)	긴:다(는다) 기:꾸(고) 겨:라/기워라(어라)

	서울	부산	광주	대구	대전	인천
깊다	기푸다/기프다/깁따(다) 기푸니까/기프니까(으니까) 기퍼서(어서) 기푼/기픈(은)	지푸다(다) 지푼(은) 지푸니(으니)	집따(다) 지픈(은) 지픙개(으니까)	지푸다(다) 지푼(은) 지푸이깨(으니까)	집따(다) 지픈(은) 지프닝께(으니까)	깁따(다) 기퍼서(어서)

	서울	부산	광주	대구	대전	인천
꼬다	꼰:다/꽌:다(은다) 꼬:고/꼬:구/꽈:구(고) 꼬:지/꽈:지(지) 꽈:(아) 꽈:따/꽈따(았다)	꼰다(은다) 꼬고(고) 꼬지(지) 꼬와따(았다)	꼰:다(은다) 꼬:고(고) 꼬:지(지) 꽈:따(았다)	꼰:다(은다) 꼬:고(고) 꼬:지(지) 까:따(았다)	꼰:다(은다) 꼬:구(고) 꼬:지(지)	꼰:다(은다) 꽈:라(아라)

	서울	부산	광주	대구	대전	인천
꽂다	꼬자(아) 꼬자야지(아야지) 꼬찌/꼳찌(지) 꼬자라(아라)	꼽찌(지) 꼬바라(아라)	-	꼽찌/꼬찌(지) 꼬바(아) 꼬저라(아라)	꼳찌(지) 꼬자(아) 꼬자라(아라)	꼬저라/꼬자라(아라) 꼰는다(는다) 꼳꾸(고)

	서울	부산	광주	대구	대전	인천
꾸다(夢)	-	꾸지(지) 꾸:(어) 꾸:따(었다)	뀌지(지) 뀌어서(어서) 뀌어따(었다)	꾸:고(고) 꼬:서(어서) 꼬:따(었다)	꾸지(지) 꾸어서(어서) 꿔따(었다)	꿔:라(어라) 꾸고(고) 꾸:다(다)

	서울	부산	광주	대구	대전	인천
나누다	나눠/노나(어) 나누지/논:찌(지) 나누면/노누면(으면) 나눠라/노나라(어라)	-	나놔(어)	-	나누먼(으면) 노나(어)	나눈다(은다) 노나라/나눠라(아라)

	서울	부산	광주	대구	대전	인천
낫다(癒)	나:써(았어) 나:서/나아서/나서(아서) 나:치/나:찌/나:지/낟찌/나찌(지) 난:다/난:는다/난는다(는다) 나:문/나:면/나:으면/나스믄/나으면(낫-으면)	나꼬(고) 나서니까(으니까) 나사야(아야) 나서소(으오)	나꼬(고) 나싱깨(으니까) 나서서(아서) 나:쏘(으오) 난는다(는다)	나사꼬(았고) 나서노이끼내(아놓으니까) 나서가(아서) 나서소(았소)	나:꾸(고) 나:닝깨(으니까) 나:서(아서)	나:찌(지) 나:꼬(고) 나:떠라(더라) 나으니까(으니까) 나:서(아서) 나:따(았다)

	서울	부산	광주	대구	대전	인천
넓다	널:따/널따(다) 널:버야/널버야(어야) 널버(어) 널:븐/널븐/널분(은) 널끼두(기도)	넙따(다) 너번(은) 너버야(어야)	너룹따(다) 너룬(은) 누루와야(어야) 너루깨(게)	넙따(다) 너분(은)	널룹따(다) 널룬(은) 널뤄야(어야)	널:따(다) 널버서/널:버서(어서)

	서울	부산	광주	대구	대전	인천
노랗다	노:라서/노:래서/노래서(아서) 노래(아) 노:라치/노라치(지) 노:라문/노:라면/노:래면/노:래믄/노라면(으면)	노루고(고) 노루이깨(으니까) 노라서(아서) 노라요(으오)	노리고(고) 노링깨(으니까) 노래서(아서) 노리요(으오) 노리다(다)	노:라코(고) 노:라이끼내(으니까) 노:래애서(아서) 노:랄소(소)	노라나쿠(고) 노:란하니(으니) 노:란해서(아서)	노:라타(다) 노:라서/노:래서(아서)

	서울	부산	광주	대구	대전	인천
놀라다	놀:란다/놀:랜다/놀랜다(은다) 놀:래서(아서) 놀:래따/놀래따(았다)	놀랜다(은다) 놀래따(았다)	놀랜다(은다) 놀래따(았다) 놀래개(게)	놀:랜다(은다) 놀:래따(았다)	놀랜다(은다) 놀래따(았다)	놀란다/놀:랜다(은다) 놀:래서(아서)

	서울	부산	광주	대구	대전	인천
높다	노파야/노퍼야(아야) 놉따(다) 노낀/노끼는/놉낀/놉끼는(기는) 놉찌(지)	노푸기넌(기는) 노파야(아야)	노픈디(은데) 노파야(아야)	노푸개(게) 노푸기넌(기는) 노푸마(으면)	놉끼는(기는) 노파야(아야)	놉따(다) 놉찌(지) 노퍼서/노파서(아서)

	서울	부산	광주	대구	대전	인천
눕다	누워서/드러눠서(어서) 누어/드러눠/드러누어(어) 누:찌/눕:찌/눕찌(지)	누찌(지) 누:서(어서)	눕찌(지) 누워찌(었지) 누어서(어서)	눕찌(지) 누버(어) 누워서(어서)	누:찌(지) 누어서(어서)	눕:는다(는다) 눕:찌(지) 누워라(어라)

	서울	부산	광주	대구	대전	인천
늙다	늘거써두(었어도) 늘거서(어서) 늘거(어) 늑찌(지) 능는다(는다)	널런다(는다) 널거서(어서)	늘근다/능는다(는다) 늘거(어) 늘거서(어서)	널런다(는다) 널거서(어서)	능는다구(는다고) 늘거서(어서)	능는다(는다) 늑찌(지) 늘거서(어서)

	서울	부산	광주	대구	대전	인천
더럽다	더:럽찌/더럽찌(지) 더:럽따/더럽따/드:럽따	더럽찌(지) 더럽떠라(더라) 더러부모(으면) 더러	더:룹찌(지) 더룹뜨라(더라) 더루우면(으면)	더:럭꼬(고) 더:럽떠라(더라) 더:러부머(으면)	드:럽찌(지) 드:럽뜨라(더라) 드:러우문(으면)	더:럽따(다) 더러서/더러워서(어서)

	서울	부산	광주	대구	대전	인천
더럽다	(다) 더:러우면/더러우면/더:러:면/더:러문/더:러우문(으면) 더:러와서/더:러워서/더러워서/더:러서/더러서(어서)	바서(어서) 더러바저따(어졌다)	더:루와서(어서)	더:러바서(어서)	드:러워서(어서)	

	서울	부산	광주	대구	대전	인천
돕다	도아/도와(아) 도와라(아라) 돕:찌/돕찌/도웁찌(지) 돔:는다/돔는다/도운다(는다) 도우면/도우문(으면)	도우고(고) 도우니(으니) 도와(아) 도우소(으오)	돕:꼬(고) 도웅깨(으니까) 도와서(아서) 돕:쏘(소) 도운다(는다)	도우고(고) 도우깨(니까) 도아서(아서) 도우소(으오)	도우꾸(고) 도닝깨(으니까) 도와서(아서)	돔는다(는다) 도와(아) 도와라(아라)

	서울	부산	광주	대구	대전	인천
되다(硬)	뒈:다/돼:다(다) 되:지두(지도) 돼:서(어서) 뒈:저서(어져서) 되:개(게)	대다/대:다(다) 대:저따(어졌다)	되:다(다) 되아저따(아졌다)	디:다(다)	돼:진다(어진다) 되:다(다)	뒈:다(다) 뒈:서(어서)

	서울	부산	광주	대구	대전	인천
듣다(聞)	드러(어) 듣찌/드찌(지) 든는(는) 드르문/드르면(으면) 드끼/듣끼(기)	더꼬(고) 더러이깨(으니까) 더러(어) 더러소(으오)	드꼬(고) 드릉깨(으니까) 드러서(어서) 드쏘(으오)	더또(지도) 덕꼬(고) 더러깨(으니까) 더러(어) 덛소(으오)	드또(지도) 듣꾸(고) 드르닝깨(으니까) 드러서(어서)	드찌(지) 드꼬(고) 드르니까(으니까) 드러라(어라)

	서울	부산	광주	대구	대전	인천
뚫다	뚤쿠/뚤:코(고) 뚤른다/뚤:른다(는다) 뚜러따(었다) 뚜러서(어서) 뚤:치/뚤치(지)	떨런다(는다) 떨찌(지) 떨버서(어서)	떨른다(는다) 뚜러(어) 떨치(지) 떠러서(어서) 떠러진다(어진다)	떨:런다(는다) 떨:찌(지) 떨버가주고(어 가지고)	뚤버(어) 뚤른다(는다) 뚭찌(지) 뜰버서(어서) 뚜러진다(어진다) 뚤버저따(어졌다)	뚤른다(는다) 뚤쿠(고) 뚜러라(어라)

	서울	부산	광주	대구	대전	인천
뛰다	뛴:다/뛴다(은다) 뛰어(어) 뛰:지/뛰지(지) 뛰게/뛰:개(게)	띤다(은다) 띠이/띠:(어) 띠지(지) 띠기(게)	뛴다(은다) 뛰지(지) 뛰어(어) 뛰개(게) 뛰어서(어서)	띤다(은다) 띠이(어) 띠구로(게) 띠두로(도록)	뛴다(은다) 뛰지(지) 뛰어(어) 뛰게(게)	뛴다/띤:다(은다) 뛰여라(어라) 뗘:(어)

	서울	부산	광주	대구	대전	인천
마시다	마시구(고) 마신다(은다) 마셔라(어라) 마셔(어) 마셔써요(었어요) 마셔따(었다)	마신다(은다) 마시라(어라) 마시따/마새따(었다)	마신다(은다) 마새라(어라) 마새따(었다)	마신다(은다) 마시라(어라) 마시따(었다)	마신다(은다) 마셔라(어라) 마셔따(었다)	마셔라(어라) 마시구(고) 마신다(은다)

	서울	부산	광주	대구	대전	인천
많다	마:나(아) 마:나도/마:나두/마:너두/마나두(아도) 만:키는/망:킨(기는)	만키넌(기는) 마내도(아도)	망:키는(기는) 마:내도(아도)	망:키넌(기는) 마:내도(아도)	만키는(기는) 마:너두(아도)	만:치(지) 망:코/만:코(고) 만:터라(더라) 마:느니까/마느니까(으니까) 마:너(어) 마너서(어서)

	서울	부산	광주	대구	대전	인천
맑다	막따/말따(다) 말가(아) 말가서(아서) 말거야/말가야/말거얘(아야) 말가진다/말거진다(아진다)	말따(다) 말가야(아야) 말가진다(아진다) 말가(아) 말지(지) 말떠라(더라)	막따(다), 막거야(아야) 말가진다(아진다) 말가서(아서) 막찌야(지) 막뜨라(더라)	말따(다) 말거야(아야) 말거이(으니) 말가진다(아진다) 말가서(아서) 말꼬(고) 말떠라(더라)	막따(다) 말그야(아야) 말거진다(아진다) 말거서(아서) 막찌(지) 막떠라(더라)	말따(다) 말거서(어서)

	서울	부산	광주	대구	대전	인천
맵다	맵따/매웁따(다) 매웁찌(지) 매운(은) 매우니까(으니까) 매와서/매워서(어서)	맵따(다) 매분(은) 매바서(어서)	매웁따(다) 매운(은) 매와서(어서)	맵따(다) 매분(은) 매버서(어서)	맵따(다) 매운(은) 매워서(어서)	매웁따/맵따(다) 매워서(어서)

	서울	부산	광주	대구	대전	인천
모르다	몰:르지/몰르지/모르지(지) 몰:른다/모:른다/몰른다/모른다(은다) 몰:라서/몰라서(아서)	모러진(지는) 모러더라(더라) 모루먼(으면) 몰라서(아서)	모리지야(지) 모리드라(더라) 모리먼(으면) 몰라서(아서)	모리고(고) 모리더라(라) 모리머(으면) 몰:라서(아서)	몰르지(지) 몰르드라(더라) 몰르면서(으면서) 몰:라서(아서)	모른다(은다) 몰라서/몰:라서(아서)

	서울	부산	광주	대구	대전	인천
무섭다	무섭따(다) 무서운(은) 무서와(어) 무서와서/무서워서(어서) 무서께/무서깨/무섭께/무섭깨(게)	무섭따(다) 무섭끼(게) 무서분(은) 무섭꼬(고) 무서부니까(으니까) 무서바서(어서) 무섭쏘(소)	무섭따(다) 무서깨(게) 무서운(은) 무서꼬(고) 무서웅깨(으니까) 무서와서(어서) 무섭쏘(소)	무섭따(다) 무서끼(게) 무서분(은) 무서꼬(고) 무서부이깨(으니까) 무서버서(어서) 무섭쏘(소)	무섭따(다) 무섭께(게) 무서운(은) 무서꾸(고) 무서우닝깨(으니까) 무서워서(어서)	-

	서울	부산	광주	대구	대전	인천
묻다(問)	무러(어) 무:찌/묻:찌/무찌(지) 무러라(어라)	무찌(지) 무러(어) 무러라(어라) 무꼬(고) 무러이깨(으니까) 무러소(으오)	무러(어) 무러라(어라) 물치(지) 물꼬(고) 무릉깨(으니까) 무러서(어서) 무:쏘(으오) 물른다(는다)	무:찌(지) 무러(어) 무러라(어라) 무:꼬(고) 무러이깨(으니까) 묻:소(으오)	묻찌(지) 무러(어) 무러라(어라) 묻:꼬(고) 무르닝깨(으니까) 무러서(어서)	무찌(지) 무꼬(고) 무떠라(더라) 무르니까(으니까) 무러라(어라)

	서울	부산	광주	대구	대전	인천
바꾸다	바꾼다(은다) 바꾸자(자) 바꿔/바꺼(어) 바꿔라(어라)	바꾼다(은다) 바꾸자(자) 바까:(어)	바꾼다(은다) 바꾸자(자) 바꽈(어)	바꾸운다(은다) 바꾸우자(자) 바까아(아)	바꾼다(은다) 바꾸자(자) 바꿔(어)	바꾸지(지) 바꾸구/바꾸고(고) 바꾸더라(더라) 바꾸니까(으니까) 바꿔라(어라)

	서울	부산	광주	대구	대전	인천
밟다	발바/발버(아) 발버따(았다) 발버라(아라) 발:꼬/발:꾸/밥:꾸/발꼬(고) 밥:냐구(느냐고) 발:찌/밥:찌/발찌/밥찌(지)	발꼬(고) 발찌(지) 발바(아) 발떠라(더라) 발런다/볼런다(는다)	보꼬(고) 봅찌(지) 봄는다/봄:는다(는다) 볼바(아) 볼바서(아서) 봅:찌야(지) 봅:뜨라(더라) 볼바라(아라)	발:꼬(고) 발:찌(지) 발버(아) 발바가(아서) 발:떠라(더라) 발:런다(는다) 발버라(아라)	발:꾸(고) 밥:찌(지) 발버야(아야) 발버따(았다)	발:찌(지) 발:꾸/발:꼬(고) 발:떠라/발:뜨라(더라) 발:브니까/발:부니까(으니까) 발:버라(아라)

	서울	부산	광주	대구	대전	인천
버리다(본)	버리개(게) 버리지(지) 버려라(어라) 버려따(었다) 버려야지(어야지)	버리지(지) 배리따(었다) 삐리라(어라)	내부리지(지) 내부러라(어라) 배래따(었다)	내삐리지(지) 버리뿌라/내삐리뿌라(어 버려라) 배리뿌따(어 버렸다) 배리따(었다)	버리지(지) 버려라(어라) 버려따(었다)	버린다(은다) 버려라(어라)

	서울	부산	광주	대구	대전	인천
붓다(注)	붜:서/부어서(어서) 부어라(어라) 붜:/붜(어) 부:찌는(지는) 부:꼬/부:꾸(고) 분:는다(는다)	부꼬(고) 부:서(어서)	부꼬(고) 부서서(어서)	부꼬(고) 부어가주고(어 가지고)	부꾸(고) 부어서(어서)	분:다/분:는다(는다) 붜:라/부어라(어라)

	서울	부산	광주	대구	대전	인천
사납다	사:납따/사넙따/싸납따/싸넙따(다) 사:나운/사:너운/사나운/싸너운(은) 사:너워서/사나워서/싸:나와서/싸나와서(아서) 사나와(아)	상거랍따(다) 상거라분(은) 상거라바서(아서)	싸납따(다) 싸나운(은) 싸나웅께(으니까)	사납따(다) 사나분(은) 사나버서(어서)	사:납따(다) 사:나운(은) 사:나워서(어서)	사:납따(다) 사나워서(어서)

	서울	부산	광주	대구	대전	인천
삶다	살머서(아서) 삼:는다(는다) 살머(아) 살머야(아야) 삼:꾸/상:꼬(고) 살마저따/살머저따(아졌다) 살머따(었다)	쌈고(고) 쌀마야(아야)	쌈:꼬(고) 쌀마야(아야) 쌀마저따(아졌다) 쌈찌(지) 쌈꺼따(겠다)	상:꼬(고) 살머야(아야) 삼:지(지) 상:깨따(겠다)	삼:꼬(고) 살머야(아야) 살머저따(아졌다) 쌈:찌(지) 삼:껴따(겠다)	삼:찌(지) 상:꾸/삼:꾸(고) 삼:떠라(더라) 살:므니까/살무니까(으니까) 살머라(어라)

	서울	부산	광주	대구	대전	인천
섧다	설:따(다) 설:께(게)	설따(다) 설끼(기) 설버서(어서)	-	설:따(다) 설:끼(게) 설:버서(어서)	슬:따(다) 슬:깨(게)	-

	서울	부산	광주	대구	대전	인천
쉽다	쉽:따/쉽따(다) 쉬웁꾸두(고도) 쉬:운/쉬운(은) 쉬운대(은데) 쉬어서(어서) 쉽:꼬/쉽:꾸/쉬웁꾸(고) 쉽:따고(다고)	숩따(다) 숩꼬(고) 수분(은)	-	시:버(어)	쉽따(다) 쉬:꾸(고) 쉬운(은) 쉬워따(었다)	쉽:따(다) 쉽:떠라(더라) 쉬워서(어서)

	서울	부산	광주	대구	대전	인천
싣다	실:쿠/실:꼬/실:꾸/실코/실쿠(고) 실:른다/실른다/시른다(는다) 시러라(어라) 시러따(었다) 시르라구(으라고)	신넌다(는다) 시꾸(고) 시러라(어라)	실른다(는다) 실코(고) 시러라(어라) 시러(어) 실캐(게) 시르라고(으라고)	실:런다(는다) 실:꼬(고) 시러라(어라)	실른다(는다) 실쿠(고) 시러라(어라) 실케(게)	실른다(는다) 실:찌(지) 시러라(어라)

	서울	부산	광주	대구	대전	인천
쌓다	싸:/싸아(아) 싸:코/싸:쿠(고) 싸:라(아라) 싸:따/싸따(았다) 싸안니(았니)	싸:(아)	싸고(고) 싸(아) 싸:따(았다) 싸:서(아서) 싸:라(아라)	싸아라(아라)	싸쿠(고) 싸:(아) 싸:따(았다)	-

	서울	부산	광주	대구	대전	인천
쏘다	-	쏘지(지) 쏘와(아) 쏘와따(았다)	쏘:지(지) 쏴서(아서) 쏴따(았다)	쏘:고(고) 싸:서(아서) 싸:따(았다)	쏘:지(지) 쏴:서(아서) 쏴:따(았다)	쏜:다(은다) 쏘:구(고) 쏴:라(아라)

	서울	부산	광주	대구	대전	인천
쑤다	쑤:지/쑤지(지) 쑤워서/쑤어서/쒀:서/쒀서(어서) 쑤어야(어야)	쑤지(지) 쑤:(어) 쑤:따(었다)	쑤지(지) 쒀서(어서) 쑤어따(었다) 쑨다(은다)	-	쑤지(지) 쑤어서(어서) 쑤어따(었다)	쑨:다(은다) 쒀:라(어라)

	서울	부산	광주	대구	대전	인천
씻다	씬는다(는다) 씨서(어) 씨서라(어라) 씨찌/씯찌(지) 씨서야(어야) 씬는(는) 씨짜/씯짜(자) 씨스라구(으라고)	씽넌다(는다) 씨꺼라(어라) 씩찌(지) 씩짜(자)	신는다/시친다(는다) 시처라(어라) 시찌(지) 시짜(자)	시꼬(고) 싱넌다(는다) 시꺼라(어라) 식찌(지) 씩짜(자)	씨짜(자) 씨처라/씨서라/찌처라(어라)	씬는다(는다) 씨서라(어라)

	서울	부산	광주	대구	대전	인천
아니다	아:니라구(라고) 아:님니다(읍니다) 아:뇨/아니요(요) 아니예요/아니얘요/아녜요(어요) 아:니야/아냐/아니야(아)	아이다(다) 아임니다(읍니다)	아니다(다) 아니요(요) 아녀(아)	아이다(다) 아인대(은데) 아임니더(읍니다)	아니다(다) 아:니요/아:니유(요) 아:녀(아)	아니지(지) 아니구(고) 아니더라(더라) 아니니까(으니까) 아니어따(었다) 아냐(아)

	서울	부산	광주	대구	대전	인천
앉다	안지세요/안즈세요/안즈새요(으세요) 안저라(아라) 안즈시요/안즈슈(으시오) 안자요/안저요(아요) 안즈십씨오/안즈십씨요(으십시오) 안쌔(세)	안짜(자) 안저이소(으시오) 안자라(아라) 안꺼라(거라) 안깨(게) 안저소(으오)	앙짜(자) 앙지시요/앙즈시요(으시오) 앙저라/안저라(어라) 앙쏘(소) 앙저(어) 앙즈십씨요(으십시오) 앙찌(지) 앙꺼따(겠다)	안짜(자) 안지이소(으시오) 앙꺼라(거라) 안자라(아라) 앙깨(게) 안저소/안지소(으오) 안찌(지) 앙깨따(겠다)	안짜(자) 안즈세요/안즈세유(으세요) 안저라(아라) 안께(게) 안저(아) 안저유(아요) 안찌(지) 안껴따(겠다)	안찌(지) 앙꾸/안꼬(고) 안떠라(더라) 안즈니까/안지니까(으니까) 안자따(았다) 안저라(아라)

	서울	부산	광주	대구	대전	인천
알다	알:게/알:개/알개(게) 안:다(은다) 아:는(는) 아라야/아러야(아야) 알:지(지) 알:지도/알:지두(알지도)	알기(기) 알지(지) 아라야(아야) 안다(은다) 알더라(더라) 알먼(으면) 아라서(아서)	알:개(게) 알:지(지) 아라야(아야) 안:다(은다) 알:드라(더라) 알:먼(으면) 아라서(아서) 알:고(고) 앙:깨로(으니까)	알:고(고) 아:더라(더라) 알:먼(으면) 아라가/아라서(아서) 안:다(은다) 아이끼내(으니까)	알:게(게) 알:지도(지도) 아러야(아야) 안:다(은다) 알:지(지) 알:드라(더라) 알:문(으면) 아러서(아서) 알:구(고) 아르닝깨(으니까)	알:지(지) 알:구(고) 알:더라/알더라(더라) 아:니까/아니까(으니까) 아러서/아라서(아서)

	서울	부산	광주	대구	대전	인천
얇다	야튼(은) 야트다/야따/얄따(다) 야트면/야트믄(으면) 야트면서(으면서)	야푸다(다) 야푸맨(으면)	야찹따(다) 야차우먼(으면)	야푸다(다) 야퍼서(아서)	야따(다) 야트문(으면)	야터서(아서) 야뜨라(더라) 야따(다)

	서울	부산	광주	대구	대전	인천
어렵다	어렵찌(지) 어려우니까(으니까) 어려운(은) 어려와서/어려워서(어서) 어렵다고/어렵다구(다고) 어렵꾸(고)	애렵따(다) 애렵꼬(고) 애러부니깨(으니까)	어룹따(다) 어룹꼬(고) 어루웅깨(으니까)	어럽따(다) 어럭꼬(고) 어러부이(으니)	어렵따(다) 어려꾸(고) 어려우니(으니)	-

	서울	부산	광주	대구	대전	인천
없다	업:따/업따/읍:따(다) 업:써서/업써서(어서) 읍:써(어)	엄따(다) 업써서(어서) 엄지(지) 업떠라/엄떠라(더라) 업쓰머(으면) 업찌넌(지는)	업:따(다) 업:써서(어서) 업:찌야(지) 업:뜨라(더라) 업:씨면(으면) 업:찌야(지)	업:따(다) 업:서(어) 억:꼬(고) 업:떠라(더라) 업:서모(으면) 업:서서(어서)	웁따(다) 웁써서/읍:써서(어서) 읍:찌(지) 읍:뜨라/읍:떠라(더라) 읍쓰문(으면)	업:찌(지) 업:꾸/업:꼬(고) 업:떠라(더라) 업:쓰니까(으니까) 업:써서(어서)

	서울	부산	광주	대구	대전	인천
엷다	열:따(다) 열:븐/열:분(은)	엽따(다) 열분(은)	-	-	을:따(다) 을:븐(은)	열:따(다) 열:버서(어서)

	서울	부산	광주	대구	대전	인천
읊다	음는다/을푼다/일픈다(는다) 을퍼라(어라) 을찌/을푸지/을프지(지)	얼런다(는다) 얼찌(지) 얼퍼라(어라)	을픈다(는다) 을프지(지) 을퍼라(어라)	얼런다(는다) 얼찌(지) 얼퍼(어)	을픈다(는다) 을프지(지) 을퍼라(어라)	을푸지/읊찌(지) 을푸더라/읊떠라(더라) 을푸니까(으니까) 을퍼라(어라)

	서울	부산	광주	대구	대전	인천
이다(茨)	인:다/인다/인:는다/인는다(은다) 이:지/읻:찌/읻찌(지)	인다(은다) 이지(지)	인:다(은다) 이:지(지)	이인다(은다) 이이지(지)	인:다(은다) 이:지(지)	인:는다(은다) 이어라/이여라(어라)

	서울	부산	광주	대구	대전	인천
이다(載)	-	여라(어라)	이어라(어라)	여라(어라)	여:라(어라)	이:지(지) 이:구(고) 이:니까(으니까) 여라/이어라/여:라(어라)

	서울	부산	광주	대구	대전	인천
읽다	일거(어) 일거라(어라) 잉:는다/잉는다(는다) 잉내(네) 일글(을) 일:끼/익끼/일끼(기) 일끼는(기는)	이런다(는다) 이러기넌(기는) 일러(어)	잉는다(는다) 이끼는(기는) 일거(어)	이린다(는다) 이리기(기) 일거(어)	잉는다(는다) 이끼는(기는) 일거(어)	잉는다(는다) 일꾸(고) 일거라(어라)

	서울	부산	광주	대구	대전	인천
잃다	이러따(었다) 이러뜬(었던) 이른(은) 일치(지) 일치두(지도)	일치도(지도) 이런(은) 이러따(었다)	이러따(었다) 이른(은) 이러(어)	일치도(지도) 이러/이라아(어) 일건(은) 이러따(었다)	일치두(지도) 이른(은) 이러따(었다)	일른다(는다) 일쿠(고) 이러따(었다)

	서울	부산	광주	대구	대전	인천
잇다	이:어서/이어서/예:서/여:서(어서) 여:라(어라) 이:꾸/읻:꾸/이으구(고)	이수고(고) 이사:서(어서)	이:꼬(고) 이서서(어서)	이꾸우고/이수꼬(고) 이사아(어)	읻:꼬(고) 이서서(어서)	인:는다(는다) 이여라/이어라(어라)

	서울	부산	광주	대구	대전	인천
젓다(撈)	진:는다/진:다/전:다/전다(는다) 지어서/저:서(어서) 지어라/저어라/저:라(어라) 지:찌/저:찌(지) 전:는다(는다)	저찌(지) 저서서(어서) 저서라(어라)	저:찌(지) 저서서(어서) 저서라(어라)	젇:찌(지) 저서가아(어서) 저서라(아라) 전:넌다(는다)	저:찌(지) 저서서(어서) 저서라(어라)	전:는다(는다) 저:라(어라)

	서울	부산	광주	대구	대전	인천
줍다	줌:는다/줌는다/준는다(는다) 주서다가(어다가) 주서라/주워라/주어라(어라) 주어(어) 주:꾸/줍:꾸/줍꾸/준꼬(고)	준넌다(는다) 주꼬(고) 주:라(어라)	준는다(는다) 주꼬(고) 주서라(어라)	존:넌다(는다) 조:꼬(고) 조오라(어라)	준는다(는다) 줃꾸(고) 주서라(어라)	주슨다(는다) 줍:꾸(고) 주서라/주워라(어라)

	서울	부산	광주	대구	대전	인천
찧다	찐:다/찐는다/찐:는다/찐다(는다) 찐:는(는) 찌어(어) 찌어라/쩌:라/쩌라(어라) 찌어서/쩌서(어서) 찌:쿠/찌:꼬/찌:꾸/찌:구/찌꼬(고) 찌:라구(으라고)	찡넌다(는다) 찡코(고) 찡어라(어라)	찐는다(는다) 찌코(고) 찌어라(어라)	찡넌다(는다) 찌코(고) 찌어라(어라)	찐:다(는다) 찌쿠(고) 쩌라/찌어라(어라)	찐는다(는다) 찌:쿠(고) 찌어라(어라)

	서울	부산	광주	대구	대전	인천
춥다	춥찌(지) 춥따(다) 추우면(으면) 추워서(어서) 추우니(으니) 추꾸/춥꼬/춥꾸(고) 춰:요(어요)	칩따(다) 칩꼬(고) 치부면(으면)	춥따(다) 추꼬(고) 추우먼(으면) 추와라우(어요)	춥따(다) 축꼬(고) 추부머(으면)	춥따(다) 춥꾸(고) 추문(으면) 안춰(안 추워)	춥따(다) 추워서/춰:서(어서)

	서울	부산	광주	대구	대전	인천
푸다	푼다(은다) 퍼라(어라) 푸는(는)	퍼:(어) 퍼기(기)	푼다(은다) 푸기(기)	푼다(은다) 퍼기/푸기(기)	푸기(기)	푼다(은다) 퍼라(어라)

	서울	부산	광주	대구	대전	인천
하다	하여서/해:서/해:서/해서(아서) 해:라/해라(아라) 해:써(았어) 하지/허지/해:지(지) 하면/해면/해문/해면(으면) 하면섬(으면서)	한다꼬(은다고) 하니라꼬(느라고) 하고(고) 하니깨(으니까) 해(아) 하소(으오)	허고(고) 헝깨(으니까) 해:서(아서) 허소(으오) 허요(으오) 헐쑤(을 수)	하니이라고(느라고) 하다보이(다 보니) 하고(고) 하이끼내(으니까) 해:(아) 하소(으오) 핸:나(았나) 할수(을 수)	하닝깐(으니까) 하느라고(느라고) 하구(고) 하니깨(으니까) 해:서(아서) 할쑤(을 수)	허지(지) 허구(고) 허더라/허드라(더라) 허니까/하니까(으니까) 해:라(어라)

	서울	부산	광주	대구	대전	인천
흐르다	흘러(어) 흐리르지/흐:르지/흘르지/흐르지(지) 흘른다/흐른다(ㄴ다) 흘르문/흘르면/흐르문/흐르면(으면)	허러지(지) 허러더라(더라) 허러먼(으면) 헐러서(어서) 허리고(고) 허러니(으니) 헐러(어) 허러요(으오)	흐리지야(지) 흐리드라(더라) 흐리면(으면) 흘러서(어서) 흐리고(고) 흐링깨(으니까) 흘러서(어서) 흐리요(으오)	허러고/허리고(고) 허리더라(더라) 허러머(으면) 헐러서(어서) 허링끼내(으니까)	흘르지(지) 흘르드라(더라) 흐르문(으면) 흘러서(어서) 흘르구(고) 흘르닝깨(으니까)	흘르지/흐르지(지) 흘르구/흐르고(고) 흐를더라/흐르더라(더라) 흘르니까/흐르니까(으니까) 흘러서(어서)

찾아보기

ㄱ

ㄴ

ㄷ

▮ㅅ

▮ㅇ

저자 이진호

부산 출생. 서울대학교 국어국문학과에서 문학사(1995년), 문학 석사(1997년), 문학 박사(2002년) 학위를 받았다. 전남대학교 국어국문학과 교수로 근무하였으며(2003년~2017년), 현재는 서울대학교 국어국문학과 교수로 재직 중이다. 지은 책으로는 『Phonological Typology of Plosives』(2022년), 『국어 음운론 용어 사전』(2017년), 『국어 음운론 강의』(2005년) 외에 다수가 있다.

개정판 한국어의 표준 발음과 현실 발음

개정판 1쇄 인쇄 2023년 4월 21일
개정판 1쇄 발행 2023년 4월 27일

저　　자 이진호
펴 낸 이 이대현

편　　집 이태곤·권분옥·임애정·강윤경
디 자 인 안혜진·최선주·이경진
마 케 팅 박태훈

펴 낸 곳 도서출판 역락
주　　소 서울시 서초구 동광로 46길 6-6(반포4동 문창빌딩 2F)
전　　화 02-3409-2060(편집부), 2058(영업부)
팩　　스 02-3409-2059
등　　록 1999년 4월 19일 제303-2002-000014호
이 메 일 youkrack@hanmail.net
홈페이지 www.youkrackbooks.com
ISBN 979-11-6742-538-6 93710

* 사전 동의 없는 무단 전재 및 복제를 금합니다.
* 파본은 구입처에서 교환해 드립니다.
* 책값은 뒤표지에 있습니다.